每天读点
销售学

宿文渊 编著

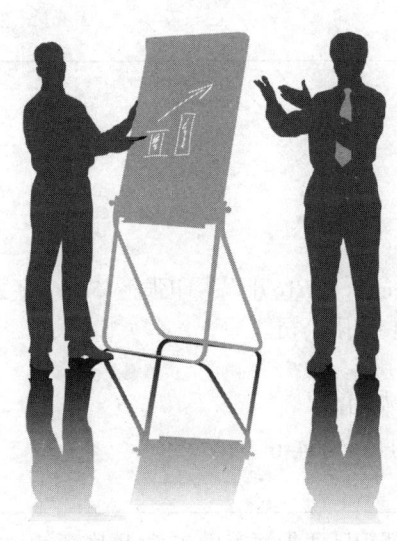

中国华侨出版社
·北京·

图书在版编目（CIP）数据

每天读点销售学 / 宿文渊编著 . -- 北京：中国华侨出版社，2014.11
（2024.1 重印）
ISBN 978-7-5113-5004-6

Ⅰ．①每… Ⅱ．①宿… Ⅲ．①销售学—基本知识 Ⅳ．① F713.3

中国版本图书馆 CIP 数据核字（2014）第 266219 号

每天读点销售学

编　　著：宿文渊
责任编辑：黄振华
封面设计：冬　凡
美术编辑：潘　松
经　　销：新华书店
开　　本：720mm×1020mm　　1/16开　　印张：35　　字数：663千字
印　　刷：三河市万龙印装有限公司
版　　次：2015年3月第1版
印　　次：2024年1月第3次印刷
书　　号：ISBN 978-7-5113-5004-6
定　　价：78.00元

中国华侨出版社　北京市朝阳区西坝河东里 77 号楼底商 5 号　邮编：100028
发 行 部：（010）88893001　　传　　真：（010）62707370
网　　址：www.oveaschin.com　　E-mail：oveaschin@sina.com

如果发现印装质量问题，影响阅读，请与印刷厂联系调换。

前 言

销售是一个充满挑战、充满艰辛更蕴含着极大成功的职业，这是一个不靠任何背景、完全依靠个人智慧与才能公平竞争的职业；这是一个不需要金钱，只需要激情和毅力做资本的行业。正如美国亿万富翁鲍纳所说："只要你拥有成功推销的能力，那你就有白手起家成为亿万富翁的可能。"有资料显示，世界上80%的富豪都曾是销售业务员，而由销售员做起逐渐被擢升为企业领导的人物更是不可胜数。由此可见，在创造财富的道路上，销售员也许是最有实力的领跑者。其实每个销售人员都是怀着梦想加入销售大军的行列，希望能创造卓越的销售业绩，来展示自己的才能、体现自己的人生价值，从而获得巨大的财富回报。但现实的情况是，并非每个销售人员都能如愿以偿。同样是销售员，顶尖销售精英与普通销售员之间的收入可以用天壤之别来形容。在同样的市场领域从事同样产品的销售，有的销售员年收入可高达百万甚至千万，而有的销售员却仅能糊口，在濒临失业的危险中苦苦挣扎。究竟是什么原因造成了如此大的差别？难道销售只是少数具有天赋的人才能从事的工作？

调查表明，大部分的销售员并非缺乏天赋，相反，他们具备良好的形象和口才，他们也有着从事销售需要的坚强毅力和精神，但致命的一点是，他们中很少有人深入学习过有关销售的理论，没有掌握一套系统、全面的销售知识与技能，他们仅仅是凭借一己的狭隘经验在市场上摸爬滚打，他们缺少的是强有力的专业指导。其实销售并不是单纯的买与卖的关系，而是一门很深的学问，需要我们慢慢地去学习和体会。可以这样说，现在的销售已经成了高难度、高技巧、高专业化的职业。作为销售高手，既要让不同层次的客户满意，又要为公司和个人赢得利润，需要有心理学家见微知著的智慧、谈判高手的机智与敏感、经济学家的眼光和见识……因此，销售是一门学问，也是一门艺术。对于大多数销售人员而言，首要任务就是学习成功的销售方法和借鉴国内外成功的销售经验和技巧。只有认真总结、自我修炼、不断实践，迅速提高自身的专业素养，不断适应新形势的需求，才能成为卓越的销售之王。

为了帮助广大销售人员在短时间内快速、系统、全面地掌握最实用的销售知识和技巧，成为销售精英，同时为了给企业销售管理者和培训人员提供一套系统、完整的销售管理和培训手册，我们精心编写了这本《每天读点销售学》。本书详细阐述了销售人员应具备的基本素质，并根据销售的完整流程，对销售准备、开发客户、拜访客户、有效沟通、优势谈判、促成成交、留住客户、处理投诉等销售环节的关键点做了极为细致的指导，让销售员在掌握基本销售技巧的同时，也能在潜移默化中提升能力。同时本书还介绍了销售精英需要懂得的经济学和心理学知识，为销售人员全面提升和丰富自我提供了宝贵的知识库。

本书是成功销售经验的集大成者。书中既有乔·吉拉德、原一平、乔·坎多尔弗、博恩·崔西等世界一流销售大师成功销售的精彩案例，更有一大批国内外销售精英在处理销售过程中遇到的各种问题的经验教训。在销售中，一个细节处理稍有疏失，就可能让一笔生意功败垂成。要想取得好成绩，销售员必须把工作做到最精、最细、最实、最密！这就要求销售员要广泛地吸收前人的经验教训，为己所用。阅读本书，将让你站在巨人的肩膀上，少走弯路，少犯错误，迅速提升销售业绩！

本书是各种销售技巧的百宝箱。书中根据销售员在销售过程中的各种情境，有针对性地介绍了各种方法和技巧，内容全面而实用，包括塑造自身形象的技巧、与客户沟通的技巧、展示与介绍产品的技巧、回答客户提出异议的技巧、用产品说服客户的技巧、建议客户购买与促成交易的技巧和售后跟踪服务的技巧等，涵盖销售业务的方方面面，实为最全面的销售实战宝典。成为一名优秀的销售员需要勤奋，更需要科学的方法。对于刚刚踏入销售行业的新销售员来说，最重要的是找对合适的方法来训练自己。本书正是打开销售之门的钥匙，读者可以在本书中找到许多销售问题的解决方法，从而顺利地走上销售之路。

本书是先进销售理论的智慧库。书中总结了当今世界各国最新、最经典的销售理论和案例，介绍了销售精英必须懂得的经济学和心理学知识。学习经济学的知识，会让销售人员从更高的高度看待市场供求关系、深刻了解客户需求、敏锐地洞察市场动态，从而合理制定策略，实现成交。懂得心理学的知识，会让你轻松应对并掌握客户的心理变化，见招拆招，让你进入一个"知己知彼、百战百胜"的销售境界，并改善你的人际关系、提升你的销售业绩，让你快速跻身销售精英阶层。

书中行之有效的方法和技巧能够提高销售业绩，赢得顾客的忠诚。书中包含的丰富实用的内容，为销售人员提供了他们所需了解的知识。它不仅适用于初涉销售行业的新手，也适用于长期奋战于销售行业的行家里手。同时，对那些想让自己和团队的业绩再上一个新台阶的销售导师和销售经理而言，本书更是他们最佳的指导手册。每天读点销售学，你会迅速提升销售力、战斗力，在激烈的竞争中所向无敌，达成并超过预定目标；每天读点销售学，你会打造出卓越的销售团队，大幅提升企业利润，确保业绩长红、基业长青。

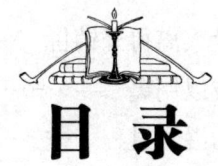

目 录

·第一章·
你是最好的销售员

第一节 从内而外勇敢认同自己的职业 ……………………… 1
    销售让你的人生更加辉煌 ………………………………… 1
    成功销售始于积极心态 …………………………………… 3
    自信开启成功推销之门 …………………………………… 5
    感恩的心伴随你一路高歌 ………………………………… 6
    热爱你的产品 ……………………………………………… 8

第二节 绽放最美的自己 ……………………………………… 10
    不仅要推销产品,更要推销你自己 ……………………… 10
    微笑是最美的名片 ………………………………………… 12
    真诚是最好的武器 ………………………………………… 15
    优雅谈吐让你第一时间赢得认同 ………………………… 17
    衣饰得体是敲开客户心门的通行证 ……………………… 18
    礼节是润滑剂 ……………………………………………… 23
    销售工具箱,道具不可少 ………………………………… 24
    推销你的服务意识 ………………………………………… 26

第三节 销售员要明确的真相 ………………………………… 28
    不是你去说服客户,而是让客户自己说服自己 ………… 28

客户的购买标准并非雷打不动 ······ 30
切莫轻贱这一行，世界上没人离得开销售 ······ 32
对手不是对头，"师夷长技以制夷" ······ 33
成功是一个从量变到质变的漫长过程 ······ 35
知识有"保鲜期"，学习没有终点 ······ 37

·第二章·
销售准备

第一节　常见的销售误区 ······ 40
在客户面前低三下四，赔了面子又丢单子 ······ 40
懂得换位思考，死缠烂打令人厌烦 ······ 41
走不出失败阴影，妄自菲薄难有作为 ······ 43
不给客户说话机会，喋喋不休招人反感 ······ 45
不善于自我反省，屡错屡犯原地踏步 ······ 47

第二节　良好的职业习惯 ······ 49
建立属于自己的客户档案 ······ 49
制订每天的工作计划 ······ 51
从专业报纸杂志上获取客户名录 ······ 54
把要拨打的50个电话号码贴在前面 ······ 55
为成功行销定计划 ······ 56
掌握客户公司资料 ······ 58

第三节　销售沟通的准备 ······ 60
明确电话沟通的目标 ······ 60
对方能"听"出你的姿态 ······ 61
想到意外情况的处理方案 ······ 63
用备忘录牵引客户的思路 ······ 64
以积极、自信的心态对待每一个电话 ······ 66

· 第三章 ·
开发客户

第一节　捕捉可能的销售机会……69
把打错的电话变成销售机会……69
抓住隐藏在失败背后的机会……71
用宽广的知识面抓住销售机会……72
树立客户的危机意识，促成顾客购买……73

第二节　巧妙通关做高手……74
姿态放高，自上而下……74
以沉默气势让人不容置疑……76
给对方一个"错误的前提暗示"……77
利用暧昧资讯摆脱纠缠……78
自信让你的电话听起来是一个值得接听的电话……79

第三节　不"打"不相识：电话开发新客户……81
电话那端能感觉到你的微笑……81
先让对方接纳你的人，然后再接纳业务……83
在适当的时候说恰当的话……84
从客户感兴趣的话题入手建立关联度……85
肯定竞争对手的优点……87
专心听别人讲话的态度，是我们所能给予别人的最大赞美……89
通过问题设计把握谈话节奏……90
一定要做随访的要求……92
在客户挂机后再收起你的笑容……93

第四节　挖掘潜在客户……94
细分目标市场……94
和陌生人做朋友……95
不放弃未成交的客户……97

把潜在客户变为真正客户 …… 98
善于巩固老客户，勇于拓展新客户 …… 99
连锁介绍法 …… 100
搜集和筛选目标客户资料 …… 101
利用互联网开发客户 …… 104
寻找电话那一端的客户 …… 106

第五节 业务在客户之外 …… 107

寻找商机 …… 107
如何引导你的潜在客户 …… 110
有益于客户的构想 …… 112
激发客户的自主意识 …… 113
从满意的客户处获得更多的业务 …… 114
如何建立人际关系 …… 117
不要轻易放弃 …… 120

第六节 处处留心，客户无处不在 …… 124

处处留心，3步之内必有客户 …… 124
从日常细节发现潜在客户 …… 125
切莫以貌取人，任何人都可能成为你的客户 …… 127
从对手那里找客户 …… 128
每个客户都是客户源 …… 130
随时搭建你的销售网 …… 131

第七节 找到给你高回报的人 …… 132

"二八原则"教你收获成功 …… 132
锁定你的目标客户群 …… 134
客户如花次第开 …… 137
找到你的关键客户 …… 139
高回报需要深挖掘 …… 142

第八节　客户的每一个细节都是成交的机会 …… 145
  准确记住客户的名字 …… 145
  了解并善用客户的喜好 …… 148
  重视客户身边的每一个人 …… 149
  从小事上关心你的客户 …… 151
  深入了解客户的消费需求 …… 152
  记录与客户的交流信息 …… 153
  建立并管理客户档案 …… 154

·第四章·
首次拜访

第一节　加强对你的认知，赢得信任 …… 157
  投石问路，先给客户寄一份资料 …… 157
  一个成功的自我介绍 …… 158
  精彩的开场白可以抓住顾客的心 …… 159
  让客户知道你是谁 …… 161
  借用其他企业的名气赢得信任 …… 162
  对你的客户直接说出你的名字 …… 163

第二节　电话约访 …… 164
  谨慎选择推销时间和地点 …… 164
  不能省略的预约 …… 165
  找到决策人 …… 167
  向客户展示你的产品 …… 168
  倾听客户说话 …… 169
  学会和客户拉家常 …… 172
  尊重客户意见 …… 173

第三节　首次电话拜访 ··· 175
　　第一次通话，时间不要超过 5 分钟 ······················· 175
　　恰当重复客户语言，把话说到对方心坎上 ················· 176
　　多提问引出客户需求 ···································· 177
　　用共同话题摆出谈话的"引子" ··························· 180
　　恰当利用"台阶" ·· 181
　　掌握以第三方为例的电话和连环电话 ····················· 183

·第五章·
有效沟通

第一节　说好 4 种话：赞扬话、客套话、专业话、巧妙话 ······ 186
　　赞扬话——进入客户内心的"通行证" ····················· 186
　　客套话——陌生人之间的"润滑剂" ······················· 189
　　专业话——要专业不要代码 ······························ 190
　　巧妙话——把话说到点子上 ······························ 193

第二节　因人施"售"，9 型人格销售经 ······················ 195
　　完美主义者：他的指责都是对的 ·························· 195
　　给予者：把发言权交给他 ································ 196
　　实干者：循循善诱，请君埋单 ···························· 198
　　悲情浪漫者：送出独一无二的感觉 ························ 199
　　观察者：赞赏对方的判断 ································ 200
　　怀疑论者：不提供拖延的机会 ···························· 202
　　享乐主义者：同道中人易成交 ···························· 203
　　保护者：不妨让他帮个忙 ································ 204
　　和平主义者：帮他做决定 ································ 206

第三节　赢在沟通前 5 秒 ·································· 207
　　强化声音的感染力 ······································ 207

把握接电话的时机·····················212
　　正确应答电话·······················213
　　给客户留下深刻印象的开场白················215
　　礼貌而有吸引力的问候语··················216

第四节　准确解码客户·······················217
　　听出话外之意·······················217
　　技巧提问胜于一味讲述···················219
　　找客户感兴趣的话题····················221
　　准确解读无声语言·····················223
　　认真倾听客户的心声····················225

第五节　以大智慧解决小问题····················228
　　回绝电话的技巧——以吾之"盾"挡尔之"矛"·········228
　　别急，先来个深呼吸····················230
　　接电话前调整好状态····················231
　　切勿含糊乱语用错小聪明··················232
　　对经常打电话的客户，回答要力求统一············234

第六节　巧妙处理沟通中的棘手问题·················235
　　都有打错电话的时候····················235
　　巧妙应对喋喋不休的客户··················236
　　转接电话也要问清对方的联系方式··············237
　　将每一个电话视为潜在客户·················238
　　设法了解来电客户的相关信息················239

·第六章·

优势谈判

第一节　报价——谈判成败的焦点··················241
　　在行家面前报价不可太高··················241

在价格谈判上争取达到双赢 …… 242
　　爱上客户的讨价还价 …… 244
　　先大后小刺激购买欲望 …… 245
　　一分价钱一分货 …… 247

第二节　谈判桌上的博弈术 …… 249
　　利用"反馈意见" …… 249
　　谈判桌上只能有一个笨蛋，那就是自己 …… 250
　　把让步转化为进攻手段 …… 251
　　充分挖掘客户的购买潜力 …… 252
　　请对方先亮出底牌 …… 254
　　让鱼儿随钩先逃一下 …… 255
　　给成交保留一定余地 …… 256

·第七章·
一切为了成交

第一节　借助人脉加速成交 …… 258
　　以朋友介绍的名义开场，消除客户右脑的警惕性 …… 258
　　利用潜在客户周围的人际关系拿订单 …… 260
　　感动接待人员，变销售障碍为签单的桥梁 …… 261
　　左右脑互动，维护老客户 …… 262
　　先做朋友，后做生意 …… 264
　　长期接触，取得潜在客户 …… 266

第二节　产品介绍中的学问 …… 268
　　客户只关注能给自己带来好处的产品 …… 268
　　把客户放在你做一切努力的核心位置上 …… 272
　　你的产品是独一无二的 …… 273

虚拟未来事件，向客户卖"构想" ································· 276
　　使用形象化语言破解销售难题 ····································· 277
　　利用环境的特点成功签单 ··· 278

第三节　电话销售成交智慧 280

　　用小的认同促成交易 ··· 280
　　最后期限成交法 ··· 281
　　利用误听试探法成交 ··· 283
　　以退为进成交法 ··· 284
　　妙用激将成交法 ··· 285
　　让"反对问题"成为卖点 ··· 286
　　强调"现在买的好处"，促进成交 ····························· 288

第四节　想客户所想 289

　　拒绝的托词和应对 ··· 289
　　照顾客户的面子 ··· 293
　　要满足客户的优越感 ··· 294
　　一次示范胜过一千句话 ··· 295
　　巧用"添物减价"四字诀，不让客户吃亏 ················· 297
　　3个步骤转移客户的反对意见 ······································ 298
　　吊足客户的胃口 ··· 302

第八章
收尾

第一节　捕捉"收网"信号 304

　　主动出击，提出成交请求 ··· 304
　　领会客户每一句话的弦外之音 ····································· 306
　　善于运用暗示成交 ··· 308
　　敏锐地发现成交信号 ··· 309

    欲擒故纵，锁定成交 ……………………………………… 312
    给成交保留一定余地 ……………………………………… 313
    推销员快速成交的 8 种技巧 ……………………………… 314

第二节　漂亮收尾意味着下次成交 …………………………… 316
    暴单后要有平常心 ………………………………………… 316
    保持经常性电话联系 ……………………………………… 318
    不因未成交而放弃赠送小礼品 …………………………… 320
    及时追踪产品售后问题 …………………………………… 321
    明确规定账款回收办法 …………………………………… 323
    用 E-mail 经常与客户保持联系 ………………………… 325

·第九章·
留住客户

第一节　好服务赢得下一次成交 ……………………………… 327
    客服人员必知的说话术 …………………………………… 327
    服务差不多，结果差很多 ………………………………… 328
    优质的服务最关键 ………………………………………… 329
    缩短客户等待的时间 ……………………………………… 331
    用过硬的专业知识解答客户难题 ………………………… 332
    上门服务注意事项 ………………………………………… 334
    允许客户的愤怒爆发 ……………………………………… 335

第二节　客户的忠诚度需要呵护 ……………………………… 337
    总结客户流失的原因 ……………………………………… 337
    认识忠诚客户的类型 ……………………………………… 338
    了解客户忠诚度提升环节 ………………………………… 340
    不同类型的客户，采取不同的跟进策略 ………………… 341
    成交之后需跟踪联系、回访 ……………………………… 344

目录

与客户保持持久的联系 …………………………………………… 346
小恩小惠留客户 …………………………………………………… 347

第十章
巧妙处理投诉

第一节 客户投诉处理细节 …………………………………… **349**
分析客户抱怨的原因 ……………………………………………… 349
客户抱怨针对性处理诀窍 ………………………………………… 350
客户抱怨的应对技巧 ……………………………………………… 352
处理电话抱怨时要掌握好措辞和语调 …………………………… 353
智慧地应对抱怨 …………………………………………………… 354
从客户抱怨中发掘商机 …………………………………………… 355

第二节 处理投诉态度要积极 …………………………………… **357**
耐心应对暴跳如雷的投诉者 ……………………………………… 357
控制情绪不是强忍不发作，而是从内心觉得没必要 …………… 359
24小时内给出补救措施 …………………………………………… 360
勇敢承认你的错误 ………………………………………………… 362
表示歉意后再解释 ………………………………………………… 363
不要踢皮球 ………………………………………………………… 365
用合作的态度避免争执 …………………………………………… 366
引导客户征求解决的办法 ………………………………………… 368

第三节 处理投诉行动要迅速 …………………………………… **369**
不要跟新闻媒体较劲 ……………………………………………… 369
选择时机公布真相 ………………………………………………… 371
处理信函投诉技巧 ………………………………………………… 372
处理电话投诉技巧 ………………………………………………… 374
立即回复50%的顾客投诉 ………………………………………… 375

处理问题迅速及时 ··· 376

第十一章
销售精英要懂经济学

第一节　5大关键词，奠定销售员经济学销售基础 ················ **378**
抓住理性消费者的感性软肋 ··· 378
捕捉市场信号释放出的产品供求机会 ·· 380
一个真理：人人有需求，人人是顾客 ·· 381
了解顾客偏好，才能投其所好 ··· 384

第二节　顾客来了，占先机、抢优势只有4分钟 ················· **386**
把握消费者效用，精准推荐合适的产品 ···································· 386
分析顾客个性，迅速出击 ·· 387
张三、李四、王五、赵六，哪个才是我的最优顾客 ················· 389
打赢营销博弈战，夺取客户心智资源 ······································· 390
业绩好，比较优势是决胜法宝 ··· 392

第三节　摸清"上帝"的需求小心思 ··································· **394**
猜准顾客的10大心思 ··· 394
将你手里的石头变成她眼里的钻石 ·· 396
抓住非理性消费行为的契机 ·· 397
琳琅满目能吸引顾客眼球吗 ·· 399
跟消费者捉迷藏，买的精还是卖的精 ······································· 401
诚信是最有效的笼络手段 ·· 402

第四节　定攻略，寻找隐藏的利润区 ································ **404**
完美的定价系统，利润藏在缝隙里 ·· 404
炫耀性消费就是你的天然好机会 ··· 406
给部分人优待：享受8分钱的机票 ··· 408

价格与价值如何才能均衡 410
　　一双鞋和两只鞋的差别，让互补成为习惯 411
　　大降价并不意味着赔本赚吆喝 413

第五节　商品卖得好，全靠促销做得好 415
　　促销，成全顾客的"剩余"，成就你的销售额 415
　　营造一个充满"便宜"的世界 416
　　消费边际效应，多买我就更便宜 417
　　免费赠送：有赠品他才愿意买 419
　　氛围促销：给消费者一个"疯抢"的理由 420
　　事件营销：吸引眼球的拳头武器 422

第六节　服务是产品的最佳名片 424
　　服务——销售中的第一张名片 424
　　为每位顾客创造独一无二的专属服务 425
　　给顾客一个无后顾之忧的售后保障 426
　　如何让顾客心甘情愿为免费服务埋单 428
　　服务，销售额 N 次方倍增 430

第七节　亦敌亦友的竞争对手 432
　　无商战，不竞争 432
　　竞争对手也能为你送来顾客 433
　　不要对"价格同盟"存在任何幻想 434
　　对手也能成为合作伙伴 436

第八节　危机来了，逆市中业绩也高涨 438
　　被政府的"大棒和胡萝卜"狠狠撞了一下腰 438
　　黑色的郁金香，黑色的泡沫经济 440
　　裙子长了，口红多了，鞋跑烂了，钱包扔了 442
　　政府限价时，如何正确"开仓"和"守粮" 444
　　危机中的"挥霍节俭"悖论 446

·第十二章·
销售精英要懂心理学

第一节　天下客户都一样，6招突破客户的心理抗拒……………448
　　送出喜好花，4大效应让你轻松赢得客户好感………………448
　　摆出互惠秤，先付出一点让客户产生亏欠感…………………451
　　抛出承诺球，引导客户言行一致………………………………452
　　利用权威效应让客户对你信赖有加……………………………454
　　放出稀缺光，直击客户担心错过的心理………………………455
　　打出满足牌，切中客户追求的自我重要感……………………457

第二节　抓紧！你只有4分钟获取优势……………………………458
　　4大心理效应助你4分钟建立优势………………………………458
　　完美肢体语言与神态举止，打造无敌亲和力…………………460
　　控制对方的时间，传达"我很重要"……………………………461
　　善用"空间战"，占领"我的地盘"………………………………463

第三节　深度解析不同客户的微妙心理：给他一个掏钱的理由……465
　　占便宜型客户心理：我能否得到实在的优惠…………………465
　　外向型客户心理：喜欢就买，求你不要啰唆…………………467
　　内向型客户心理：我能否真切体会到你的真诚………………467
　　虚荣型客户心理：你足够尊重和重视我吗……………………469
　　墨守成规型客户心理：我得弄明白到底有何用………………471
　　分析型客户心理：直到我挑不出毛病…………………………473
　　随和型客户心理：不断加压我就走……………………………475

第四节　谈判，让客户从拒绝到顺从的心理制胜法则……………476
　　6种经典开场白，打掉客户拒绝你的机会……………………476
　　8个方面，让你把话说到客户心坎上…………………………479
　　6大技巧，巧妙化解谈判困境…………………………………481
　　7类客户拒绝的应对策略………………………………………482

第五节 成交的秘诀在于影响和控制 484
积极回应并解决客户的抱怨 484
真心为客户着想 486
诚恳地请教，满足顾客的优越感 488
用心传递价值，让客户没有后顾之忧 490
适当制造压力，给客户一些"被威胁"的紧迫感 491
一定成交，12个无法拒绝的心理促成法 493

第六节 催眠他，你的业绩势不可挡 497
全面催眠包围客户感觉，让其现在购买 497
肢体语言催眠，动作更能左右他 499
介绍产品，将客户引入催眠过程 500
不可抗拒的联想指令让客户由被动变主动 502
借力使力，让客户不可抗拒 504

第七节 步步为营的心理成交技巧 506
假定成交法 506
从众心理成交法 508
步步为营成交法 509
哀兵策略成交法 510
从客户的言谈中捕捉成交信号 511
不说不该说的话 513

第八节 如何问客户才会说，说什么才是你要的 515
恰当提问，挖出目标客户的真正需求 515
逆反心理，打消客户"下意识"的自我防卫 517
羊群效应：群体趋同影响客户选择 520
找到最佳操作方法，提问销售法的技巧与流程 522

第九节 销售员从平凡到卓越的心理成长技巧 524
为你的工作而骄傲，这个世界没有人离得开销售 524

直面阻碍销售成功的两个精神绊脚石 ……………………………………526
你如何看待自己：请加强自我意识 ……………………………………527
成功销售的8大关键点 …………………………………………………529
5个力，成功销售员的5项修炼 …………………………………………531
心态决定一切，5个不同时期销售人员的心态剖析 ……………………534

第一章

你是最好的销售员

第一节　从内而外勇敢认同自己的职业

销售让你的人生更加辉煌

要想取得事业的成功离不开推销，要想实现自我价值也离不开推销。推销是我们生存在这个世界上所必须具备的能力。无论是一国总统还是平民百姓，都需要推销。总统的竞选班子，实质上就是一个推销总统的班子。教授需要推销。教授的每一次著书立说，实质上就是一次推销行动，推销自己的思想，传播自己的理念。学生亦需要推销。无论是博士、硕士还是本科生，在进入社会后，你都需把你的才华，把你最美好的一面，展示在招聘者的面前，这就是推销。

无论是生活还是工作的需要，你都要不断地把自己推销给亲友、同事或上司，以博得其好感，争取友谊、合作或升迁。因为你无时无刻不在推销，即使你不是推销人员，但你仍在推销，而且推销将伴随你的一生。

很多人都希望自己有高档住房、名牌汽车，但这都需要钱。怎样才能更快、更多地赚到钱呢？就是干推销。因为干这行不需要你有很高的学历、雄厚的资金、出众的相貌，也不需要你具备扎实的专业知识和专业技能，它只需要你的勤劳和智慧。你只要能把东西卖出去，就能赚钱。据统计，80%以上的富翁都曾做过推销人员。戴尔的成功与他早年的推销经历也是密不可分的。

在学生时代，戴尔为一家报社销售报纸，自己从销售出去的报纸中拿提成。为了能销售出更多的报纸，戴尔搜集了附近社区居民的生日、结婚纪念日等等，并记录下来。每逢这些日子，他便向节日中的人们寄去一份小礼物，这一招大见奇效，他的报纸销售得异常火爆。到了大学，戴尔爱上了电脑，他以一个推销人员的眼光发现了现存的电脑销售体制中的诸多弊端。他瞅准了这个市场空当，做起了电脑销售的生意，成立了一家公司，并将其公司推销给大众，向大家提供他们所需要的机型、配置的电脑。成功后的戴尔曾经这样说道："由于我的推销经历，使我得以发现市场的空隙和顾客的需求，从而找到了一种更好的销售方式——零库存运行模式和为客户量体定做电脑，而这就是戴尔电脑公司成功的基础。"

假如戴尔没有做过推销人员，他就不会了解市场的运作规律，也就难以找到市场的空隙和顾客的需求，从而就找不到一种更好的销售方式。

美国管理大师彼得·杜拉克曾经说过："未来的总经理，有99%将从推销人员中产生。"比尔·盖茨在他的自传中曾经也谈到：他之所以会成功不是因为他很懂电脑，而是他很会销售。他亲自去销售软件，连续销售了6年之久，才开始从事管理工作。李嘉诚推销钟表、铁桶，从中学到了做事业的诀窍；王永庆卖米起家，利用其灵活的经营手段，成就其塑胶王国；蔡万霖与其兄蔡成春从卖酱油起家到世界十大富商……

在日常生活中，买卖随时随地都在进行。钱从这个人的口袋里流出，流进了那个人的腰包；然后又从那个人的腰包流出，流进了另一个人的口袋。你只要设法让钱流进你的口袋，你就成功了。买卖的前提条件是，要能找到买你的产品的人，也就是我们常说的客户。

美国巨富亚默尔在17岁那年被淘金热所吸引，投入到了淘金者的行列。山谷里气候干燥，水源奇缺，寻找金矿的人最感到痛苦的就是没有水喝。他们一边寻找金矿，一边骂道："要是有一壶凉水，老子给他一块金币"，"谁要是给我狂饮，老子给两块金币"。说者无意，听者有心。在一片"渴望"声中，亚默尔退出了淘金的热浪，挑着水桶、提着水壶向那些淘金者卖水。结果，那些口干舌燥的淘金者蜂拥而上，把金币一个个扔到了他的手中。

一个乡下人去上海打工，他以"花盆土"的名义，向不见泥土而又爱花的上海人兜售含有沙子和树叶的泥土，结果赚了大钱；中国最年轻的打工皇帝——年薪300万的华中科技大学中文硕士何华彪推销的是"孙子兵法营销理论"，他是用转让研究成果使用权的方式来进行销售的。

第一章 你是最好的销售员

由此可见，在知识经济时代，懂得的知识越多，懂得的知识越有价值，就会赚到更多的钱。难怪比尔·盖茨会成为世界首富。不管到什么时候，也无论你预备将来做什么，推销对每一个人来说都很重要。学习推销，就是学习走向成功的经验；学习推销，就是人生成功的起点。它是人生必修的一门功课，人人都应该学习推销，因为它能使你的人生更加辉煌。

成功销售始于积极心态

生活中，好多推销人员一遇到困难，总是想："我不行了，我还是算了吧。"不言而喻，他们失败了。成功者遇到困难，仍然保持积极的心态，用"我要！我能""一定有办法"等积极的意念鼓励自己，于是便能想尽方法，不断前进，直到成功。

成功学的始祖拿破仑·希尔说，一个人能否成功，关键在于他的心态。成功人士与失败人士的差别在于成功人士有积极的心态，即PMA（Positive Mental Attitude）；而失败人士则习惯于用消极的心态去面对人生。消极的心态，即NMA（Negative Mental Attitude）。

积极的心态实际上就是一种信念——相信自己，相信自己成功的能力。只有自己相信才能让别人相信，才能让别人看到一个乐观、自信的推销人员。他们才愿意买你的产品，因为是你的心态影响了他们的购买。

在我们推销人员中，有一个大家耳熟能详的故事：

两个欧洲人到非洲去推销皮鞋。由于炎热，非洲人向来是打赤脚。第一个推销员看到非洲人都打赤脚，立刻失望起来："这些人都打赤脚，怎么会要我的鞋呢？"于是放弃努力，失败沮丧而回；另一个推销员看到非洲人都打赤脚，惊喜万分："这些人都没有皮鞋穿，这皮鞋市场大得很呢。"于是想方设法打开市场的缺口，引导非洲人购买皮鞋，最后发大财而回。

同样是非洲市场，同样面对打赤脚的非洲人，由于一念之差，一个人灰心失望，不战而败；而另一个人满怀信心，大获全胜。从这个故事，我们可以得出一个结论："积极的心态是奠定成功的基石，消极的心态是失败者自掘的坟墓。"所以说拥有积极向上的心态也就拥有了成功的一半。

在这个世界上没有任何人可以打败你，能打败你的只有你自己！我不能保证拥有积极的心态一定能事事成功，但是我敢肯定拥有消极心态的人一定不会成功！

同时,你还应该具备一股鞭策自己、鼓励自己的内动力。只有这样,你才能不因胆怯、惶恐而不敢接近你的客户。在大多数人都不认为有市场的情况下,你见了客户,你发现了市场,那么你就成功了。

如果一个推销人员始终保持积极的心态,养成"立刻行动"的习惯,那么他就会在处理事务时能够从潜意识里得到行动的指令,并将想办法付诸实践。

曾经有一家保险公司做过一项调查,公司在每年的5月份都有一个销售竞赛,如果推销人员能够在这个月份达到销售目标,通常都能获得额外的报酬和奖励。

调查结果显示,大部分的推销人员在其他月份平均每个月只能销售大约4张保单,但是到了5月份,平均每一个推销人员能够销售到5~6张保单,而那些大部分在竞赛月份中能够提高业绩的推销人员,其推销技巧和其他月份并没有什么差异,他们的能力也没有什么不同,唯一不同的只是比其他的月份多了一点点努力和辛苦而已。

对于成功的渴望和追求永远是一个成功的推销人员所必备的条件,如果他们对于所推销的产品具有无比的动力和热诚,他们想要成为推销界顶尖的人物,有强烈的成功欲望,那么就绝对不会允许任何事情阻碍他们达到目标。但大多数的推销人员并非如此,他们只要能够赚到每个月的生活费就可以了,他们只需要每个月达成公司给他们设定的目标就成了,他们没有强烈的追求心。

心态始于心灵,终于心灵。换句话说,你要想有持续完成任务的积极心态,首先就要有一种对成功的强烈渴望或需要。一个没有追求心、没有强烈成功欲望的推销人员,事实上是一个没有未来、没有希望的推销人员。

俗话说"江山易改,本性难移",一个人的个性是经过长期培养而形成的,想要改变实在不容易。现在社会上开设了很多潜能训练的课堂,可以说是很好的方法,但虽然在接受训练时可以获得相当不错的效果,可要是一段时间欠缺可供练习的环境,很快就会忘记先前学习的成效,而回到原来不良的习惯中来。

因此,推销人员需要时常修正自己的心态,借以消除不良的习惯与不当的处世态度,并强化正确的、积极的心态。

自信开启成功推销之门

乔·吉拉德说："信心是推销人员胜利的法宝。"自信心是推销人员最重要的资产。但是，在推销领域中，推销人员大都缺乏自信，感到害怕。为什么呢？因为他们认为："无论打陌生电话、介绍产品还是成交，都是我在要求对方帮助，请求对方购买我的产品。"

由于人们对推销员的认知度比较低，导致推销员在许多人眼中成为骗子和喋喋不休的纠缠者的代名词，从而对推销产生反感。这不仅给推销员的工作带来很大不利，而且也在潜移默化中让有些推销员自惭形秽，甚至不敢承认自己推销员的身份，让他们工作的开展更加艰难。这种尴尬，即使是伟大的推销员在职业生涯的初期也无法避免。

当今成功学家博恩·崔西也是一名杰出的推销员。有一次，博恩·崔西向一位客户进行推销。当他们交谈时，博恩·崔西仍然能感受到对方那种排斥心理，这个场面让他非常尴尬。"我简直就不知道是该继续谈话还是该马上离开。"博恩回忆当时的情景时说。

后来，一个偶然的机会，博恩·崔西发现了自己挫败感的根源在于不敢承认自己推销员的身份。认识到这个问题后，他下决心改变自己。于是，每天他都满怀信心地去拜访客户，并坦诚地告诉客户自己是一名推销员，是来向他展示他可能需要的商品的。

"在我看来，人们的偏见固然是一大因素，但推销员自身没有朝气、缺乏自信、没有把自身的职业当作事业来经营是这一因素的最大诱因。"博恩·崔西说，"其实，推销是一个很正当的职业，是一种服务性行业，如同医生治好病人的病，律师帮人排解纠纷，而身为推销员的我们，则为世人带来舒适、幸福和适当的服务。只要你不再羞怯，时刻充满自信并尊重你的客户，你就能赢得客户的认同。"

"现在就改变自己的心态吧！大胆承认我们的职业！"博恩·崔西呼吁道，"成功永远追随着充满自信的人。我发现获得成功的最简单的方法，就是公开对人们说：'我是骄傲的推销员。'"

在推销过程中，难免会遇到像博恩·崔西这样遭人排斥的状况。这时你可以换个角度看问题："我认为我可以替客户提供有价值的服务，因为我已经做好市场调查。我并不是胡乱找人，对方确实需要我的服务，而且我将竭尽所能地帮助他们。"

"相信自己，你也能成为推销赢家。"这是博恩·崔西的一位朋友告诉他的，博恩·崔西把它抄下来贴在案头，每天出门前都要看一遍。后来，他的愿望实现了。

乔·坎多尔弗说："在推销过程的每一个环节，自信心都是必要的成分。"

首先，你应对你所推销的产品有自信。

天津顶好油脂有限公司要求推销人员拜访客户时，出门前都要大声朗诵："我的产品是最好的！最好的！最好的！最好的！最好的！"一次比一次声音大，气势雄伟！随后，带着这种自信走向客户。

其次，推销人员还要对自己充满信心。

推销人员的自信心，就是在推销过程中相信自己一定能够取得成功，如果你没有这份信心，你就不用做推销人员了。只有你树立强烈的自信心，才能最大程度地发挥自己的才能，赢得他们的信任和欣赏，说服他们，最后使他们心甘情愿地掏腰包。

推销是最容易受到客户拒绝的工作，如果你不敢面对它，没有战胜它的自信，那你肯定得不到成绩，你也将永远被你的客户拒绝。面对客户的拒绝，你只有抱着"说不定什么时候，我一定会成功"的坚定自信——即使客户横眉冷对，表示厌烦，也要信心不减，坚持不懈地拜访他，肯定会有所收获。

如果你是一个有志于成为杰出推销员的人，不妨也在心中记下一些话，不断激励自己：

——远离恐惧，充满自信、勇气和胆识；

——不要当盲从者，争当领袖，开风气之先；

——避谈虚幻、空想，追求事实和真理；

——打破枯燥与一成不变，自动挑起责任，接受挑战。

感恩的心伴随你一路高歌

成功人士，尤其是专业销售人员，有赖于许多人的支持，不仅仅是他们的客户。有些推销人员虽然获得了巨大的成功，但是他们忘记了那些一开始曾经帮助过他们的人。那些忘恩负义的销售人员不会获得长久的成功，因为人们会远离那些自私的家伙。对我们所有人来说，都不应该忘记周围所有的人。没有他们美好的祝愿、祈福、帮助、理解和爱，我们根本不会成功，我们的成功离不开他们。好比没有

第一章 你是最好的销售员

热情的听众,我们无法成为超级歌星。

有一个被提名超级推销明星的年轻人,无论在成就还是收入方面都无法与其他被提名者相比,但有趣的是,评委选择了他,原因就是他在激烈的竞争中得到了自己想要的东西。首先,他与许多名校毕业的学生竞争一份销售的工作。这家公司有个规定,只招聘大学毕业生从事销售员的工作,可他只受过中学教育。尽管如此,他还是去应聘了这个职位,当然,他被拒绝了。后来经过他的再三请求,经理终于提供给他一个临时的销售职位,他又喜又忧。

令人忧虑的是他必须得有一辆交通工具。可是他穷得连一件新衣服都买不起,更何况买一辆车。他四处筹钱,终于买了一辆非常破旧的有篷货车,驾驶座下还有个洞。他用木板把洞堵住,这样脚不至于碰到地。

有一次,他的一个客户要求前往公司的展示厅观看演示,他就用那辆破车去接客户,那位客户并没有介意。那天雨下得大极了,水从洞里灌进来,自然,他和客户都湿透了。年轻的他向客户道歉,并且保证下次一定用一辆好一些的车来接她。

客户随口就问他什么时候能做到,他回答说,只要他的客户都能像她这样通情达理、乐于助人,在不久的将来,他一定能买得起好车。他顺利地完成了这笔交易。几个月后,他买了一辆好车。他用新车去把先前那位客户接出来吃饭,以表谢意。

这个年轻人是一个饮水思源的成功者。明白自己想要什么,而且以那种坚韧的意志力去争取他想要的东西,他知道人们会帮助他实现他的目标。他感谢那些曾经帮助过他的人,在成功以后不忘回过头去表达他的谢意。

日本人最懂得赠送小礼物的奥妙,大多数公司都会费尽心机地制作一些小赠品,供推销人员初次拜访客户时赠送给客户。小赠品的价值不高,却能发挥很大的效力,不管拿到赠品的客户喜欢与否,相信每个人受到别人尊重时,内心的好感必然会油然而生。

找合适的机会送给客户小礼物来沟通与客户之间的感情。也许客户非常想参加一场活动,而你有机会得到入场券,那么给他一张,彼此高兴,何乐而不为呢?或者送给客户一件他早已心仪的小玩意儿。

至于礼物的分量,则和生意的大小有关。一般而言,完成大生意,送的礼就大些;完成小生意,送的礼就小些。无论如何,最重要的是:让对方感觉到礼物是传递你的友谊、爱和温暖，而不是贿赂。

销售人员杨阳与一个企业的业务经理取得了联系，通过第一次交流，杨阳了解到这位经理有个上初中的女儿，并且非常爱他的女儿。但这个经理想指导女儿学习却有些力不从心，一时又找不到合适的家教老师，显得有些焦虑。

杨阳在第二次去拜访的时候，带了一个400块钱的快译通电子词典去，对这位经理讲：现在的孩子英语一定要好，因为将来的用途非常广泛，所以杨阳在力所能及的范围内给他的孩子一点帮助。当他把电子词典递给经理的时候，看到了经理的感动……

后来，经过两次接触，再次见面，杨阳就有意询问这个经理其女儿的学习状况。后来，两人成了朋友，杨阳还主动为其女儿指导功课。再后来，只要是杨阳的单子，这位业务经理都不会再拒绝，二人建立了长期合作关系。

表达感恩之心，送礼物并不是唯一的方式。只要能够适宜地表达出感激之情，无论采用哪种方式达到目的就可以。作为一个推销员需要明白的是：没有人愿意与那些利用客户为自己牟利的销售人员打交道。做生意应该是双赢的关系，否则的话，你可能会赢一次，但不会长久。想赚大钱，就要让你的客户每一次都比你赢利更多。

如果你能比他人给予得更多，你将有什么样的感受？谁才是真正富有的人？在你学着给予超过索取，并且学会感谢的时候，你才能真正得到你想要的东西。

热爱你的产品

推销人员要相信并喜爱自己的产品，就应逐步培养对公司产品的兴趣。推销人员不可能一下子对企业的产品感兴趣，因为兴趣不是与生俱来的，是后天培养起来的，作为一种职业要求和实现推销目标的需要，推销人员应当自觉地、有意识地逐步培养自己对本企业产品的兴趣，力求对所推销的产品做到喜爱和相信。

当一个推销员热爱自己的产品，坚信它是世界上质量最好的商品时，这种信念将使他在整个推销过程中充满活力和热情，于是他敢于竭力劝说客户，从而在销售中无往而不利。

乔·吉拉德被人们称为"汽车大王"，一方面是因为他推销的汽车是最多的，另一方面则是因为他对汽车相关知识的详细了解。乔·吉拉德认为，推销员在出门前，应该先充实自己，多阅读资料，并参考相关信息，做一位产品专家，才能赢得顾客的信任。比如你推销的是汽车，你不能只说这个型号的汽车可真是好货；你最好还能在顾客问起时说出这种汽车发动机的优势在哪里、这种汽车的油耗情况和这种汽车的维修、保养费用，以及和同类车相比它的优势是什么，等等。

乔·吉拉德的经验告诉我们：一定要熟知你所推销的产品的相关知识，才能对你自己的销售工作产生热忱。因此，要激发高度的销售热情，你一定要变成自己产品忠实的拥护者。如果你用过产品而感到满意的话，自然会有高度的销售热情。推销人员若本身并不相信自己的产品，只会给人一种隔靴搔痒的感觉，想打动客户的心就很难了。

一位优秀的推销员说："你爱你产品的程度与你的推销业绩成正比。"只有热爱自己所推销的产品、热爱自己的工作，我们才会成功！相信所有的企业都在寻找能"跟产品谈恋爱的人"。下面故事中的女推销员正是忽视了对产品的"爱"，所以效果大打折扣。

有一位女推销员，她绞尽脑汁，好不容易电话预约到一位对她推销的产品感兴趣的大客户，然而却在与客户面对面交谈时遭遇难堪。

客户说："我对你们的产品很感兴趣，能详细介绍一下吗？"

"我们的产品是一种高科技产品，非常适合你们这样的生产型企业使用。"女推销员简单地回答，看着客户。

"何以见得？"客户催促她说下去。

"因为我们公司的产品就是专门针对你们这些大型生产企业设计的。"女推销员的话犹如没说。

"我的时间很宝贵的，请你直入主题，告诉我你们产品的详细规格、性能、各种参数、有什么区别于同类产品的优点，好吗？"客户显得很不耐烦。

"这……我……那个……我们这个产品吧……"女推销员变得语无伦次，很明显，她并没有准备好这次面谈，对这个产品也非常生疏。

"对不起，我想你还是把自己的产品了解清楚了再向我推销吧。再见。"客户拂袖而去，一单生意就这样化为泡影。

该推销员没有对产品倾注自己的热情，于是造成不了解产品一问三不知的状况，自然无法在客户心中建立信任。

乔·吉拉德说："我们推销的产品就像武器，如果武器不好使，还没开始我们就已经输了一部分了。"因此，为了赢得这场"战役"，我们要像对待知心爱人那样了解我们的产品、相信我们的产品、努力提高产品的质量、认真塑造产品的形象，这样，我们的推销之路一定会顺利很多。

作为一个优秀的推销员，一定要爱上自己的产品，这是一种积极的心理倾向和态度倾向，能够激发人的热情，产生积极的行动。这样，你才能充满自信、自豪地向客户介绍产品，而当客户对这些产品提出意见时，你也能找出充分的理由说服顾客，从而打动客户的心。不然，你都不能说服自己接受，又怎能说服别人接受你的产品呢？

第二节 绽放最美的自己

有一位伟大的推销员曾说过这样的话："要想让客户尽快接受推销，有一个小窍门，那就是在10秒钟内介绍完你自己。也就是说，在推销产品之前，先把你自己推销出去。"

不仅要推销产品，更要推销你自己

销售员常遇到这样的困惑，产品质量一流，但是在接近准客户时，还没来得及介绍产品，就被拒之门外了。

［案例一］
业务代表A："你好，我是××公司的业务代表A。在百忙中打扰您，想向您请教有关贵商店目前使用收银机的事情。"
客户："你认为我店里的收银机有什么毛病吗？"
业务代表A："并不是有什么毛病，我是想是否已经到了需要更换新机的时候。"
客户："对不起，我们暂时不考虑换新的。"
业务代表A："不会吧！对面张老板已更换了新的收银机。"
客户："我们目前没有这方面的预算，以后再说吧。"

[案例二]

业务代表B："刘老板吗？我是××公司业务代表B。经常经过贵店，看到贵店生意一直都是那么好，实在不简单。"

客户："你过奖了，生意并没有那么好。"

业务代表B："贵店对客户非常亲切，刘老板对贵店员工的教育培训一定非常用心，对街的张老板对您的经营管理也相当钦佩。"

客户："张老板是这样说的吗？张老板经营的店也非常好，事实上，他也是我的学习对象。"

业务代表B："不瞒您说，张老板昨天换了一台新功能的收银机，非常高兴，才提及刘老板的事情，因此，今天我才来打扰您。"

客户："哦？他换了一台新的收银机？"

业务代表B："是的。刘老板是否也考虑更换新的收银机呢？目前您的收银机虽然不错，但是新的收银机有更多的功能，速度也较快，这样您的客户就不用排队等太久，也会更喜欢光临您的店。请刘老板一定要考虑买这台新的收银机。"

销售界有句流传已久的名言："客户不是购买商品，而是购买推销商品的人。"任何人与陌生人打交道时，内心深处总会有一些警戒，当准客户第一次接触业务员时，有防备心理也很正常。只有销售员打开准客户的"心防"后，客户才可能用心听你的谈话。

客户是否喜欢你，关系着销售的成败。所以说，与其直接说明商品，不如谈些客户关心的话题，让客户对你产生好感，从心理上先接受你。打开客户"心防"的基本途径是：

（1）让客户对你产生信任；

（2）引起客户的注意；

（3）引起客户的兴趣。

我们对比两个案例中的业务代表A和B，很容易发现，两个人掌握同样的信息，"张老板已经更换了新的收银机"，但是结果截然不同，玄机就在于接近客户的方法。

业务代表A在初次接近客户时，直接询问对方收银机的事情，让人感觉突兀，遭到客户反问："你认为我店里的收银机有什么毛病？"然后该业务代表又不知轻重地抬出对面的张老板已购机这一事实来企图说服刘老板，更激发了刘老板的逆反心理。

反观业务代表 B，和客户以共同对话的方式，在打开客户的"心防"后，才自然地进入推销商品的主题。业务代表 B 在与客户打交道前能先做好准备工作，能立刻称呼刘老板，知道刘老板店内的经营状况、清楚对面张老板以他为学习目标等，这些细节令刘老板感觉很愉悦，对话就能很轻松地继续下去，这都是促使销售成功的要件。

TOYOTA 的神谷卓一曾说："接近准客户时，不需要一味地向客户低头行礼，也不应该迫不及待地向客户介绍商品……与其直接说明商品，不如谈些有关客户的太太、小孩的话题或谈些社会新闻之类的事情，让客户喜欢你才是销售成功的关键。因此，接近客户的重点是让客户对一位以销售为职业的业务员产生好感，从心理上先接受他。"

微笑是最美的名片

我国有句俗语，叫"非笑莫开店"，意思是做生意的人要经常面带笑容，这样才会讨人喜欢，招徕顾客。这也如另一句俗话所说："面带三分笑，生意跑不了"。纽约一家大百货商店的人事部主任也曾公开表示，他宁愿雇用一个有着可爱微笑的小学未毕业的女职员，也不愿雇用一位面孔冷漠的哲学博士。

卡耐基鼓励学员花一个星期的时间，训练每时每刻对别人微笑，然后再回到讲习班上来，谈谈所得的结果。情况如何呢？我们来看看威廉·斯坦哈写来的一封信。他是纽约证券股票市场的一员。他的信给我们提供了一个很有代表性的例子。

斯坦哈在信上说：

"我已经结婚 18 年了，在这段期间里，从早上起床到我上班的时候，我很少对妻子微笑，或对她说上几句话，我是百老汇最闷闷不乐的人。

"既然你要我以微笑取得的经验发表一段谈话，我就决定试一个星期看看。因此，第二天早上梳头的时候，我看着镜中的满面愁容，对自己说：'今天要把脸上的愁容一扫而光。你要微笑起来，现在就开始微笑。'当我坐下来吃早餐的时候，我用'早安，亲爱的'跟妻子打招呼，同时对她微笑。

第一章 你是最好的销售员

"你曾说她可能大吃一惊。你低估了她的反应。她简直被搞糊涂了,惊诧万分。我对她说,你以后会习惯我这种态度的。现在已经两个月了,这两个月来,我们家得到的幸福比以往任何时候都多。

"现在我去上班的时候,就会对大楼的电梯管理员微笑地说'早安';我也微笑着和大楼门口的警卫打招呼;当我跟地铁的出纳小姐换零钱的时候,我微笑着;当我站在交易所时,我会对那些从未见过我微笑的人微笑。

"我很快发现,每一个人也对我报以微笑。我以一种愉悦的态度对待那些满腹牢骚的人。我一面听着他们的牢骚,一面微笑着,于是问题很容易就解决了。我发现微笑给我带来更多的收入,每天都带来更多的钱。"

微笑并不简单,"皱眉需要9块肌肉,而微笑,不仅要用嘴、用眼睛,还要用手臂、用整个身体"。吉拉德这样诠释他富有感染力并为他带来财富的笑容:"微笑可以增加你的魅力值。当你笑时,整个世界都在笑。一脸苦相是没有人愿意理睬你的。"微笑是谁都无法抗拒的魅力,微笑的力量超出你的想象,养成微笑的习惯,一切都会变得简单。

威廉原来是美国家喻户晓的职业棒球明星球员,到了40来岁因体力日衰而被迫退休,而后去应征保险公司推销员。

他自以为凭他的知名度理应被录取,没想到竟被拒绝。人事经理对他说:"保险公司推销员必须有一张迷人的笑脸,但你却没有。"

听了经理的话,威廉并没有气馁,立志苦练笑脸。他每天在家里放声大笑上百次,邻居都以为他因失业而发神经了。为避免误解,他干脆躲在厕所里大笑。

练习了一段时间,他去见经理。可经理还是说不行。

威廉没有泄气,继续苦练。他搜集了许多公众人物迷人的笑脸照片,贴满屋子,以便随时模仿。

他还买了一面与身体同高的大镜子摆在厕所里,只为了每天进去大笑3次。隔了一阵子,他又去见经理,经理冷冷地说:"好一点了,不过还是不够吸引人。"

威廉不认输,回去加紧练习。一天,他散步时碰到社区管理员,很自然地笑了笑,跟管理员打招呼。管理员说:"威廉先生,您看起来跟过去不太一样了。"这话使他信心大增,立刻又跑去见经理,经理对他说:"是有点意思了,不过仍然不是发自内心的笑。"

威廉仍不死心,又回去苦练了一阵,终于悟出"发自内心如婴儿般天真无邪的笑容最迷人",并且练成了那张价值百万美元的笑脸。

威廉成功的秘诀就在于拥有一张令客户无法抗拒的笑脸。最终他成为美国推销寿险的顶尖高手,年收入高达百万美元。

一套高档、华丽的衣服能引人注意,而一个亲切、温和、洋溢着诚意的微笑,则更容易让人亲近,也更容易受人欢迎。因为微笑是一种宽容、一种接纳,它缩短了彼此的距离,使人与人之间心心相通。喜欢微笑着面对他人的人,往往更容易走入对方的天地。难怪学者们强调:"微笑是成功者的先锋。"

试想,如果你面前有两个同事,一个人满面冰霜、横眉冷对;另一个人面带笑容、温暖如春,你更愿意与哪个交往?当然是后者。微笑,在人与人之间成功搭建了一座沟通的桥梁。如果说行动比语言更具有力量,那么微笑就是无声的行动,是你递给客户最温暖、最具有亲和力的一张名片。

卡耐基说过:"笑是人类的特权。"微笑是人的宝贵财富;微笑是自信的标志,也是礼貌的象征。人们往往依据你的微笑来获取对你的印象,从而决定对你所要办的事的态度。只要人人都露出微笑,人与人之间的沟通将变得十分容易。

法国春天百货商店是世界著名商店之一,它以其尽善尽美的服务闻名于世。走进商店,映入眼帘的皆是琳琅满目的商品,当顾客需要服务时,微笑的小姐总能适时出现。在这里,顾客感受到的是温馨和人间最美好的东西,无论购不购物,都会十分愉快。顾客的一切要求,在这里都会得到店员充满微笑的满意答复。因此,有人说不到"春天",就感受不到真正的巴黎。

日本推销之神原一平总结他取得成功的秘诀,其中最重要的一项就是善于微笑。他的笑被认为值百万美元。原一平认为,对推销人员而言,"笑"至少有下列10大好处:

(1)笑能消除自卑感。

(2)笑能使你的外表更迷人。

(3)笑能把你的友善与关怀有效地传递给准客户。

(4)你的笑能感染对方,让对方也笑,营造和谐的交谈氛围。

(5)笑能建立准客户对你的信赖感。

(6)笑能拆除你与准客户之间的"篱笆",敞开双方的心扉。

(7)笑可以消除双方的戒心与不安,从而打破僵局。

(8)笑能去除自己的哀伤,迅速重建自信心。

第一章 你是最好的销售员

（9）笑是表达爱意的捷径。
（10）笑会增进活力，有益健康。

真诚是最好的武器

真诚是推销的第一步。因为推销人员与顾客打交道时，他首先是"人"而不是推销人员。推销人员的个人品质，会使顾客产生好恶等不同的心理反应，从而潜在地影响着交易的成败。推销产品，更是在推销你的人品。

向顾客推销你的人品，最主要的是向顾客推销你的诚实。现代推销是说服推销而不是欺骗推销。因此，推销的第一原则就是诚实，即古人推崇的经商之道——"童叟无欺"。诚实是赢得顾客好感的最好方法。

真诚、老实是绝对必要的。千万别说谎，即使只说了一次，也可能使你信誉扫地。正如《伊索寓言》的作者所说："说谎多了，即使你说真话，人们也不会相信。"如果你自始至终保持真诚的话，成交大约是没有问题的。

当然，真诚并不仅仅意味着老实。即使是一个老实人，他也会对虚假的恭维产生反感。

为了你的声誉，千万别因为一次交易的微薄利益而得罪客户，从而使你失去大量潜在的生意。戴尔·卡耐基正是利用真诚为自己赢得了后来取得成功的推销工作。

1908年4月，国际函授学校丹佛分校经销商的办公室里，戴尔·卡耐基正在应征销售员工作。经理约翰·艾兰奇先生看着眼前这位身材瘦弱、脸色苍白的年轻人，忍不住先摇了摇头。从外表看，这个年轻人显示不出特别的销售魅力。他在问了姓名和学历后问道：

"干过推销吗？"

"没有！"卡耐基答道。

"那么，现在请回答几个有关销售的问题。"约翰·艾兰奇先生开始提问，

"推销人员的目的是什么？"

"让消费者了解产品，从而心甘情愿地购买。"戴尔不假思索地答道。

艾兰奇先生点点头，接着问：

"你打算对推销对象怎样开始谈话？"

"'今天天气真好'或者'你的生意真不错！'"

15

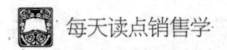

艾兰奇先生又点点头。

"你有什么办法把打字机推销给农场主？"

戴尔·卡耐基稍稍思索一番，不紧不慢地回答："抱歉，先生，我没办法把这种产品推销给农场主，因为他们根本就不需要。"

艾兰奇高兴地从椅子上站起来，拍拍戴尔的肩膀，兴奋地说："年轻人，很好，你通过了，我想你会出类拔萃的！"

从戴尔诚实的回答中，艾兰奇心中其实早已认定戴尔将是一个出色的推销人员。正如测试的最后一个问题，没有人会愿意买自己根本不需要的东西。而戴尔就是艾兰奇需要的人才。

推销人员在做推销时，一定要给客户以真诚的印象，只有这样，才能赢得顾客的心，进而向其推销产品。齐藤竹之助认为，即使语言笨拙，只要能与对方坦诚相见，也一定能打动对方的心灵。那么怎么才能使推销人员在与客户初次见面时，就能留下真诚的印象呢？

1. 学会用眼神交流

当你和客户说话的时候，你一定要正视对方的眼睛；而当你聆听的时候，你也得看着对方的嘴唇。否则，客户会把你的心不在焉理解为你不诚实、心里有鬼。有许多推销人员，他们因为羞怯而不敢直视客户的眼睛，但是客户们决不会相信一个推销人员会害羞。

2. 赞美要适当

赞美别人固然好，但过分赞美只能适得其反。客户本来就对你心存戒心，你若过分赞美他，只会加重他们的疑虑与反感。而你的首要任务是去推销产品。客户的时间是宝贵的，他不会有兴趣听你说那些有预谋的恭维话，因为他与你见面的目的是坐下来谈生意，是看你能够为他提供什么样的服务。

3. 遵守诺言

推销人员常常通过向顾客许诺来打消顾客的顾虑。如许诺承担质量风险，保证商品优质，保证赔偿顾客的损失；答应在购买时间、数量、价格、交货期、服务等方面给顾客提供优惠。推销人员在不妨碍推销工作的前提下，不要做过多的承诺，同时要考虑自己的诺言是否符合公司的方针政策，不能开空头支票。推销人员一旦许下诺言，就要不折不扣地实现诺言。为了赢得交易的成功而胡乱许诺，其结果必定是失去客户信赖。

第一章 你是最好的销售员

优雅谈吐让你第一时间赢得认同

推销是和人打交道的艺术，在这个过程中，语言是最主要的交流方式，同时，谈吐也能凸显出你的知识与修养。一个成功的销售员必须时刻注意自己的谈吐，保持优雅而不是夸夸其谈，给客户留下有修养、值得尊重和交往的良好印象。

8月份一个炎热的上午，一位推销钢材的专业推销人员走进了某家制造企业的总经理办公室。这个推销人员身上穿着一件昨天就已经穿过的衬衫和一条皱巴巴的裤子，他嘴里叼着雪茄，含糊不清地说："早上好，先生。我代表阿尔巴尼钢铁公司。"

"你什么？"这位准客户问，"你代表阿尔巴尼公司？听着，年轻人。我认识阿尔巴尼公司的几个头儿，你没有代表他们——你错误地代表了他们。你也早上好！"

爱默生曾经说："你说得太大声了，以至于我根本听不见你在说什么。"换句话说，你的外表、声音和话语、风度、态度以及举止所传达的印象有助于使准客户在心目中勾勒出一幅反映你的本质性格的画面。一个优秀的推销人员在与客户交谈时，应该从以下方面注意：

1. 好感从问候开始

推销人员见到顾客的第一件事就是向顾客打招呼。一个恰到好处的问候，会给顾客留下一个良好的印象。问候时，要注意根据顾客的身份、年龄等特征，使用不同的称呼。另外，在向顾客打招呼时，必须注意和顾客在一起的其他人员，必要时一一问候，因为这些人往往是顾客的亲属、朋友、同学或同事。

有一位长者参加一个产品博览会，一个年轻的推销员主动问道："喂，老头儿，你买啥？"老人一听这个称呼心里就不高兴，气呼呼地说："不买就不能看看！还叫'老头儿'？"

推销员也生起气来："你这人怎么不识抬举？怎么，你不是老头子，难道还叫你小孩子不成？"

"你，你，简直没有教养，还当推销员呢？！"

这位推销员使用不恰当的招呼语而引发了矛盾，话越说越难听，结果把客户气跑了。可见，运用招呼语是很有讲究的，值得推销员们研究和学习。

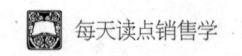

2. 学会如何寒暄

寒暄本身不正面表达特定的意思，但它却是在任何推销场合和人际交往中都不可缺少的。在推销活动中，寒暄能使不相识的人相互认识，使不熟悉的人相互熟悉，使单调的气氛活跃起来。你与客户初次会见，开始会感到不自然，无话可说，这时彼此都会找到一些似乎无关紧要的"闲话"聊起来。

因此，寒暄既是希望交往的表示，也是推销的开场白。如果运用恰当，即使不能为你带来商机，也会让你接下来的交流变得相对顺畅。寒暄也是讲究艺术的，寒暄是非正式的交谈，所以在理解客户的寒暄时，不必仔细地回味对方一句问候语的字面含义，只要明白他要表达的大体意思即可，切忌抠字眼。

现实生活中，常常由于对别人的一些一般的礼节性问候作出错误的归因，而误解对方的意思。不同民族背景的人，就更易发生这种误解。比如中国人见面喜欢问"吃过饭了吗"，说这句话的人也许根本没有想过要请对方吃饭，但对一个不懂得这句话是一般问候语的外国人而言，就可能误以为你想请他共餐，结果会使你很尴尬。

寒暄的内容没有特定限制，别人也不会当真对待，但不能因此胡乱运用，必须与推销的环境和对象的特点互相协调，正所谓"到什么山上唱什么歌"。古人相见时，常说"久闻大名，如雷贯耳"，今天谁再如此问候，就会令人感到滑稽。外国人常说的"见到您十分荣幸"之类的客套话，中国人也不常说。我们在推销开始时的寒暄与问候，自然也应适合不同的情况，使人听来不觉突兀和难以接受，更不能让人感到你言不由衷，虚情假意。

总之，优雅的谈吐是打开客户心门的一把钥匙。一声尊称，一句热情而充满诚意的恰当寒暄，会让客户感觉到心情愉快，从而对你充满好感，接下来的谈话也会变得愉快而顺畅。

衣饰得体是敲开客户心门的通行证

人们习惯于用眼睛评判一个人的身份、背景，我们没有理由因为穿着的不当而丢失一份可能的订单。

在西方有一句俗语：You are what you wear。（你就是你所穿的！）可见人们对于仪表与穿着的重视。在华尔街还有一条类似的谚语：不要把你的钱交给一个脚穿破皮鞋的人。

第一章 你是最好的销售员

曾有位经理说过这样一个小故事：

A公司是国内很有竞争力的公司，他们的产品质量非常不错，进入食品添加剂行业有一年，销售业绩就取得不错的成绩。

有一天，我的秘书电话告诉我A公司的销售人员约见我。我一听是A公司的就很感兴趣，听客户说他们的产品质量不错，我也一直没时间和他们联系。没想到他们主动上门来了，我就告诉秘书让他下午3：00到我的办公室来。

3：10我听见有人敲门，就说请进。门开了，进来一个人，穿一套旧的皱皱巴巴的浅色西装，他走到我的办公桌前说自己是A公司的销售人员。

我继续打量着他：羊毛衫，打一条领带；领带飘在羊毛衫的外面，有些脏，好像有油污；黑色皮鞋，没有擦，看得见灰土。

有好大一会儿，我都在打量他，心里在开小差，脑中一片空白。我听不清他在说什么，只隐约看见他的嘴巴在动，还不停地放些资料在我面前。

他介绍完了，没有再说话，安静了。我一下子回过神来，我马上对他说：把资料放在这里，我看一看，你回去吧！

就这样我把他打发走了。在我思考的那段时间里，我的心里没有接受他，本能地想拒绝他。我当时就想我不能与A公司合作。后来，另外一家公司的销售经理来找我，一看，与先前的那位销售人员简直有天壤之别，精明能干，有礼有节，是干实事的，我们就合作了。

作为一名与客户打交道的销售人员，我们应时刻注意自己的穿着，因为我们的衣着打扮品位不仅代表了自身的品位，同时更代表了公司的形象。

一位迷人的销售小姐想销售一些减免所得税的投资项目。她打扮得非常漂亮——要去参加正式晚宴！但她是去销售项目，不合时宜的打扮带给她的是负面效果。她穿着低开领的衣服，老实说，她半露的胸部肯定会分散顾客的注意力，只是因为她衣着如此不得体，以至于顾客很难集中精力听她说些什么，相反会想入非非。

著名的时装设计大师夏奈尔说过："一个女人如果打扮不当，你会注意她的衣着；要是她穿得无懈可击，你就会注意这个女人本身。"

从上面两个失败的案例我们可以看出：一身不合时宜的装扮简直就会要了我们的命。一般来说，男销售人员不宜留长发，女销售人员不宜浓妆艳抹、穿着暴露。

作为一名销售人员，你应当设法争取更多的顾客，打扮上要做到雅俗共赏，千万不要我行我素。年轻人可能会欣赏自己偶像的打扮，但我们本身如果不是在娱乐圈，最好不要太有个性。

除此以外，销售人员不能蓬头垢面，不讲卫生。有些销售人员不刮胡子，不剪指甲，一讲话就露出满口黄牙或被烟熏黑了的牙齿；衣服质量虽好，但不洗不熨，皱皱巴巴，一副邋遢、窝囊的形象。这样顾客就会联想到销售人员所代表的企业，可能也是一副破败衰落的样子，说不定已经快要破产了。

人们都会通过一个人的衣着来揣测对方的地位、家庭修养、所受的教育背景，因此我们应时刻注意自己的衣着品位，免得遭到某种不怀善意的猜测。

在衣着上，一定要注意颜色、式样、配饰的整体搭配，无论男女都不宜有过于花哨的装饰。

俗话说，"佛要金装，人要衣装"，拿破仑·希尔说过，成功的外表总能吸引人们的注意力，尤其是成功的神情更能吸引人们的"赞许性的注意力"。作为推销员，身边的每一个人都是我们的潜在客户，因此无论在工作还是在私人场合，无论是面对老客户还是陌生人，都要保持清洁、高格调的着装，从视觉上聚焦客户或潜在客户的注意力。反之，糟糕的服饰则不仅会让客户将你拒之门外，也将对你的公司和产品造成不良影响。

日本推销界流行的一句话就是：若要成为第一流的推销人员，就应先从仪表修饰做起，先以整洁得体的衣饰来装扮自己。只要你决定投入推销业，就必须对仪表服饰加以重视，这是绝对重要的。

刚进入推销行业时，法兰克的着装、打扮非常不得体，公司一位最成功的人士对法兰克说："你看你，头发长得不像个推销员，倒像个橄榄球运动员。你应该每周理一次发，这样看上去才有精神。你连领带都不会系，真该找个人好好学学。你的衣服搭配得多好笑，颜色看上去极不协调。不管怎么说吧，你得找个行家好好地教你打扮一番。"

"可你知道我根本打扮不起！"法兰克辩解道。

"你这话是什么意思？"他反问道，"我是在帮你省钱，你不会多花一分钱的。你去找一个专营男装的老板，如果你一个也不认识，干脆找我的朋友斯哥特，就说是我介绍的。见了他，你就明白地告诉他你想穿得体面些却没钱买衣服，如果他愿意帮你，你就把所有的钱都花在他的店里。这样一来，他就会告诉你如何打扮，

第一章 你是最好的销售员

包你满意。这么做,既省时间又省钱,你干吗不去呢?这样也更容易赢得别人的信任,赚钱也就更容易了。"

他这些话说得头头是道,法兰克可是闻所未闻。

法兰克去一家高级的美发厅,特意理了个生意人的发型,还告诉人家以后每周都来。这样做虽然多花了些钱,但是很值得,因为这种投资马上就赚回来了。

法兰克又去了那位朋友所说的男装店,请斯哥特先生帮他打扮一下。斯哥特先生认认真真地教法兰克打领带,又帮法兰克挑了西服以及与之相配的衬衫、袜子、领带。他每挑一样,就评论一番,解说为什么挑选这种颜色、式样,还特别送给法兰克一本教人着装打扮的书。不光如此,他还对法兰克讲一年中什么时候买什么衣服,买哪种最划算,这可帮法兰克省了不少钱。法兰克以前老是一套衣服穿得皱巴巴时才知道换,后来注意到还得经常洗熨。斯哥特先生告诉法兰克:"没有人会好几天穿一套衣服。即使你只有两套衣服,也得勤洗勤换。衣服一定要常换,脱下来挂好,裤腿拉直。西服送到干洗店前就要经常熨。"

过了不久,法兰克就有足够的钱来买衣服了,他又掌握了斯哥特所讲的省钱的窍门,便有好几套可以轮换着穿了。

还有一位鞋店的朋友告诉法兰克鞋要经常换,这跟穿衣服一样,勤换可以延长鞋子的寿命,还能长久地保持鞋的外形。

不久,法兰克就发现这样做起作用了。光鲜亮丽、整整齐齐的外表能够给客户传递出一种积极的态度,这种积极的态度有助于客户对你产生好感,从而对你的商品产生好感,促成交易。

成功与衣装有很大关系,新时代的成功哲学是:70%的才干加上30%的包装。

推销业,是一个不断与人打交道的行业,衣着就是你的通行证。

推销员与客户见面后,首先映入客户眼帘的是你的穿着打扮,因此,推销人员应重视自己的着装。据调查,推销人员整洁的外表是引起顾客购买欲的先决条件。美国一项调查表明,80%的顾客对推销人员的不良外表持反感态度。

一位女推销人员在美国北部工作,一直都穿着深色套装,提着一个男性化的公文包。后来她调到阳光普照的南加州,她仍然以同样的装束去推销商品,结果成绩不够理想。后来她改穿色彩稍淡的套装,换了一个女性化一点的皮包,使自己有亲切感,着装的这一变化,使她的业绩提高了25%。

"你不可能仅仅因为打对了一条领带而获得订单，但你肯定会因系错领带而失去一份订单。"这句话很朴实，也很经典，提醒人们千万不要忽略了服饰的重要性。整洁而专业的着装不仅是对客户的尊重，还会影响自己的精神状态，一个得体的着装，一套职业的服饰，能让你看起来神清气爽、精神饱满。因此，不妨花一点时间来注重一下自己的着装，这是你对自己应有的，也是绝对值得的投资。

当然，印象的形成不单单只以外表为参照标准，表情、动作、态度等也非常重要。即使你长得不是很漂亮，只要充满自信，态度积极诚恳，同样会感染、感动客户。

日本著名的销售大师原一平先生根据自己50年的推销经验，总结出了"整理服饰的8个要领"和"整理外表的9个原则"。

整理服饰的8个要领：

（1）与你年龄相近的稳健型人物，他们的服装可作为你学习的标准。

（2）你的服装必须与时间、地点等因素符合，自然而大方，还得与你的身材、肤色相搭配。

（3）衣着穿得太年轻的话，容易招致对方的怀疑与轻视。

（4）流行的服装最好不要穿。

（5）如果一定要赶流行，也只能选择较朴实无华的。

（6）要使你的身材与服装的质料、色泽保持均衡状态。

（7）太宽或太紧的服装均不宜，大小应合身。

（8）不要让服装遮掩了你的优秀素养。

整理外表的9个原则：

（1）外表决定了别人对你的第一印象。

（2）外表会显现出你的个性。

（3）整理外表的目的就是让对方看出你是哪一类型的人。

（4）对方常依你的外表决定是否与你交往。

（5）外表就是你的魅力表征。

（6）站姿、走姿、坐姿是否正确，决定你让人看起来顺不顺眼。不论何种姿势，基本要领是脊椎挺直。

（7）走路时，脚尖要伸直，不可往上翘。

（8）小腹往后收，看来有精神。

（9）好好整理你的外表，会使你的优点更突出。

礼节是润滑剂

有些人虽然相貌很漂亮，但一举手投足便显俗气，甚至令人生厌。因此，在交际活动中，要给人留下美好而深刻的印象，外在美固然重要，而高雅的谈吐和举止则更让人喜爱。这就要求我们一举手一投足都要有意识地锻炼自己，养成良好的行为姿态，做到举止端庄、优雅懂礼。

一个人的举止是自身素养在生活和行为方面的反映，是反映现代人涵养的一面镜子。要想成为一名优秀的推销员，我们需注意以下几个基本礼节：

1. 提早 5 分钟到达

时间约定了，就不要迟到，永远做到比客户提前 5 分钟到达，以建立美好印象，赢得信任。早到 5 分钟，你可以有所准备，想想与客户怎么说、说什么等，这样也不至于见面时语无伦次。不迟到，这是一个成功的推销人员必备的基础，也是你博得客户好印象的一个关键。

2. 握手的礼节

在推销场合，当介绍人把不认识的双方介绍完毕时，若双方均是男子，某一方或双方均坐着，那么就应站起来，趋前握手；若双方是一男一女，则男方一般不应先要求对方握手。握手时，必须正视对方的脸和眼睛，并面带微笑。这里应注意，戴着手套握手是不礼貌的，伸出左手与人握手也不符合礼仪；同时，握手时用力要适度，既不要太轻也不要太重。

3. 使用名片的礼节

一般来说，推销人员应先递出名片，最好在向顾客问候或做自我介绍时就把名片递过去。几个人共同访问顾客时，后辈应先递出名片，或先被介绍者先递名片。递名片时，应该用双手拿名片，并面带微笑。接顾客的名片时，也应用双手，接过名片后应认真看一遍，然后放入口袋或公事包里，切不可拿在手中玩。若顾客先递出名片，推销人员应该先表示歉意，收起对方的名片之后再递出自己的名片。

4. 吸烟的礼节

在推销过程中，推销人员尽量不要吸烟。面谈中吸烟，容易分散客户的注意力。如果知道客户会吸烟，可以先递上一支烟。如果客户先拿出烟来招待自己，推销人员应赶快取出香烟递给客户说："先抽我的。"如果来不及递烟，应起身双手接烟，并致谢。不会吸烟的可婉言谢绝。应注意吸烟的烟灰要抖在烟灰缸里，不可乱扔烟头、乱抖烟灰。当正式面谈开始时，应立即灭掉香烟，倾听客户讲话。如果客户不吸烟，推销人员也不要吸烟。

5. 喝茶的礼节

喝茶是中国人的传统习惯。如果顾客端出茶来招待，推销人员应该起身双手接过茶杯，并说声"谢谢"。喝茶时不可狂饮，不可出声，不可品评。

6. 打电话的礼节

推销人员在拿起电话之前应做好谈话内容的准备。通话内容应力求简短、准确，关键部分要重复。通话过程中，应多用礼貌用语。若所找的客户不在，应请教对方，这位客户何时回来。打完电话，应等对方将电话挂断后，再将电话挂上。

7. 聚会礼节

当推销人员参加公司的庆功会等一些活动时，不仅要讲究文明、礼貌、道德、卫生，还要注意衣着整洁，举止端庄，不可大声喧哗。如有舞会，音乐奏起，男女可互相邀请，一般是男伴邀请女伴，女伴尽可能不拒绝别人的邀请。如果女伴邀请男伴，男伴不得谢绝。音乐结束时，男伴把女伴送到她原来的座位上，并向她点头致谢。

总而言之，要想推销成功，就要推销自己。要想推销自己，必须讲究推销礼仪，进行文明推销。

销售工具箱，道具不可少

许多推销员跑到公司去拜访，因为事先没有做好准备，于是就常常出现以下尴尬的场面：

一位推销员向被访公司经理敬烟，烟递上去了，一摸口袋，却发现自己没带打火机……

一位在大热天来访的推销员，脸上淌着汗，因为忘了带手帕，无法擦拭，有一位女职员看不过去，就递了手巾给他，让这个推销员惭愧得不知如何是好……

一位推销员，当他告辞时嘴里像蚊子叫似的不好意思地说："对不起，是不是可以借我一点钱搭车回去？"一边说着，一边难为情地面红耳赤……

因此，推销员一定要做好准备工作，除了仪表整洁之外，还要准备好相关的

第一章 你是最好的销售员

销售工具，例如名片、产品样品、说明书、附赠品、价格表、订货单等。在推销产品时，如果能适当地运用这些辅助的销售工具，将会大大增强你的推销效果，甚至让你收到意想不到的效果。

CFB公司总裁柯林顿·比洛普在二十几岁的时候便拥有了一家小型的广告与公关公司。为了多赚一点钱，他同时也为康涅狄格州西哈福市的商会推销会员证。

在一次特别的拜会中，他会晤了一家小布店的老板。这位工作勤奋的小老板是土耳其的第一代移民，他的店铺离那条分隔哈福市与西哈福市的街道只有几步路的距离。

"你听着，年轻人。"他以浓重的口音对柯林顿说道，"西哈福市商会甚至不知道有我这个人。我的店在商业区的边缘地带，没有人会在乎我。"

"不，先生，"柯林顿继续说服他，"你是相当重要的企业人士，我们当然在乎你。"

"我不相信，"他坚持己见，"如果你能够提出一丁点儿证据反驳我对西哈福市商会所下的结论，那么我就加入你们的商会。"

柯林顿注视着他说："先生，我非常乐意为你做这件事。"然后，他拿出了一个准备好的大信封。

柯林顿将这个大信封放在小布店老板的展台上，开始重复一遍先前与小老板讨论过的话题。在这期间，小布店老板的目光始终注视着那个信封袋，满腹狐疑，不知道里面到底是什么。

最后，小布店老板终于无法再忍受下去了，便开口问道："年轻人，那个信封里到底装了什么？"

柯林顿将手伸进信封，取出了一块大型的金属牌。商会早已做好了这块牌子，用于挂在每一个重要的十字路口上，以标示西哈福商业区的范围。柯林顿带着他来到窗口，说："这块牌子将挂在这个十字路口上，这样一来客人就会知道他们是在这个一流的西哈福区内购物。这便是商会让人们知道你在西哈福区内的方法。"

一抹苍白的笑容浮现在小布店老板的脸上。柯林顿说："好了，现在我已经结束了我的讨价还价了，你也可以将支票簿拿出来结束我们这场交易了。"小布店老板便在支票上写下了商会会员的入会费。

通过这次经历，柯林顿体会到："做推销拜访时带着道具，是一种吸引潜在

25

客户目光的有效方式。"乔·吉拉德也指着自己随身携带的工具箱说:"如果让我说出我发展生意的最好办法,那么,我这个工具箱里的东西可能不会让你吃惊,我会随时为销售做好各种准备工作。"

准备赢得一切,对于推销员来说更是如此。精心准备好销售工具,既能让顾客感受到推销人员的诚意,又可以帮助推销人员树立良好的形象,形成友好、和谐、宽松的洽谈气氛,有利于推销工作更加顺利地开展。

推销你的服务意识

在世界著名的花旗银行曾发生过这样一件事情:有一个顾客到该银行的一个营业所,要求换到一张崭新的100美元钞票,说是要为他的公司作奖品用。可是当时这家营业所恰好没有新钞票。于是,银行的一位服务员立刻打电话到其他营业所,整整花了15分钟,终于从别的地方调来一张新钞票。随后,这位营业员十分郑重地把这张钞票放进一只盒子,并附上名片,上面写着:"谢谢您想到我们银行。"不久,这位本来是偶然到这家营业所换钞票的顾客回来开了个账户,并存上了25万美元。

换一张100美元的钞票,对一家大银行来说,简直不值得一提。另外,该营业员也可以用钞票能正常流通作借口,不换这张钞票,更不用说当时这家营业所确实没有新钞票。但是正是由于这位营业员具有强烈的为客户服务的意识,为顾客着想,真诚为顾客服务,才使顾客对这家银行有了信任感。

推销是一种服务,优质的服务就是良好的销售。只有推销人员乐于帮助顾客,才会和顾客和睦相处;时时为顾客着想,为顾客做一些有益的事,才会营造非常友好的气氛,而这种气氛是推销人员在推销工作顺利开展上所必需的。

服务就是帮助顾客,推销人员能够提供给顾客的帮助是多方面的,并不仅仅局限于通常所说的售后服务上。如,可以不断地向顾客介绍一些技术方面的最新发展资料;介绍一些促进销售的新做法;邀请顾客参加一些体育比赛等等。这些虽属区区小事,却有助于推销人员与顾客建立长期关系。

一位推销人员去拜访一家公司的董事长,董事长正要下逐客令时,秘书推门进来了,对董事长说:今天没有邮票。这个时候,推销人员站起来与董事长告别走了。第二天,他没有去拜访董事长,而是去拜访了秘书,见了秘书之后问秘书昨天给董事长说的"没有邮票"是什么意思。秘书告诉他，董事长有个独生子，喜欢集邮，过几天就是他的生日了，董事长要求秘书把来往各地信件的邮票收集一下，作为礼物送给他。推销人员一听，想到自己公司与全国各地也有信件往来，于是就收集了一大堆邮票，再次拜访董事长。董事长一见他就说："你怎么又来了，我不需要你的产品。"这个推销人员说："我今天不是来推销的，我是来给您送邮票的。我听说您儿子喜欢集邮，因此来给您送邮票。"董事长一听，非常高兴，事情发展到这个阶段，他会亏待这个推销人员吗？

凡优秀的推销人员皆具有良好的服务意识。顾客购买商品，即使有些事情是客户没有提出的事项，我们也要主动地提供服务。如果缺乏诚恳、热忱的服务，以客户的立场而言，对购买意志会产生动摇，失去信心。那么，推销人员在向顾客推销自己时，如何推销自己的服务意识呢？

1. 提供延伸服务

推销人员可以巧妙地为顾客提供一些产品之外的服务。以买车的事为例，推销人员除了向顾客介绍商品效益外，还可以为购车的客户提供旅游资料或详细索引表、安排适当行程等，使其在驾车出游时既无需考虑加油、修护、食宿等问题，又可了解沿途状况或旅游点的特点，增添许多欢乐，这便是对购买客户提供的最好服务项目之一。

2. 必要时刻伸手援助

推销人员应视自己如同顾客家族中的一分子，能在日常生活中经常予以协助、照顾。具体来说，像在碰到顾客家中有婚丧喜庆时，在力所能及范围内尽力地给予帮助。但是我们必须牢记我们本身仍是一名推销人员，对顾客的个人生活、服务太过热忱，相反有时会让对方留下不好的印象，要特别注意。

3. 把客户变成你的朋友

一个推销高手曾说，他得到的最有价值的一条推销经验就是：与每个顾客都成为朋友。那位成功的推销人员发现了友情经常在交易中成为决定性的因素。也许你有物美价廉的产品，但竞争者的产品可能与你的产品不相上下，这时顾客如何选择？最后，交易总要落到顾客感觉最好的销售人员身上。而让顾客喜欢你的最好办法就是成为他的朋友。

第三节　销售员要明确的真相

不是你去说服客户，而是让客户自己说服自己

当客户表示"我已经有了……目前还不需要""我拿不了主意""以后再说吧"，等等，推销员要在交谈中有意识地引导客户发现自己的需求。

[案例一]

销售员："您好，我是××电器公司业务员杨威，我打电话给您，是觉得您会对我公司最新推出的 LED 电视机感兴趣，它是今年的最新款式，全新配备了 200Hz 智能动感技术，色彩更艳丽，清晰度更高，而且是超薄的，还节能省电……"

客户："哦，我们的电视机凑合着还能用，目前还不需要 LED 电视。"

销售员："哦，是这样，请问您喜欢看体育比赛吗，比如说 F1 赛车？"

客户："是啊，F1 是我最喜欢的体育赛事了。"

销售员："不知道您有没有注意过，看比赛的时候，画面会有抖动和闪烁的现象，看着不清晰，有时候还有拖尾现象。"

客户："是啊，是啊。每次都让我非常郁闷，但我一直认为电视机都是这样的。"

销售员："不是的。其实采用一些智能技术之后，就可以消除这些令您不快的现象。比如说我们的这款电视，就可以通过自动分析相邻两帧的运动趋势并生成新帧，彻底消除画面的抖动和闪烁现象，画面就像丝绸一样平滑顺畅。要不您改天来亲身感受一下？"

客户："听起来不错，那我改天去看一下吧。你们最近的地址在哪儿？"

[案例二]

情人节的前几天，一位销售员给客户家里打电话推销化妆品。接电话的是男主人。

销售员："先生，我是×××化妆品公司的美容顾问罗斯，我们公司的化妆品是公认的好牌子，深受广大爱美女性的喜欢。我想您的夫人可能想买套化妆品。"

客户："化妆品？我太太没准会喜欢，她一向就爱打扮。但她今天不在家，我没法替她拿主意。"

销售员："先生，情人节马上就要到了，不知您是否已经给您太太买了礼物？

第一章 你是最好的销售员

我想，如果您送一套化妆品给您太太，她一定会非常高兴。"

客户："嗯。"

销售员（抓住时机）："每位先生都希望自己的太太是最漂亮的，我想您也不例外。"

客户："你们的化妆品多少钱。"

销售员："礼物是不计价钱的，要送给心爱的太太，当然挑最好的。"

于是，一套很贵的化妆品就推销出去了。

大多数人都不喜欢被人说服和管理，尤其是被自己不喜欢的人。对于新客户而言，你还不足以让他对你产生信任，这个时候你最好别把自己的意见强加给客户。人们讨厌被销售员说服，但是喜欢主动做出购买决定。销售员的目标就是：让客户认识到自己的需求。

案例一中的销售员就很善于引导客户发现自己的需求。

首先，肯定客户的说法。销售员向客户介绍LED电视机，而客户表示暂时不需要。这时如果继续向客户介绍产品，得到的回答必然是拒绝，销售员很聪明地及时打住了。

然后，话锋一转，问客户是否喜欢看体育比赛。这是很平常的提问，客户不会产生防范心理。接下来就自然地提到电视机技术，从而激发客户对LED电视机的兴趣，之后的产品介绍就水到渠成了。这个过程是销售员为客户创造需求的过程。

跟案例一类似，案例二中的销售员抓住了情人节这个契机使推销获得成功。

刚开始，销售员反复向男主人介绍化妆品的好处，结果并不理想。这时，销售员灵机一动："如果您送一套化妆品给您太太，她一定会非常高兴。"结果那位男主人果然心动，当他询问价钱时，销售员又机智地说："礼物是不计价钱的。"最后成交了。销售员正是抓住了"情人节"这个契机，成功销售了昂贵的化妆品。

"没有需求"型的客户很多情况下并不是真的没有需求，只是出于本能的防范心理，不愿意被销售员缠住。销售员如果能发挥思维优势，提出让客户感兴趣的事情，他也会愿意和你交流。这时候要及时把握好客户关注的焦点，让自己有机会在和客户沟通的过程中，掌握好客户的真正需求，进而促进成交。

让客户自己说服自己的方法还有：

29

（1）向客户请教，掌握他的真正需求。

（2）预测客户的未来需求。

（3）通过提问，了解客户需求。

（4）破解客户的深层心思，挖掘客户的真实需求。

客户的购买标准并非雷打不动

销售员听到客户说"这不是我们需要的类型"，转身就走，只能一无所获。怎样突破貌似雷打不动的购买标准呢？

站在客户的立场上，想客户之所想，启发客户选择最佳需求标准。

张平："我听说您想购买我们公司的货车，我想我也许能帮上您的忙。"

客户："我想买一辆两吨位的货车。"

张平："两吨的有什么好的？万一货物太多，4吨不是很实用吗？"

客户："我们也得算经济账啊！这样吧，以后我们有时间再谈。"

（此时，推销明显有些进行不下去了，如果张平没有应对策略，也许就到此为止了，但张平不愧是一位销售高手。）

张平："你们运的货物每次平均重量一般是多少？"

客户："很难说，大约两吨吧。"

张平："是不是有时多、有时少呢？"

客户："是这样。"

张平："究竟需要什么型号的车，一方面看货物的多少，另一方面要看在什么路上行驶。你们那个地区是山路吧？而且据我所知，你们那儿的路况并不好，汽车的发动机、车身、轮胎承受的压力是不是要更大一些呢？"

客户："是的。"

张平："你们主要利用冬季营运吧？那么，这对汽车的承受力是不是要求更高呢？"

客户："对。"

张平："货物有时会超重，又是冬天里在山区行驶，汽车负荷已经够大的了，你们在决定购车型号时，连一点儿余地都不留吗？"

客户："那你的意思是……"

第一章 你是最好的销售员

张平："您难道不想延长车的寿命吗？一辆车满负荷甚至超负荷，另一辆车从不超载，您觉得哪一辆寿命更长？"

客户："嗯，我们决定选用你们的4吨车了。"

就这样，张平顺利地卖出了一辆4吨位的货车。

在这个案例中，我们看到，张平负责推销4吨位货车，而客户想要两吨位的货车，因此在谈话刚刚开始时，张平就遭到了客户的拒绝，"以后我们有时间再谈"。这是客户做出的决策，是不容易改变的，这时如果张平没有应对的策略，那么谈话也就到此结束了。

"你们运的货物每次平均重量一般是多少？"通过这么一句感性的提问，聪明的销售员把客户的思维拉了回来。在下面的交谈中，张平做了一个重要的工作，那就是影响客户的需求标准，让客户自己制定对销售人员有利的需求标准。

谈到对我们有利的需求标准，我们应该知道自己的独有销售特点。独有销售特点是公司与竞争对手不同的地方，也就是使公司与竞争对手区别开来的地方。独有销售特点可能是与公司相关的，也可能是与公司产品相关的，还可能是与销售人员相关的，总之，一定要做到与众不同。与众不同将使公司更具有竞争优势。知道了自己的与众不同之处后，再与客户交流时，就尽可能地将客户认为重要的地方引导到自己的独有销售特点上，通过转变客户的需求来影响客户的决策。

当然，我们在电话中与客户谈独有销售特点时，重点应放在独有销售特点带给客户的价值上。

总的来说，销售员在销售期间要仔细倾听客户的意见，把握客户的心理，这样才能保证向客户推荐能够满足他们需要的商品，才能很容易地向客户进一步传递商品信息，而不是简单地为增加销售量而推荐商品。转变客户的需求标准来实施销售就是要站在客户的立场上，想客户之所想，这样才能成交。

一个金牌销售员曾谈到以下销售需要注意的事项：

（1）虽然签单了，但这张单还没有真正结束，首先客户的钱还没到账。其次，可能中间会出问题。

（2）一棵小草不是目的，后面的森林才是我们销售者所想要的。我们需要顺着这个单子继续往下，做更大的生意。因为我们的目的是做大客户，不能签了一个单子就万事大吉了。在现实销售中，拿下一个新客户要比拿下一个老客户的难度高5倍，所以做老客户要比新客户容易得多。但现实中的销售人员经常是狗熊掰玉米，

31

掰一个扔一个，从来没想过把一个客户做深、做精。越大的客户，他的后续价值越大。对于他们来说，先给你的单子往往是比较小的，如果后续跟踪那会得到更大的单子。

（3）建立口碑和形象。我们在签单之后对用户的态度会形成我们的口碑，影响以后的工作。因为大客户非常注重信誉与口碑，大客户之间会经常沟通，如果一个销售员的态度不好，其他的客户就会知道。如果我们重视自己的口碑，让用户觉得与我们合作没错，当大客户下一次有业务时，还想找我们，这代表他真正信任我们。这对销售人员来讲，是很高的荣誉。

切莫轻贱这一行，世界上没人离得开销售

有些销售员看不起自己的岗位，要么三心二意，要么消极地混日子。他们怎么也想不透销售工作的价值到底在哪里。

销售员要意识到销售工作的重要性，只要努力去做，就能从平凡走向卓越。

有两个大学生毕业后同时进入一家公司，成为该公司的销售代表。

第一个虽然对这种"低端"工作并不满意，但是他仍然每天兢兢业业地工作，把每一个项目都做到最好。更重要的是，他做了长远规划。他把当下的销售工作当作未来事业的起点，不断地在实践中认真学习和提高自己的能力。他善于思考，经常花费时间和精力去解决市场中的问题。他每天都能积极乐观地面对自己遇到的各种难题，并对自己的前途充满希望。

另一个则只是把销售当作当下谋生的手段，缺少对工作的热情，每天按部就班地照公司的规定办事，还时不时偷懒。虽然表面上他也能把应该完成的业绩完成，但也仅限于此，从不多考虑一步。他还非常看重薪水，在这家公司没做多久，就跳槽去了另一家薪水稍高的公司。

10年过去了，两人的发展截然不同。前者因为业绩突出，能力强，不断获得领导赏识，一路升职，已经成为那家公司的销售总裁；后者则不断跳槽，每次都是追求更高一点的薪水，但做来做去一直都是普通销售员而已。

"不想当将军的士兵不是好士兵。"工作中每个人都拥有成为优秀员工的潜能，都拥有被委以重任的机会，只有你努力工作，一心向上，机会才能降临到你头上。

既然选择了销售这个行业，就应该全身心投入，用努力换取应有的回报，而不应

该因为对当下的工作不满意，每天消极地应付，浑浑噩噩。走脚下的路的同时，也要把目光放长远。上述案例中的两个大学生，由于态度的不同，导致结局不同，可谓必然。

销售员要对自己的工作感到骄傲和自豪，因为好多伟大的人都是从这一行起家的。我们熟知的世界上最伟大的推销员，如原一平、博恩·崔西、克莱门特·斯通，他们最初都是从最底端做起的。他们对自己的工作充满激情，为自己的工作感到骄傲，从而能够在自己胜任的岗位上最大限度地发挥自己的能力，实现自己的价值，不断实现自我提升。只要你能够积极进取，就能从平凡的工作中脱颖而出。因此我们要树立正确的价值观，找到自己前进的方向，并为之努力奋斗。只有坚持不懈的人，才会最终成为那少数的成功者之一。

想一想，小到一支几毛钱的铅笔，大到价值数百亿的交易，是不是都离不开商业销售？我们每个人，不论性别、年龄、职位……是不是没有谁能够离开销售活动？那么，在商业社会中，谁才是最重要的人？

答案是：销售工作者。

很多人都觉得销售工作很平凡，其实不然，这个世界没人能离得开销售。正是数以千万计的销售员支撑着现代社会的商业体系，他们为每个消费者带去方便和温暖。对销售界的从业人员来说，不管是高层的销售经理，还是底层的业务代表，其所从事的销售工作都是有价值的。

销售应该被看作一种服务性的职业，销售员在给客户带来方便的同时，也可以从中获得客户的认可和尊重。对于销售工作来讲，各种各样的挫折和打击是在所难免的。你要从另一个角度看待这个问题，只有在征服困难的过程中，才能获得最大的满足。

对手不是对头，"师夷长技以制夷"

销售员理所当然地认为竞争对手就是冤家对头，下绊子、设圈套、恶性竞争，无所不用其极，最终导致两败俱伤。

对手不是对头，而是共同成长的伙伴，向对手学习才能超越对手。

［案例一］

沃尔玛连年来稳坐全球零售界头把交椅，这个从美国中部阿肯色州的本顿维尔小城崛起的杂货店，连年销量超过千亿美元。沃尔玛的销售秘诀可以说是全世界销售员供奉案头学习的销售圣经。然而，这家被世界上所有零售商店作为学习榜样和竞争对手的商店，其实也一直是在向竞争对手的学习中不断成长的。

沃尔玛的竞争对手斯特林商店开始采用金属货架以代替木质货架后，沃尔玛创始人沃尔顿先生立刻请人制作了更漂亮的金属货架，并成为全美第一家百分之百使用金属货架的杂货店。

沃尔玛的另一家竞争对手本·富兰克特特许经营店实施自助销售时，沃尔顿先生连夜乘长途汽车到该店所在的明尼苏达州去考察，回来后开设了自助销售店，当时是全美第三家。

正是在这样的竞争与学习中，经过40多年的奋斗，沃尔玛公司从籍籍无名的小百货店跃居成为美国最大的私人雇主和世界上最大的连锁零售企业。截至2009年5月，沃尔玛在全球14个国家开设了7899家商场，每周光临沃尔玛的顾客达1.75亿人次。

[案例二]

李伟是一家电脑门店的店长，公司刚招聘了几名销售员，都是刚毕业的大学生，李伟当前的工作便是给这些销售员进行培训。

简要介绍完产品相关信息后，这些初入门的销售员依然问题不断："见了客户第一句话怎么开口？"有的问："这两台电脑的配置基本一样，为什么价格差这么多呢？"

李伟被这些问题弄得头昏脑涨，觉得一定得想个办法让这些年轻的销售员快速入门。忽然，李伟一眼扫过竞争对手的门店，便来了主意。

李伟把5个销售员都叫了过来，把他们分成两组，让他们去"买电脑"。

一听说买电脑，有的就急了："店长，我刚毕业没钱啊！"李伟只能耐心地解释，其实来自各竞争公司的培训就是最好的"免费培训"。同时李伟向销售员们详细介绍了哪个公司的哪几个销售员非常优秀，很容易取得客户的信任；哪个公司的销售员擅长产品讲解示范；哪个公司的销售员利用客户体验促单；哪个公司的销售员擅长忽悠牟取暴利等，同时强调大家一定要把自己当成是电脑买家，有疑问尽管问，甚至可以想尽办法刁难对方的销售员，看对方如何解决。

果然，在每个销售员都转了30家公司后，每人都收集到了不同品牌的报价单，同时跟不同的销售员谈判过，既了解了销售技巧，也摸透了对手的营销策略，可谓一举多得。

其实，竞争对手也是我们最好的老师。沃尔玛学习竞争对手的态度，值得所有销售员学习。案例二则是销售员学习竞争对手的现实案例。李伟可谓绝顶聪明，让对手给自己的销售员上了一堂生动而且实用的培训课。

第一章 你是最好的销售员

每个强者身后总有一帮顽强的对手。竞争是残酷的，是当仁不让的较量。然而，对手也是一面镜子，能照到自己的不足，能促进我们不断完善自己。对手是同行者，是挑战者，也是我们的良师益友。我们在与竞争对手的交锋和较量中，可不断学习到新的技术、新的促销手段和新的服务方式。

中国有句古话叫作"知己知彼，百战不殆"。销售员在与竞争对手的较量中，应当首先将对手当作自己的老师，充分了解、认识对手，在"知己知彼"的基础上，才能更深入地认识我们的产品和我们所面对的消费市场。可以说，应对竞争的第一步，就是拜竞争对手为师，主动了解我们的对手和我们所处的市场。

竞争对手是我们需要战胜的敌人，也是我们最好的老师。聪明的销售员善于向竞争对手学习，将激烈的竞争化作自己不断提高与改进的动力，在充分了解与认识竞争对手的基础上，不断督促自己改进销售策略与服务质量，让自己能够在竞争中长期保持不败。

成功是一个从量变到质变的漫长过程

坚持就是胜利，所有人都懂得这个道理，但是要真正做到并不容易。

始终记着心中的目标，坚持就不再是盲目的举动。

开学第一天，苏格拉底对学生们说："今天咱们只学一件最简单也是最容易的事。每人把胳膊尽量往前甩，然后再尽量往后甩。"说着，苏格拉底示范了一遍。"从今天开始，每天做300下。大家能做到吗？"

学生们都笑了。这么简单的事，有什么做不到的？过了一个月，苏格拉底问学生们："每天甩手300下，哪些同学在坚持着？"有90%的同学骄傲地举起了手。又过了一个月，苏格拉底又问，这回，坚持下来的学生只剩下八成。

一年过后，苏格拉底再一次问大家："请告诉我，最简单的甩手运动，还有哪些同学坚持了？"这时，整个教室里，只有一人举起了手。这个学生就是后来古希腊另一位大哲学家柏拉图。

与柏拉图一样能坚持的还有齐藤竹之助。

齐藤竹之助遭拒绝的经历实在是太多了。有一次，靠一个老朋友的介绍，他去拜见另一家公司的总务科长，谈到生命保险问题时，对方说："在我们公司里有许多人反对加入保险，所以我们决定，无论谁来推销都一律回绝。"

"能否将其中的原因对我讲讲？"

"这倒没关系。"于是，对方就其中原因做了详细说明。

"您说的的确有道理，不过，我想针对这些问题写篇论文，并请您过目。请您给我2周的时间。"

临走时，齐藤竹之助问道："如果您看了我的文章感到满意的话，能否予以采纳呢？"

"当然，我一定向公司领导建议。"

齐藤竹之助连忙回公司向有经验的老手们请教，接连几天奔波于商工会议所调查部、上野图书馆、日比谷图书馆之间，查阅了过去3年间的《东洋经济新报》《钻石》等经济刊物，终于写了一篇比较有把握的论文，并附有调查图表。

两周以后，他再去拜见那位总务科长。总务科长对他的文章非常满意，把它推荐给总务部长和经营管理部长，进而使推销获得了成功。

齐藤竹之助深有感触地说："销售就是初次遭到客户拒绝之后的坚持不懈。也许你会像我那样，连续几十次、几百次地遭到拒绝，然而，就在这几十次、几百次的拒绝之后，总有一次，客户将同意采纳你的计划。为了这仅有一次的机会，销售员在做着不懈的努力。销售员的意志与信念就显现于此。"

销售员面对客户的拒绝，如果扭头就走，就一定不是一个优秀的销售员。优秀的销售员都是从客户的拒绝中找到机会，最后达成交易的。即使你遭到客户的拒绝，还是要坚持继续拜访。如果不再去的话，客户将无法改变原来的决定而采纳你的意见，你也就失去了销售的机会。

世间最容易的事常常也是最难做的事，最难的事也是最容易做的事。说它容易，是因为只要愿意做，人人都能做到；说它难，是因为真正能做到并持之以恒的，终究只是极少数人。

半途而废者经常会说"那已足够了""这不值""事情可能会变坏""这样做毫无意义"，而能够持之以恒者会说"做到最好""尽全力""再坚持一下"。龟兔赛跑的故事也告诉我们，竞赛的胜利者之所以是笨拙的乌龟而不是灵巧的兔子，这与兔子在竞争中缺乏坚持不懈的精神是分不开的。

巨大的成功靠的不是力量而是韧性，竞争常常是持久力的竞争。有恒心者往往是笑到最后、笑得最好的胜利者。每个人都有梦想，而追求梦想需要不懈地努力，只有坚持不懈，成功才不再遥远。

《羊皮卷》故事中的少年海菲接受了主人的10张羊皮卷的商业秘诀之后，孤身一人骑着驴子来到了大马士革城。走在喧哗的街道上，他心中充满了疑虑和恐惧，尤其是曾经在伯利恒小镇上推销那件袍子的挫败感笼罩在他的心底，突然他想放弃自己的理想，他想大声地哭泣。但此刻，他的耳畔响起了主人的声音，"只要决心成功，失败永远不会把我击垮"。

于是，他大声呐喊："我要坚持不懈，直到成功。"

他想起了《羊皮卷》中的箴言：坚持是一种神奇的力量，有时，它甚至会感动上苍，神灵也会助你成功的。

知识有"保鲜期"，学习没有终点

有人认为销售只是一项技术活，完全靠嘴皮子，只要跟客户搞好关系，个人的学习和修养无关紧要。但是长期下来，知识欠缺却影响了销售进展。

最优秀的销售员，是最善于学习、最勤于学习的。学习不仅是一种态度，而且是一种信仰。

原一平有一段时间，一到星期六下午就会自动失踪。

他去哪里呢？

原一平的太太久惠是有知识、有文化的日本妇女，因原一平书读得太少，经常听不懂久惠话中的意思。另外，因业务扩大，认识了更多更高层次的人，对许多人的谈话内容，原一平也是一知半解。所以，原一平选了星期六下午作为进修的时间，并且决定不让久惠知道。

每周原一平都事先安排好主题。

原本久惠对原一平的行踪一清二楚，可是自从原一平开始进修后，每到星期六下午他就失踪了，久惠很好奇地问原一平：

"星期六下午你到底去了哪里？"

原一平故意逗久惠说："去找小老婆啊！"

过了一段时间，原一平的知识长进了不少，与人谈话的内容也逐渐丰富了。

久惠说："你最近的学问长进不少。"

"真的吗？"

"真的啊！从前我跟你谈问题，你常因不懂而躲避，如今你反而理解得比我还深入，真奇怪。"

"这有什么奇怪呢？"

"你是否有什么事瞒着我呢？"

"没有啊。"

"还说没有，我猜想一定跟星期六下午的小老婆有关。"

原一平觉得事情已到这地步，只好全盘托出："我感到自己的知识不够，所以利用星期六下午的时间，到图书馆去进修。"

"原来如此，我还以为你的小老婆才智过人。"

经过不断努力，原一平终于成为推销大师。

爱默生说："知识与勇气能够造就伟大的事业。"销售员要想成功，就要持续不断地学习，让自己的知识随时储备，不断更新。

很多人在大学毕业拿到文凭以后，就以为其知识储备已经完成，足以应付职场中的各种情况，可以高枕无忧了。殊不知，文凭只能表明你在过去的几年受过基础训练，并不意味着你在后来的工作中就能应付自如。文凭没有期限，但其效力是有期限的。

有一家大公司的总经理对前来应聘的大学毕业生说："你的文凭只代表你应有的文化程度，它的价值会体现在你的底薪上，但有效期只有3个月。要想在我这里干下去，就必须知道你该学些什么新东西，如果不知道该学些什么新东西，你的文凭在我这里就会失效。"

在这个急速变化的时代，只有在工作阶段继续学习才能适应这种快速变化，满足工作的需要，跟上时代的步伐。可见，文凭不能涵盖全部知识的学习，不断地学习新知识和技能，才能在职场中得以立足和发展。

当今是一个靠学习力决定高低的信息经济时代，每一个人都有机会胜出。现在的社会，要想永远立于不败之地，就必须拥有自己的核心竞争力。要想拥有超强的核心竞争力，就必须拥有超强的学习力。

世界级推销大师托尼·高登说，现在社会科学技术飞速发展，有一种说法，说文凭有效期仅为3个月，社会上提倡终生学习，因为只有学习才能制胜。每一个人每天都要学习，时时不忘"充电"，并且把学到的知识运用到实际工作中。这样做了，你还有什么理由不优秀呢？

1. 不断学习市场营销知识

作为一名优秀的销售员，其任务就是对企业的市场营销活动进行组织和实施。因此，必须具有一定的市场营销知识，这样才能在把握市场销售的发展趋势上占优势。

2. 不断学习心理学知识

现代企业的营销活动是以人为中心的，它必须对人的各种行为，如客户的生活习惯、消费习惯、购买方式等进行研究和分析，以便更好地为客户提供最大的方便与满足；同时实现企业利益的增加，为企业的生存和发展赢得一定的空间。

3. 掌握一定的企业管理知识

一方面是为满足客户的要求，另一方面是为了使销售活动体现企业的方针政策，达到企业的整体目标。

4. 不断学习市场知识

市场是企业和销售员活动的基本舞台，了解市场运行的基本原理和市场营销活动的方法，是企业和销售获得成功的重要条件。

第二章

销售准备

第一节　常见的销售误区

在客户面前低三下四，赔了面子又丢单子

由于对方的身份地位显赫而感到自卑，不自觉地把自己放在低人一等的位置。本想以谦卑的姿态赢得信任，结果却适得其反，赔了面子又丢订单。

面对客户要不卑不亢，无论对方多么"高大"，都要牢记：他只是你的客户，你们之间是平等的关系。

俞恒是一个刚进入销售行业不久的新人，平时跟朋友、同事交往时都很自信，言谈风趣。但是当他面对客户，向别人介绍产品时，却好像完全变了一个人。他总觉得自己比客户矮了半截，平日的潇洒自信烟消云散，代之以满脸的怯懦和紧张。

这种情况在他接近那些老总级别的人时尤为明显。有一次，俞恒获得了一个非常难得的销售机会，不过需要跟那家合资公司的老板面谈。俞恒走进那装饰豪华的办公室，就紧张得不得了，浑身打战，甚至连说话的声音都在发抖。他好不容易控制自己不再发抖，但仍然紧张得说不出一句囫囵话。老总看着他，感到很惊讶。终于，他佝偻着背，磕磕巴巴地说道："王总……啊……我早想来见您了……啊……我来介绍一下……啊……产品。"他那副点头哈腰、低三下四的样子让王总觉得莫名其妙，甚至怀疑他有什么不良企图。

会谈不欢而散，大好机缘就这样被浪费了。

大人物一般来说社会地位高，有一定的社会威望，许多销售员在拜访大人物时经常畏首畏尾。然而，销售最大的忌讳就是在客户面前低三下四，过于谦卑。像案例中的俞恒那样，还未到正式谈判就已经败下阵来，心理如此脆弱的人，不失败才怪。

销售时卑躬屈膝不但会影响你的形象和人格，而且会使你所销售的产品贬值。畏畏缩缩、唯唯诺诺的销售员不可能赢得客户的好感，反而会让客户非常失望。因为你的表现证明你不是一个光明正大的人，不是个可信赖的人，那么他对你所销售的产品就更不相信了。

优秀的销售员要有敢于向大人物销售的勇气。如果你总是逃避，不敢去做你害怕的事情，不敢去害怕去的地方，不敢见大人物，那么机会一定不会因为你害怕而光顾你。

其实许多你害怕去的地方往往蕴藏着成功的机遇，在大地方向大人物销售往往比向小客户销售容易得多。大部分销售员畏惧这些地方，他们也很少光顾这里，如果你敢于迈出这一步，向大人物销售自己的商品，那么你就很可能会成功。

另外，在大人物这里，由于前来销售的业务员很少，因此，他们往往不像小客户那样见到销售员就说"不"。一个真正成功的大人物或者一个从基层干到领导层的人，很多情况下会怀着一颗仁慈的心来接纳你，并给你一次机会。你可以通过以下方法克服畏惧心理：

（1）正确认识销售工作，销售不是卑贱的行业。

（2）告诉自己："大人物也是有感情的，只要自己努力了，就一定会有好的结果。"

（3）肯定自身的价值，不要自卑。自轻自贱是许多销售员不敢面对大人物的根本原因。

（4）在销售过程中，要尽量与客户站坐平等。科学研究证明，交流双方位置的不同对人的心理是有很大影响的。

懂得换位思考，死缠烂打令人厌烦

向客户推介产品时，自以为只要有毅力坚持下去，就可以成交。然而，销售员的毅力和坚持却常常引起客户的不耐烦，甚至把对方吓跑。

对客户的心理有所了解，为客户着想，从对方的角度考虑问题。

在卖场的促销区出现了下面的场景：

"这位小姐，我们公司现在有个促销活动，如果您买了我们的化妆品，就可以享受一些优惠政策，比如免费旅游。"

"不好意思，我对于这些优惠没有兴趣。我从来不买国产品牌化妆品，哪怕优惠再多、价格再低都不会考虑的，我看重的是品牌和质量。"

"这个您不用担心，我们公司有专业的咨询师，他们会针对您的具体情况给您提供您需要的产品。"

"这种产品对我没有意义，没有必要去搞什么咨询。"

"我可以向您保证这种产品的质量绝对是一流的，还能免费旅游，机不可失，时不再来……"

"对不起，我还有事。"顾客头也不回地离开了。

这位销售员的错误在于：不设身处地为客户着想，而是自以为是，喋喋不休，终于引起客户的反感。他的产品介绍是"死"的，跟背台词似的，完全不考虑顾客的感受和反应。

很多销售员在销售产品时都会犯类似的错误，他们不清楚客户为什么要购买自己的产品，只认为把产品卖出去，自己拿到提成，就万事大吉了。于是他们把嘴巴当成喇叭，对顾客进行"广告轰炸"。殊不知，这种销售手段早已过时，没人吃这一套了。

优秀的销售员要理解顾客关注的并不是所购产品本身，而是关注通过购买产品能获得的利益或功效。成功的销售员普遍具有一种很重要的品质，即积极主动、设身处地为客户着想。站在对方立场去思考问题，才能了解客户的需求，才会知道客户需要什么、不需要什么，这样就比较容易抓住销售重点了。

当你为客户考虑更多，为自己考虑更少时，也许会被迫放弃部分眼前利益。不过，你会因此而获得更加长远的利益。处处为客户着想，不仅仅是想客户之所想，急客户之所急，还要让客户看到实惠的东西省了钱，只有你为他办了实事，还最大限度地为他省了钱，这样才能与客户保持长久的合作关系，并由此提高你的销售业绩。

综观那些业绩突出的销售员，他们之所以业绩出色，是因为他们的价值观念、行为模式比一般人更积极。他们绝不会死缠烂打，不厌其烦地介绍自己的产品，而是主动为客户着想，"以诚相待、以心换心"，这样才能赢得回头客，保持业绩之树常青。学会换位思考，是销售员对待客户的基本原则，更是销售员成功的

第二章　销售准备

基本要素。

日本日立公司广告课长和田可一说过："在现代社会里，消费者是至高无上的，没有一个企业敢蔑视消费者的意志；蔑视消费者，只考虑自己的利益，一切产品都会卖不出去。""顾客就是上帝"这一观念时至今日已成为销售的信条和法宝，但是真正能做到的没有几个。销售员在销售产品时，应本着双赢的原则，在考虑自身利益的同时，也要考虑顾客的利益。只有做到互惠互利，才能销售成功；只有让客户有利益，你才能获得利益；只有站在双赢的角度思考问题，销售之路才会越走越宽。

走不出失败阴影，妄自菲薄难有作为

在销售的过程中，遭到拒绝是再正常不过的事情。但是很多初入行的销售员承受不了屡次被拒造成的挫败感，轻易退出了这个行业。

要牢记销售业的一个事实：大多数的成交是建立在客户的拒绝之上的。要想坚持到底，首先得锻炼自己的抗打击能力。

陈光是一家杀毒软件公司的推销员，刚开始上班，每天都信心百倍地出去推销杀毒软件。可是好几天过去了，他的推销却毫无进展，一套软件都没卖出去，还受了一肚子气。一个星期后，陈光向部门经理诉苦："经理，在那家公司推销是不可完成的任务，他们对我的态度太差了。我在想，是不是我根本不适合销售这个行业？要不你把我调到其他部门吧。"

经理耐心地听他说完，鼓励他说："每个人都会经历这个阶段，你不要这么快就怀疑自己，我觉得你还是挺有潜力的，为什么不再试一试呢？要相信自己。"

第二天，陈光抱着尝试的心态又去那家客户公司，他记着部门经理的话，告诉自己要争取向每一个人推销的机会。可是，在和客户谈话的过程中，他脑袋里不停地闪现一个念头："我不适合做推销员，就是再努力也成功不了的。"他越来越没有信心，最后沮丧地离开了那家公司。

就像空气中的细菌一样，被拒在销售这一行再平常不过。我们只有充满信心地去消除拒绝、解决问题，才可能获得成功。可惜的是，很多现实中的销售员在经历了一两次拒绝之后，便对自己产生了怀疑，给自我一种负面的心理暗示：我不适合这一行，怎么努力都不行的。不克服这种情绪，完成业绩就等于痴人说梦。

就像案例中的陈光一样，有些销售员一开始意气风发，一副舍我其谁的架势，

43

但是，几次打击之后，就开始怀疑自己的能力，丧失了信心和勇气。因此，逐渐形成怯懦、畏缩的心态，不敢面对客户，乃至不敢面对工作中的所有问题，最终变得庸庸碌碌，"泯然众人矣"。

销售员要学会赞美自己和鼓励自己。销售员得到的赞美机会很少，更多的时候要面对客户的责难、讥讽、嘲笑。没有人为你喝彩时，你要学会自己给自己鼓掌，学会赞美自己，坚强地面对一切挑战。

你还要不断地鼓励自己，使自己的心理始终处于一种积极的状态，这样就可以走出失败的境地，勇往直前。你要经常对自己说："明天会更好，只要努力，只要坚持，我总会成功的。"

销售过程中有几种常见的拒绝方式，下面是有针对性的相应建议：

1."我没时间！"

对此你可以说："我理解，我也老是时间不够用。不过，只要3分钟，您就会相信，这是个对您很重要的议题……"

2."你这是在浪费我的时间。"

对此你可以说："如果您看到这个产品会给您的工作带来一些帮助，您肯定就不会这么想了。很多顾客在使用了我们的产品后，在寄回的'顾客意见回执'中，对我们的产品都给予了很高的评价，因为产品真正帮助他们有效地节省了费用，提高了效率。"

3."抱歉，我没有钱！"

对此你可以说："先生，我知道只有您才最了解自己的财务状况。不过，现在先好好做个全盘规划，对将来才会最有利！我可以在星期一或者星期二过来拜访吗？"或者说："我了解。要什么有什么的人毕竟不多，正因如此，我们现在推荐一种方法，用最少的资金创造最大的利润，这不是对未来的最好保障吗？在这方面，我愿意贡献一己之力，可不可以下星期三或者周末来拜见您呢？"

4."目前我们还无法确定业务发展会如何。"

对此你可以说："先生，我们先不要担心这项业务日后的发展，您先参考一下，看看我们的供货方案有哪些优点，是不是可行。我是星期一来造访还是星期二比较好？"

5."我们会再跟你联络！"

对此你可以说："先生，也许您目前不会有什么太大的意愿，不过，我还是很乐意让您了解，要是能参与这项业务，对您会大有裨益！"

第二章　销售准备

6."要做决定的话，我得先跟合伙人谈谈！"

对此你可以说："我完全理解，先生，我们什么时候可以跟您的合伙人一起谈？"

7."说来说去，还是要销售东西。"

你可以说："我当然是很想销售东西给您，不过，正是能带给您好处才会卖给您。有关这一点，我们要不要一起讨论一下？我是下星期一来还是星期五过来比较好？"

8."我要先好好想想。"

对此你可以说："先生，其实相关的重点我们不是已经讨论过了吗？容我直率地问一句：您的顾虑是什么？"

不给客户说话机会，喋喋不休招人反感

向新客户推介产品时，还没弄清楚客户的需求，就迫不及待地展开演说，在心理上就让客户产生反感。

销售员不要一上来就慷慨陈词，应该通过各种方式了解客户的真正需求，然后有针对性地进行产品介绍。

［案例一］

推销员："卢先生，谢谢您给我机会介绍我们的产品。"

卢先生："不客气。"

推销员："请允许我介绍康福的最新系列产品——安逸。您也知道，现在顾客比较喜欢颜色亮一点的家具，老旧的款式已经不流行了。为了满足消费者的需求，我们的'安逸'系列正式问世了。客户想要的任何颜色如深红、紫色、黄色、亮粉红色等，应有尽有。而且，我们为零售商提供家具定制服务，定制不另加价，两天交货。价钱嘛，标准型只要350元，很不错吧？"

卢先生："嗯，那么……"

推销员："我的解说很清楚了吧？还有什么您想知道的吗？"

卢先生："你说得很清楚。只不过，嗯……我想年轻人会很喜欢你们的东西，可是你知道，这附近有不少退休老人公寓，我打算把我的目标客户锁定在比较年长、有固定收入的人，进货也以典雅、价钱合理的款式为主。"

45

[案例二]

某销售员正向一位年轻妈妈电话销售一本百科读物。

客户:"这套百科全书有些什么特点?"

销售人员:"这套书的装帧是一流的,整套都是真皮套封烫金字的装帧,摆在您的书架上非常好看。"

客户:"里面有些什么内容?"

销售人员:"本书内容按字母顺序编排,这样便于资料查找。每幅图片都很漂亮逼真。"

客户:"我能想象得出,不过我想知道的是……"

销售人员:"我知道您想说什么!本书内容包罗万象,有了这套书您就如同有了一套地图集,而且还是附有详尽地形图的地图集。这对您一定大有用处。"

客户:"我是为孩子买的,让他从现在开始学习一些东西。"

销售人员:"哦,原来是这样。这套书很适合小孩子的。它有带锁的玻璃门书箱,这样您的孩子就不会将它弄脏,小书箱是随书送的。我可以给您开单并送上门了吗?"

客户:"哦,我考虑考虑。你能不能找出其中的某部分比如文学部分,让我们了解一下其中的内容?"

销售人员:"本周内有一次特别的优惠抽奖活动,现在买说不定能中奖。"

客户:"我恐怕不需要了。"

在与客户沟通的过程中,很多销售人员经常遇到误解客户意思的问题,就像案例一中的那位销售员,本来有一次很好的产品推介机会,却因不了解客户的需求而导致成交失败。

案例二中的销售员给客户的感觉是太以自我为中心了,好像他需要的就是客户需要的。他完全站在自己的角度对产品进行理解,然后强加于客户,让客户感觉:这样的书是你需要的,而不是我需要的。

以上案例中销售失败的原因在于销售员没有考虑对方的需求。

很多电话销售员每天打100个陌生电话,希望成交88个,事实上,如果你不了解客户的需求,那么你的销售注定是不成功的。因此,你给客户打电话之前,首先要详细了解客户的需求。

需求有两层含义:暗示需求和明确需求。暗示需求就是客户对难点、困难、不满的模糊陈述，明确需求就是客户对不满的明确陈述。

比如说，客户说效果不好，这就是一个暗示需求，我们应该把他变为明确需求，应该说，您指的是哪方面效果不好？

不善于自我反省，屡错屡犯原地踏步

很多销售员喜欢抱怨客户，抱怨老板，但就是不会反省，认识不到自己身上的缺点和毛病。

只有善于反省，才不会重复犯错误，才能一步一个脚印地前进。

《新约全书》里有一则这样的故事：

有一天，对基督怀有敌意的巴里赛派人将一个犯有奸淫罪的女人带到基督面前，故意为难耶稣，看他如何处置这件事。如果依教规处以她死刑，则基督便会因残酷之名被人攻讦，反之，则违反了摩西的戒律。基督耶稣看了看那个女人，然后对大家说："你们中间谁是无罪的，谁就可以拿石头打她。"

喧哗的群众顿时鸦雀无声。基督回头告诉那个女人，说："我不定你的罪，去吧！以后不要再犯罪了。"

还有这样一则带给我们启示的故事：

日本近代有两位一流的剑客，一位是宫本五藏，另一位是柳生又寿郎。宫本是柳生的师父。

当年，柳生拜师学艺时，问宫本："师父，根据我的资质，要练多久才能成为一流的剑客呢？"

宫本答道："最少也要10年吧！"

柳生说："哇！10年太久了，假如我加倍努力地苦练，多久可以成为一流的剑客呢？"

宫本答道："那就要20年了。"

柳生一脸狐疑，又问："如果我晚上不睡觉，夜以继日地苦练，多久可以成为一流的剑客呢？"

宫本答道："你晚上不睡觉练剑，必死无疑，不可能成为一流的剑客。"

柳生颇为不解地说："师父，这太矛盾了，为什么我越努力练剑，成为一流剑

客的时间反而越长呢？"

宫本答道："要当一流的剑客的先决条件，就是必须永远保留一只眼睛注视自己，不断地反省。现在你两只眼睛都看着一流剑客的招牌，哪里还有眼睛注视自己呢？"

柳生听了，满头大汗，当场开悟，终成一代名剑客。

第一个故事告诉我们，要责罚别人的时候，先反省自己。苏格拉底说："没有经过反省的生命，是不值得活下去的。"有迷才有悟，过去的"迷"，正好是今日的"悟"的契机，因此经常反省，检视自己，可以避免偏离正道。

我们从第二个故事得到的启示则是，要当一流的剑客，光是苦练剑术不管用，必须永远留一只眼睛注视自己，不断地反省；同样，要当一流的销售员，光是学习销售技巧不管用，也必须永远留一只眼睛注视自己，不断地反省。

所谓"反省"，就是反过身来省察自己，检讨自己的言行，看自己犯了哪些错误，看有没有需要改进的地方。

一般来说，自省意识强的人都非常了解自己的优劣，因为他时时都在仔细检视自己。这种检视也叫作"自我观照"，其实质就是跳出自己的身体之外，从外面重新观看审察自己的所作所为是否是最佳选择。这样做就可以真切地了解自己，但审视自己时必须是坦率无私的。

能够时时审视自己的人，一般很少犯错，因为他们会时时考虑：我到底有多少力量？我能干多少事？我该干什么？我的缺点在哪里？为什么失败了或成功了？这样做就能轻而易举地找出自己的优点和缺点，为以后的行动打下基础。

主动培养自省意识也是一种能力。要培养自省意识，首先得抛弃那种"只知责人，不知责己"的劣根性。当面对问题时，人们总是找借口逃避责任，有时也能侥幸逃脱。他们因逃避或拖延了自身错误的社会后果而自鸣得意，却从来不反省自己在错误的形成中起到了什么作用。

然而，不懂得反省就永远不会有进步，每个人的进步都是建立在不断克服自身缺陷的基础上的。销售员若要避免原地打转的"死循环"，就要学会挑自己的"刺"，并把它们拔掉。

人为什么要自省？这里有两个方面的原因：一个是主观原因。人不可能十全十美，总有个性上的缺陷、智慧上的不足，而年轻人更缺乏社会历练，因此常会说错话、做错事、得罪人。另一方面是客观原因。现实生活中，有些人只说好话，看到你做错事、说错话、得罪人也故意不说，因此，就更需要你自己通过反省来了解自己的所作所为。

第二节　良好的职业习惯

建立属于自己的客户档案

一万个愿望不如一个行动。每一个成功者都是行动家，不是空想家；马上行动起来，做该做的事，你就向成功跨出了一步。想要成为一个有作为的人，就必须养成"想到就立即做"的好习惯，有最快的行动力。

要想充分掌握客户信息，就必须建立完善的客户档案，保留客户的详细资料对每一位推销人员来说都是非常重要的。不管你是把这些资料储存在计算机里，还是创建一个非常简单的卡片索引档案系统，你都必须记录有关信息，保留并充分运用这些信息。

访问了一个客户，应记下他的姓名、地址、电话号码等等，并整理成档案，予以保存。同时对于自己工作中的优点与不足，也详细地进行整理。这样每天坚持下去，在以后的推销过程中会避免许多令人难堪的场面。拿记住别人的姓名这一点来说，一般人对自己的名字比对其他人的名字要感兴趣。但是推销人员如果能记住客户的名字，并且很轻易就叫出来，等于给予别人一个巧妙而有效的赞美。

记录还能将你的思想集中起来，专一应用在商品交易上。这样一来，那些不必要的烦恼，就会从你大脑中消失。另外，这种记录工作还可以帮助你提高推销方面的专业知识水平。

另外，建立"客户资料卡"的用途及好处还有：

（1）可以区别现有顾客与潜在顾客。
（2）便于寄发广告信函。
（3）利用客户资料卡可以安排收款、付款的顺序与计划。
（4）了解每个客户的销售状况并了解其交易习惯。
（5）当业务员请假或辞职时，接替者可以为该客户继续服务。
（6）订立时间计划时，利用客户资料卡可以订立高效率的具体访问计划。
（7）可以彻底了解客户的状况及交易结果，进而取得其合作。

（8）可以为今后与该客户交往的本企业人员提供有价值的资料。

（9）根据客户资料卡，对信用度低的客户缩小交易额，对信用度高的顾客增大交易额，便于制定具体的销售政策。

号称"经营之神"的王永庆最初开了一家米店，他把到店买米的客户家米缸的大小、家庭人口和人均消费数量记录在心。估摸着客户家里的米缸快没米时，不等客户购买，王永庆就亲自将米送上门，因此深得客户的好评和信任。这种经营方法和精神使王永庆的事业蒸蒸日上。

王永庆之所以能够做到这些，是因为他通过对客户购买进行了记录，在心里有一个资料卡。通过对这些资料的分析，已经为各个客户做了一个详细而具体的销售政策。

客户访问记录应该包括顾客特别感兴趣的问题及顾客提出的反对意见。有了这些记录，才能让你的谈话前后一致，更好地进行以后的拜访工作。推销人员在推销过程中一定要做好每天的客户访问记录，特别是对那些已经有购买意向的客户，更要有详细的记录，这样当你再次拜访客户的时候，就会有的放矢了。

另外，面对不同的客户，推销人员必须制作客户卡，即将可能的客户名单及其掌握的背景材料，用分页卡片的形式记录下来。许多推销活动都需要使用客户卡，利用卡片上登记的资料，发挥客户卡的信息储存与传播作用。当你上门探访客户、寄发宣传材料、邮送推销专利和发放活动的邀请书、请柬，以至于最终确定推销方式与推销策略时都离不开客户卡。

制作客户卡时，客户卡上的记录都依推销工作时间的延伸而不断增加，信息量也要不断扩展。如上门访问过客户，推销人员要立即把访问情况、洽谈结果、下次约见的时间地点和大致内容记录下来。至于其他方面获得的信息，如客户单位负责购买者与领导决策者之间的关系、适当的推销准备、初步预定的推销方法和走访时间也要一一记录，以便及时总结经验，按事先计划开展推销活动。

客户卡是现代推销人员的一种有效推销工具。在实际推销工作中，推销人员可以根据具体需要来确定客户卡的格式。一般来说，客户卡包括下列内容：

（1）顾客名称或姓名。

（2）购买决策人。

（3）顾客的等级。

（4）顾客的地址、电话等。

（5）顾客的需求状况。
（6）顾客的财务状况。
（7）顾客的经营状况。
（8）顾客的采购状况。
（9）顾客的信用状况。
（10）顾客的对外关系状况。
（11）业务联系人。
（12）建卡人和建卡日期。
（13）顾客资料卡的统一编号。
（14）备注及其他有关项目。

制订每天的工作计划

　　任何事情的成功，都不会自然发生，它必须有良好的计划，推销也如此，它也需要推销人员制订每天的工作计划。

　　没有计划的人就是在计划失败。利用早上将自己一天要拜访的顾客数量、拜访路线，要如何走才有效率、拜访的内容是什么定好书面的计划，不要只是靠着自己的大脑记忆，我们的大脑是用来思考的，而不是用来记这些繁琐事务的。对自己负责任的人要将自己每一天的工作进度用这些书面报告去跟自己作汇报，并且自己去检查自己。

　　如果你是一个每一天都不做工作计划，而且毫不改进的推销人员，那么注定你的每一天都有一个错误，而且这是失败的开始！

　　当你设置了自己的销售目标之后，每一天都要将你的目标重复以下几个步骤，不断地做确认，并且不断地将这个目标放进自己的潜意识当中，因为不去确认的目标很快就会因为生活上的忙碌或是工作上的挫折而逐渐被淡忘。

　　步骤一：每一天将自己的目标大声地念出来，就像是背书一样，将它背得滚瓜烂熟，而且要固定自己背诵目标的次数，严格要求自己每一天都要将这背诵的次数完成。

　　步骤二：将自己的目标用默念的方式在心中背诵，并且将这些目标的字眼一个字一个字地在大脑中写下来，然后慢慢地把它写下来，而不是把它当成无聊的工作草草了事。

步骤三：静下心来，用心地去幻想成功，让成功的画面清晰地在自己的大脑中出现，并且通过幻想成功让自己从每一天的早晨就可以拥有一个积极、兴奋而且充满希望、愉快、战斗力的开始。

布朗说："你可能非常努力地工作，甚至因此在一天结束后感到沾沾自喜，但是除非你知道事情的先后顺序，否则你可能比开始工作时距离你的目标更远。"

你必须了解，你的日程表上所有事项并非同样重要，不应对它们一视同仁。许多推销人员会尽职地列出日程表，但当他们开始进行表上的工作时，却未按照事情的轻重缓急来处理，而导致成效不明显。

标出急需处理事项的方法有：一、限制数量；二、制成两张表格，一张是短期计划表，另一张是长期优先顺序表。你可以在最重要的事项旁边加上星号、A、B、C等英文字母或数字1、2、3。

在确定了应该做哪几件事之后，你必须按它们的轻重缓急开始行动。大部分人是根据事情的紧迫感，而不是事情的优先程度来安排先后顺序的。那么如何按优先程度开展工作呢？

以下是两个建议：

第一，每天开始都有一张先后顺序表。

许多推销人员都先做令人愉快的或是方便的事。但是没有其他办法比按重要性办事更能有效地利用时间了。试用这个方法一个月，你会见到令人惊讶的效果。人们会问，你从哪里得到那么多精力？但你知道，你并没有得到额外的精力，你只是学会了把精力用在最需要的地方。

第二，把事情按先后顺序写下来，定个进度表。

把一天的时间安排好，这对于你的成功是很关键的，这样你可以每时每刻集中精力处理要做的事。把一周、一月、一年的时间安排好，也是同样重要的，这样做给你一个整体方向，使你看到自己的宏图，有助于你达到推销的目的。

每个月开始，你都应该坐下来看该月的日历和本月主要任务表；然后把这些任务填入日历中，再定出一个进度表。这样做之后，你会发现你不会错过任何一个最后期限或忘记任何一项任务。

推销计划是推销人员实现推销目标的具体指导和工作标准，必须通过周密详细的考虑，制定每步工作开展的细则，准备恰当的应急措施，以备不时之需，使推销人员有条不紊地从事推销工作，顺利实现推销目标。

确定拜访顾客计划。拜访顾客的计划是指推销人员主动上门访问顾客、推销产品的工作计划。它能有计划地约束推销人员的拜访活动，减少忙乱及工作不均的现象，增加与顾客商谈交易的时间，使拜访活动有序进行，以取得更好的推销效果。

准备工作是推销工作的一部分。在拜访一位顾客前，认真地思考一下，并制订出具体计划。首先，你要清楚你的顾客是谁，他是干什么的；他有什么特点和爱好；他有没有决定权；他有什么需求。另外，还要分析一下自己能否满足顾客的需求和怎样去进行推销才能满足顾客的需求。最重要的是要弄清楚你这次拜访准备达到什么目的。因为只有这样，才能对此次拜访是否成功进行评价，才能总结经验教训，才能为下次拜访做好准备。

有一个推销人员，刚开始时，他对这份工作充满了好奇心，干劲十足，每天都制订好计划，并按计划去拜访很多的客户，所以他的销售业绩也不错。而后来随着他对推销工作的熟悉，好奇心没有了，他也不再制订每天的工作计划，认为反正自己有足够的推销经验，肯定能使顾客购买自己的产品。他每天出去拜访客户的时间越来越少，拜访的客户也越来越少。可想而知，他的销售业绩绝对不可能有所增加；相反，还可能会不断降低。因为，不管他销售经验多么丰富，顾客是不会自己找上门来的。后来，他们公司又来了一个新推销人员，那个新推销人员每天都很勤奋地工作，业绩也不错。在新推销人员身上，他又看到了自己以前的影子，于是他意识到了自己的懒惰与消沉。从此，他每天都制订详细的工作计划，制订每次拜访的方案，加上他越来越丰富的销售经验，他的业绩不断上升，达到了前所未有的新高度。

可见，推销人员只有制订出切实可行的销售计划，并依照这个计划去进行每天的工作，才能不断地提高销售业绩；没有计划的、无目的的推销会浪费宝贵的时间，甚至是徒劳无功的。

确定拜访顾客的路线计划。推销人员可将拜访的顾客进行适当的分类，譬如分为重点拜访的顾客和一般拜访的顾客，拜访某一地区的顾客和拜访某一行业的顾客；还可按顾客对所推销产品的反应态度将其分为反应热烈的顾客、反应温和的顾客、无反应的顾客以及反应冷淡的顾客。

根据顾客的地址和方位，确定最有效的推销行动日程表及拜访顾客的路线，以最短的路线、最省的开支争取事半功倍的推销成果。

确定拜访顾客的时机计划。无论你如何辛苦地拜访顾客，如时机不当，具有购买决策权的顾客正忙于其他事务，你的一切努力将徒劳无功。推销人员必须站在顾客的角度，去寻找最适当、最方便的时间段进行商谈，方可获得最佳的推销效果。与顾客的商谈时机，对不同行业、不同部门的顾客而言不尽相同。因此，要求推销人员根据顾客的具体特点，针对他们的作息时间，找出最为有效的商谈时机。

另外，若推销人员在人们均不愿外出时前去拜访，可提高拜访成功的概率。譬如，在严寒或酷暑等极其恶劣的天气下进行拜访，会感动顾客，给其留下深刻印象，有利于拜访成功。

从专业报纸杂志上获取客户名录

有的销售员总是抱怨网上的客户资料不多，而且有时只出现经理或负责人的姓氏，却没有全名，比如李女士、王先生等。那么为什么不从专业报纸杂志上来找客户呢？亚洲保险王后陈明利在新加坡做保险业务的时候，就用了这一招数。

有一次，她在报纸上发现一些新贵新富被媒体报道之后，就做了一份漂亮的函件，把他们在报纸上的照片以及有关他们的媒体报道剪下来，复印好之后贴在那份函件上，然后写一封信："×××先生，看到您在×××报上发表的这篇文章，看到您的媒体报道我深有感触，觉得您是值得我尊敬学习的一位企业家，我希望能够亲自聆听到您的建议。我很殷切地希望您能给我一点时间去拜访您，我的电话是×××，我从事×××行业……"这些新富新贵在媒体报道了之后，对这种函件不会很在意。可是，过了一两个礼拜，报纸的效应慢慢过去之后，她才会寄发这封信函，那封信非常好地装裱了有关这位新富新贵的报道，而且是一封非常热情亲切的信，因此对方就会很高兴地去接见这样一个人。她往往运用这个方法，先写信，然后再打电话："×××先生吗？上个礼拜我寄了一封信给您……""噢，您就是那个……"她往往运用这个方法邀约成功。

在电话行销中，拨打陌生电话的方法，这就是一个高招——从专业的报纸杂志上获取客户名录。一般来说，上面肯定会有客户的全名以及相关简介、资料等，掌握了这些之后再打电话就会事半功倍了。因此，作为一名销售员，除了要有丰富的网络资源、人际资源外，经常翻阅报纸杂志也是一个好办法。

虽然说从报纸杂志上也可轻易获取客户名录，但是有一个问题要引起注意，那就是要把握打电话的时间。曾经有一位销售人员，他在报纸上看到了一位富商的一则报道后，就迫不及待地打电话过去。谁知那位富商正被新闻记者捧得火热呢，自然顾不上他，当然他肯定一无所获。所以，一位销售员要善于从报纸杂志上获取客户名录，还要找准打电话的时机，切不可贸然行动。

把要拨打的50个电话号码贴在前面

报社和杂志社等传播媒体都是分秒必争的工作机构，他们往往会在公司比较醒目之处张贴几个重要的电话号码。同样的要领也可以运用于电话行销行业中，制作一个经常使用的电话号码一览表，在这个电话号码一览表中你要写清楚你将要拨打的50个电话号码，然后把它张贴在电话机旁，这样一来便可以提高工作效率。这张一览表还应该包含公司上司以及经常与自己有业务往来的同事的电话，以免到时候需要却手忙脚乱。

曾经有一位在某家电脑公司上班的女职员，有一次，向她的上司建议说："我们部门只有一本客户名簿，每次要打电话，都得花时间去查，非常影响效率。是否可以多复印几份，让每个同仁都各自拥有一本呢？"结果，她的提案受到大力支持，很快就付诸实践。但是，这么一大本名簿又该放在哪里较方便呢？且一有新的客户时，要将资料填入全体同仁名簿的工作，又成为公司的另一个负担，效果仿佛没有预先设想的那么好。

上面的这个例子就涉及一个常用电话号码的问题，如果不分主次把所有客户的号码都堆放在一起，肯定是个惊人的数字，因为每个公司都有一批很可观的客户群体。所以对于一个公司来说，把经常联系的50个最主要的电话号码贴在电话旁边，这样就方便多了。同样的，对于销售员来说，也要把电话号码归类好。因为销售员每天都要打好多通电话，如果不能把将要打的电话号码贴在旁边，打电话或接电话时就会手忙脚乱，不仅影响了工作效率，也会让心情变得更糟糕。

小王曾经在一家公司做电话行销员，2月份的某一天，小王照例找出自己所了解的一些客户名单，然后逐一拨电话过去。大约10点钟时，电话铃响了，小王赶紧拿起电话。对方说3天前的上午9点左右小王曾给他打过电话向他介绍产品，现在他对此产品产生了兴趣，想打电话咨询一下，并且对方告知自己姓李。

这下小王可慌了，他打过的电话，姓李的客户不下10个，到底是哪一个？

他开始手忙脚乱地在电话簿上查找。因为怕对方不高兴也就不敢问对方是什么公司的，具体叫什么名字，所以光凭印象找3天前打过的电话。电话簿上人名那么多，他哪能记清3天前打过什么电话，过了两分钟，对方有些不耐烦了，小王只好道歉，并说明一会儿给他打回去。

无奈之下，小王只好抱着试一下的态度挨个拨那些姓李的客户的电话。几次下来，对方都不是小王要找的那个李先生，而且对方有的态度冷淡，有的则很粗暴，弄得小王的心情也降到了低谷。终于，电话拨对了，小王高兴地叫出了这位李先生的大名。可是，小王只顾确认是哪一位李先生，而把对方公司的资料给忘了，因此，在交谈中就显得结结巴巴，词不达意。很明显，对方愤然挂断了电话，小王也就失去了一位客户。

所以，每次把要拨打的50个电话号码放在前面，上面标明日期，这样拨打起来就方便多了，而且也便于以后查找。

为成功行销定计划

有人曾说过：有些人在许多不同的事上遭受失败时，他们总有借口；而如果他们在几件事上取得了成功时，他们总是事先制定了计划。

露西的公司新开发了一种热水器，可以比普通的热水器节约20%的用电量。但是这款热水器的安装高度要比普通的热水器高一些，因此热水器售出之后，有很多顾客打电话向露西反映这个问题。一天威廉太太打电话说："这样不太好吧，小姐，我家热水器的安装孔都是预置的，如果换用这款产品，我们还得再作调整，这也太麻烦了。"

"这个……嗯……我们公司说……"露西结结巴巴地没说出个所以然来。

露西感到窘极了，她从来没考虑到热水器安装时要注意的问题，她觉得那是产品卖出之后的事，与她无关，所以她一直懒得去了解这方面的知识。

在电话拜访客户的过程中，有很多事情是未知的、具有变数的。为了能够有效地应对这些未知的变化，一定要对拜访过程做好计划和预测，否则就会像露西一样，对电话沟通过程中出现的意外情况显得手足无措。

有些推销员总是自以为推销根本不会失败，干吗要想那么多。对一个试图逃避艰巨的推销准备工作的不合格的推销者而言，这确实是一个极好的借口，但我们应该看到事情的另一面。

在许多情况下，自认为推销不会失败，从而只抱定一种既定的推销目标不放，确实也没有造成什么损失。

但是，绝大多数的谈判都会按照不同的形式进行，并且时常受到迟迟无法达成协议的困扰。如果你事先没有准备好其他的方案，你很可能被迫接受一项远远低于你满意程度的交易。你会在毫无退路的情况下，切实地感受到那种"挥泪大甩卖"的心理压力。

例如，当你打电话给客户时，客户正在开会，那么此时应该怎么办？是当时说完要说的话，还是等到客户开完会后再说？到底应该怎么做，需要根据当时的具体情况来定。比如事情的重要程度、与客户的熟识程度、沟通所需时间等等，这些问题都是需要在电话拜访之前就应当考虑清楚的。否则，对此类事情毫无准备，到时既想说，又觉得不合适，在电话中吞吞吐吐、欲言又止，肯定不利于目标的实现。

另外，对于客户可能会问的一些问题如果准备不充分的话，可能到时就会被客户问得哑口无言、不知所措。这不仅会加剧推销人员的紧张感，还会影响他们正常的工作心态，同时也会让客户对推销人员的专业程度产生怀疑，这同样十分不利于目标的实现。

一般情况下，在客户开会时最好不要打扰客户，除了有十分重要的事情。即使你当时不知道客户正在开会，电话接通后你也应当向客户表示歉意。你可以对客户是否在开会或者是否在外地出差等基本情况做出假设，当出现相应的情况时，你就可以做出相应的对策。

所以，在打电话之前，有必要做好计划，并且在你的计划中，要确保你的介绍能做到以下几点：

（1）能毫无遗漏地说出客户解决问题及改善现状后的结果，也就是自己产品的好处。

（2）能让客户相信你能做到你所说的。

（3）让客户感受到你的热诚，感到你愿意站在客户的立场，帮助客户解决问题。

（4）遵循"特性——优点——特殊利益"的陈述原则。

（5）遵循"指出问题或指出改善现状——提供解决问题的对策或改善现状

的对策——描绘客户采用后的利益"的陈述顺序。

接下来就要进行事实状况陈述。所谓事实状况陈述，意指说明产品的原材料、设计、颜色、规格等，也可以说明产品的一些特性。

一般来说，产品介绍都针对对方所提的问题或讲的话进行回答。交谈初期，先向对方如实介绍自己的产品或服务。这时，你已摸清对方的需要，对方亦在考虑是否购买你的产品，同时想了解更详尽的情况。

因此打电话前先花1分钟做计划，沟通时可以让你节省3分钟。要是没有计划，你就无法确定自己在做什么、怎样做，或者还有什么别的方法，更糟糕的是会让顾客感觉你说话茫然无措，这样是推销不出去东西的。在打电话前做计划，不仅使你对自己的产品介绍更有信心，而且也使你听起来更自信。拿起电话之前，你要做一些准备工作，了解顾客的背景以及他的业务情况，做些评估，最后再做计划。值得一提的就是，最好多做几份计划，多准备几套方案，万一初次推销失败，也可提出另外的一些方案供对方思考，这也就加大了成交的机会。

掌握客户公司资料

所谓"知己知彼，百战百胜"，别误会，这不是在对待敌人，更不是与客户要心计玩手段，而是在应对商机时的最好写照。

要想做好电话行销，就要及时搜集、整理客户资料。一般来说，客户资料可分为两大部分，一是指外部资料，二是指内部资料。外部资料就是指客户名称、主管人员名称、电话号码等；而内部资料主要就是指客户产品资料、宣传资料、业务来往等等。作为一名销售员，不仅要了解客户的外部资料，还应相当程度地了解客户的内部资料，当然不是指机密资料。

（1）外部资料（基本资料）。行销人员面临的客户那么多，只有掌握了客户的基本资料，才能防止张冠李戴，这不仅方便了自己，也可以使公司效率提升。客户的基本资料至少要有下列几项：

①客户名称、公司负责项目。

②接触所属部门、重要主管以及办事业务员、接洽人员等。

③电话号码（内线人员的分机）。

④负责相同性质的不同客户（进程要牢记，不可记错公司）。

⑤传真号码。

没有详细做好基本客户资料的行销人员，不仅会使自己的运作不顺，同时也有可能使公司受损。总之，对经常往来的生意伙伴或客户姓氏、公司团体名称，要整理出完整的资料充分利用，以免造成生意上的困扰，而使公司蒙受商业上的损失。

（2）内部资料。有些电话行销的业务新手总会面临各种困难。有些人受了几次挫折，遭到几次拒绝，便慌了，不知是坚持，还是改变？改又怎么改？好像无从下手，这时需要为他指出方向，并针对他的弱点提供一套有效的方法。而这些弱点，一般就是指这些新手没能掌握客户足够的内部资料，因此推销起来显得吃力不讨好。

这些内部的资料一般包括下面几点：

①去找该企业的宣传资料。这些资料，上面或有企业的历史背景，或有产品发展历程，有时是最新推出的品种，有的还介绍各科室的名称以及一些领导的照片、名字。

②以客户的身份去要一份产品说明。这很容易得到。

得到这个资料，你可以很成功地以顾客的身份出现，与接线人周旋。一般来说，这种方法能够很自然地得到拍板人的资料。

③通过原有的顾客了解该公司的内部情况。

④以"提供必需资源"为借口，打探公司的内部情况。比如，广告公司需要业务员、塑料厂需要聚乙烯、文化公司需要好选题、大饭店需要时鲜菜果……这是绕过接线人很好的借口。在做完了以上的资料搜集以后，就要对顾客资料进行整理与筛选，主要是确保资料的正确性及可信度，以作为顾客资料取舍的基准。

在作顾客资料筛选及测试时，通常用既得的外部资料，由资料编辑人员主动拨电话给潜在顾客，以求证资料的正确性，进而发掘其购买意愿，以作为来日促销的参考资料。

经过筛选存留的资料，即可依资料的性质分门别类，制成客户资料库并予以编号，做成索引，以便日后资料填记、补充及运用。

客户资料库的制作及储存需要耗费大量的人力、物力及时间，才能有良好的收获。如果企业能够引入电脑作业系统，将可以经济且迅速地获得良好的客户资讯管理功能。

首先，借助电脑的记忆功能，便捷地输入客户各种资料，及时在屏幕上显示，即可获知个别顾客的详细资料，并有效地储存所有顾客资料。

其次，借助电脑的计算功能，可以及时获知各项市场活动的成果。如各种销售统计、应收账款情况等等。

最后，借助电脑的印表功能，可以使日常繁杂的事务作业，成为智慧型情报处理。另外还能依照各种业务需要，如印制 DM 顾客资料条、送货通知及促销日程表等，让电脑作迅速的处理。

总之，客户资料对电话行销有很重要的作用，因此各企业也应积极创造条件，建好客户资料库，使公司的行销更快、更好地发展。

第三节　销售沟通的准备

明确电话沟通的目标

在打电话之前多花些时间在准备工作上，明确自己打电话的目标以及该如何去实现这个目标。

小陈是某公司的电话销售人员。他曾给一家大型公司的刘总打过无数次电话推销自己的产品，但每次打电话刘总都不在。当他再次拨打了刘总的电话时，也想当然地认为刘总还是不在。

小陈："您好，麻烦您找一下刘总。"

客户："我就是，请问你是哪位？"

（小陈听到话筒的那边就是刘总，他便紧张起来，他根本没有想到会是刘总接的电话。）

小陈："啊……啊……您就是刘总啊，我是××公司的小陈，我打电话给您就是，啊，就是……"

（小陈这时已经语无伦次，因为他不知道该讲什么，也不知道该问些什么问题，因为他不知道自己打电话的目标是什么。）

刘总："我现在正忙着，回头再联系。"

对拨打电话前的准备工作，很多人都不以为意，因为准备需要时间，他们不想把时间花在准备上，而更愿意将时间花在与客户的沟通上。事实上，有了充分的准备，明确了自己打电话的目标，往往会达到事半功倍的效果。如果你没有把准备工作做好，不瞄准靶子射箭，那么就会像上面那个例子一样，使电话沟通以失败告终。类似的例子在平时的商务电话沟通中比比皆是。

电话沟通必须以目标为导向。确定打电话的目标通常应遵循以下原则：

1. 明确时间

要明确客户在什么时候会采取行动。例如，客户想同你签这个合同，是今天，还是明天，或是一个月以后？这一点你要有清楚的概念。

2. 详细的客户要求

客户要同你签订单，签多少？要有一个明确的数字。

3. 目标可行

工作人员要根据实际情况来制定目标，这个目标一定是可达到的，是经过认真判断的。

4. 为客户着想

目标要以客户为中心，也就是电话打完以后，是客户想采取行动，而不是工作人员让客户采取行动。

5. 设定多个目标

主要是指要有可替代目标，因为我们不能保证一定可以达到某一个目标。而当我们的目标没有实现的时候，如果没有可替代的目标，我们可能不知道如何再与客户沟通。

确定打电话的目标很重要，它可以使工作人员集中精力在实现这个目标上，并为了达到这个目标而准备其他的事项。同时，这样也可以增强电话沟通人员的自信。

对方能"听"出你的姿态

打电话时，即使看不见对方，也要当作对方就在眼前，尽可能注意自己的姿态，这是相当重要的。

夏目志郎是日本著名的人际沟通培训师。有一天晚上11点多，他正准备休息，突然想起还有一个电话没有打给客户。他马上起身，准备打电话给那位客户。他太太觉得很纳闷：

"你这么晚了，还起来去干什么？"

"我只是要给客户打一个电话，打完就睡觉。"

"打电话，床边不是有电话吗？你干吗不在床边打，还要起来干什么呢？"

夏目志郎说："我打完电话再给你解释。"

夏目志郎起床之后，走到衣柜前面，脱掉睡袍，穿上衬衣，打上领带，穿上西服、袜子和鞋子，而且走到洗手间，把头发整理好。他站在镜子面前，非常细心地给自己一个微笑；然后，走回床边把电话拿起来。他告诉该客户，在他们合作的课程里面应准备哪些用具、资料以及课程的讲义。在电话结束时，他非常真诚地感谢对方这么晚还要为他的课程付出时间。他的太太觉得不可理解，说："作为培训专家，应该注重效率，加强时间管理，可是我发现你一点时间效率都没有，为什么不在床边打呢？"

夏目志郎解释道："我的客户虽然看不见我是穿着睡衣给他打电话，可是我自己可以看得到。我个人觉得教育培训工作者最高贵的品质在于说到做到，表里如一。我应该尊重我的客户，就像跟他直接见面一样。我的客户认为我在办公桌旁工作，所以我不可以躺在床上打电话。因为我相信我接通和拨出的每一个电话都是最重要的电话，所以我觉得应该以这样的态度和精神去服务我的客户。"

在日常生活中，我们很少意识到自己讲话时的声音如何。其实，声音可以传达的东西要比我们想到的多得多。正因为如此，我们在打电话时，仅从声音里就可以判断出对方的表情、态度以及心情如何等。如果在电话沟通时，以为对方看不见自己的姿势，就可以随便、无礼，那么你就大错特错了。例如，某公司有个职员用电话和客户谈重要生意时，若无其事地抽着烟。突然在谈话进行当中，这个职员听到对方打岔说："对不起，烟是我最大的克星，能不能请你稍微忍耐一下？"这种情况，或许是因为打火机的点火声及不断吞云吐雾的鼻息，很快就让对方敏锐地察觉！因此，不要说在电话中边谈边抽烟、喝茶，即使是懒散的姿态，对方也会"听"得出来。因为，假如你蜷曲着身子躺靠在椅子上，声调就会显得没精神，对方可能就会敏感地问："是不是身体不舒服啊？"

在工作中，我们不难发现那些资深职员在和生意伙伴或客户通电话时，虽然看不见对方，却仍然行礼如仪，说一些感谢或客气的话。或许有人认为这是多此一举，但这在电话交谈中却是相当重要的。

在彼此看不到的电话交谈中，声音是传达心情和心理状态的最佳桥梁，不管怎样掩饰，当时的心情和肢体的语言都能微妙地表现在你的通话声调当中。因此，为了把诚意真心地传达给对方，在语言中虚伪掩饰并非良方，有良好的姿态则是十分重要的。

想到意外情况的处理方案

在商务电话沟通以前，尽量把可能发生的情况都想到并做好充分的准备，这样才能使整个沟通过程顺利进行。

销售员："先生，您好，这里是 HR 公司个人终端服务中心，我们在搞一个调研活动，我可以问您两个问题吗？"

客户："你讲。"

销售员："您经常使用传真机吗？"

客户："是的，工作无法离开传真机。"

销售员："您用的是什么型号的？"

客户："是××型号的。"

销售员："我们的传真机最近有一个特别优惠的促销活动，您是否有兴趣？"

客户："你就是在促销传真机，不是搞调研吧？"

销售员："其实，也是，但是……"

客户："你不用说了，我现在对传真机没有购买兴趣，因为我有了，而且现在用着感觉很好。"

销售员："不是，我的意思是，这次机会很难得，所以，我……"

可见，设想可能发生的情况并做好准备在商务电话沟通中是十分重要的。例如，当你打电话给客户时，如果客户正在开会，你应该怎么办？是说完要说的话呢，还是与客户约时间再谈？这一问题的关键在于你的风格、客户与你的关系以及客户的类型。但无论如何，你得有所准备，否则，你可能会既想说，又觉得不合适，在电话中吞吞吐吐、欲言又止，无法达到目的。

另外，对于客户可能会问的一些问题如果准备不充分，可能到时就会被客户问得哑口无言、不知所措。这样不仅会增加自己的紧张感，还会影响正常的工作心态，同时也会让客户对拜访人员的专业程度产生怀疑，这同样十分不利于目标的实现。

在与客户进行商务电话沟通时，什么情况都可能发生，因此要做好充分的准备。那么如何做呢？

第一，设想电话中可能发生的情况并做好准备。

例如，对于前面提到的案例，我们可以设想可能发生的情况，并做好应答的准备。

①第一个电话就是客户接的；准备：与客户沟通。

②电话需要转接；准备：对他人有礼貌，并说是约好的。

③客户不在；准备：问清楚什么时候回来，再打过去。

④客户在开会；准备：再次约时间，再准备打过去……

第二，设想客户可能会问的问题并做好准备。

例如，还是上面的案例，我们可以设想一下客户会问什么样的问题，做好回答的准备。他也许会问：

①你们有没有这样的产品？

②你们的服务怎么样？

③价格是多少？

④什么时候能送货？

⑤如果产品出现质量问题怎么办？

……

这就需要你对自己的产品有充分的了解，掌握相关的资料，做好准备。这样才不会到时显得手忙脚乱。

第三，准备好可能需要的信息资料。

有时客户提出来的问题往往与公司、产品或服务、行业、竞争等有关，如果这些信息太多，而且变化太快的话，一般人是很难完全记下来的。通常情况下，做电话沟通之前要把这些信息制作成表格，这样在需要的时候随手就可以拿出相关资料，回答客户的问题。

总之，商务电话沟通是一个有计划、有目的的行为，同时也是一个灵活多变的沟通方式。它的计划性、目的性与它的灵活随意性同等重要。

用备忘录牵引客户的思路

提前将需要沟通的内容拟成备忘录，在电话沟通中才能做到有条不紊，将重要的信息清楚地传达给对方。

岳军是某公司的销售员，在朋友的介绍下要将自己公司的软件推荐给一家公司使用。下面是两人的通话。

……（开场白）

岳军："您公司现在的办公软件怎么样？"

客户："那是1997年安装的办公软件，现在已经跟不上业务的发展了，大家普遍反映不太好。"

岳军："那您对现在的软件不满意的地方主要在哪里呢？"

客户："第一是速度太慢……"

岳军："这些问题对您的影响很大吗？"

客户："当然啦，说白了公司现在不得不两个人做一个人的事……"

岳军："那我个人认为您应该解决这些问题。"

客户："那还用说吗？公司可以省好多钱，而且也不用那么难受了。"

岳军："那您理想的软件包括什么呢？"

客户：……

岳军："那您觉得现在不能尽快解决这些问题吗？"

客户："噢，我一直想着手做，就是没时间……"

对于案例中最后的结果，大家都能猜得到，岳军赢得了这个客户，因为他将客户的思路引导到了自己的方向上来。可见，在电话沟通以前，岳军做了充分的准备。

但如果在电话沟通中，一味地按照自己设计好的思维进行，不善于引导客户，那么，很可能客户的一句话就会让销售员不知所措。主要原因就是销售员没有想到客户会怎样问，也没有做好相应的准备，遇到这样的情况就不知说什么好，最后只能失去这个客户了。

几乎所有公司中出色的职员，都是擅长做备忘录的高手。因此，平常就要随身携带纸笔，认真地培养自己随时记笔记的习惯。

为了能把事情简洁地传达给对方，打电话前，最好先把要说的内容，清晰详细地记在备忘录中。这么一来，就不用担心遗漏，也可以避免东拉西扯地抓不到谈话重点而影响谈话的实质效果。

当然，对待不同的客户要及时调整思维，要使用不同的方法保证对方不挂电话，并且及时做出决策，在客户提出异议时要努力引导客户走向自己预设的方向。

有些业务员一听接线人不是决策人，得到决策人的一些不全面的线索后，就匆匆挂断了事。放下电话后才发现自己一无所获或大多数的问题都没有问明白，接着，又不得不再打追加电话询问。

打追加电话是由于在打电话前考虑不充分，没有考虑在打电话的过程中可能出现的某些问题的具体应对办法。销售人员在打电话前要先考虑下面的问题。

1. 时间

如果估计到决策人在参加重要会议或工作特别忙就暂时不要给他们打电话。

2. 语气

接线人一般由于职责所限，工作时习惯在认真严肃的状态下处理问题，认为这是对自己工作的负责，也是对合作方的尊重。所以，销售人员在初次和接线人通话时不要使用过于轻松的语气。过于轻松、殷勤的语气反倒显得做作、不成熟，同时还会让接线人觉得你不尊重他，甚至会激怒对方。

3. 内容

在和接线人通电话时要尽可能一次就把决策人的信息问明白。

概括而言，我们在询问决策人的姓名、电话号、传真号、时间安排、家庭住址等的时候，一定要在同一个电话中问清楚，避免三番五次地打追加电话。

以积极、自信的心态对待每一个电话

自信是成功的先决条件，你只有对自己充满自信，在客户面前才会表现得落落大方、胸有成竹，你的自信才会感染、征服你的客户。

商务电话沟通就是销售人员与客户之间的一场心理博弈。要想在这场心理博弈中取胜，就必须具备一个良好的心态，在电话沟通之前做好被客户拒绝或是对方冷漠相待的心理准备，让自己充满自信。

小王所在的报社最近推出了广告优惠的新业务，主任让小王及其同事赶紧把这个消息告诉客户并争取一部分客户。这不，小王和他的同事大清早就忙碌开了。

接线人："喂？"

小王："您好，嗯，我是××报社的。嗯，有一件事，不知道您是否能帮我一下，我想找一下你们主管。就是说我们报社……"

接线人："你找谁呀？"

小王："我找……是这样，我们报社最新推出了，知道吧，就是一个优惠广告栏目，就是……（很长时间的停顿）您在其他报社花一大笔钱做广告，在我们报社只花一半就行……嗯……"

接线人："你找谁呀？"（对方实在不耐烦了。）

小王:"我……是这样……"

不等小王说什么,电话中传来一阵忙音。

案例中这位推销员的失败,并不是因为不能推销,而是因为缺乏自信。客户是否购买你的产品往往是在一念之间,而这样的一念完全取决于你给了他什么样的信息。就是看是让他对你产生了好感,还是让他透过你的通话对你的产品就有了否定态度。

从某种意义上讲,商务电话沟通就是与客户之间的一场心理博弈。而要想在这场心理博弈中取胜,就必须具备一个良好的心态。如果你的态度是积极热情的,可能结果就不是这样了。这是一次典型的失败的沟通。可见,消极心态给电话沟通带来的危害是很大的。这种消极心态的根源是缺乏自信。

具备一个良好的心态首先要摆正自己的位置,要真正理解你所做工作的意义,不要认为给客户打电话是有求于他们。一般人认为,用电话与客户沟通没什么大不了的,认为这样的工作再简单不过了。其实,事实并非如此,用打电话的方式与客户沟通不仅是一种技巧,更是一门学问。

如果在电话沟通之前没有做好被客户拒绝或是对方冷漠相待的心理准备,我们很容易就会失去自信,所以在打电话以前做好心理准备是非常必要的。

其中最重要的一点就是拥有自信心,如果失去了自信心,你就会产生消极的情绪,你又会把这种情绪传染给对方,从而形成一种恶性循环,导致沟通的失败。

你在与客户通电话的时候,不能有半点不耐烦,因为他们并不了解你与你的产品,也不了解你的服务,对你态度冷淡是自然的反应。但你表现出的自信,客户是能感觉得到的。当你的客户感受到你的自信时,他自然而然就会相信你。

对电话销售人员来说,自信是一项基本的素质要求。自信不仅使你具有饱满的工作热情,而且使你克服困难的能力大大增强。沟通过程中经常会遇到一些困难和挫折,如果一个人有了足够的自信,即使在电话沟通过程中遇到一些挫折,也不会影响到自己的心态。越有自信,越不容易受到打击;反之,本来自信心就不强,如果再受到一些挫折,就会更加悲观失望,结果信心也会随之一落千丈,那么下面的工作也就无法继续开展了。

有个叫琼斯的人,刚刚做新闻记者。大家知道,记者这一行,在很多方面与做业务相似——都要联系那些陌生的人。琼斯是一个怕羞的人,但他喜欢记者的工作,于是就进入了这一行。有一天,上司叫他去采访大法官布兰代斯。琼斯大吃一惊，说："布兰代斯根本就不认识我，他怎能同意接受我的单独采访？"

在场的一位记者听了，立即拿起电话，打到布兰代斯的办公室，和大法官的秘书说："我是《××报》的琼斯（琼斯大吃一惊），我奉命访问法官。不知道他今天能否接见我几分钟？"听了对方的答话，然后他说："1点15分。谢谢你，我准时到。"

放下电话，他对琼斯说："瞧，你的约会安排好了。"

多年以后，琼斯成了一位杰出的记者。他的诀窍之一就是单刀直入地提出自己的要求。

许多人在行动前总是犹豫不决。电话销售也需要勇气，确定了销售对象以后，不要犹豫，勇敢朝你的目标迈进。因为你不去做，就连坏的结果也没有。

做任何事情都一样，事前不能犹豫。在你把任务顺利完成以后，你就会庆幸自己当初没有犹豫。不犹豫，还要求我们直截了当地提出自己的要求，不要让别人去猜你的想法。

·第三章·

开发客户

第一节 捕捉可能的销售机会

把打错的电话变成销售机会

打错电话是每个推销员都有过的经历,有的推销员每天要拨近百家客户的电话,有时难免发生这样的错误,重要的是怎样正确地处理这种失误。作为一个优秀的推销员,应该以真诚之心弥补一时失误造成的影响,并且用热情和真诚力争得一个新的销售机会,以赢得一个原本毫无关系的新客户。

"您好!张先生,我是××健身俱乐部的会员经理夏昕。"

"你好!"

"周六去北京的活动您没有忘记吧?我需要跟您确认一下,免得您工作太忙忘记了。周六早上我们在工人体育馆等您,好吗?"

"哦!你可能是打错了吧,我记得周六是有个活动,不过是去天津,你是哪个俱乐部?"

"我是××健身俱乐部的会员经理夏昕。您不是张先生吗?您的电话是139×××××××。"

"啊,错了。我的电话是139×××××××。"

"哎哟!您看,真是不好意思,我工作疏忽,拨错了一个号码,耽误了您这么多时间。差点让您上错车跟我们去了北京。"

"哈,可不是吗?我要是不小心就真的跑到工人体育馆去了。"

"不过,既然是我工作失误,差点耽误了您的事情,我可不可以邀请您跟我们俱乐部一起度个周末呢?"

"哎!好!你们俱乐部具体有哪些健身活动呢?"

"我们俱乐部不仅有一些基础的健身项目,而且还在国内第一个引进高温瑜伽。我们经常组织一些会员和对瑜伽感兴趣的人进行周末体验活动。俱乐部定在这个周六举办的是高温瑜伽体验活动,时间确定在周六早9点,是在北京。张先生,对了,您是姓张吧?我是不是称呼错了?"

"没关系,我姓陈。"

"陈先生,真是不好意思,一直把您当张先生了。您要是感兴趣,我可以帮您安排,或者选择周日或下周都可以,我们在每周都会举办一些活动。"

"我记得周六我安排了事情,不过你们俱乐部还是很有意思,是电影中的那种吗?"

"是的,而且我们有专门的讲师,并加入了一些适合我们的特殊动作,您可以找时间参加我们的活动,亲自体验一下,或者我给您传真一些资料。我可以帮您安排,免得耽误您的时间。"

"那麻烦您帮我安排一下,下周参加你们的活动吧。"

"好的,陈先生,我已经记下了您的电话,我一定帮您安排好,下周我还是这个时间给您打电话,好吗?"

"好!可以,或者打到我的办公室××××××××。"

"好的,一定!您也记一下我的电话,如果您还有什么需要我安排的可以随时跟我联系,我的电话是137××××××××。不多打搅您了,耽误您这么长时间,祝您周末愉快!再见!"

"好的!再见!"

这个案例中,推销员一开始并不知道打错了电话,而是在聊天之后才发现的,接下来推销员高超的沟通能力和右脑能力就体现出来了。推销员首先诚恳地向对方道歉,但是道歉之后并没有立即挂电话,而是借此机会向对方发出邀请:"我可不可以邀请您跟我们俱乐部一起度个周末呢?"这句话既表现了推销员的右脑能力,也表明推销员的思维已经由右脑过渡到了左脑,开始向潜在客户详细介绍自己的公司和自己的产品,最终把潜在客户变为真正的客户。

可见,当工作中出现一些失误的时候,如果推销员能够发挥自己的右脑优势及时弥补、主动沟通,说不定对方也会像案例中的陈先生一样成为你的客户呢。

第三章 开发客户

抓住隐藏在失败背后的机会

在销售中，常常会因为某种原因，使推销计划无法实行。在这种情况下，多数推销员会主动放弃，而优秀的推销员则会深入思考，力求从另一个途径再次找到销售的突破口。

麦克是一名保险推销员，近日来，为了让一位难以成交的客户接受一张10万美元的保险单，他连续工作了几个星期，事情前前后后拖了很长时间。最后，那位客户终于同意进行体检，但最后从保险部得到的答案却是："拒绝，申请人体检结果不合格。"

看到这个结果，麦克并没有就此放弃，他静下心来想了一下：客户已经到这个年龄了，投保肯定不会只为自己，一定还有别的原因，也许我还有机会。于是，他以朋友的名义，去探望了那位申请人。他详细地解释了拒绝其申请的原因，并表示很抱歉。然后，话题转到了顾客购买保险的目的上。

"我知道您想买保险有许多原因。"他说，"那些都是很好的理由，但是还有其他您正努力想达到的目的吗？"

这位客户想了一下，说："是的，我考虑到我的女儿和女婿，可现在不能了。"

"原来是这样，"麦克说，"现在还有另一种方法，我可以为您制订一个新计划（他总是说计划，而不是保险），这个计划能为您的女婿和女儿在您死后提供税收储蓄，我相信您将认为这是一个理想的方法。"

果然，顾客对此很感兴趣。麦克分析了他的女婿和女儿的财产，不久就带着两份总计15万美元的保险单回来了。那位顾客签了字，保险单即日生效。麦克得到的佣金是最初那张保险单的两倍还多。

就像这个案例中的麦克，他花了几个星期的时间来说服客户购买保险，但体检的结果是客户不能投保，面对这个结果，麦克并没有陷入感性思维，就此放弃，而是进行了深入思考，这是优秀的左脑习惯。

带着思考的结果，他再次拜访了客户，正如他预料的那样，客户投保还有其他深层次的原因：为了女儿和女婿。得到这个信息后，麦克利用自己丰富的专业知识，立刻为客户制订了一个新的保险计划（左脑能力），并获得了客户的认可，这是推销员左脑思维的胜利。

用宽广的知识面抓住销售机会

推销员的知识面越广，左脑实力越强，销售成功的机会就越多。尤其当顾客出现麻烦、需要帮助时，这些知识随时都会派上用场。如能抓住机会，帮上一把，必能让对方心生感激、刮目相看，为推销成功打开局面。下面这个案例就是这方面的一个典型。

孙兴从美术学院毕业后，一时没找到对口的工作，就做起了房地产推销员。但3个月后，孙兴一套房子也没卖出去，按合同约定房地产公司不再续发底薪，这让他陷入了进退两难的境地。

一天，孙兴的一个大学同学向他提供了一个信息：有位熟人是某大学的教授，他住的宿舍楼正准备拆迁，还没拿定主意买什么样的房子。他劝孙兴不妨去试一试。

第二天，孙兴敲开了教授的家门，说明了来意。教授客气地把他带到客厅。当时，教授刚上中学的儿子正在支起的画板架上画着"静物"。孙兴一边向教授介绍自己推销的房产情况，一边不时地瞄上几眼孩子的画。

教授半闭着眼睛听完孙兴的介绍，说："既然是熟人介绍来的，那我考虑一下。"孙兴通过观察，发现教授只是出于礼貌而应和，对他所说的房子其实并没有产生多大兴趣，心里一时没了谱，不知道接下来该说什么，气氛一时变得很尴尬。

这时孙兴看到孩子的画有几处毛病，而孩子却浑然不知，便站起身来走到孩子跟前，告诉他哪些地方画得好，哪些地方画得不好，并拿过画笔娴熟地在画布上勾勾点点，画的立体感顷刻就凸现出来了。孩子高兴地拍着手说："叔叔真是太棒了！"略懂绘画的教授也吃惊地瞧着孙兴，禁不住赞道："没想到你还有这两下子，一看就是科班出身，功底不浅啊！"他还感激地说："有时候，我也看出孩子画得不是那么回事儿，可我却一知半解，不知怎么辅导，经你这么一点拨，就明白了，你真帮了我的大忙了！"

接下来，孙兴同教授颇有兴致地谈起了绘画艺术，并把自己学画的经历说了一遍。他还告诉教授应该怎样选择适合孩子的基础训练课目，并答应说以后有时间还要来给孩子讲讲课。孙兴的一番话，让教授产生了好感，也开了眼界，一改刚才的寒暄连连点头称是。两个人的谈话越来越投机，教授更是高兴得不得了。

后来，教授主动把话题扯到房子上来。他边给孙兴端上一杯热茶边说："这

第三章 开发客户

些日子,我和其他几个老师也见了不少推销房产的,他们介绍的情况和你的差不多。我们也打算抽空去看看,买房子不是小事,得慎重才行。"

教授又看了孙兴一眼,接着说:"说心里话,我们当老师的就喜欢学生,特别是有才华的。你的画技真让我佩服!同样是买房子,买谁的不是买,为什么不买你这个穷学生的呢?这样吧,过两天,我联系几个要买房的同事去你们公司看看,如果合适就非你莫属,怎么样?"

半个月后,经过双方磋商,学校里的十几名教师与孙兴签订了购房合同。

房地产推销员孙兴通过熟人介绍,得到了一个销售信息,他登门拜访,并详细陈述房子的情况,但潜在客户对房子并未产生很大的兴趣,谈话陷入了尴尬的局面。至此,说明孙兴的左脑策略失败了。如果不改变策略的话,就会失去这次销售机会。

美术专业出身的孙兴看到客户的孩子正在画的画有几处毛病,于是对孩子进行了简单的指导,这一举动让客户大为惊讶,他没有想到一个房地产推销员有如此高的美术专业素养。孙兴抓住这个机会,与客户探讨绘画艺术,逐渐用自己的左脑知识能力赢得了客户右脑的好感和认可。最后,客户不但自己买了房子,还推荐其他同事到孙兴的公司买房。

孙兴用自己广博的知识抓住了稍纵即逝的销售机会,并取得了成功。可见,销售人员只有不断丰富自己的知识,储备自己的左脑能力,才能在关键时刻抓住成功的机会。

树立客户的危机意识,促成顾客购买

不买保险的人,有的是自忖身体健康不需要买,有的是自认为银行里有存款,可以应付家中生计,也不需要买。这一类型的客户,本身已具有一定的经济基础,只是危机意识不够强,推销员只要能运用自己左右脑销售的优势进行说服,让潜在客户树立起危机意识,就一定能达到效果。

康耐斯从事保险工作多年了,他知道如何去应对各种类型的顾客,尤其是那些还没有保险意识的人。下面就是他说服客户的过程。

客户:"我身体很健康,根本不需要买保险!"

康耐斯:"听您这么说真应该恭喜啊!不知道您有没有玩过纸牌或是买过彩票?"

客户："玩过一阵子，现在不玩了！"

康耐斯："其实，我们每个人每天都在赌博！（客户愣了一下）和命运之神赌，赌健康、赌平安无事，如果我们赢了，就可以赚一两个月的生活费用，万一要是输了呢？将把日后家庭所有的费用全部输光。您认为这种做法对吗？您既然认为赌博不好，可是您现在为了省下一点点保险费，却是拿您的健康作为赌本，赌您全家的幸福！"

客户："我有存款可以应付家用，不需要买保险！"

康耐斯："储蓄是种美德，您能这么做可见您是个很顾家的人！但是，我冒昧地问一句，以您目前的存款是否能支付家里5年或10年以上的费用？哦！对了！我刚刚在外面看见您的车子，真漂亮！好像才开一年多吧！不晓得您有没有买安全保险？"

客户："有！"

康耐斯："为什么呢？"

客户："万一车被偷了或被撞了，保险公司会赔！"

康耐斯："您为了怕车被偷或被撞，为车子买安全险，车子怎么说也只是个代步工具，只是资产的一部分，但是，您却忽略了创造资产的生产者——您自己，何不趁现在为家庭经济购买'备胎'？"

客户："你说得有道理，那你说以我目前状况买哪种保险最好呢？"

案例中的保险推销员，充分发挥了自己左右脑的优势。首先他把健康和赌博联系起来进行说明，为客户阐释健康保险的重要性；接下来，又把保险比喻成家庭经济的"备胎"，进一步形象地述说了保险对于客户来说是当务之急。在这个过程中，比喻的运用是右脑能力的体现，而逻辑分析与说明则体现了推销员高超的左脑能力，正是在左右脑相互配合下，最后成功说服了客户。

第二节　巧妙通关做高手

姿态放高，自上而下

如果遇到态度恶劣的前台工作人员或秘书，电话销售人员该怎么办呢？这对于电话销售人员来说是很常见的事情，这个时候电话销售人员就没有必要跟他们浪费时间，相反直接摆高自己的姿态会更好一些。

第三章 开发客户

［案例一］

销售员："您好，麻烦您帮我转一下李经理。"

秘书："现在是忙音，待会儿再打。"

销售员："您都没有给我转，怎么就说是忙音呢？"

秘书："喂，你这个人真是啰唆，让你等会儿再打你没听见吗？我是说我现在很忙！"

销售员："请问您贵姓？"

秘书："这不关你的事。"

销售员："您接听电话都是这种态度吗？您知不知道，您的这种态度会让贵公司损失很多客户。好吧，既然您不愿转电话，我也不勉强，不过，等会儿你们老总打电话过来时，我将把您的情况如实反映一下。"

秘书："对不起，我实在太忙了，我现在就给你转。"

［案例二］

销售员："您好，是远大公司吗？"

秘书："请问有什么事情？"

销售员："我找王总有点急事！"

秘书："他现在很忙，没时间接电话。"

销售员："我昨天已经和他约好今天这个时候通电话的，麻烦您通知他一下，好吗？"

秘书："要不你先跟我说说，待会儿我再传达给他。"

销售员："跟您说当然可以，但您能做主吗？告诉我您的姓名，如果你们老总再打电话过来，我就跟他说我已经向您汇报过了。"

秘书："稍等，我帮你转……"

在电话行销中，推销人员有时会遇到很不礼貌的秘书或前台人员。可能是其他不愉快的事导致秘书或前台人员情绪很糟糕，恰好这时电话销售人员打电话过去，他们便就势发泄自己的情绪。另外一种情形是对方的秘书或前台人员本身素质就很差，对谁都爱答不理，敷衍工作。遇到这些情形，电话销售人员就没有必要跟他们浪费时间，应该如案例一中的电话销售人员那样直接摆高自己的姿态，狠狠还击对方。

有时销售员遇到的秘书或前台人员特别爱管闲事，对什么事都喜欢刨根问底，甚至为了阻止你找到负责人，搬出很多理由来搪塞。这时可像案例二中销售员那样强调"责任"两个字，告诉他向他汇报完全可以，但他必须承担责任，从而给对方造成一定的压力。这时对方就不得不按你的要求做了。

还有些时候，一些接线人故意阻拦不给转电话，他们会高傲地问："有何贵干？"推销人员一般可以回答说："这是我们的私事。"绝大多数时候，这样回答也就够了，接线人可不敢随便插手老板的私事，电话马上就会被转到你要找的决策人那里。

当然，销售员需要注意的是，有时摆高姿态效果比过分客气要好得多，但是也要视具体情况而定，切勿照搬照抄。

以沉默气势让人不容置疑

如何绕过秘书的障碍？这是很多电话营销员经常遇到的头痛问题。有时候，适当的沉默会给秘书一种不容怀疑的印象。

我们可以比较下面两组对话。

第一组：

销售人员："A公司吗？"

接线人："对，哪里？"

销售人员："……"（沉默）

销售人员："您好，我姓孙，B公司的，前天我和科里约过时间，请您让供应部的经理接电话。"

第二组：

销售人员："A公司吗？"

接线人："对，哪里？"

销售人员："您好，我姓孙，B公司的，前天和科里约过时间，请您让供应部的经理接电话。"

显然，前一种显得更加有来头，会给秘书一种不容怀疑、不好招惹的印象。

有趣的是，有的公司曾经让不知底细的公司职员接过这样的电话，然后问这位接线人："在对方沉默的时候，你以为他在做什么？"他的回答令人惊奇："我听到一些纸响，以为他正在整理业务材料。""是什么材料呢？""在他说完要找经理接电话后，我感觉那是一些需要和经理交谈的材料。""和经理交谈的材料？""是的，我想那是一些经理要的，或是一些他准备报告给经理或是要和经理讨价还价的一些材料。"

有些资深销售员认为，在绕过秘书的阶段，不一定对所有的秘书都要谦和有加。一方面，长时间保持一种中性和诚恳的语调打电话，这本身就影响营销人员的状态；另一方面，温和的口气有时会助长秘书自以为是的脾气，反倒增加了障碍。还有一种情况，销售人员把电话打过去后感觉到秘书心不在焉、爱理不理，这个时候给对方适当的压力是必要的。

研究表明，见面打招呼时，靠近到几乎接触对方身体才要求握手，会给对方以心理上的压力，同时也夸大了自己的气势。

一些销售员在电话"握手"时，就使用这种方法。一般是这么做的："A公司吗？"（对方答："对，哪里？"）说到这里，推销员开始有意沉默。接着就会听到话筒中，对方的呼吸开始加重，这是因为推销员的沉默使秘书产生了一定的心理负担。

根据经验，随着秘书心理负担的加重，在五六秒后，他会主动询问。但如此一来就在气势上差了一截，所以推销员必须做到在他问话之前开口，一是可以回避多方面的不利状况，二是借助气势上的优势直接询问。结果是，对方往往更重视你。

当中性和温和的电话没有多大效果时，不妨试试这种打法。

给对方一个"错误的前提暗示"

对于那些爱管闲事，大包大揽，阻止自己找到直接决策者的接线人，电话营销员该怎么办呢？最好的办法就是用"你也知道"来误导接线人，使他一不小心就把自己不知道的事误以为已经知道，从而让你轻易找到决策人。

一位报社的编辑想给某企业总经理打电话联系一些广告事宜，正好碰上王秘书接电话。知情人都知道这位秘书很难对付，那报社编辑如何顺利找到总经理接电话呢？

报社编辑："您好，我是××报社的编辑，有一些事情要和你们总经理核实一下。您知道总经理的电话吧？我记一下。"

王秘书："你把情况说一下，然后由我向总经理通报。"

报社编辑："有些新闻资料找你们总经理核实一下。您经常在领导身边，这些事比别人清楚，对吧，您把电话号码给我，我亲自跟他谈一谈。"

案例中的报社编辑使用了一句"您经常在领导身边，这些事比别人清楚。"这就是绕障碍时经常用作口头禅的"错误的前提暗示"。

用"你也知道"这种开场白说话，一般人听到后都会提高注意力。为什么呢？因为这个开头语，有一种将彼此拉近的力量，它暗示着共识、分享、尊重等善意。但反过来说，这种开篇语往往会误导听众，使人一不小心就把自己不知道的事也误以为已经知道。这就是错误的前提暗示。

把这种方法用在电话行销中，你就会很容易误导接线人，使之把电话转到你要找的人那里。道理很简单，没有人愿意承认自己是真正的愚人，谁也不想给别人迟钝、落后的印象，都愿意别人当自己是聪明人。

所以，推销员要牢牢记住"你也知道"这类开场白，并反复说下面的话，以加深印象，形成习惯：

（1）"您心里明镜似的，我们……"

（2）"您知道，我们的产品一直是以造型和质量赢得顾客的。"

（3）"这不用我说您也明白，现在价格战打得厉害，我就是想跟经理谈谈价格问题。"

（4）"这种事还能瞒过您，您知道就算了，我们就是想跟经理商量一下价格问题。"

利用暧昧资讯摆脱纠缠

当接线人对你及你的公司不信任而对你刨根问底时，你该怎么应对呢？这时候我们可以使用暧昧资讯，提高接线人的信任度，摆脱纠缠。我们可以看一下这个案例：

业务员："喂，您好。我是××报社的，姓李，社里有一些消息，发之前要求跟咱们企业领导核实一下。请问总经理的直拨电话是多少？"

接线人："你说一下是什么消息，我向总经理转达。"

第三章 开发客户

业务员:"这些消息未经确定,也就是说消息来源于一些未经证实的渠道,我们还需要核实。您知道总经理的电话吧,我记一下。"

在电话行销中,有些电话业务是由拍板人个人做主的。这样的项目对拍板人来说,可以说知情人越少越好。

这时,如果拍板人知道其间的大体内容已被众人了解,那么决定的时候就将权衡更多的因素,成交的可能性相应就大打折扣了。这时,错亮底牌的业务员无疑犯下了代价昂贵的错误。

绕障碍时,向不相关的人泄露实质性的业务资料,既浪费话费,又会给后续工作带来麻烦。

接线人不断提问,是因为他不信任。此时,如果接线人刨根问底,即可使用案例中利用暧昧资讯提高接线人的信任度来摆脱纠缠。

所谓暧昧资讯,即讲述消息时,把不肯定的前提扣在前面,"这个消息尚未证实……""这是刚刚听到的消息……"等,这就让没有的事听起来像真的一样,能减少接线人的怀疑。销售员要时刻记住这点,有些时候就要利用暧昧资讯找到想要找的人,同时也可避免泄露底牌。

自信让你的电话听起来是一个值得接听的电话

当接线人对你打进去的电话进行过滤时,我们就需要用自信的讲话语气使接线人觉得这是一个很重要的电话。我们可以参考一下下面这个案例:

总机:"国家制造公司。"

麦克:"请问比尔·西佛董事长在吗?"

(知道并说出客户的姓名是很重要的,尤其是在初次接触的时候。如果麦克问:"请问董事长在吗?"这种只有头衔没有姓名的话题显得太不适当了。

总机听了麦克的问话以后,毫不犹豫地把麦克的电话转到董事长办公室,由董事长的秘书小姐接听。)

秘书:"董事长办公室。"

麦克:"您好。我是麦克·贝柯。请问比尔·西佛董事长在吗?"

(麦克先自我介绍,然后说出西佛董事长的名字,这让人觉得:麦克跟比尔早就认识,他们是朋友。如果秘书真是这么想,那她一定会把电话转接给比尔,这样，麦克希望和比尔通话的目的就达到了。不过，秘书没有这么想，而是小心翼翼地继续问。）

秘书："西佛先生认识您吗？"

麦克："请告诉他，我是温彻斯特公司的麦克·贝柯。请问他在吗？"

（麦克并不认识比尔，他不能回答秘书的问题。麦克只好再自我介绍一次，这次他说出了公司的名字。麦克在谈话中，一直不忘记说"请问他在吗？"这是不断地对秘书询问，使秘书不得不对这个询问做适当的答复。麦克也希望秘书小姐不再问问题。）

秘书："他在。请问您找他有什么事？"

（秘书很直爽地回答，但附带了一个问题："请问您找他有什么事？"）

麦克："我是温彻斯特公司的麦克·贝柯。请教您的大名。"

（麦克没有正面回答秘书的问题，只是重复说着自己和公司的名称。他也附带问了一个问题，他想知道秘书小姐的名字，待日后再通话时，能拉近彼此的距离。）

秘书："我是玛莉·威尔逊。"

麦克："威尔逊小姐，我能和董事长通话吗？"

秘书："贝柯先生，请问您找董事长有什么事？"

麦克："威尔逊小姐，我很了解你做秘书的处境，也知道西佛先生很忙，不能随便接电话。不过你放心，我绝不占用董事长太多的时间，我相信董事长会觉得这是一次有价值的谈话，绝不是浪费时间。请您代转好吗？"

（麦克确实遇到了困难，但他不气馁，仍再接再厉，试图突破困境。他坚持一个原则——不向秘书小姐说出自己的真正目的，因为他顾虑，一旦向秘书小姐说出自己的目的，再经由秘书小姐转达，难免会产生误解。）

秘书："请等一下。"

麦克坚定的语气，使秘书小姐不再难为麦克，她把麦克的电话转给了董事长。

电话是成本最低的与客户联系的工具，所以推销员常常利用电话与客户联系，尤其对于未曾谋面的客户，更要以电话约定拜访的时间。

用电话联系客户必定会遇到一个困扰，即要经过接线人在电话里的询问，如何使自己打出的电话被认定为"值得接听的电话"是一项值得探讨的推销技巧。

麦克第一次打电话时，就能够叫出董事长的名字，这是成功的做法。

在电话中，麦克不让秘书问太多的问题，以免制造出一个让秘书挂断电话的机会。不管接线人怎么说，麦克一心一意要跟当事人通话。如果麦克的意志稍有动摇，他很可能失去与比尔通话的机会。

美国推销大王乔·坎多尔弗说："我第一次与对方通话时，目标只有一个，那就是敲定见面的时间。"

归纳起来，麦克打电话成功的原因有三：第一，守住非与对方通话不可的初衷；第二，对于接线人的抗拒，已有事前的心理准备和应对之道；第三，态度积极，在与接线人交谈的时候采取主动的态势，不给接线人问太多问题的机会。

曾被列入全美十大杰出推销员的谢飞洛认为，应对接线人最好的办法是"简洁扼要的谈话口气"。谢飞洛说："坚定、充满自信的讲话语气使接线人觉得这是一次很重要的电话，接线人将不再多问，而把电话接通。"所以，谢飞洛认为，给接线人的第一印象很重要。

从事房地产经纪业务的贝蒂·哈德曼在电话里常直截了当地说："我是贝蒂·哈德曼，请帮我接××先生。"哈德曼说："在电话里，我以充满自信的口吻说话，我从来不认为我的电话接不到我想要接触的人。"

有时，接线人答复："对不起，我们老板正忙着，你能不能留下你的电话号码，我请他回电给你。"罗杰斯的反应是："我很了解你的职责和立场，我相信你的老板现在正忙着。不过，请相信，你的老板只要跟我谈几分钟，一定会觉得很值得。"像其他推销专家一样，罗杰斯认为，说话的语气和自信心是决定胜负的主要因素。

第三节　不"打"不相识：电话开发新客户

电话那端能感觉到你的微笑

在电话沟通中，即使看不到对方，也要始终面带微笑。这是一个很微妙的东西。

［案例一］

业务员："您好，我是瑞西，明治保险公司的业务员。"

客户："哦，对不起，我不需要投保。我向来讨厌保险。"

业务员："能告诉我为什么吗？"

客户（忽然提高声音，显得有些不耐烦）："讨厌是不需要理由的！"

业务员："听朋友说您在这个行业做得很成功，真羡慕您，如果我在我的行业也能做得像您一样好，那真是一件很棒的事。"

客户（态度略有好转）："我一向是讨厌保险推销员的，可从接到你电话的那一刻起，我感觉你一直在对我微笑，是这样的吗？好吧，你就说说你的保险吧。"（事实也如这位客户所感觉的那样，这位业务员从拿起电话时就一直保持微笑。）

[案例二]

销售人员："喂！钢铁公司吗？××先生在吗？"

接线人："××不在。"

销售人员（急不择言）："为什么不在？"

接线人（火了）："我怎么知道！你又没叫我看着。"

销售人员（语塞了）："那，那，就跟你说吧。"

接线人："对不起，你待会儿再打吧！"

电话挂了，得罪了人，又没办成事。

[案例三]

销售人员："喂，纺织工厂吗？请问××先生在不在？"

接线人："对不起，他不在。"

销售人员："哦，先生，那对你说也一样，我是光明商店的。"

接线人："好，请说吧。"

事情很顺利地办好了。

电话沟通中，面部表情会影响声音的变化，所以即使是在电话中，对方也能感受到你的微笑。

案例一中的客户并非真的讨厌保险，而是不喜欢业务员。看到问题的实质后，事情就好办了。在接下来的交谈中，这位业务员始终注意在与客户的电话交谈中保持微笑，因为他知道微笑是可以通过电话传递到客户那头的。也正是基于这一点，彼此谈得都很愉快。最后，客户愉快地同意业务员把保单送到他办公室来，让他签名。

微笑着打电话是让别人感觉良好的有效方式，能给你们的谈话建立一个积极的谈话氛围。即使对方看不见你，也会被你欢快的语调所感染，由此感觉愉快并放松。正因为如此，许多大企业的员工都在电话机旁放一面镜子，以随时检查自己是否记住了微笑。

第三章 开发客户

微笑着打电话,可以让对方"听"到你亲切、友善的形象,从而有利于双方的沟通,给你的工作带来方便。当你微笑着接听电话,你就在构建一个好的形象,客户会感到受尊重、受欢迎,就会和你保持长期的、忠诚的业务关系;你的同事及朋友就会感到你愿意和喜欢听到他们的电话,认为你愿意和他们交往,因而继续和你保持良好的关系。

要在通电话时展现你的微笑,首先要认识到每个电话都是一个友好的访问,而不是对你私人空间的侵犯。你对待每个电话必须像是对待你最好的朋友和最喜欢的客户一样,无论打电话还是接电话,拿起电话,你就应该面带微笑,用柔和的语气清楚地说:"您好!"或者在接听电话之前就微笑,以便通过声音让对方感觉到你友好的态度。

先让对方接纳你的人,然后再接纳业务

当对方可能就是具体决策人时,我们需要先建立关系让对方接纳自己,再谈业务。

销售人员:"您好。我是百城信息图片公司的,我这里有一个提高你们广告效果的好方法,能找你们负责人谈谈吗?"

客户:"哦,和我说就可以。"

销售人员:"我们百城信息在这个月推出了一个最新业务,也就是说,我们可以提供快速的邮件广告服务,在同行中我们是第一个推出这项特效服务的。"

客户:"是吗?"

销售人员:"不知道明天您有没有时间。我们可以到你们公司拜访,同你们的有关负责人谈谈。"

客户:"这几天有关负责人没有时间。"

销售人员:"我们只做一个简单的拜访,不会花费太多的时间。"

客户:"这几天我要出差,以后再谈吧,再见。"

上面的情况经常发生,本来是准备绕过障碍的,拿起电话一不小心却撞到了拍板人面前。

或者,业务员已经绕过了障碍,虽然没有获得拍板人的姓名,但被总机直接转到了拍板人办公室。

这本是件出乎意料的好事,但有的业务员会犯急于求成的毛病,对着话筒口

83

若悬河起来。结果，拍板人说了什么、对这次谈话所抱的态度等，他都因兴奋而全然不顾。我们知道，在与对方互相接纳的关系还没有建立起来时，很难让人接受你的滔滔不绝，因为这会让拍板人感觉自己成了一个只能听你讲话的耳朵。

心急吃不了热豆腐，互相接纳需要一个过程，可是在电话里却只有很少的时间。如果想在这么短的时间里让拍板人接纳，业务员必须掌握一些技巧。

上面这个例子中，业务员在说明了电话目的之后，拍板人有一个暗示："哦，和我说就可以。"这句话说明了对方的身份。他这句说完，业务员应该立即接着说："那太好了，先生，请问您贵姓？"

在得到了拍板人的姓名后，就立即记在"资料卡片"上。接下来的谈话，就要使用拍板人的姓氏，这样才能造成融洽的气氛。如果你连拍板人的姓名都不关心，怎么和对方互相接纳、产生认同、进行约定呢？

在适当的时候说恰当的话

说话不分场合，不懂得说话的时机，这样的销售员注定不会成功。因此销售员最需要注意的一点就是，说话要讲究火候，在适当的时候说适当的话。

销售人员："张经理您好。"

客户："你是哪里？"

销售人员："我是扬润管理控制公司的，我们公司的主要业务是为用户提供一整套开源节流的推荐计划。"

客户："你有什么事吗？"

销售人员："我们愿意对你们公司目前的库存状况作一个调查，并告诉你们如何运用我们的'排列控制管理'的方法，来盘活你们库存资金的10%。"

客户："哦。是这样。"

销售人员："但是，在您得到这项服务之前，我们要收取150元的预付金，可是从给你们带来的效益上来说，可不是用几个150元可以计算的。"

客户："你说的这件事目前我们还不感兴趣，再见。"

案例中销售人员在初识的阶段，就提出这类问题："……我们愿意对你们公司目前的库存状况作一个调查，并告诉你们如何用我们的'排列控制管理'的方法，盘活你们库存资金的10%。"这是不合适的，显得很唐突。

第三章 开发客户

为什么说唐突呢？顾客并不了解你们的状况，你们之前也未向顾客送过一份有关该项服务的说明。对于顾客来说，这项服务在感性认识或理性认识上都不存在，那么贸然说这种话会有什么后果呢？会有一种把对方当智力贫乏者对待的嫌疑。因为它让人感觉"你是在说我们的经营管理很差"，或者"你们的经营管理比我们更有效、更节省成本，我应该接受你们指点"。

在火候不到的时候说出这类话，很容易给人以"居高临下"式的感觉，让人听完之后有种受辱感。

把应放在后面说的话，放到了前面来讲，就会出现这种弊端。也就是说，这句话本来应该放在了解客户需求后再讲。

如果非要在这里说，就需要说得圆滑点。比如：

"有许多顾客，他们都愿意花一些时间和精力，用我们提供的'排列方案'整理他们的库存，然后让滞销的存货顺利地运营起来。钱嘛，正像您知道的，如果不发挥作用就没有价值。"

这样说，你觉得比上面那种说法是否好一些？

接着后面的一句话，"但是，在您得到这项服务之前，我们要收取150元的预付金，可是我们给您带来的效益，可不是用几个150元可以计算的"，就更显唐突了。很多人会认为销售员只不过是为了赚自己的钱而来。

不掌握火候，在不恰当的时候说不恰当的话，就是致使这次通话最终失败的真正原因。

从客户感兴趣的话题入手建立关联度

向陌生客户电话推销产品时，如果直接说明来意，客户很可能当场拒绝。如何找一个合适的借口并顺理成章地迎合潜在客户的心理，是推销成功的关键。当我们打电话给有防范心理的陌生客户时，应该抓住潜在客户感兴趣的话题建立关联度，赢得客户的理解和尊重。

［案例一］

销售人员："先生您好，这里是国际知名IT品牌××个人终端服务中心，我们在搞一个调研活动，您可以回答两个问题吗？"

客户："您讲。"

85

销售人员："您使用电脑的时间长吗？"

客户："是的，用了好几年了。"

销售人员："您用的是什么电脑？"

客户："台式机和笔记本电脑都用。"

销售人员："我们的笔记本电脑最近在搞促销活动，您是否有兴趣？"

客户："您不是搞调研，而是在促销笔记本电脑吧？"

销售人员："是的，但又不完全是。"

客户："对不起，我现在的笔记本用得很好，还没有购买的必要。"

销售人员："可是这次机会很难得，您可以再考虑……"

[案例二]

销售人员："先生您好，我是国际知名IT品牌××个人终端服务中心的，您一定奇怪我是怎么知道您的电话的吧？"

客户："您有什么事情？"

销售人员："我们的数据库中有您的记录，您对电脑笔记本特别有研究，而且不是一般的研究。"

客户："您到底有什么事情？"

销售人员："这个电话就是想征求您的意见，如果对现在使用的笔记本电脑有不是特别满意的地方，就告诉我们，我们会支付您报酬，因为我们特别需要像您这样的笔记本电脑方面的专家帮助我们改进产品性能。"

客户："噢，这样呀。您是谁？"

销售人员："我是××的王丽娜，您肯定没有太多的时间来写，您可以三言两语随便说一下，我记录，然后就可以参加评比了。您如果现在没有时间，我们换一个时间也行，您看呢？"

电话销售经常需要面对陌生人，让陌生人能够继续听销售人员讲话的诀窍不是推销产品的话多么流利，也不是语气多么甜美。对于一个接到陌生的推销电话的人来说，防范以及敌意是第一位的，因此对于销售人员来说关键就是赢得信任。案例一的销售员一味地按照自己的思路讲话，其实说到第二句时客户就已经知道是推销电话了，这就容易引起客户的反感，使其迅速挂断电话。案例二的销售员则紧紧抓住潜在客户感兴趣的话题建立关联度，使话题向对销售人员有利的方向平滑过渡，从而赢得客户的理解和尊重。也只有这样，才可能成功推销。

肯定竞争对手的优点

电话推销中完全不遇到竞争对手的情况是极少的，你必须做好应付竞争对手的准备。当客户提到自己的竞争对手时对竞争对手的优点给予肯定，让客户感到你是一个公平理智的推销员，他在心理上就会无形之中向你靠近。

贝格是美国信实保险公司杰出的推销员，他不吝赞美自己的同行，并不担心因此丢失了自己的生意。有一次，贝格打电话给某公司的财务部主任钟尼斯先生。钟尼斯先生不认识贝格，也没听说过他们公司的名字。以下是他们谈话的内容。

贝格："钟尼斯先生，请问您投保哪家保险公司？"

钟尼斯先生："纽约人寿保险公司、大都会保险公司。"

贝格："您的眼光真不错。"

钟尼斯先生（似乎被取悦）："真的吗？"

贝格："他们的确是一流的保险公司。这几家保险公司的优点分别在于……大都会保险公司非常卓越，甚至有些社区里的男女老少都投保这家公司。这些优点足以证明他们的确是世界一流的公司。"

钟尼斯先生（对贝格的判断力相当佩服）："嗯，你说的没错。"

贝格（最后下个简短有力的结论）："钟尼斯先生，费城本地就有3家一流的大公司，分别为天佑、信实、互惠公司。"

对于贝格对同行的了解和赞许，钟尼斯先生印象深刻，所以一旦贝格介绍自己所隶属的保险公司，把公司与他早已熟悉的大公司并列，他很快就接受了贝格的介绍和说明。于是，钟尼斯先生不仅个人投保，几个月之后，他公司另外4位主管也投保信实保险公司，替贝格带来一大笔生意。当那些主管问及有关信实保险公司时，钟尼斯先生把贝格曾描述过的话重复一遍，并不时强调它是"费城三大保险公司之一"。

不诋毁竞争对手是推销员应遵循的一个原则。

销售员如果主动攻击竞争对手，将会给人留下这样一种印象：他一定是发现部分对手非常厉害，觉得难以对付。人们还会推测，他对另一个公司的敌对情绪之所以这么大，那一定是因为他在该公司吃过大亏。客户下一个结论就会是，如果这个厂家的生意在部分对手面前损失惨重，那么他的竞争对手的货就属上乘。

某企业的总经理正打算购买一辆不太昂贵的汽车送给儿子当作高中毕业礼物。萨布牌轿车的广告曾给他留下印象，于是他到一家专门销售这种汽车的商店去看货。而这里的售货员在整个介绍过程中却总是在说他的车如何如何比"菲亚特"和"大众"强。作为总经理的他似乎发现，在这位销售员的心目中，后两种汽车是最厉害的竞争对手，尽管总经理过去没有开过那两种汽车，但他还是决定最好先亲自看一看再说。最后，他买了一辆"菲亚特"。看来，这样的结果完全是出乎那位销售代表的意料之外。

一位采购员也讲过这样一件事来说明推销员攻击竞争对手会造成什么样的不良后果：

"我在市场上招标，要购入一大批包装箱。收到两项投标，一个来自曾与我做过不少生意的公司。该公司的推销员找上门来，问我还有哪家公司投标。我告诉了他，但没有暴露价格秘密。他马上说道：'噢，是啊，他们的推销员吉姆确实是个好人，但他能按照您的要求发货吗？他们工厂小，我对他的发货能力说不清楚。他能满足您的要求吗？您要知道，他对他们要装运的产品也缺乏起码的了解。'

"我应该承认，这种攻击还算是相当温和的，但它毕竟还是攻击。结果怎样？我听完这些话后产生了一种强烈的好奇心，想去吉姆的工厂看看，并和吉姆聊聊，于是前去考察。最后，他获得了订单，合同履行得也很出色。"

这个简单的例子说明，一个推销员也可以为竞争对手卖东西，因为他对别人进行了攻击，在好奇心的驱使下，客户产生了亲自前去考察的念头，最后，造成了令攻击者大失所望的结果。

类似的事例不胜枚举。

有的时候，客户已经买过竞争对手的产品，这时推销员在评论其产品时就需格外小心。因为批评那种产品就等于是对客户的鉴赏力提出怀疑，因此必须学会讲究策略。这些策略包括以下几点：

（1）不贬低、诽谤同行业的产品是推销员的一条铁的纪律。请记住，把别人的产品说得一无是处，绝不会给你自己的产品增加一点好处。

（2）对待竞争对手除了给对手真诚的赞赏外，还要尽量掌握对手的情况。

（3）在实际行动中，要承认对手，但是不要轻易进攻。毫无疑问，避免与竞争对手发生猛烈"冲撞"是明智的，而要想绝对回避他们也不可能。但是，你绝对不能轻易攻击竞争对手。

（4）最好不要和你的客户进行对比试验。有时，竞争变得异常激烈，必须采用直接对比试验来确定竞争产品的优劣，比如在销售农具、油漆和计算机时就经常这样做。如果你的产品在运行起来后客户马上可以看到它的优点，采用这种对比试验进行推销就再有效不过了。但是，如果客户本来就讨厌开快车，你还向他证明你的车比另一种车速度快，那便是不得要领了。

（5）平时可多搜集对手的相关信息，对于竞争对手的缺点或产品存在的缺陷不要幸灾乐祸，对客户的提问要做出公正的回答。

专心听别人讲话的态度，是我们所能给予别人的最大赞美

聆听是一种特殊的沟通技巧，要想赢得客户的信任，必须学会聆听。

M小姐在某生命保险公司从事外勤工作已近20年了，是个经验非常丰富的行家。她在说服客户上保险时不采用劝说的方法，这正是与其他外勤人员的不同之处。后者通常的做法是在客户面前摆上好几本小册子，然后向他们说明到期时间和应收金额，并口若悬河地以一种非常熟练的语调反复讲述客户在投保后，将能得到多大的好处。

而M小姐却与此相反，她总是从对方感兴趣的话题说起，稍许谈谈自己在这方面的无知和失败的体会。原为劝说投保一事而稍存戒心的对方，因为她谈的是自己喜欢的话题，这样便无意中跟着她谈了起来。之后总是听着，并为对方的讲述而感到钦佩和惊叹。接着，话题不知何时又转到人生的烦恼和对将来生活的规划上来了。M小姐依然还是专心地听着，而对方却不知不觉地倾吐了内心的烦恼，谈了自己对将来的理想和希望。直到最后，自己才主动地说出投保的想法——"这么说，还需要适当地投保啊！"至此应该说，M小姐已是一个善听人言的高手了。

不过，可以断言的是：她并不是因为生意上的缘故而装出一副倾听对方言谈的样子的。与此相反，M小姐在这段时间里甚至忘记了工作，诚心诚意地、极其认真地听对方讲话。

人人都喜欢被他人尊重、受别人重视，这是人性使然。当你专心听客户讲话，客户会有被尊重的感觉，可以拉近你们之间的距离。卡耐基曾说：专心听别人讲话的态度，是我们所能给予别人的最大赞美。不管对朋友、亲人、上司、下属，聆听有同样的功效。

在电话沟通过程中，有效聆听更是一种特殊技巧，善于有效的聆听是电话沟通成功的第一步。

在电话中，你要用肯定的话对客户进行附和，以表现你听他说话的态度是认真而诚恳的。你的客户会对你心无旁骛地听他讲话感到非常高兴。根据统计数据，在工作中和生活中，人们平均有40%的时间用于倾听。它让我们能够与周围的人保持接触。失去倾听能力也就意味着失去与他人共同工作、生活、休闲的可能。

所以，在商务电话沟通中，发挥听的功效是非常重要的，只要你听得越多、听得越好，就会有越多的客户喜欢你、相信你，并且要跟你做生意。成功的聆听者永远都是最受人欢迎的。

通过问题设计把握谈话节奏

在与客户电话交流时，推销员要引发客户的疑问，让客户先提出问题，推销员在解答的同时再将提问权抓到自己手上，通过设计好的问题来控制会谈的节奏，保持对话的顺利进行。

电话销售员："早上好，王总，很高兴能亲自与您通话。"

客户："你好，有什么事吗？"

电话销售员："王总，我是赛德公司的电话销售员，我今天特意电话拜访您，是因为我看到了《××××》杂志上有一篇关于您公司所在行业的报道。"

客户："是吗？都说了些什么呀？"

电话销售员："这篇文章谈到您所在的挖掘机行业将会有巨大的市场增长，预计全年增长幅度为30%，市场总规模将达到50亿，这对您这样的领头羊企业应是一个好消息吧？"

客户："是啊，前几年市场一直不太好，这两年由于西部大开发，国家加强基础设施建设，加大固定资产投资，所以情况还不错。"

电话销售员："王总，在这种市场需求增长的情况下，公司内部研发生产的压力应该不小吧？"

客户："是啊，我们研发部、生产部都快忙死了。"

电话销售员："是吗？那真是不容易啊。王总，我注意到贵公司打出了招聘生产人员的广告，是不是就是为了解决生产紧张的问题呢？"

客户:"是啊,不招人忙不过来啊。"

电话销售员:"确实是这样。那王总,相对于行业平均水平的制造效率——每人5台而言,您公司目前的人均制造效率是高一些还是低一些?"

客户:"差不多,大概也就是人均5~6台。"

电话销售员:"那目前使用的制造设备的生产潜力有没有提升的空间呢?"

客户:"比较难,而且耗油率还很高呢。"

电话销售员:"那您使用的是什么品牌的设备呢?国产的还是进口的啊?"

客户话题被打开:"……"

结果,谈话一直继续,客户对销售员即将推出的产品充满了期待。

任何一个推销员在与客户交谈之前都应该做好充分的准备工作,精心设计对话内容是其中最重要的一环。尤其是在首次电话拜访时,为了使谈话继续下去,推销员应仔细考虑一系列周密计划,通过引发客户的疑问,让客户先提出问题,推销员在解答的同时再将提问权抓到自己手上,通过设计好的问题来控制会谈的节奏,保持对话的顺利进行。

在这个案例中,我们可以看到,推销员一开始并未介绍自己的产品,而是说:"我今天特意电话拜访您,是因为我看到了《××××》杂志上有一篇关于您公司所在行业的报道。"这句话显然是推销员事先精心设计好的,目的在于化解客户对推销员的警惕心理,引起客户的好奇心,并提出问题。果然,正如推销员所料,客户提了问题:"是吗?都说了些什么呀?"谈话顺着推销员设计的思路进行下去,从行业的发展谈到客户的目标、目前的问题等。随着话题的逐步打开,客户逐渐放松对推销员的防范,转而进行深入的理性思考。这是推销员优秀的销售能力带来的胜利。

推销员要想让客户首先开口提出问题,必须寻找一个具体的切入点,引起客户的兴趣和好奇心。

需要注意的是,客户提出问题后,推销员在解答时需要不露痕迹地把提问权转换到自己手上来。另外,提问不是万能的,尽管提问在销售过程中尤其是在大生意的销售过程中起着越来越重要的作用,但只有经过精心设计的正确的提问才能实现更多的销售。因此,推销员在设计问题时要注意以下几点:

第一,提出的问题要能引起对方的注意,并能引导对方的思考方向。

第二,提出的问题要能获得自己所需要的信息反馈。

第三,提问要以客户为中心,赢得客户的信赖。

一定要做随访的要求

俗话说，买卖不成仁义在。能够当场成交的电话推销毕竟是少数，如果没有达到你想要的结果，那么请确定你随访的要求，以赢得下次拜访的机会，这是一件与成交同等重要的事情。

凯特："瑞奇先生，那件事您考虑得如何了？"

客户："对不起，凯特小姐，你们这款厨具也太贵了。"

凯特："瑞奇先生，您可以仔细考虑一下，这是最新款式的，而且质量很好，我们已经卖出几百套了。再说，它比市场同类产品便宜多了。"

客户："我现在还不需要，这样，我再看看其他厨具。"

凯特："瑞奇先生，马上就要到圣诞节了，我们这款产品正好有优惠活动呢。您可不要错过这个机会啊！"

客户："给我时间考虑考虑。"

凯特看到自己的产品这么多卖点都不能吸引瑞奇，灰心失望地放下了电话。

作为销售人员，必须弄清楚潜在客户是否有购买意愿。对于有购买意愿的客户要很高兴地继续谈下去，对于那些无意购买的客户应改变话题，以聊天为主，借以赢得下次拜访的机会。

一些不打算订货的客户有时对来访的销售人员下逐客令，并表示希望他今后不要再打电话来了。有的客户会直截了当地说："不管你打多少次也没用，我们不想订货，所以请以后不必再打来了！"有的客户会比较婉转地说："若要订货我会给你打电话的，在此之前请你不必麻烦了。"

对于满腔热情的销售人员来说，上述情况确实是一个沉重的打击。尽管如此，销售人员如果垂头丧气地放弃客户可就不算高明了，因为别的客户也可能如此。请别着急，还是有办法的。

譬如，"您的一席话对我启发很大。生意方面的事情就此作罢，但请允许我能经常来我向您请教"，借以取得自己下次再拜访的机会。此外还可以说："我想不定期地向您汇报有关产业方面的情况，不知您意下如何？"

这样一来，对方是否可能把禁止你再来的话收回呢？只要继续访问，就有做成买卖的机会，因为情况是不断变化的。

如果对方告诉你："哎呀，不好意思，10月底我正好要出差，这事以后再说吧。"你就可以说："我知道你可能有重要的事情，不太方便，那我什么时候跟你谈比较方便？"

记住，一定要做一个随访的要求。因为每一次打电话并不是要立即成交，赢得下次拜访更加重要。

在客户挂机后再收起你的笑容

与客户电话沟通时，一定要在客户挂机后再收起你的笑容，放下电话。

电话铃响起，客户拿起电话。
客户："你好。"
销售员："您好，请问您是天津博雅公司吗？"
客户："是，你哪里？"
销售员："请问李先生在吗？"
客户："我就是。"
销售员："我是××公司的，我们前两天给您邮寄了一个电子期刊，请问您收到了吗？"
客户："电子期刊？没有。"
销售员："那你的邮件地址是××吗？"
客户："不是，但是你们为什么要给我发邮件呢？"
销售员："我们想给您邮递一份我们的电子期刊。"
客户："对不起，我不需……"
在"要"还没有说出口时，销售员已经很坚决地把电话挂断了。

如果你连续主动说了三句话，结果仍无法引起别人的兴趣，这已经很失败了。但这是无妨的，做到善始善终是一个最基本的素养要求。而且，一个成功的电话销售人员一定要在客户挂机后再收起你的笑容，放下电话——这是电话推销的一个基本原则。

许多人有过这样的经历：当谈完事情，正要向对方道谢时，话还没讲完，就被对方挂掉了电话。不管对方是谁，遇到这种情形时，心里一定都不太好受。将心比心，我们也需谨防自己用这种态度对待别人，一定要等对方挂断电话后再放下听筒。

93

第四节　挖掘潜在客户

细分目标市场

市场上同类产品那么多，如何在激烈的角逐中找到属于我们自己的一席之地呢？这要求我们要学会把市场细化。

如今的客户面对的不是一两件商品，而是琳琅满目的商品，让人感觉挑花了眼。同类产品如此之多，我们究竟该如何吸引客户的眼球呢？

这个棘手的问题大概是令许多企业特别头痛的，尤其是对于产品研发、设计人员来讲。比如一位客户想买一台数码相机，面对那么多的品种，怎样才能让他挑中你的呢？

宝洁公司在进入中国市场之前，通过市场研究，有针对性地了解到中国洗涤用品的市场状况，包括品牌种类、售价、市场占有率以及销售额，同时又通过大量的问卷调查仔细研究了中国人的头发特点、洗发习惯、购买习惯等情况，发现洗发市场上高档、高质、高价的洗发用品是个空白，于是研制出适合中国人发质的配方，推出新品"海飞丝"，迅速占领了这一市场空白，并成功地成为中国洗发市场上的领导品牌。

市场细分的概念是由美国市场学家温德尔·史密斯于20世纪50年代中期提出来的。当时美国的市场趋势已经是买方占据了统治地位，满足消费者越来越多样化的需求，已经成为企业生产经营的出发点。为了满足不同消费者的需求，在激烈的市场竞争中获胜，就必须进行市场细分。

这个概念的提出很快受到学术界的重视并在企业中被广泛运用，目前已成为现代营销学的重要概念之一。

由上面例子可以看出，企业通过市场调查研究进行市场细分，就可以了解到各个不同的消费群体的需求情况和目前被满足的情况，在被满足水平较低的市场部分，就可能存在最好的市场机会。

如今的企业都在喊利润越来越小，生意越来越难做。但是如果我们能从那么多相似的产品中，找到一块尚未被他人涉足的空白市场，那么我们的产品将有可能占领这一块制高点。

这就好比当初手机品种多得令人眼花缭乱，但如果你的是带广播或摄像头、MP3等功能，一定可以吸引到不少年轻、时尚的消费者。但如今已经没有哪个手机品牌不具这些功能，那么就需要我们更进一步，利用技术上的革新来彰显我们产品的独特个性。

每个企业的资源都是有限的，因而必须细分产业的价值链，集中自己的资源在某一个环节上打造核心的竞争力。当企业在某个环节当中成为同行业中的老大，甚至具有垄断性的时候，它必将成为撬动整个产业链的杠杆，从而赚取丰厚的利润。

"海尔"在这方面就先人一步，其做法值得各大企业借鉴。海尔的研究人员发现夏天的衣服少、洗得勤，传统的洗衣机利用率太低，于是推出小容量的"小小神童"，大受欢迎；他们还发现有些地区的农民用洗衣机来洗地瓜，排水道容易堵塞，于是又生产出既能洗衣服，又能洗地瓜的"大地瓜"洗衣机，满足了这一细分市场的需求，迅速占领了当地的农村市场；海尔还对家用空调市场进行调查，发现随着住宅面积的不断增加，壁挂空调和柜机已不能满足所有居室的降温，于是提出"家用中央空调"的概念，开发出新产品，获得了良好的回报。

当然，需要注意的是，细分目标市场不是随心所欲地划分，而是需要先进行严格、周密的市场调研。

和陌生人做朋友

人与人之间都是从陌生到熟悉的，老客户是由新客户转变而来的，而新客户曾经是我们的陌生人。

人脉之于客户管理乃至整个企业的发展的重要性，我们每个人都很清楚。所以，有人说客户管理的重心就是和客户谈生意，谈生意的关键是能否织就属于自己的一张人脉网。

害怕和陌生人打交道是人之常情，人的内心都有一股害羞的情绪，见到陌生人容易紧张，于是我们就害怕主动打招呼，仍然生活在属于自己的一个小交际圈内。

但做客户开发工作要求我们必须有迅速和陌生人打成一片的本领，因此我们不妨就当多交个朋友，从平时的点滴机会中接近他们，逐渐将每一个潜在客户网罗到我们的人际网中。

那么，和陌生人打交道，怎样才能找到切入口呢？

1. 察言观色，寻找共同点

一个人的心理状态、精神追求、生活爱好等等，都或多或少地会在他们的表情、服饰、谈吐、举止等方面有所表现，只要你善于观察，就会发现你们的共同点。一位退伍军人乘坐汽车，位置正好在驾驶员后面。汽车上路后不久就抛锚了，驾驶员车上车下忙了一通还没有修好。这时有位陌生人建议驾驶员把油路再查一遍，驾驶员将信将疑地查了一遍，果然找到了病因。这位退伍军人感到他的这绝活可能是从部队学来的。于是试探道："你在部队待过吧？""嗯，待了六七年。""噢，算来咱俩还是战友呢。你当兵时部队在哪里？"……于是这一对陌生人就谈了起来，理所当然地从完全陌生逐渐熟悉起来。

2. 主动和对方交谈

两个陌生人对坐，为了打破这沉默的局面，开口讲话是首要的。有人以招呼开场，询问对方籍贯、身份，从中获取信息；有人通过听说话口音、言辞，侦察对方情况；有的以动作开场，边帮对方做某些急需帮助的事，边以话试探；有的甚至借火吸烟，也可以发现对方的特点，打开言谈交际的局面。

王海是上海某医院的主管药品的副院长，一次从北京开完会后回沪。原本疲乏的他再加上舟车劳顿，到了火车的卧铺车厢后便忙不迭地准备休息。和他同在一节车厢的还有一位年纪轻轻的小伙子，名叫李飞，他是江苏某药业公司的业务代表。

火车一路快速行进，到了徐州已是伸手不见五指的黑夜。突然一阵疼痛的呻吟声把李飞吵醒，他赶紧下床关切地询问起对方的感受。原来王海吃坏东西正闹肚子，在李飞的关心问候下倍感温暖，而其他人则因为王海的呻吟大为发火。李飞在弄明白他的病情后，果断地从自己的临时药箱中取出常用药给他，王海因此与李飞谈论了起来。出乎李飞意料的是王海的身份，就这样一段长期合作的关系悄悄地敲定了。

3. 和朋友的友人交谈

你去朋友家串门，遇到有陌生人在，作为对于二者都很熟悉的主人，会马上出面为双方介绍，说明双方与主人的关系、各自的身份、工作单位，甚至个性特点、爱好等等，细心人从介绍中马上就可发现对方与自己有什么共同之处。一位公安局局长与一位公司经理恰巧都在某朋友家聚会，经介绍发现和主人都是从前的老同学。一个是中学同学，另一位则是大学同学。于是借着这种关系，两位就攀谈

第三章 开发客户

起来。

4. 通过谈话，发现和对方的共同点

为了发现陌生人同自己的共同点，可以在需要交际的人同别人谈话时留心分析、揣摩，也可以在对方和自己交谈时揣摩对方的话语，从中发现共同点。两位都很时尚的年轻女孩在公车上相遇了，其中一个听另外一个人打电话的口音很像湖南某地的人，于是两位感到同在异乡的同乡人非常亲切，遂成为朋友。

生活中类似的事例还很多，我们只要比别人多用一点心，就能多一点发现客户的几率。做个有心人，才能够胜任客户开发这个工作。需要注意的是，初次和陌生人交谈时忌过度热情，那样会让对方觉得比较虚假。

不放弃未成交的客户

遇到一点阻力就退下来的人注定要失败。做客户开发的工作总会有许多意想不到的阻力，比如遇到特别难缠的客户或遭遇别人的白眼，这些都很常见。一帆风顺的客户管理工作是不可能有的，否则就不会有到处抱怨客户工作难做的人。

有的销售人员总说："客户太难找了，好不容易接近一个人，却又不要我们的产品！"若果真如此，客户都跑到哪儿去了呢？其实，我们要做的仅仅是再坚持一下，不要因为一次挫折、一次失败就放弃那些对我们不怎么感兴趣的客户。

并非每一次销售都能成功，对于销售人员来说，未成交客户的数量远远大于成交客户的数量。不少销售人员常常犯一个错误，那就是：他们强调通过售后服务等手段与已成交顾客建立关系，但却忽视了未成交的客户。其实，与未成交的客户建立良好的关系同样十分必要，主要表现在：

1. 只要是我们的潜在客户，即使没有成交也不能放弃

所谓潜在客户就是：第一，他们需要我们的产品和服务；第二，他们有购买力。没有成交的原因是多种多样的，有的是暂时还不需要，但一段时间以后会有此种需求；有的是已有稳定的供货渠道；有的则纯粹是由于观望而犹豫不定，等等。但是，情况是在不断变化的，一旦成交障碍消失，潜在客户就会采取购买行动。如果销售人员在实效访问失败之后，没有着手建立联系，那么就无法察觉情况的变化，就不能抓住成交的机会。

2. 要有锲而不舍的精神，多和未成交客户联系

为了说服某一客户购买保险，销售人员常常要做第二次、第三次，甚至更多次访问。每一次访问都要做好充分的准备，尤其要了解客户方面的动态。而了解客户最好的方法莫过于直接接触客户。如果第一次访问之后，销售人员不主动与客户联系，就难以获得更有价值的信息，就不能为下一次访问制定恰当的策略。如果一个销售人员在两次拜访之间不能随时掌握客户的动态，那么，下一次拜访时，他就会发现：重新修改的服务方法必须再次进行修改。

3. 和未成交客户做朋友，改变他们对我们企业、产品的看法

比如一位对安利产品一直有成见的客户，起初拒绝的态度相当强硬。但是有个销售人员始终没有放弃她，而是努力接近她，同她谈生活、理想，就是不谈要她买安利的产品。最后客户反倒忍不住了，向销售人员问起安利的状况。于是，一场改变她态度的谈话开始了。

所以，对于拒绝我们的客户，我们要从心理上有接受失败的准备，不可因为挫折而灰心丧气，始终都要抱着一颗积极的心，随时准备打开客户的心门。

最后，需要注意的是，不放弃客户不是要"死缠烂打"，那样只会让人厌烦。

把潜在客户变为真正客户

把潜在客户变成真正的客户，才算把可望的利益转成真正的利润。有一位公司经理曾讲述他的一次不同寻常的存款经历：

"有一次，我们想把一笔钱存入一家外国银行的定期账户，以获得稳定的利息收入并防止币值波动。一名职员让我们填了一些表格，并就我们的业务和财务规划问了几个问题。他很高兴地照我们的话去做，同时问我们是否同意他提出一些他认为对我们更合适的建议。随后，他看了我们的财务报表，又问了一些问题。他告诉我们，以我们的担保资产和财务状况，我们应该可以从银行获得更多的帮助。他建议重新组合我们的财务方案，并邀请我们与他的老板共进午餐。午餐时，他的老板和另一位外国货币专家告诉了我们更多预防金融风险的策略，以及如何将其与我们的业务联系起来。这次午餐让我们获得了很大的启发。我们又回请他们打高尔夫球，不久我们便和他们签约，把所有的业务都转到这家外国银行来了。"

本地银行并没有什么过错，然而他们却没有更进一步地了解客户的情况以及客户不断发展的需求。外国银行之所以赢得了商机，是因为他们愿意多花一些精力更加深入地了解客户的需要，而不是简单地按客户说的去做。他们已经超越了

第三章 开发客户

那种只是提供简单客户服务的服务模式。这家外国银行渴求商机,并很注重发展一种健康的、卓有成效的客户关系。一旦他们看到了这一机会,便很快地组织专家开展工作。面对这样的挑战,本地银行不得不开始关注他们的客户群、捕捉机会并争取更多的业务了。

如果你真的满足了客户的各种深层需求,还用害怕没有客户主动"投怀送抱"吗?我们平时就应多和潜在客户联系,这样更有助于我们清楚地掌握客户的种种动向。

善于巩固老客户,勇于拓展新客户

以老荐新,这个方法相信对于有经验的客户管理者来说一定不会陌生,并且屡试不爽。客户资料是一笔宝贵的资源,尤其是公司的那些老客户,对公司的稳定和发展具有至关重要的作用。所以,我们在与对方建立了客户关系后,一定要巩固好老客户。

一般说来,老客户与企业的长期业务关系会建立一种互相信任的良性纽带,再加上老客户通常对企业的忠诚度也较高,所以花费一定的心力巩固老客户是很有必要的。另外,如果老客户愿意向我们推荐新客户,多半比我们大海捞针般自己寻找要好得多。

研究表明,推荐生意的成交率是55%。相比之下,如果你是个新手,可能你接触100个人都不能成交一单生意。

一位卖手表的柜台销售人员说:"早上有位老妇人走进我的店里看镶钻手表,后来开支票买下手表。我一边把包装好的手表交到她手中,一边以手表为话题闲聊。我诚恳地表达对这只手表的喜爱,称这只手表是本店最好的一只,并且全世界仅有10只这种款式的手表,而且厂家已不再生产,十分珍贵。此外,我祝福她戴着这只手表,快乐永驻。

"没想到她眼眶盈泪,说我给她带来了快乐——因为她当时已开始后悔,懊悔自己花了一大笔钱,只为买一只手表。后来我送她到店门口,诚挚地感谢她,并邀请她经常惠顾本店。一小时之后,这位妇人带来另一位妇人,她亲切地介绍我们认识,并请我领她们参观店里的商品。虽然,第二位妇人并没有买下像第一位妇人所买的昂贵手表,但她毕竟也带给我一笔生意。送她们出门时,我很高兴

99

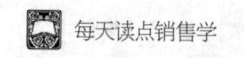

交了两位新朋友。"

为什么由老客户介绍的新客户多半容易成交呢？原因有以下几点：

（1）老客户对我们的企业、产品都很信任，这就会使他们在朋友面前替我们美言，总比我们自己往脸上擦粉要好看得多。

（2）新客户会亲眼见到老客户用产品的体验和我们提供的服务。这就给新客户一个非常直观的印象，他们能感受到我们所能提供的服务，也能摸到我们提供的产品，他们自己就会有判断。

（3）新客户多半是老客户的熟人、朋友、亲友等，所以他们对老客户的推荐一般充满信赖感。

因此，从这种意义上来讲，巩固老客户对于拓展新客户具有举足轻重的影响。我们向新客户提供的服务和产品，必须保持和老客户同等水平，免得他们觉得名不副实。

连锁介绍法

人与人之间就像一条无形的链，每一个结点过后都有无限的点，我们可利用这种结点法寻找到新的客户。

在好莱坞有一句名言："成功不在于你会做什么，而在于你认识谁。"人脉的重要性我们都知晓，而连锁介绍法更是这种理念的真实演绎。

连锁介绍法是指通过老客户的介绍来寻找有可能购买该产品的其他客户的一种方法，又称"介绍寻找法"或"无限寻找法"，该方法是企业常用且行之有效的方法。

每个人都有自己的人际关系，而客户开发就是依靠人际关系进行人与人之间的交往、交流，客户开发的过程也就是一个编制客户网的过程。打个比方，我们把产品卖给A，A再把我们的产品介绍给B或C，B和C再介绍给他们的朋友，依此类推，不断地继续下去……这样重复12次，我们就可以通过一个客户而得到8400名客户，创造世界吉尼斯纪录。

乔·吉拉德是世界上汽车直销最多的一位超级销售员，他平均每天能直销5辆汽车，他是怎么做到的呢？连锁介绍法便是他使用的一个方法，只要任何人介绍客户向他买车，成交后，他就会付给每个介绍人25美元，25美元在当时虽不是一笔庞大的金额，但也足够吸引一些人。

哪些人能当介绍人呢？当然每一个人都能当介绍人，可是有些人的职位更容易介绍大量的客户。乔·吉拉德指出，银行的贷款员、汽车厂的修理人员、处理汽车赔损的保险公司职员，这些人几乎天天都能接触到有意购买新车的客户。

乔·吉拉德说："首先，我严格要求自己'一定要守信''一定要迅速付钱'。例如当买车的客人忘了提到介绍人时，只要能联系到介绍人，我就一定会及时把钱送到他的手上。"就是靠着这么一种以人带人法，且是"有偿"介绍，乔·吉拉德创造了迄今为止无人能突破的销售业绩。

我们是否也可以效仿一下，当有人介绍了客户，我们是否也可给予介绍人一定的薪金呢？需要注意的是，在使用连锁介绍法的时候，务必做到"言必信，行必果"，不要对介绍人许空头诺言。另外，可根据业务的大小适当付相当的"介绍费"给介绍人。

搜集和筛选目标客户资料

销售员希望拥有足够多的潜在客户时，这就要求推销人员在打电话前先对目标客户进行筛选，并设计好开场白。接下来，在与潜在客户交流的过程中，通过感性的提问方式多角度收集客户的资料。

乔·吉拉德是世界上有名的营销专家之一，他常常利用电话搜寻潜在客户。面对电话簿，吉拉德首先会翻阅几分钟，进行初步的选择，找出一些有希望成为潜在客户的人的地址和姓名，然后再拨电话。

下面就是吉拉德在电话中和一位潜在客户的对话。

吉拉德："喂，柯克莱太太，我是乔·吉拉德，这里是雪佛莱麦若里公司，您上周在我们这儿订购的汽车已经准备好了，请问您什么时候有时间来提车呀？"

柯太太（觉得似乎有点不对劲，愣了一会儿）："你可能打错了，我们没有订新车。"（这样的回答其实早在吉拉德的意料之中。）

吉拉德："您能肯定是这样吗？"

柯太太："当然，像买车这样的事情，我先生肯定会告诉我。"

吉拉德："请您等一等，是柯克莱先生的家吗？"

柯太太："不对，我先生的名字是史蒂。"

（其实，吉拉德早就知道她先生的姓名，因为电话簿上写得一清二楚。）

吉拉德："史蒂太太，很抱歉，一大早就打扰您，我相信您一定很忙。"

对方没有挂断电话，于是吉拉德跟她在电话中聊了起来。

吉拉德："史蒂太太，你们不会正好打算买部新车吧？"

柯太太："还没有，不过你应该问我先生才对。"

吉拉德："噢，您先生他什么时候在家呢？"

柯太太："他通常6点钟回来。"

吉拉德："好，史蒂太太，我晚上再打来，该不会打扰你们吃晚饭吧？"

柯太太："不会。"

（6点钟时，吉拉德再次拨通了电话。）

吉拉德："喂，史蒂先生，我是乔·吉拉德，这里是雪佛莱麦若里公司。今天早晨我和史太太谈过，她要我在这个时候再打电话给您，我不知道您是不是想买一部新雪佛莱牌汽车？"

史蒂先生："没有啊，现在还不买。"

吉拉德："那您大概什么时候准备买新车呢？"

史蒂先生（想了一会儿）："我看大概10个月以后需要换新车。"

吉拉德："好的，史蒂先生，到时候我再和您联络。噢，对了，顺便问一下，您现在开的是哪一种车？"

在打电话的过程中，吉拉德记下了对方的姓名、地址和电话号码，还记下了从谈话中所得到的一切有用的资料，譬如对方在什么地方工作、对方有几个小孩、对方喜欢开哪种型号的车，如此等等。他把这一切有用的资料都存入档案卡片里，并且把对方的名字列入推销信的邮寄名单中，同时还写在推销日记本上。为了牢记这个推销机会，他在日历上做了一个明显的记号。

就这样，从两三分钟的电话聊天里，吉拉德得到了潜在的销售机会。

成功的电话营销员之所以能源源不断地售出产品，是因为他们拥有足够多的潜在客户。

利用电话销售产品，最大的好处是随时都可能发现潜在的客户，而且，与盲目登门拜访相比，巧妙地运用打电话的技巧更容易与客户沟通。当然，要使沟通向着有利于把买卖做成的方向进行，就需要推销员事先精心准备，并且在打电话的过程中充分发挥自己良好的沟通能力。

第三章 开发客户

就像案例中的推销大师吉拉德，他在打电话前先对目标客户进行筛选，并设计好了开场白。接下来，在与潜在客户沟通的过程中，他又开始进行感性的沟通，"您先生他什么时候在家呢""那您大概什么时候准备买新车呢""顺便问一下，您现在开的是哪一种车"等等。通过与潜在客户有效的沟通，吉拉德收集到了宝贵的客户资料，获得了潜在的销售机会。

在电话销售人员职业生涯中，开发客户是重点工作，这就需要销售人员掌握多种资料的获取渠道。下面介绍几种搜集电话名录的方法。

1. 交换名片

随时随地获取别人的名片，同时把自己的名片赠给别人，就可以得到很多的电话名录。

"刘先生，您好！这是我的名片。"

"噢，不好意思，我没有带名片。"

"没关系，非常好，我能有机会得到您亲笔写的名片。"

你递给他一张自做的空白名片，"我这儿有张名片纸，请您填好！"99%的人不会拒绝填写他的姓名、电话号码。获得了名片的同时，他对你的印象一定很深。高明的营销人员还可以从他手写的字体里分析他的性格。

2. 广交朋友

参加俱乐部、研习会、公司的会议活动、朋友的生日聚会、酒会、专业聚会。参加这些聚会可以结识更多的人，交换更多的名片，也可以获得更多的可拨打的陌生电话名录。

3. 与同行互换资源

和同行交换资源也是获取电话名录非常有效的方法。

4. 善用汇编资料

汇编资料包括统计资料、名录类资料、报章类资料等。其中，统计资料是指国家有关部门的统计调查报告、行业协会或者主管部门在报刊上面刊登的统计调查资料、行业团体公布的调查统计资料等。名录类资料是指各种客户名录、同学录、会员名录、协会名录、职员名录、名人录、电话黄页、公司年鉴、企业年鉴等。

5. 加入专业俱乐部和会所

专业俱乐部和会所可以提供给你最佳的人选和最好的名录。重要的是这些会所是有一定资格才能加入的，所以这样的会所集中的人群都是非常有品位的人士。

6. 网络查询

网络查询会让你很便捷地了解你所需要的信息。

7. 报纸杂志

无论是综合性的娱乐杂志还是行业性的报纸杂志，上面都含有大量的信息与资料，如各种广告宣传、搬迁消息、相关个人信息、行业动向、同行活动情形以及国际行业信息等。这些信息给销售人员提供了联系潜在客户的线索，使销售人员可以随时随地把握挖掘客户的机会。

8. 客户介绍

一个客户背后大约有 20 个准客户。销售人员要提供一流的服务且能让这位客户为其介绍潜在客户。这是找到新客户最便捷的方式。

任何潜在客户，都需要我们尽可能详细地了解他们的资料，否则很难跟他结成朋友，也很难跟他建立良好的关系。

利用互联网开发客户

21 世纪是个通信异常发达的时代，整个地球都可因 Internet 而紧密地联系在一起。在科技迅猛发展的今天，我们的工作、生活几乎离不开网络。从上网看各类新闻、阅读图书、交流信息到购物、寻找商品等，无所不包。我们何不利用这张无形的网，替自己网罗一批潜在客户呢？只要我们轻触键盘就能寻找到客户，总会有客户在等待我们去挖掘。

"造得有多快，卖得就有多快"是戴尔公司的直销之道。尽管戴尔被誉为华尔街的赚钱机器，但他从来不被认为是一名技术先锋，其成功大半归结为给计算机业带来翻天覆地变化的"直销飓风"：越过零售商，将产品直接销售给终端用户。正如戴尔所言："远离顾客无异于自取灭亡。还有许多这样的人——他们认为他们的顾客就是经销商！"

戴尔之所以有那么强大的顾客群体，正是由于他们利用了互联网的便捷。他们可根据客户的要求，在最短的时间内迅速出货。我们利用 Internet 寻找客户，可从以下几个方面展开：

1. 可浏览他人网站，建立联系

现在，越来越多的公司开始建立自己的网站，使你能够了解有关他们业务的数据。公司网页常常连接有关个人情况、经营单位或个人服务等内容。网页上通常包括索取更详细信息的联系地址或直接联系地址等。只要轻轻点击鼠标，你就可得到你想要的资料。

利用互联网，你还可以像写信一样，很方便地联系业务，与一些团体和个人取得联系。只需轻击发送键，在几秒钟内，你的信件、简历、建议书、意见、想法或文件就会越过街道、国家，发送到世界各地。

2. 利用搜索引擎

搜索引擎可以帮助你畅游互联网，并能使你的新客户成功地找到你的网页。现在搜索引擎可谓无所不知、无所不能，只要轻击键盘很快就能找寻到若干条相关的信息。著名的搜索引擎如百度等，应将其中之一设为我们的首页，以便随时随地找到合适的人群。

3. 建一个自己的网站

建立网站需注意以下几点：

（1）使网页简洁清楚。如果你亲自寻找新客户，在过程中出现了中断，还能够恢复，但在网页上就不行。所以，要确定新客户在中断后能够很容易地找到返回你网址的途径。

（2）力求做得有个性，不能太大众化，否则人们不会愿意光顾。没有特色就意味着平庸。

（3）在网页上介绍客户感兴趣的内容，力求实用，忌花哨。

（4）使文字尽可能简短。尽量使每段文字不超过50个字，不要全部采用大写字母。

（5）要有对产品、企业等信息的详尽介绍，以便让人们获得一种心理上的安全感。

（6）遵守网上礼节。在网上联络时，不要通过计算机做任何当面不做的事情，这里主要是指职业道德。每一次联系都需要严守职业道德，只有这样才能为你带来新生意。

4. 可适当在较大的媒体上做宣传

刚建立的网站有可能许多人并不知晓，人们无从知晓我们提供的产品和服务，因此可选择别的媒体做一定的宣传，比如新浪、网易、搜狐等。同时也可在行业网站上做适度宣传，让更多的人认识我们，看到我们的存在。

方法也许还有更多，但需要我们根据自身的特点来选择合适的方式。在网络上和潜在客户交流时，需注意语言要干净利索，不能因为在网上就说些不负责任的话。

寻找电话那一端的客户

开发新客户其实可以不必很费心力，如果能利用好手中的那根细线，我们一样可以坐着钓大鱼。如今，一根细细的电话线也可为我们带来客户、财富，通信的发达使我们寻找潜在客户、挖掘新客户的方式也变得丰富多彩，而利用电话寻找客户无疑是一种正在流行的"一线万金"法。我们可以看一下一家美国的百货公司是如何通过电话来走出困境的。

蒙哥马利百货公司是家百年老店，为扩大营业额，成立了汽车俱乐部，会员顾客可通过电话购买东西，公司送货上门。

该公司以其既有的信用卡的顾客为对象，配合直销邮件广告展开广告攻势，在3年内总共招收了100多万会员。然而，在直接邮件广告的推销力逐渐减弱之后，公司发现有一半的信用卡客户对直邮广告根本不予理睬，他们往往不经阅读就随手丢弃了，造成公司巨大的浪费。于是，公司决定用"电话营销"，一方面希望未成为汽车俱乐部会员的信用卡顾客加入俱乐部；另一方面希望既有的汽车俱乐部会员能增加购买数量。

于是，电话营销在公司迅速得到实施，一年之内公司的销售业绩就大为提高，表现如下：汽车俱乐部又增加了新会员15万多人；既有会员的购买量大幅度回升；未成为会员的客户，他们往往会在游逛百货公司时，利用公司的直邮广告购买更多的商品。

如此大的成功，不是没有道理的。客户说他们就喜欢这种直接的方式，能让他们感受到公司对他们的重视。

如果善于挖掘，
一个不起眼的电话也能寻找到无限的客户资源。

当然，在我们通话时一些必知的基本礼仪是需要牢记的，比如要把握好打电话的时机、通话时长等。

第三章 开发客户

第五节 业务在客户之外

寻找商机

如果不知道潜在客户在哪里，你向谁去推销你的产品呢？所以说，寻找潜在客户是你推销产品的第一步，在确定你的市场区域后，你就得找到潜在客户在哪里，并同其取得联系。

事实上，你大部分时间都在寻找潜在客户，而且会形成一种习惯，比如，将你的产品销售给一个客户之后，你会问上一句："你的朋友也许需要这件产品，你能帮忙联系或者推荐一下吗？"

谁有可能购买你的产品，你打算把你的产品或者服务推销给谁，谁就是你的潜在客户，同时它还必须具备两个要素：用得着、买得起。

首先要用得着或者需要这样的消费，不是所有的人都需要你的产品，他一定是一个具有一定特性的群体。如小型交换机的用户，是集团、社团、企业等组织，有谁会去买个交换机放在家里呢？

其次是买得起，对于一个想要又掏不出钱的潜在客户，即使你付出再多的努力，最后也不能成交。即便是保险业，人人都希望买保险，但保险推销人员却在从事着最辛苦的寻找潜在客户的工作，因为购买保险的群体必定具有一个共同的特征，你把保险推销给一个维持最低生活标准的家庭，按理说他们太需要保险，但无论你的推销技巧有多高明，结局一般都是否定的，因为他买不起保险。

寻找潜在客户是一项艰巨的工作，尤其是在你刚刚从事推销这个职业时，你的资源只是你对产品的了解，除此之外，你一无所有；你会通过很多种方法来寻找潜在客户，而且你花在这上面的时间也非常多。

1. 现有客户

让我们从潜在商机中最具可能的部分——现有客户开始，因为几乎每家公司都拥有这一部分资源。

与把东西卖给那些没有打过交道的客户相比，卖给过去的客户相对容易些。因为你与老客户之间已经存在一种关系，共同拥有一些东西。记住：你的客户中会有一些人发生变化，因此与他们保持频繁接触就变得越发重要。

数据库或合同清单必须不断更新、整理，每年清单中都有接近30%的内容会变化，这是因为人们变换了角色、工作和公司。记住：在商业对商业的推销中，你不是在和公司打交道，而是在和人打交道。

如果已经有了一份关于合同、地址及电话的综合清单，那你的工作就轻松多了，你只要等手头的资源都用尽为止。你最初的清单越好，你就越可能在更长的时间内，从相对机会较大的客源中找到商机。

新业务中最具潜力的一块就是现有的客户群。由于代理人的存在，目前汽车行业是最具竞争性的行业之一，可以不断提供极佳的产品来吸引新买家。美国的W先生在过去的30年中一直在购买汽车，而且总是通过代理人购买。一名职业推销人员一定会在购买后3个月和W先生联系，以确认W先生对该产品是否满意。他或她会在一年后和W先生再次接触，看看是否一切正常，或是了解一下W先生是否想换车。第三次接触会在18个月后，而第四次是在两年后，最后几乎可以肯定的是，W先生会换车。推销人员更愿意做新生意而不是长期重复的交易。

2. 陌生拜访法

陌生拜访是推销人员扩大"库存"的必经途径，也是推销人员最重要的拥有源源不绝的客源——准客户的重要方法，只有拥有大量的准客户的推销人员才能走出一条属于自己的推销之路。

作陌生拜访，随时随地都可以，比如买菜、逛商店、买花，即使在医院都实实在在地做成了保险，潜在的准客户就在你身边，只要你勤于发现与发掘。

现在天气这么好，走出去，赶快行动吧。目标：做大单——要走访像样的企业，而且要挑有保险能力而又有接受能力的人——大量的单等待我们去签，只要我们去行动，就一定有回报。

陌生拜访法可以使你在短时间内接触大量的准客户，可以迅速磨炼你的推销技巧，开发市场，提高应变能力。不妨给自己制定一个短期陌生拜访计划，试试看！

3. 介绍法

借助他人的介绍，可使你的工作事半功倍。充分地利用自己的关系网，就是让每一个你所认识的人，把你带到你所不认识的人群中去。请求你的客户或熟人介绍其他人，最大的优点就是使被介绍人有信任感，唯有赢得了客户的信任感，才是促成客户购买的第一要素。

美国寿险推销大王贝吉尔曾讲过这样一个故事：

一个意志消沉的年轻人向他请教，年轻人说他搞寿险推销已14个月了，刚开始做得还不错，但后来就不行了，感觉到没有市场了。贝吉尔向他提了几个问题，发现年轻人对许多准客户都浅尝辄止，浪费了许多"资源"。贝吉尔告诉他："你只做到事情的一半，回去找买过你保险的客户，我相信由每个客户那里至少能得到两个介绍名单。"

记住，在你卖给一个人保险之后，再没有比你请求他介绍几个人的名字更重要的事；此外，不管你和准客户面谈结果如何，你都可以请他们替你介绍几个朋友或亲戚。6个月后，这个年轻人又来到贝吉尔的办公室，他非常高兴地告诉贝吉尔："这些日子以来，我紧紧把握一个原则：不管面谈结果如何，我一定从每个拜访对象那里至少得到两个介绍名单。现在，我已得到500个人以上的名单，这比我自己四处去闯所得的要多出许多。"

（1）通过朋友寻找客户。

你会发现我们在研究潜在客户的时候总是先把朋友列出来，是朋友和潜在客户有必然的关联吗？不是这样的。对于一个从事推销工作的人来说，什么是朋友呢？你以前的同事、同学、在聚会或者俱乐部认识的人都是你的朋友，换句话说，凡是你认识的人，不管他们是否认识你，这些人都是你的朋友。

如果你确信你所推销的产品是他们需要的，为什么你不去和他们联系呢？而且他们大多数都没有时间限制，非工作时间都可以进行洽谈。向朋友或亲戚销售，多半不会被拒绝，而被拒绝正是新手的恐惧。他们喜欢你，相信你，希望你成功，他们总是很愿意帮你。尝试向他们推荐你所确信的优秀产品，他们将积极地回应，并成为你最好的客户。与他们联系，告诉他们，你已经开始了一项新职业或开创了新企业，你希望他们共享你的喜悦。如果你6个月的每一天都这么做，他们会为你高兴，并希望知道更详细的信息。

如果你的亲戚朋友不会成为你的客户，也要与他们联系。因为寻找潜在客户的第一条规律是：不要假设某人不能帮助你建立商业关系。他们自己也许不是潜在客户，但是他们也许认识将成为你客户的人，不要害怕要求别人推荐。取得他们的同意，与你分享你的新产品、新服务以及新构思时的关键语句是："因为我欣赏你的判断力，我希望听听你的观点。"这句话一定会使对方觉得自己重要，并愿意帮助你。

与最亲密的朋友联系之后，由他们再联系到他们的朋友。如果方法正确，多数人将不仅会给你提出恰当的问题，他们或许还有可能谈到一个大客户呢。

（2）借助专业人士的帮助。

刚刚迈入一个新的行业，很多事情你根本无法下手，你需要能够给予你经验的人，并且从他们那儿获得建议，这对你的帮助会非常大，我们不妨叫他为导师吧。导师就是这样一种人，他比你有经验，对你所做的感兴趣，并愿意指导你的行动。导师愿意帮助面临困难的人，帮助别人从自己的经验中获得知识。

多数企业将新手与富有经验的老手组成一组，共同工作，让老手培训新手一段时期。这种企业导师制度在全世界运作良好。通过这种制度，企业老手的知识和经验获得承认，同时有助于培训新手。

当然你还可以委托广告代理企业或者其他企业为你寻找客户。

代理商多种多样，他们可以提供很多种服务，你要根据你的实力和需要寻求合适的代理商。

4. 利用公共情报

电话号码本记录了各种公司、机构的名称及电话号码。推销人员可以根据自己推销产品的性质、应用范围等信息，在电话号码本中查找出可能会成为目标客户的公司、机构，然后与它们联系。

几年前，我们正准备推出关于职业推销的录像课程，因为需要急剧扩充客户群，我们几乎把所有的全国性报纸、主要的地方性报纸和商报送到工作人员那里，他们会翻看这些报刊，寻找那些刊登了招聘推销人员广告的公司。他们会将公司名称、地址、电话、联系人以及广告所披露的信息，如产品类型和经营领域登记下来。这些信息为我们提供了丰富的客源。由于要推销我们的课程，显然需要与营销经理谈谈。实践证明，这是一个相当有效的方法。

有时报纸、杂志上会登出需求信息，根据这些信息可以顺利地找到目标客户。报纸、杂志上登载的某些消息，如新公司的成立、新商店的开业，也是很重要的。

这些公共情报的来源是很多的，并且它们都是公开的。现有房屋的名单，可为房屋供应商、杀虫剂和家具供应商提供目标客户。税收名册也有助于确定一定财力范围内人员的名单，可向他们推销诸如汽车一类的产品。通过电话联系、直接邮寄和私下接触，都可以寻求目标客户。

如何引导你的潜在客户

"什么时候"这个词在敲定一笔销售时显得颇具魔力，即使未说出时间也是有用的。如果你的潜在客户想要你的产品，当他的感受性达到顶点时，几乎也就是最佳时间。把他引到时间问题上来，以便达成交易。

第三章 开发客户

假如你正在向一位零售客户推销服装。她喜欢那件衣服却犹豫不决。你说:"让我想想,你最迟要在下周日拿到衣服。今天是星期五,我们保证在下周六把货送到。"

你不必问她是否想买,你只是假设她想买,除非有明显的障碍(如没有能力支付),否则你将当场完成销售。

若改变推销方法,问她:"你想什么时间拿到这件衣服?"

那么她一定会犹豫不决,由于你有些犹豫,那么你的客户也会犹豫;假如你有胆怯的心理,那么她也会有同感。因此,你必须充满自信,显得积极有力。

一位管理顾问正想租用昂贵的曼哈顿写字楼。租赁代理知道他的经济情况,向他推荐了一套又一套的房间,从未想过她的潜在客户会不租房子,只是在想:哪一套房间最适合我的客户?

在介绍不同的办公室之后,她断定该是成交的时候了。

她把潜在客户带进了一套房间。在那里,他们俯瞰东江,她问道:"你喜欢这江景吗?"

潜在客户说:"是的,我很喜欢。"

然后,这位泰然自若的推销人员又把客户带到另一套房间,问他是否喜欢那天空的美景。

"非常好,"那客户回答。

"那么,您比较喜欢哪一个呢?"

顾客想了想,然后说:"还是江景。"

"那太好了,这当然就是您想要的房间了。"推销人员说。

真的,那位潜在客户没有想到拒绝,他租用了。

自始至终你只需善意地假设顾客会买,然后平静地达成交易。

当承包商赛莫·霍瑞——他那个时代的最伟大的推销人员之一——开始同富兰克林·屋尔斯讨论关于兴建美国的屋尔斯大厦时,他们完全陷入了对立状态。但劝诱对霍瑞来说就像母亲的乳汁一样。经过另一次毫无收获的拜访(同样的逃避和犹豫),霍瑞略微表现出不满,他站起身来,伸出手说:"我来做一个预测,先生,您将会建造世界上最宏伟的大厦,到那时我愿为您效劳。"他走了。

几个月之后,当大厦开始动工时,屋尔斯对这位高级推销人员说:"还记得

111

那天早晨你说的话吗？你说，如果我要建造世界上最宏伟的大厦，你将为我效劳。"

"是的。"

"噢，我一直铭记在心。"

当然，你没有推销上百万美元的大厦，但同样的推销技巧也会对你的产品或服务奏效的。带着与推销屋尔斯大厦同样的假设、同样的自信、同样的安详和信念，你将会达成交易。还在等什么呢？你知道你的潜在顾客一定会买！

有益于客户的构想

为什么有的推销人员一直顺利成功，而有的推销人员则始终无法避免失败？

因为那些失败的推销人员常常是在盲目地拜访客户。他们匆匆忙忙地敲开客户的门，急急忙忙地介绍产品；遭到客户拒绝后，又赶快去拜访下一位客户。他们整日忙忙碌碌，所获却不多。

推销人员与其匆匆忙忙地拜访10位客户而一无所获，不如认认真真做好准备去打动1位客户，即推销人员要做建设性的拜访。

所谓建设性的拜访，就是推销人员在拜访客户之前，就要调查、了解客户的需要和问题，然后针对客户的需要和问题，提出建设性的意见，如提出能够增加客户销售量，或能够使客户节省费用、增加利润的方法。

一位推销高手曾这样谈道："准客户对自己的需要，总是比我们推销人员所说的话还要重视。根据我个人的经验，除非有一个有益于对方的构想，否则我不会去访问他。"

推销人员向客户做建设性的访问，必然会受到客户的欢迎，因为你帮助客户解决了问题，满足了客户的需要，这比你对客户说"我来是推销什么产品的"更能打动客户。尤其是要连续拜访客户时，推销人员带给客户一个有益的构想，乃是给对方良好第一印象的一个不可缺少的条件。

王涛的客户是一位五金厂厂长。多年以来，这位厂长一直在为成本的增加而烦恼不已。王涛在经过一番详细的调查后了解到其成本增加的原因，多半在于该公司购买了许多规格略有不同的特殊材料，且原封不动地储存。如果减少存货，不就能减少成本了吗？

当王涛再次拜访五金厂厂长时，他把自己的构想详尽地谈出来。厂长根据王

第三章 开发客户

涛的构想，把360种存货减少到254种，结果使库存周转率加快，同时也大幅度地减轻了采购、验收入库及储存、保管等事务，从而降低了费用。

而后，五金厂厂长从王涛那里购买的产品大幅度地增加。

要能够提出一个有益于客户的构想，推销人员就必须事先搜集有关信息。王涛说，"在拜访顾客之前，如果没有搜集到有关信息，那就无法取得成功"，"大多数推销人员忙着宴请客户单位的有关负责人，我则邀请客户单位的员工们吃饭，以便从他们那里得到有利的信息"。

王涛只是稍作一点准备，搜集到一些信息，便采取针对性的措施，打动了客户的心。正因为王涛认真地寻求可以助顾客一臂之力的方法，带着一个有益于顾客的构想去拜访客户，才争取到不计其数的客户。

激发客户的自主意识

在推销人员找到潜在客户后，他们却很少能够马上做出购买决定。

你应该激发他们，让他们感觉到自身的重要性，并且意识到缺乏决断能力是一件令人尴尬不已的事。这样做的目的，就是要满足客户的自尊和"虚荣心"，让他们购买你的产品。

当女性推销人员使用这种技巧时，男客户们常常会抵挡不住进攻。譬如：

一位推销口述记录机的女士会对一位男客户说："因为我经常去拜访那些商界的头面人物，所以我了解像您这样的高层主管都很珍惜自己的时间。米切尔先生，我相信您会同意这一点。"

"是的，小姐。时间就是金钱嘛。"米切尔自负地说。

"我也非常珍惜您的时间，先生。所以我想尽量节约时间，今天就把订单交给您，那您要的口述记录机星期五就可以发货了。"

"真是个好主意，不过，我今天下午要乘4点半的飞机离开，接下来的3天我都在外地。所以，我今天真是不想做任何决定。另外，我还得飞往西海岸参加一次重要的合同签字仪式。这样吧，你可以给我一些资料，我带到飞机上去读……"

"米切尔先生，我知道您一定有很多活动安排。但是，我相信像口述记录机这样的小项目根本不用您花时间考虑，您完全可以腾出时间去想别的事情。让我们现在就把这份订单处理掉，我保证等您回来的时候，您要的货已经发出去了；

这样，您下个星期就可以用上了。"

"要是这样的话，当然不错。"

"那好，米切尔先生，请您在这儿签下您的大名。"

下面的这位女推销员同样聪明。

另一位推销房地产的女士会对一位正忙着搬家的顾客说："格林先生，您常常把家迁往一座新的城市吗？"

"信不信由你，我在过去的18年中已经搬过10次了，这一次该是第11次。"

"那您对搬家很有经验啰？"

"对我来说，搬家只是小事一桩。"格林先生笑着说。

"很好。和您这样懂得购房的人合作应该轻松多了，而那些从未迁家出城的人，要是太太不在身边，自己总是拿不定主意该不该买房。"

你要经常运用相似的策略去建立起一位女客户的自主意识。有经验的推销员会说："我真佩服现在的那些女强人，她们能够做出上一代妇女想都不敢想的决定。"

当一名年轻的推销人员拜访比自己年长的客户时，这种方法同样很有效。推销人员说："我很高兴和您这样果断、富有经验的人合作。您知道，现在有太多的年轻人都不明白该如何拿定主意。"当客户的虚荣心得到满足以后，他们会痛快地购买你推销的商品。

从满意的客户处获得更多的业务

要从满意的客户那里获得更多的业务与推荐，就要主动提出来。不开口要，怎么能得到？我们大部分人却不会这么做。一旦你想当然地认为这个客户就是你的，你便失去了为他们提供更好的服务的机会，从而不能长久地留住他们。失去机会并不危险，危险在于失去一个好客户。

我们必须开始认真而持续地关注我们当前客户的情况以及他们新的期望和要求。你需要在分析了客户过去与你或者你的竞争者合作时的消费模式之后，制定出你的行动计划。简而言之，要把你的客户当作一个新的潜在客户而认真调查、尽力研究。他们值得你提供最好的服务，给予最密切的关注。你的竞争者和新对

第三章 开发客户

手也始终在争取你的客户，特别是那些利润大、有吸引力的客户。我们不能掉以轻心，我们要做的不只是维持客户关系，而应该通过不断增加和提高所提供服务的种类和质量，来适应他们不断增长的期望。

你不要想当然地认为这个客户就是你的。多获取一些信息，主动要求并努力争取，直到获得你想要的业务。不要有丝毫放松，否则竞争对手将会轻松地占领你的地盘，而你将从此不再有机会。

你要想办法将非长期客户变成长期客户，将小客户变成大客户，让客户变成自己的宣传者。要不断研究他们持续增长的需求，以及他们除你之外还从谁那里购买。要了解你在他们的支出和考虑中占多大的份额。你是否是他们的第一选择？如果不是，则要继续努力。分析一下客户对你和其他销售商的满意程度，你处在什么位置上？如果在最底层，我们就需要建立自己的客户支持网络。

当你拿起响着的电话时，听筒另一端传来声音："嗨，您是钟先生吗？"
你："你是……"
销售员："您好，我是雷佛汽车公司的苏西。"
你（犹豫了一下）："哦。"
你不想和这家伙谈话，想挂断电话。且让我们换个剧本瞧瞧：
电话铃响了，你拿起听筒。
你："喂？"
销售员："嗨，您是钟先生吗？"
你："你是……"
销售员："钟先生，我是雷佛汽车公司的苏西，你妹妹蓓琪让我打电话给您。"
你："哦，嗨！"

不管你打电话的技巧多么高明，不管你在潜在客户身上下了多少功夫，不管你的商品和服务多么棒，这一切全比不上别人的推荐来得有效。因为人们的天性似乎对于来自企业的说法抱有怀疑，认为那是虚假的宣传，但对于其他已使用过该产品或服务的客户来讲，他们的说法更具说服力。所以，我们才有必要在客户开发的工作开展时，多多利用对我们抱有好感的客户群，让他们做我们产品服务的免费广告员。

你或许能借由潜在客户的朋友、亲戚、生意伙伴，甚至他老板的名义，将自己介绍给他。有了熟人介绍，你就已经跨入门内，赢得他的注意和信任。

此外，经由客户推荐往往能促成潜在客户的出现，因为客户很少会介绍那些对你的商品完全不感兴趣的人给你。

那么，你要如何赢得推荐？

这得靠你自己开口问了。当交易完成后，你不妨请客户介绍其他人给你。但这个过程并不如想象中那样容易。如果你只问客户，他有没有朋友想买汽车、小狗或电脑，他大概会随口答说"没有"或"目前没有"。这种答案，千万别信以为真！

你的客户可能在一个星期里曾遇见许多人，但在你问他的那一瞬间，他很难立即给你一个比"没有"或"目前没有"更好的答案，因为他不可能马上回想起所有曾见过的人，更别说那些人的个性或他们有些什么需要。

至于你，身为销售员，你必须帮他将范围缩小。比方说：

你："哈利，您一定想赶快试试（我卖给）您的新滑雪装备吧？"

哈利："嗯，我和5个朋友约好周四去滑雪，我想它一定很棒。"

你："哈利，请问您的朋友都拥有自己的滑雪装备吗？"

哈利："不，巴比是菜鸟，所以他用租的。"

你："您想他很快就会有兴趣买一套吗？"

哈利："我认为会。他虽然刚学，却已经很入迷了。"

你："您介意我记下他的名字吗？我想打电话给他。看看我能否为他做点什么。"

哈利："没问题，他叫郝巴比。"

你："你有他的电话号码吗？"

哈利："我一时记不起来。不过，他就住在小镇上的枫树街。"

你（写下资料）："谢谢。其他的朋友怎么样？他们对自己的滑雪装备还满意吧？"

哈利："我想是。艾莉虽然技巧很好，可惜使用的是老式的装备。"

你："难道她不想将装备升级？"

哈利："想啊，不过她老是抱怨装备太贵了。如果可以分期付款，她应该会考虑换新装备。"

你："这没问题。您能给我她的名字和联络电话吗？"

哈利："她叫孟×，电话是×××××××。"

你:"哈利,谢谢您帮了我这么多忙,我真感激!"

哈利:"哪里哪里。"

你:"我还想再请教一下,您的滑雪伙伴就是这几位吗?"

哈利:"还有我参加的滑雪俱乐部……"

在这个模拟情境中,销售员很有技巧地引导哈利,将认识的众多朋友减少到5个人,而这5个人当中至少有两个人可能对添购滑雪装备极感兴趣。他的最后一个问题更引出了一个滑雪俱乐部。他应设法取得俱乐部所有会员的姓名与电话,并立即去电联系。

以上的情节是直接对消费者销售产品的案例,销售员必须把重点放在消费者个人及其社交圈的需要上。

如何建立人际关系

推销人员每周应抽点儿时间写封信,在客户过生日、节日等时,寄去一张生日卡、节日卡等再好不过了。

写信时应注意:称呼要合适,问候要热情,祝贺要诚恳;要正确使用敬语、谦语;信封书写要正确、清晰。

收到信后应及时启阅;根据来信内容,决定是否复信和何时复信,复信时说明收信日期;他人求教某问题或托办某件事的信,应明确给予答复;因故拖延,应说明原因,并尽可能设法采取一些补救措施;崇拜者来信,可视情况加以处理。

若遇到下列情况,推销人员最好亲自登门拜访:客户生病时,带点水果、鲜花、营养品等;客户家中有喜事时,前去道喜;客户家中有意外时,表示慰问、关心;逢年过节时,到客户家中拜访,给孩子带点礼物;在媒体上看到客户的好消息时,打电话给客户。

推销人员的人际关系大致有以下几种类型:

(1)家庭交际,这是指一切与推销人员有亲属关系的人,如父母、兄弟姐妹、亲戚等。

(2)地域交际,即邻居与对你有好感者。

(3)同事交际,即推销人员的同事。

（4）业余交际，即推销人员在业余时间所结交的朋友。

（5）同业交际。

（6）客户交际。

推销人员应牢记：一个篱笆三个桩，一个好汉三个帮；众人拾柴火焰高。推销人员朋友们，请尽快编织你的人际关系网吧，你编织的人际关系网越大，就越容易取得推销的成功。

你必须认识到你所做的销售中的大部分——如果你的经历较典型的话——是售给那些在一定程度上和你熟悉或是已成为朋友的人。比如，有个专业推销人员群体，他们年销售额在10万美元及以上的人中，平均销售额的40%多是与他们认识5年以上的人成交的，大约70%的销售额是与认识1年以上的人成交的。

一位精明的公司副总裁很有把握地说："如果你能把全国每年销售额超过15万美元的推销人员的销售情况仔细分析一下，你就会发现他们的销售活动很清楚地表明，他们中的个人的85%的销售额来自个人因素在其中发挥重要作用的渠道。"也就是说，专业推销人员认识准客户或准客户的朋友。

对专业推销人员来说，一个在人群中建立良好名声的计划非常重要，而且很有价值。他们需要把陌生人变为朋友，如果能在面谈之前就做到这一点，那就更好了。一位专业推销人员这么说："记住，在这个行业里没有人是因为认识太多喜欢自己的人而失败的。每一天，用每一种方法，你都必须拓展你的'友谊前沿'。"

幸运的是，增加一个人的熟人范围和朋友圈子并不需要投入大量的金钱，一家惬意的乡村俱乐部的会员证当然不会有害处。不过，许多专业推销人员说他们在诸如教堂、市民团体或社区项目这样的组织中的活动实际上更有价值，而且其间结识的人也比从社交场合中结识的人更值得作为准客户目标。

有一位推销人员介绍道："我的一位准客户绝对是一个有影响力的中心人物，我非常希望他能给我引荐线索。当然他本人也是我的一个目标，因为他拥有和经营当地一家连锁企业。在一天的早报上，我看见了一篇对这个企业远非恭维的文章，它把这个企业在全国范围内做了比较。这是个相当敏感的话题，因为我们都不愿意给别人寄出坏消息。不过，我还是剪下了这篇文章，并在明信片上的短信里写到：'虽然我不赞同这篇文章，我想您可能对它还是会有兴趣。'我把这篇文章和这个短信放在信封里。然后寄给了这个准客户。

"他在第二天便给我打来电话，感谢我的体贴和周到。由于他自己过去没有

第三章 开发客户

看到这篇文章，因而对我的关心和收到这篇文章非常高兴。事实上，他已计划回编辑一封反驳的信，他确实做了。那么，那一天我得到他的生意了吗？没有。不过两个月后，我得到了，当时他做好了准备。

"换句话说，当那个人需要我的产品或服务时，他自然想到的唯一一个人就是我。

"在知道我多么关心他和他的问题之后，他才会更愿意查出我知道多少。随着时间的推移，我从他那儿得到了许多被推荐人。用寄报纸或杂志上的文章的方法也可以很有效地在个人层面上影响我们的网络准客户。我知道，我们在《销售基本101》中都学过这一点，但有多少人真正做到了这一点并持之以恒呢？"

你看报纸时，搜寻那些可能会以某种方式影响到你的准客户网络中的某人的信息。如果你读到任何与他们的职业、个人兴趣爱好或其他什么有关的东西，把它寄给那个人，并附上一封短信。

也许迪安娜是个狂热的古董收集者，而你又在报纸上看到城内有一家古董店要开张的消息，寄封短信让她知道。她会欣赏你在向她提出要求之前，先想到了她。

推销大师乔·吉拉德在扩大社交圈建立自己的支持网络时，有很独特的做法，那就是抓住机会向每一个人推销。每一个人都使用名片，但乔·吉拉德的做法却与众不同：他到处递送名片，在餐馆就餐付账时，他要把名片夹在账单中；如果走在运动场上，他会把名片大把大把地抛向空中，最后飘散在运动场的每一个角落。你可能对这种做法感到奇怪，但乔·吉拉德认为，这种做法帮他做成了一笔笔生意。

乔·吉拉德认为，每一位推销人员都应设法让更多的人知道他是干什么的，销售的是什么商品。这样，当他们需要他的商品时，就会想到他。乔·吉拉德抛撒名片是一件非同寻常的事，人们不会忘记这种事。当人们买汽车时，自然会想起那个抛撒名片的推销人员，想起名片上的名字：乔·吉拉德。因为世上只要有人就有顾客，如果你让他们知道你在哪里，你卖的是什么，你就会得到更多的生意机会。

乔·吉拉德的很多生意都是由"猎犬"——那些会让别人到他那里买东西的顾客帮助的结果。乔·吉拉德的一句名言就是："买过我汽车的顾客都会帮我推销"。在生意成交之后，他总是把一沓名片和猎犬计划的说明书交给顾客。说明书告诉顾客，如果他介绍别人来买车，成交之后，每辆车他会得到25美元的酬劳。几天之后，乔·吉拉德会寄给顾客感谢卡和一沓名片，以后，至少每年顾客会收到乔·吉拉德的一封附有猎犬计划的信件，提醒他：乔·吉拉德的承诺仍然有效。

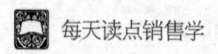

如果乔·吉拉德发现顾客是一位领导，其他人会听他的话，那么，乔·吉拉德会更加努力促成交易，并设法让其成为猎犬。

不要轻易放弃

当你未能与准客户顺利交往时——这也许发生在你在外面饱尝一整天的冷漠和断然拒绝之后——你会不自觉地贬低这些准客户。如果是这样，那么记住：抵制是正常的，你必须为克服它做好准备。

也许问题出在你身上，不要指责准客户缺乏兴趣，这就和农夫指责老天提前霜降一样荒唐。你有责任让准客户喜欢你并对你提供的产品和服务感兴趣。

在威斯康星州某个小型农业社区的一位能干的专业推销人员说了一个故事。

有一次，他去拜访一位富裕的农夫，这位农夫让他下周再来。结果接连10周，这位农夫都不在家。到了第11周，这位专业推销人员径直将车开到谷仓。他说："你是不是怕我？这大可不必。如果你不喜欢，你不必购买我的任何产品。让我们到厨房谈谈吧。"他本可以在很短的时间内就做出销售，但他没有暴露这一点。农夫的妻子也在厨房里。他说："我希望能和你真心地谈一谈。看着我的眼睛，你能看出我讲的句句是实话。"然后，他描述了他的产品，3个星期后，这位农夫成了他的客户。

人们很自然地会抵制新事物。你成长过程中所取得的大部分成就都是通过战胜抵制才得到的。回溯到1820年，铁路也被人们反对，大部分理由是说它会使人们震颤，而且使女人、牲口和猪早产；使奶牛停止产奶；使母鸡不再下蛋。现在，虽然外部世界已经改变，但人性本质依然一样，即人们通常不愿意改变自己的惯性状态；因此，应该消除准客户心中存在的抵制现象。

1. 毅力的付出

研究表明，80%的购买发生在第五次拜访之后，而80%的推销人员会在此之前放弃拜访！要获得更多的交易，就必须坚持拜访，并努力达成交易——这是基础。

你的潜在客户今天好像无精打采，但情况会改变。时间总是坚决地支持你。今天不存在的需要明天可能成为紧迫的需求，因此要坚持拜访。

每一次都要尽量达成交易。你只有在努力成交时才是在进行推销。在拜访的间隔期间，要同潜在客户或客户保持联系——利用书信、电话或任何可以保持联

第三章 开发客户

系的方式,这些联系可以培养信心。即使是一个熟练的推销人员,也时常遭到拒绝。

8年来,吉姆每周都拜访那个银行,但始终未得到订单。8年是很长的时间,但吉姆认为坚持拜访是值得的。

最后,他完成了销售,并且这个订单是最大的一个——补偿了他所投入的时间,也反映了他的判断力——他知道这位潜在客户是值得坚持拜访的。

一些推销人员将会在第一年末放弃,更多的会在第二年或第三年年底放弃。但吉姆还在坚持着。这是一个不寻常的例子,但大多数优秀的推销人员会告诉你,客户通常在重复拜访之后才会签单。

当买主冷漠地拒绝你的时候,你正面临着真正的考验。毕竟,当销售按照他们假设的方式达成,任何人都会情绪高昂。但有时候不能,记住约翰·盖德的建议:"潜在客户永远都不会更兴奋,挑战永远都不会变得更大。那些不能被陈述所激起的男人和女人太累了,以至于在以后的几年中没有什么用处。"

能坚持一无所获的拜访是需要勇气的,但好的推销人员能做到。他们知道那是值得的,重要的一点是:以正确的方式进行再次拜访。像对待一位自己尊敬的朋友一样来保持与顾客的联系。

2. 取得交流和沟通

商业活动最重要的是人与人之间的关系,如果没有交流和沟通,人家就不会认为你是个"诚实的、可信赖的人",那么许多生意是无法做成的。

上门推销第一件事是要能进门。

门都不让你进,怎么能推销商品呢?要进门,就不能正面进攻,得使用技巧,转转弯。一般地,被推销者心理上有一道"防卫屏障",如果将你的目的直通通地说出来,我相信你只得吃"闭门羹"。

要推销商品,进门以后就要进行"交流和沟通"——即进行对话。

"笃笃笃",威伯先生轻轻地敲那家农舍的门。

门被打开一条小缝,屈根保老太太探出头来。当她看见站在威伯先生后面的推销人员时,"砰"的一声关上了大门。

威伯先生继续敲门,屈根保老太太又打开门,满脸怒色,恶狠狠地说:

"我不买你的电器,什么电器公司,一帮骗子!"

"对不起,屈根保太太,打扰您了。"威伯先生笑着说,"我不是来推销电器的,我是想买一篓鸡蛋。"

屈根保老太太把门开大了一点，用怀疑的眼光上下打量着威伯先生。

"我知道您养了许多'美尼克'鸡，我想买一篓新鲜鸡蛋。"

门又打开了一点，屈根保老太太好奇地问：

"你怎么知道我的鸡是良种鸡？"

"是这样的，"威伯先生说，"我也养了一些鸡，可是，我的鸡没有您的鸡好。"

适当的称赞，抹掉了屈根保老太太脸上的怒色，但她还是有些怀疑：

"那你为什么不吃自己的鸡蛋呢？"

"我养的来杭鸡下白蛋，您的美尼克鸡下棕蛋，您知道，做蛋糕的时候，白壳蛋是比不上棕壳蛋的。"这时，屈根保老太太疑虑全消，放胆走出来。大门洞开时，威伯先生眼睛一扫，发现一个精致的牛栏。

"我想，"威伯先生继续说，"您养鸡赚的钱，一定比您先生养牛赚的钱要多。"

"是嘛！"屈根保老太太眉开眼笑地说，"明明我赚的钱比他多，我家那老顽固就是不承认。"

深谙"人际关系技巧"的威伯先生一语中的。顽固的屈根保老太太竟骂她丈夫是"老顽固"。

这时，威伯先生成了屈根保老太太受欢迎的客人，她邀请威伯先生参观她的鸡舍，推销人员跟着威伯先生走进了屈根保老太太的家。

在参观的时候，威伯先生注意到，屈根保老太太在鸡舍里安装了一些各式各样的小型机械。这些小型机械能省力省时。威伯先生是"诚于嘉许，宽于称道"的老手，适时地给予赞扬。

一边参观，一边交谈，威伯先生"漫不经心"地介绍了几种新饲料，某个关于养鸡的新方法，又"郑重"地向屈根保老太太"请教"了几个问题。"内行话"缩短了他们之间的距离，顷刻间，屈根保老太太就高兴地和威伯先生交流起养鸡的经验来。

没过多久，屈根保老太太主动提起她的一些邻居在鸡舍里安装了自动化电器，"据说效果很好"，她诚恳地征求威伯先生"诚实的"意见，问威伯先生这样做是否"值得"……

两个星期之后，屈根保老太太的那些美尼克良种鸡就在电灯的照耀下，满意地咕咕叫唤起来。威伯先生推销了电器，屈根保老太太得到了更多的鸡蛋，双方皆大欢喜。

交流和沟通使屈根保老太太觉得威伯先生是一位"诚实的、可以信赖的人"，

第三章 开发客户

这时，推销"水到渠成"了。

在日本被称为"推销之神"的原一平也遭受过无情的拒绝。

原一平曾经制订计划，准备向一家汽车公司开展企业保险推销。所谓企业保险，就是公司为职工缴纳预备退职金及意外事故等的保险。

可是，听说那家公司一直以不缴纳企业保险为原则，以至于在当时，不论哪个公司的推销人员发动攻势都无济于事。原一平决定集中攻击一个目标，于是，他选择了总务部长作为对象进行拜访。

谁知，那总务部长总也不肯与他会面，他去了好几次，对方都以抽不开身为托辞，根本不露面。

两个多月后的某一天，对方终于动了恻隐之心，同意接见他。走进接待室后，原一平竭力向总务部长说明加入人寿保险的好处。紧接着拿出早已准备好的资料——"销售方案"，满腔热情地进行说明，可总务部长刚听了一半就说："这种方案，不行！不行！"然后站起身就走开了。

原一平在对这一方案进行反复推敲、认真修改之后，第二天上午又去拜见总务部长。对方再次以冰冷的语调说："这样的方案，无论你制定多少带来也没用，因为本公司有不缴纳保险的原则。"

原一平没有放弃，开始了长期、艰苦的推销访问，前后大约跑了300回，持续了3年之久。从原一平的家到那家公司来回一趟需要6个小时，一天又一天，他抱着厚厚的资料，怀着"今天肯定会成功"的信念，不停地奔跑。就这样过了3年，终于成功地完成了盼望已久的销售。

原一平深有感触地说："推销就是初次遭到客户拒绝之后的坚持不懈。也许你会像我那样，连续几十次、几百次地遭到拒绝。然而，就在这几十次、几百次的拒绝之后，总有一次，客户将同意采纳你的计划。为了这仅有的一次机会，推销人员在做着殊死的努力。推销人员的意志与信念就显现于此。"

拒绝推销对推销人员来说，就像是家常便饭一样普通，问题在于你如何对待。推销成功的推销人员，把拒绝视为正常，极不在乎，心平气和，不管遭到怎样不客气的拒绝，都能保持彬彬有礼的姿态，感觉轻松。可事实上，许多推销人员都有一个通病，就是刚开始的时候，尽往好处想，满怀热望。可事实却南辕北辙，一遭拒绝，心中的打击就难以承受。

因此推销前要仔细研究客户的拒绝方式，人家不买，你要推销，拒绝没什么。如果抱着观察研究的态度，一旦遭到拒绝，你就会想到：嗯，还有这种拒绝方式？好吧，下次我就这么应付。这样，你就能坦然地面对拒绝，成功率会越来越高。没遭到拒绝的推销只能在梦中，只有那些渴望坐享其成的人，才能够编织出这样的美梦来。而在这个世界上能够坐享其成的恐怕只有母鸡了。朋友，你渴望坐享其成吗？那么，请去做一只母鸡吧。推销人员就是要应付拒绝，全心全意去应付拒绝才是长久不败的生财之道。干任何事都不会没有困难，生活就是这样，在你得到教益之前，总要给你一些考验。上帝不会赐福给坐着祈祷的人，英明的上帝虽给我们提供了鱼，但你也得先去织渔网。

对于新推销人员来说，就是要咬紧牙关，忍受奚落、言语不合拍、不理睬、对方盛气凌人等痛苦，要学会忍受，就把它当作磨炼自己意志的机会吧。

第六节　处处留心，客户无处不在

处处留心，3步之内必有客户

经常有推销员抱怨客户不好找，找到能真正下订单的客户更是难上加难，他们总觉得客户几乎已经被开发殆尽了，事实果真如此吗？

素有日本"推销之神"美称的原一平告诉我们："作为推销员，客户要我们自己去开发，而找到自己的客户则是搞好开发的第一步。只要稍微留心，客户便无处不在。"他一生中都在孜孜不倦地用心寻找着客户，在任何时间、任何地点，他都能从身边发现客户。

有一年夏天，公司组织员工外出旅游。在熊谷车站上车时，原一平的旁边坐着一位三十四五岁的女士，带着两个小孩，大一点的好像6岁，年龄小的大概3岁的光景，看样子这位女士是一位家庭主妇，于是他便萌生了向她推销保险的念头。

在列车临时停站之际，原一平买了一份小礼物送给他们，并同这位女士闲谈了起来，一直谈到小孩的学费。

"您先生一定很爱您，他在哪里发财？"

"是的，他很优秀，每天都有应酬，因为他在H公司是一个部门的负责人，

第三章 开发客户

那是一个很重要的部门，所以没时间陪我们。"

"这次旅行准备到哪里游玩？"

"我计划在轻井车站住一宿，第二天坐快车去草津。"

"轻井是避暑胜地，又逢盛夏，来这里的人很多，你们预订房间了吗？"

听原一平这么一提醒，她有些紧张："没有。如果找不到住的地方那可就麻烦了。"

"我们这次旅游的目的地就是轻井，我也许能够帮助您。"

她听后非常高兴，并愉快地接受了原一平的建议。随后，原一平把名片递给了她。到轻井后，原一平通过朋友为他们找到了一家宾馆。

两周以后，原一平旅游归来。刚进办公室，他就接到那位女士的丈夫打来的电话："原先生，非常感谢您对我妻子的帮助，如果不介意，明天我请您吃顿便饭，您看怎么样？"他的真诚让原一平无法拒绝。

第二天，原一平欣然赴约。饭局结束后，他还得到了一大笔保单——为他们全家4口人购买的保险。

生活中，客户无处不在。如果你再抱怨客户少，不妨思考一下：原一平为什么在旅游路上仍能发现客户？因为他时刻保持着一份职业心，留心观察身边的人和事。由此可见，不是客户少，而是你缺少一双发现客户的眼睛而已。随时留意、关注你身边的人，或许他们就是你要寻找的准客户。

从日常细节发现潜在客户

在寻找推销对象的过程中，推销员必须具备敏锐的观察力与正确的判断力。细致观察是挖掘潜在客户的基础，推销员应学会敏锐地观察别人，多看多听，多用脑袋和眼睛，多请教别人，然后利用有的人喜欢自我表现的特点，正确分析对方的内心活动，吸引对方的注意力，以便激发对方的购买需求与购买动机。一般来看，推销人员寻找的潜在客户可分为甲、乙、丙三个等级，甲级潜在客户是最有希望的购买者；乙级潜在客户是有可能的购买者；丙级潜在客户则是希望不大的购买者。面对错综复杂的市场，推销员应当培养自己敏锐的洞察力和正确的判断力，及时发现和挖掘潜在的客户，并加以分级归类，区别情况不同对待，针对不同的潜在客户施以不同的推销策略。

125

推销员应当作到眼明脑精、手勤腿快，随身准备一本记事笔记本，只要听到、看到或经人介绍一个可能的潜在客户时，就应当及时记录下来，从单位名称、产品供应、联系地址到已有信誉、信用等级，然后加以整理分析，建立"客户档案库"，做到心中有数，有的放矢。只要推销员能够使自己成为一名"有心人"，多跑、多问、多想、多记，那么客户是随时可以发现的。

有一次，原一平下班后到一家百货公司买东西，他看中了一件商品，但觉得太贵，拿不定主意要还是不要。

正在这时，旁边有人问售货员："这个多少钱？"问话的人要的东西跟原一平要的东西一模一样。

"这个要3万元。"女售货员说。

"好的，我要了，麻烦你给我包起来。"那人爽快地说。原一平觉得这人一定是有钱人，出手如此阔绰。

于是他心生一计：何不跟踪这位客户，以便寻找机会为其服务？

原一平跟在那位客户的背后，发现那个人走进了一幢办公大楼，大楼门卫对他甚为恭敬。原一平更坚定了信心，这个人一定是位有钱人。

于是，他去向门卫打听。

"你好，请问刚刚进去的那位先生是……"

"你是什么人？"门卫问。

"是这样的，刚才在百货公司时我掉了东西，他好心地捡起来给我，却不肯告诉我大名，我想写封信感谢他。所以，请你告诉我他的姓名和公司的详细地址。"

"哦，原来如此。他是某某公司的总经理……"

就这样，原一平又得到了一位客户。

生活中处处都有机会，原一平总是能及时把握生活中的细节，绝不会让客户溜走。这也是他成为"推销之神"的原因。

推销员应当像原一平一样，养成随时发现潜在客户的习惯。因为在市场经济社会里，任何一个企业、一家公司、一个单位和一个人，都有可能是某种商品的购买者或某项劳务的享受者。对于每一个推销员来说，他所推销的商品散布于千家万户，走向各行各业，这些个人、企业、组织或公司不仅出现在推销员的市场调查、推销宣传、上门走访等工作时间内，更多的机会则是出现在推销员的8小时之外，如上街购物、周末郊游、出门做客等。因此，一名优秀的推销员应当随

第三章 开发客户

时随地细心观察,把握机会,客户无时不在、无处不有,只要努力不懈地去发现、去寻找,那么你的身边处处都有客户的身影。

这是原一平给推销员们的忠告,也是任何一个成功推销员的伟大之处。

切莫以貌取人,任何人都可能成为你的客户

作为一名推销员,任何人都有可能成为你的客户,因此,无论对谁都要付诸热情,而不能以貌取人,将客户拒之于千里之外。

一天,房地产推销大师汤姆·霍普金斯正在房屋内等待客户上门时,同事杰尔从旁边经过,并进来跟他打招呼。没过多久,一辆破旧的车子驶进了屋前的车道上,一对年老邋遢的夫妇走向前门。在汤姆热诚地对他们表示欢迎后,汤姆·霍普金斯的眼角余光瞥见了杰尔,他正摇着头,作出明显的表情示意汤姆:别在他们身上浪费时间。

汤姆·霍普金斯却不这么认为,他觉得对人礼貌应该是一个人的本性。他依旧热情地招待那对老夫妇,并以对待潜在买主的热情态度对待他们。而认定汤姆在浪费时间的杰尔,则在恼怒之中离去。

汤姆领着两位老人参观了房子,两位老人以一种敬畏的神态看着这栋房屋内部气派典雅的格局,4米高的天花板令他们眩晕得喘不过气来。很明显,他们从未走进过这样豪华的宅邸内,而汤姆也很高兴有这个权利,向这对满心赞赏的夫妇展示这座房屋。

在看完第四间浴室之后,这位先生叹着气对他的妻子说:"想想看,一栋有4个浴室的房子!"他接着转过身对汤姆说:"多年以来,我们一直梦想着拥有一栋有好多间浴室的房子。"

那位妻子注视着丈夫,眼眶中满溢了泪水,汤姆注意到她温柔地紧握着丈夫的手。

他们参观过了这栋房子的每一个角落之后,回到了客厅。

"我们夫妇俩是否可以私下谈一谈?"那位先生礼貌地向汤姆询问道。

"当然。"汤姆说,然后走进了厨房,好让他们俩讨论一下。

5分钟之后,那位女士走向汤姆:"好了,你现在可以进来了。"

这时,一副苍白的笑容浮现在那位先生脸上。他把手伸进了外套口袋中,从里面取出了一个破损的纸袋。然后,他在楼梯上坐下来,开始从纸袋里拿出一沓

127

沓的钞票，整齐地码在梯级上。这件事是发生在那个极少现金交易的年代！

后来汤姆才知道，这位先生在达拉斯一家一流的旅馆餐厅担任服务生领班，多年以来，他们省吃俭用，硬是用小费积攒出房款来。

在他们离开后不久，杰尔回来了。汤姆向他展示了那张签好的合同，并交给他那个纸袋，他向里面瞧了一眼便呆住了。

杰出的推销员会将任何人都看作自己的准客户，在他眼中，没有所谓的"小人物"。他不会因为厨房耽误上菜的速度而斥责侍者，不会因飞机误点或航班取消而痛斥前台人员，他对每个人都以礼相待。无论是推着割草机割草的工人，还是制造割草机公司的总裁，都能同样尊敬地对待，将每个人都看成有影响力的人士。因为他们知道，订单常从出其不意的地方来，即使是10年前做的事情，也可能变成现在的生意。

有一个电线电缆的推销员，他和一家客户公司高层主管关系很好。他每次到该公司进行商业拜访时，首先遇到的就是该公司的前台小姐，这是一位很有条理、很讲效率的年轻女性。她的工作之一就是使每一个约会都能准时进行。虽然她并不是买主，更不是决策者，但是这位推销员对她一直彬彬有礼。即使因故约会延迟，他也不会像其他推销员一样抱怨不休，只是耐心等待；也不会搬出他要去拜见的执行副总裁的名字来，以示重要。他总是对前台小姐道谢，感谢她的协助，离开时也不忘和她道别。

18年后，这位前台小姐成为该公司的执行副总裁。在她的影响下，她的公司成为这位电线电缆公司推销员最大的客户。

原一平也告诫众多推销员：永远不要歧视任何人。推销员推销的不仅是产品，还包括服务，你拒绝一个人就是拒绝了一群人，你的客户群就会因此变得越来越小。这就要求推销员一定不要在没有任何深入接触时就对人先下判断，更不要以貌取人、以工作地位取人，这些在推销领域中尤为重要。

从对手那里找客户

在销售工作中有个特点：一旦你的竞争对手成为某个企业的长期供货商和服务商，他就会依靠他的产品、系统、服务和他与该企业良好的关系来建立起壁垒，

第三章 开发客户

阻碍你和其他竞争对手的进入。面对这种情况，推销员往往说："他们已经合为一体，我们无能为力！"

这样发展下去，这个企业就成了你的销售盲区，并且会被你慢慢遗忘。

这种遗忘对销售工作来说是致命的失误，因为它让客户失去更多的选择机会，它让竞争对手低成本地实现交易，也让我们的选择范围变得更小。

"我们也联系过这些客户，但每当我们打电话过去推荐我们的产品时，他们都会回答：'我们已经有了长期的供应商，谢谢！'这样的电话打多了对方会很烦，最后别人听到你的介绍，会以态度生硬的两个字回答你：'不要！'那该怎么办？"许多推销员有着相同的苦恼。

客户的拒绝和冷漠让推销员失去与他们联系的动力。

那么，我们如何扭转目标客户的态度，如何与目标客户保持长期的沟通，如何让目标客户客观地评价我方与竞争对手的产品与服务，最终成功地赶走竞争对手，赢得客户呢？

首先要做的，就是分析与竞争对手相比的优势和劣势，了解目标客户的需求特点，找到自己的优势和客户需求的联络点。当然，最主要的是提高自身的能力，而不是盲目地去抢对手的客户。

英国某化工公司生产的清漆是市场上最好的产品，位于中部地区的某个小城镇有一家公司经常用该公司推销员史密斯送的货，可以说是史密斯的固定老客户。随着业务的扩展，史密斯有些看不起这个小城镇的客户了，因为每次这家公司要的货都不多。他逐渐改变了送货方式，除非这家公司的高层领导请吃夜宵或塞礼品，要不就不送货。久而久之，这家公司的一位购货负责人对史密斯的这种做法产生了不满，觉得他简直是目中无人，但由于长期使用史密斯的产品，对其他公司的产品了解不多，又不敢贸然进货。正好，另一家化工公司的推销员彼得来推销公司生产的清漆，他们试用了一下，质量可以，就决定改用彼得的产品。彼得有了史密斯的前车之鉴，不论客户要货数量多少，都准时送到，尽量满足客户的要求。

我们不妨想一下，如果史密斯公平公正地对待客户，就不会有客户的流失。作为推销员，一定要提高自身的素质，做一个让客户信任的人。

要想从对手那里拉客户，就要超越竞争对手。

129

某家电公司推销员小郝，主要销售电视机、洗衣机等大件家电产品。每次客户要货，小郝都会亲自将货送到客户家里，按客户的要求放到客户认为最合适的位置。如有客户告知需要维修，小郝就会及时赶到，快速高效地修好。而另一家电公司的推销员小陈，同样也实行送货上门服务，但每一次都是把货送到门口甚至楼下就不管了；客户要求上门维修，他却迟迟不愿照面，经三催四请终于来了，却修理不到位，修好的电视没多长时间就又开始出现毛病了。凑巧小郝的客户和小陈的客户住得不远，有一次聊天的时候，话题就扯到家电上面，小陈的客户一听小郝客户的介绍，感叹万分。经过介绍，小陈的客户见到了小郝，并亲身体验了一下小郝的售后服务。从那以后，小陈的客户每次遇到亲戚朋友需购买电器时，都会把他们介绍给小郝。前不久，他的儿子结婚添置的家电产品几乎都是从小郝的公司买的。

能从竞争对手那里找到客户，是扩大销售额的有效途径。只有具备充足的客户源，才能保证产品的销量。从对手那里找客户，是聪明的推销员找到客户的捷径。只要推销员肯付出努力，就一定会有收获。

每个客户都是客户源

许多推销员在开发新客户的同时忽略了对老客户的维系和挖掘，其实，每位既有客户既是一个充满商机的财源，也是一个客户源，维持与他们之间的关系，不仅能够为你带来更多的商机，甚至有时不用你亲自挖掘，订单也会自动找上门来。

原一平最初外出推销的时候，就下定决心每年都要拜访一下他的每一位客户。因此，当原一平向他家乡某大学的一名地质系学生推销价值10000日元的生命保险时，他便与原一平签订了终生服务合同。

这名地质系学生毕业之后，进入了地质行业工作，原一平又向他售出了价值10000日元的保险。后来，这个小伙子又转到别的地方工作，原一平仍坚持每年至少跟他联系一次，即使他不再从原一平这里买保险，但他仍然是原一平毕生的一位客户。只要他还可能购买保险，原一平就必须不辞辛劳地为他提供服务。

有一次，这个小伙子参加一个鸡尾酒会。宴会上，有一位客人突然痉挛起来了，而由于这个小伙子学过一点护理常识，因而自告奋勇，救了这位客人一命。而这位客人是一位千万富翁，于是便请这位小伙子到自己公司工作。

第三章 开发客户

几年之后，这位千万富翁准备贷一大笔钱用于房地产投资。他问这位小伙子："你认识一些与大保险公司有关系的人吗？我想贷点钱。"

这位小伙子一下子就想起了原一平，便打电话问他："我知道你的保险生意做得很大，能否帮我老板一下？"

"有什么麻烦吗？"原一平问。

"他想贷2000万日元的款用于房地产投资，你能帮他吗？"

"没问题。"

"顺便说一下，"他补充说，"我的老板不希望任何本地人知道他的这一行动，这也正是他中意你的原因，记住，保守秘密。"

"我懂，这是我工作的一贯原则。"原一平解释说。

在他们挂断电话之后，原一平给一些保险公司打了几个电话，安排人与这位商人进行一次会面。不久以后，这位商人便邀请原一平去他的一艘游艇参观。那天下午，他向原一平买下了价值2000万日元的保险。这是当时原一平做过的最大一笔生意。

美国哲学家约翰·杜威说："人类心中最深远的驱策力就是希望具有重要性。"每一个人来到世界上都有被重视、被关怀、被肯定的渴望，客户也是一样，你不断地与他联系，让他觉得他对于你很重要，他会因此焕发出巨大的热情，成为你的朋友，成为你开发客户的利器。

无论是大客户还是小客户，我们都要重视与他们关系的维持，向他们提供真诚、热情的服务。享受了你的优质服务的客户会成为你的推销助手，在他自己不断为你提供订单的同时，也会介绍亲戚朋友成为你的新客户，为你带来大批客户。因此，善于运用既有客户资源，也会带来滚滚财源。

随时搭建你的销售网

一次，原一平坐出租车，在一个十字路口因红灯停下了，紧跟在他后面的一辆黑色轿车也被红灯拦下，与他的车并列。

原一平从窗口望去，那辆豪华轿车的后座上坐着头发已斑白但颇有气派的绅士，他正闭目养神。原一平动了让他投保的念头。原一平记下了那辆车的号码，就在当天，他打电话到监理局查询那辆车的主人，监理局告诉他那是F公司的自用车。他又打电话给 F 公司，电话小姐告诉他那辆车是 M 董事长的车子。于是，原一平对 M 先生进行了全面调查，包括学历、出生地、兴趣、嗜好，F 公司的规模、营业项目、经营状况，以及 M 先生住宅附近的地图。

调查至此，他把所得的资料与那天闭目养神的 M 先生对比起来，稍加修正，就得到 M 董事长的形象——一位全身散发柔和气质，颇受女士欢迎的理智型的企业家。

从资料上，他已经知道 M 是某某县人，所以，他的进一步准备工作是打电话到其同乡处查询资料。通过同乡人之口，原一平知道 M 先生为人幽默，风趣又热心，并且好出风头。待所有材料记录到备忘录上之后，原一平才开始接触 M 先生本人。

万事俱备，只欠东风，接下来的事就顺理成章，M 先生愉快地在原一平的一份保单上签上了名字。不仅如此，通过 M 先生，原一平又接连开拓了三四个客户，签下了几笔大单。

推销员没有固定的办公地点，任何场所都可以开展推销。而对于客户的发掘，更没有固定的时间与空间的约束，只要留心，随时随地都能找到潜在客户，搭建自己的销售网。

交际网络建好了，销售网络自然而然也就建好了。有了自己的销售网络，无论是老客户的深入挖掘还是新客户的开发，都会变得简单许多，这些都是你成功的巨大资本。

第七节　找到给你高回报的人

"二八原则"教你收获成功

"二八定律"是意大利著名的经济学家维佛列多·帕累托提出的。当时，在意大利，80% 的财富为 20% 的人所拥有，并且这种经济趋势在全世界存在着普遍性——这就是著名的"80：20 原理"。后来人们发现，在社会中有许多事物的发展都符合这一法则。比如，社会学家说，20% 的人身上集中了人类 80% 的智慧，他们一生卓越；管理学家说，一个企业或一个组织往往是 20% 的人完成 80% 的

第三章 开发客户

工作任务，创造 80% 的财富……

销售也是如此。销售中的"二八定律"通常是指 80% 的订单来自于 20% 的客户。例如，一个成熟的销售人员如果统计自己全年签订单的客户数目有 10 个，签订的订单有 100 万，那么按照二八定律，其中 80 万应该只来源于两个客户，而其余 8 个客户总共不过贡献 20 万的销售额。这在销售界是经过验证的，所以又叫"二八铁律"。

有位十分勤快的销售人员，他几乎每个月都会把他负责的所有客户像梳子一样梳两遍，而且时间分布得相当均匀，大概算下来整个销售团队里就数他出差最多。可是奇怪的是，他的业绩并不好，这位销售人员也很纳闷，自己问自己："不是说付出会有回报吗？为什么到我这儿就不适用呢？"

销售主管看到他日渐消沉，于是找到他，并帮他分析问题出在哪里。当销售主管问清楚销售人员的销售举动后，对他说："你这样的工作热情非常好，它可以帮助你充分地了解你负责所有客户的大体情况，但是你的业绩不理想，是因为没有遵守'二八定律'。"

这位销售员的工作时间分布得十分均匀，但事实上这样的"均匀"分配其实是大大地委屈了那些重要客户，因为贡献了 80% 订单的他们才得到了他 20% 的销售时间，貌似平均的时间分配实际上"好钢没有用到刀刃上"。如果他的工作时间可以分配得更合理一些，凭他的勤快业绩会上升很多。

在现实的工作中，还有这样一种情况：有些刚从事销售工作的新手确实不知道这个"二八定律"，而有些销售人员则是存在"畏难心理"而陷入误区的。比如那些重要的大客户往往由于事务繁忙平常不愿意见销售人员，即使见面也只有很短的时间，而那些不太重要的客户本来就相对比较空闲，有人倒是很愿意和销售人员说话，并且聊得很投机。渐渐地，对自己态度友好、有时间的客户那里销售人员就经常去；而对自己态度冷淡、没有时间和自己聊的大客户那里销售人员就不喜欢去，甚至怕去，导致销售人员把大把的时间都花在不出产订单的地方了。

所以，通过了解并掌握这个"二八定律"，我们可以做到事半功倍。首先在较短的时间内准确判断出究竟哪些客户是高产客户，值得分配 80% 的精力去频频拜访，而哪些客户只需要保持一定频率的联系即可。然后是克服自身的心理障碍，敢于在难接触但是重要的客户那里投入时间和精力，最终将订单拿下。

我们将"二八定律"更进一步引向推销领域，同样具有指导意义，具体表现在以下5点：

（1）对于刚从事销售工作的你来说，一定要拿出80%的时间和精力去向内行学习、请教，或用80%的时间和精力去参加培训。这样，在你真正从事推销工作的时候，你就可以用20%的时间和精力来取得80%的业绩。如果你一开始只用20%的时间和精力去学习新东西，那么，你花了80%的时间和精力，也只能取得20%的业绩。

（2）对推销员来说，第一印象十分重要。第一印象80%来自仪表。所以，花20%的时间修饰一番再出门是必要的。在客户面前，你一定要花80%的努力去微笑。微笑是友好的信号，它胜过你用80%的言辞所建立起的形象。如果在客户面前，你只有20%的时间是微笑的，那么，会有80%的客户认为"欠了你的钱"而不愿看见你。

（3）如果你要与一位重要客户商谈，最好能够了解他80%的个人"资讯"，对其个性、爱好、家庭、阅历掌握得越多越好，这样当你向他面对面推销的时候，就只需花20%的努力，成功的把握就可以达到80%。如果你对客户一点儿都不了解，尽管你付出了80%的努力，也只有20%的成功希望。

（4）在销售事业中，"勤奋"应该作为你的灵魂。只有付出80%的勤奋和努力，才能有80%的成果。20%的付出，只能有20%的报答。付出和所得永远是均等的。所以，在你的推销生涯中，80%的时间是工作，20%的时间是休息。可能你花80%的精力可获得20%的业绩，但绝不可能花20%的精力获得80%的成功。

（5）80%的客户都会说你推销的产品价格高、质量差。杀价是客户的本能。但你大可不必花80%的口舌去讨价还价，你只需用20%的力量去证明你的东西为什么价格高就足够了。另外，一定要拿出80%的时间证明它能够给客户带来多大的好处，这才是重要的。

锁定你的目标客户群

根据"二八定律"，许多销售人员将80%的心力花在只产生20%的效益的客户群身上，而对为自身业绩创造了80%的效益的客户却只投入了20%的营销资源。这样做不仅浪费了宝贵的营销资源，而且极大地损害了大客户的满意度和忠诚度，长期下去就会侵蚀销售业的市场基础，使企业失去对未来市场的竞争优势。

所以，我们有必要将能给我们带来高回报的大客户与小客户区分一下，以便我们分配销售资源，争取用最少的付出获得最多的回报。

1. 将客户进行分类

（1）大客户。这是我们销售人员要找的。企业需要我们，同时我们也需要企业，但也要注意，大客户对我们的销售工作要求很严格，需要得更多。

（2）重点开发客户。这种类型的客户数量要比实际能转变成大客户的数量要多，如果你所在的市场还有别的有吸引力的销售公司，那么他们很快会转向有吸引力的公司。这就需要你进行选择——增加资源或者在其他销售公司成功的机会更大时将这些客户"清除"。

（3）维持关系客户。顾名思义，当大客户需要时，我们可以从这些客户那里撤出资源和资金。

（4）机会主义客户。如果这些客户符合你的要求，你是愿意为他们服务的。你既不会做出无法兑现的承诺，也不会对他们表示厌烦，而这一切只是为了获得用于开发大客户和重点开发客户的资金。

2. 收集大客户的资料

收集大客户的资料是你进行销售之前必做的功课，收集的范围分以下几个方面：

（1）客户的公司体制。因为不同体制下的企业管理层思路和员工的做事态度是明显不同的，了解这个信息对你非常有利。

（2）客户的经营情况。这些资料主要作为分析对方企业实力和了解对方弱点的依据。

（3）客户的组织结构。了解组织结构便于周密思考对方的责权。

（4）客户的财务支付情况。了解财务情况便于分析对方财务状况和支付能力。

（5）客户所在行业的基本情况。了解这些可帮助我们了解行业的宏观背景。

3. 筛选大客户

并不是每个大客户都满足我们的要求，并不是每个大客户我们都有时间去开展业务。我们只能寻找最有可能给我们带来高回报的大客户，所以我们有必要对客户进行筛选。

（1）供需能力协调。

就是寻找本公司的供应能力能够满足对方客户的基本需求的客户。因此，公司必须查明客户实际的购买需求。这实际上就是要详细分析客户在进行购买决策时所考虑的全部因素，详细分析客户在购买交易进行中（发货、运输、货单处理等）所涉及的各种因素。然后，根据这些信息，对个别客户与多数客户进行排队，按照公司能力，去满足那些本公司最能满足的客户，也就是说尽量去满足那些确定能给公司带来效益的客户。

（2）增长潜力大。所谓客户的潜力，主要是指客户企业发展和增长的潜力。选择客户时考察其增长潜力是极其必要的，一个发展中的企业，它的订单量是有保证的，也是稳步增加的，但潜力小的企业却是不稳定的，会发生订货量突然下降或拖欠贷款的事件。

2005年，由湖南卫视推出的《超级女声》节目一定给大家留下了深刻的印象。在此次活动中，与湖南卫视合作的有电信运营商、蒙牛乳业等，它们均通过与湖南卫视的合作获得了可观的利润。它们的共同点就是：对客户——湖南卫视的增长潜力的考量是十分成功的。

分析客户的潜力可从以下方面进行：
①客户所在行业的增长状况。
②客户所在的细分市场的总需求量增长速度。
③客户在行业内的口碑。
④客户在其所在主要细分市场里市场占有率的变化。
⑤客户在财务支付上有无问题。

（3）选择价格敏感性弱的客户。每个客户都会压价，但并不是所有客户都会没有原则地压价。有些客户对价格并不敏感，而有的客户宁可以高价换取高质量的产品。

广州栢龙服饰实业有限公司总经理为保证栢龙服饰公司生产出的每一件衬衫的高品质，第一个在行业内提出：栢龙只做高档的衬衫！正是这一英明的决策使栢龙服饰公司跳出价格竞争的怪圈，只需专注于产品品质。

①质量决定生产。如果采购的产品在加工生产中会因为质量问题而直接影响到生产的正常进行或生产进度的如约完工，一般客户不会太计较价格，而更看中质量。

②拥有长期合作的基础。与客户拥有长期合作关系，基于信任，购买方对于销售方的一些报价的敏感性会很低。但是如果买方发现销售方在价格、质量、服务上违反诚信规则的话，客户会考虑中止合作。

③强大的售后服务体系。如果产品是那种必须有很强的售后服务支撑的类型，客户对价格的关注就在其次了。因为这种类型的产品需要周到及时的后续服务，服务的好坏可能决定是否能节省客户的时间和资金，或提高客户的经营业绩。简单来说，由于你的后续服务给他带来了丰厚的利润，所以他也不会介意你从中多赚些钱的。

以上3点可助你寻找最佳客户，当然，这些方法也不是一成不变的，企业在选择最佳客户时必须在各种标准间进行平衡。

了解到以上这些，就能更好地识别大客户。

客户如花次第开

在一些企业的营销管理工作中，衡量有价值的大客户的依据往往是依照客户对本企业的消费额大小来决定的。"订单量大的客户当然是大客户"，这代表了很多销售人员的观点。然而实际上我们发现，有些订单量大的客户并没有给企业带来价值，相反，却由于占用了大量应收账款而给企业带来了巨额风险损失。这样，我们有理由提出一个"悖论"：订单量大的客户不一定是有价值的大客户！

下面，将客户按照消费特点划分开，让我们分清谁才是自己真正的"上帝"。

1. 万年青型

"万年青"，三个字道出了它四季常青的特性。它翠绿欲滴四季常在，橘红硕果冬不凋零，为优良观赏植物，南北各地都可以栽培。历代常把它作为富有、吉祥、太平、长寿的象征，深为人们喜爱。

而万年青型客户的消费特点是：固定地光顾，单次消费花钱多，而且十分频繁，比如一个有稳定的收入和固定住所，经常光顾某家他喜欢的品牌服务店的人。不管是淡季还是旺季，他们持续、恒久地为企业创造利润。他们对你的企业已经具有相当程度的忠诚度，如果把你的企业比作一个教会的话，他们是有望成为你的企业的"信徒"的。

2. 报春花型

报春花是向人们报知春天的，它拥有红、粉、黄、白、紫等五彩缤纷的花朵，植株低矮。报春花属植物在世界上栽培很广，历史亦较久远，近年来发展很快，已成为一类重要的园林花卉。它是一种典型的暖温带植物，不耐高温和强烈的直射阳光，多数亦不耐严寒。不仅夏季要遮阳，在冬季阳光强烈时，也要给它庇荫，以保证花色鲜艳。

报春花型客户的特点是：消费可能并不多，但是影响力大，而且经常用你们的产品，从而无形中为你的销售起到推广作用。

思科是一家珠宝店的推销员。有一次，他到北方的一个小城去推销玉手镯，当时很多人都笑话他，因为那个地方的人终年都穿着长袖衣服，手臂很少外露，所以那个地方的人并没有戴手镯的习惯，如果谁到那里去推销手镯，简直是脑子出了问题。

但是思科不这样想，因为他发现，手镯并不一定要戴在外面才好看，有时候在手臂挥动时，偶尔露出的手镯却会美得惊人。

他打听到有一位著名的歌手要去当地演出，于是他通过关系，与这位歌手见了一面，并向她展示了最美的手镯。最后，这位歌手买下了一对昂贵的玉镯。

在演唱会的现场，这位歌手换了很多套演出服装，但唯独没有换的就是手镯。这位歌手很美，映衬得手镯也是熠熠生辉，手镯的光芒总是能忽隐忽现地透露出来。

很快，当地形成了戴手镯的风气，而思科的手镯也很快销售一空。

这位著名的歌手就属于报春花型客户，她的明星效应，带动了推销员手镯的销售量。

3. 昙花型

昙花枝叶翠绿，颇为潇洒。每逢夏秋夜深人静时，它会展现美姿秀色。它开花的时间一般在晚上八九点钟以后，盛开的时间只有3～4个小时，非常短暂。昙花开放时，花筒慢慢翘起，绛紫色的外衣慢慢打开，然后由20多片花瓣组成的、洁白如雪的大花朵就开放了。开放时花瓣和花蕊都在颤动，艳丽动人。

昙花型客户的消费特点是：他们如同销售人员生命中的过客一样，光顾一次后就不知"飞"到哪里去了，即使他们只是光顾一次，但因为数量庞大也会带来较大的影响。

王先生在河南郑州市开了两家酒店，一家位于成熟的居民区，另一家位于郑州市火车站旁边，小区里来的都是"熟面孔"。光临时，念在是回头客的份上，经常都会推出送打折卡、优惠券等活动。另一家，因为在车站旁边，来的都是匆匆过客，是一次性消费群体，免去了打折这一项，只需把保证服务质量，利润空

第三章 开发客户

间很大。加之车站旁边客流量非常大,王先生的这家店天天顾客盈门,生意非常火爆,一年下来,盈利竟是另一家的几倍。

火车站旁顾客显然就是昙花型客户了,受地域等因素的影响,他不会长期来这个酒店,但依然创造了很大的利润。

其他的客户则都属于普通类型,他们几乎占到了客户总量的80%,有些客户会慢慢转变成上面三种之一。

根据国际著名的管理咨询公司——贝恩公司的研究结果,客户忠诚度每提高5%,企业的利润就会有45%~90%的提升。所以客户的忠诚度很重要。我们的销售原则是:重视万年青型客户,引导报春花型客户,也倚靠昙花型客户。

重视万年青型客户的具体做法是:调用更多的企业资源为他们提供更优质的服务,其次是给他们以优越感和成就感,以及对企业的归属感。你要反复以各种方式向他们传达一个信息:"您是我们唯一最尊贵的客户和最信任的朋友,我们也是您最值得信任的朋友。我们悉心关注您的需求,我们随时为您提供最好的产品和服务!"

引导报春花型客户,关键是以客户的需求为出发点,做好精细化营销,引导客户成为企业的忠诚客户。主动提供给客户一些有价值的和感兴趣的信息,开展促销活动以不断提高客户的满意度,进而提高忠诚度,这些都可以鼓励、刺激这类客户消费,增强他们对企业的归属感。

倚靠昙花型客户就是顺其自然,不能因为他们是一次性客户而怠慢、不屑,要知道不应随便放过每个机会。

客户千差万别,有的客户为企业创造价值,而有的则在吞噬企业利润。对于不同的客户,企业需要"区别对待",让忠诚的客户更忠诚,将"有价值"客户一一抓住。

找到你的关键客户

关键客户有两层含义:一方面是指报春花类型的客户,另一层含义则是指在客户中那个促使你们达成订单意向的人。

1. 开发有影响力的中心人物

《韩非子》中有这样一个故事:

齐国国君齐桓公喜欢穿紫色衣服，人们出于对这位霸主的敬仰也都纷纷效仿，以致"一国尽服紫"，朝中文武百官和老百姓穿紫色衣服的特别多。布匹店的老板纷纷将紫衣布匹涨价，三件素服才抵得上一件紫衣，这样一来，严重影响了老百姓的正常生活。齐桓公对此很忧虑，对宰相管仲说："我好穿紫衣，紫衣这么贵，全国百姓又喜好紫衣不止，该怎么办呢？"管仲说："你想制止它，何不自己先不穿呢？"齐桓公接受了管仲的建议，宣布今后不穿紫衣了。当天，侍卫近臣穿紫衣的没有了。第二天，国都里穿紫衣的没有了。很快，全国百姓穿紫衣的也没有了。

这个故事说明了一个道理，即"上者"的行动有极强的影响力。心理学研究发现，人们对于在自己心目中享有一定威望的人物是信服并愿意追随的。因此，一些中心人物的购买与消费行为，就可能在他的崇拜者心目中形成示范作用与先导效应，从而引发崇拜者的购买与消费行为。

销售人员要学会利用这种影响力抓住客户的心理。

在销售学中有一个"中心开花法则"，就是推销人员在某一特定的推销范围里发展一些具有影响力的中心人物，并且在这些中心人物的协助下，把该范围里的个人或组织都变成推销人员的准客户。实际上，这种法则也是连锁介绍法则的一种推广运用，推销人员通过所谓"中心人物"的连锁介绍，开拓其周围的潜在客户。

所以，只要了解确定中心人物，使之成为现实的客户，就有可能发展与发现一批潜在客户。利用这种方法寻找客户，推销人员可以集中精力向少数中心人物做细致的说服工作，可以利用中心人物的名望与影响力提高产品的声望与美誉度。但是，利用这种方法寻找客户，先以其中一人为中心向外扩张，也就是借由这最初的250个人脉关系，从中再寻找可以让你向其他人脉网搭上关系的桥梁，如此周而复始地推动，将每一个人的250条人脉紧紧地串联在一起，也就是直销界经常使用的推荐模式。通过不断联络经营，认识的人会越来越多，真可谓"取之不尽，用之不竭"！

2. 找到客户中有决策权的人

每个销售人员的销售方式都不相同，有的销售人员喜欢说服高层，有的则喜欢与普通员工打交道。有许多销售者很努力，也经常去拜访客户，但业绩并不出色，很可能是因为他接触的是外围人群，对决策层没有多大影响。因此，找到关键的人、

第三章 开发客户

关键的信息源很重要。

你推销商品时常常会遇到这样的情况：一个企业或者一个家庭一起来跟你谈生意，做交易，这时你必须先准确无误地判断出其中的哪位对这笔生意具有决定权，这对生意能否成交具有很重要的意义。如果你找对了人，将会给你的推销带来很大的便利，也可让你有针对性地与他进行交谈，抓住他某些方面的特点，把你的商品介绍给他，让他觉得你说的正是他想要的商品的特点。相反，如果你一开始就盲目地跟这一群人中的某一位或几位介绍你的商品如何如何，把真正的做决定者冷落在一边，这样不仅浪费了时间，而且会让人看不起你，认为你不是生意上的人，怎么连最起码的信息——决定权掌握在谁手里都不知道，那你的商品又怎能令人放心。

如何确定谁是交易的决定者，很难说有哪些方法，只有在长期的实践过程中，经常注意这方面的情况，慢慢摸索客户的心理，才能进行准确的判断。

比如，当你去一家公司推销新型打印机时，正好遇到一群人，当你向他们介绍打印机时，他们中有些人听得津津有味，并不时地左右察看，或想试试，同时向你询问打印机的一些情况并不时地作出一些评价等。而有些人则对它无动于衷，一点也不感兴趣。这两种人都不是你要找的决定人。当你向他们提出这样的问题："你们公司想不想买这种打印机？""我觉得这打印机用起来十分方便，放在办公室里挺不错的，贵公司需不需要？"他们便会同时看着某一个人，这个人便是你应找的公司领导，他能决定是否买你的产品。

当你推销浴缸时，一个家庭的几位成员过来了，首先是主妇说："哦，这浴缸样式真不错，体积也足够大。"然后长子便开始对这台浴缸大发评论了，还不停地向你询问有关的情况。这时你千万不要认为这位长子便是决定者，从而向他不停地讲解，并详细地介绍和回答他所提出的问题，而要仔细观察站在旁边不说话，但眼睛却盯着浴缸在思索的父亲。你应上前与他搭话，"您看这台浴缸怎么样，我也觉得它的样式挺好"。然后再与他交谈，同时再向他介绍浴缸的其他的一些性能、特点等。因为这位父亲才是真正的决定者，你向他推销、介绍，比向其他人介绍有用得多，只有让他对你的商品感到满意，你的交易才可能成功，而其他人的意见对他只具有参考价值。

在有些场合下，你一时难以判断出谁是他们中的决定者，这时你可以稍微改变一下提问的方式。比如，你可以向这群人中的某一位询问一些很关键、很重要的问题，这时如果他不是领导者，他肯定不能给你准确明了的答复，而只是简单

141

应答，或是让你去找他们的领导。如果你正碰上领导者，那么他就能对你提出的重要的问题给予肯定回答。这种比较简单的试问法，可以帮你尽快地、准确地找到你想要找的决定者。

此外，在推销中寻找拍板人时，也要充分尊重其他人。仅仅尊重是不够的，要让所有的人变成准客户、客户才行。首先，访问重要人物时，注意搞好与在拜访过程中遇到的人的关系。比如，即使你明明知道大人物的住处或办公室，但也可以在途中找个人问一问，创造办完事回过头来再次和那个人接触的良机。要知道，不管你推销什么，任何人都有可能对你的推销产生影响。

请记住，当你与一位经理、厂长、部长洽谈大生意时，与秘书、主任、司机等人先成交小生意的可能性非常大。除了成交真正的生意外，赢得这些"小人物"的心要比争取"大人物"的好感容易得多。

要想使推销成功，需要准确找到你的关键客户，然后集中力量开发此客户。

高回报需要深挖掘

在现实工作中，有很多的销售人员都以为把合同签完就完事了。丢下大客户或是根本就把客户给遗忘了，一门心思只想着如何展开攻势去谈下一位新客户。等到需要再次接洽老客户的时候，才想起了客户的存在，才会再次联系客户。还有销售人员，只关心合同的签订，对公司履行客户合同的进展漠不关心，这样不仅没有尽到基本的销售义务，更别谈对客户的深挖掘了。他们没有意识到，对大客户进行深层次的挖掘就相当于守着一块宝藏，挖得越深，得到的宝藏越多。

美国销售领域的顶尖专家托德·邓肯告诉我们：客户也有不同种类，高回报客户能带给你高收益，多多开发高回报的客户，能做到少投入、多产出。

相对来说，老客户（尤其是忠诚的老客户）是公司非常优质的客户资源，因此，一定要下大力气对老客户进行深度挖掘。

如何深入挖掘老客户呢？以下是一个优秀销售人员的一些体会：

（1）对客户提的意见一定要认真对待，及时沟通，及时处理。

一个一流的销售人员会懂得倾听客户的抱怨，甚至将此作为自己的业务进一步发展的契机，因为他们懂得：爱抱怨的客户是自己最好的老师。

某皮鞋品牌的销售人员到一家经销商店里检查工作，刚进去，就看到几个女

第三章 开发客户

客户正在非常生气地和导购员争论什么。

于是，他赶紧走上前去问明原因。

原来，那几位女客户的其中一位在这家专卖店买了一双皮鞋，当时试的时候没发现有什么不合适，等回家一穿，却觉得鞋子有些小，于是就拿回店里想退掉。

可当时因为已经是晚上，店长已经下班了，导购员做不了主，就很客气地解释了原因，并让那位女客户改天再来。

女客户虽然有些不高兴，但也没有办法，只好回去了。可今天，女客户再一次到店里来退鞋，店长又不在。当导购员再一次用同样的理由向客户解释时，她一下子就火了，认为导购员是在故意刁难自己，根本就不想给她退鞋。

导购员也很为难，一再解释自己做不了主。就这样，双方发生了争执。

他弄清原因后，立即向那位客户道了歉，并马上给她换了一双鞋子，把原来她准备退的那双鞋子也一并送给了她。

这样一来，女客户和一起来的同伴都被感动了，结果每人又买了几双鞋子回去。

几位客户走了之后，他开始思考：这本来只是一件小事，但为什么却激起了客户这么大的抱怨？这其中，自己有什么需要改进的地方吗？

原来，这个品牌的专卖店一向采取店长负责制，退换货一律要店长同意。如果店长不在，导购员就没有权力为客户退换货，正是这种制度才导致了这一事件的发生。

当他认识到这一点后，马上向公司反映了这个问题。公司马上采取措施，制定了新的规定：只要是符合规定的，无论店长在或不在，导购员都有权力和义务为客户退换货。

这样一来，类似的问题就再也没有出现过，客户对他们品牌的信任又增加了。

在IBM公司，40%的技术发明与创造都来自客户的意见和建议。从客户投诉中挖掘出"商机"，寻找市场新的"卖点"，变"废"为"宝"，从中挖掘出金子，这对企业来说，是一种不可多得的"资源"。在这种情况下，挑剔的客户是我们最好的老师，这些抱怨可以成为公司不断成长和进步的动力与源泉。

优秀的销售人员要抽出一定的时间，到客户那里去，去交流，去倾听，去学习，这样才能把握未来的方向，避免犯大的错误。

（2）要经常与客户保持联络，而不是被动地等待客户来联系我们。

礼貌的、主动的经常性联络，不但可以使客户感到温暖，而且还具有以下好处：一方面，可以不断加强客户对我们的印象，以便他们在以后寻找某种产品时能够首先想到我们。

小赵是某保险公司的一名销售人员。他经常主动给他的客户打电话，也从不会忘记在客户生日的时候送上祝福。有一次，他给他的客户打电话时，那位客户问他："我的朋友想买一份数额较大的保险，请问你们公司在这方面有什么优惠的活动吗？"

小赵说："如果数额达到1万的话，我们公司会为他提供一份免费的人身保险单。"

客户："那我安排你和我的朋友见面吧。"

正是因为小赵经常联系客户，所以客户在有需要的时候就会想起他，这就是经常联系的好处。

另一方面，通过这种经常性的交流，我们能够及时发现客户的潜在需求，甚至对整个市场的趋势都能有更好的了解。

（3）通过交流以及研究客户具体采购过哪些产品，尽心钻研客户的喜好，以尽可能开发更多的客户。

凡是客户感兴趣的，要加大开发和推销力度，同时要在客户的潜在需求方面做文章。

卡尔在一家新起步的销售公司工作，压力很大，但他从来没气馁过，一直在寻找突破点。

一天，他去拜访一家电脑公司，那是一家很有实力的公司，卡尔决定好好开发这块宝地。

当他向电脑公司的采购主管介绍完产品之后，等待对方的回应时。但他不知道对方的采购策略是什么，于是他就问："您曾经买过类似这样的产品吗？"

对方回答说："那当然。"

"您是怎样做决定的？当时怎么知道这是最好的决定？采用了哪些步骤去做结论？"卡尔继续问。

他知道每个人对产品或服务都有一套采购策略。人都是有某种喜好的，并且是习惯性的动物。他们喜欢依照过去的方法做事，并且宁愿用熟悉的方式做重要决策，而不愿更改。

"当时有三家供应商在竞标，我们考虑的无非是三点：一是价格，二是品质，三是服务。"采购主管说。

"是的，您的做法是对的，毕竟货比三家不吃亏嘛。不过，我可以给您提供这样的保证：不管您在其他地方看到什么，我向您保证，我们会比市场中其他任何一家公司更加用心为您服务。"

"嗯，我可能还需要考虑一下。"

"我了解您为什么犹豫不决，您使我想起××公司的比尔，他当初购买我们产品的时候也是和您一样犹豫不决。最后他决定买了，用过之后，他告诉我，那是他曾经做过的最好的采购决定。他说他从我们的产品中享受的价值和快乐远远超过多付出一点点的价格。"

最后，卡尔从客户手中拿到了订单。

当你一旦建立起一个良好的客户网，并能驾驭这张网良性运作时，你的客户就会心甘情愿为你提供财源，同时为你带来新的客户，到时，你想不"发"也难。

第八节　客户的每一个细节都是成交的机会

准确记住客户的名字

名字是人的代号，虽然是代号，却最直白地把人和人做了区别。记住别人的名字，尤其是没有打过几次交道的人的名字，会使你的推销工作有意想不到的收获。

一位推销员急匆匆地走进一家公司，找到经理室敲门后进屋。

"您好，戴维斯先生，我叫查理，是××公司的推销员。"

"查理先生，你找错人了。我是史密斯，不是戴维斯。"

"噢，对不起，我没听清楚您秘书的话。我想向您介绍一下我们公司的彩色复印机。"

"我们现在还用不着彩色复印机，即使买了，1年也用不上几次。"

"是这样。不过，我们还有别的型号的复印机。这是产品介绍资料。"他将印刷品放到桌上，"这些请您看一下，有关介绍很详细的。"

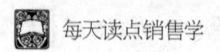

"抱歉，我对这些不感兴趣。"对方说完，双手一摊，示意走人。

忘记对方名字是对人不尊重的表现，会让客户感到被轻视了，生意自然难做。事实上，我们每个人都是这样的，如果别人记不住我们的名字，我们就会感到不高兴。

戴尔·卡耐基说："一种最简单但又最重要的获取别人好感的方法，就是牢记他或她的名字。"准确记住客户的名字，才能赢得客户的好感，才能为接下来的推销营造良好的谈话氛围。

1898年，纽约石地乡发生了一起悲惨的事件，一个星期内举行了两次葬礼。其中的一个死者留给妻子3个孩子，还有几百美元的保险。

10岁的长子吉姆开始了在砖厂的辛苦工作，他从未有机会接受教育，但他有着乐观的性格和讨人喜欢的本领。后来，他参政了，多年以后，他拥有了一种记忆人名的奇异能力。

他从未见过中学是什么样子，但在他46岁以前，4所大学已授予他学位，他成了民主党全国委员会的主席、美国邮政总监。

记者有一次访问吉姆，问他成功的秘诀。

他问记者："你以为我成功的原因是什么？"记者回答说："我知道你能叫出1万人的名字来。"

"不，你错了，"他说，"我能叫出5万人的名字！"

正是这种超强的记忆人名的能力使他能够在后来帮助罗斯福进入白宫。

在吉姆为一家石膏公司做推销员四处游说的那些年中，在担任石点村书记员的时候，他发明了一种记忆姓名的方法。

最初，方法极为简单。无论什么时候遇见一个陌生人，他都要问清那人的姓名、家中人口、职业特征。当他下次再遇到那人时，即使那是在一年以后，他也能拍拍对方的肩膀，问候对方的妻子儿女、对方后院的花草。难怪他得到了别人的追随！

在罗斯福开始竞选总统之前的数个月，吉姆一天写数百封信，发给西部及西北部各州的人。然后，他乘轻便马车、火车、汽车、快艇等经20个州，行程12000里。他每进入一个城镇，就同城镇里的人倾心交谈，然后再前往下一个地方。

回到东部以后，他立刻给他所拜访过的城镇中的每个人写信，请他们将他所谈过话的客人的名单寄给他。到了最后，那些名单多得数不清，但名单中每个人都得到了吉姆的一封巧妙谄媚的私函。这些信都用"亲爱的比尔"或"亲爱的杰"开头，后面总是签着"吉姆"的大名。

吉姆在早年即发觉，人对自己的名字最感兴趣。"记住他人的姓名并十分容易地叫出，你便是对他有了巧妙而很有效的恭维。但如果忘了或记错了他人的姓名，你就会置你自己于极不利的地位。"

只要用心去记，不断地重复，记住并准确地说出客户的姓名并不难。一定要记住对方的名字。可以采用以下几个方法：

1. 用心仔细听

把记别人姓名当成重要的事。每当认识新朋友时，一方面用心注意听，一方面牢牢记住。若听不清对方的大名，请立刻再问一次："您能再重复一遍吗？"如果还不确定，那就再来一遍："不好意思，您能告诉我如何拼写吗？"切记！每一个人对自己名字的重视程度绝对超出你的想象！

2. 利用笔记，帮助记忆

别太信任自己的记忆力，在取得对方名片之后，必须把他的特征、嗜好、专长、生日等写在名片背后，以帮助记忆。当然，若能配合照片另制资料卡，则更理想。

3. 重复记忆

也许你也有过这样的情况：新介绍给你的人不过10分钟就忘了他的名字；如果不重复几遍，就会记不住。所以重复是非常必要的。

如果一时想不起来对方决策人的姓名，也不妨用一些小技巧，让对方的秘书或前台等相关人员告诉你。这在电话行销中被称作"用特征事件得到拍板人全名"。

王林给某公司的秘书打电话说："我这儿有一个样品，要送给你们总经理，但我想当面交给他。您能告诉我他的名字吗？谢谢您。"（这是一名业务员想出的借口。特征事件是，我要把一个样品送给我要找的人。暗示我公司与你公司在业务上正有往来。）

"你找的是刘总吧？"秘书小姐赶紧问。

"我知道他姓刘，我想知道他叫什么，我一时想不起来了……"

另一名推销员采取了相似的做法：

一名推销员打电话说："我是鹏飞公司的，上午头儿要我把一个文件传给你

第三章 开发客户

们总经理，嗯，对不起，我把字条弄丢了……上面有你们总经理的名字，请您帮个忙，告诉我一下他的名字。"（特征事件是，我把领导交代的那张有关事项的字条丢了。暗示我们两方的经理很熟。）

"姓刘。"对方简单地说。

"这我知道，他的全名是……我记一下。"

……

上面这两个例子，关键是说出一个"特征事件"来麻痹对方。你的暗示一旦起作用，接线人就会放松对你的警惕，给你通行证，让你溜进去。

这样一来，你能够准确地叫出对方负责人的名字，就会给他带来好感，使他留下了很深的印象，以后的电话沟通就容易多了。

了解并善用客户的喜好

对客户的了解，不能仅限于他的名字、职业等基本资料，为了更好地接近客户，与客户建立良好的关系，必须了解客户的喜好，并巧妙地运用此点，谈客户喜欢的话题，做客户喜欢的事，这样会让你的推销变得轻松自如。

从心理学上讲，人们都希望被肯定，如果你能找到客户的喜好并加以肯定，客户的心结就很容易被打开。这是打破客户心墙，让销售成功的关键。这种方法用到客户的孩子身上更是如此。

有位第一次去大城市推销的推销员，好不容易找到客户的商店时，客户正忙着招呼客人，他三岁的小儿子独自在地板上玩耍。推销员便陪他的儿子玩耍。小男孩很可爱，他们很快就成了朋友。客户一忙完手中的事，推销员做了自我介绍，但并没有急着推销，只谈他的小儿子。后来，客户就邀请推销员说："看来你真是喜欢我儿子，晚上就来我家参加他的生日晚会吧，我家就在附近。"

这位推销员在街上逛了一圈，就去了他家。大家都很开心，他一直到最后才离开，当然离去时手里多了一笔订单——那是一笔他从未签过的大单。其实他并没有极力推销什么，只不过对客户的小儿子表示友善而已，就和客户建立了良好的关系，并达到了目的。

真正把客户当成你的朋友，多了解你的客户，关心他们，从他们的喜好出发

第三章 开发客户

关心客户，你就能成为让客户信任的人，销售自然而然就能成功。

重视客户身边的每一个人

在推销中，推销员往往盯住最有决策力的客户，却忽视了客户身边的人。殊不知，有时候，可能最不起眼的人却在你的推销进程中起着至关重要的作用。推销员每天都会面对各种各样的客户，客户的性格、行为方式也决定了他的购买决策。有的客户虽然自己握有大权，但总是喜欢听一听别人的意见，既可博采众长，还可以树立威望，谁不愿有一个愿意听自己意见的上司呢？于是，当你的某一个无关紧要的行为触怒了你这位客户周围的某一个人时，他就会利用他的这点影响力，极力歪曲你的产品和你这个人，如此，你又怎么能够成功呢？

有一位推销杀虫剂的推销人员打算去拜访一个农场的经理，平常该经理都在农场，但当天他恰巧不在。农场副经理很礼貌地向他询问："是否有我可以为你服务之处？"这位推销员的反应颇为冷淡。

不久之后，推销记录显示，这个农场不再向他们购买一向使用效果很好的消灭飞蛾剂。这位推销人员火速赶去农场见经理，但一切都来不及了，因为该农场已转向他的对手采购另一种药剂，而这两种药剂的功效都差不多。

"你们为什么要更换呢？你们不是一向都很满意我们的产品吗？"推销人员问。

"是的，我们过去是很满意，但你们却变更处方，新的处方效果就差一些了！"经理回答他。

推销人员抗议："没有啊！我们一直都没有变更处方！"

"你们一定变更了，我的副经理告诉我，现在你们的药品都会塞住喷嘴，我们要花好几个小时的时间来清理那些被堵塞的喷嘴。副经理还对我说，你的同行卖给我们的药剂一点儿问题都没有。"

销售界中有一个"250定律"，一个准客户可能为你带来250个潜在客户，但这同时也意味着，一旦你得罪了一个人，那么就会有失去250个潜在客户的风险。正如吉拉德所说："你只要得罪一个人，就等于得罪了潜在的250位客户。"因此，对于客户身边的人，无论他是做什么的，都应该加以重视。

美国哲学家约翰·杜威说："人类心中最深远的驱策力就是希望具有重要性。"

每一个人来到世界上都有被重视、被关怀、被肯定的渴望,当你满足了他的要求后,他被你重视的那一方面就会焕发出巨大的热情,并成为你的朋友。

有位推销强生公司生产的产品的推销员,他的客户中有一家药品杂货店。每次他到这家店里去的时候,总是先跟柜台的营业员寒暄几句,然后才去见店主。有一天,他又来到这家商店,店主突然告诉他今后不用再来了,他不想再买强生公司的产品。因为强生公司的许多活动都是针对食品市场和廉价商店而设计的,对小药品杂货店没有好处。这个推销员只好离开商店,他开着车子在镇上转了很久,最后决定再回到店里,把情况说清楚。

走进店时,他照例和柜台的营业员打招呼,然后到里面去见店主。店主见到他很高兴,笑着欢迎他回来,并且比平常多订了一倍的货。推销员十分惊讶,不明白自己离开商店后发生了什么事。

店主指着柜台上一个卖饮料的男孩说:"在你离开店铺以后,卖饮料的小男孩走过来告诉我,说你是到店里来的推销员中唯一会同他打招呼的人。他告诉我,如果有什么人值得做生意的话,应该就是你。"店主同意这个看法,从此成了这个推销员的忠实客户。

乔·吉拉德说:"我永远不会忘记,关心、重视每一个人是我们推销员必须具备的素质。"在他的推销生涯中,他每天都将"250定律"牢记在心,抱着生意至上的态度,时刻控制着自己的情绪,不因别人的刁难,或是自己情绪不佳等原因而怠慢客户及其顾客身边的任何人。

杰出的推销员弗兰克·贝特格也说,每次和客户的秘书接洽时,便犹如和他的"左右手"一起工作。你会发现只要信任他们,诚恳地尊重他们,约会事宜总是可以顺利完成。

他与这些秘书打交道的办法通常是先设法查出秘书的名字,然后抄录在备忘卡上以免忘记,和他们交谈时,也尽量称呼其名。打电话预约时便说:"玛莉特小姐,您早!我是贝特格,不知你是否可替我安排今天或本周与哈斯先生面谈,只要20分钟。"

许多秘书或其他职员将摆脱推销员视为工作之一,但玩花招并非是应对拒绝的上上之策。无论你的推销点子多么新颖、口才多么好,切勿用这些方法应付客户的秘书或其他职员。相反,应给予他们充分的理解与尊重,这样才能博得他们的好感,才能打开通往客户的第一扇门。

因此,推销员在与人相处时,要想受到欢迎,在真诚地关心客户、重视客户

第三章 开发客户

的同时也不要忽略了客户身边的人,以免为自己制造不必要的麻烦。

从小事上关心你的客户

若能成为客户信任的推销员,你就会得到客户的喜爱、信赖,而且能够和客户建立亲密的人际关系。一旦形成这种人际关系,有时客户会碍于你的情面,自然而然地购买商品。而要建立这种关系,就要求推销员真诚的付出,时时关注客户,连一些寻常小事也不放过。

著名的推销员乔·吉拉德认为,销售汽车,人品重于商品。一个成功的汽车销售商,肯定有一颗尊重普通人的爱心。他的爱心体现在他的每一个细小的行为中。

有一天,一位中年妇女从对面的福特汽车销售商行走进了吉拉德的汽车展销室。她说自己很想买一辆白色的福特车,就像她表姐开的那辆,但是福特车行的经销商让她过一个小时之后再去,所以先到这儿来瞧一瞧。

"夫人,欢迎您来看我们的车。"吉拉德微笑着说。

妇女兴奋地告诉他:"今天是我55岁的生日,想买一辆白色的福特车送给自己作为生日礼物。"

"夫人,祝您生日快乐!"吉拉德热情地祝贺。随后,他轻声向身边的助手交代了几句。

吉拉德领着夫人从一辆辆新车面前慢慢走过,边看边介绍。来到一辆雪佛莱车前时,他说:"夫人,您对白色情有独钟,瞧这辆双门式轿车,也是白色的。"

就在这时,助手走了进来,把一束玫瑰花交给了吉拉德。吉拉德把这束漂亮的花送给夫人,再次对她表示祝贺。

那位夫人感动得热泪盈眶,非常激动地说:"先生,太感谢您了,已经很久没有人给我送过礼物了。刚才那位福特车的推销商看到我开着一辆旧车,一定以为我买不起新车,所以在我提出要看一看车时,他就推辞说需要出去收一笔钱,我只好上您这儿来等他。现在想一想,也不一定非要买福特车不可。"

后来,这位妇女就在吉拉德那儿买了一辆白色的雪佛莱轿车。

正是像这样许许多多细小的行为,为吉拉德创造了空前的效益,使他的营销事业取得了巨大的成功。他被《吉尼斯世界纪录大全》誉为"全世界最伟大的推销员",创造了12年推销13000多辆汽车的最高纪录。有一年,他曾经卖出汽车 1425 辆，在同行中传为美谈。

从小事上关心你的客户，对客户付出爱心，就是要我们设身处地为客户着想。

从小事上关心客户，需要多收集客户的信息，比如生日、重要的纪念日，等等，以便在第一时间献上你的问候和祝福，让客户感觉到你的真诚与爱心，感觉到你是他的朋友。人人都希望被重视和关心，推销员要让客户感受到自己的细心和真诚，做到了这一点，推销的过程就会顺畅无比。拥有爱心的推销员才会得到客户的喜爱和信赖。

深入了解客户的消费需求

开发客户，必须从满足客户需求入手。有些客户的需求很简单，一眼即可看穿，有些客户的需求则需要深入了解。只有对症下药，才能顺利地敲开客户的心门。

保罗是一家人寿保险公司的推销员。当保罗按照电话中约定的时间与某公司的总经理史密特先生见面时，史密特只是淡淡地看了保罗一眼："我想你今天还是为了那份团体保险而来的，对吗？"保罗直接作出了肯定的回答。

"对不起，打开天窗说亮话，公司不准备买这份保险了。"

"先生，您是否可以告诉我到底为什么不买了呢？"

"因为公司现在赚不到钱，要是买了那份保险，公司一年要花掉 1 万美元，这怎么受得了呢？"

"除了这个原因，还有什么让您觉得不适合购买的原因呢？可否把您心里的想法都告诉我呢？"

"当然，是还有一些其他的原因……"

"我们是老朋友了，您能告诉我到底是什么原因吗？"

"你知道，我有两个儿子，他们都在工厂里做事。两个小家伙穿着工作服跟工人一起工作，每天从早上 8 点忙到下午 5 点，干得不亦乐乎。要是购买了你们的那种团体保险，如果不幸身故，岂不是把我在公司里的股份都丢掉了？那我还留什么给我儿子？工厂换了老板，两个小家伙不是要失业了吗？"

真正的原因总算被挖出来了，开始时的所有理由只不过是借口，真正的原因是受益人之间的问题，可见这笔生意还没有泡汤。保罗告诉史密特，因为他儿子的关系，他现在更应该做好保险计划，让儿子将来更好地生活。他俩一起把原来

第三章 开发客户

的保险计划做了修改，使他两个儿子变成最大的受益人。这样一来，无论父亲还是儿子，哪一方发生意外都可以享受到全部的好处。形势发生了逆转，史密特接受了保罗的建议，当场签下了1万美元的保险契约。

正如保罗所做的那样，深入了解客户的消费需求，是为了找到客户真正的需求点，以此为突破口，才有可能成功说服客户购买自己的产品。由于客户年龄、性别、职业、文化程度以及消费知识和经验的差异，他们在购买商品时，有不同的购买动机和消费需求，因此，他们所要求得到的服务也不同。面对每一位客户，推销员都要细心观察，热情、细致地提供他们所需要的服务。这种周到、细微的针对性服务是建立在深入了解客户需求的基础上的。

深入了解客户的需求，可以先从与客户做朋友入手，"赢得生意的最佳途径是先赢得人"，这是很多人都明白的道理，因为只有与客户建立了良好的关系，才能更深入地了解他们的需求。一个成熟而有经验的销售人员会通过有策略的交谈，巧妙突破客户的防线，从而发掘出客户的潜在需求。

当然，在这个过程中，一定要注意自己的态度，不要流露出一丝一毫对客户不满的情绪，即使在客户抱怨产品的缺陷时，也要保持谦逊的态度。这样，才有可能将抱怨变为机会，进一步挖掘出客户的深层需求。

记录与客户的交流信息

对于推销员来说，一个订单的签订通常都要经过一段时间与客户的接触与交流。在这个过程中，推销员为了促成成交，必须尽可能多地搜集有关客户的信息，同时也需要及时把握客户的购买意向，这些都需要推销员及时记录下来。因此，在推销过程中一定要做好每天的访问记录，一方面记录在交流中掌握的客户信息，一方面记录那些已经有购买意向的客户的条件或需求。这样在再次拜访客户的时候，既可以有针对性地"谈判"，又可以避免出现前后不一的情况。

艾伦一直在向一位客户推销一台压板机，并希望对方订货。然而客户却无动于衷。他接二连三地向客户介绍了机器的各种优点。同时，他还向客户提出到目前为止，交货期一直定为6个月，从明年一月份起，交货期将设为12个月。

客户告诉艾伦，他自己不能马上做决定，并告诉艾伦，下月再来见他。到了一月份，艾伦又去拜访他的客户，他把过去曾提过的交货期忘得一干二净。当客户再次向他询问交货期限时,他仍说是 6 个月。艾伦在交货期问题上颠三倒四。

忽然,艾伦想起他在一本有关推销的书上看到的一条妙计,在背水一战的情况下,应在推销的最后阶段向客户提供最优惠的价格条件。因为只有这样才能促成交易。于是,他向客户建议,只要马上订货,可以降价 10%。

而上次磋商时,他说过削价的最大限度为 5%,客户听他现在又这么说,一气之下终止了洽谈。

如果艾伦在第一次拜访后有很好的访问记录;如果他不是在交货期和削价等问题上颠三倒四;又如果他能在第二次拜访之前,想一下上次拜访的经过,做好准备,第二次的洽谈很可能就会成功了。由此可见,做一下简单的交流记录是多么的必要。

齐藤竹之助的口袋里总装有几样法宝——记录用纸和笔记本。在打电话、进行拜访以及听演讲或是读书时,都可以用得上。打电话时,顺手把对方的话记录下来;拜访时,在纸上写出具体例子和数字转交给客户;在听演讲或读书时,可以把要点和感兴趣之处记下来。

乔·吉拉德认为,推销人员应该像一台机器,具有录音机和电脑的功能,在和客户交往过程中,将客户所说的有用情况都记录下来,从中把握一些有用的东西。所以他总是随身带着一个本子,及时记录各种客户信息。

客户访问记录不仅包括与客户交流过程中的重要信息,如交货时间、货物价格、优惠幅度等,还应该包括客户特别感兴趣的问题及客户提出的反对意见。有了这些记录,才能有的放矢地进行准备,更好地进行以后的拜访工作。

此外,推销员还应该把有用数据和灵光一现的想法及时记录下来,同时对自己工作中的优点与不足也应该详细地记录下来。长期积累你就会发现这些记录是一笔宝贵的财富。

建立并管理客户档案

推销员对客户信息的记录的最终目的是建立自己的客户档案,这样即使时间紧迫,只要抽出一点时间浏览一下客户档案,就能立刻对客户的信息了如指掌。在这方面,乔·吉拉德是个典范。

吉拉德说:"你要记下有关客户和潜在客户的所有资料——他们的姓名、地址、联系电话，他们的孩子、嗜好、学历、职务、成就、旅行过的地方、年龄、文化背景及其他任何与他们有关的事情，这些都是有用的推销情报。

"所有这些资料都可以帮助你接近客户，使你能够有效地跟客户讨论问题。谈论他们感兴趣的话题，有了这些材料，你就会知道他们喜欢什么，不喜欢什么，你可以让他们高谈阔论，兴高采烈，手舞足蹈……只要你有办法使客户心情舒畅，他们就不会让你大失所望。"

当然，客户档案的建立不只是随手记录下来，还必须及时进行档案整理。

刚开始工作时，吉拉德把搜集到的客户资料写在纸上，塞进抽屉里。后来，有几次因为缺乏整理而忘记追踪某一位准客户，他开始意识到自己动手整理客户档案的重要性。他去文具店买了日记本和一个小小的卡片档案夹，把原来写在纸片上的资料全部做成记录，建立起了他的客户档案。

即使对于已经成交的客户，这些档案记录也能发挥作用。通过对这些客户购买记录的详细分析，可以把握住客户的深层购买趋势，从而便于进行更持久的销售。其实，这种档案管理与分析的方法不仅仅是推销员的特例，也是诸多商家采取的一种策略。

在这一方面，华登书店也做得非常好。他们充分利用客户购买纪录来进行多种合作性推销，取得了显著效果。最简单的方法是按照客户兴趣，寄发最新的相关书籍的书目。

华登书店把书目按类别寄给曾经购买相关书籍的客户，这类寄给个别读者的书讯，实际上也相当于折价券。

这项推销活动是否旨在鼓励客户大量购买以获得折扣呢？这只是一方面。除了鼓励购买之外，这也是一项目标明确、精心设计的合作性推销活动，引导客户利用本身提供给书店的资讯，满足其个人需要，找到自己感兴趣的书。活动成功的关键在于邀请个别客户积极参与，告诉书店自己感兴趣和最近开始感兴趣的图书类别。

华登书店还向会员收取小额的年费，并提供更多的服务，大部分客户也都认为花这点钱成为会员是十分有利的。客户为什么愿意加入呢？基本上，交费加入"爱书人俱乐部"，就表示同意书店帮助自己买更多的书，但客户并不会将之视为敌对性的推销，而认为是合作性的推销。

通过对客户购买记录的分析，华登书店适时开发了新的营销模式，把推销变为为客户提供更全面的服务，从而加大了客户的购买力度，增加了销售量。

而对于推销员来说，如果要以明确的方式与个别客户合作，最重要的也是取得客户的回馈，以及有关客户个人需求的一切资料。一般来说，拥有越多客户的购买记录，也就越容易创造和客户合作的机会，进而为客户提供满意的服务。

第四章

首次拜访

第一节　加强对你的认知，赢得信任

投石问路，先给客户寄一份资料

有一位公司经理曾告诉他周围的人这样一个故事：

他以前曾接触过一个销售员，这位行销人员一开始先给他寄资料，持续寄了3个月，但从来没有打过一次电话。3个月后，这个销售员打电话给他，也仅仅是想知道资料是否收到了。这时，这位经理已对这个行销人员产生了信任感。此后，他们的关系持续了近两年，一直到这位经理离开原来那家公司，都没有机会与这个行销人员合作。但后来，这个销售员与原来那家公司做成了几百万的生意，因为这位经理在离开公司前把这个行销人员介绍给了他的继任者。

打电话给客户之前，如果能先寄些资料、礼品等，则对建立融洽关系有积极的促进作用。这样一来，会让客户感觉到你的真诚和细心，并且寄过资料之后，客户对你的公司也就有了一个大致的了解，对自己的需求也有了初步的印象，以后的合作就不会那么麻烦了。

此外，如果客户正巧急需你这方面的产品，你的资料无异于雪中送炭、正中下怀。那么，即便你不立即打电话，对方也会先打电话询问的，这种时候你再结合情况推销自己的产品，那成功可以说是唾手可得。

一位推销变压器的小伙子，他偶然从自己的朋友那里得知某公司正需要一批变压器。于是，他立即找来该公司的一些资料，然后针对这家公司的需求精心准备了一份资料寄过去，资料寄出以后，他并不急于给这家公司打电话。但是，三天以后这家公司的部门经理却亲自打电话向小伙子询问有关事宜，小伙子结合对方公司的情况详细地给予解答。对方非常满意，并且于第二天就下达了几十万元的订单，并承诺以后在这方面的需求还要从小伙子那儿订。因此，当你不知道该怎样开始电话行销时，不妨先给客户寄一份资料。

一个成功的自我介绍

一个成功的自我介绍将决定客户对我们的第一印象，并影响沟通、销售的进展。

交往是相互的，而销售则是销售人员主动地与客户交往，因而，让客户知道"你是谁"的时候，就是"销售你自己"，即介绍你自己的时候。那么，如何才能成功地介绍自己呢？这就要看销售人员是否能表现得从容不迫，是否懂得随机应变、切中交往的要害，以及因不小心说了引起客户疑问的话或问题该如何巧妙挽回等。下面是常见的一种自我介绍模式：

您好！
鄙人姓×名××
目前服务于……
职业……
我们公司是……
引人注意的问题……
吸引人的销售术语……
激发客户的需求……
为何客户应立即购买……

自我介绍是结识客户的开始，而以下5条准则会给人以信任感。

（1）必须镇定而充满自信。一般人对具有自信心的人，都会另眼相看，因此产生好感。

曾经有人问一位销售大师是如何与那些很少有销售人员能够接近的人做成那么多生意的，他这样回答："我走进客户办公室时不会蹑手蹑脚，而是像走进自己的办公室一样，也不会做出任何可能被踢出去或者被拒绝的表情。我会尽可能以最果断和威严的方式，直接走到他面前做自我介绍，因为我深信我一

第四章 首次拜访

定能够给他留下良好的印象，这样他就能够愉快地记住我，即便我不能得到他的订单。"

"结果，那些很难接近的人经常会把他们拒绝别人的那些业务给我，因为我不害怕接近他们，并且把自己当成好消息的传递者，愉快地说出我想说的话。"

（2）表示自己渴望结识、对结识有一种荣幸感。如果你的态度热诚，也同样会达到对方报以热诚的效果。

（3）在做自我介绍时，应该善于用眼神和微笑去表达自己的友善、关怀及渴望沟通的愿望。

（4）在获知对方的姓名后，不妨口头加以重复一次；重复他人姓名，会使他有自豪感和满足感。

（5）清晰地报出自己的姓名及身份。一个含糊不清的自我介绍，会使人感到你不能把握自己，对方便会对你有所保留，彼此间的沟通便有阻隔。

一个成功、出色的自我介绍能让客户对我们刮目相看，并以一种愉快的心情接受下面的交谈。此时，成交的几率要远远大于一个糟糕的开始。

自我介绍时应选择合适的时机与合适的距离。

精彩的开场白可以抓住顾客的心

开场白就是推销员见到客户以后第一次谈话，在与客户面谈时，不应只是简单地向客户介绍产品，而是首先要与客户建立良好的关系。因此，一个好的开场白，对每个推销员来说无疑是推销成功的敲门砖。下面这个就是以精彩的开场白获得客户好感的经典实战案例。

张宇是戴尔公司的销售代表，他得知某省税务局将于今年年中采购一些服务器，林副局长是这个项目的负责人，他正直敬业，与人打交道总是很严肃。张宇为了避免两人第一次见面出现僵局，一直在思考一个好的开场白。直到他走进了税务局宽敞明亮的大堂，才突然有了灵感。

"林局长，您好，我是戴尔公司的小张。"

"你好。"

"林局长，我这是第一次进税务局，进入大堂的时候感觉到很自豪。"

"很自豪？为什么？"

159

"因为我每个月都缴几千元的个人所得税，这几年加在一起有几十万了吧。虽然我算不上大款，但是缴的所得税也不比他们少。今天我一进税务局的大门，就有了不同的感觉。"

"噢，这么多。你们收入一定很高，你一般每个月缴多少？"

"根据销售业绩而定，有的销售代表做得好的时候，可以拿到两万元，这样他就要交五六千元的个人所得税。"

"如果每个人都像你们这样缴税，我们的税收任务早就完成了。"

"对呀。而且国家用这些钱去搞教育、基础建设或者国防建设，对我国早日成为经济强国大有益处。"

"不错。但是个人所得税是归地税局管，我们国税局不管个人所得税。"

"哦，我对税务不了解。我这次来的目的是想了解一下税务信息系统的状况，而且我知道您正在负责一个国税服务器采购的项目，我尤其想了解一下这方面的情况。戴尔公司是全球主要的个人电脑供应商之一，我们的经营模式能够为客户带来全新的体验，我们希望能成为贵局的长期合作伙伴。我能否先了解一下您的需求？"

"好吧。"

案例中，作为戴尔公司的销售代表，张宇要拿下某个国税局的服务器采购项目，他知道开场白的重要性，因此在与客户见面之前就进行了思考，这是优秀的左脑习惯。

当他看到国税局气派的大堂时，就有了灵感，这里则是推销员右脑实力的体现。

在见到主管这个项目的林副局长后，他开口便说："我这是第一次进税务局，进入大堂的时候感觉到很自豪。"这句话直接作用到客户的右脑，感觉双方的距离一下子就拉近了，陌生感也消除了很多。客户在好奇心的作用下，询问张宇自豪的原因，这样张宇就从税务局大堂过渡到个人所得税，最后非常自然地切入主题——国税服务器采购的项目。由于客户已经对张宇建立了一定的好感，所以使双方下面的谈话进行得很顺利。

由此可见，开场白的好与坏，在很大程度上决定了一次推销的成功与否。因此，推销员在拜访客户之前一定要想好自己的开场白，给客户留下好的印象，为成交打好基础。

第四章　首次拜访

让客户知道你是谁

在给初次打交道的客户打电话时，要先确认对方的姓名，以示尊重，然后介绍一下自己以及自己所在公司的情况，否则对方的心思会一直放在猜测你的身份上，而不会关注你的话。

客户："你好。"
销售："请问徐先生在吗？"
客户："我就是。"
销售："是徐利平先生吗？"
客户："是的。"
销售："谢谢，徐利平先生。我叫陈菲亚，在 Acme 公司工作。徐先生，我们公司为许多的生产厂家服务，为他们提供可以在生产过程中最大限度地降低工人的工作时间的方法。我这次给您打电话，目的就是看我们公司是否可以为贵公司提供这方面服务。您现在是否有时间？我想问您几个问题。"

由于打电话不能够看见对方，因此介绍的内容就显得格外重要。一接到电话，对方的脑海里就出现了两个问题：是谁打的电话？我是不是认识这个人？所以你必须在说其他的事情之前就主动地让对方得到这两个问题的答案，否则他不会认真地听你说其他问题。

如果客户徐先生接通电话后说"你好"，或者是其他的回答，但没有说出自己的名字，那你就要说："请问徐先生在吗？"切记这是一个陈述句，不是一个问句。如果他接电话以后就说出了自己的名字，或者是回应了你的第一个陈述句说"我就是"，那你就再重复一下他的名字，这次就把他的全名加上，要说得听起来像是一个问句。当他再次回答说"我就是"的时候，你就回应说"谢谢你"，再次重复他的名字，并且做一下自我介绍，同时介绍自己所在公司的情况。

在你问对方现在是否有时间和你交谈之前，一定要记住说一句能够为对方带来利益的话。你还要记住，由于不是面对面的交谈，因此在对话的时候被人打断，他们也不会介意的。因此，早一点判断对方现在是不是有空和你交谈是很重要的。有的时候，他们接起电话是因为他们正在等另外一个重要的电话，当他们知道这个电话不是他们要等的电话时，那么这个时候就不是一个和对方谈话的合适的时间。当你遇到这种情况时,最好不要占用对方的电话,你可以主动要求过一会儿再打过去,问一下对方什么时间打过去比较合适。

借用其他企业的名气赢得信任

与客户初次沟通时,可以借用客户比较信任的企业,与客户拉近关系。

电话销售人员:"您好,是张总吗?"

客户:"是的,什么事情?"

电话销售人员:"您好,张总,我是广州广交会客户服务部的王飞,前几天您刚参加过我们的广交会,今天打电话过来是为了感谢您对我们工作的支持!同时也有一份小礼品要送给您!这份小礼品是订房优惠卡,因为每次广交会期间订房都非常困难,所以为了顾客的方便,我们特意送出这份礼物,希望您喜欢。我会以邮寄方式寄给您,请问您的地址是……"

客户:"××市××区……"

电话销售人员:"谢谢!顺便说一下,这张卡是广交会客户服务部与××公司合作共同推出的,所以我会通知他们马上邮寄给您。我相信您很快就可以得到它。再次感谢您!"

在接通电话时,最忌讳的是一开口就推销产品,这样成功的机会少之又少。因为初次打交道,人们最直接的反应就是对销售人员不信任。要消除这种不信任,销售人员可采用借"东风"的策略。

在《三国演义》里,诸葛亮能在赤壁之战中,一把火烧掉曹操几十万大军,借用的就是东风。如果电话销售人员能够敏锐发现身边的"东风",并将之借用,往往能起到"四两拨千斤"的效果。所谓借"东风",就是指借用客户比较信任的企业,拉近与客户的距离,从而巧妙地把自己销售的产品与要借力的企业联系在一起,这样客户就很难拒绝。案例中,电话销售人员就是借用了"广交会服务部"这个"东风"而获得成功的。

在运用巧借"东风"这个方法时,以下几点要注意:

(1)借力对象必须是与本企业合作的、知名的企业,并且是能够让客户信任的企业。

(2)借力对象必须与自己公司销售的产品有密切关系。

（3）以客户服务回访的方式进行"借力"一般比较有效。

对你的客户直接说出你的名字

在向客户表明自己的身份时，请直接报出你自己的名字，而不要说"我是小张""我是小王"。因为这种自贬身份的做法无法赢得客户的尊重，更无法使你成为谈话中的主导，你也就没办法获得每场谈判的控制权。

电话销售员："胡总您好，我是××公司的小刘。"

客户："小刘？哪个小刘？"

电话销售员："就是上次给您送电脑资料的那个小刘。"

客户："哦，记起来了，有什么事吗？"

电话销售员："没什么，想问一下您对我们的电脑有意向吗？"

客户："不好意思，近来太忙，没来得及看，等我看完了，再跟你联系。"

电话销售员："好的，胡总再见。"

有一位专业销售培训师在对新人进行培训时，这样告诉新人："我不管你以前的工作方式和习惯怎样，在我们公司，无论拜访客户还是打电话给客户，请直接报出你自己的名字，而不要说'我是小张''小王'。"

有人说，称呼自己是小刘会显得跟客户关系更亲密一些。销售工作不需要低声下气地去求别人，很少看到那些成功的销售主管在客户面前充当小字辈，只有那些刚刚从事销售工作的业务人员常常会这样做。想成功，就向那些成功的销售主管们学习吧，对你的客户直接大声地说出你的名字，然后充满自信地以主导者的身份跟他谈生意。

一名优秀的销售人员，每次谈判都会牢牢地掌握着局面的控制权。在日常的企业经营管理行为中，大部分领导都是些沉默寡言、善于思考的人，他们常常会让事情朝着自己规划的方向发展。销售人员面对客户的时候，就需要成为这样具有控制力的领导。如果你能够让客户成为你的"下属"，心甘情愿地跟着你走，成为你心中的"小刘"或"小张"，那么所有的问题都会迎刃而解。

第二节　电话约访

谨慎选择推销时间和地点

推销员在与客户接触的过程中，会见是必不可少的环节，而选择恰当的约见地点和适当的约见时间是面谈成功的良好开端。

在谈判中，为了确定会谈时间和场所，不知要讨论多少次。不管谁当东道主，谈判各方总是希望他们做出有利于自己的安排，因此，最终往往选择一个双方认为适合的时间与地点谈判。

对推销员而言，商务谈判或推销活动的重要性，并不亚于一场政治谈判对一个国家、一个政治集团的重要性。可是，有些推销员却经常忽略时间与地点的重要性，很可能给客户带来不便，甚至导致会见无法进行。一个优秀的推销员，在会面前会进行电话预约。推销员麦克在这方面有着独到的经验。

和公司的其他推销员相比，麦克通过电话预约客户总是很顺利，因为麦克对客户的需要很了解。在拜访客户以前，麦克总是掌握了客户的一些基本资料，根据不同客户的特点，以打电话的方式先和客户约定拜访的时间。

从上午7点开始，麦克便开始了一天的工作。除了吃饭的时间，麦克始终没有闲过。麦克5点半有一个约会，为了利用4点至5点半这段时间，他便打电话与客户约定拜访的时间，以便为下星期的推销拜访预做安排。麦克会根据不同的职业选择不同的拜访时间。

麦克拜访客户是有计划的。他把一天当中所要拜访的客户都选定在某一区域之内，这样可以减少来回奔波的时间。根据麦克的经验，他总是利用45分钟的时间做拜访前的电话联系，确定了拜访的具体时间，然后再去拜访客户。

麦克在安排拜访时间时，除了要考虑自己一天的拜访路线，更重要的是要根据访问对象的特点选择不同的时间段。访问对象空闲的时候，才是访问最理想的时间。尤其是对上门推销来说，更需要选择适当的时间。

一般来说，无论是预约还是见面，最好避开会议前后、午餐前后、出差前后这些时间点。

会议前或出差前，人们需要养精蓄锐；午餐前人们往往饥肠辘辘；会议后或出差结束，人们都想解除一下全身的疲劳；午餐后，人们更是想享受一下饱餐之后的乐趣。你在这些时间去向他推销，结果可想而知。

需要注意的还有星期天和法定假日最好不要会见客户，以免打扰客户与家人相处的私人空间，会让人觉得很不礼貌。除了时间之外，推销地点的选择也是很有讲究的。推销员的首选地点是自己容易掌控的地方，比如自己的公司、自己的办公室。在自己的地盘上谈判，会给对方一种"入侵"的感觉，对方的潜意识中极有可能存在或多或少的紧张情绪。如果你彬彬有礼，让对方舒服放松，他的紧张情绪就会大大减缓，而你也就赢得了他的信任——即使真正的谈判还未开始！

当然，作为一名普通的推销员，不可避免地要在客户的地盘上商谈，此时也不能因此而怯场，而应该做好准备，时刻预备反客为主。

实际上，在客户的地盘商谈也有一些优势，比如，可以不受自己的琐事干扰，全心全力商谈；可以找借口说资料不全，回避一些敏感问题；必要时可以直接找客户首脑人物；让客户负责烦琐的接待工作等。

如果选择在客户的家中，由于气氛一般比较和谐，容易放松警惕，但你的一举一动仍会影响客户对你的信任，因此要注意应有的礼节，对客户的家人也要有礼貌。客户让你坐在哪里，你就坐在哪里。客户没到时，不要吸烟、喝茶。

如果选择在高尔夫球场、餐厅、咖啡屋等场合，则四周不应喧闹，并且应该分清宴会与推销的差别，气氛应有推销的意味，否则会给人一种不庄重的感觉。喝酒时，更不可硬邀客户共饮。

另外，如果和客户事先已约定见面的时间和地点，一旦确定，就必须遵守，在约定的时间内到达约定地点，这是必须遵守的原则。如果因为不知道对方的情况而选择了不利的时间或地点，一定要向对方道歉，说一句："对不起，不知道您有这样的计划，如果太忙，我们改日再谈。"如此，便能给对方留下一个好印象，为下一次的拜访打下良好的基础。

总之，推销员必须用心安排好推销的时间和地点，并力争在每一次的访问活动中，要努力达成彼此之间心与心的交流，这是推销成功与否的关键所在。

不能省略的预约

没有预约的拜访会被认为是不尊重他人的表现，也不会受到任何一位客户的欢迎。在决定要拜访某位客户时，我们需要提前预约，这是一个不能被省略的细节。

预约的方式有多种，如当面预约、信函预约、电话预约，在此我们只讲述最常见的预约方式——电话预约应该注意的事项。

1. 准备

这是通过电话成功取得约会机会的关键。需要准备好的主要事项包括：

（1）知道通话对方的名字和住址。

（2）知道什么时候打电话。

（3）知道为什么要打电话——即为什么你的潜在买主要给你一个见面的机会。

（4）预演一番——知道说什么话、如何说。

（5）准备好解决疑虑和异议问题。

（6）准备好接近秘书的办法。

（7）准备好利用不同方法获得约见的机会。

（8）知道怎样介绍自己。

（9）知道什么时候拜访对方。

2. 有明确的目的

电话预约的目的是约见双方会面时间。如果在电话里大肆介绍或阐述，会面就显得多余了。因此，预约时要尽快提出会面的建议，而且只提出会面的建议。只有目的明确才能加快成功步伐，否则会让人很快丧失兴致。

3. 掌握电话礼仪

电话是通过声音、语言素养和人情味来传递信息的。客户会据此对你形成印象，会下意识地做出判断。要想给客户留下良好的印象，必须掌握相关的电话礼仪：应使自己保持全神贯注（挺直身子，熟记开场白、结尾词和提纲草稿等）；要保持微笑，让对方能够听到你的笑声；有力、热情地问候对方（愉快的声音能带来好情绪）。

4. 找到负责人

有时候并非那么容易就能找到负责人并能与之通话。因此，一开始就应该不断地询问"负责人是哪位"这个问题。例如："张先生，是您亲自负责维修相关事宜吗？"他或许会做肯定回答，或许会介绍他人。一旦找到了合适的通话对象，应立即以快乐而自信的口吻说道："太棒了，王先生，我能与您本人通话。"这样，会使通话对象快乐并感觉受到重视。

5. 不要在电话中谈生意

与准客户通上话后，如果客户认识你，当然好办，如果不认识，那就会有问题，通常的反应是："你见我想干什么？"那时可不是接近客户的好机会，千万别说你是想销售什么。此时应该找一句合适的话来提出请求。

无论给谁打电话，都要问一句："现在您接听方便吗？"同时，通话时间切莫过长，没有人喜爱啰唆的人。

找到决策人

最后能有权决定购买的人才是我们寻找的关键。

日本著名的推销大王原一平曾经犯过一个错误，让他一直耿耿于怀。原一平有一段时间老爱跑一个公司，希望能找到公司的经理，让他们的员工都买原一平所在的保险公司的保险。

每次他都只见到一个体态臃肿的看门老头儿，却始终见不到经理。

原一平就和老头儿打招呼："你们老板平时什么时候来上班？"

那老头儿就一本正经地回答："老板什么时候来上班是不会告诉我们的。"

就这样原一平吃了闭门羹，但他并未放弃，隔三差五地跑过去问那个老头儿关于经理的事。

这种状态持续了两年多，最终那公司签下了保单，但让原一平大惑不解的是，原来老板就是那位老人。

原一平曾与决策人见过多次，但都失之交臂，这不得不说是个令人遗憾的事，但同时也让原一平了解了平时细心观察的重要。

当然，最后的这一次成交纯属偶然，碰巧找到了决策人。如果那老头儿并非是什么老板，而真的是一名普通的"拦路虎"，那么事情就不会有如此好的结局了。

作为一名与客户打交道的销售人员，我们平时就应多多训练自己的观察力，遇到事情时不必急于先下结论，观察后再下结论。

有时，我们可能面对的不止一位客户，这就更需要慎重，仔细辨认谁才有可能是决策人。

某公司的销售人员小马一次在北京中关村某处销售软件，恰逢人家刚开完会，十几号人都聚在一处,小马感觉有点紧张。

小马赶紧对众人说:"下午好,各位!"然后他开始拿出名片准备与对方经理交换,但前台小姐未作介绍,会客室中的人只是一齐打量他,也没有人先站出来和他说话。他看到最左边站着一位身材魁梧、30多岁的男士,而那位男士似乎也正想问什么。于是小马紧走两步上前,将自己的名片递给对方,"您好,先生,我想……"

"对不起,先生,你是××公司的吧?我们经理说了,你们公司新开发了一种软件,她很感兴趣……"说着,他对中间的一位年轻女士做了一个抱歉的手势,说,"张总,这位小伙子大概把我误认为是这儿的主管了……"

小马一时大为窘迫。

像这种情况多少令人尴尬,也不容易促进双方的沟通、交流。如果能在平时练就一双慧眼,眼尖手快、脑瓜灵,那么就能够减少类似事情的发生了。

无论我们平时怎么努力"打外围战",终究是要找到真正的决策者,只有找到他们才有成交的可能。

平时可根据一些常见的障碍,如秘书、保安等,设计属于自己的一套销售方法策略。

向客户展示你的产品

千言万语胜不过一个无声的展示,让客户看到产品的功能,对产品有个直观的印象。

在俄勒冈州的波特兰,美国著名的销售大师坎多尔弗曾向一个羊毛衫批发商演示自己是如何销售一种新式牙刷的。把新旧牙刷给顾客的同时,给他一个放大镜。坎多尔弗说:"用放大镜看看,您自然能发现两种牙刷的不同。"羊毛衫批发商学会了这一招,没多久,那些靠低档货与他竞争的同行被他远远抛在后面,以至于以后他总是随身带着一只放大镜。一次,他碰到坎多尔弗说:"我再也不用不厌其烦地向顾客们解释为什么我的货价格要高了。顾客们居然那么容易就接受了这种鉴别方法,我的销售额直线上升。"

坎多尔弗还知道一个纽约的西服店老板的故事。他在商店的橱窗里装了一部放映机,向行人放一部广告片。片中一个衣衫褴褛的人找工作时处处碰壁。第二位找工作的西装笔挺,很容易就找到了工作。最后在结尾显出一行字:好的衣着就是好的投资。这一招使他的销售额猛增。

坎多尔弗的一个牙医朋友做得更绝,他把患者的光片放在墙上,使患者一坐下就可以看到自己牙齿的损坏情况。然后牙医就会说:"不要等牙坏到不能用的程度再来看。"

人们似乎一直都愿意相信"眼见为实",并且对眼睛总是比耳朵更为青睐一点。事实上,演示也的确比语言更有说服力。

销售人员在向客户介绍产品时,最好进行示范演示。通过对产品功能、性质、特点等的展示及使用效果的示范表演等,使客户看到购买产品后所能获得的好处和利益。产品为客户带来的好处及利益是促使客户购买的真正动机。客户希望在销售人员口头介绍产品的信息后,能亲眼看到,甚至亲身体验到产品的优势与作用,以加深认识和记忆,这就是"百闻不如一见"的道理。

在向客户展示时必须确保"试验品"的质量,同时要有过硬的娴熟技术作为支持。

倾听客户说话

销售员往往都是能说会道巧舌如簧的演说高手,为了在有限的时间内尽可能全面地介绍自己产品的信息,我们往往习惯于喋喋不休地对客户进行诱导和劝服,介绍我们的产品如何好、我们的服务如何周到等,直到客户扬长而去。很多时候,我们的销售员甚至还不知道我们的客户为什么会拒绝,觉得自己说得很好。

我们总是不断向客户灌输自己的思想和意见,强制对方接受我们认为好的东西。很多时候,我们只顾着自说自话,却忘了倾听客户的想法。

心理学认为,在与人沟通的过程中,表达往往是以自我为中心,是重视自己的感觉;而倾听则是以对方为中心,是对他人的重视和尊重。因此,这二者所带来的效果是完全不同的。

很多时候,我们的销售员就是在自说自话中丧失了顾客。总是以自我为中心的销售员,容易忽略客户的心境和想法,不给客户表达的机会,夸夸其谈,喧宾夺主,必然引起客户的反感。

成功的销售员懂得聆听,认真地听,有兴致地听,听懂客户的话,从而弄明白客户的心理，找准客户心理的突破口，有的放矢，最终顺利地实现交易。

销售员不仅要学会聆听，还应该引导客户说，鼓励客户多说自己的事情，这才是聆听的真正秘诀所在。谈论客户最感兴趣的话题是通往其内心的最好的捷径。因为这样，销售员才能从聆听中获得对销售最有用的信息，了解到客户的真实想法和内心需求，找到突破口，最终达成交易。

尼森服装店的店长沃特懂得通过倾听来化解与客户在销售过程中遇到的难题。

某天，格林先生从尼森服装店买了一套衣服，但没穿几天便发现衣服会掉色，把他的衬衣领子染成了黄色。他拿着这件衣服来到商店，找到卖这件衣服的售货员，想说说事情的经过，可售货员根本不听他的陈述，只顾自己发表意见，使他在失望之余又加了一层愤怒。

"我们卖了几千套这样的衣服，"售货员说，"从来没有出过任何问题，您是第一位，您想要干什么？"当他们吵得正凶的时候，另一个售货员走了过来，说："所有深色礼服开始穿的时候都多多少少有掉色的问题，这一点办法都没有。特别是这种价钱的衣服。"

"我气得差点跳起来，"格林先生后来回忆这件事的时候说，"第一个售货员怀疑我是否诚实，第二个售货员说我买的是便宜货，这能不让人生气吗？最气人的还是她们根本不愿意听我说，动不动就打断我的话。我不是无理取闹，只是想了解一下怎么回事，她们却以为我是上门找碴儿的。我准备对她们说：'你们把这件衣服收下，随便扔到什么地方，见鬼去吧。'"这时，店长沃特过来了。

沃特一句话也没有讲，而是听格林先生把话讲完，了解了衣服的问题和他的态度。这样，她就对格林先生的诉求做到了心中有数。之后，沃特向格林先生表示道歉，说这样的衣服有些特性她们没有及时告诉顾客，并请求格林先生把这件衣服再穿一个星期，如果还掉色，她负责退货。她还送给了格林先生一件新的衬衣。

据一项权威调查，在最优秀的销售员中，有高达75%的人在心理测验中被定义成内向的人，他们行事低调、为人随和，能够以客户为中心。他们十分愿意了解客户的想法和感觉，喜欢坐下来听客户的谈话，他们对听话的兴趣往往比自我表述更强烈，而这些正是他们赢得客户的秘诀。

专心倾听客户讲话，除了表示对他感兴趣和尊重之外，我们还可以从他的言

第四章 首次拜访

谈中捕捉到一点蛛丝马迹。

有一位特别想学演讲术的人来见著名哲学家苏格拉底,他要学习如何把说话变成一门艺术。他滔滔不绝地说自己的抱负、特长,以及如何热爱演讲等,中间几乎没有苏格拉底插话的份儿。最后苏格拉底不得不抱歉地说:"先生,我想我该收您双倍学费!""为什么?"那个人极度费解。"因为我得首先教您如何闭嘴,然后才能教您演讲艺术。"

著名心理学家威尔逊·米兹纳说:"一位好听众,不仅到处受人欢迎,而且能够比其他人知道得更多。"在销售任何商品的过程中,尤其是在销售初期,销售员学会有效的聆听和提问技巧是相当重要的。因为销售人员可以从这些技巧的运用中,获得推销所需要的有价值的信息。销售人员知道的销售信息越多,就越有机会击败竞争对手,并赢得交易。

销售涉及的范围相当广泛,首先,销售员必须清晰而又完整地认同客户的期望与需求,再用令人信服的传递方式将你的认同肯定地告知客户:本公司的产品与服务完全符合你们的需要。此时,销售人员必须应用聆听与提问的技巧。

人们往往缺乏花半天时间去听销售人员滔滔不绝地介绍产品的耐心,相反,客户却愿意花时间同那些关心其需要、问题、想法和感受的人在一起。

出色的销售代表有时甚至不用过多的言语,就可以成功签单,其中的秘密就是倾听客户说话。一名成绩显著的销售代表这么讲述他的一次难忘的经历:

有一次我和一位富翁谈生意。上午11点开始,持续了6小时,我们才出来放松一下,到咖啡馆喝一杯咖啡。我的大脑真有点麻木了,那富翁却说:"时间好快,好像只谈了5分钟。"

第二天继续,午餐以后开始,2点到6点。要不是富翁的司机来提醒,我们可能要谈到夜里。再后来的一次,谈我们的计划只花了半小时,听他的发迹史却花了9个小时。他讲自己如何赤手空拳打天下,从一无所有到创造一切,又怎样在50岁时失去一切,又怎样东山再起。他把想对人讲的事都跟我说了,80岁的老人,到最后竟动了感情。

显然,很多人只记得嘴巴而忘了耳朵。那次我只是用心去倾听,用心去感受,结果怎样?他给50岁的女儿投了保,还给生意保了10万美元。

著名作家桃勒斯·狄克曾经说过:"成功的捷径是把耳朵借给别人,而不是

171

总张开你的嘴巴。"如果你想做一名非常杰出的销售代表，那么就该谨记上面这句话。

倾听客户说话，并不是说要我们完全沉默，适时地提问与赞同能收到很好的交谈效果。同时，在倾听客户说话时要注意眼神的交流与肢体语言的配合。

学会和客户拉家常

见面谈业务的销售员是很失败的，我们必须学会和客户拉家常、"套近乎"。

时常有些销售人员总以为如果到客户家中拜访，就应该言简意赅、直奔主题。为什么要这么做呢？原因如下：第一，节约了彼此的时间，让客户感觉自己是个珍惜时间的人；第二，认为如此提高了效率。事实上，这些都是销售人员自己的一厢情愿。

如果我们平时和客户就是这种谈话风格，那么赶快检讨一下自己。其实，这样的做法多半会让人反感，客户会以为你和他只是业务关系，没有人情味。当然，当他为了你的预约而守候半天时，你的直奔主题常常会令他觉得很不受用，仿佛你是日理万机抽空来看他一眼似的。

正确的做法是我们必须学会和客户适当地谈谈题外话，这样也更容易成功。所谓题外话就是说些围绕客户的家常话，如同一位关心他的老朋友一般，但不要涉及他的个人隐私。

林小艾是某化妆品公司的美容顾问，她也是位善于观察的行家。一次，她要去拜访一位在外企上班的白领张小姐。

那日，林小艾去的正好是张小姐刚刚装修好的新家。张小姐的家布置得十分古典，韵味十足，如诗如画的环境反映了女主人的品位与爱好。

林小艾看到了这一点，不着痕迹地询问起她的每一件家具的来历，并表示出极大的赞赏。张小姐自然很开心地和她聊天，她们从家居的风格到风水，再到新女性的经济独立、人格独立，天南地北谈了两个多小时，却对化妆品只字未提。

末了，张小姐一高兴，买了许多昂贵的化妆品。此后，张小姐成为林小艾的老主顾，并为她介绍了不少新客户。

一份难能可贵的客户关系就由一次不经意的拉家常开始。拉家常看似简单，

第四章　首次拜访

实则非常有学问。这需要我们练就一双火眼金睛,能迅速找到客户的兴趣点和令其骄傲的地方。

和客户拉家常没有统一的规则,通常因人而异,但不宜涉及客户的隐私和痛处,比如婚姻关系、婆媳关系、收入等。

尊重客户意见

礼貌的尊重胜过激烈的雄辩。有多少种人就会有多少种观点,我们没有资格去要求他人的看法与我们步调一致,这同时也能体现我们的修养。

拜访客户或平时交往时,谈论到一些话题常常会发生意见分歧,尤其是针对产品本身的性能、外观等。遇到这样的情况我们该如何应对呢?是凭借我们的专业知识驳倒客户,还是一味地迁就顺从他们?恐怕都不是最佳解决办法。

克洛里是纽约泰勒木材公司的销售人员。他承认:多年来,他总是尖刻地指责那些大发脾气的木材检验人员的错误,他也赢得了辩论,可这一点儿好处也没有。因为那些检验人员和"棒球裁判"一样,一旦判决下去,他们绝不肯更改。

克洛里虽然在口舌上获胜,却使公司损失了成千上万的金钱。他决定改变这种习惯。他说:"有一天早上,我办公室的电话响了。一位愤怒的主顾在电话那头抱怨我们运去的一车木材完全不符合他们的要求。他的公司已经下令停止卸货,请我们立刻把木材运回来。在木材卸下25%后,他们的木材检验员报告说,55%的木材不合规格。在这种情况下,他们拒绝接受。

"挂了电话,我立刻去对方的工厂。途中,我一直思考着一个解决问题的最佳办法。通常,在那种情形下,我会以我的工作经验和知识来说服检验员。然而,我又想,还是把在课堂上学到的为人处世原则运用一番看看。

"到了工厂,我见购料主任和检验员正闷闷不乐,一副等着抬杠的姿态。我走到卸货的卡车前面,要他们继续卸货,让我看看木材的情况。我请检验员继续把不合格的木料挑出来,把合格的放到另一堆。

"看了一会儿,我才知道是他们的检查太严格了,而且把检验规格也搞错了。那批木材是白松,虽然我知道那位检验员对硬木的知识很丰富,但检验白松却不够格,而白松碰巧是我最内行的。我能以此来指责对方检验员评定白松等级的方式吗?不行,绝对不能!我继续观看,慢慢地开始问他某些木料不合格的理由是

173

什么，我一点也没有暗示他检查错了。我强调，我请教他是希望以后送货时，能确实满足他们公司的要求。

"以一种非常友好而合作的语气请教，并且坚持把他们不满意的部分挑出来，使他们感到高兴。于是，我们之间剑拔弩张的空气消散了。偶尔，我小心地提问几句，让他自己觉得有些不能接受的木料可能是合格的，但是，我非常小心不让他认为我是有意为难他。

"他的整个态度渐渐地改变了。他最后向我承认，他对白松的检验经验不多，而且问我有关白松木板的问题。我对他解释为什么那些白松木板都是合格的，但是我仍然坚持：如果他们认为不合格，我们不要他收下。他终于到了每挑出一块不合格的木材就有一种罪恶感的地步。最后他终于明白，错误在于他们自己没有指明他们所需要的是什么等级的木材。

"结果，在我走之后，他把卸下的木料又重新检验一遍，全部接受了，于是我们收到了一张全额支票。

"就这件事来说，讲究一点技巧，尽量控制自己对别人的指责，尊重别人的意见，就可以使我们的公司减少损失，而我们所获得的良好的关系，是非金钱所能衡量的。"

尊重客户的意见，不仅能为我们赢得客户的尊重，同时也是好修养的体现。

我们谁都不敢说自己的观点就是100%正确，也不敢说自己的眼光最好。因此，我们有什么理由不接纳他人的不同意见呢？而且有时因为我们的激烈辩驳，常引发客户强烈的逆反心理与厌恶心理，眼看着能成功的合作也会因此而搁浅。多一份包容心，多一点尊重，最终获益的总能是我们自己。尊重客户的意见并不是要抹杀我们的观点与个性，而是指对方陈述其意见时切勿急于打击、驳倒。

第三节　首次电话拜访

第一次通话，时间不要超过5分钟

销售员虽然是靠电话完成推销，但这并不表明销售人员就可以不加限制地与客户通话。尤其是在第一次打电话给客户时，这个时间千万不要太长，一般不要

第四章 首次拜访

超过5分钟。

等到和客户熟识了以后，客户确实需要你的大量帮助，这时，时间就要由问题的严重程度来决定了。比如说，问候语不应超过1分钟，约访电话不超过3分钟，解说电话不超过8分钟，处理问题不超过15分钟，那么，到底多长时间是最合适的呢？建议是：达到你想要的结果，就是最合适的时间。

有一位著名营销培训师说："有时我打电话会超过半个小时，比如辅导代办我们课程的负责人，因为事情很烦琐而我也无法亲自到对方那里去，便打电话给那位课程负责人。每一次打电话辅导的时间不会低于20分钟。我教他怎么去办课程、怎么去吸引顾客、怎么去增加顾客的价值、如何帮助顾客获得更多的利润；选择什么时间、用什么设备、配备什么样的工作人员；然后怎么去执行、怎么去激励员工，这些需要半小时的解释时间。"

曾经有个著名的网站邀请培训师给他们公司做一场内训，因为培训师的时间很紧，便由助理帮他约好时间。该网站的培训部要求他们公司的几个经理全部在线上，在电话里聆听他们将要讨论的细节，这样他们通过电话解决了问题。

当然，上面所说的例子是与客户熟识后，为了满足客户需求而花费的时间，而非第一次通话的时间。

虽然第一次通话时间只有5分钟，但要尽量在这5分钟的时间里做一些有效率的事。

其中包括你要打电话给那些普通的业务代表，还是打电话给公司的负责人、董事长、总经理，都要有选择。在电话行销时，作为一名行销人员就要打电话给那些有决定权的人，如果你的电话都是打给没有决定权的人，你最后根本不会产生业绩。因为一个人的时间分配是有限的，有一天24小时可以做某项的工作，也可以做另一项工作，但业绩不会完全相同。所以，电话行销过程中，你可以整理客户资料，可以剪辑资料，但这些都不会有太大的生产实效，真正有实效的事情是主动出击打电话给有决定权的人。

总之，一定要掌握好第一次打电话拜访的时间，尽量让这5分钟出效率，以免造成以后拜访时的沟通障碍。

恰当重复客户语言，把话说到对方心坎上

有一个故事说，曾经有一个小国派使者到中国来，进贡了三个一模一样的小金人，其工艺精良，造型栩栩如生，真把皇帝高兴坏了。

可是这个小国有点儿不厚道，派来的使者出了一道题目：这三个小金人哪个最有价值？如果答案正确，才可以留下三个小金人。

皇帝想了许多的办法，请了全国有名的珠宝匠来检查，但都无法分辨。

最后，一位退位的老大臣说他有办法。

皇帝将使者请到大殿，老大臣胸有成竹地拿着三根稻草，插入第一个金人的耳朵里，这稻草从另一只耳朵出来了；插入第二个金人的耳朵里，稻草从嘴巴里直接掉了出来，而第三个金人，稻草进去后掉进了肚子，什么响动也没有。

老大臣说："第三个金人最有价值！"

使者默默无语，答案正确。

有的话别人听了只当耳边风，一只耳朵进，另一只耳朵出；有的话别人听了只是当了一个传声筒，从耳朵听进去，从嘴巴传出来，并没有听到心里去。这两种情况都是做无用功。要想说的话有价值，就必须把话说到对方的心坎上，这样说的话就没有浪费，把话听到心里去的人也得到了价值。

电话行销中也是这样，那么怎样才能把话说到对方心坎上去呢？

那就是说客户想听的话。

可是，现实中有一个问题就是：销售员往往喜欢说自己想说的话，例如，公司、产品、自己认为自己的产品与众不同之处、自己认为自己的产品能给客户带来的利益等。但客户不想听这些人尤其是在第一次拜访中就说这些令人极其讨厌的话。所以在销售员拿起电话之前，就要考虑自己要说的话客户是否喜欢听，不然即使打电话也只是浪费时间和金钱。销售员要学会把自己的每一句话都说到对方的心坎上去。

恰当重复客户语言，不失为一种把话说到对方心坎上的好方法。重复客户说的话，是让客户感觉销售员与他站在同一个立场上，这是拉近关系的很好的方式。

当客户说："现在企业很难找到敬业的员工"时，销售员在听到这句话之后应该说："不错，现在敬业的员工的确太难找了。"以示赞同。

另外，你也可以说一些表示赞美与理解的话，让对方高兴。例如，你可以这样赞美他：

"您的声音真的非常好听！"

第四章 首次拜访

"听您说话,我就知道您是这方面的专家。"

"公司有您这种领导,真是太荣幸了。"

你也可以说一些话,对他表示理解和尊重,你可以说:

"您说的话很有道理,我非常理解您。"

"如果我是您,我一定与您的想法一样。"

"谢谢您听我谈了这么多。"

这些话无疑都是说到了对方的心坎上,让对方觉得受用、中听。说不定欣喜之余就会决定与你合作。

多提问引出客户需求

潜能大师安东尼·罗宾说过:"对成功者与不成功者最主要的判断依据是什么呢?一言以蔽之,那就是成功者善于提出好的问题,从而得到好的答案。"对于销售员来说,能够用"问"的方式绝不用"说"。

亨利的公司经营的产品是一款公司影印机,而他正和Ａ机构的公司经理有一个电话拜访的机会。亨利决心把公司的新型影印机销售给Ａ公司。这种新型影印机不仅能快速影印,它的分页及校对也很快。

在打电话之前,亨利把销售这一款影印机的原因归纳为:它有红利可图;它让他在销售竞赛中获得更多的点数;在他的销售领域范围内还没有一台这种新型影印机,他相信如果能卖给Ａ机构一台,那将是一个创举。

他已经下了决心:要让Ａ机构购买它。

电话接通后,一开始亨利就说:"史密斯先生,您好。你们要的影印机不是像其他的影印机一样只是影印,不是吗?您想要一台在影印时能同时将纸张分页及分类的影印机,不是吗?"

公司经理史密斯先生摇头说:"不,我们这里从不需要分类。我们的附属公司有一个完备的印刷工厂,那里所有工作都可以做,包括你说的那些,而我这里所需要的只是一台有高品质影印功能,又能简易操作的影印机。"

很显然,最后的结果是亨利的推销没能成功。

为什么亨利志在必得,最后却把自己的生意搞砸了呢?分析一下,可以看出,亨利没有提出问题,他只是在告诉客户该怎么做。他没有得到客户的肯定就自以

177

为是，最终导致了他的失败。

亨利应该在第一次电话拜访中先探听一下对方的实际需求。如果电话中对方就表明根本不可能，那么他早就可以根据他们的需要调整他的访谈内容，并转换另一种型号的产品以满足他们的需求。

销售员经常会用到提问的方式。提问非常重要，除了可以帮助销售员收集相关信息之外，提问还可以帮助销售员很巧妙地展示自己的专业能力，从而在客户心目中建立可信度。

如一名专业的电脑销售人员通常会提以下几个问题：

"可以请教您几个问题吗？"

"您是从事哪方面工作的？"

"请问您是在家庭使用，还是在公司使用？"

"您主要用于哪些方面呢？"

"哦，如果用于商标设计，那么对电脑配置这一块要求就相对高一些，是吗？"

"请问您在出差时经常使用电脑吗？"

"如果经常出差，那就希望随身携带的电脑能够轻一点儿，是吗？"

"您喜欢什么样的颜色呢？"

"我们新推出了好几种款式，不知您对电脑款式方面有哪些特别的要求？"

"您的预算是多少呢？"

从以上的一系列提问可以看出，这位电脑销售人员通过提问，在收集了很多重要信息的同时，也展示了自己的专业知识，客户自然就会信赖他了。

在电话行销中，要提出有质量的问题是要经过一番仔细分析的，销售员首先要分析自己的产品有哪些独特的卖点，产品对目标客户有什么样的价值，目标客户最关心什么问题等，从而设计3~5个很有针对性的问题，问题的答案应该是明确的、容易回答的。一旦这3~5个问题得到答案之后，销售员就能准确地判断对方是否是我们的准客户，从而决定是否需要继续跟踪。

在提问方式上，我们可以把它分为封闭式提问与开放式提问。

有些时候，客户是一个非常健谈的人，比如你问："你今天过得怎么样？"客户可能会从早餐开始一直谈到今天的天气、交通状况等等，漫无边际。事实上，我们没有必要了解许多对我们根本没有用的信息，因此，这时候我们就需要把问题转移到我们的目的上来。这种方式我们称之为"封闭式"问题，就是客户需要用比较确定的语言来回答的问题。"开放式"的提问方式,也就是和客户拉近距离、套近乎的提问方式,但是需要有一定的节制,否则可能销售人员和客户谈得很投机,却最终不能了解任何有价值的信息,白白浪费了很多时间和精力。对此,"封闭式"的提问方式,是很好的补充。

"封闭式"的提问方式,最大的好处就在于能够确认客户对某一事件的态度和看法,从而帮助销售人员真正了解到客户的想法。比如"你确定要购买这种型号的电脑,是吗?"明确的提问,客户必然需要明确的回答。

例如:

"听您的声音,我感觉您是一个很有地位、很有影响力的人。"

"专家就是专家,您提的问题与一般人都不一样,都提到点子上了。"

"真的很高兴能有机会与您这样的专业公司合作。"

"陈总,您有这样的想法真是太好了。"

"王经理,我完全理解您的感受,您的遭遇我以前也碰到过。"

"您可以详细谈谈您不满意的具体原因吗?"

"这件事除了您负责外,您看我再找谁谈谈比较合适呢?"

开放式提问与封闭式提问的区别在于客户回答的范围大小,采用开放式提问,客户回答的范围较宽,一般是请客户谈想法、提建议、找问题等,目的是展开话题。这种问题常用的词汇是"什么""哪里""告诉""怎样""为什么""谈谈"等,如:

"您能谈谈参加这次培训后的感受吗?"

"对于公司的现状您觉得哪些方面需要改进呢?"

"您采取哪些计划来改进现有技术?"

"您能告诉我您最真实的想法吗?"

"您为什么会有这种想法呢?"

"您觉得怎样做才是最好的?"

开放式的提问方式是需要节制的,并非越开放越好,否则客户将不知从何说起。所以推销员就要找到基本的出发点,不能漫无目的地乱问一气。

"开放式"的提问方式与"封闭式"的方式相结合,才能在与客户的交谈中使自己保持在主动地位,主动地引导用户按照自己的设想和思路逐步展开他的想法,经验丰富的销售人员往往是运用这两种方法相得益彰的人。

另外,需要注意的是:

（1）提问应表述明确，避免使用含糊不清或模棱两可的问句，以免客户听起来费解或误解。

（2）提出的问题应突出重点、扣人心弦。必须设计适当的问题，诱使客户谈论既定的问题，从中获取有价值的信息，把客户的注意力集中于他所希望解决的问题上，缩短成交距离。

（3）提出问题应全面考虑、迂回出击，切不可完全直言不讳，避免出语伤人。

用共同话题摆出谈话的"引子"

"把话题拉得越近越好"，这是推销成功的一大秘诀。为什么？推销通常是以商谈的方式来进行，但是如果有机会观察销售人员和客户在对话时的情形，就会发现这样的方式太过严肃了。电话行销更是如此，你更需要用共同话题提出谈话的"引子"。

让人感兴趣的话题，往往使人滔滔不绝，陶醉其中，时间再长他们还是乐此不疲地谈下去，有时还可看出他们眼中闪烁的光芒，由此可知他们的投机程度以及爱好程度。这就是所谓为何总有人一拍即合、趣味相投、默契十足，一副相见恨晚的感觉，一聊话匣子就打开了，欲罢不能。而有些人怎么讲也是牛头不对马嘴，没什么共鸣，没什么好聊的，这就是因为谈话的"引子"不能吸引人的缘故。而电话行销也是如此，有些推销员和客户相谈甚欢，而且取得了很好的推销结果，有的与客户说不了几句话就被迫挂断电话。

"把话题拉得越近越好"，这是推销成功的一大秘诀。为什么？推销通常是以商谈的方式来进行的，但是如果有机会观察销售人员和客户在对话时的情形，就会发现这样的方式太过严肃了。

所以说对话之中如果没有趣味性、共通性是行不通的，而且通常都是由销售人员迎合客户。倘若客户对销售人员的话题没有一点点兴趣的话，彼此的对话就会变得索然无味。

销售人员为了要和客户之间培养良好的人际关系，最好尽早找出共同的话题，在打电话之前先收集有关的情报，尤其是在第一次打电话时，事前的准备工作一定要做得充分。

与客户找到共同话题的关键是在于客户感兴趣的东西，销售人员多多少少都要懂一些。要做到这一点必须靠长年的积累，而且必须靠不懈的努力来充实自己。

第四章　首次拜访

日本著名的推销专家原一平为了要应付各样的准客户，所以选定每星期六下午到图书馆苦读。他研修的范围极广，上至时事、文学、经济，下至家庭电器、烟斗制造、木屐修理，几乎无所不包。这样一来，当他去拜访客户时，就会很容易找到共同话题作为谈话的"引子"。电话行销的过程中，为了有一个共同话题作为引子，我们应试着找出对方的价值观以及感兴趣的话题，若莽撞地提一些对方不认同的意见，必定不会成功的。

话题必须引起共鸣才有继续谈下去的可能性。例如，最近某家信用卡的广告前提是："××信用卡可以补偿另一半的心。"内容是这样的：用某信用卡购买礼物给另一半时，在意外情况下损坏可以要求信用卡中心赔偿。这是一个很好的前提，大家对这个赔偿条约很满意，感觉有保障，自然就会去询问相关事宜。换句话说，如果这个前提无法吸引某些人，他们可能就不会去关心这个问题了。

保险人员切勿在电话开发客户的当头，一开口就要求其参加保险，而要在拜访前先用电话沟通，敏锐地了解对方所感兴趣的话题是什么，先切入为主，让对方觉得你不是一般市侩的拉保险人，而是感觉"投保与否你不在乎""你和他真是千载难逢的知己"，谈话非常投机，交个朋友比有无投保重要多了。先谈一些吸引他的话题，做朋友之后，找个时间拜访，再慢慢聊然后切入主题——拉保险，你的使命。

当你通过"引子"把话题拉到你所要推销的商品上来时，如果客户承认他们的确缺少这种商品时，你完全可以借题发挥，促使他与你达成交易。这样一个开头，至少可以为自己赢得一次商谈的机会，避免客户一句"不要"就把你挡在门外。

恰当利用"台阶"

顾名思义，台阶就是能在其上立足的、能用于重返交谈立足点的东西。"台阶"允许你在通话期间延长交谈，它不会限制你的交谈。当你正在了解对方做什么、怎么做、何时做、在哪里做、和谁一块做以及为什么这样做的时候，你可以利用台阶来维持交谈。于是，它可以使你得到那些信息并回到你想要的话题："你知道吗？这正是我们应该会面的原因。"

"台阶"以"第一个问题"或"对方拒绝时的反应"作为立足点，来扭转通话时的不利形势。有时，除了商谈预约之外其他什么话题都容易成为谈话的主题。有的潜在客户会说，"真的吗？我对此可能会感兴趣的，现在就告诉我吧。"

这些其实是很可怕的回答，因为你知道的情况不足以让你做出比较有价值的推荐，而你又不能简单地拒绝潜在客户的要求。你不能说："不行，这是秘密，我不能告诉你我们做什么。"所以你根本不能说不行。但是你的目的不是要卖什么，而是要预约，所以你要对此做好准备。

你会怎么做？首先，最重要的一点，你要答复潜在客户。你会本能地做出答复，这样很好，可是这还不够，为什么呢？看看下面的对话你就会明白了。

"你们的公司已经运营多少年了？"

"我们已经经营17年了。"

"不是开玩笑吧！告诉我你们是怎么做到的？"于是，你就开始描述如何做到的。你讲述了几个成功的经历，接着对方说："实在是非常感人的经历，你们是如何做到的？"接着你就开始讲述成功经历的各个细节，突然对方说道："哦，这些可能对你们起了很大作用，但实际上我们并不需要。"

于是，对话结束，因为与你通话的那个人是对的，在你还不了解任何情况之前，你就开始高谈阔论。最后如何？你刚才所描述的一切与你潜在客户的情况并不符合。在通话中应如何避免这种情况的发生呢？

下面再看一个戴维·考珀用电话成功约访一位医生的成功案例。

"您好，麦克医生。我是纽约人寿保险公司的职员，我们现在正在进行一项针对产科医生的计划，您今晚值班，是吗？"

"是的。"麦克医生说。

"医生是一项崇高的职业，我非常敬佩和尊重你们。不知，今天晚上我可否去拜访您，讨论一下我们将要给您提供的产品。"

"不用了，你的意思我理解。我一想到我生前投资的钱死后才能拿到，心里就有点难受，而且这么晚了，我又在值班。"

"没关系，多晚都没关系，我可以陪您值班。况且我们只是见面而已，买不买保险那是另外的事。"

"刚才您说生前投保死后享用，假如您这样理解，那当然心里不好受了。事实上，保险并不只在人死之后提供补偿，它还可以在您退休之后为您提供生活保障，而且，您从保险中获得的回报要远高于您的付出。"

"有一天，您退休了，病人们有义务为您提供退休金吗？没有吧？怎么办呢？最好的方式就是将现在收入的一部分用来确保将来的生活。"

"打个不恰当的比方，如果您没存到足够的钱就不幸去世了，您的家人怎么办呢？如果您投了保，保险公司就可以为您照顾您的家人。保险是一个独特的财务工具，您健康长寿，它可以提供养老金；您不幸去世，它可以为您的家人提供生活保障。"

"我10点赶到可以吗？"

"那好吧，我在医院等你。"

就这样，约访成功了。戴维·考珀就是借用医生所说的"死后享用"这一台阶展开论述，说服医生的。

其实，第一个情景对话中当他问："你们是如何做到的？"应该这样回答："这样，我们公司已经经营了17年，为400多家公司提供过服务。"

在经过简短的回答后，谈话继续进行。对方问："你们的价格如何？"你不能说："我们的价格是秘密。"而应回答："价格在X到Y之间。"此时对方可能会说："稍等一下，这价格有些太高了吧？"这时，与对方争辩是极不明智的，而应说："我们许多客户在看到我们带给他们的利益之前和您有同样的反应，所以我们需要面谈一下。"换句话说，正是利用了他的否定的回答使你们有了会面的机会。

接下来的案例进一步启发你，在适当的时候，你可以提一个问题，利用"台阶"重新取得对这次通话的控制权。而你一旦使用"台阶"，你就会发现你和通话方在进行真正的对话。而此时，对方所说的内容就是他们正在做什么，他们对自己所做的是否满意，以及为什么他们认为没有必要做出改变。通常，"台阶"是将通话双方联系成一体的纽带。

掌握以第三方为例的电话和连环电话

以第三方为例的电话以及别人推荐的连环电话，在标准的陌生拜访电话基础上稍有变化。仔细研究，你就会发现它们对你很有帮助。

1. 第三方电话

当我们给某人打电话时，而对方并没准备接到我们的电话，那个人无论如何都不会想到是我们。我们所做的事情，本质上是要让对方想一些我们没打电话之前从来没有想过的事。换句话说，我们所打的电话不同于这个人每天正常的进程。你的潜在客户正在做他们自己的事情时，你打的电话让他们停下来去做一些其他的事。他们为什么就应该这么做呢？

我们应该给他们一个机会让他们了解我们所说的事情，然后向他们描述一下，以使他们对我们有个更形象化的认识。

"上午好，××先生。我是陈伟，是北京A公司的总裁，不知道您对我们是否了解，我们是一家营销培训公司，在上海和广州都有分公司，我们为B、C、D等公司提供多种服务。"

在这段话中，提到了B、C、D等公司，这些公司都是些大公司，没必要都在××先生涉及的领域，但都是北京的大公司，他都应该知道。

这样就给潜在客户一个大致印象，让他能够想象得出这个电话是关于什么的。潜在客户可以想："噢，这是有关营销培训的。"这种情况下没必要让他费神琢磨："嗯，什么？这到底是有关什么的？"通过这一步，就不需要一种骗人的开场白了。

其实，打此类电话的关键之处在于：我们不是在向通话对方保证我们可以为他们做同样事情，而是提及我们与其他公司合作的成功经验，并希望预约。

2. 别人推荐的电话

当你给一个公司的人打电话而对方让你给另外一个人打电话时，这时使用别人推荐电话策略会是个较好的突破方法。这一方法可以最大限度地帮助你预约成功。

如果你给某人打电话而对方说"你找错了人"时，你不该直接问："那我该找谁呢？"你应该问："那您负责什么？"

有时你会发现确实是找错人了，这时你应该及时地做出反应。

假定你确信你确实打电话找错了人的话，询问一下跟你通话的人你应该找谁。通常接电话的一方会说："你为什么不与皮特·史密斯联系一下呢？"这样，你的目的就达到了。你有处理该事的决策人的名字了。

你该如何利用这一信息？大部分人会这样说："上午好，××先生，我是纽约XYZ公司的乔·约翰逊。我之所以给您打电话，是因为我刚才给A打过电话，他建议我打电话找您，因为您负责这个项目，所以我打电话给您了。"

千万不要这么做！

相反，应该用你已经学会的技巧。你给A打了电话，他告诉你你找错人了。你知道了该找谁之后，给那个人打电话。找到了要找的人，你说："你好，××先生，我是纽约XYZ公司的××。我们是纽约的三大装饰公司之一。我今天特意打电话给您的原因是，我刚和A打了电话，他建议我向您预约一下。我想知道

第四章 首次拜访

您下周二下午 3：00 方便吗？"

你没必要进行详细的解释。你所要说的就是你的推荐人建议你打电话预约。而当你同对方谈话进行到一定阶段时，对方就会产生一种反应。最常见的反应是："噢？为什么他会希望我约见你呢？"此时，你可以退回一步说："我最初打电话给 A 的原因是，我们非常成功地将 XYZ 公司的营销人员培训成为电话营销的高手。当我告诉他这些时，他建议跟您打电话进行预约。"

接下来此人明白你在说什么，然后做出反应，他可能会说："哦，可我们不从事任何此类的业务。""噢，那您做什么呢？"接着不管他如何回答，你都该接着说："要知道，我们应该面谈一下，下周二下午 3：00 如何？"在使用以第三方为例的方式打电话，我们依然可以有效地利用"台阶"来扭转谈话中出现的不利局势。

"台阶"是我们在商务电话沟通中必须掌握的技巧。电话营销人员尤其应该掌握这一技巧，甚至应该拿出张纸或者是索引卡，在上面写上"台阶"一词，每当他们打电话时，就把它放在自己的面前。以便在沟通中遇到障碍时能给自己找到"台阶"，能让自己与对方的交谈继续下去。

· 第五章 ·

有效沟通

第一节　说好 4 种话：赞扬话、客套话、专业话、巧妙话

赞扬话——进入客户内心的"通行证"

跟陌生客户接触时，不知如何开场，直接切入正题往往引起客户的逆反心理，交易难以继续开展。

［案例一］

有一次，一个推销员向一位律师推销保险。律师很年轻，对保险没兴趣，但推销员离开时的一句话却引起了他的兴趣。

推销员说："安德森先生，如果允许的话，我愿继续与您保持联络，我深信您前程远大。"

"前程远大？何以见得？"听口气，好像是怀疑销售员在讨好他。

"几周前，我听了您在州长会议上的演讲，那是我听过的最好的演讲。这不是我一个人的感受，很多人都这么说。"

听了这番话，他竟有点喜形于色。推销员向他请教如何学会当众演讲，他的话匣子就打开了，说得眉飞色舞。临别时，他说："欢迎你随时来访。"

没过几年，他就成为当地非常成功的一位律师。推销员一直和他保持着联系，最后他们成了好朋友。

［案例二］

王刚的工作是专门为房地产公司设计草图。他每周都要去拜访一位著名的室

内装修设计师，推销自己的作品。可每次送上草图，这位设计师只是草草一看，便一口拒绝："对不起，我看今天咱们又不能成交了。"

多次的失败使他得到了启发。一天，他拿着自己创作的6幅尚未完成的图纸，匆匆赶到设计师的办公室。这一次，他没有提出向设计师出售草图的事，而是说："如果您愿意的话，我想请您帮一点儿小忙。您能否跟我讲一下如何才能画好这些设计图？"

设计师默默地看了一会儿，然后说："3天以后你来拿吧。"

3天之后，这位设计师很耐心地向王刚讲了自己的构想。王刚按照设计师的意见完成草图，结果被全部采用了。

[案例三]

有一次，博恩·崔西带一个推销新手与一家帐篷制造厂的总经理谈生意。出于训练新人的考虑，博恩·崔西把所有的谈话重点都交给这位新推销员，也就是说，由他来主导这次谈话，展示产品。

但遗憾的是，直到他们快要离开时这位新推销员仍然没办法说服对方。此时，博恩·崔西一看谈话即将结束，于是赶忙接手插话："我在前两天的报纸上看到有很多年轻人喜欢野外活动，而且经常露宿荒野，用的就是贵厂生产的帐篷，不知道是不是真的？"

那位总经理对博恩·崔西的话表现出极大的兴趣，立刻转向他侃侃而谈："没错，过去的两年里我们的产品非常走俏，而且都被年轻人用来作野外游玩之用，因为我们的产品质量很好，结实耐用……"

他饶有兴致地讲了大概20分钟，博恩·崔西两人怀着极大的兴趣听着。当他的话暂告一个段落时，博恩·崔西巧妙地将话题引入他们要推销的产品。这次，这个总经理向崔西询问了一些细节上的问题后，愉快地在合约上签了自己的名字。

先说赞扬话，有分寸、有技巧、有水准地赞美客户，潜移默化地让客户接受你、信任你。

喜欢听赞赏和夸奖之类的话，是人的天性使然，客户自然也不例外。优秀的销售员总能准确地把握客户的这种心理，恰当地赞美客户——甚至可以适当地给客户戴上顶高帽，以便在融洽的交谈中寻找机会销售。案例一中的保险推销员就是利用了年轻律师心高气傲的心理特点，通过夸赞赢得了对方的信任。

赞美也不一定要直接夸对方"英明神武"，有些隐性的"好听话"更容易捕获客户的"芳心"。比如说，虚心接受客户那些"高明"的想法，让客户觉得，好的想法都是他靠自己的能力想出来的，而不要在客户面前证明你有多聪明，这样才能为成功销售产品奠定良好的基础。

案例二中，王刚一开始没有注意到客户的这种心理需求，每次都是拿着自己设计的草图向客户推销，因而屡屡受挫。多次失败之后他开始思考对策，之后，当他再次见到设计师时，改变了以往的推销方式，而是说："您能否跟我讲一下如何才能画好这些设计图呢？"他找准人性"自负"的这一弱点，满足了设计师的这一心理需求，让客户引以为荣的能力得到了发挥的机会，因此，最终成交也就在情理之中了。

博恩·崔西（案例三）则是通过引入客户感兴趣的话题，获得销售成功的，这也是一种形式的"好听话"。"只有我感兴趣的事才能吸引我"，这是每一个客户的普遍心理。所以，当你向客户介绍产品的时候，一定要引起对方的兴趣，只有这样，你的销售才能有一个良好的开始。

"好听话"是拉近关系的催化剂，当人们听到好听话时，可引起他的购买需求和欲望。

销售重要的是充分了解客户的心态。人人都有虚荣心，都喜欢听恭维的话，有时候明明知道这些赞美之语都是言不由衷的，但仍喜欢听。在销售过程中，如果能真诚地赞美客户，或适当地给客户戴高帽子，一旦客户陶醉在你的溢美之词中，你的销售就会成功。

赞美有助于生意的成功，在跟客户沟通时要记住以下要点：

（1）赞美之前要研究赞美对象。

（2）赞美要建立在真实的基础之上，千万不要过头，否则会令人生厌。

（3）赞美的同时最好提出自己的一些看法。

（4）赞美一定要是顾客所喜爱的东西，是他引以为傲的。

（5）对你的顾客感兴趣也是一种赞美。

（6）赞美并不是拍马屁。

（7）赞美要有的放矢。

（8）有创意的赞美更容易被人接受。

（9）附和对方也是一种赞美。

（10）倾听也是一种赞美。

（11）记住别人的名字。

第五章 有效沟通

客套话——陌生人之间的"润滑剂"

与客户联系时，匆匆切入销售话题，结果引起对方反感。学会讲客套话，给客户一个心理缓冲，消除隔阂。

在进行销售之前，通常会有些礼节性的寒暄。这些寒暄本身未必有什么真正的含义，只不过是一种礼节上或感情上的互酬互通而已。例如我们日常生活见面时的问候，以及在一些社交、聚会中相互引荐时的寒暄之类。当你与客户相遇时，会很自然地问候道："你好啊！""近来工作忙吗，身体怎样？""吃饭了吗？"此时对方也会相应地回答和应酬几句。

寒暄本身不正面表达特定的意思，但它是在任何销售场合和人际交往中都不可缺少的。在销售活动中，寒暄能使不相识的人相互认识，使不熟悉的人相互熟悉，使单调的气氛活跃起来。你与客户初次会见，开始会感到不自然，无话可说，这时彼此都会找到一些似乎无关紧要的"闲话"聊起来。闲话不闲，通过几句寒暄，交往气氛一旦形成，彼此就可以正式敞开交谈了。所以，寒暄既是希望交往的表示，也是销售的开场白，如果运用恰当，即使不能为你带来商机，也会让你接下来的交流变得相对顺畅。这，就是寒暄的艺术。

把握寒暄的艺术，首先要明白寒暄的意义。因为是非正式的交谈，所以在理解客户的寒暄时，不必仔细地回味对方一句问候语的字面含义，只要明白他要表达的大体意思即可，切忌抠字眼。

其次，要了解不同背景的不同寒暄。现实生活中，不少人常常由于对别人的一些一般的礼节性问候做出错误的归因，而误解对方的意思。两个人见面，一方称赞另一方，"您气色不错""你这件衣服真漂亮"，这是在表示一种友好的态度，期望产生相悦之感。在中国人之间，彼此谦让一番，表示不敢接受对方的恭维，这也是相互能理解的，但是对一个外国人来说，可能会因你的过分推让而感到不快，因为这意味着你在拒绝他的友好表示。销售中就要考虑到客户的身份，灵活运用寒暄的技巧，当然，背景差异不一定非是不同国家之间，也可能是城乡之间、南北方之间。

常用礼仪客套话：

初次见面说"久仰"，分别重逢说"久违"。
征求意见说"指教"，求人原谅说"包涵"。

求人帮忙说"劳驾",求人方便说"借光"。
麻烦别人说"打扰",向人祝贺说"恭喜"。
求人解答用"请问",请人指点用"赐教"。
托人办事用"拜托",赞人见解用"高见"。
看望别人用"拜访",宾客来临用"光临"。
送客出门说"慢走",与客道别说"再来"。
陪伴朋友说"奉陪",中途离开说"失陪"。
等候客人用"恭候",请人勿送叫"留步"。
欢迎购买叫"光顾",归还对象叫"奉还"。

专业话——要专业不要代码

许多销售员容易陷入这样的困惑:一种情况是,对自己的产品了解不够深入,回答问询时"一问三不知",无法在客户心中建立信任;另一种情况是,对非专业的用户使用太多"术语",有卖弄之嫌,搞得对方很难堪。

多做"功课",完全了解自己的产品,达到"百问不倒"的境界。在向客户介绍产品时,做到简洁、准确、流畅、生动,还要注意时机的选择。但不要卖弄专业术语,要用客户听得懂的语言向客户进行介绍。

某客户受命为办公大楼采购大批的办公用品,在电话中客户向电话行销人员介绍了公司每天可能收到信件的大概数量,并对信箱提出了一些具体的要求。这个电话行销人员听后,马上用不容置疑的语言推荐用他们的 CST。

客户:"什么是 CST?"

电话行销人员:"就是你们所需要的信箱。"

客户:"它是纸板做的、金属做的,还是木头做的?"

电话行销人员:"哦,如果你们想用金属的,那就需要我们的 FDX 了,也可以为每一个 FDX 配上 NCO。"

客户:"我们有些打印件的信封会特别长。"

电话行销人员:"那样的话,你们便需要用配有两个 NCO 的 FDX 传发普通信件,而用配有 RIP 的 PLI 传发打印件。"

客户(稍稍按捺了一下心中的怒火):"小伙子,你的话我听起来十分荒唐。

第五章 有效沟通

我要买的是办公用具,不是字母。"

电话行销人员:"噢,我说的都是我们产品的序号。"

客户:"我想我还是再找别家问问吧。"(挂断电话)

百问不倒是一种严格、缜密的基本功,依靠的是严谨甚至是机械的强化训练,是通过对客户可能问到的各种问题的精细准备,从而让客户心悦诚服的一种实战技巧。

案例中的推销员犯的错误则是过于专业,不懂得变通,让客户失去了兴致。用客户听得懂的语言向客户介绍产品,这是最简单的常识,尤其对于非专业的客户来说,推销员一定不要过多使用专业术语。有一条基本原则对所有想吸引客户的人都适用,那就是如果信息的接受者不能理解该信息的内容,这个信息便产生不了它预期的效果。推销员对产品和交易条件的介绍必须简单明了,表达方式应直截了当。表达不清楚、语言不明白,就可能会产生沟通障碍。

在介绍产品时,可以采用 FAB 产品介绍法,这样就可以既讲得清晰透彻,又不会过于专业,让客户听不懂。

FAB 对应的是三个英文单词:Feature、Advantage 和 Benefit,即属性、作用和利益。在阐述观点时,按照这样的顺序来介绍,就是说服性演讲,它达到的效果就是让客户相信你的产品是最好的。

下面解释一下说服性演讲的3个要素:

1. 属性(Feature)

我们经常把它翻译成特征或特点,而且很多销售员至今还把它翻译成特征或特点。特征,顾名思义就是区别于竞争对手的地方。当你介绍产品且与竞争对手的产品进行比较时,就会让客户产生一定的抵触情绪。如果把用于销售的 Feature 翻译成属性,即你的产品所包含的客观现实、所具有的属性,就会避免客户抵触情绪的产生。比如,讲台是木头做的,木头做的就是产品所包含的某项客观现实、属性。

2. 作用(Advantage)

很多销售员把它翻译成了优点,优点就是你们比竞争对手好的方面,这自然会让客户产生更大的抵触情绪。因为你们所面临的竞争对手非常多,相似的产品也很多,你们的产品不可能比所有的产品都好。

现实中的每一个产品都有各自的特征,当你们说产品的某个功能比竞争对手好的时候,客户就会产生反感。实际上,在销售中把 A(Advantage)翻译成作用

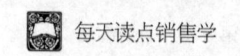

会更好一些，作用就是能够给客户带来的用处。

3. 益处（Benefit）

就是给客户带来的利益。比如，讲台是木头做的，那么木头做的给客户带来的益处就是非常轻便。

FAB应该这样解释，这个讲台是木头做的，搬起来很轻便，所以使用非常方便。这样的结构，是销售员说服性演讲的结构。这样的结构能让客户觉得你的产品满足了他的需求，是他愿意购买的产品。

我们应该从以下几个方面来了解自己的产品：

1. 优点

客户之所以购买某种产品，是因为使用该种产品能解决他的某些问题，他所需的是产品的好处，也就是产品的功能之所在。

2. 成分及生产工艺

我们的产品有什么样的成分，是什么样的生产工艺。

3. 性价比

如今的消费者都变得越来越现实了，他们在选购商品方面由原来的注重价格因素，转为注重价格和性能双重因素。因此，强调产品的性价比也是与客户沟通的一个主要内容。

4. 服务

如今的消费者不仅仅看重产品的质量和价格，也十分注重产品的售后服务。当然，产品的服务不仅仅是指售后服务，事实上这种服务贯穿于产品销售的整个过程中。因此，了解清楚产品的服务，也是与客户进行电话沟通的一项重要内容。

5. 竞争力

当今商品市场，竞争异常激烈，要想使自己的产品在竞争中脱颖而出，必须让自己的产品富有特色。对于销售员来讲，在与客户沟通的过程中，必须把自己所销售产品的特色介绍清楚。这些特色可以表现在产品名称、材料、质地、规格、美感、颜色和包装、功能、科技含量、价格、结算方式、运输方式、服务、市场占有率、客户满意度等方面。

6. 包装

在电话中解说产品的包装，有效地向客户介绍产品的价值，会帮助我们建立更有效的说服力。

第五章 有效沟通

7. 运输方式

了解产品的送货方式，可以让客户知道自己什么时候能得到产品。

8. 同类竞争对手的产品

只有了解竞争对手的产品，才能帮助我们做有效的客户分析，帮助客户进行有效的比较。但我们不可以批评竞争对手，只能做分析。

9. 缺点

每一样产品都会有缺陷和不足，不讳言产品的缺点会让客户觉得你很真诚，让我们有机会建立和维护客户关系，并让客户成为我们产品良好的"宣传员"。

巧妙话——把话说到点子上

说服客户的过程中，抓不住客户的眼球，要么不痛不痒，要么偏离主题。学习说服技巧，把握主动权，步步深入，让客户进入自愿购买的心理状态。

[案例一]

电子产品柜台前，一位电子产品推销员正在向顾客推销游戏盘。

推销员："看您这年纪，您孩子快上中学了吧？"

顾客愣了一下："对呀。"

推销员："中学是最需要开发智力的时候，您看，这些游戏软盘对您孩子的智力提高一定有很大的帮助。"

顾客："我们不需要什么游戏盘。孩子都快上中学了，哪敢让他玩游戏呢？"

推销员："这个游戏盘是专门针对中学生设计的益智游戏，它把游戏与数学、英语结合在一块儿，不是一般的游戏盘。"

顾客似乎有听下去的意思。

推销员："现在是知识爆炸的时代，不再像我们以前那样只是从书本上学知识了。您不要以为玩游戏会影响学习，以为这个游戏盘是害孩子的，游戏盘设计得好也可以成为帮助孩子学习的重要工具。"

接着，推销员又取出一张光盘递给顾客，说："这就是新式的游戏盘。来，我给您展示一下。"

渐渐地，顾客被吸引住了。

推销员趁热打铁："现在的孩子真幸福，一生下来就处在一个开放的环境中。

193

家长们为了孩子的全面发展，往往投入了很大的精力。刚才有好几位像您这样的家长都买了这种游戏盘，家长们都很高兴能有这样既能激发孩子学习兴趣又使家长不再为孩子玩游戏而着急的产品，还希望以后有更多的系列产品呢！"

顾客动心了，开始询问价钱。

最后，顾客心满意足地购买了几张游戏盘。

[案例二]

美国康涅狄格州的一家仅招收男生的私立学校校长知道，为了争取好学生前来就读，他必须和其他一些男女合校的学校竞争。在和潜在的学生及学生家长碰面时，校长会问："你们还考虑其他哪些学校？"通常被说出来的是一些声名卓著的男女合校学校。校长便会露出一副深思的表情，然后他会说："当然，我知道这个学校，但你想知道我们的不同点在哪里吗？"

接着，这位校长就会说："我们的学校只招收男生。我们的不同点就是，我们的男学生不会为了别的事情而在学业上分心。你难道不认为，在学业上更专心有助于进入更好的大学，并且在大学也能更成功吗？"

在招收单一性别的学校越来越少的情况下，这家专收男生的学校不但可以存活，并且生源很不错。

出色的口才是优秀销售员的必备技能，它不仅要求口齿伶俐、思维敏捷，还要求善于安排说话顺序，即语言要有逻辑性，把话说到点子上。对于销售员来说，良好的口才是说服顾客的利器，是把握主动权的保证。在案例一中，销售员就是凭借自己出色的口才达成交易的。销售员说："看您这年纪，您孩子快上中学了吧？"这是一种典型的感性提问，是销售员根据经验得出的结论。

当得到顾客肯定的回答后，推销员马上把自己的游戏盘与中学生的智力开发问题联系起来，并且把游戏盘定位为帮助孩子学习的重要工具。我们知道，家长是非常重视孩子学习和智力开发的，销售员这样说就说到点子上了，说到了顾客的心里。在这个过程中，销售员的逻辑思维得到了很好的展现。果然，顾客被打动了，交易做成了。

产品的独特卖点是赢得客户的关键点，不仅要努力创造产品的独特卖点，还要善于发现产品的独特卖点，这就要靠巧妙的话术。案例二中的校长，就是凭借"巧妙话"亮出自己的独特卖点的。

一份订单能否签下来，与销售员对客户的引导也有关系，面对同样的潜在客户，不同的引导方式势必会导致不同的结果。如果销售员能够精心设计，就能引导客户发掘他们的消费需求。如果想占有更广阔的市场，就要求销售员不断开发客户的需求。销售员要从客户的实际情况出发，针对不同的客户，设计不同的方法来引导客户去消费。

据史书记载，子禽问自己的老师墨子："老师，一个人说多了话有没有好处？"墨子回答说："话说多了有什么好处呢？比如池塘里的青蛙整天整天地叫，弄得口干舌燥，却从来没有人注意它。但是雄鸡只在天亮时叫两三声，大家听到鸡啼知道天就要亮了，于是都注意它，所以话要说在有用的地方。"

第二节　因人施"售"，9型人格销售经

完美主义者：他的指责都是对的

完美主义者他们勤劳工作、有正义感、完全独立，并且坚信朴素的思想和善良必将战胜人性的阴暗面。他们相信生活是艰难的，安逸是用汗水换取的，德行是对自己的奖赏，而快乐只有在其他事情都完成后才能获得。

完美主义者类型的客户内心有把尺子，经常说"应该怎样""不应该怎样"，要求按此标准做事及纠正错误。他们十分关注细节，对产品、服务乃至销售员的态度都要求苛刻，有时甚至吹毛求疵。

控制情绪，虚心接受对方的指责，等对方态度好转后再进入销售正题。

［案例一］
"喂，您好，请问是霍总吗？我是新鑫公司的小马。"
"说过多少次了，您怎么还打过来！"
"霍总，上次您开会我没来得及向您介绍我们的产品，其实我们这套新软件非常适合你们企业……"
"是我了解我的企业还是你了解，你以为自己是谁呀？"
"我不是这个意思。霍总，我是说我们这套软件主要是针对提高公司的营销管理而设计的。这个MKJ2.0是老MKJ软件的升级版。经过我们进一步的优化设计后，它有一个新特点，可以和最新的通信程序一起运行，这样就减少了不少中

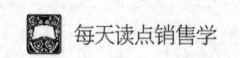

间环节,加快了销售信息的反馈速度……"

"行了行了,你们这些生产软件的,除了添乱还能干什么,月月出新的,你们就不能一下子出个全的,然后来个冬眠?能跳一米,非要一厘米一厘米地跳,企业都应该联合起来抵制你们这种奸商式生产。"

[案例二]

客户:"你的态度太差了吧!"

销售员:"对不起,真的很抱歉让您遇到这样的服务,今后我一定改进。"

客户:"你竟然弄错我订购的商品。"

销售员:"对不起,我立刻给您更换。"

客户:"不要把别人当作傻瓜。"

销售员:"我绝对没有这个意思。如果让您有这种感觉的话,我郑重向您道歉。"

客户:"你说话能不能再客气一点?"

销售员:"啊,冒犯您了,真是对不起。"

客户:"你有没有学过礼节礼貌?"

销售员:"真对不起,以后我会注意的。"

完美主义者客户疑心重,不信任销售员,片面认为销售员只会夸张地介绍产品的优点,而尽可能地掩饰缺点,如果相信销售员的甜言蜜语,可能会上当受骗。

必须承认,吹毛求疵的客户的确存在。世界上没有任何事让他满意,而你的服务总是被抱怨成"糟糕的服务"。如何应对这样的客户呢?

与这类客户打交道,销售人员要采取迂回战术,先与他交锋几个回合,但必须适可而止,最后故意宣布"投降",假装战败而退下阵来,宣称对方有高见,等其吹毛求疵的话说完之后,再转入销售的主题。

给予者:把发言权交给他

给予者从小的生活环境让他们确信:要想生存下去,就必须获得他人的认可。他们把人际关系视作维持生存的最重要条件。这样的观念让给予者总是不自觉地改变自己,迎合他人。他们真正的问题,是他们已经习惯了从他人的正面赞赏中寻找安全感。

给予者常表现为:渴望与别人建立良好关系,以人为本,乐于迁就他人。他们关注人际关系，对外界的认同有着强烈的渴望。

这一类型的客户往往是无所不知的那种，他们甚至比销售员更了解产品。没经验的销售员常因此陷入尴尬的境地。

耐心地做个听众，让他们得到心理上的满足，彼此关系融洽之后，成交自然不在话下。

田玲是一位有着多年电话行销经验的某公司销售经理。她曾经遇到过一位客户，那位客户的性格非常古怪，他会在电话中突然变得沉默，让田玲感到莫名其妙。后来，田玲发现只要自己在他说话时插一句话，对方就有这种反应。弄明白这点后，田玲就认真扮演起了听众的角色，等他说完后，田玲再想办法加以引导。功夫不负有心人，最终这位客户签下了一笔大订单。

到什么山头唱什么歌，销售员遇到不同类型的客户应当掌握不同的语言技巧，特别是与无所不知的客户谈判，更应做好充分的准备。

在销售过程中，销售员经常会遇见一些经验丰富、知识渊博的客户。这种人被称为"购买专家"，其中有褒义也有贬义，他们通常对销售员所服务的行业或所销售的产品比销售员还要了解。而且在购买某类产品的时候，他们会表现出如下特点：

（1）对你以及你的产品或服务情况了如指掌。

（2）有时会显得心不在焉。

（3）提出的问题让你应接不暇。

（4）会打断你的话。

（5）会突然要求停止交谈。

在这种情况下，有些销售员会感到有很大压力。其实，这对销售员来讲是一个很好的学习机会。如果销售员判断该客户是合格的潜在客户，就应尽可能向这类客户多提问题，可以让他多谈谈他所擅长的专业，销售员这时只需要做个耐心的听众就可以了。几分钟后，销售员会发现自己已同他建立了融洽的关系。

另外，如果想给这些无所不知的客户留下深刻的印象，还可以试试以下几种方法：

（1）给他制造有关产品的悬念，吊起他的胃口，引发他的好奇心。

（2）在倾听他说话的时候，留意他所说的话，从中捕捉到他与你的想法一致的地方，这样你可以更好地应付他。

（3）不失时机地赞美他，比如说"您是这方面的专家"等。

实干者：循循善诱，请君埋单

实干者表现出来的形象总是乐观向上、幸福安康的。他们好像从来不会遭受痛苦，他们甚至一辈子都不会知道，自己实际上与内心生活失去了联系。

实干者常表现为：好胜心强，以成就衡量自己价值的高低，常被评价为工作狂，目标感极强，以结果为导向，为达到目标不惜牺牲完美。这一类型的人很累，因为不停地往前冲，像拧紧了发条的钟表。相对来讲，他们更关注近期目标，有成就时愿意站在台上接受鲜花和掌声，关注级别、地位。

这一类型的客户最关注的是成果、目标、效率、任务。他们往往果断、干练，最不能忍受拖泥带水之人。如果不注意，推销员很容易撞到枪口上。

推销员要善于运用诱导法将其说服。

李明是一位资深保险推销员。一天，他打电话给蒋先生。

蒋先生是一位退役军人。他具备典型的军人气质，说一不二，刚正而固执，做什么事都方方正正、干干脆脆。

李明："蒋先生，保险是必需品，人人不可缺少，请问您买了吗？"

蒋先生（斩钉截铁）："有儿女的人当然需要保险，我老了，又没有子女，所以不需要保险。"

李明："您的这种观念有偏差，就是因为您没有子女，我才热心地劝您投保。"

蒋先生："哼！要是你能说出一套令我信服的理由，我就投保。"

李明："如果有儿女的话，即使丈夫去世，儿女还能安慰伤心的母亲，并孝敬母亲。一个没有儿女的妇人，一旦丈夫去世，留给她的恐怕只有不安与忧愁吧！您刚刚说没有子女所以不用投保，如果您有个万一，请问尊夫人怎么办呢！我知道您是关心您夫人的……"

（蒋先生沉默，以示认同）

李明（平静的口吻）："到时候，尊夫人就只能靠抚恤金过活了。但是抚恤金够用吗？一旦搬出公家的宿舍，无论另购新屋或租房子，都需要一大笔钱呀！以您的身份，总不能让她住在陋巷里吧！我认为最起码您应该为她准备一笔买房子的钱呀！这就是我热心劝您投保的理由。"

（满怀热忱地把最后一段话讲完之后，李明突然打住。电话那头蒋先生默不作声，李明也静静等待着。）

过了一会儿，蒋先生："你讲得有道理，好！我投保。"

实干者类型的客户有一个明显的特点，就是对任何事情都很有自信，凡事亲力亲为，不喜欢他人干涉。但是，如果他意识到做某件事是正确的，他就会比较积极爽快地去做。

如果推销员遇到果断型的客户，就要善于运用诱导法将其说服。比如说，找出这种客户的弱点，然后一步步诱导他转移到你的产品推销上来。

悲情浪漫者：送出独一无二的感觉

悲情浪漫者感情丰富，思想浪漫，有创意，有敏锐的触觉和审美眼光。

对于悲情浪漫者来说，追求快乐可能让他们失去与内心情感世界的联系。更糟糕的是，他们担心自己会变得和他人毫无区别，过着平庸的生活。

这一类型的客户喜欢找"感觉"，喜欢做独特的人。他们不喜欢任何大众化的东西，哪怕性价比再高、质量再可靠。此类客户对产品往往有更为挑剔的要求，许多销售员感到无法应付。

通过一些小的细节，为他们提供个性化的服务，从而赢得悲情浪漫者类型客户的长期忠诚。

乔治·卢卡斯是一家销售公司的总经理，他十分欣赏一个叫珍妮的商店小老板，他介绍说：老婆常让我在回家前，"顺道"去甲糕饼店买东西。其实那家糕饼店一点也不"顺道"，停车又很麻烦。一来时间不够，二来想省点汽油，所以我干脆到另一家方便得多的商店购买。我的任务完成了？呃……还差一点点。

回家后，在老婆的追问下，我承认东西不是在甲商店买的。这时候我买的东西的品质（根据老婆的标准）突然变得很差。为什么呢？当我陪老婆购物时，我找到了答案。

我看着她仔细寻找特价或是可退款的商品，对比折价券和不同商店的价格表。"为什么不到糕饼区买个派呢？"我问。"我们到甲商店买。"她回答。到了甲商店，柜台前挤满了快乐的顾客，人手一个号码牌。我们是84号，现在才轮到56号。叫到我们的号码时，老婆宣布："我们等珍妮。"原来是珍妮的关系。

珍妮向正要离去的顾客殷殷道谢，然后对我们说："您好，卢卡斯太太，今天需要什么呢？"

"我要买一个派,"老婆说,"最好有樱桃派,因为我儿子一家人今天要过来吃晚饭,他最喜欢樱桃派。"

珍妮说:"今天到我们商店就对了,卢卡斯太太。早上我们才烘了最拿手的樱桃派。"她走到售货架前,从十几个樱桃派中拿了一个,想了一下,又换了一个。回来时看着老婆的眼睛,骄傲地说:"卢卡斯太太,这是为您特制的派。"

实际上,所有樱桃派都是同时出炉的,但是我老婆太满意了,陶醉得宁可相信这是为她特制的、最好的樱桃派。

每个人都有希望被尊重的心理需求,如果想不断地开拓新顾客、保住老顾客,那么,就需要让顾客感觉自己受到了重视、自己是独一无二的,这能提升顾客的忠诚度。

在这个案例中,糕饼店老板珍妮就是一个充分利用了顾客这种心理的成功经营者。面对老顾客时,她能叫出顾客的名字,这时顾客的感觉是:这么多顾客,老板还能记住自己的名字,看来自己真的很重要,顾客的思维就停留在了情感上。

接下来,为顾客取派的时候,珍妮走到售货架前,从十几个樱桃派中拿了一个,想了一下,又换了一个。回来时看着顾客的眼睛,骄傲地说:"卢卡斯太太,这是为您特制的派。"这一系列的动作和语言,都是在向顾客传递这样的信息:你是特别的、独一无二的,这个派真的是为你特制的。我们知道,右脑是感性的,当顾客的右脑收集到这些信息时,自然会高兴起来,也就会凭自己右脑的感觉,而不是理性的思考做出决策:我下次还要来这里买。

由此可见,优质的服务是最令人难忘的,"特别的爱给特别的你",让顾客右脑感觉到他永远是特别的,无疑是留住老顾客、培养顾客忠诚度的最佳武器。

观察者:赞赏对方的判断

观察者往往是幕后策划者,在他人疲惫不堪的时候依然保持冷静的头脑,他们对于那些需要宏观认识的长远项目和独立规划往往独具慧眼,他们愿意去从事那些抽象而重要的工作。

观察者常表现为:喜欢思考分析,求知欲强,但缺乏行动,对物质生活要求不高。渴望比别人知道得更多,冷静、理性,通常愿意思考,不愿意行动,是天生的孤独者。

这是理智型客户的代表,他们喜欢独立判断,不喜欢被动接受。习惯于说服的销售员在他们面前常会不知所措。

要善于运用他们的逻辑性与判断力强这两项优点，不断肯定他们。

电话行销人员小刘上次电话拜访张经理向他推荐A产品，张经理只是说"考虑考虑"就把他打发了。小刘是个不肯轻易放弃的人，在做了充分的准备之后，再一次打电话拜访张经理。

小刘："张经理，您好！昨天我去了B公司，他们的A产品系统已经正常运行了，他们准备裁掉一些人以节省费用。"（引出话题，与自己推销业务有关的话题）

张经理："不瞒老弟说，我们公司去年就想上A产品系统了，可经过考察发现，很多企业上A产品系统钱花了不少，效果却不好。"（客户主动提出对这件事的想法，正中下怀）

小刘："真是在商言商，张经理这话一点都没错，上一个项目就得谨慎，大把的银子花出去，一定得见到效益才行。不知张经理研究过没有，他们为什么失败了？"

张经理："A系统也好、S系统也好，都只是一个提高效率的工具，如果这个工具太先进了，不适合自己的企业使用，是达不到预期效果的。"（了解到客户的问题）

小刘："精辟极了！其实就是这样，超前半步就是成功，您要是超前一步那就成先烈了，所以企业信息化绝对不能搞'大跃进'。但是话又说回来了，如果给关公一挺机枪，他的战斗力肯定会提高很多倍的，您说对不对？"（再一次强调A系统的好处，为下面推销打基础）

张经理："对，但费用也是一个值得考虑的问题。"

小刘："费用您不必担心，这种投入是逐渐追加的。您看这样好不好，您定一个时间，把各部门的负责人都请来，让我们的售前工程师给大家培训一下相关知识。这样您也可以了解一下你的部下都在想什么，做一个摸底，您看如何？"（提出下一步的解决方案）

张经理："就这么定了，周三下午两点，让你们的工程师过来吧。"

理性的客户逻辑性强，好奇心重，遇事喜欢刨根问底，还愿意表达出自己的看法。作为一名销售员，就要善于利用这些特点，在销售过程中多同意他们的观点。因为在谈话时，即使是他的一个小小的优点，如果能得到肯定，客户的内心也会很高兴，同时对肯定他的人产生好感。因此，在谈话中，一定要用心地去找对方的优点，并加以积极的肯定和赞美，这是获得对方好感的一大绝招。比如，对方说：

"我们现在确实比较忙。"你可以回答:"您坐在这样的领导位子上,肯定很辛苦。"

案例中的小刘,虽然再次拜访张经理的目的还是推销他的 A 产品系统,但是他从效益这一令对方关心的话题开始谈起,一开始就吸引了张经理的注意力。在谈话过程中,小刘不断地对张经理的见解表示肯定和赞扬,认同他的感受,从心理上赢得了客户的好感。谈话进行到这里,我们可以肯定地说小刘已经拿到了通行证,这张订单已经收入囊中。

怀疑论者:不提供拖延的机会

怀疑论者的家庭背景往往都有这样一个共同的主题:感觉无法保护自己的孩子,找不到安全的藏身之地。这种家庭背景导致他们成年后,依然觉得自己属于受害者,找不到一个强大的力量来保护自己。他们会产生一种异常准确的注意力,了解到"最糟糕的情况"。这种精确的感知常常会被运用到两个相反的方面:一方面去发现权威人士的负面品质;另一方面在那些被压迫者身上寻找可取之处。

怀疑论者常表现为:做事小心谨慎,不轻易相信别人,喜欢群体生活,总是在尽心尽力工作。为人忠心耿耿,却多疑过虑,觉得安全是第一位的。内心常有担心和不安,常常因为担心成果不完全,安全方面考虑得太多而延迟工期。

这一类型的客户,在做判断时会反复无常,难以捉摸,说服他下定决心简直难比登天。

不给客户拖延的机会,找到空隙就要趁热打铁,紧追不舍。

销售员:"陈总您好,我是小刘,上次咱们谈关于安装机器的事,我今天派安装人员过去,您安排一下吧?"

客户:"呀,这个事啊,是今天吗?小刘,我今天很忙,一会儿还要开会,你过两天打电话过来,咱们再谈。"

销售员:"陈总,咱们这事已经定过 3 次了,您对这个机器也满意,现在天也要冷了,尽快安装可以避免很多麻烦,你说对吧?"

客户:"对,这是肯定的。"

销售员:"陈总,今天您几点开完会?"

客户:"这个会估计要开到 11 点。"

销售员:"那您下午没别的安排吧?"(寻找空子。)

客户："下午很难说，下午我跟客户有个聚会。"

销售员："陈总，这样，我们的人现在就过去。咱们花半个小时时间，您安排一下，接下来的工作，我们就和其他人具体交涉了，您还去参加您的聚会，没问题吧？"

客户："那好吧。"

相信许多推销员都会碰到这样一些客户：他们情绪化很强，答应好的事过不了多久就变卦了，因此称他们为"反复无常型"客户。那么，遇到这种反复无常型客户，推销员怎么应对比较妥当呢？

针对这种反复无常型客户，销售员要做到趁热打铁，抓住机会就不放手。

小刘已经第四次与陈总接洽了，陈总每次给人的印象都是很爽快，但等到小刘催单的时候他却三番五次地反悔。在有些情况下，拍板人爽快同意，只是进一步考虑怎么为自己脱身争取时间。小刘通过分析确认陈总属反复无常型客户，于是有针对性地设计了以上对话。

从对话中，可以看出陈总在前一次电话里答应得很爽快，但等到小刘说要派人去安装的时候，他马上又改变主意了。小刘看他又要玩"太极"，马上就强调天冷，不赶紧安装就会出现别的麻烦。陈总只能用"对，这是肯定的"作答，从而为自己争取时间考虑怎么脱身。为了不让他再拖，小刘从他的时间安排里找到空隙，紧追不舍，不给其再次推托的机会，从而达成交易。

对待反复无常型客户，就应该像案例中的小刘一样，不给客户再拖的机会。找到空隙就要趁热打铁，紧追不舍，否则只会遥遥无期，最后只得放弃。另外，一些客户接到你的电话并不准备倾听或进行建设性的对话，甚至会攻击你，这时仍然要保持愉快的心态，不要在意客户的不敬，这也体现出了一名合格的推销员的修养与素质。

享乐主义者：同道中人易成交

享乐主义者的主观想法中有一种很奇怪的矛盾：一方面他们认为每个人都是独特的，都应该受到尊敬；另一方面，他们又觉得自己应该高人一等。

享乐主义者常表现为：乐观，喜欢新鲜感，爱赶潮流，不喜欢承受较大压力；天生外向好动，喜欢"新鲜好玩、自由自在、开心快乐"的生活，倾向逃避烦恼、

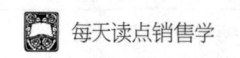

痛苦和焦虑，这一类人不愿承诺。

相对于沉默内敛的内向型客户，大部分推销员更喜欢与开朗健谈的外向型客户打交道。但是外向型客户怕啰唆，销售员滔滔不绝的介绍常常会吓走这种类型的客户。

推销员交谈时要干脆利落、生动准确，让客户感觉你跟他都是享乐主义者。

面对外向型客户，推销员也应该以比较外向的方式来与之交往，做到说话要赶上客户的节奏，干脆利落，回答客户的问题要准确清晰，绝不拖泥带水。这样才会使客户产生志趣相投的感觉，从而拉近与客户的距离。

外向性格的人比较心直口快、活泼开朗，善于交际，待人也热情、诚恳。当推销员在给这样的客户介绍商品的时候，他会很乐意地听推销员说明，并且会积极地参与，在谈判过程中，也会创造出比较融洽的气氛。

虽然外向型的客户通常比较有主见，能够迅速地做出判断，但其判断往往只限于善恶、正邪、敌我及有用无用等，比较极端化，不关注具体情况及细节。所以，在销售过程中，如果他喜欢，他会很痛快地购买，不喜欢的话就会果断拒绝。

外向型的客户做事爽快、决策果断，他们与人沟通的能力特别强，通常以人为中心，而不是以事情为中心。他们很健谈，但是谈的往往都是生意以外的事情。他们喜欢在一种友好的环境下与人交流，对推销员更是平易近人，但他们不喜欢推销员一进门就滔滔不绝地介绍自己的产品如何优秀、如何畅销、如何适合自己，像念经一样说个没完。这样很容易引起他们的厌烦，啰唆拖拉与没完没了不符合他们爽快开朗的性格。

虽然容易对外界事物产生兴趣是外向型客户的特点，但他们也容易对同一个话题感到厌倦。如果推销员抱住一个话题，就啰啰唆唆地说个没完，会让他们无法忍受。推销员应该摸清客户的兴趣和意愿，顺着他们的话题说，并想办法引起他们的关注，巧妙地把自己产品的介绍引到谈话当中，让客户在不知不觉之中被吸引。

保护者：不妨让他帮个忙

保护者具有很强的保护能力，愿意保护自己和朋友；积极好斗、主动负责、喜欢挑战；无法控制自己，公开地发泄怒火，展示自己的力量；对于愿意站出来接受自己挑战的对手充满敬意。他们可以成为出色的领导者，愿意为朋友扫除前进道路上的一切障碍。

第五章 有效沟通

保护者常表现为：追求权力，讲求实力，不靠他人。个性冲动，有正义感，喜欢带领并保护身边的人。自强不息，爱出风头，喜欢为他人做主，并发号施令。

这一类型的客户，有时会让人觉得专横霸道、领袖欲极强，所以在跟销售员接触时会显得不近人情。

推销员要利用他们心中的"领袖欲"，以请教的姿态去接触他们。

劳尔是铁管和暖气材料的推销商，多年来，他一直想和某地一位铁管批发商做生意。那位铁管批发商业务范围极广，信誉也特别好。

但是，劳尔从一开始就吃尽了苦头，因为那位批发商是一位自负、喜欢使别人发窘的人，他以无情、刻薄为荣。他坐在办公桌的后面，嘴里衔着雪茄，每次劳尔出现在他办公室门前时，他就吼叫："不要浪费我的时间，我今天什么也不要，走开！"

面对这种情形，劳尔想，我必须改变策略。当时劳尔的公司正计划在××地方开一家新公司，而那位铁管批发商对那个地方特别熟悉，在那地方做了很多生意。劳尔又一次去拜访那位批发商，他说："××先生，我今天不是来推销东西，是来请您帮忙的，不知您有没有时间和我谈一谈？"

"嗯……好吧，什么事？快点说。"

"我们公司想在××地方开一家新公司，而您对那地方特别了解，因此我来请您帮忙指点，是好还是不好？"

闻听此言，那批发商的态度与以前简直判若两人，他拉过一把椅子给劳尔，请他坐下。在接下来的一个多小时里，他向劳尔详细地介绍了××地区的特点。他不但赞成劳尔的公司在那里办新公司，还着重向他说了关于储备材料等方面的方案。他还告诉劳尔他们的公司应如何开展业务。最后扩展到私人方面，变得特别友善，并把自己家中的困难和夫妻之间的不和也向劳尔诉说了一番。

最后，当劳尔告辞的时候，不但口袋里装了一大笔初步的装备订单，而且两人之间建立了友谊，现在两人还经常一块儿去打高尔夫。

人性中最强烈的欲望是成为举足轻重的人，而请求客户帮忙，是使客户认为在你心目中他是个重要人物的最好办法，既然你如此看得起他，他是不会不给你面子的。因此，遇到这种类型的客户，推销员不妨采取情感策略，先获得客户的好感再推销。

就像这个案例中的推销员劳尔遇到的就是一位自负的客户，在开始时劳尔按照常规程序向他推销，遭到他的无情拒绝，也就是说，劳尔企图使用分析能力打动客户的计划失败了。

劳尔不得不重新思考行动计划，在分析了客户的种种表现后，劳尔觉得对这种类型的客户，一定要先满足他的自负心理。于是，他就以公司要在某地开设新公司为由请求客户帮忙，果然客户的态度发生了变化，不但热心帮忙，还购买了劳尔的产品，最终两人还成了朋友。

当然，请求客户帮忙的事情，一定要是对客户来说是举手之劳的小事。

和平主义者：帮他做决定

和平主义者的主要特征为：须花长时间作决定，难于拒绝他人，不懂宣泄愤怒；显得十分温和，不喜欢与人起冲突，不自夸、不爱出风头，个性淡薄；想要和人和谐相处，避开所有的冲突与紧张，希望事物能维持美好的现状；忽视会让自己不愉快的事物，并尽可能让自己保持平稳、平静。

他们在很多情况下，很容易了解别人，却不是太清楚自己想要什么，会显得优柔寡断。相对地说，在需要作出决定的时候，他们的主见会比较少，宁愿配合其他人的安排，所以大部分情况下是比较被动的。但是在他们平静的外表下面，他们的内心却在翻江倒海。

"我是同意我的朋友，还是不同意？"

"我是要加入其中，还是要离开？"

"我该买这所房子吗？还是再另外看看？"

你跟踪了一个客户，态度很好，却总不下单——你可能遇见了第九型，对于这种类型，要学会鼓励引导，合理地谈出自己的意见和看法。必要的时候可以为他做一个决定。他们很容易被你说服，也比较容易答应你，因为他们对于说"不"有点难为情。但是他们会改变主意，或者在后期付款的时候出现问题。

有一个销售经理讲了这样一件事：他跟踪了一个大客户近一年时间，投入了不少精力，也没拿下订单。这名销售经理很郁闷，也不知道问题到底出在哪里。于是他不甘心，直接跑到那去见了这个大客户，很直接地将想法表达了出来，甚至有指责语气。说完后转身离开，他已经放弃了这个客户。

但没想到过了两天后，这个大客户竟主动给他打了电话，最后签下了一笔近

第五章 有效沟通

280万的订单。后来他了解了"九型人格"后,明白这位集团公司的老总是第九型的人,这才恍然大悟。

对于销售人员来说,我们时间有限、资源有限,因此我们的销售不应该是大海捞针,而是精确制导,我们需要在有限的时间里找到真正的客户群,而"9型人格"可以有效地指导我们将客户分类,让我们的销售和拜访有目的、有准备、有先后、有主次,在有限的时间与资源条件下达到最佳的销售效果。

第三节　赢在沟通前5秒

强化声音的感染力

在一些电话营销培训课程中,有这样一个问题经常被问道:"你们在电话中都喜欢与什么样的人交流和沟通?"答案有很多,例如声音甜美、有磁性、清晰,思维敏捷、亲切、不打官腔、耐心、思想集中、简洁、直奔主题、平和、沉稳、易沟通、马上解决问题、礼貌、热情、幽默、可爱等。

如果我们对上面的要点进行总结的话,不难发现其中有些是与声音有关的,例如声音甜美、有磁性等;有些是与讲话方式有关的,例如简洁等;有些是与态度有关的,例如耐心、思想集中等;也有些是与个性有关的,例如有人喜欢热情的人,而有人不喜欢太热情的人等。这中间也涉及专业程度,例如马上解决问题等。在这里,我们把其中相当多的部分都归纳为电话中的感染力。

在与客户进行电话沟通的过程中,只有7%是经由文字形式,另外的38%是经由说话语气,而55%的讯息是经由肢体语言所传达的。声音是传递文字和说话语气的载体,商务电话沟通成功主要是依赖声音来完成的,因为你必须通过声音来传递你的态度和热忱,它的影响比例占到了传播信息的45%。可见,改变你的声音对于打好电话来说是至关重要的,它是建立信赖感的依托所在。完善你的声音对于商务电话沟通来说显得日趋重要。

怎么才能使你在电话中的声音充满魅力呢?你至少要具备两个基本条件:

第一,要注意自己说话的声音。

第二,每天不断地练习自己说话的声音。

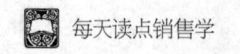

我们来了解一下声音的基本常识及其重要性：

对一个正常人来讲，其发音有 12~20 个音阶。当然，那些职业演员和歌唱家相对而言要高一些，有的甚至可达到 36 个音阶。遗憾的是，有些人的声音可能只有 5 个音阶，他们发出的声音听起来就像一根弦在拨动，十分单调，令听者感到头昏脑涨。当你与他人讲话时，你所发出的每一个声音应给他人留下良好的印象，力求让人更好地了解你，更加充分地展示自己的服务，并充分显示你的管理潜能。

一般而言，一个得体的声音应该能够：

（1）显示你的沉着、冷静。
（2）吸引他人的注意力。
（3）让过于激动和正在生气的同事冷静下来。
（4）引导他人支持你的观点。
（5）更加有力地说服他人。
（6）使你的决定深入对方心里。

与此相反，如果你在与客户进行电话沟通时无法控制自己、内心混乱或紧张不安时，你所发出的声音一定会显得慌乱不安、表达不当。有时，一个人说话嗓门过大，可能正说明他处于一种紧张不安之中。说话支支吾吾，会让人觉得你情绪不定，或者让人觉得你是在撒谎。

美国宾夕法尼亚大学有一位专门从事人的焦虑症研究的心理学家，据他观察，一个人是否紧张，主要是看他发出的声音是否舌头打转、结结巴巴、语言重复和频繁使用"噢""啊"等口头语。为此，他专门研究美国历届总统候选人的临场表现。在 1988 年布什和杜卡基斯的首轮竞选结束后，他就发现杜卡基斯十分紧张，这一情绪使他表达自己的观点时，显得不是那么自信，进而影响了选民对他的看法。当第二轮辩论结束时，杜卡基斯明显比在第一轮中显得更加紧张和不安。在第二轮中，他演讲的出错率从 5.5% 上升到了 11%。相对于布什能够准确地使用词语表达自己的观点并有很强的自我控制能力来说，杜卡基斯受不良情绪的影响，使演讲毫无感染力，更加无法说服选民，从而导致最后的竞选失败。

总的说来，强有力的声音感染力会使对方很快接受并喜欢上你，对建立瞬间亲和力有很大的帮助。从沟通要素来看，声音感染力来自 3 个方面：声音特性、措辞和身体语言。

第五章 有效沟通

1. 声音特性

主要因素有：音量、语调、语气、语速和节奏。

（1）音量。

在电话中，适当的高音要比低沉的声音更易让对方接受，也较容易给对方留下清晰的好印象。太过平淡的声音会使人注意力分散，产生厌倦情绪，尤其是我们要解释一个重要的问题，且所花时间较长的情况下。而且在重要的词句上，我们要用重音。因此，接听电话时，声音最好比平常稍微高些。但是，太高太大的声音也会使对方感到不舒服，将声音稍微提高些，尽量说清楚，效果就会很不错。有些公司会教那些患感冒或身体较虚弱的人，接电话时要用高一些的声音，以能让对方容易接受的程度为佳。由于商业电话需要正确的资讯，所以特别重视声音的传达。

（2）语调。

语调能反映出一个人说话时的内心世界，表现出个人的情感和态度。当你生气、惊愕、怀疑、激动时，你表现出的语调也一定不自然。从你的语调中，人们可以感到你是一个令人信服、幽默、可亲可近的人，还是一个呆板保守、具有挑衅性、好阿谀奉承或阴险狡猾的人，你的语调同样也能反映出你是一个坦率而且尊重他人的人。

在打商务电话的过程中，要注意不断地变化语调。说话的语调不应是一味平铺直入的，而要抑扬顿挫、富有节奏。而且口头表达的多样化能够保持人们的兴趣和参与意识。无论你谈论什么样的话题，都应保持说话的语调与所谈及的内容相互配合，并能恰当地表明你对某一话题的态度。要做到这一点，你的语调应能：向他人及时准确地传递你所掌握的信息；婉转地劝说他人接受某种观点；倡导他人实施某一行动；果断地做出某一决定或制定某一规则。

（3）语气。

公司人员与客户通电话时，要注意自己所用的语气，要不卑不亢。第一，不能让客户觉得我们是在求他们，例如，"这件事情全靠您了。"这种唯唯诺诺的语气会传送一种消极的印象给客户，同时也不利于建立专业形象。试想，有哪一位专家是在求人呢？第二，不要让客户感觉到我们有股盛气凌人的架势，例如，"你不知道我们公司啊？！"这样，很容易给客户留下不好的印象，这笔生意极有可能因此而泡汤。

（4）语速。

在与客户进行电话沟通时适时把握自己的说话速度，是我们每个人都应该注

209

意的问题。在语言交流中，讲话的快慢将不同程度地影响你向他人传递信息的效果。速度太快如同音调过高一样，给人以紧张和焦虑之感。如果你说话太快，以至于某些词语模糊不清，他人就无法听懂你所说的内容。

另一方面，如果速度太慢，则表明你反应迟钝、过于谨慎。例如，有一位推销员，他发现自己经常无法把要说的话在限定的时间内说完。他有时行驶了50公里的路程赶到一位顾客家中，却只有15分钟时间介绍自己的产品。他发现自己最大的困难之一是如何组织自己应该说出的话。后来，他请教一位语言专家，专家听了他的情况之后，建议他从学会调整自己的速度开始。在他开始练习调整声速之前，一般人只需要10分钟便可轻易讨论完的问题他却要花15分钟。通过训练，他可以在10分钟内有效讨论别人要费20分钟的问题，他可以随意地加快或减慢速度。

（5）节奏。

我们在说话时由于不断发音与停顿而形成的强、弱有序和周期性的变化就是节奏。在日常生活中，大多数人不用考虑说话的节奏。而在我们拨打商务电话时不断改变节奏以避免单调乏味是相当重要的。声音的感染力也体现在讲话的节奏上。

节奏一方面是指自己讲话的语速，另一方面是指对客户所讲问题的反应速度。你有没有这样的经历，当你自我介绍："我是天伟公司的李超。"客户在电话那边说："什么什么，你说什么？"客户显然没有听清楚你在说什么，尤其是你说的公司对他来说是陌生的。自己讲话速度太快，可能使客户听不太清楚，从而使客户失去兴趣；而太慢的语速往往又会缺乏激情。

另外，对客户的反应速度也很重要。对客户的反应如果太快，例如，客户讲："我说这件事的主要目的是……"这时公司人员抢着说："我知道，你主要是为了……"公司人员因为知道客户要说些什么，而打断客户说话的情况会传递一种不关心客户，没有认真倾听的信息给客户。

2. 措辞

措辞的要素主要有简洁、专业、积极。

（1）简洁。

由于在电话中时间有限，加上商业事务繁忙，所以在电话沟通中尤其应该注意言辞的简洁，但又能将自己的意思完整表达。

简洁，一方面是指用词要简洁，例如，"我是北京的，天达公司的，我叫陈××，我们是提供电脑培训服务的。"这是一个公司的电话营销人员的开场白，如果你是客户的话，听到这样的话，有何感想？这句开场白其实可以用一句话来表达："我是北京天达公司的陈××，我们主要提供电脑培训服务。"在电话中，我们在不影响沟通效果的前提下，尽可能用更简练的话来表达。

另外，在电话中尽量不要讲太多与业务无关的内容。当然，为了与客户建立关系，适当地谈些与个人有关的内容是十分必要的，但要适可而止。不要耽误自己的时间，也不要占用客户太多的时间。

（2）专业。

对于专门从事电话营销的人来说，产品、行业、竞争对手等方面的专业知识无疑是很重要的，而且这种专业性只有通过声音来传递。如果我们在客户面前丧失了专业性，客户对我们的信任程度肯定会大打折扣（当然要注意的是，在电话中尽可能不要使用专业太强的词汇，除非我们知道对方是相关方面的专家）。

如何才能提高我们的专业性？一方面同我们的专业知识有关，另一方面我们也要注意在自己的言辞上要自信，用肯定的语气。

从讲话方式上，运用逻辑性强的语句更易建立专家形象。例如，当客户问到一个专业上的问题时："你们网络系统的可管理性是指什么？"公司人员有理有据地讲出一、二、三点时，其专业能力明白无误地表现出来，自然增强在客户心目中的地位，信任也更容易建立起来。

（3）积极。

不同的措辞传送着不同的信息，即使我们想表达同一种意思，积极的言辞与消极的言辞所传递的效果也是不同的。例如：

"请问，您是电脑系统部的负责人吗？"

"电脑系统部是您负责吗？"

"请教一下，电脑系统部是由哪位负责的呢？"

"除了你负责，还有谁在负责电脑系统部？"

"谁负责电脑系统部？"

以上的几个问题，其目的都是一样，就是要找到电脑系统部的负责人，但这些问话所产生的效果却是十分不同的。

另外，我们在讲电话时，尽量用积极的措辞代替消极的措辞是非常必要的，例如，"我想了解一下你们公司今年电脑的使用情况。"这句话中，哪一个词用得不太好？是"了解"。"了解"是谁在获益？当然是询问方了。而如果我们将这个词换成"咨询"或者"请教"的话，客户的感觉肯定会好很多。

3. 身体语言

最为常用的可以影响声音感染力的身体语言是微笑。微笑可以改变我们的声音，同时也可以感染在电话线另一端的客户。

有句名言："人一悲伤就会哭，因为哭就是悲伤。"现在我们借用这句话，把它改成："人一高兴就会笑，因为笑就是高兴。"的确，笑容不只表示自己心情的好坏与否，那种亲切明朗的快乐会感染身旁的每个人。

这种情况和打电话是一样的，即使对方看不见你，但是愉悦的笑语会使声音自然地轻快悦耳，因而留给对方极佳的印象。相反，若接电话时板着脸，一副心不甘、情不愿的样子，声音自然会沉闷凝重，无法留给对方好感。因此，由于脸部表情会影响声音的变化，所以即使在电话中，也要常抱着"对方看到我"的心态去应对。不管何时，只要笑容可掬地接听电话，就会把明朗的心情传达给对方。

除了微笑以外，我们在进行电话沟通时的坐姿、手势也很重要。有时候我们还可以站起来打电话，而不一定坐着。站起来的时候，声音会更舒畅，再加上手势的运用，就可以感觉到自己就像是在面对面与客户交流。

把握接电话的时机

接电话的时机往往决定了客户对公司的印象，在第一声铃响结束时或第二声铃响间用明快热情的语调接电话，这是与客户电话沟通成功的第一步。如果打电话到某公司的时候，铃声响了很久都无人接听的话，客户往往会对这家公司产生不好的印象。电话铃响一次约3秒钟，时间虽然短暂，可是从心理上讲等待的时间感觉更久，容易使人产生不悦，觉得不被尊重。因此，必须在铃响的第一时间段内接电话，即使是离电话机很远也要赶紧过去接电话，如果在铃响5声之后才接电话时就要先致歉："抱歉！让你久等了。"如此对方才会感受到你的诚意，觉得你是一位有责任感而又有礼貌的人。

一个人等电话的忍耐极限是多久？长、短的定义又如何？在商务电话中，一分钟以上就算久了。某家干洗店的新员工表示，经常有客户打电话询问衣服是否洗好。由于洗好的衣服上都有一个号码牌挂在外面。他就请这位客人稍等，然后放下听筒去外面查看，只顾着自己赶紧找那号码牌，等找到以后去接电话，电话早已因客人等得不耐烦而挂断了。

像这种因找资料，而让对方久等的情况，很少有人能够忍受，应尽量避免。

等待不超过一分钟，但是过长就是失礼的行为了。

商务电话接听的时机虽然重要，但有些情况也要灵活处理。譬如，某百货公司的柜台人员在接待客户时，电话铃响了，他们即使要去接，也不能不顾一切地迅速离去，应先致歉："麻烦稍等一下，我先去接一下电话。"这样才不至于得罪客人而因小失大。商场如战场，公司给予人印象的好坏，往往关系着市场利益，因此电话礼仪不容忽视。

正确应答电话

在商务电话中，对客户或交易对象的来电，一定要习惯性地答谢对方，即使是初次接触，应酬话也不可免。也许有人会问，为什么对那些初次接触、未曾受惠的人，也要表示感谢？这是因为公司里部门众多，负责人也不少，我们并不了解他们是否曾受过别人的照顾，所以，拿起话筒时，代表公司表达谢意，也是一种礼貌。即使和对方是第一次接触，向其表示谢意，也不会令人生厌，只会让其对公司产生好感，并增加彼此的亲切感。

正确的电话应答是，首先要先报上公司名称、所属部门，以及在尚未确定对方名称前，先礼貌性地表达感激。新进员工比较容易难为情，客套话总是迟迟难以启口，但久而久之就会习以为常，届时就自然而然地脱口而出了。

常有人打电话时只说："是我。"一般对经常打电话来的人，只要关系相当密切，就马上辨认出对方，但即使是熟人打来的电话，也有无法确认的时候。

另外，也有人不等你自我介绍就指定要公司某位员工接听，如果问也不问地把电话转过去时，若是指定的人接了电话，却因和对方不认识而莫名其妙地愣在那里，就太欠妥当了。

所以，接电话时，一定要先确定对方的姓名。除此之外，如果我们是在一家专门的电话营销公司上班的话，每一通电话都有可能成为我们的客户。因此，对于打来公司的电话，了解对方的姓名是第一重要的事情。

在日常生活中，如果不注意接听电话的礼仪，会给别人很随便的感觉，更何况是分秒必争的商务电话，没礼貌的应对只会让别人轻视你，况且你就是代表公司，也会让人对公司留下不好的印象。所以切记，在商务电话中的你，就是代表公司的形象，而电话是表现诚意、展示公司形象的最佳沟通桥梁。

商务电话中，要在对方先报上名称之前先报上自己公司的名称，如果一开口先用"喂"然后等对方开口的话，对方会以为自己打错电话。如果在一开始就先报上自己公司名称："××公司，您好！"对方一听就知道没有打错电话，可以安心讲下面的事情。

某些制造厂商在发布完新产品时，都会打电话给各客户公司询问意见，但有些公司的回答彬彬有礼，耐心给予指教，有些公司的回答则是三言两语便打发，可谓天壤之别。

公司与客户间的往来是视其诚意而言的，这点相当重要。假使公司内部的联络工作没做好，连平常往来客户都不甚清楚的话，容易引起误解，增添麻烦。

一个称职的员工，应该早就把客户资料、名称、联络人以及最近合作事项的进程做成重点笔记，放在电话旁，以便客户打电话来时可以查阅，迅速、准确地提供资讯，为客户提供准确完善的咨询服务。

有些员工常常"以声取人"，在接听电话时觉得对方应该是一个小职员，于是就不太爱搭腔，对客户所问的问题也简单回答，这样会使公司的形象受到损害。

"人非圣贤，孰能无过"，打错电话是常有的事。

"喂！请问这里是××公司吗？"

"不是啦！打错了！"接下来"啪"的一声挂断电话。

如此的应答是不恰当的，在忙得不可开交之际，突然来一通打错的电话扰人工作，固然令人生气，但是鲁莽的应付甚至口气很差，都会给人留下不好的印象。

"对不起！我们这里是××公司，电话号码是××××××。"如此一来，可清楚地让对方明白究竟是错在哪里，知道是因为电话改了还是拨错了，可避免犯同样的错误。虽然这是一通打错的电话，但有可能对方是看"客户清单"时不小心看错行而打错电话。虽然这是一件极小的事，由于你的疏忽，使客户产生一种极不愉快的心情，印象大跌，从此减少和公司的往来。倘若友善地回答，客户一定会觉得相当温馨，更加信赖此家公司。

一时的应对态度可能会带给公司不小的损失，也可能带给公司更多的订单，所以，即使是对方打错了电话，也要有必要的应对礼仪。

在公司内，如果别的部门没有人而电话铃却响了，这时应当积极主动地去接电话。如果对方在电话中提出自己无法回答的问题，可先记下客户提出的问题，看是否可在内线电话中寻找到客户所要洽谈的对象；如果没办法，就请客户稍等片刻，待部门责任人回来再进行交流。

给客户留下深刻印象的开场白

开场白或者问候语是公司人员与客户进行电话沟通时前30秒钟要说的话，也就是要说的第一句话。这可以说是客户对电话销售人员的第一印象。虽然我们经常说不要以第一印象来评判一个人，但我们的客户却经常用第一印象来对个人乃至整个公司进行评价。如果说对于大型的商务合作项目来说，第一印象相对而言并不那么重要的话，那么在电话营销中，第一印象则是决定这个电话能否进行下去的一个关键因素。

开场白一般来讲将包括以下5个部分：问候/自我介绍；相关人或物的说明（如果可能的话）；介绍打电话目的（突出价值，吸引对方）；确认对方的时间的可行性（可选）；转向探测需求（以问题结束）。

许多人一拿起话筒便抛出一句惯常的问候语"你好！"如果是日常交谈这样开始还可以，但是如果你想给对方留下深刻而持久的印象，那你就必须避免老套，要独出心裁。

对于电话营销人员来说，组织出能给客户留下深刻印象的开场白显得尤为重要。你可以用磁带录下自己一天当中所打电话的开场白。然后判断一下，你是否听起来和其他的营销人员或电话中拉生意者没什么区别？如果是这样的话，你一定要学会独出心裁，特别要注意开场白部分。

不妥的开场白："德尔太太，您好！我是凯伦·李，我代表'母亲反酒后驾车'机构向您致电，您是否有意捐助我们的事业？"

成功的开场白："德尔太太，我是凯伦·李，为了您和您的孩子，我们'母亲反酒后驾车'机构致力于把公路变得安全，我们需要您的帮助。"

区别在哪里呢？成功的开场白迅速使对方明白他们是这项事业的受益者，并使他们参与进来。开场白要达到的主要目标就是吸引对方的注意，引起他的兴趣，以使他乐于与营销人员在电话中继续交流。所以，在开场白中陈述价值就显得很重要。所谓价值，就是要让客户明白电话营销人员在某些方面是可以帮助他的。研究发现，再没有比价值更能吸引客户注意力的东西了。陈述价值并不是一件容易的事情，电话营销人员不仅要对其所销售产品或服务的普遍价值有研究，还要研究对这个客户而言，产品或服务的价值在哪里。因为同一产品和服务对不同的人，价值体现是不同的。

另外，吸引对方注意力的办法还有：

陈述企业的与众不同之处，如"最大""唯一"等。

谈及刚服务过的其他客户，如"最近我们刚刚为×××提供过销售培训服务，他们对服务很满意，所以，我觉得可能对您也有帮助"。

谈他所熟悉的话题，如"最近我在报纸上看到一篇您写的文章"。

赞美他，如"我听您同事讲您在××领域很有研究，所以，也想同您交流一下"。

引起他对某些事情的共鸣，如"很多人都认为电话营销是一种有效的销售方式，不知您如何看"（假如知道他也认同这一点的话）。

如果打电话给对方时，对方可能正在处理重要的事，抽不开身而请别人代劳，此时你的第一句话就要先致歉，因为你的打扰而使他工作中断，看似小事，却是人际关系融洽的重要一句。一声亲切的问候会使人际关系获得改善，也会让对方觉得受到重视而心情开朗。在电话中的交谈也是如此，一拿起电话筒听到的是清脆愉悦的"早安"问候语，尽管说者无意，但听者仍然会感到愉快。

礼貌而有吸引力的问候语

当我们接听电话的时候，应以积极的、开朗的语气，微笑着表达其问候："您好！我是……请问怎么才能帮到您（停顿）？"

"请问怎么才可以帮到您？"在国外比较普遍，但在国内有些人并不习惯，所以，这句话并非一定要问，关键要看客户是谁。

"对不起"这句话看似简单且无多大的意义，但是却可以消除误会，增加彼此客气的源泉，也是赢得友谊的催化剂。想想看，当你在饭馆点菜时，过了好久东西迟迟未来，待菜终于来了，你的肚子咕噜叫个不停，可是又很气愤东西太晚来时，如果服务生一边微笑一边抱歉地说："真对不起，餐厅人手不足，让您久等了，请慢用。"相信这时你会一扫刚才的怨气，吃饭要紧。而反过来，如果服务生一副心不甘情不愿地"啪"一声把餐盘放在桌上，你必定怒不可言，也没心情好好用餐了。

商务电话更不可小看问候语的魔力。尤其是在非办公时间，每个人都想放下手边的工作，好好休息一番，这时接到唐突的公务电话势必引人反感，若不致歉就谈，容易引起对方不悦。因此，一定要先向对方致歉，说声"对不起"才谈主题。别小看这些简单的应酬话，它不仅可以化解对方的不快，也可以使你的工作更加顺畅。

在问候结束后，可稍微停顿一下，看看客户的反应，或者等客户开口。一般

第五章 有效沟通

来讲,客户这时候也会作自我介绍,并阐述他打电话的目的(他为什么打这个电话)。当拿起电话的时候,千万要避免"喂,你找谁""什么事情""怎么样",或者仅是简单地拿起话筒"嗯",这样的做法会在客户心中留下不好的印象,进而影响双方的沟通。

第四节　准确解码客户

听出话外之意

　　成功的销售员一定是懂得倾听的销售员。他们在聆听客户说话的过程中,可以通过他的语言分析他的心理、他的顾虑,通过客户说话的语气、语调来判断其心理的变化,从细微处了解客户的消费习惯与个性,了解客户对产品和服务所透露的话外之意满意和不满意的地方,有针对性地说服顾客,最终达成让对方满意的交易。

　　乔·吉拉德向一位客户推销汽车,交易过程十分顺利。当客户正要掏钱付款时,另一位销售人员跟吉拉德谈起昨天的篮球赛,吉拉德一边跟同伴津津有味地说笑,一边伸手去接车款,不料客户却突然掉头而走,连车也不买了。吉拉德苦思冥想了一天,不明白客户为什么对已经挑选好的汽车突然放弃了。夜里11点,他终于忍不住给客户打了一个电话,询问客户突然改变主意的理由。客户不高兴地在电话中告诉他:"今天下午付款时,我同您谈到了我们的小儿子,他刚考上密西根大学,是我们家的骄傲,可是您一点也没有听见,只顾跟您的同伴谈篮球赛。"吉拉德明白了,这次生意失败的根本原因是,自己没有认真倾听客户谈论自己最得意的儿子。

　　日本推销大王原一平说:"对推销而言,善听比善辩更重要。"身为推销人员,你必须仔细聆听客户说话,才能发掘客户的真正需要;只有站在客户的立场,专注倾听客户的需求、目标,这种诚挚专注的态度能激起客户讲出他更多的内心想法。让客户把话说完,并记下重点,再设法来满足客户需求。

　　很多销售人员在倾听客户谈话时,经常摆出倾听客户谈话的样子,内心却迫不及待地等待机会,想要讲他自己的话,完全将"倾听"这个重要的武器舍弃不用。如果您听不出客户的意图,听不出客户的期望,那么,你的销售就有如失去方向的箭。保险推销人员李洋在一次公司会议为大家分享了自己的一次成功经历:

217

"很多投保的客户心里的想法完全不同，有些需要养老保险的人就是简单地告诉你，'帮我申请一套养老保险'，然后就离去；而有些人则希望了解具体的细节，这时我就必须始终注意倾听，时不时提出一个要点，并观察我的客户是否希望我深入解释这个要点。

"一位要和我谈养老保险的客户走进办公室，和我握了手，然后说，'您好，今天真是个玩帆板的好日子，不是吗？'如果当时我不留心，很可能一时就反应不过来。就在这时，我脑子里有一个声音似乎在告诉我，'他来了，很准时，他打算买一份养老保险'。

"于是，我请这位客户坐了下来。我们一起浏览了一遍各种表格，然后我说出了报价，对此，他说道，'噢，这样等到退休时，这份保险攒下的钱就可以买一辆真正庞大的、可以带上帆板的长厢车。'再一次，如果我不留心，我也不会听到这个。但我意识到这位客户可能很喜欢玩帆板，我马上问起他的职业和收入情况。'是的，我现在的工作让我能有足够的空余时间去玩我的帆板。'

"这时，我问他：'您对帆板运动有兴趣吗？'从这个问题打开了这位客户的话匣子。'是的，我是威尔士锦标赛的冠军。直到四十七八岁，我才开始练帆板，现在我每个周末都在练习，我为我的成绩感到骄傲。'他内心里也有一个声音在告诉他，'这位专业推销人员是真的关心我、关心我做的事、关心我渴望的成就。我很高兴能有这么一个真正理解我和我的欲求的顾问'。对他来讲，我推销的东西是一个必需品，但并不是最重要的。作为一名专业推销人员，我必须能够看到他内心的骄傲，并对他的生活感兴趣——这样做的重要性丝毫不亚于我的投资建议。

"直到最后，感觉他讲述得差不多了，我又把话题拉回保单上来，适时地说'这么说，还需要适当地投保啊！'至此对方已经从心理上认可我这个忠实的倾听者，自然也就产生了信任与好感。拿下保单问题就不大了。"

推销大师说，允许顾客有机会去思考和表达他们的意见。否则，你不仅无法了解对方想什么，而且还会被视作粗鲁无礼，因为你没有对他们的意见表现出兴趣。要做一个善听人言者——这比任何一个雄辩者都要吸引人，同时你也有可能得到意想不到的收获。

洗耳恭听可以使你确定顾客究竟需要什么。譬如，当一位客户提到她的孩子都在私立学校就读时，房地产经纪人就应该明白，所推销的住宅小区的学校质量问题对客户无关紧要。同样，当客户说："我们不属于那种喜欢户外活动的人。"

第五章 有效沟通

房地产经纪人就应该让他们看一些占地较小的房屋。

对于推销人员来说,客户的某些语言信号不仅有趣,而且肯定地预示着成交有望。要是一个推销人员忙于闲谈而没有听出这些购买信号的话,那真是糟糕透顶!出色的推销人员必须像对待谈话一样掌握聆听的技巧,然而这却是推销行业中最容易被忽视的一个问题。

富有魅力的人大多是善于倾听他人言谈的人,真正善听人言者比起善言者更能感动对方,更能唤起对方的亲近感。有效地、目标明确地倾听令你能够在心里记下顾客正在买什么或希望买什么,而不是你在尽力推销什么。有了这种知识的储备,你会发现推销变得容易得多。

技巧提问胜于一味讲述

在推销活动中,大多数推销人员总是喜欢自己说个不停,希望自己主导谈话,而且还希望顾客能够舒舒服服地坐在那里,被动地听,以了解自己的观点。但问题是,客户心理往往很排斥这种说教式的叙述,更不用说推销员及产品会获得客户的好感了。

无论哪种形式的推销,为了实现其最终目标,在推销伊始,推销人员都需要进行试探性地提问与仔细聆听,以便顾客有积极参与推销或购买过程的机会。当然最重要的还是,要尽可能地有针对性地提问,以便使自己更多更好地了解顾客的观点或者想法,而非一味地表达自己的观点。

我们来看一下这位家具推销员与顾客琳达之间的对话,你可以从中得到启发。

推销员:"我们先谈谈您的生意,好吗?您那天在电话里跟我说,您想买坚固且价钱合理的家具,不过,我不清楚您想要的是哪些款式,您的销售对象是哪些人?能否多谈谈您的构想?"

琳达:"你大概知道,这附近的年轻人不少,他们喜欢往组合式家具连锁店跑;不过,在111号公路附近也住了许多退休老人,我妈妈就住在那里。一年前她想买家具,可是组合式家具对她而言太花哨了,她虽有固定的收入,但也买不起那种高级家具;以她的预算想买款式好的家具,还真是困难!她告诉我,许多朋友都有同样的困扰,这其实一点也不奇怪。我做了一些调查,发现妈妈的话很对,所以我决心开店,顾客就锁定这群人。"

219

推销员:"我明白了,你认为家具结实是高龄客户最重要的考虑因素,是吧?"

琳达:"对,你我也许会买一张300元沙发,一两年之后再换新款式。但我的客户生长的年代与我们有别,他们希望用品常葆如新,像我的祖母吧,她把家具盖上塑胶布,一用就是30年。我明白这种价廉物美的需求有点强人所难,但是我想,一定有厂商生产这类的家具。"

推销员:"那当然。我想再问您一个问题,您所谓的价钱不高是多少?您认为主顾愿意花多少钱买一张沙发?"

琳达:"我可能没把话说清楚。我不打算进便宜货,不过我也不会采购一堆路易十四世的鸳鸯椅。我认为顾客只要确定东西能够长期使用,他们能接受的价位应该在450元到600元之间。"

推销员:"太好了,琳达,这个我一定帮得上忙,我花几分钟跟您谈两件事:第一,我们的家具有高雅系列,不论外形与品质,一定能符合您客户的需要,至于您提到的价钱,也绝对没问题;第二,我倒想多谈谈我们的永久防污处理,此方法能让沙发不沾尘垢,您看如何?"

琳达:"没问题。"

这位推销员与客户琳达交谈的过程中,通过针对性地提问了解到客户的需求,并清楚、准确地向顾客介绍了自己的产品,让顾客确切地了解自己推销的产品如何满足他们的各种需要。因此,推销员详细地向顾客提问,尽可能找出自己需要的、产品完全符合顾客的各种信息,这是必不可少的。

与客户洽谈的过程中,恰到好处的提问与答话,有利于推动洽谈的进展,促使推销成功。那么,在推销实践中都有哪些提问技巧呢?

1. 单刀直入法提问

这种方法要求推销人员直接针对顾客的主要购买动机,开门见山地向其推销,请看下面的场面:

门铃响了,当主人把门打开时,一个穿着体面的人站在门口问道:"家里有高级的食品搅拌器吗?"男人怔住了,转过脸来看他的夫人,夫人有点窘迫但又好奇地答道:"我们家有一个食品搅拌器,不过不是特别高级的。"推销人员回答说:"我这里有一个高级的。"说着,他从提包里掏出一个高级食品搅拌器。不言而喻,这对夫妇接受了他的推销。

假如这个推销人员改一下说话方式,一开口就说:"我是×公司推销人员,我来是想问一下你们是否愿意购买一个新型食品搅拌器。"这种说话的效果一定不如前面那种好。

2. 诱发好奇心法提问

诱发好奇心的方法是在见面之初直接向潜在的买主说明情况或提出问题，故意讲一些能够激发他们好奇心的话，将他们的思想引到你可能为他提供的好处上来。

一个推销人员对一个多次拒绝见他的顾客递上一张字条，上面写道："请您给我 10 分钟好吗？我想为一个生意上的问题征求您的意见。"字条诱发了采购经理的好奇心——他要向我请教什么问题呢？同时也满足了他的虚荣心——他向我请教！这样，结果很明显，推销人员应邀进入办公室。

3. 刺猬反应提问

在各种促进买卖成交的提问中，"刺猬"反应技巧是很有效的。所谓"刺猬"反应，其特点就是你用一个问题来回答顾客提出的问题，用自己的问题来控制你和顾客的洽谈，把谈话引向销售程序的下一步。让我们看一看"刺猬"反应式的提问法。

顾客："这项保险中有没有现金价值？"
推销人员："您很看重保险单是否具有现金价值的问题吗？"
顾客："绝对不是。我只是不想为现金价值支付任何额外的金额。"

对于这个顾客，你若一味向他推销现金价值，你就会把自己推到河里去，一沉到底。这个人不想为现金价值付钱，因为他不想把现金价值当成一桩利益。这时，你应该向他解释现金价值这个名词的含义，提高他在这方面的认识。

找客户感兴趣的话题

在与人交谈时，应注意谈话的禁忌。交谈时最好不要涉及疾病、死亡等不愉快的事，更要注意回避对方的隐私，如：对妇女的年龄和婚姻情况、男士的收信等私生活方面的问题。对方反感的问题一旦提出，则应表示歉意或立即转移话题。谈话时还应注意不要批评他人，不要讥讽他人，对宗教问题也应持慎重态度。

可以选择的话题有：
①自然现象，比如：大气、地表、泥石流；
②电视剧，在受人欢迎的电视剧中很容易找到共同点；

③旅行，某某景点如何也容易引起客户兴趣；
④住房，是当今社会的一个焦点话题；
⑤环境和健康；
⑥足球，如果与客户同是球迷，一下子会拉近彼此之间的距离；
⑦棋类，特别是围棋、象棋；
⑧股票，如果客户在玩股票，可以对不同投资方式进行比较；
⑨职业和经历。

从墙上挂的照片、桌上摆的书籍、玻璃柜子里摆放的物件，你都可以推测出客户的爱好和情趣，也可以从中找到话题。对一个爱好广泛、知识面广的人来说，引人入胜的话题无处不在，推销人员在扩大自己的适应内存方面应做出不懈的努力。

有一位名叫克纳弗的推销人员向美国一家兴旺发达的连锁公司推销煤，但这家公司的经理仿佛天生讨厌克纳弗，一见面，就毫不客气地呵斥道："走开，别打扰我，我永远不会买你的煤！"

连开口的机会都不给，这位经理实在做得太过分了，克纳弗先生满面羞惭。但是，他不能错过这个机会，于是他就赶紧抢着说："经理先生，请别生气，我不是来推销煤的，我是来向您请教一个问题的。"

他诚恳地说："我参加了个培训班的辩论赛，经理先生，我想不出有谁比您更了解连锁公司对国家、对人民所做出的巨大贡献。因此我特地前来向您请教，请您帮我一个忙，说说这方面的事情，帮我赢得这场辩论。"

克纳弗的话一下子引起这位连锁公司经理的注意，他对展开这样一场辩论，既感到惊讶，又极感兴趣。对经理来说，这是在公众面前树立连锁公司形象的大是大非问题，事关重大，他必须为克纳弗先生提供有力的证据。他看到克纳弗先生如此热情、诚恳，并将自己作为公司的代言人，非常感动。他连忙请克纳弗先生坐下来，一口气谈了1小时47分钟。

这位经理坚信连锁公司"是一种真正为人类服务的商业机构，是一种进步的社会组织"。他为自己能够为成千上万的人民大众提供服务而感到骄傲。当他叙述这些时，竟兴奋得"面颊绯红"，"双眼闪着亮光"……

当克纳弗先生大有收获，连声道谢，起身告辞的时候，经理起身送他。他和克纳弗并肩走着，并伸过臂膀搭着克纳弗的肩膀，仿佛是一对亲密无间的老朋友。他一直把克纳弗送到大门口，预祝克纳弗在辩论中取得胜利，欢迎克纳弗下次再来，并希望把辩论的结果告诉他。

这位经理最后的一句话是："克纳弗先生，请在春末的时候再来找我，那时候我们需要买煤，我想下一张订单买你的煤。"

克纳弗先生做了些什么？他根本没提推销煤的事，他只不过是向经理请教了一个问题，为什么会得到这么美满的结果呢？

啊，人性，人性！每一位推销人员在推销商品的时候，请你注重"人性"。克纳弗先生在无意中符合了那位经理的人性，请教了他最感兴趣的问题，是他毕生为之奋斗、弥足珍贵的事业。克纳弗先生对此感兴趣，参与其事，就成了那位经理志同道合的朋友。当一个人把另一个人当成朋友看待时，理所当然地应该得到关照。朋友，请你牢牢记住：有时候，商业上的成功之道不是刻意推销，而是打动人心。要打动人心就要关心对方，找到对方最感兴趣、利益所在的话题。

准确解读无声语言

一般地说，有洞察力的推销人员都知道，在推销过程中，非语言信号的影响力要比单纯的语言的影响力大得多。当推销人员越来越熟练地解读对方的非语言信号时，他们就能更快、更容易地达成交易。

一个人是友好还是敌意，是冷静还是激动，是诚恳还是虚假，是谦恭还是傲慢，是同情还是讥笑，除了语言，一些肢体动作也能体现出来。在人们的交往中，通常因场合或者顾及对方面子而不直接表达出内心的真实感受。

心理学教授阿尔伯特·麦恩的一个报告显示：人们55%的感情态度都是无声地表示的，38%通过声音传达，纯粹用语言传递的只占7%。因此，对于推销员来说，如果学会仔细观察客户的无声语言信号，会解读这些信号并适时地做出适当的反应，那么，在人际关系、讨论、谈判以及推销访问等方面，他都能占尽优势，控制局面。

在这里，为推销人员总结出下面几种情况，以帮助在推销活动中更好地解读对方的心理活动。

1. 面部表情

一个好的推销人员会很认真地研究面部表情。某种表示——尤其是眼睛——会暴露人们的购买欲望。你只能从经验中学到，当这些表示出现时，你要灵敏、迅速地将其捕捉住。如果对方表现出一脸呆滞的样子，或者只是木然的凝视，那么，我们就可据以推断出，对方已经分心，或者说对方在想自己的心事了。此时，说话者可以暂停片刻，或者问一问聆听者是否了解刚才说的话，或者说话者再重复一遍刚才说过的重点，给对方多一点时间来消化、吸收信息。

2. 肢体动作

从对方的身体语言反应中，我们可以知道对方某些心理状况。有些顾客不会马上决策，而是好好地研究这些商品，把商品放在灯下翻来覆去地检查。这有可能对产品已有好感，很可能就是潜在顾客。这时，推销员可以拿出说明书并为之吸引，或者拿起空白合同读上一两个条款。

如果是在办公室，客户友好地向你致意。他坐得很近，对你的销售解说点头赞同，在某一刻，他身体前倾可接触你的手臂，这很可能就表示交易的时机成熟了。而如果顾客将两手支撑在一起，用手指触摸嘴唇，表明有所疑虑。这时，你可采取进一步行动，将身体前倾，面带微笑问些灵活度很高的问题："您在这个类型的产品中需要些什么呢？您看该产品能助贵公司一臂之力吗？"

3. 注意声调

恰当而自然地运用声调，是顺利交往和推销成功的条件。一般情况下，柔和的声调表示坦率和友善，在激动时自然会有颤抖，表示同情时略为低沉。不管说什么话，阴阳怪气的，就显得冷嘲热讽；用鼻音哼声往往表示傲慢、冷漠、恼怒和鄙视，是缺乏诚意的，自然会引起别人的不快。

如果你在推销中语调呆板、声音沙哑或尖锐，将减弱你的说服力，有损于你谈话内容的传递。成功的推销者之所以能打动别人的心，除了谈话内容精辟、言辞美妙之外，他的语调、节奏、音量都运用得恰如其分。为此，推销人员必须注意：不要用鼻子说话，尽量减少鼻音，说话时喉部放开、放松，尽量减少尖音，控制说话的速度，消除口头禅，注意抑扬顿挫。

总之，在整个沟通的过程中，推销人员必须仔细地检视客户的无声语言，才不会弄错意思。更重要的是，要观察肢体语言的模式，不要仅以单一的动作就下判断。最好根据不同的客户的性格，在特殊的语言环境下，做出及时准确的判断与解读，并在需要适时加入一点新东西，比如，调整自己的身体语言，多展示一些产品的好处，或者采取其他技巧来实现自己的推销目标。

第五章 有效沟通

认真倾听客户的心声

在电话沟通过程中倾听是一种特殊技巧，因为客户提供的线索和客户的肢体语言是看不见的。在每一通电话当中，聆听的技巧非常关键。尤其在电话营销当中，听要比说更重要。善于有效地倾听是电话营销成功的第一步。所有的人际交往专家都一致强调，成功沟通的第一步就是要学会倾听。有智慧的人，都是先听再说，这才是沟通的秘诀。

认真倾听客户，主要目的是发现客户的需求以及真正理解客户所讲内容的含义。为此，在倾听的过程中，我们要做到：

（1）澄清事实，得到更多的有关客户需求的信息。

"原来是这样，您可以谈谈更详细的原因吗？"

"您的意思是指……"

"这个为什么对您很重要？"

（2）确认理解，真正理解客户所讲的内容。

"您这句话的意思是……我这样理解对吗？"

"按我的理解，您是指……"

（3）回应，向客户表达对他所讲的信息的关心。

"确实不错。"

"我同意您的意见。"

而有些人不听别人说话，他更关心自己要说什么而不是如何进行交谈。倾听时培养耐心是重要的前提条件。如果你耐心等待，让别人把话说完，你才能完整地了解他们都对你说了些什么，这比你努力说服对方为你提供信息有用得多。

一些电话营销人员只对他们自己要讲的话感兴趣，只专心致志于他们自己的推介，而不能很好地倾听潜在客户是如何讲的。这些人由于错过倾听的机会，未能对潜在客户的需要加以运用，结果失去了了解其疑问的机会。

向潜在客户表明你在认真地听他讲话，你希望他就有关问题进一步澄清，或是希望得到更多的有关信息，这些表现很重要。可以不时地用"嗯""哦"来表达你的共鸣，这些做法虽然简单，但确实可以表明你对潜在客户的讲话是感兴趣的，从而能鼓励潜在客户继续讲下去。相反，如果你一边听一边打哈欠，或用不适宜的声音附和，肯定会使潜在客户感到你对他的讲话不感兴趣，导致谈话的中断，从而影响你们之间沟通的顺利进行。

（4）不要打断对方。经常有人在客户表达自己观点的时候，显得有些急不可耐，急于讲出自己心中所想的，因而往往打断客户。打断客户，不仅会让客户的感情受到伤害，更重要的是，他们可能会忽略掉客户要讲的重要信息，造成不利影响。举个例子，一位电话营销人员与客户正在通话，客户说："我还有一个问题，我听人家讲……"这时，这个营销人员心里面不知有多紧张，因为最近他们的产品确实出了些问题，已经有不少客户来电话投诉，他想这个客户也是问到这个问题，所以，他就打断客户："我知道了，你是指我们产品最近的质量问题吧，我告诉你……"这个客户很奇怪："不是啊，我是想问怎么付款才好。怎么？你们产品最近有问题吗？你说说看……"结果，客户取消了订单。

注意：不要打断客户，要耐心倾听客户所讲信息。

（5）防止思绪偏离。思绪发生偏离是影响有效倾听的一个普遍问题。因为大多数人接收速度通常是讲话速度的4倍，有时一个人一句话还未说完，但听者已经明白他讲话的内容是什么。这样就容易导致听者在潜在客户讲话时思绪产生偏离。思绪发生偏离可能会导致你无法跟上客户的思想，而忽略了其中的潜在信息，你应该利用这些剩余的能力去组织你获取的信息，并力求正确地理解对方讲话的主旨。

在这方面，你可以做两件事。第一件事是专注于潜在客户的非言语表达行为，以求增强对其所讲内容的了解，力求领会潜在客户的所有预想传达的信息。第二件事情是要克制自己，避免精神涣散。比如，待在一间很热或很冷的房间里，或坐在一把令人感觉不舒服的椅子上，这些因素都不应成为使你分散倾听注意力的原因。即使潜在客户讲话的腔调有可能转移你的注意力——比如，有时候因为光顾玩弄自己的眼镜或铅笔，而一时没有集中精力听对方的讲话——你也应该努力抵制这些因素的干扰，尽力不去关注他是用什么腔调讲的，而应专注其中的内容。做到这一点甚至比使分散的思绪重新集中起来更困难。从这个意义上一讲，听人讲话不是一项简单的工作，它需要很强的自我约束能力。此外，过于情绪化也会导致思绪涣散。例如，当潜在客户表达疑问或成交受挫时，在这种情况下停止听讲是很正常的做法，但是你最好认真地听下去，因为我们任何时候都不能抹杀转机出现的可能性。

（6）注意客户提到的关键词语，并与对方讨论。例如，营销人员问："现在是您负责这个项目？"客户说："现在还是我。"客户是什么意思？两个关键词：现在、还。对有些人来讲，也就想当然地理解客户就是负责人。但一个出色的电话营销人员会进一步提问："现在还是您是什么意思？是不是指您可能会不再负责这个项目了?"客户说:"是啊,我准备退休了。"

这个信息是不是很重要?再举例,客户说:"我担心售后服务。"这里面的关键词是:担心。所以,有经验的营销人员并不会直接说:"您放心,我们的售后服务没有问题。"而是会问:"陈经理,是什么使您产生这种担心呢?"或者问:"您为什么会有这种担心呢?"或者问:"您担心什么呢?"探讨关键词可以帮助营销人员抓住核心。

(7)电话记录,并让客户感受到我们在做笔记。如果客户知道我们在做笔记的话,会有受到重视的感觉。同时,做笔记也是为了能将注意力更多地集中在客户身上,而不会由于没有记住客户所讲的东西而影响沟通。所以,对于重要的内容,我们可以告诉客户:"麻烦您稍等一下,我做一下记录。"

在电话沟通中,我们应该很清楚,倾听是交流过程的一个重要组成部分。客户虽然看不见,但他们需要知道对方有所反应、做出反馈,才会接着往下说。这就是良好的聆听的作用所在。知道如何使对方放心,如何复述对方的话,以及如何向对方提问,你就可以开个好头,向着让客户满意的方向努力。

这里介绍几种提供反馈意见的技巧。

1. 让对方放心

这是一种针对客户情绪的反馈方式。每个人都有希望、恐惧等感情需求。而他必须承认自己有感情需求,并在可能的情况下加以满足。这里介绍几种针对情感方面的反馈方式:

发出鼓励性的声音,例如"嗯""明白了""噢"。

讲一些表示认可的话,例如"我明白你的感受"。

沉默。如果对方情绪低落或大发雷霆,你不要打断他,让他先从气愤与沮丧中摆脱出来。

注意:不要过多使用这样的方法。如果在谈话中出现三四次就太多了。

2. 复述

归纳客户的要点或用自己的话进行复述,这样你可以取得两个方面的成效:你能确定了解的情况是正确的;你能让客户同意你的意见。这样,你就可以冲破阻碍,也就增大了销售的可能性。

3. 提问

可以使用以下技巧设计问题:

我们在前面讨论过非限答式问题,你可以用"谁、什么、哪里、什么时候、

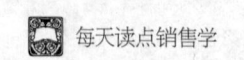

为什么以及如何"等一些词开始你的问题。

使用确定性问题。如前所论,这些问题可以确认一般情况。另外,还可以用确定性问题促使迟疑的客户讲话。许多情况下他们要说几遍"是"或"不是",这样他们也就放松下来了。我们在与客户交流时,往往会发现客户没有说出他们的心里话,这就需要业务员进行分析判断之后才能明白客户真正的需求和抗拒以及目的,这样我们才能为客户提出解决方案。因此我们就要努力地听出他话语的内涵是什么、外延是什么?客户话语真正的意义是什么?

我们要想真正理解通话对方的讲话含义,可以通过以下几种途径:

用你自己的话重新表述一下你理解的含义,让潜在客户检查正误。

当你不同意潜在客户的观点但又必须接受其决定时,你需要格外认真地听他讲话。通常这样做才会知道自己应该在何时表示质疑。

如果你发现被告知的某些事情会令你感到兴奋不已,这时,你要提醒自己是否由于自己在理解上出现问题,而事实却并非如此。

如果你对潜在客户的某些讲话内容感到厌烦,这时你要尤其注意:一些很重要的事实可能会被错过,也许你只得到部分信息,因此你可能并不完全懂得对方究竟讲了什么。

即使是你以前已听过的信息,仍然要继续认真地听下去,"温故而知新",不会有错的。

总之,在与客户进行电话沟通时,我们需要提出很专业的、很得体的引导性问题,帮助解决客户遇到的问题,同时帮助自己获得更加详细的客户信息,最终锁定客户真正的需求,得到自己需要的结果。电话沟通的过程,就是不断倾听的过程,提出合适性问题的过程,只有认真倾听才能了解客户的真正需求。因此,要真诚倾听客户的心声,要在平时的电话沟通中努力培养自己的倾听能力。

第五节 以大智慧解决小问题

回绝电话的技巧——以吾之"盾"挡尔之"矛"

虽然是销售员,但是有时候销售员也难免被他人推销。推销者直接打电话要跟销售员成交业务,要跟销售员谈判,该怎么办?这时候,销售员也需要发展一套技巧避免自己的工作被打断,并即时处理这些电话。

这时候,可以用下面的几种方法一试:

1. 利用缓冲语言夺回主动权

有时候,别人给你打电话推销某种产品或者服务,你说:"这很有趣,但此刻我没有时间讨论,写一个便条发份传真给我吧,有时间我再打电话给你。"用这种方法,可以夺回主动权。"喂,这非常有趣"这句话是用来表示礼貌的,叫作缓冲。直接拒绝,对方会觉得你不懂礼貌,缺乏人情味。可是说:"这很有趣。"

2. 直接回绝

当你接到推销电话的时候,你就说:"我不会在接推销电话时购买任何东西。"你一句话很彻底地把对方踢来的球给他弹了回去。

3. 直接说"NO"

假如你在接电话的过程中,对对方的感觉不太好,你就要直接说"NO"。有的人只因为自己不敢说"NO",他就会被别人像用橡皮糖粘住似的,粘上,再粘紧,最后就被对方搞定成交了。所以,关键时刻你要敢于直接说"NO"。然后说:"这一点,我们从前考虑过,没有兴趣。"

4. 给对方一个新的建议

"喂,请您买我们这一品牌的复印机""买我这套音响""参加我们这套课程……""不好意思,这个建议对我们这行不太合适,您还是去找其他行业。"

5. 无限期拖延

就是给对方一个遥遥无限的日期,让他觉得:"啊,太遥远了,我接的这个客户真是太有问题了,不跟他建立关系。"这样,他就会主动放弃了。"我们公司正在重建之中,时间太不凑巧了,6个月之后再给我写一个便条过来吧。"

6. 避免提出辩论的话题

在电话里和对方辩论,往往会消耗我们大量的精力和时间,无法有效地把现有的时间用在我们的工作上,适时终止这类无谓的交谈。

7. 封住门户

"最近,我可能被指派去做另外一项工作。这个工作我们公司有规定,不能跟任何人去谈论跟公司有关的信息。"这样你就把自己的门户封住了。

但无论如何,回绝电话都要讲究礼节,这样我们就会有机会结识新的顾客;相反则会失去顾客。

别急，先来个深呼吸

当电话铃响起时，不要紧张，接听电话前先深呼吸一下，理清头绪再说话。

李明是一家公司的销售员，在他上班的第一天早上，他刚到公司，桌上的电话响了。他心想这是自己工作后所接的第一个电话，一定要好好表现。因此，他急忙放下手中的文件抓起话筒，一口气说了下面一堆话：

李明："喂，您好，我是宏图公司的李明，很高兴能接到您的电话，请问我能帮你做点什么吗？您知道，我们公司在……"

客户："喂，我找……"

李明："……"

客户（就是没能插上一句话，最后无奈之下大吼一声）："我找的是宏图公司，不是黄图公司！"

李明（总算听见了，忙说）："是宏图啊，没错，你们在这个城市绝对找不出第二家来……"

客户："什么呀，骗子！"

对方"啪"的一声挂断了电话。

下午，部门主管就找李明谈话了，他先让李明说一下公司名称，然后告诉李明就是因为他早上的一通电话，让公司的一笔大生意吹了。李明回去左思右想，终于明白了，由于急于求成，他的发音极不准确，怪不得客户说那番话。加之他没有给客户说话的余地，所以就把一笔大生意给丢了。后来，李明每次打电话或接电话时都先深呼吸一下，理清头绪再说话，当然再也没出现过第一次接电话时的那种情况。

有些年轻的销售员因为刚踏入社会，不熟悉周围的工作环境而产生紧张情绪，当电话铃声一响，一接起电话便急急忙忙、含糊不清地说了一堆，这样一来可能使对方弄不清楚他想表达什么。有些人是急性子，电话来了，急忙放下手上的工作去接听电话，并匆匆报上自己的姓名及公司名号，此时很可能会因自己准备不充分、发音不准确等原因影响到公司在对方心目中的形象。

为了避免发生这种不必要的误会及错误，拿起听筒不要先急着讲话，先深呼吸，缓和一下情绪，让脑子清晰、清醒，再大方地面对问题。此外，有些电话因为设置等方面的问题，通常都是先"嘟"一声，才可听清楚彼此的话。那就不妨利用这短短的一秒做个深呼吸，理清思路，好好想想如何应对。因为一个人如果过于紧张，就必定无法自在地思考，因此要想抓住客户，就必须放松心情，注意客户传达出的信息，以便正确地掌握时机。

接电话前调整好状态

销售员在中午休息的时候，同事之间愉快地交谈聊天，如果此电话突然响起，此时，如何处理才是最妥当呢？

对这种情形，最糟糕的应对就是在和同事闲聊时拿起听筒，一面聊天一面听电话，这样很容易就把闲聊声传到对方耳中。即使不是如此，以和朋友谈话时的轻松语调接听电话也是非常失礼的。

电话是可以把周围的声音传到对方耳中的，尤其近年来，电话的收听效果愈来愈好，数米内的声响都能听得十分清楚。所以，公司严禁在打电话人身边高声谈笑，是有其道理的。

一次，某公司电话行销员小王正和同事们聊天时，一位客户打电话过来询问一些关于产品的问题。小王匆匆忙忙地就拿起了话筒，因为思绪还没有从刚才聊天的话题中拉回来，所以小王的回答有些词不达意。再加上旁边同事的嬉笑声也不绝于耳，笑声清晰地通过话筒传到客户的耳朵里。不到一分钟时间，客户只说了一声"过分"，就把电话挂断了。小王呢，还傻站在那儿不知所以然呢。直到后来业务经理找小王谈话时，他才猛然间意识到自己所犯的是一种什么样的错误。

如果电话铃响起时，你和同事正在聊天，最好过3秒钟再接电话，让情绪恢复一下，转换一下心情。因为和同事交谈时，接听电话后所发出的第一声，容易给人慵懒闲散的感觉；如果是和同事大声辩论时，电话中的声调也自然变得怒不可遏，以如此的心情去接听电话，很容易就给对方带来不愉快，或给对方留下不好的印象。尤其边谈笑边接电话，在商业电话的应对上是十分失礼的。

所以，和同事谈天说地时，电话一响就要终止谈话，等待3秒钟，做个深呼吸，把心情调适过来后再去接听，这样给人的感觉就是专心去接听电话。总之，接电话时，专心于电话中所谈的内容是十分重要的一个细节。

此外，很多人喜欢用手去盖住听筒后和旁人说话，更甚者则批评对方，这是非常不好的习惯。根据实验显示，即使掩住听筒，邻座人的说话声仍然依稀可闻。

如果电话附有保留键,在请对方稍等时,一定要按下保留键,以免铸下大错。

切勿含糊乱语用错小聪明

对于一名合格的销售员来说,不是自己责任范围内的事,一定不做假设答案给客户。没有把握的事不随意回答,没有把握应付这通电话的时候,把电话交给上司,特别是当你判断这个谈话自己无法应答时,绝不能自作聪明作答,以免栽跟斗,若勉强应付了事,一旦误事,才是真正无法挽回了。

马克经过几次电话拜访之后,终于与路易斯先生就购买网络服务器达成了初步意向。这天,他又给路易斯打电话。路易斯一听到他便说:"马克,你来得正是时候,刚才财务部打电话给我,要我把新购设备的报价单给他们传一份过去,他们好考虑一下这笔支出是否合算。"

"这个嘛,你别着急,价格上不会太高的,肯定在你们的预算支出之内。"

"马克,财务部的人可是只认数字的,你总应该给我一个准确的数字吧,或者该把报价单做一份给我吧。"

"哦,放心好了,路易斯先生,顶多几十万,不会太多的。对您这么大的公司来说,这点钱实在不算什么。"

路易斯闻言十分不悦,说:"马克,几十万是什么意思?这也太贵了吧。你怎么连自己产品的价格都如此含混不清呢?看来,我得仔细考虑一下购买网络服务器的事了。"

在电话行销过程中,报价是谈判的一项重要工作,是指一方向对方提出自己的价格条件和附带要求。报价得当与否,对报价方的利益和以后的谈判有很大影响,而有的销售人员恰恰是在这个环节中出现了毛病,他们总是含糊报价,以为这样就可以搪塞过去,但是问题也就出现在这里,客户可能因为你不够诚实而取消合作。那么怎样做才能避免这个问题呢?

1. 科学定价原则

制定一个合理的价格是处理好问题的基础与前提。销售员必须要和公司商量,制定出合理的价格,而不可擅自做主,给客户胡乱报价。

2. 坚信价格原则

推销员必须对自己产品的价格有信心。推销员作报价前应慎重考虑,一旦在充分考虑的基础上确定价格后，就应对所制定的价格充满信心。要坚信这个价格是令多方都有利因而都会满意的价格。

3. 先价值后价格的原则

在推销谈判过程中应先讲产品的价值与使用价值，不要先讲价格，不到最后成交时刻不谈价格。推销员应记住，越迟提出价格问题对推销员就越有利。客户对产品的使用价值越了解，就会对价格问题越不重视。即使是主动上门取货与询问的客户，亦不可马上征询他们对价格的看法。

4. 坚持相对价格的原则

推销员应通过与客户共同比较与计算，使客户相信产品的价格相对于产品的价值是合理的。相对价格可以从以下几方面证明：相对于购买产品以后的各种利益、好处及需求的满足，推销产品的价格是合理的；相对于产品所需原料的难以获取，相对于产品的加工复杂程度而言，产品的报价是低的……虽然从绝对价值看价格好像是高了点，但是每个受益单位所付出的费用相对少了，或者是相对于每个单位产品价格是低的。

还有一些推销员在电话中针对客户的需求，不做进一步的核实，想要小聪明，企图通过一些模糊的语言蒙混过关。

"请问B经理在吗？我是×公司的李经理。"

"哦！李经理呀！B经理正在开会，大概1小时后会议结束，请问有什么事？我是研发部的企业专员，姓陈……"

"是关于上次提出的开发案一事，不知B经理认为草坪的事是交由×公司还是Z公司办理？"

"这件事呀，听B经理提过，好像是给×公司吧！"

这种"听经理提过""好像"的臆测回答会使人误解为好像B经理这么定了似的。结果，在B经理深思熟虑，并开会讨论后，一致决定与Z公司合作。顿时风暴发生："你们研发部的陈先生确实是这么说的……"当被对方指责时，恐怕就应追究责任问题了，这就是含糊乱语带来的后果。

还有一点是值得销售员借鉴的：电话是双方谈话的单行道，旁人是无法得知讲话内容的，即使想帮助你，也无从下手。在此时，你可以大声复述客户的问题，旁边的同事听到了就会给予一点帮助（限公司同仁知道解决方法），这也不失为一个机灵的电话应对法。

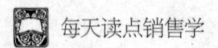

总之，在自己不知道或不能确定某事的情况下，最好不要含糊乱语，装作聪明，否则会酿成大祸。

对经常打电话的客户，回答要力求统一

电话中经常会引起纠纷，多由于接听人员的回答不尽相同，对方在分不清何种状况的情况下，发怒是可想而知的。

"水能载舟，亦能覆舟"，这句话，也可应用在电话行销中：一通沟通良好的电话，可能因彼此相谈甚欢而促成一桩生意，也有可能因职员的疏忽而失去了一项大工程。电话中经常会引起纠纷，多由于接听人员的回答不尽相同。

这点相当重要，假使连公司内的联络工作都做得不够彻底，便容易给客户增添麻烦。基本的联络工作若没做好，将会导致同样一个问题客户却得到许多不同答案的糟糕情形。

这些是应该引起销售员注意的，就如某些制造商在生产了新产品后，便会接到许多询问电话，如果公司职员对询问电话的回答不尽相同，这就容易导致混乱，甚至间接影响了新产品的销售，使业务无法顺利开展。为避免上述情形发生，首先要使这些新产品的资料，能在公司内流通无阻，并进而统一对外。若连这初步沟通的工作都无法充分完成，公司便也无法有效地开展销售工作。

某销售公司的销售员王林，有一次接到客户电话后，告诉客户产品是用 A 型材料作为生产原料，采用先进工艺制作而成的。中午客户又打来电话询问，恰巧王林吃午饭还没回来，由同事黄明代接的电话。当客户再一次询问生产材料时，黄明说他听说好像是 B 型材料。下午，销售总监的电话响了，客户告诉他自己决定取消这笔订单，因为销售员的回答太令他失望了。就这样，因为销售人员的回答不统一，500 万的订单最终被取消了。

公司为防止这类事情发生，应在事前将有关产品的资料复印发给有关部门人员或将这些重点作为笔记，放在电话机旁，以便销售员能迅速、准确地为顾客做完善的咨询服务，并且可以卓有成效地与客户进行沟通。

对于销售员来说，也要告诉同事，如果帮忙接电话时遇到不确定的情况，一定要查证后再告诉客户，或者告诉客户等自己回来后再给客户回电话。千万不能说的五花八门，让客户不能相信自己。

第五章　有效沟通

第六节　巧妙处理沟通中的棘手问题

都有打错电话的时候

接到对方打错的电话时，切记要礼貌应对，这关系着一个企业的形象，而且考虑对方利益，为他人着想，也就是为自己着想。

杰瑞是一家培训公司从事电话沟通的工作人员，一天，当杰瑞正一个人在办公室时，电话铃响了起来，杰瑞拿起电话。

杰瑞："安达培训公司，您找哪位？"

对方："您好，我想找一下杨闰。"

杰瑞："小姐，您可能拨错了号码，我们公司没有您要找的这个人，您确定您朋友告诉您的是这个号码吗？"

对方："我要拨的号码是××××××。"

杰瑞："小姐，您说的不是我们公司的号码，同时，我还是谢谢您打电话过来，谢谢！"

对方："先生，您能告诉我您这儿是什么公司吗？"

杰瑞："我们公司的名字是安达培训公司，主要做………"

对方："你们在什么培训上有优势？"

杰瑞："……"

对方："你帮我报一个推销学的课程吧，说实话，与你交谈，我感觉特别愉快、亲切。"

随着直拨电话机的广泛应用，由于搬迁或企业重组等原因，变更电话号码的事常有发生。因此，在办公室我们也经常会接到打错的电话，此时，切记要礼貌应对，这关系着一个企业的形象。

的确，错打的电话会给接电话的人带来麻烦。但是，如果接电话的人无礼地挂断电话，只能令对方和自己感到不愉快。如果对方是客户，还有可能给工作造成负面影响。因为商务活动使用的电话都有重新自动拨号功能，那位客户也可能一时疏忽按错了键而打错了电话。不要小看这打错的一个电话，有时由于你的疏忽，你可能会失去自己的客户。

235

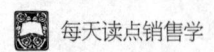

其实，如果你能做到对打错的来电也礼貌应对，那么你就会给对方留下一个很好的印象。同时，你所在公司的好形象也会深深地印在他的脑海里，也许这就会为公司赢来客户。

巧妙应对喋喋不休的客户

每个人都喜欢有人听自己讲话。在这个步伐飞快的社会里很难找到听众，所以在电话里讲起话来滔滔不绝，占用别人时间的现象相当普遍。

不管怎样，如果打电话的人毫无道理地占用你的时间，那他就是典型的喋喋不休型客户。不幸的是，这种人往往意识不到自己给他人带来的不便。他们在电话里东一榔头西一棒子，说话不着边际，聊起来没完，已经养成了习惯。你的底线就是别让他们由着自己瞎侃一通。要想有效地对付他们，我们需要制订具体的方案，以控制通话时间。

现在有许多种对付喋喋不休的打电话者的方法。一些电话专业人士认为，如果你保持沉默或者只用一个字答话，对方就会意识到你没工夫和他闲聊。实际上，大多数听众很少打断对方或者根本不说话，以此表示自己对对方说的话感兴趣。在电话里沉默不语就像真空地带一样，需要填进点东西。所以如果你不说话，对方就会说个不停。

喋喋不休型客户往往不知道自己占用了销售员大量的时间和精力，所以销售员既要想办法控制谈话，又得让对方感觉不到你对他的话不感兴趣。这样就可以随时决定什么时候结束通话，以下是4种有效控制与喋喋不休型客户谈话的技巧：

1. 提出问题

问一些可以让对方集中思路的问题，以及可以引导谈话及早结束的问题。例如，你可以这样开始：

"刘女士，难道您不认为……吗？"

"……难道不是这样的吗？"

用这些问题集中对方的注意力，只谈眼前的问题。

2. 确定谈话主题

给喋喋不休型客户打电话，在一开始时电话营销员就应该定下谈话的主题。用下面的说法确定谈话主题：

"陈小姐，对于您的账户状况我需要提3个问题……"

3. 运用 PRC 技巧

PRC 技巧可以控制谈话。它有 3 个简单的步骤：复述（Paraphrase）、思考（Reflect）和结束（Close）。

复述：打电话的人开始反反复复时，你要打断他说："我需要确定一下我是否明白您说的话……"

这时，你可以把他说过的重要的话再说一遍。这样既可以确保你和他都清楚要点，又可使他知道你听明白了他说的话，让他放心。

思考：对谈话进行概括之后，你要留给对方说话或者"思考"的机会。实际上你是让他表示相同意见或者不同意见，让他补充你可能漏掉的东西。

结束：一旦打电话者对你的概述表示满意时，你一定要"结束"谈话。先感谢他抽时间给你打电话，或者表明你对谈话的结果非常满意。

4. 确定时间限度

你拿起电话，意识到打电话的人可能爱唠叨，这时你要在一开始就控制谈话。告诉对方你可以谈多长时间，然后给他选择。例如，你可以说：

"张小姐，很高兴听到你的声音。5 分钟后我要去开会，我们是现在谈你的问题，还是我再给你打电话？"

对付喋喋不休型的客户一定要有耐心，巧妙地结束谈话总比突然或粗暴地结束谈话要好。销售员的这种素质直接关系到电话行销的结果以及个人和公司的形象。

转接电话也要问清对方的联系方式

在接转电话时，销售员应确保这个电话已转给了同事。有时会遇到同事占线的情况，这时，销售员应留下对方的联系方法，即使客户说："没关系，你只要告诉他天达公司的李凤就可以，他知道的。"事实上，同事真的会一定知道这个李凤吗？不一定吧。所以，销售员一定要留下对方的联系方法，并告诉同事。

有时候，销售员接到的电话并不是找自己的，这时候，他要帮助客户将电话转到要找的人那里。经常有销售员并不负责地将电话转给其同事，而没有留下任何打电话进来的客户的信息，结果这个重要的电话断了，而这个神秘客户也从此消失了。这对销售员来讲会是个损失，同样，如果他帮同事转丢电话，对其同事也是个损失。销售员在接转电话前应问清楚对方的公司名称、对方的名字，并告诉客户他要找的同事的电话号码，这样，客户以后就可以直接找到该同事了。

曾经有一位推销员在替同事转接电话时，就是因为没有留下对方的联系方式，而丢失了一位大客户，给公司造成巨大的损失。当时那位推销员在工作，旁边的同事因有急事须立刻出去，因此请求这位推销员如果有客户打来电话，千万要记得帮忙写下客户的名称及联系方式。但是，这位推销员在接到电话后，只记下了对方姓王，而联系方式和公司名称都没记全。他告诉客户等同事下午回来就给这位客户回电话，客户很安心地放下电话耐心等待。可是等到同事回来后，光是为了查客户的公司名称和联系方式就浪费了一下午时间，等第二天打去电话时，对方已经联系别家公司了。

在接转电话时，销售人员还有一点要注意的是，千万不要手拿电话，在办公室大声叫："陈××，你的电话！"这会降低自己和公司的专业形象。

另外，如果销售人员知道自己接的电话是同事转接过来的，那直接说出自己的名字就可以了，而不必再次重复公司的名字。

虽然是转接电话，但是当销售人员接起电话的时候，就应以积极的、开朗的语气，微笑着表达其问候："您好！我是 A 公司。请问怎么才能帮到您（停顿）？"

作为一名销售员要注意，在任何时候礼貌都必不可少。

将每一个电话视为潜在客户

相信每一个电话都是最重要的，接电话之前做好最重要的心理准备。

有一天晚上，11点多了，××培训咨询公司的业务员小林接到一位女士打来的电话。

这个时候，他已经工作一天了，又困又累。一般的人在这个时候，心情都会有些烦躁，他也一样。他这时心里想着，赶快结束工作，马上休息。

小林："这么晚了打电话有什么事？不能等到明天吗？"

女士："不行，因为我看了你所在公司在报纸上发的广告，特别感动，所以不能等到明天。"

接着，她不等小林说什么，马上给他念了一段他们刊登在报纸上的广告词："你是否了解这一辈子你将成为什么样的人，你这一生的方向该往哪里去，你一生的生命目的是什么？"

听到这段广告词，小林的神经像触电一般，一下子精神很多。他仔细、耐心地听她讲述自己的感受，讲述自己的经历。

第五章 有效沟通

这一讲，就讲述了1个多小时。小林努力地克制着自己的困倦和劳累，尽量热情地与她相呼应，并认真回答她提出的每一个问题。从她的声音中，小林感觉到，她对自己的回答非常满意。

放下电话，小林看了一下表，已经凌晨1点多了。

就是这位在半夜11点给小林打电话的女士，在以后的日子里，这位女士先后介绍了将近90位学员报名参加了小林所在公司的培训课程。也许在接到这个电话时，小林没有想到会有这样的结果。

大多数业务员都会有这样的经历，在拨打的电话中只有很少一部分会成功，会有随后的成交。也就是说每个业务员拨打的电话，肯定有很大一部分是没有带来利益的。于是，很多业务员对自己的每个电话的重视程度便不一样了。对一些经过主观判断后不重要的电话，就不重视甚至不拨打这些电话，也许这样做没有错，因为这样做可以提高工作效率。但最大的问题是，你的这个主观判断是否准确，是否把一些可以成交的业务慷慨地漏了过去。

科技的发达使得每个人获取信息是如此的容易，所以你的客户不会刚和你接触就确定买你的产品；另外，现代人的个性越来越强，一件事情对于不同的人反应肯定不一样，在电话沟通中也是一样。你无法判断哪一通电话是重要的。所以，最简单，也最有效的办法就是：重视你的每一个电话，认真对待每一位潜在客户。

设法了解来电客户的相关信息

不了解打进电话的客户的情况时，可以对客户的职业等进行适当的猜测，并让客户确认，同时用周到的解释给猜测提供借口。

客户："你好，我想问一下你们奥迪车有哪几款？"

销售顾问："您好，您喜欢哪个款式的？"

客户："比较喜欢A6，您大概介绍一下吧。"

销售顾问："A6应该是第一部国产豪华轿车型，不仅质量可靠，动力性能好，安全性也是一流的。您是什么公司的？"

客户："不用管我是什么公司的，您介绍车就行了。"

销售顾问："A6应该……安全性也是一流的。具体重点介绍什么方面，还要尊重您的意见，我感觉您是律师。"

239

客户："我不是律师，不用问我是什么，从安全性开始介绍就行。"

销售顾问："您别介意，因为上周有一个客户来提了一台 A6 走的时候，说他们集团的首席律师也要买一台车，说的就是今天这个时候，现在还没有到。我听着您精练的话语还真的以为就是您呢。那您一定是媒体的首席记者。"

客户："我也不是媒体的，我是搞电视制作的。"

有一些产品的销售不是快速成交的，比如汽车，客户一般会多次了解感兴趣的车。在电话交谈中，销售人员非常希望有机会了解客户的详细资料，从而可以制订跟踪计划。客户不愿意回答这些问题，是因为销售人员的方法不对，正确的方法应该是：对客户的职业等进行猜测，并让客户确认，对销售人员的猜测，客户一般有两种可能的回答。

客户一："我不是×××，我是搞×××的。"

客户二："我不是×××，不用问我是什么，你只管介绍产品就行。"

第一种不需再追问，因为许多人在否定了一个猜测之后本能地就说出自己从事的职业。对于第二种回答，销售人员必须给予一个妥当的解释。周到的解释给再次猜测提供了借口，如果客户接受了解释，那么在面对再次猜测的时候几乎没有什么抵抗，就会说出自己的职业。那么销售人员的目的就达到了。

·第六章·

优势谈判

第一节　报价——谈判成败的焦点

在行家面前报价不可太高

报价时虽然可以把底价抬高，但是这种抬高也并不是无限制的，尤其在行家面前。

某公司急需引进一套自动生产线设备，正好销售员露丝所在的公司有相关设备出售，于是露丝立刻将产品资料快递给该公司老板杰森先生，并打去了电话。

露丝："您好！杰森先生。我是露丝，听说您急需一套自动生产线设备。我将我们公司的设备介绍资料给您快递过去了，您收到了吗？"

杰森（听起来非常高兴）："哦，收到了，露丝小姐。我们现在很需要这种设备，你们公司竟然有，太意外了……"

（露丝一听大喜过望，她知道在这个小城里拥有这样设备的公司仅她们一家，而对方又急需，看来这桩生意十有八九跑不了了。）

露丝："是吗？希望我们合作愉快。"

杰森："你们这套设备售价多少？"

露丝（颇为洋洋自得的语调）："我们这套设备售价30万美元……"

客户（勃然大怒）："什么？你们的价格也太离谱了！一点儿诚意也没有，咱们的谈话就到此为止！"（重重地挂上了电话）

双方交易，就要按底价讨价还价，最终签订合同。这里所说的底价并不是指商品价值的最低价格，而是指商家报出的价格。这种价格是可以浮动的，也就是说有讨价还价的余地。围绕底价讨价还价是有很多好处的。举一个简单的例子。

早上，甲到菜市上去买黄瓜，小贩A开价就是每斤5角，绝不还价，这可激怒了甲；小贩B要价每斤6角，但可以讲价，而且通过讲价，甲把他的价格压到5角，甲高兴地买了几斤。此外，甲还带着砍价成功的喜悦买了小贩B几根大葱呢！

同样都是5角，甲为什么愿意磨老半天嘴皮子去买要价6角的呢？因为小贩B的价格有个目标区间——最高6角是他的理想目标，最低5角是他的终极目标。而这种目标区间的设定能让甲讨价还价，从而获得心理满足。

如果想抬高底价，尽量要抢先报价。大家都知道的一个例子就是，卖服装有时可以赚取暴利，聪明的服装商贩往往把价钱标得超出进价一倍甚至几倍。比如一件皮衣，进价为1000元，摊主希望以1500元成交，但他却标价5000元。几乎没有人有勇气将一件标价5000元的皮衣还价到1000元，不管他是多么精明。而往往都希望能还到2500元，甚至3000元。摊主的抢先报价限制了顾客的思想，由于受标价的影响，顾客往往都以超过进价几倍的价格购买商品。在这里，摊主无疑是抢先报价的受益者。报价时虽然可以把底价抬高，但是这种抬高也并不是无限制的，尤其在行家面前，更不可大意。案例中的销售员觉得自己的产品正好是对方急需的，而将价格任意抬高，最终失去对方的信任，导致十拿九稳的交易失败，对销售员来说也是一个很好的教训。

如果你在和客户谈判时，觉得不好报底价，你完全可以先让对方报价。把对方的报价与你心目中的期望价相比较，然后你就会发现你们的距离有多远，随之调整你的价格策略，这样的结果可能是双方都满意的。切忌报价过高，尤其在行家面前。

在价格谈判上争取达到双赢

在价格谈判中，尽量追求双赢效果。因为追求单赢往往只赢得眼前，却赢不了将来。

销售员："陆总，其他的事项我都可以落实，现在关键是价格问题，在上次的邮件里我提到过，半天的培训是按照一天的费用来计算的，您是怎么考虑的？"

客户："这点我知道，要是按照我的想法来计价的话，在原来给我们培训的费

第六章 优势谈判

用基础上打8折。"

销售员:"这样的价格很难行得通,我给其他的公司培训都不是这样的价格,都是1.8万元一天,不信您可以去调查。"

客户:"价格难道就不能变?我们原来合作的是1.5万一天,现在培训的时间是半天,而且有些公司半天只收半天的费用,我要是给领导汇报,现在是半天的培训,不但没有降低价格,反而比一天的费用还要高,你说领导会怎么想?领导肯定会觉得我不会办事。"

销售员(犹豫了一下):"对,你说的话也在理。"

客户:"是吧!你要让我好做事,不然我就失去了领导的信任,再说,这样的课程不是你一家公司能讲。"(声音大起来了,是为了保护自身的利益。)

销售员:"陆总,这样吧,我们再商议一下,10分钟后我们再联系。"

(10分钟以后,销售员又把电话打过去了)

销售员:"您好,陆总,我们商议了一下,既要考虑到您的实际情况,同时也要照顾我们的情况,所以我们的报价是1.8万的8折,去掉零头,您看怎么样?"

客户:"哦!我刚从别的公司调查了一下,了解到你推荐的讲师在安徽讲课的时候,理论比较多,实践的东西少,而且与学员互动少……"

销售员:"您所说的情况都是事实,我没有意见,在这次培训中我会督促讲师多多注意这些情况。既然是这样的话,我必须要考虑到您的立场,不能损害您的利益,给您的工作带来麻烦,您给我指条路吧!"

客户:"这样吧!你们再降1000,怎么样?"

销售员:"好的,就这么办。"

在商务谈判中,如果一味地按照自己的谈判思路,很有可能会损害与客户之间的关系,更有可能使交易失败或是一锤子买卖,所以必须要以双赢为出发点来进行谈判。

从上面的案例可以看出,这位销售员所应对的客户谈判技术比较高,他有很多的筹码在手中:把以前的交易价格作为谈判的基础;自身在领导面前的信任作为谈判的底牌;同系统的调查作为谈判的印证;半天应该比一天费用少作为谈判的说理;他们挑选的余地比较多作为谈判的恐吓。5个筹码轮番轰炸,而销售员就把握住底线绝不让步,同时照顾好客户的立场来赢得与客户的合作,这是许多新入行的销售员需要学习的一种技巧。

243

爱上客户的讨价还价

当客户认同了你的产品,希望你降低价格时,应该积极应对客户的讨价还价,充分利用示弱、赞同、争取理解、获得同情等技巧与客户谈判,以赢得客户的好感。

客户:"我知道你们的计量设备的水平、品质都是一流的,这个我们公司内部都是认同的,没有任何争议。所以,老板吩咐我还是与你们谈一次,这个价格确实比××公司的精准计量仪贵了一倍,你让我们怎么决定呢?"

小郑:"李总,××公司的设备你们也不是不知道,它们便宜是有原因的,在实际计量中你们在乎的不仅是精准,还在乎时间,快速给出精确到微米的数字。在测量各种材料的光谱中,我们的计量仪器不仅准确而且快速,在测量后你们的客户等着要结果,你们能让他们等那么长时间吗?再说……"

客户(不等小郑说完):"小郑,这个我们不是不知道,不然早就给××公司下单了,我也不会再来找你谈了。"

小郑:"这样吧,李总,到底什么价位您可以接受,您给我一个数,我绝不为难您。要是差太多,那就是您让我为难了。其实您也知道,在公司里我也不过就是一个干销售的,从早到晚东奔西跑,没有一天踏实日子,还都得听老板的。您到底能接受什么价位,请直说,我听着。"

客户:"降10万,这个要求不过分吧?"

(小郑在电话这头沉默了一会儿,接着笑了起来,这让客户心里没谱。)

客户:"到底怎么样?成不成,给个话!"

小郑:"绝不过分,我要是您,比您还要狠。您是甲方,您的要求就是我们做乙方的首要义务,不过,我也是靠销售生活的人,也就是说您决定着我们这些推销员的工资。您也知道,我没有决定权,我给您请示经理,您看成吗?"

客户:"那你什么时候决定?我们现在手上的单子也积压了,就等着设备呢。要不,你这就去请求经理,如果成,这事就定了,怎么样?"

小郑:"李总,我比您还想做这个单,都跟了这么长时间了,您给××公司下单完成您的任务,我可就惨了。所以,无论如何这个单不能没有发展,我这就去请示经理,说你们公司的好话,告诉他明年你们还要开分公司,这次定了,下次还会再合作。还有,我会说你们的伙伴也有需求,这样对大家都好,成吧?"

客户:"好说,好说,这不就成了吗?"

事后经过一番交涉，经理同意让价8万元，客户推荐了他的几个也有计量设备需求的合作伙伴，双方都得到了自己想要的。

潜在客户在销售交往、沟通一段时间以后，在多家供应商之间权衡、比较以后，会发展到选择阶段。选择对象一般确定在2~3个供应商。这个阶段，客户的主要动机是为自己争取最大的利益，并通过要求供应商降价来实现这个目的。这个阶段对推销员来说是最为关键的阶段，只要推销员能积极发挥自己的谈判技巧，在讨价还价中获得客户的好感，成功拿到订单将不是问题。这个案例就是一个积极应对客户的讨价还价，利用谈判技巧成功签单的典型实战案例。

在此案例中，客户首先提出价格问题，要求供应商降价，小郑开始时使用的是基于利益陈述的思路："李总，××的设备你们也不是不知道，它便宜是有原因的……"但是，由于客户已经完全认可了这些利益，因此，再次使用这些利益吊客户的胃口，让客户接受价格就已经无效了，所以客户打断了小郑的陈述。

这个陈述遇到挫折后，小郑迅速转移到充分示弱，并且赞同对方的观点的思路上："这样好吧，李总，到底什么价位您可以接受，您给我一个数……""绝不过分，我要是您，比您还狠……"这些都是典型的赞同和示弱策略，可获得客户一定程度的同情。

"李总，我比您还想做这个单，都跟了这么长时间了。"这句话也是认同客户和争取理解的体现，就是要求客户有一定程度的配合承诺，共同争取自己的经理同意。

在整个案例中，小郑有效应用了示弱、赞同、争取理解、获得同情等谈判技巧，最后成功实现了签单的目的。推销员们在与客户讨价还价时，也不妨向小郑学习，灵活运用这些技巧，通过赢得客户的好感拿下订单。

先大后小刺激购买欲望

客户在价格上一再要求你作出让步时，第一次让步要合理一些，要充分激起买方的购买欲望。在谈判中期不要轻易让步，每一次让步幅度都要递减，并且要求买方在其他方面给予回报。最后的让步要让对方看出你异常艰难，认为你已经到了底线。

小李："赵总，你看，我们可以在报价的基础上下降10%。"
赵总："你们的价格还是太高，我们再考虑考虑。"

小李："好吧，一口价，我再降5个点。"

赵总："好吧，我们开会研究一下。"

（一个月后）

赵总："小李，我们决定购买你们公司的产品，但是还要降5个点。"

小李："对不起，李总，我给你报的已经是底价了。"

赵总："小李，你不实在。你的竞争对手可又给我降了5个点，你看着办吧！"

小李："……"

精明的买家总是认为卖方不会将价格一次让到位，他们总是试图让卖方一再让步。小李在一次拜访中连连降价，导致后来没有降价的空间，成交困难。

例如，你代表一家医疗器械销售公司向某家大型医院洽谈业务，其中一款设备报价是800元，你可以将价格降到720元成交，因此你谈判的空间是80元。怎样让出这80元是值得探讨的。下面是几种常见的让步方式。

（1）给出底线反遭怀疑。

对方反应：步步紧逼，让你难招架。

降价幅度：80元、90元、100元、110元。

这种方法是一开始把所有的空间全部让出去，这样是不明智的。首先对方会认为你虚报价格。轻易地让出如此之大的幅度，一定还有很大的让利空间。因此，他还会在价格上继续步步紧逼，让你无法承受，导致谈判陷入僵局甚至破裂。即使达成了交易，对方也会怀疑你的诚意，从而影响到下一次的合作。

（2）小额渗透不实际。

对方反应：遭反感对手不买账。

降价幅度：5元、15元、25元、35元。

开始，如此小的幅度对方肯定不会同意，会要求你再次让步，于是你分两步让出了15元和25元，但仍然被对方无情地拒绝了。为了避免谈判破裂，你只能把最后的35元全部让给对方。在你让出所有的谈判幅度后，你会如愿地拿到订单吗？这桩生意很难成交，道理很简单：在你每一次让步后，对方会觉得你在有意试探，诱骗价格且有失严肃，会造成对方对你产生反感，形成心理戒备，即使你让出再多，对方也不会高兴的。

（3）四平八稳落价格。

对方反应：对手摸透规律更宰你。

第六章 优势谈判

降价幅度：20元、20元、20元、20元。

从表面上看这是一种四平八稳的让步方式，每一次让步幅度都不大，谈判破裂的风险也较低。实际上，在各种形式的让步中，任何两次相同的让步都是不可取的。对方虽然不知道你究竟能让多少，却了解每次20元的让步规律，在你最后一次让步后对方还会期待下一个20元。

（4）先大后小刺激谈判欲望。

对方反应：觉得已砍到价格最底线。

降价幅度：40元、20元、15元、5元。

第一次让步要合理一些，要充分激起买方的购买欲望。在谈判中期不要轻易让步，每一次让步幅度都要递减，并且要求买方在其他方面给予回报。最后的让步要让对方看出你异常艰难，认为你已经到了底线。

至于哪种方法值得借鉴，这里已经不言自明了。

一分价钱一分货

当客户要求降价时，可以通过列举产品的核心优点，在适当的时候与比自己的报价低的产品相比较，列举一些权威专家的评论及公司产品获得的荣誉证书或奖杯等技巧和方法让客户觉得物有所值。

客户："我是××防疫站陈科长，你们是某某公司吗？我找一下你们的销售。"

电话销售："哦，您好！请问您有什么事？"

客户："我想咨询一下你们软件的报价，我们想上一套检验软件。"

电话销售："我们的报价是98800元。"

客户："这么贵！有没有搞错。我们是防疫站，可不是有名的企业。"（态度非常高傲）

电话销售："我们的报价是基于以下两种情况：首先从我们的产品质量上考虑，我们历时5年开发了这套软件，我们与全国多家用户单位合作。对全国的意见和建议进行整理，并融入我们的软件中。所以我们软件的通用性、实用性、稳定性都有保障。另外，我们的检验软件能出检验记录，这在全国同行中，我们是首例，这也是我们引以为傲的。请您考察。"

客户："这也太贵了！你看人家成都的才卖5万元。"

电话销售："陈科长，您说到成都的软件，我给您列举一下我们的软件与成都的软件的优缺点：咱们先说成都的，他们软件的功能模块很全，有检验、体检、管理、收费、领导查询等，但他们软件的宗旨是将软件做得是全而不深。而我们的宗旨是将软件做到既广又深，就检验这一块来说，他们的软件要求录入大量的数据和需要人工计算，他们能实现的功能只是打印，而再看我们的，我们只需要输入少量的原始数据即可，计算和出检验记录全部由计算机完成，这样既方便又快捷。另外，我们的软件也有领导查询和管理功能。在仪器和文档方面我们的软件也在不断改进，不断升级。"

客户："不行，太贵。"（态度依然强硬）

电话销售："您看，是这样的，咱们买软件不仅买的是软件的功能，更主要的是软件的售后服务，作为工程类软件，它有许多与通用性软件不同的地方。我们向您承诺，在合同期间我们对软件免费升级、免费培训、免费安装、免费调试等。您知道，我们做的是全国的市场，这期间来往的费用也是很高的，这我们对您也是免费的。另外，在我们的用户中也有像您这样的客户说我们的软件比较贵，但自从他们上了我们的软件以后就不再抱怨了，因为满足了他们的要求，甚至超过了他们的期望。我们的目标是：利用优质的产品和高质量的售后服务来平衡顾客价值与产品价格之间的差距，尽量使我们的客户产生一种用我们的产品产生的价值与为得到这种产品而付出的价格相比有值得的感觉。"

客户："是这样啊！你们能不能再便宜一点啊？"（态度已经有一点缓和）

电话销售："抱歉，陈科长你看，我们的软件质量在这儿摆着，确实不错。在10月21号我们参加了在上海举办的上海首届卫生博览会，在会上有很多同行、专家、学者。其中一位检验专家，他对检验、计算机、软件都很在行，他自己历时6年开发了一套软件，并考察了全国的市场，当看到我们的软件介绍和演示以后当场说：'你们的软件和深圳的在同行中是领先的。'这是一位专家对我们软件的真实评价。我们在各种展示中也获过很多的奖，比如检验质量金奖、检验管理银奖等奖项。"

客户："哦，是这样啊！看来你们的软件真有一定的优点。那你派一个工程师过来看一下我们这儿的情况，我们准备上你们的系统。"（他已经妥协了）

至此，经过以上几轮谈判和策略安排，销售产品的高价格已被客户接受，销售人员的目标已经实现了。

在与别人谈判的过程中,如何说服你的客户接受你的建议或意见,这其中有很大的学问,特别是在价格的谈判中。以下是价格谈判中的一些技巧和策略。

(1)在谈判过程中尽量列举一些产品的核心优点,并说一些与同行相比略高的特点,尽量避免说一些大众化的功能。

(2)在适当的时候可以与比自己的报价低的产品相比较,可以从以下几方面考虑:

①客户的使用情况(当然你必须对你的和你对手的客户使用情况非常了解——知己知彼)。

②列举一些自己和竞争对手在为取得同一个项目工程,并同时展示产品和价格时,我们的客户的反映情况(当然,这些情况全都是对我们有利的)。

(3)列举一些公司的产品在参加各种各样的会议或博览会时专家、学者或有威望的人员对我们的产品的高度专业评语。

(4)列举一些公司产品获得的荣誉证书或奖杯等。

第二节　谈判桌上的博弈术

利用"反馈意见"

你知道反馈意见的另一个重要意义吗?机敏的推销人员把它应用到了谈判桌上:"××先生,我很高兴您提出了关于××的问题。这是因为我们在××方面做了调整。因为我们的设计师认为,在经过这样的变化之后,更有××作用,虽然××,但它能够在××方面节约您的成本与开支。"

如果客户说:"你们的××产品定价太高,我们可负荷不了。"这也就是告诉你,"我们的要求其实很低,不需要支付这昂贵的价格。"发生这种事情时,我们没有必要非得强调我们的价格定得多么合理,即使是这样,我们要在能带给他更多的利益上下功夫,让他们觉得这种价格与他们所得到的利益是成正比的,我们必然考虑在每个反对意见背后存在的真实问题,你只有解决这个隐藏着的真实问题,你才能赢得推销,使客户心甘情愿地与你签约。在谈判过程中,尤其应避免发生口角,因为口角不能解决任何问题,还会伤害你与客户之间的感情,而且可能给你带来许多意想不到的不良影响。我们可以利用其他有利之处来反驳客户，你可以使语气柔和些："我能理解您此时的感受，××先生，在××公司工作的B先生给我们寄来了感谢信，他说到我们公司的产品的一些优点，如果您需要，我可以给您看一看他给我们的来信。"这时，毕竟客户也处在犹豫不决的时刻，他也希望有成功应用该产品的案例。这种方法可能会比你花费大量时间去反驳客户要好。

在你的手头，保留一些值得客户参考的资料，可以为你的说辞提供强有力的证据。

在谈判过程中，你可以使用各种技巧，使形势转向有利于你的方向，并且要沉稳、自若，绝不要因为无法回答客户的问题而面红耳赤，你应该以一种稳操胜券的姿态来面对你的客户。你要让客户明白他将获得的利益，一切都是在为他服务。这样还用继续谈判下去吗？不用，因为他已成了你真正的客户。

谈判桌上只能有一个笨蛋，那就是自己

在谈判中一定要让对方觉得他自己得到的多，谈判才会顺利。

销售员："说实话，您看的那套房子挺值的，同样的房子其他地方要600万元，而它只需要590万元。"

客户："可是房子的毛病也不少，墙壁的颜色太深、卫生间的管道漏水、阳台的护栏需要重新加固……"

销售员："您讲的我通通接受，所以别人的要600万元，我们的590万元就卖。"

客户："说到底，你们的房价并没有低多少呀。如果能再便宜点，我可以考虑考虑。"

销售员："现在我再降10万元，以580万元的价格卖给你，但您必须今天就跟我成交。您现在不跟我成交，明天再回来我就涨回到590万元，您买不买？"

客户："……"

后来客户虽然买了房子，但却始终不高兴，因为这是被强迫的。销售员犯了一个错误，强迫别人买了自己的商品，即使房子再好，客户也不会满意。

得失问题就是得多与得少的问题。在谈判中一定要让对方觉得自己得到的多，谈判才会顺利。这并不是真的让对方得多失少，只是让对方有这种感觉，从心理上获得满足，而且这并不会让自己蒙受损失。谈判者要明确，谈判桌上只能有一

个笨蛋,那就是自己。如果让对方觉得他自己是笨蛋,谈判也就失败了。所以在谈判桌上一定要让对方有赢的感觉,但不能让他赢得利益。这一目标看似很困难,其实操作起来并不困难。

把让步转化为进攻手段

不要以为你善意的让步会感动对方,使谈判变得更加简单而有效。要记住:谈判桌上没有朋友间的馈赠,只有利益之争。因此,让步是有原则的,是在争取各自利益的基础之上的。在使用让步策略时千万不可心慈手软。

采购经理:"我们作为大型的知名超市,绝不缺供应商,而且北京的市场怎么样你们也不是不知道,一听说我们要在北京开店,供应商都'蜂拥而至'呀!"

销售员:"张经理,我们厂看重的也是你们的名气和北京的市场,所以真诚地希望能与贵方合作,只是你们提出的条件确实有些苛刻,比如60天回款账期就实在让我们难以接受。"

采购经理:"你也要考虑我们的难处,如果大家都要求货款期延长,我们的资金回转就成问题了。"

销售员:"我们并没有要求你方延长回款账期,只要求一个正常的回款账期,应该不过分吧。"

采购经理:"但你们是不知名的小型机械厂家,与你们合作是要担风险的。"

销售员:"大型企业与你们合作的话,他们的要求也会十分苛刻,而我们为了实现与你们的合作,几乎没有什么条件,你们与我厂合作并不吃亏。"

采购经理:"但我们也没有太大的便宜可占。(停顿了一会儿)不过,换句话来说,合作都讲究双赢嘛,咱们合作的机会还是很大的。你们能否在签订合同前,先提供一套现场制作的设备,吸引更多的消费者呢?"

销售员:"陈经理,我会回公司尽力协调这件事,在最短的时间内给您答复,但您能不能给我一个正常的回款账期呢?"

采购经理:"你先给我答复,到时我们再具体协商吧!"

案例中的客户是一家大型知名超市的采购经理,他们准备在北京开一家连锁店。这一消息让很多经销商"蜂拥而至"。销售员代表弱势品牌的机械厂家与对方进行进店洽谈,谈判异常艰苦,对方要求十分苛刻,谈判进入了僵局,并且随时都有破裂的可能。在谈判中对方要求厂家先提供一套机械设备,来吸引消费者。

销售员知道刚好有一套设备闲置在库房里,但却没有当即答应,他回复说:"陈经理,我会回公司尽力协调这件事,在最短的时间内给您答复,但您能不能给我一个正常的回款账期呢?"最后,他赢得了一个平等的合同,一次双赢的谈判就这么形成了,这其中当然不能忽视让步的技巧所起到的作用。

谈判是双方不断地让步,最终达到利益交换的一个过程。让步既需要把握时机,又需要掌握一些基本的技巧,也许一个小小的让步会涉及整个战略布局,草率让步和寸土不让都是不可取的。

要记住:谈判桌没有朋友间的馈赠,只有利益之争,因此,在使用让步策略时千万不可心慈手软。

充分挖掘客户的购买潜力

与客户谈判时,将可使用的谈判条件和资源进行充分的拆分与组合,根据对方的各种潜在需求和愿意与之支付的成本进行假设性的探询,并逐渐在对方有肯定性的表示后加以满足,从而不断达到自己所期望的结果。

区域经理:"吴老板,你以前仅仅是我们公司在石家庄的客户之一,合同也未签,每年可以销售我公司饮料30万元。假如我们正式授权你为我公司的代理商,享受代理商供货价,你可以完成多少销售额?"

吴老板:"在没有窜货的情况下,50万元应该没问题。"

区域经理:"我们有统一的市场价格和管控体系,不会发生价格混乱的。关键看同一地区代理商之间的默契,不能搞恶性竞争。"

吴老板:"如果我能成为你们在石家庄的独家代理商,市场就不会这么容易乱了。"

区域经理:"我知道你的终端客户很多,但我们公司对独家代理商有很高的要求,像石家庄这样的市场,50万元肯定是不行的,而且一旦成为我们的独家代理商主推的必须是我们的产品。"

吴老板:"60万的销量保证,怎么样?"

第六章　优势谈判

区域经理："你去年所有饮料销了 200 多万，你认为代理我公司产品还有其他哪些因素影响你的销量提升？"

吴老板："由于从你们公司提货必须现款现结，所以不敢多进货，怕压仓库；但有时容易缺货，而丧失了一些机会。"

区域经理："假如你不用担心库存风险，你能增加多少销售额？"

吴老板："7 万～8 万元应该可以。"

区域经理："行，你最后一批进货所产生库存的 70% 我们公司承担，但你必须承担退货的运费，你的销售目标就按 70 万元算，还有其他阻碍因素吗？"

吴老板："饮料的季节性太强，厂家经常调价，如果降价而厂家不补差价我们就遭受损失了。如果厂家能补差价，我们就无后顾之忧了。"

区域经理："但你必须增加 5 万元的销量，我承诺 100% 补差价。其他还有什么能增加你销量的办法吗？"

吴老板："我个人能力有限，特别是终端推广方面，如果你们能经常过来指导或帮助我进行终端客户的谈判和管理就好了。"

区域经理："由于你这里是重点市场，我们今年专门派了一名业务经理负责河北地区，以帮助代理商开拓和管理终端客户并做好市场推广工作。但同样，你要增加 5 万元销量噢！"

吴老板："还有什么优惠条件，都给我算了，最好供货价能再优惠一点。"

区域经理："我们专门针对你这样有潜力的客户拟定了'大户奖励政策'，如果你能销售 90 万元，年终可以给你返利 5000 元；达到 100 万元的返利 10000 元，再往上每增加 10 万元，增加返利 2000 元，上不封顶。"

吴老板："好，那我的目标量就定在 100 万元了。"

探询式递进谈判是指在谈判中将可使用的谈判条件和资源进行充分的拆分与组合，根据对方的各种潜在需求和愿意与之支付的成本进行假设性的探询，并逐渐在对方有肯定性的表示后加以满足，从而不断达到自己所期望的结果。由于该方式具有容易掌握、风险性小、使用效果佳等特点而在商务谈判中广为使用。

对于客户购买量或年度销量目标的谈判，如我方原先的市场计划不具扩张性，提供的优惠条件也比较有限（含直接的、间接的，经济或荣誉方面）；而我方有新的更具扩张性的市场计划，并与之配套了相应资源。在这样的客户开发谈判中应遵循以下程序和原则，以充分利用好自己所拥有的资源和条件达到最佳的利益

253

效果：拟订详细且具有吸引力的市场计划（与以前相比有明显的市场扩张性和重视度）并通过召开经销商会、公关活动、谈判时的"夸张性"语气等方式感染客户，以使其对公司有信心；了解客户的背景、销售潜力以及可能影响销售情况的各种关键因素；将能提供的资源和条件加以多层次和多方位地组合，如价格、服务、风险分担、人员帮扶等，以对应影响客户销售情况的各关键因素；让客户先逐一提出影响销量增长的要素，然后有针对性地以探询的方式加以假设性满足，如客户的回答是符合自己期望的肯定表达，则给予；如客户无法给予肯定的答复，则中止该方面的试探。（万一客户要求享有该条件，则以不可能或无权决定等方式搪塞过去，因为你只是一种玩笑式的假设。）

按照此方式，一一递进并逐渐抬高目标量，直至对方的可挖掘潜力基本穷尽。

请对方先亮出底牌

不知道对方的底牌时，可以保持沉默，让对方先开口，亮出底牌，最后再采取策略。

理赔员："先生，我知道您是交涉专家，一向都是针对巨额款项谈判，恐怕我无法承受您的要价。我们公司若是只付100美元的赔偿金，您觉得如何？"

（谈判专家表情严肃，沉默不语。）

理赔员（果然沉不住气）："抱歉，请勿介意我刚才的提议，再加一些，200美元如何？"

谈判专家（又是一阵长久的沉默）："抱歉，这个价钱令人无法接受。"

理赔员："好吧，那么300美元如何？"

（谈判专家沉思良久。）

理赔员（有点慌乱）："好吧，400美元。"

谈判专家（又是踌躇了好一阵子，才慢慢地说）："400美元？……喔，我不知道。"

理赔员（痛心疾首）："就赔500美元吧。"

（谈判专家仍在沉思中。）

理赔员（无奈）："600美元是最高期限了。"

谈判专家（慢慢地）："可它好像并不是我想要的那个数。"

理赔员："如果说750美元还不是你想要的，那我也没有办法了。"
谈判专家（沉思一会儿后）："看来咱们的谈判无法进行下去了。"
理赔员："800，只能到800，否则咱们真的谈不下去了。"
谈判专家："好吧，我也不想为此事花更多的时间。"

谈判专家只是重复着他良久的沉默，重复着他严肃的表情，重复着说那句不厌的老话。最后，谈判的结果是这件理赔案终于在800美元的条件下达成协议，而谈判专家原来只准备获得300美元的赔偿金。

当我们不知道对方的底牌时，保持沉默是一个不错的主意！

爱迪生在做某公司电气技师时，他的一项发明获得了专利。一天，公司经理派人把他叫到办公室，表示愿意购买爱迪生的专利，并让爱迪生出个价。

爱迪生想了想，回答道："我的发明对公司有怎样的价值，我不知道，请您先开个价吧。""那好吧，我出40万美元，怎么样？"经理爽快地先报了价，谈判顺利结束了。

事后，爱迪生满面喜悦地说："我原来只想把专利卖500美元，因为以后的实验还要用很多钱，所以再便宜些我也是肯卖的。"

让对方先开口，使爱迪生多获得了30多万美元的收益。经理的开价与他预期的价格简直是天壤之别。在这次谈判中，事先未有任何准备、对其发明对公司的价值一无所知的爱迪生如果先报价，肯定会遭受巨大的损失。在这种情况下，最佳的选择就是把报价的主动权让给对方，通过对方的报价，来探查对方的目的、动机，摸清对方的虚实，然后及时调整自己的谈判计划，重新确定报价。

让鱼儿随钩先逃一下

在与客户谈判时，可以考虑使用"推—推—拉"的策略。在谈判中，你对对手有所取，便必须有所舍，即便是形式上、礼貌上的。

爱德："我公司的机器的品质和可靠性，都远远超过其他竞争的品牌，而且我公司每年都会开拓更大的市场。市场特别重要，因为机器的市场越大、销路越好、公司拥有越多训练有素的技术员，购买这机器的公司获得技术帮助的机会也更多。"

客户："我知道你说的都是事实。"

爱德："噢，那您还有什么疑虑？"

客户："你们的产品确实不错，我是很想要那部机器，问题是太贵了，谁付得起啊！而且我现在的生意实在很糟，如果要这台昂贵机器的话，必须在生意增加时才能办到。"

爱德："正因为这新机器的特点和便利，它能够利于做生意，能帮您把生意的现状改变过来。"（停顿片刻）

"这些机器必须提早4个月订货。除非您现在订货，不然您在旺季的时候将收不到机器。我告诉您我将怎么处理。现在就向我订货，至少让我把您列入订货名单。如果您改变心意，我保证会归还您的头期款，纵使机器已经送给您也一样算数，您还是可以将其送回，不花您一分钱，如果您决定要的话，那么您在最需要它的时候，它便能发挥最大的功效。"

爱德毫不放松地谈论此机器的优点，让顾客插不上话。不过这只是他销售策略的第一阶段而已。销售策略的结尾不是在"推—推"阶段，而是在"拉"阶段。他问客户是什么让他们迟疑订购的呢？回答的绝大部分是金钱问题。客户解释如果他要买这昂贵机器的话，他必须在生意增加时才能办到。爱德回答说："正因为这新机器的特点和便利，它能够利于做生意。"他缓和地打出最后一击，然后离开"推"的方向。"这些机器必须早4个月订货。除非您现在订货……"

老练的渔夫懂得如何钓鱼。先抛钓线，鱼儿上钩之后，让鱼儿随钩先逃一下，有点缓冲时间，再加点压力，把鱼钓上来。商业谈判也一样，成功谈判的步调应该是"推—推—拉"，而绝不是硬邦邦的、气势汹汹的。

给成交保留一定余地

当客户进入决策阶段，可能要求销售人员给予进一步的优惠时，要在谈判前，预先保留适当的退让余地。

销售员："喂？您好，是王总吧！"
客户："是的，你是？"
销售员："我是星光俱乐部的周林，那件事您考虑得怎么样啦！"
客户："什么事？"
销售员："就是关于您加入我们俱乐部的事。"
客户："这个事，我就不参加了，会费太贵了。我们企业的效益不好，负担不

第六章　优势谈判

起你那个什么卡。"

销售员："王总，您净和我们年轻人开玩笑。草原度假卡还有您意想不到的优惠呢。"

客户："你指的是什么呢？"

销售员："我们这个草原度假卡的持卡人，可以在与您合作的全国20家大型宾馆和度假村享受5%～10%的优惠，享受非持卡人所没有的便利。你们当老总的心算肯定没得说，一算就清楚了。就当您每月省两次应酬，每次应酬用800元，一个月下来就节省了接近2000元，一年下来节省的钱也就不言自明了。我的这笔小学算术，王总您给个分，算得对不？"

客户："你这小姑娘的嘴也真是厉害。如果你能再优惠点，我可以重新考虑一下。"

销售员："王总，您过奖了。正像您说的，咱们这个卡不便宜，可省下来的钱也不是个小数目。如果您加入的话，我可以在我的能力范围内给您打九五折。"

客户："好的，为了你的工作，也为了我的身体，我周末去报名。"

销售员："谢谢王总的支持。再见！"

销售时保留一定余地很容易诱导客户成交。客户会觉得自己有很大的主动性，没有被迫接受，这样往往更容易成交。

保留一定的成交余地，也就是要保留一定的退让余地。任何交易的达成都必须经历一番讨价还价，很少有一项交易是按卖主的最初报价成交的。尤其是在买方市场的情况下，所有的交易都是在卖方作出适当让步之后才拍板成交的。上述案例就是在客户提出"如果你能再优惠点，我可以重新考虑一下"的前提下，销售员适时提出"如果您加入的话，我可以在我的能力范围内给您打九五折"而最终达成交易的。

因此，推销员在成交之前如果把所有的优惠条件都一股脑儿地端给顾客，当顾客要你再做些让步才同意成交时，你就没有退让的余地了。所以，为了有效地促成交易，推销员一定要保留适当的退让余地。

·第七章·

一切为了成交

第一节　借助人脉加速成交

以朋友介绍的名义开场，消除客户右脑的警惕性

　　刚辞职"下海"的张娟做起了推销日用化妆品的工作，由于是新手，又摸不清客户心理，因此推销的成绩很不理想，一连几天都没有把东西推销出去，因此她心里焦急万分，便想打退堂鼓。不料，这时突然"柳暗花明"。那一天，她又在推销。进入一家商店时，正好碰上了以前高中时的同学王丽。

　　在得知张娟正在推销化妆品后，王丽为她介绍了一个熟人——一位百货公司化妆品部经理。

　　张娟高兴极了，第二天她就登门拜访了这位经理。

　　"您好，是李总吗？我是王丽的朋友，是她介绍我认识您的。王丽是我高中同学，而且同桌了一年，比我大一岁。"

　　"是吗，你好，我也很长时间没见到她了，不知道她最近怎么样了。"

　　"我昨天刚碰到过她了，她最近挺好的，在进修国际贸易，她总是那么爱学习。她对您赞誉有加，说您勇于打破一切常规，敢于从零做起，她相当欣赏您。"

　　"真的吗？"

　　"她说您在学生时代还看不出什么，但是没想到进入社会后就开始慢慢崭露头角。您有朝一日必定大有作为，所以还要请您多多关照、多多提拔。"

　　"哪里，过奖了。"

　　"听王丽说，你们在大学读书时经常利用节假日去学校附近的江边做野炊，

第七章 一切为了成交

江里边有个小岛，叫作什么岛来着？"

"孔雀岛。"

"对，对，孔雀岛，上面肯定有很多孔雀吧。听说有一次你们在岛上野炊，忽然下起大雨，江面突然涨水了，平日干涸的河段也涨满水，你们差点回不来了。我听着，都感到挺有趣的。想来，您亲身经历过，应该感触更深吧！"

"你们那班的朋友，现在还都有联系吧？"

"也没有，有好多朋友失去了联系。"

"说得也是，离开学校后，各有各的事业，各有各的前程，天各一方的，联系起来就没有那么容易了。"

"李总，不好意思，只顾谈你们的过去，忘了自我介绍。我叫张娟，现在从事的是化妆品销售工作。我想，在这方面您一定可以帮到我。"

"……"

"现在化妆品比较走俏，市场也很大。"

"可是，质次价高，名不副实，也不好经营，我们现在正在为这个问题发愁呢！"

"李总，我们公司新近研制出了几个型号，现在正在开拓市场。"

"那你说说看。"

于是，张娟认真地将准备好的工作说了一遍，得到了李总的认同，签订了合同。

经过这件事以后，张娟也有了信心，慢慢地摸索出了一套寻找客户的方法，推销业绩日趋上升，也不再想着转行了。

在推销行业中，推销员以朋友介绍的名义去拜访一个新客户，这个新客户要想拒绝推销员是比较困难的，因为他如果这样做就等于拒绝了他的朋友。这个案例中张娟就是通过朋友的关系成功拿下一个新客户的。

在案例中，日用化妆品推销员张娟偶遇高中同学王丽，在王丽的介绍下，去拜访某百货公司的化妆品部经理。见到潜在客户后，张娟自报家门说："我是王丽的朋友，是她介绍我认识您的。"我们知道，面对陌生人，任何人都会很自然地产生一种警惕心理。如果在推销员刚开始就说明自己与介绍人的关系，客户的警惕心理就会减少很多。这是一种典型的右脑策略。

然后，张娟又向客户传达了介绍人的近况，以及介绍人对客户的评价、客户以前的趣事等，让客户的右脑逐渐感知到，这个人确实是朋友介绍来的，可以信任（左脑的判断），这对销售起到了很好的促进作用。

最后，张娟又顺势引导客户到自己的销售目的上来，由于客户已经对推销员有了好感和信任，接下来的谈话也就非常顺利了，张娟成功地拿下了这个新客户。

由此可见，通过朋友介绍的名义去拜访客户，更容易获得客户的信任，对成交更有利。因此，推销员们一定要注意与朋友和客户保持联络，有时甚至是只见过一面的人都可以使你获得更多的客户资源。

利用潜在客户周围的人际关系拿订单

赵明是平安保险的销售顾问，他通过一个老客户得到了李先生的电话，并了解了一些客户的资料。

赵明："李先生，您好，我是平安保险的顾问。昨天看到有关您的新闻，所以，找到台里的客户，得到您的电话。我觉得凭借我的专业特长，应该可以帮上您。"

李先生："你是谁？你怎么知道我的电话号码？"

赵明："平安保险，您听说过吗？昨天新闻里说您遇到一起交通意外，幸好没事了。不过，如果您现在有一些身体不适的话，看我是不是可以帮您一个忙。"

李先生："到底谁给你的电话呢？你又怎么可以帮我呢？"

赵明："××是台里的我的客户，也是您的同事，一起主持过节目。她说您好像的确有一点不舒服。我们公司对您这样的特殊职业有一个比较好的综合服务，我倒是可以为您安排一个半年免费的。如果这次意外之前就有这个免费的话，您现在应该可以得到一些补偿。您看您什么时候方便，我给您送过来。"

李先生："哦，是××给你的电话啊。不过，现在的确时间不多。这个星期连续都要录节目。"

赵明："没有关系，下周一我还要到台里，还有两个您的同事也要我送过去详细的说明。如果您在，就正好；如果您忙，我们再找时间也行。但是，难免会有意外，出意外没有保障就不好了。"

李先生："你下周过来找谁？"

赵明："一个是你们这个节目的制片，一个是另一个栏目的主持。"

李先生："周一我们会一起做节目，那时我也在。你把刚才说的那个什么服务的说明一起带过来吧。"

赵明："那好，我现在就先为您申请一下，再占用您5分钟，有8个问题我现在必须替您填表。我问您答，好吗？"

第七章 一切为了成交

随后，就是详细的资料填写，赵明成功地签下了一年的保险合约。

当推销员初次与潜在客户接触时，利用潜在客户周围的人际关系往往更容易获得订单。这个案例就是一个通过人际关系拿订单的电话营销案例。

在案例中，我们看到赵明在接通潜在客户李先生的电话、自报家门后，李先生的防范心理是显而易见的。这时候，如果推销员不能及时消除客户的这种心理，那客户就很有可能会马上结束电话。在下面的对话中，我们可以看出，赵明是做了充分的调查和准备的，并事先制订了详细的谈话步骤，这是优秀的左脑习惯的体现。

在接到潜在客户警惕性的信号后，赵明先以对方遇到一起交通意外、可以为其提供帮助为由，初步淡化了客户的警惕心理；然后，又借助李先生同事的关系彻底化解了对方的防范心理，取得了潜在客户的信任，成功地得到了李先生的资料以及一年的保险和约。赵明的计划成功了，这是左脑策略的胜利。

可见，推销员在准备与潜在客户接触前，一定要有所准备，并善于利用潜在客户周围的人的影响力，这是获得潜在客户信任的一个有效方法。

感动接待人员，变销售障碍为签单的桥梁

陈成是推销水泥用球磨机的业务员，他认为某市是个水泥厂集中的地区，对球磨机的需求肯定不小，于是他打点行装就过去了。

通过走访，陈成了解到，不久之前，有一家外资企业在此刚刚开业，他们的生产线采用了世界上最先进的技术，其球磨机对铸球料的质量要求极高。如果能和这家大企业建立起购销关系，该地区其他小厂肯定会纷纷效仿。

做好准备后，陈成就登门拜访去了。没想到刚到大门前，他就被门卫非常客气地挡在了外面。在出示了一系列证件后，门卫才帮他拨通总经理办公室的电话。可想而知，陈成遭到了拒绝。

跑了上千公里路，结果连人家的厂门也没有进去，陈成当然很不甘心。他想，阻拦自己的是谁呢？是门卫。所以，他就在门卫身上下起了功夫。

陈成使尽了各种方法，门卫都不愿意放他进去，门卫说："我不会让你进去的！你要搞清楚，我好不容易才得到这份工作，请你不要给我添乱了！"

陈成见正面请求没有见效，于是，就转换策略与门卫拉起了家常。门卫开始

261

不愿意与他多说话，后来见他比较真诚，就爱答不理地应付了几句。

到了后来，两人竟然聊得很投机，陈成就对门卫说："大哥，我这份工作来得也不容易啊！这次我跑了上千多公里路来到这里，如果连你们的厂门都进不去的话，我的饭碗可能会保不住。但我知道您也不容易，就不难为您了，我打算明天就回去，以后记得常联系啊！"

门卫就动了真感情，悄悄告诉他说："总经理每天早上8点准时进厂，如果你有胆量，就堵住他的车。记住，他乘坐的是一辆白色宝马。我只能帮你这么多了。"

获此消息，陈成喜不自禁。第二天天刚蒙蒙亮，他就开始在厂外等候，并终于见到了总经理。经过一番艰苦的谈判，厂方订了一大批货。

对于那些上门做业务的推销员而言，门卫、秘书等接待人员往往成为他们接触负责人的最大障碍。因此，推销员首先应取得这些人的认可，才有可能达到签单的目的。这个案例就是推销员运用右脑策略感动门卫，最后成功签单的经典案例。

在案例中，推销员陈成为了拿下一个大客户而登门拜访，但却始终过不了门卫这一关，无论他怎样请求，都无济于事。门卫不放推销员进去是在履行自己的职责，也就是说此时的门卫正在使用左脑思考，推销员要想进入公司，就必须改变策略，让门卫放弃使用左脑。

陈成不愧为一个左右脑推销的高手，他及时转变了策略，与门卫拉起了家常，这是一个典型的右脑策略。两人越聊越投机，最后陈成说："大哥，我这份工作来的也不容易啊！……以后记得常联系啊！"这句话同样是直接作用于门卫的右脑，尤其是"大哥"这个非正式的称呼更是拉近了两个人的距离，获得了对方进一步的好感。最终，右脑策略取得了成功，门卫彻底放弃了左脑的理性思考，而向他透露了总经理的信息，陈成最终见到了总经理，成功签约。

可见，当推销员遭到接待人员的拒绝后，千万不要灰心，而是要积极发挥自己右脑的实力，与他们搞好关系，一旦获得了接待人员的认可，由于他们对负责人的情况比较了解，就可以变障碍为桥梁，顺利达到你的目的。

左右脑互动，维护老客户

高瑜是一家健身俱乐部的电话营销人员，她的主要工作就是通过电话推广一种健身会员卡。该俱乐部共有15个电话营销团队，每个团队10人。在高瑜刚加

第七章 一切为了成交

入俱乐部时,她所在团队的整体业绩排在最后一名,在她工作3个月后,该团队的业绩上升到了第一名,她个人业绩也排在全俱乐部第一。

当问到她的成功经验时,高瑜毫不掩饰地透露了她的秘密:每个月的前20天寻找新客户,后10天维护老客户。

她举了一个维护老客户的例子。

高瑜:"谢总,您好!我是高瑜,最近在忙什么呢?"

谢总:"高瑜啊,你好,你好,最近出了趟差,刚回广州。"

高瑜:"怪不得我这几天都没看到您来我们这儿锻炼身体了,出差挺辛苦的,什么时候到我们这儿放松一下?"

谢总:"明天我就约几个朋友过去打网球。"

高瑜:"您的朋友都有我们的会员卡了吗?"

谢总:"哦,想起来了,他们还没有呢。"

高瑜:"那赶紧给他们办呀!"

谢总:"如果同时办3张,你们有没有优惠?"

高瑜:"同时办3张没有优惠,俱乐部规定同时办5张可以打8折。"

谢总:"我只有这3个要好的朋友,买多了也是浪费呀!"

高瑜:"请问谢总,您平时除了运动之外,还有其他爱好吗?"

谢总:"偶尔和几个朋友打打牌什么的。"

高瑜:"打牌赌钱吗?"

谢总:"我们都玩得很小,还谈不上'赌'字。"

高瑜:"您抽烟吗?"

谢总:"抽烟啊!"

高瑜:"这还不简单,省下您买烟和打牌的钱就可以多买两张卡了。以后就不要打牌了,有时间就直接到我们这儿锻炼锻炼身体,我这就给您办啦,您明天带朋友过来就可以立即拿卡了。"

谢总:"好哇,我说不过你,要不你到我公司来上班吧,怎么样?"

高瑜:"谢谢谢总,我现在到您公司去还不是时候,等到有一天,我在这家公司把本领炼到炉火纯青时,再到您公司去才有价值呀。说好了,您明天一定要过来哦,我已经给您申请了5张年度卡,每张卡打8折,共8000元,明天直接过来拿就好了。"

谢总:"好吧。"

263

这是一个典型的依靠关系销售的例子。高瑜依靠以往与客户建立的合作关系来完成新的销售，这同时也是一个左右脑销售博弈的过程。

在案例的开始，高瑜就透露了她成功的秘密：每个月的前20天寻找新客户，后10天维护老客户。这完全是一个左脑与右脑进行经验总结后得出的方法。维护老客户凭借的就是双方以前建立的良好关系获得新的订单。

高瑜在与老客户谢总通话时，以闲聊的方式开始，直接作用于客户的右脑，让客户感觉推销员是在关心自己，而不是向自己推销东西。然后高瑜又以客户工作辛苦、需要放松为由，邀请客户来俱乐部健身。当客户说"明天我就约几个朋友过去打网球"时，高瑜捕捉到这个机会，趁机询问谢总的朋友有无会员卡，成功地让双方的谈话转移到自己的业务上来，体现了推销员高超的右脑水平。

在接下来的谈话中，高瑜一直在使用自己的右脑，同时把客户的思维也固定在右脑的使用上，最后成功推销出5张会员卡。

由此可见，推销员要想获得好的销售业绩，既要开发新客户，还要发挥左右脑优势，注意与老客户保持良好关系，挖掘他们的需求。

先做朋友，后做生意

吉姆是一位非常忙碌而且非常反感推销员的油桶制造商，一天，保险推销员威廉带着朋友的介绍卡，来到了吉姆的办公室。

"吉姆先生，您早！我是人寿保险公司的威廉。我想您大概认识皮尔先生吧！"

威廉一边说话，一边递上自己的名片和皮尔的亲笔介绍卡。

吉姆看了看介绍卡和名片，丢在桌子上，以不甚友好的口气对威廉说："又是一位保险推销员！"

吉姆不等威廉说话，便不耐烦地继续说："你是我今天所见到的第三位推销员，你看到我桌子上堆了多少文件了吗？要是我整天坐这里听你们推销员吹牛，什么事情也别想办了，所以我求你帮帮忙，不要再做无谓的推销啦，我实在没有时间跟你谈什么保险！"

威廉不慌不忙地说："您放心，我只占用您一会儿的时间就走，我来这里只是希望认识您，如果可能的话，想跟您约个时间明天碰个面，再过一两天也可以，您看早上还是下午好呢？我们的见面大约20分钟就够了。"

第七章　一切为了成交

吉姆很不客气地说："我再告诉你一次，我没有时间接见你们这些推销员！"

威廉并没有告辞，也没有说什么。他知道，要和吉姆继续谈下去，必须得想想办法才行。于是他弯下腰很有兴趣地观看摆在吉姆办公室地板上的一些产品，然后问道：

"吉姆先生，这都是贵公司的产品吗？"

"不错。"吉姆冷冰冰地说。

威廉又看了一会，问道："吉姆先生，您在这个行业干了有多长时间啦？"

"哦……大概有 × 年了！"吉姆的态度有所缓和。

威廉接着又问："您当初是怎么进入这一行的呢？"

吉姆放下手中的公事，靠着椅子靠背，脸上开始露出不那么严肃的表情，对威廉说："说来话长了，我17岁时就进了约翰·杜维公司，那时真是为他们卖命一样地工作了10年，可是到头来只不过混到一个部门主管，还得看别人的脸色行事，所以我下了狠心，想办法自己创业。"

威廉又问道："请问您是宾州人吗？"

吉姆这时已完全没有生气和不耐烦了，他告诉威廉自己并不是宾州人，而是一个瑞士人。听说是一个外国移民，威廉吃惊地问吉姆："那真是更不简单了，我猜想您很小就移民来到美国了，是吗？"

这时的吉姆脸上竟出现了笑容，自豪地对威廉说："我14岁就离开瑞士，先在德国待了一段时间，然后决定到新大陆来打天下。"

"真是一个精彩的传奇故事，我猜您要建立这么大的一座工厂，当初一定筹措了不少资本吧？"

吉姆微笑着继续说："资本？哪里来的资本！我当初开创事业的时候，口袋里只有300美元，但是令人高兴的是，这个公司目前已整整有30万美元的资本了。"

威廉又看了看地上的产品道："我想要做这种油桶，一定要靠特别的技术，要是能看看工厂里的生产过程一定很有趣。您能否带我看一下您的工厂呢？"

"没问题。"

吉姆此时再也不提他是如何如何的忙，他一手搭在威廉的肩上，兴致勃勃地带着他参观了他的油桶生产工厂。

威廉用热诚和特殊的谈话方式，化解了这个讨厌推销员的瑞士人的冷漠和拒绝。可以想象等他们参观完工厂以后，吉姆再也不会拒绝和这位推销员谈话了，只要谈话一开始，威廉就已经成功了一半。

事实上，他们在第一次见面之后，就成了一对好朋友。自那以后的16年里，威廉陆续向吉姆和他的6个儿子卖了19份保单。此外，威廉还跟这家公司的其他人员也建立起了非常好的友谊，从而扩大了他的推销范围。

在推销过程中，遇到客户的拒绝在所难免，这时候，推销员要能发挥自己卓越的沟通能力，尽力地鼓励和关心客户，使客户感到一种温馨，化解客户的"反推销"心理，进而把你当成知心朋友，这对你的推销工作会起到积极的作用，同时这也是关系营销建立的一种方式。这个案例就是一个典型的与客户先做朋友后做生意的实战案例。

保险推销员威廉带着朋友的介绍卡去拜访客户，但仍然被客户毫不客气地拒绝了。熟人介绍也是一种作用于客户右脑的策略，但对态度强硬的客户没有发挥作用。对一般推销员来说，在顾客毫不客气地拒绝之后，很可能就失望地告辞了，但威廉却没有，接下来，他充分发挥了自己左右脑的实力。

"吉姆先生，这都是贵公司的产品吗？""您在这个行业干了有多长时间啦？""您当初是怎么进入这一行的呢？"这一系列感性的提问，让谈话从客户自己的职业开始，这是打开客户话匣子的万能钥匙，因为所有的成功人士都会对自己当初的选择和使他成功的一些事沾沾自喜，当你把话题转到这里，而他又不是正在火头上的话，一定会告诉你他的发家史，话题由此逐步打开，客户开始时的思维也会由左脑的理性转移到右脑的感性。

果然，威廉的右脑策略成功了，在接下来的交谈中，威廉利用自己出色的沟通能力和左脑的逻辑思维能力，把客户的思维始终控制在右脑的使用上，最终不但与客户成了好朋友，还获得了更多保单。

可见，与潜在客户做朋友是开拓客户的一种有效途径，当在推销时遇到类似客户时，我们不妨运用左右脑销售博弈的智慧与他先成为朋友，然后生意自然也就成了。

长期接触，取得潜在客户

托马斯是一位保险经纪人，高尔夫球是他最喜欢的娱乐之一，在打高尔夫球时，总能得到彻底放松。在上大学期间，托马斯是格罗斯高尔夫球队的队长。虽然如此，但他的首要原则就是在打高尔夫时不谈生意，尽管接触的一些极好的客户事实上就是他所在的乡村俱乐部的会员。托马斯习惯于把个人生活与生意区分开来，他绝不希望人们认为他利用关系来推销。也就是说，在离开办公室后，托马斯不会把个人的娱乐与生意搅在一起。

托马斯这样做并不是说所有的高尔夫球伴都不是他的客户，只是说他从不积极地怂恿他们同他做生意。但从另一个角度来讲，当他们真心要谈生意时，托马斯也从不拒绝他们。

吉米是一家建筑公司的经理，该公司很大而且能独自提供用于汽车和家具的弹簧。

托马斯与吉米在俱乐部玩高尔夫球双人赛。他们在一轮轮比赛中玩得很高兴。后来，过了一段时间，他们就经常在一块玩了。他们俩球技不相上下，年龄相仿，兴趣相投，尤其在运动方面。随着时间的推移，他们的友谊逐渐加深。

很显然吉米是位再好不过的潜在顾客。既然吉米是位成功的商人，那么跟他谈论生意也就没有什么不正常。然而，托马斯从未向吉米建议做他的证券经纪人。因为，那样就违背了托马斯的原则。

托马斯和吉米有时讨论一些有关某个公司某个行业的问题。有时，吉米还想知道托马斯对证券市场的总体观点。虽然从不回避回答这些问题，但托马斯也从未表示非要为他开个户头不可。

吉米总是时不时地要托马斯给他一份报告，或者他会问："你能帮我看看佩思尼·韦伯的分析吗？"托马斯总是很乐意地照办。

一天，在晴朗的蓝天下，吉米把手放在托马斯肩膀上说："托马斯，你帮了我不少忙，我也知道你在你那一行干得很出色。但你从未提出让我成为你的客户。"

"是的，吉米，我从未想过。"

"那么，托马斯，现在告诉你我要做什么。"他温和地说，"我要在你那儿开个账户。"托马斯笑着让他继续说下去。

"托马斯，就我所知，你有良好的信誉。就以你从未劝我做你的客户这点来看，你很值得我敬佩，实际上我也基本遵守这一点。我同样不愿意与朋友在生意上有往来。现在既然我这样说了，我希望你能做我的证券经纪人，好吗？"

接下来的星期一上午，吉米在办公室给托马斯来电话开了个账户。随后，吉米成了托马斯最大的客户。他还介绍了几个家庭成员和生意往来的人，让他们也成了托马斯的客户。

作为一个优秀的推销员，应该了解何时该"温和地推销"，何时该默默地走开。富裕的人总是对他人保持提防的态度，对于这些极有潜力的未来客户，推销员应该尽力接近他们，而不是让他们从一开始就抱有戒心，相互信任是关系营销的最高境界。

就像这个案例中的推销员托马斯，喜欢打高尔夫球，也因此结识了很多有实力的客户，但他并没有利用这个机会去推销，而是把个人娱乐和生意分开，与球伴建立了很好的关系，这是建立信任、赢得客户好感的一种典型策略，它也常常能取得非常好的效果。托马斯赢得了与他一起打球的某公司的总经理吉米的敬佩，对方主动要求与他做生意，于是，吉米成了托马斯最大的客户。

这桩看似轻而易举的生意，其实是与客户长期接触，赢得客户的信任与尊重而获得的。其中，与潜在客户长期接触时的言谈尤其重要，不能流露出功利心，这也是托马斯取得成功的关键。

可见，强硬推销的结果必定是遭到拒绝，而经过一段时间发展得来的关系会更长久。作为推销员，不妨借鉴一下托马斯的做法，先取得潜在客户的信任，生意自然水到渠成。

第二节　产品介绍中的学问

客户只关注能给自己带来好处的产品

客户只会购买对自己有帮助、能给自己带来利益的商品，推销员在推销的过程中如果能把握住客户的这种心理，那么推销就会顺畅许多。

英国的十大推销高手之一约翰·凡顿的名片与众不同，每一张上面都印着一个大大的25％，下面写的是约翰·凡顿，英国××公司。当他把名片递给客户的时候，所有人的第一反应都是相同的："25％是什么意思？"约翰·凡顿就告诉他们："如果使用我们的机器设备，您的成本就会降低25％。"这一下就引起了客户的兴趣。约翰·凡顿还在名片的背面写了这么一句话："如果您有兴趣，请拨打电话××××××。"然后将这名片装在信封里，寄给全国各地的客户。结果把许多人的好奇心都激发出来了，客户纷纷打电话过来咨询。

你必须确定你所要告诉客户的事情是他感兴趣的，或对他来讲是重要的。所以当你接触客户的时候，你所讲的第一句话，就应该让他知道你的产品和服务最终能给他带来哪些利益，而这些利益也是客户真正需求和感兴趣的。

这就要求推销员在推销过程中，不仅要对自己的利益了如指掌，千方百计地进行维护，更重要的是要清楚自己所提的条件能给对方带来哪些好处、哪些利益，并且尽可能地把己方的条件给对方带来的好处清晰地列出来。如果你只是笼统地说：

"我方产品投入使用后会带来重大的经济效益。"

"我们的产品质量上乘、服务一流、物美价廉。"

像这样苍白无力的话语在推销时是没有分量的。但是如果你把具体的利益罗列出来，向对方明示，那么效果肯定会不一样。例如：

"我们的产品采用××国际质量标准，经国家××质量体系认证，被消费者协会推荐为消费者信得过产品。"

"本公司产品售后服务投诉率为零。"

"该产品投入使用后，经测算，一年即可收回全部投资，第二年即可获利50万元。"

作为买方，则可以把与卖方有竞争能力的一些竞争者的情况告诉卖方，重点说明哪些产品的质量比它好，价格比它低，或哪家提供的优惠条件比它多，而买方所提条件对卖方来说已经具有一定的经济利益了，切不可因贪小利而失大局。

在你明确了己方所提条件对对方的好处和利益后，对方就会更加容易接受你的观点，促进推销达成协议。

当钢琴最初发明的时候，钢琴发明者很渴望打开市场。最初的广告是向客户分析，原来世界上最好的木材，首先拿来做烟斗，然后再选择去制造钢琴。钢琴发明者从木材素质方面来宣传钢琴，当然引不起大家的兴趣。

过了一段时间，钢琴销售商开始经销钢琴，他们不再宣传木材质料，而是向消费者解释，钢琴虽然贵，但物有所值。同时，又提供优惠的分期付款办法。客户研究了分期付款的办法之后，发现的确很便宜，出很少的钱便可将庞大的钢琴搬回家中布置客厅，的确物超所值。不过，客户还是不肯掏腰包。

后来，有个销售商找到一个新的宣传方法，他们的广告很简单："将您的女儿玛莉训练成贵妇吧！"广告一出，立即引起了轰动。为什么呢？这是营销高手

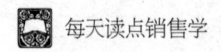

洞悉人性的秘诀。自此之后，钢琴就不愁销路了。

告诉客户你的产品能为他的生活带来哪些好处。告诉他应得的利益，销售就能顺利地进行。

[案例一]

皮特拿起电话向顾客推销一种新上市的电动剃须刀，他仔细地将这种新式电动剃须刀的一切优良性能都作了介绍。

客户："剃须刀不就是为了刮掉胡须吗？我的那种旧式剃须刀也可以做到这些，我为什么还要买你这个？"（很显然，顾客希望清楚地了解这些产品或者皮特的这种销售主张能够带来什么样的好处。）

皮特："我的这种剃须刀要比以前的性能优良，而且包装特别精美。"

客户："你的包装精美跟我有什么关系？包装精美的产品有的是，我为什么要选择你的产品呢？"

皮特"这种剃须刀很容易操作！"

客户："容易操作对我有什么好处？我并不觉得我原来的很难操作。"（说完后就挂断了电话。）

[案例二]

销售人员："您好，我这里是佳惠车行，我们车行刚调来一批涡轮引擎发动的新型汽车，我想您一定会感兴趣。"

客户："那么汽车的加速性能如何？"

销售人员："加速性能？这种引擎可以在开动后10秒钟达到每小时100英里的速度。驾驶这种车不仅可以获得速度上的刺激，而且还可以迅速地摆脱任何尴尬的处境。"

客户："我问的是加速性能怎样？"

销售人员："引擎充电后可以加大功率，从安全及机械性能上说，这是最理想的汽车。您难道不认为安全与机械性能良好是当今对汽车的两大要求吗？"

客户："我现在忙，再见。"

案例中推销人员的失败，就在于他们一味地强调产品的特点，而忽略了产品带给顾客的好处。

从事电话行销工作的人是否曾经思考过，你们销售的是产品，还是产品带给顾客的好处呢？我们通常都认为自己向顾客推销的是产品，衣服、领带、化妆品、广告、软件……却忽略了顾客需要的不是这些产品，顾客真正需要的是产品带给他们的好处。所以，电话行销的关键，是要向客户展示产品能为他们带来哪些好处。

根据对实际的销售行为的观察和统计研究，60%的销售人员经常将特点与好处混为一谈，无法清楚地区分，50%的销售人员在做销售陈述或者说服销售的时候不知道强调产品的好处。销售人员必须清楚地了解特点与好处的区别，这一点在进行销售陈述和说服销售的时候十分重要。

那么推销中强调的好处都有哪些呢？

（1）帮助顾客省钱。

（2）帮助顾客节省时间。效率就是生命，时间就是金钱，如果我们开发一种产品可以帮顾客节省时间，顾客也会非常喜欢。

（3）帮助顾客赚钱。假如我们能提供一套产品帮助顾客赚钱，当顾客真正了解后，他就会购买。

（4）安全感。顾客买航空保险，不是买的那张保单，买的是一种对他的家人、他自己的安全感。

（5）地位的象征。一块百达翡丽的手表拍卖价700万人民币，从一块手表的功用价值看，实在不值得花费，但还是有顾客选择它，那是因为它独特、稀少，能给人一种地位的象征。

（6）健康。市面上有各种滋补保健的药品，就是抓住了人类害怕病痛死亡的天性，所以当顾客相信你的产品能帮他解决此类问题时，他也就有了此类需求。

（7）方便、舒适。

销售员要想确切地介绍出产品的好处，还要从以下几个方面做起：

（1）清楚认识自己的产品。训练有素的销售人员能够清楚地知道自己的产品究竟在哪些方面具备优良性能，十分熟练地掌握产品的特征可提供的利益。

（2）了解客户的关注点。与客户交往中，最难判断的是他们的关注点或利益点，只有找到他们的关注点才能针对需求进行推销。一个好的推销员应该首先弄清楚客户关注什么。要想清楚明了客户的需求，就需要通过提问、回答反复深入地了解客户的真实想法，从而给出客户最需要的购买建议，完成销售。

（3）主动展示产品的好处。销售人员直接告诉消费者他们接受产品或促销计划所能获得的好处，当好处能满足该客户的需要时，他多半会同意购买产品或接受提议。

（4）运用各种方法强调好处。其中包括品质、味道、包装、颜色、大小、市场占有率、外观、配方、成本、制作程序等，使客户有种豁然开朗的感觉——我就是想要这样的东西。这样，你离成功就只有一步之遥了。

把客户放在你做一切努力的核心位置上

与客户沟通的任何时候，不要以你或你的产品为谈话的中心，务必以对方为中心。

推销员："对不起，先生……"

客户："唔？你是谁？"

推销员："我叫本·多弗……"

客户："你是干什么的？"

推销员："哦，先生，我是爱美领带公司的。"

客户："什么？"

推销员："爱美领带公司。我这里有一些领带相信您会喜欢。"

客户："也许是吧，可我并不需要。家里大概有50条了。你看，我不是本地人，至少现在还不是。公司把我调过来，我出去找房子刚回来。"

推销员："啊，让我成为第一个欢迎您到本地来的人吧！您从哪儿来？"

客户："佐治亚州阿森斯。道格斯棒球队的故乡！也是世界上最好的社交城市。"

推销员："真的？"

客户："那当然。"

推销员："听起来挺有意思。不过说到领带……"

客户："不，我觉得并非如此。"

推销员："这个星期大减价，才12美元一条，不过我今天可以以10美元卖给你。它一定很配你的上衣。"

客户："不，我今天不买。跟你谈谈还真有意思，不过我得休息了。今天一整天我都不舒服，而且很累，也不知是怎么回事，和我以前的感觉不大一样。不管怎样，我得休息一下了。今天晚上我想放松放松，在房间里安安静静地喝啤酒。"

推销员："这么说，您对我的领带毫无兴趣？"

客户："没有。再见。"

第七章 一切为了成交

在和客户沟通的过程中，推销人员要学会运用一定的语言技巧，让客户乐于和你交流。在上面的案例中，推销员如果能运用一些沟通技巧，把领带的事放在一边，先和客户聊起来，以客户为中心，最终也许会销售成功的。

和客户谈话时，要以客户为谈话的中心。一定要把客户放在你做一切努力的核心位置上！不要以你或你的产品为谈话的中心，除非客户愿意这么做。

这是一种对客户的尊重，也是赢得客户认可的重要技巧。销售人员必须要摆正自己的位置，即明确自己扮演的角色和行动目标——满足客户的需求，为客户提供最满意的产品和服务。

如果客户善于表达，那你就不要随意打断对方说话，但要在客户停顿的时候给予积极回应。比如，夸对方说话生动形象、很幽默等。如果客户不善表达，那也不要只顾着你自己滔滔不绝地说话，而应该通过引导性话语或者合适的询问让客户参与到沟通的过程当中。

你的产品是独一无二的

发现客户对某一个独特的卖点感兴趣时，及时强调产品的独特卖点，把客户的思维始终控制在独特的卖点上，促使其最后作出购买的决策。

[案例一]
电话销售："乔治太太，昨天看的那幢老房子，您决定购买了吗？"
乔治太太："哦，我们还没做最后的决定。"
电话销售："您不是特别喜欢院子里的那棵樱桃树吗？"
客户："是的，我挺喜欢那棵樱桃树，一进院我就喜欢上了它，但是客厅的地板已经非常陈旧了。"
电话销售："这间客厅的地板是有些陈旧，不过，您没有发现吗？这幢房子的最大优点就是当您和您的先生站在窗边，透过窗户向外望去，就可以看到院子里的那棵樱桃树。"
客户："厨房里的设备也很陈旧。"
电话销售："厨房的设备的确有点陈旧，但是，你们每次在厨房做菜时，向窗外望去，都可以看到那棵美丽的樱桃树。"
客户："房子的管道以及天花板都得重新装修。还有……"

电话销售："没错，这幢房子是有不少缺点，但这幢房子有一个特点是其他所有房子都没有的，就是你们从任何一个房间的窗户向外看，都可以看到院子里那棵美丽的樱桃树。"

最后，客户还是花80万元买了那棵"樱桃树"。

[案例二]

销售："早上好，宋经理，我是M乳品公司的客户经理陈玉田，想和您谈一谈我产品进店的事宜，请问您现在有时间吗？"

（通过前期了解，销售已经知道卖场的负责人姓名及电话。）

客户："我现在没有时间，马上就要开部门例会了。"

（急于结束通话，很显然对此次交谈没有任何兴趣。）

销售："那好，我就不打扰了。请问您什么时间有空，我再打电话给您？"

（这时一定要对方亲口说出时间，否则你下次致电时他们还会以另一种方式拒绝。）

客户："明天这个时间吧。"

销售："好的，明天见。"

（明天也是在电话里沟通，但"明天见"可以拉近双方的心理距离。）

周二早晨，销售再次拨通了宋经理办公室的电话。

销售："早上好，宋经理，我昨天和您通过电话，我是M乳品公司的客户经理陈玉田。"

（首先要让对方想起今天致电是他认可的，所以没有理由推脱。）

客户："你要谈什么产品进店？"

销售："我公司上半年新推出的乳酸菌产品，一共5个单品，希望能与贵卖场合作。"

客户："我对这个品类没有兴趣，目前卖场已经有几个牌子销售了，我暂时不想再增加品牌了，不好意思。"

（显然已经准备结束谈话了。）

销售："是的，卖场里确有几个品牌，但都是常温包装，我产品是活性乳酸菌，采用保鲜包装，消费者在同等价格范围内肯定更愿意购买保鲜奶。其次我产品已全面进入餐饮渠道，销售量每个月都在上升，尤其是您附近的那几家大型餐饮店，会有很多消费者到卖场里二次消费。我公司采用'高价格高促销'的市场

第七章 一切为了成交

推广策略，所以我产品给您的毛利点一定高于其他乳产品。"

（用最简短的说辞提高对方的谈判兴趣，在这段话中销售提到了产品卖点、已形成的固定消费群体、高额毛利，每一方面都点到为止，以免引起对方的反感从而结束谈判。）

客户（思考片刻）："还有哪些渠道销售你的产品？"

（对方已经产生了兴趣，但他需要一些数据来支持自己的想法。）

销售："现在已经有100多家超市在销售我们的产品了，其中包括一些国际连锁店，销售情况良好，我可以给您出示历史数据。"

（通过对事实情况的述说增强对方的信心。）

客户："好吧，你明天早上过来面谈吧，请带上一些样品。"

从销售的角度来说，没有卖不出去的产品，只有卖不出去产品的人。因为聪明的推销员总可以找到一个与众不同的卖点将产品卖出去。独特卖点可以与产品本身有关，有时候，也可以与产品无关。独特卖点与产品有关时，可以是产品的独特功效、质量、服务、价格、包装等；当与产品无关时，这时销售的就是一种感觉、一种信任。以上两个销售故事就是推销员用独特的卖点打动客户的典型案例。

案例一中推销员带领一对夫妇看一幢老房子，当客户看到院子中的樱桃树时显得很高兴，推销员及时捕捉到了这个信息，并作出判断：客户喜欢这棵樱桃树。这是推销员优秀的思考习惯的反应。

发现这一点后，当客户对客厅陈旧的地板、厨房简陋的设备等缺点表现不满意时，推销员及时说道："你们从任何一个房间的窗户向外看，都可以看到院子里的樱桃树。"最后，客户买下了这幢并不满意的房子，只是因为喜欢那棵樱桃树。这个过程是推销员卓越的推销能力的体现，她可以根据客户的反应及时强调房子的独特卖点，把客户的思维始终控制在独特的卖点上，最后作出购买的决策。

案例二的销售员在首次通话时，买方没有给销售员交谈的机会，很多销售人员在此刻只能无奈地结束通话，而本案例中的销售员表现出灵活的应变能力，争取了一次合理的通话机会。在第二次通话时，面对买方的拒绝，销售员按照电话谈判的要点，在很短的时间内简洁地向对方告知产品的独特卖点与竞争优势，成功地提高了对方的谈判兴趣，最终赢得了双方常规谈判的机会。

总之，如果你想卖出产品，就先把产品的独特卖点找出来并展示给客户。

虚拟未来事件，向客户卖"构想"

在推销那些短期内看不出优势的产品时，要向客户卖自己的"构想"，通过对未来的描绘，让客户感知未来的情形，从而达到销售的目的。

电话销售："经过许多年的苦心研究，本公司终于生产了这批新产品。虽然它还称不上是一流的产品，只能说是二流的，但是，我仍然拜托汪老板，以一流产品的价格来向本公司购买。"

客户："咦！陈经理，你该没有说错吧？谁愿意以一流产品的价格来买二流的产品呢？二流产品当然应该以二流产品的价格来交易才对啊！你怎么会说出这样的话呢？"

电话销售："汪老板，您知道，目前灯泡制造行业中可以称得上第一流的，全国只有一家。因此，他们算是垄断了整个市场，即他们任意抬高价格，大家仍然要去购买，是不是？如果有同样优良的产品，但价格便宜一些的话，对您及其他代理商不是一种更好的选择吗？否则，你们仍然不得不按厂商开出的价格去购买。"

（停顿了一下）

"就拿拳击比赛来说吧！不可否认，拳王阿里的实力谁也不能忽视。但是，如果没有人和他对抗的话，这场拳击赛就没办法进行了。因此，必须要有个实力相当、身手不凡的对手来和阿里打擂台，这样的拳击才精彩，不是吗？现在，灯泡制造业中就好比只有阿里一个人，如果这个时候出现一位对手的话，就有了互相竞争的机会。换句话说，把优良的新产品以低廉的价格提供给各位，大家一定能得到更多的利润。"

客户："陈经理，您说得不错，可是，目前并没有另外一个阿里呀！"

电话销售："我想，另外一位阿里就由我们公司来充当好了。为什么目前本公司只能制造二流的灯泡呢？这是因为本公司资金不足，所以无法在技术上有所突破。如果汪老板你们这些代理商肯帮忙，以一流的产品价格来购买本公司二流的产品，那么我们就可以筹集到一笔资金，把这笔资金用于技术更新或改造。相信不久的将来，本公司一定可以制造出优良的产品。这样一来，灯泡制造业等于出现了两个阿里，在彼此的竞争之下，毫无疑问，产品质量必然会提高，价格也会降低。到了那个时候，本公司一定好好地谢谢各位。此刻，我只希望你们能帮助本公司扮演'阿里的对手'这个角色。但愿你们能不断地支持、帮助本公司渡过难关。因此,我拜托各位能以一流产品的价格来购买本公司的二流产品。"

客户:"以前也有一些人来过这儿,不过从来没有人说过这些话。作为代理商,我们很了解你目前的处境,所以,我决定以一流产品的价格来买你们二流的产品,希望你能赶快成为另一个阿里。"

在销售中,虚拟未来事件其实是在向客户卖自己的"构想"。通过推销员的描绘,让客户感知未来的情形,从而达到销售的目的,这需要推销员具备高超的思维水平。

在这个案例中,我们可以看出,该销售经理就是通过虚拟了一个未来事件才取得谈判的胜利的。

在谈判刚开始时,销售经理一句"拜托汪老板以一流产品的价格来向本公司购买",这句话引起了客户的好奇心,这正是销售经理的目的所在。接下来,销售经理就充分发挥了自己理性和感性思维的优势,一步步推进自己的计划。

首先,他先分析了灯泡制造业的现状,然后又把行业竞争比喻成拳击比赛,把一流的厂家比喻成拳王阿里,汪老板同意了销售经理的看法,并表示"目前并没有另外一个阿里"时,销售经理抓住了时机:"另外一个阿里就由我来充当好了。"这时,汪老板的思维又从假设中回到了现实,这是真正销售高手的表现。

当销售经理有理有据地分析和设想了当灯泡市场上出现"两个阿里"而最终受益的将是各代理商后,彻底征服了汪老板,因此他得到了订单。

在这里,我们不得不佩服这位销售经理的智慧。其实,只要掌握了向客户卖"构想"的精髓,每个人都可以成为像这位销售经理一样的销售高手。

使用形象化语言破解销售难题

王亮是某 PC 保护屏的推销员。在推销这一产品时会用到很多专业的词语,客户很难理解,所以小王就把那些难懂的术语形象化,让自己的客户能够很好地理解。

有一次,王亮的公司想把这一产品推销给当地的一家企业,但经过数次的公关说服,都没能打动这家企业的董事们。

突然,王亮灵机一动,想到以表演的方式代替口头游说。他站在董事会前,把一根棍子放在面前,两手捏紧棍子的两端,使它微微弯折,说道:

"各位先生,这根棍子只能弯到这个程度。"(说完这句话,他把棍子恢复原状。)

"所以,如果我用力过度,这根棍子就会被毁坏,不能再恢复原状。"(他用力弯曲棍子,超过棍子的弹性度,于是它的中央出现折痕,再也不能恢复本来笔直的形状。)

"它就像人们的视力只能承受到某个程度的压力,如果超过这个程度,视力就难恢复了。相信贵公司的领导和员工会经常接触到电脑,并且时间肯定也比较长,那么电脑对身体的伤害就不言而喻了。而我们的产品不但能够抵御电脑的各种辐射,还能够缓解视力疲劳。"

结果,该公司董事会筹足资金,向王亮购买了一批PC保护屏。

用客户听得懂的语言介绍产品,这是最简单的常识。如果客户不能理解该信息的内容,那么这个信息便产生不了它预期的效果。客户能理解产品对他的意义,却不一定了解一些专门术语。所以推销员应该用一般人能理解的用语,简明扼要地加以说明,并且陈述你的产品所能给他提供的好处。

在这个案例中,我们看到,PC保护屏推销员王亮在与客户谈判时,灵机一动想了一个好办法(右脑开始发挥作用):用一根棍子的弯曲度来解释电脑对人体造成的危害程度,结果这种形象化的语言取得了很好的效果,客户向王亮购买了一批PC保护屏。

由此可见,作为推销员,你对产品和交易条件的介绍,内容必须简单明了,表达方式必须直截了当,否则就可能会产生沟通障碍。案例中的王亮就是在谈判中及时发挥了右脑的优势,通过把那些难懂的术语形象化,让客户充分理解后成功签单的。

利用环境的特点成功签单

彼得是一名空调设备的推销员,但是在空调设备安装刚兴起的时候,由于当时空调售价相当高,因此,很少有人问起。要是出去销售空调,那更是难上加难。

彼得想销售一套可供30层办公大楼用的中央空调设备,他进行了很多努力,与公司董事会来回周旋了很长时间,但仍然没有结果。一天,该公司董事会通知彼得,要他到董事会上向全体董事介绍这套空调系统的详细情况,最终由董事会讨论和决定。在此之前,彼得已向他们介绍过多次。这天,在董事会上,他强打

第七章 一切为了成交

精神,把以前讲过很多次的话题又重复了一遍。但在场的董事长反应十分冷淡,提出了一连串问题刁难他,使他疲于应付。

面对这种情景,彼得口干舌燥,心急如焚,眼看着几个月来的辛苦和努力将要付诸东流,他逐渐变得焦虑起来。

在董事们讨论的时候,他环视了一下房间,突然眼睛一亮,心生一计。在随后董事们提问的阶段,他没有直接回答董事的问题,而是很自然地换了一个话题,说:"今天天气很热,请允许我脱掉外衣,好吗?"说着掏出手帕,认真地擦着脑门上的汗珠,这个动作马上引起了在场的全体董事的条件反射,他们顿时觉得闷热难熬,一个接一个地脱下外衣,不停地用手帕擦脸,有的抱怨说:"怎么搞的?天气这么热,这房子还不安上空调,闷死人啦!"这时,彼得心里暗暗高兴,觉得时机已到,接着说:

"各位董事,我想贵公司是不想看到来公司洽谈业务的顾客热成像我这个样子的,是吗?如果贵公司安装了空调,它可以为来贵公司洽谈业务的顾客带来一个舒适愉快的感觉,以便成交更多的业务,假如贵公司所有的员工都因为没有空调而感觉天气闷热,穿着不整齐,影响公司的形象,使顾客对贵公司产生不好的感觉,您说这样合适吗?"

听完彼得的这番话,董事们连连点头,董事长也觉得有道理,最后,这笔大生意终于拍板成交。

成功的推销员要善于利用周围的环境,利用得当,会对推销成功起到很大的影响作用。案例中,空调推销员彼得为拿下一座30层办公大楼的中央空调设备的项目进行了很多努力,可依然没有结果。在一次洽谈会上,彼得又向董事们介绍了这套空调系统的详细情况,并回答了董事长一连串刁钻的问题,这种情景让他意识到签单无望了,这个过程中,推销员左脑虽进行了详细的计划与准备,但客户也正在使用左脑进行理性思考,左脑对左脑,推销员显然处于劣势。要想成功签单,推销员必须改变策略。

焦急让彼得倍感燥热,当他环视房间时,突然来了灵感:"今天天气很热,请允许我脱掉外衣,好吗?"这句话转移了话题,同时让客户的右脑感知到天气确实很热,使客户的思维从刚才的理性逐渐转移到右脑的感性。达到这个目的后,接下来彼得一番有理有据地分析让客户觉得确实如此,于是在右脑的作用下做出了购买的决策。

279

在这个案例中，起关键作用的显然是彼得及时抓住了所处环境的特点，发挥了自己右脑的优势，恰到好处地利用了环境提供给他的条件，采用了与周围环境极其适应的语言表达方式，化被动为主动，达到了目的。

第三节　电话销售成交智慧

用小的认同促成交易

表达同理心和赞美一样，是电话沟通中的"润滑剂"，而这一点也是在电话中听到最少的，即销售员说得最少的。在沟通与谈判过程中，销售员还没有把客户当成活生生的个体看。

一位电话行销方面的专家经常会问他的学员，"如果你的一个朋友来你们家串门，向你哭诉，说他的小孩子不听话，天天爬上爬下的，这不，又从楼上摔下来了，摔得脸都青了。这时，你会向你的朋友说什么？"而他大部分的学生都会说："现在的小孩子都是这样的。"这就是表达同理心。这说明不是销售员不知道如何表达，而是还没有在电话中形成意识，理解和关心客户。例如，如果你是某电信运营商的销售员，客户在电话中说："我的手机丢了。"这时，你在电话中首先不是问那些原来已经设计好的问题，而是先关注客户："啊，手机丢了，确实应该立即办理停机。"这样，客户才会真正感觉被关注。

在电话行销中，销售人员用小的认同就能让客户感觉到足够的真诚，并且最终保证交易成功。

"您是宋经理吗？我是Ａ公司梦里水乡房产销售处的小王，上次您来看过楼盘，说要先想想，您现在考虑得怎样了？"（这句话，我们采用的是开放性问题法，让顾客说出自己的顾虑或愿望，然后有针对性地给予解决。）

"我们家商量了，考虑到有个３岁的孩子，很成问题。"

"关于小孩托幼的事对吗？"

"对，是的。"

"宋经理，您看，梦里水乡在城北10公里处,不说小区内的各种配套社区服务，就是附近现有的６所幼儿园在设施及管理上都是一流的，您完全不用担心，只要

第七章 一切为了成交

是在本区内的住户，各幼儿园都有优惠政策。并且，不在本小区内上学的孩子，我们也有专车接送。"

……

"对，不过，小姐，这房子太贵了。"

"是的，但要找到这样适合的户型也不容易，而且银行将为你提供抵押贷款，你只要首付30%，就可迁入新家了，余下的70%，可分10年付清贷款，抵押利息为0.8%。宋经理，您和太太是下周一早上9点还是下午3点来看你们的新家？"

"这……就在早上吧。"

"好的，宋经理，请您带上签约金1万元人民币，下周一早上9点我在售楼处门口等您。"

"好的，再见！"

"再见！"

这位售楼小姐就是利用了认同心理，促使她取得了这笔交易。在电话行销中，无论是从事何种交易，表达出你的认同心理，都将有助于交易的顺利进行。

最后期限成交法

有些销售员之所以失败，是因为他们根本不知道什么是销售的关键点。其实关键点很简单，就是掌握最后期限成交法。

广告公司业务员小刘与客户马经理已经联系过多次，马经理顾虑重重，始终做不了决定。小刘做了一番准备后，又打电话给马经理。

小刘："喂，马经理您好，我是××公司的小刘。"

马经理："噢！是小刘啊。你上次说的事，我们还没考虑好。"

小刘："马经理，您看还有什么问题？"

马经理："最近两天，又有一家广告公司给我们发来了一份传真，他们的广告牌位置十分好，交通十分便利，我想宣传效果会更好一些。另外，价钱也比较合适，我们正在考虑。"

小刘："马经理，您的产品的市场范围我们是做过一番调查的，而且从您的产品的性质来讲，我们的广告牌所处的地段对您的产品是最适合不过的了。您所说的另外一家广告公司所提供的广告牌位置并不适合您的产品，而且他们的价格也比我们高出了不少，这些因素都是您必须考虑的。您所看中的我们公司的广告牌，今天又有几家客户来看过，他们也有合作的意向，如果您不能做出决定的话，我们就不再等下去了。"

马经理："你说的也有一定的道理。（沉默了一会儿）这样吧，你改天过来，咱们谈谈具体的合作事项。"

从统计数字来看，我们发现，有很多谈判，尤其较复杂的谈判，都是在谈判期限即将截止前才达成协议的。不过，未设定期限的谈判也为数不少。

当谈判的期限愈接近，双方的不安与焦虑感便会日益扩大，而这种不安与焦虑，在谈判终止的那一天、那一时刻，将会达到顶点——这也正是运用谈判技巧的最佳时机。

心理学有一个观点："得不到的东西才是最好的。"所以当客户在最后关头还是表现出犹豫不决时，销售员可以运用最后期限成交法，让客户知道如果他不尽快做决定的话，可能会失去这次机会。

在使用这种方法的时候，你要做到下面几点：

（1）告诉客户优惠期限是多久。

（2）告诉客户为什么优惠。

（3）分析优惠期内购买带来的好处。

（4）分析非优惠期内购买带来的损失。

例如，你可以说：

"每年的三、四、五月份都是我们人才市场的旺季，我不知道昨天还剩下的两个摊位是不是已经被预订完了。您稍等一下，我打个电话确认一下，稍后我给您电话。"

"您刚才提到的这款电脑型号，是目前最畅销的品种，几乎每三天我们就要进一批新货，我们仓库里可能没有存货了，我先打个电话查询一下。"

"赵小姐，这是我们这个月活动的最后一天了，过了今天，价格就会上涨1/4，如果需要购买的话，必须马上做决定了。"

"王总，这个月是因为庆祝公司成立20周年，所以才可以享受这么优惠的价格，下个月开始就会调到原来的价格，如果您现在购买就可以节约60元/盒。"

"李先生，如果你们在30号之前报名的话，可以享受8折优惠，今天是29号，过了今、明两天，就不再享有任何折扣了，您看，我先帮您报上名，可以吗？"

这样，给客户限定了一个日期，就会给客户带来一种紧迫感，情急之下就会和你成交的。但是，为了能使谈判的"限期完成"发挥其应有的效果，对于谈判截止前可能发生的一切，销售员都必须负起责任来，这就是"设限"所应具备的前提条件。

有些销售员明明想用这种方法，但最后却没成。究其原因都是因为自己太"磨蹭"。例如，某一销售员小高在给客户打电话时，他先告诉客户周末，也就是5天后，他们的优惠活动就结束了。结果客户就有意购买他的产品，但是还有点犹豫不决。谈话中，小高又说他可以帮忙向经理说一下，给这位客户适当地延长一下时间。没想到，这一延长把客户给丢了，客户被别家公司抢走了。限定了最后时间，就一定要严格遵守，一旦再给客户留有余地，就会让客户产生怀疑，生意十有八九就谈不成了。所以决定用最后期限成交法就一定要做得彻底，不能给对方留有余地。

利用误听试探法成交

在销售过程中，销售员总是认认真真地按既定的方法步骤对客户进行电话行销。殊不知，有些时候，这些办法是收效甚微的，这种时候何不采用误听试探法呢？它能有效地促进成交。在电话行销中，不妨采用误听试探法促使对方做出成交的承诺。

销售人员："喂，您好。刘经理吗？我是远方经贸有限公司的李慧，上星期一我到你们厂里去过，您还记得我吧？"

客户："噢，李慧，你不就是那个远方公司做广告的吗？"

销售人员："刘经理记性可真好。我们这个杂志广告是面对全国大建筑公司免费赠送的。反应相当好，通过我们的牵线搭桥，不少公司都取得了明显效益。而且据我们调查，你们公司新开发的几种石材，市场反应也很好，应该大力推广。"

客户："哎呀，小李，我们在晚报和一些全国性的大报上都做了一些广告，但是效果都不太好。所以我们不打算做广告了，还是按照老的销售路子走。"

销售人员："您说得也对，花钱没有效益，谁也不愿意再做。但我想主要原因是，晚报是针对大众的，不够专业，而我们这个杂志是免费赠送给专业人士和单位阅读的，一般来说，大的买卖还是与这些专业建筑队成交的。是吧？"（诱导拍板人说出肯定的回答，同时也是诱导他对回答做出解释，以伺机采用误

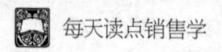

听试探法。)

客户:"对,这方面我们有一定的老客户。老客户对于我们这14种石材反应都相当好,很受欢迎。"

销售人员:"噢,你们主要是针对这4种石材进行推广。"(第一次采用误听试探。)

客户:"不,是14种。"(通常在我们用误听试探法时,拍板人对我们的错误加以纠正。我们可以利用这个纠正,认同对方欲做出购买决定。)

销售人员:"噢,那您就要准备14张石材照片和一些相关的文字资料说明,两小时之后我来取。"(用认同购买的技巧促使成交。)

客户:"好的。"

销售人员:"那好,不耽误您的时间了,两小时后见。"

就这样,李慧用误听试探法做成了交易。

在电话行销中,销售人员就应该充分运用这种方法,给客户来个小小的误导。比如说,在谈判进入胶着状态时,销售员就要开动脑筋,找寻一个能够对客户造成误导的关键点,围绕这一关键点来一招误听试探法。这样一来,很有可能会打破谈判的僵局,收获意外的惊喜。

以退为进成交法

几乎每个人都有争强好胜的心理,都想比别人强一点,都想有胜利感、成就感。这并不表示想占别人的便宜,而是内心的一种深切的渴求。

对于销售员来说,顾客是他们的衣食父母,推销过程中,绝不能与顾客争执,只能与顾客进行有效的谈判。为了避免与顾客争执或者是流失顾客,有时进行合理的"退让"对于销售来说是很重要的。

当客户快要被说服了,但还有些动摇,这时不妨用一下"以退为进"的方法。使用这种方法时要注意以下几点:

(1)采用让步的方式,使客户做决定。

(2)让步要从大到小,一步一步地让,大表示大的方面,小表示小的方面。

(3)让步时同时改变附加条件。

(4)表示你每让一步都非常艰难。

第七章 一切为了成交

具体做法如下：

"如果我提前一天，10号就给您送货，您今天可以下订单吗？"

"如果我能够以老价格卖给您新产品，您是不是打算订2万元的产品，而不是1万元？"

"如果贵公司连续做5期培训的话，价格方面我们可以给到9折。而如果是做1期的话，价格就是我们所提供的报价，您看是做1期，还是做5期呢？"

"如果交货期能推迟一周，我们可以优惠300元。"

"如果我再退，就只有粉身碎骨了。"

以退为进，但这并不意味着你就要一味地退让，而是在退让的时候一定要把握一个度，如果退让太多，顾客就会觉得你不诚实，或者是你的价格有很大的水分。所以要把握好这个"度"，你可以这样说：

"如果我提前一天，星期一就给您送货，您今天可以订货吗？"

"如果我以同样的价格卖给您产品，我们是不是可以成交？"

"由于我们的存货非常有限，我确实不知道这是否可能，不过我会努力为您争取。如果我给您找一个那种样子的，价格依旧，您是否愿意接受？"

"如果我能以老价格卖给您新产品，您是不是可以买4个，而不是两个？"

"如果我允许您3个月内交齐货款，您是不是可以买豪华型的，而不是标准型的？"

当你尝试促成又被拒绝之后，与其直接反驳顾客的问题，不如先转移当时的话题让顾客认为你不会再继续说服他购买，等到气氛稍有改变之后，你再继续尝试促成。这样反而会收到意想不到的效果。

妙用激将成交法

使用激将成交法，可以减少顾客异议，缩短整个成交阶段的时间。如果对象选择合适，更易于完成成交工作。合理地激将，不仅不会伤害对方的自尊心，而且还会在购买中满足对方的自尊心。

在电话行销过程中的激将成交法，指销售员采用一定的语言技巧刺激客户的自尊心，使客户在逆反心理作用下完成交易行为的成交技巧。

A国人与B国人做生意，经常围绕对方的自尊心展开研究。如，一个B国人想

285

以3000美元的价钱卖出一辆轿车，A国人来看车子，经过很长一段时间的讨价还价，卖方很不情愿地答应以2500美元的价格成交。A国人留下100美元的定金给卖主，可是，第二天他所带来的却是一张2300美元的支票，而不是应付的2400美元，并且一再地向对方恳求、解释：他只能筹出2300美元。如果对方不同意，一般A国人会用激将法，如，"B国人一向自诩自己是世界上最慷慨的人，今天我才领教了你们的慷慨。"或者说："区区100美元都不让步，这样是不是有点太小气了？况且你们B国人在赚钱方面很有一套，还会在意这点？太贬低自己的能力了吧。"这位可怜的B国人肯定认为自尊心受到了挫伤。这时，如果那位A国人再找一个台阶让他下来，买卖就成交了。

又如，日本有名的寿险推销员原一平，有一次电话拜访一位个性孤傲的客户，连续打了几次，可那位客户就是对他不理不睬的，原一平实在沉不住气，就对他说："您真是个傻瓜！"那位客户一听，急了："什么！你敢骂我？"原一平笑着说："别生气，我只不过跟您开个玩笑罢了，千万不能当真，只是我觉得很奇怪，按理说您比某先生更有钱，可是他的身价却比您高，因为他购买了1000万的人寿保险。"最终，这位客户被原一平的激将法给激醒了，购买了2000万的人寿保险。

如果双方的谈判处于胶着状态，迟迟不能成交的话，不妨试一下"激将成交法"。使用激将成交法，可以减少顾客异议，缩短整个成交阶段的时间。如果对象选择合适，更易于完成成交工作。合理的激将，不仅不会伤害对方的自尊心，而且还会在购买中满足对方的自尊心。

例如，一位女士在挑选商品时，如果对某件商品比较中意，但却犹豫不决，销售员可适时说一句："要不征求一下您先生的意见再决定。"这位女士一般会回答："这事不用和他商量。"从而立即做出购买决定。

但是，由于激将成交法的特殊性，使得它在使用时，因时机、语言、方式的微小变化，可能导致顾客的不满、愤怒，甚至危及整个推销工作的进行，因此必须慎用。销售员在使用时一定要注意客户对象和使用的环境，切不可生搬硬套，不加改变的随意使用，否则只会适得其反，带来许多不必要的麻烦。

让"反对问题"成为卖点

一些销售员在遇到客户提出一些负面问题，或者是指出产品的缺点时，就慌忙进行掩盖，结果越掩盖越是出现问题。其实，很多时候，客户的一些反对问题

第七章 一切为了成交

也能成为电话行销的独特"卖点"。

"让反对问题成为卖点"是一种很棒的销售技巧，因为它的说服力道非常强。所谓"准客户的反对问题"有两种：一个是准客户的拒绝借口，一个是准客户真正的困难。不管是哪一种，只要你有办法将反对问题转化成你的销售卖点，你都能"化危机为转机"，进而成为"商机"。如果这是准客户的拒绝借口的话，他将因此没有借口拒绝你的销售；如果是准客户的真正困难所在，你不就正好解决了他的困难吗？他又有什么理由拒绝你的销售呢？

假如你是银行信用社的，顾客说："不用了，我的卡已经够多了。"

你可以这样回答说："是的，常先生，我了解您的意思，就是因为您有好几张信用卡，所以我才要特别为您介绍我们这张'××卡'，因为这张卡不管是在授信额度上、功能上或是便利性上，它都可以一卡抵多卡，省去您必须拥有多张卡的麻烦……"

如果客户说："我现在没钱，以后再说吧。"

销售员可以说："听您这么说，意思是这套产品是您真正想要的东西，而且价格也是可以接受的，只是没有钱。我想说的是既然是迟早要用的东西，为什么不早点买？早买可以早受益。而且，世界上从来就没有钱的问题，只有意愿的问题，只要您决定要，您就一定可以解决钱的问题。"

如果客户说："价格太高了。"

销售员可以说："依您这么说，我了解到您一定对产品的品质是相当满意的，对产品的包装也没有异议，您心里一定也想拥有这套产品。既然对品质、包装、功效方面这些重要的事情上是满意的，就没有必要在乎价格的高低，有些时候，价格真的不重要。"

如果客户说："我想现在不需要，需要的时候再找你吧。"

销售员就可说："谢谢您对我的信任。听您的意思是说，现在不需要，以后肯定需要。那就是说您对产品的各个方面都是相当满意的，是吧？既然以后肯定需要，为何不现在买呢？我很难保证以后是不是可以以这么低廉的价格买到品质这么好的产品。"

假如顾客说："没有兴趣。"

销售员就可说："是的，正因为你没有兴趣，我才会打电话给您。"

假如顾客说："我已经有同样的东西，不想再找新厂商了！"

287

销售员就可说:"依您这么说,您是觉得这种产品不错嘛!那您为什么不选择我们呢?我们公司可以提供您更优厚的运转资金条件,节省下来的资金费用正好可以付每个月的维修费用,每个月维修等于是免费的呢!"

假如,你的客户对你说:"……我现在还不到30岁,你跟我谈退休金规划的事,很抱歉!我觉得太早了,没兴趣。"

销售员就可以用"让反对问题成为卖点"的技巧回复他:"是的,我了解您的意思。只是我要提醒孟小姐的是,准备退休金是需要长时间的累积才能达成的,现在就是因为您还年轻,所以您才符合我们这项计划的参加资格。这个计划就是专门为年轻人设计的。请您想一想,如果您的父母现在已经五六十岁了,但是还没有存够退休金的话,您认为他们还有时间准备吗?所以,我们也就无法邀请他们参加了!"

这样一来,客户就很可能被你的反对问题给说服了,而理所当然地愿意与你达成交易。

所以,在电话行销中,如果客户提出一个在一般人看来都是一条很充分的理由拒绝你时,你不妨采用"让反对问题成为卖点"的技巧,这样往往会让你有意外的收获。

强调"现在买的好处",促进成交

在销售过程的前半段,你必须得到准客户相当程度的认同;否则,后半段推销"现在买"是没有多大意义的。

如果销售员在行销过程中都得到"明天再说""再考虑看看"的结论的话,这种行销肯定是失败的。行销要做得好,一定要有推销"今天买"的雄心。因为"人是怕做决定的",所以"拖延决定"是很稀松平常的事。碰到此种状况时,你千万不要气馁,只要你知道是怎么一回事,以及要如何应付,问题就可以迎刃而解了。

"强调现在买的好处"是解决此问题的最好方法,基本上你要有"为什么要现在买"的充分理由或证据。比如说,"今天是优惠价的最后一天""名额快要用完了";在保险商品里面还多一项"风险随时会发生"等,都是推销"现在买"的方式。

在推销储蓄保险时,如果准客户说:"……好好好!我再考虑看看……"

销售人员就可以应用"强调现在买的好处"的技巧:

"……是的,孟小姐,这么重要的事当然要慎重考虑,只是我必须特别说明的是，'货币'是有时间价值的，当一个人晚于另一个人存钱之后，晚存的人纵使加倍地存入本金，依然无法赶上先存者所累积的金额，这就是'货币的时间价值'。因此，如果您越晚加入，您就必须存更多的本金才能赶上今天加入所存的金额。所以，孟小姐您打算一个月存 4000 元还是 5000 元……"

又如在推销终身保险时，准客户说："……好好好！我再考虑看看……"

销售人员可应用"强调现在买的好处"的技巧：

"……是的，孟小姐，这么重要的事当然要慎重考虑，只是我必须特别说明的是，如果您'今天加入'一年只要缴 2 万元、缴 20 年、保障终身；如果您等到'明天加入'一样是一年缴 2 万元、缴 20 年、保障终身。但是今天加入的人比下个月加入的人多一个月保障，而且可以累积更多的价值准备金与利息，为什么要等到明天或是下个月加入呢？所以，孟小姐您打算一个月存 4000 元还是 5000 元，我明天下午过去拜访您……"

不过必须强调的是，在销售过程的前半段，你必须得到准客户相当程度的认同，否则，后半段推销"现在买"是没有多大意义的。就像是你走在街上，有人跟你推销商品，你根本毫无兴趣，而对方一再强调"只剩下今天一天了"，请问这"只剩一天"的诉求，对你来说会增加任何购买的意愿吗？

所以说，强调"现在买的好处"虽然益处多多，但也要分情况区别对待，不可生搬硬套。

第四节　想客户所想

拒绝的托词和应对

"销售始于被拒绝时"是推销人员的始祖雷德的名言。确实，你遇到过"嗯！你来得正好！事实上，我正要这些东西。千思万盼，总算把你等到了"这样的客户吗？你肯定没有遇到过，因为人们习惯于拒绝。

"我们买不起。"

"我想多比较几家。"

"太贵了。"

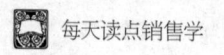

"现在不太合适。"

上面的这些回答,你是不是听得太多了,是不是有一种头大的感觉?所以,我们就应该想想如何应对这些拒绝的托词,因为你如果没辙,那你的推销生涯就完了。

想成为一名成功的推销人员,你就得学会如何应对客户的拒绝。但这并不保证你学会以后就能一帆风顺,有时碰到难缠的客户,你也只好放弃。总而言之,不妨把挫折当成是磨炼自我的机会,从中学习克服拒绝的技巧,找到被拒绝的症结所在,你就能应对自如了。

那么,人们为什么会拒绝推销呢?

因为,人是有思想、有感情、有需求的高级动物。你向人们推销,他不需要这种产品时,一定会拒绝你;他口袋里没有钱时,当然会拒绝你;他对你和你的产品不了解时,可以拒绝你;他对你的推销不理解时,可以拒绝你;他没有考虑到自己有这种需要时,可以拒绝你;他太忙时,可以拒绝你;他情绪不佳时,可以拒绝你;他太兴奋时,可以拒绝你;他对你的形象有点看不顺眼时,可以拒绝你;天下雨时,他可以拒绝你;天放晴了,他又可以拒绝你……总而言之,他可以用任何一个借口,用任何一条理由,甚至是不成其为理由的理由,就可以毫不留情地拒绝你。

有时候,客户还会采取一种"条件反射式"的拒绝。这是因为,随着市场经济的发展,推销人员越来越多,他们时时刻刻来推销,一拨又一拨,扰乱了人们的正常工作生活秩序。于是,许多人一听来人是推销产品的,就不假思索地予以拒绝。还有些单位干脆在大门口挂起免战牌:"推销人员,禁止入内!"

另外有一种人,自我意识相当强,生性不愿听从别人的指挥,你如果说"是",他偏要说"不";你越是劝他"买",他偏偏"不买"。这种拒绝是某些人的一种本能,一种自我保护意识。

总之,客户拒绝你的推销的理由有成千上万条,赞同你的推销的理由却只有一条:现在就需要;而且还要附带一个严酷的条件:口袋里有现金。这时的你,就应该思考如何回应拒绝了。被拒绝时,先自我思考一下"为什么?是因为产品或服务无法让他满意吗?还是他根本就不想再和你交谈?"总之会有理由,我们不妨花些时间,理清思路,找到被拒绝的原因及应对方法。要想弄明白客户拒绝的真正理由,只有通过与他对话,从他的语言、神态表情及身体动作等方面去猜测和分析。

只要客户不拒绝与你对话,你用某些预先设置的提问去"套"他,就会发现拒绝的真正理由。只要你了解了拒绝的真正理由,便可以对症下药,用你已经准

第七章 一切为了成交

备好的一套套的推销语言和技巧去说服他。

如果通过对话了解到，客户拒绝的理由确实是"不需要"，继续向他推销就没有必要了。推销的对象是那些可能需要，有潜在需求的客户。

与此相反，客户既然有需要，为什么不立即购买呢？这里面情况很复杂，有种种原因抑制了他潜在的需求和购买欲望。

第一个主要原因是，客户可能"没有钱"。但这里又包含了一个识别问题。客户是真的"没有钱"，还是一个借口呢？这就需要推销人员的经验了。优秀的推销人员能一眼识别客户真没钱还是假没钱。对于真的没有钱，又不能分期付款或搞易贷贸易的客户，要立即中止推销。

第二个主要原因是，客户没有发现自己有这种需求。有很多产品，能给客户带来许多利益，如节约金钱、节约时间，解决各种各样工作、生活中的问题。但是，客户并不知道这个产品能给自己带来这些利益，没有发现自己有这种需求。这类客户是我们进行推销的重点。

第三个主要原因是，客户对产品不了解。这里包括对产品的性能、功能不了解，或者是对产品的质量、生产厂家不了解等。

第四个主要原因是，客户对推销人员不信任。因为是第一次见面，对你不认识、不熟悉而产生不信任感；因为穿着、神态表情或讲话时用词不当，引起客户的不满或反感，都可能使客户拒绝购买你的产品。对于这类客户，推销人员最主要的任务是给他们留下良好的印象，与他们建立起良好关系。一旦客户对推销人员投信任票，产品的推销也就水到渠成了。

接下来你就应该考虑如何应付客户的拒绝了吧！比如说：

推销人员："×经理，您好！我是××公司的业务经理……"

客户："哦，你们公司啊，我知道，我知道，东西很不错，价格也很好，但我们目前还没有这种需要。这样吧，要不你留个地址和电话，等我们有需要时和你联系？"

这样的客户，可能是出于习惯，一旦知道你是推销人员就马上拒绝你。这时，你必须弄清楚拒绝的真正原因，如果真的是没有需要，你就没有必要和他闲扯，直接挂掉就可以了；如果不是，你就可以这样：

推销人员："我只占用您10分钟的时间，向您介绍一下我公司的产品（服务）。到了10分钟，我会准时结束我的谈话。"

这时，你必须注意控制好说话时间，即使时间到了，而你的讲话没有结束，

291

你也要立刻终止，并要求改个时间再谈，一来客户会觉得你是一个信守承诺的人；二来说不定你还可以吊吊客户的胃口呢。

推销人员："您好！这是××牌的×××，您看，这是最新的款式，有××附加功能。"

客户："哦，我们已经有了×××，还能凑合用，不需要。"

这时，你可千万不要放弃。世界上任何需求都是创造出来的。你可用一种启发式的口吻说："××先生，在我们没有现代交通工具的时候，人们出行靠的不都是马车吗？难道您认为有了马车就没有对汽车和飞机的需求了吗，您是否觉得汽车和飞机比马车更舒适、方便……"这时候，客户就会重新考虑一下。

推销人员："××经理，您看您对我们的公司非常满意，我们是不是可以考虑签约了？"

客户："但是，××万元太贵了，我实在没办法签。"

推销人员："那您能不能安排一下，我去和您的老板说……"

在这种情况下，因为客户已经对你很满意了，你只要搞定他的老板，争取同意就可以了。

推销人员："×经理，我来过几次了，可是您好像对我们的公司不是很满意。能了解一下究竟是什么原因吗？"

客户："同类的产品我用过的太多了，没有一个令我满意的，我也没看出你公司的产品比他们的好。"

对这种难于对付的客户，你不能硬上加硬消极地回答，这样只会引起客户的反感，因为这样无异于在怀疑他的人格。这时，你可以平静地说："××经理，我想听一下您对我们产品的看法，希望您能提一些宝贵的意见，我们公司也正要改进产品呢……"你需要做的，只是做客户的"知心大姐姐"，这样才可能赢得客户的信任，不管成交与否，相信你都给这位客户留下了好印象。

最后，有效处理拒绝的关键是仔细倾听潜在客户真正在说什么，你得破译他们真正的意思，深入了解并解决问题。你必须公正地看待问题，如果可能的话，提供证据给客户，不要仅仅依靠语言交流。你可以不说一个字地表达你的想法，学会使用销售工具、辅助手段以及任何可以向客户展示收益的东西。不要过早下结论，认为一旦被拒绝就卖不出去了。拒绝的真正意义，在于客户给了你机会去弥补不足并说服他们。充分利用这些机会，穿越拒绝的桥梁和客户走近，你的付出总能得到回报。

第七章 一切为了成交

照顾客户的面子

在推销中要照顾客户的面子，不要表现得比客户更聪明，让对方有一种优越感，这样才会找到你的准客户。

国内最著名的房地产公司之一——万科房地产开发公司的老总王石，直到现在一直开着一辆奥迪。是他们公司买不起更高档的轿车吗？不是。是他考虑到，自己经常要和客户见面，有许多客户开的汽车并不是特别高档，假如让他们看到自己的高档轿车，就会使他们感到不自然、心里不舒服，那么，对业务一定会产生不好的影响。

同样，那些会做生意的饭店老板，不会让侍者穿太好的衣服。即使是星级酒店，我们仔细观察，就会发现，虽然侍者的衣服整洁大方，但并不是特别高级的面料。为什么？就是要让来这里吃饭的客人感到舒服。如果大部分客人发现，自己衣服的料子居然比不上饭店侍者穿的衣服的料子，他们是不会开心的。

这些人都很好地照顾了客户的面子，让客户产生一种优越感。

要照顾客户的面子，就不能表现得比客户聪明，更不能当面指责客户的错误。

一位客户想买一辆汽车，看过产品之后，对车的性能很满意，现在所担心的就是售后服务了，于是，他再次来到甲车行，向推销员咨询。

准客户："你们的售后服务怎么样？"

甲推销员："您放心，我们的售后服务绝对一流。我们公司多次被评为'消费者信得过'企业，我们的售后服务体系通过了ISO9000认证，我们公司的服务宗旨是顾客至上。"

准客户："是吗？我的意思是说假如它出现质量等情况怎么办？"

甲推销员："我知道了，您是担心万一出了问题怎么办？您尽管放心，我们的服务承诺是一天之内无条件退货，一周之内无条件换货，一月之内无偿保修。"

准客户："是吗？"

甲推销员："那当然，我们可是中国名牌，您放心吧。"

准客户："好吧。我知道了，我考虑考虑再说吧。谢谢你。再见。"

在甲车行没有得到满意答复，客户又来到对面的乙车行，乙推销员接待了他。

准客户："你们的售后服务怎么样？"

乙推销员："先生，我很理解您对售后服务的关心，毕竟这可不是一次小的决

293

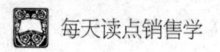

策，那么，您所指的售后服务是哪些方面呢？"

准客户："是这样，我以前买过类似的产品，但用了一段时间后就开始漏油，后来拿到厂家去修，修好后过了一个月又漏油。再去修了以后，对方说要收5000元修理费，我跟他们理论，他们还是不愿意承担这部分的费用，没办法，我只好自认倒霉。不知道你们在这方面怎么做的？"

乙推销员："先生，您真的很坦诚，除了关心这些还有其他方面吗？"

准客户："没有了，主要就是这个。"

乙推销员："那好，先生，我很理解您对这方面的关心，确实也有客户关心过同样的问题。我们公司的产品采用的是欧洲最新 AAA 级标准的加强型油路设计，这种设计具有极好的密封性，即使在正负温差 50 摄氏度，或者润滑系统失灵 20 小时的情况下也不会出现油路损坏的情况，所以漏油的概率极低。当然，任何事情都有万一，如果真的出现了漏油的情况，您也不用担心。这是我们的售后服务承诺：从您购买之日起 1 年之内免费保修，同时提供 24 小时之内的主动上门的服务。您觉得怎么样？"

准客户："那好，我放心了。"

最后，客户在乙车行买了中意的汽车。

乙销售员因为照顾了客户的面子，圆满地解决了问题。推销过程中，如果处处卖弄你的聪明，只会引起客户的不快，甚至会伤害他们的自尊，买卖当然不能成交。如果能够在客户面前表现得谦逊一点，即使是客户不对也不要当面指责，给足客户面子就等于给自己机会。

要满足客户的优越感

某位保险推销员在和一位客户进行沟通。

推销员：您每月的收入与花在其他方面的钱还不如抽一部分来为自己买一份保险。

客户：是啊，我每月最大的支出就是衣服和化妆品，你看，这件刚买的上衣化了 8000 多元……

在一家首饰店里，一位客户正在选戒指。

第七章 一切为了成交

店员：您看看这款，价格还是比较实惠的。

客户：哎哟，这哪行啊？我的项链2万多元呢，至少得和它相配才行吧……

有些人在消费过程中追求的不是价廉物美，而是追求奢侈和昂贵，商品价格越高反而越愿意购买。他们已不仅仅是为了获得直接的物质满足与享受，更大程度上是为了获得一种社会心理的满足，甚至期望获得更广泛的社会广告效应。这种"炫耀性消费"，或者说是"炫耀性投入"，越来越受到有钱人的欢迎，无论是个人消费者还是单位消费者，都喜欢乐滋滋地一头扎进去。这种消费者要的是一种优越感。

当然，我们的客户不可能人人都是这种一掷千金的人，但人人都有虚荣心，这是不可否认的事实，只是程度不同罢了。

有的客户在与人交往时喜欢表现自己、突出自己，不喜欢听别人劝说，任性且嫉妒心较强。有很多时候推销员可以根据客户的表情和语言来判断出这类客户，他们在与推销员沟通时会着重显示他们的高贵，即便有时在吹牛。

对待虚荣型客户，即使你早已看出他在吹牛，也要假装糊涂地附和一阵："你穿上它好漂亮啊""它真适合您的气质呀"，甚至奉承他道："您真会买东西啊！"

当然，"奉承"的时候千万不能说漏嘴。比如"某某公司，早就有了比你先进得多的产品"之类的话，这易引起客户的反感，相反，你可以这样说"某某公司花了3倍的价钱才买到"来满足他的成功感，进而促进成交。

虽然，生活中不缺乏功成名就的成功人士，但并不是每一个人都能功成名就，也并不是每一个功成名就的人都能使自己的优越感得到满足。对于推销员来说，客户的优越感一旦被满足，初次见面的警戒心就会自然消失，彼此的心理距离就会无形地拉近，双方的交往就能向前迈进一大步。因此，推销员一定要让自己的客户有优越感。毕竟每个人都有虚荣心，而让人虚荣心得到满足的最好方法就是让对方产生优越感。

一次示范胜过一千句话

一次示范胜过一千句话。向客户演示产品的功能和优点，告诉客户你给他们带来的利润，给客户一个直接的冲击，这非常有利于推销成功。

百闻不如一见。在推销事业中也是一样，实证比巧言更具有说服力，所以我们常看见有的餐厅前设置了菜肴的展示橱窗；服饰的销售方面，则衣裙洋装等也务必穿在人体模特身上；建筑公司也都陈列着样品房，正在别墅区建房子的公司，为了达到促销的目标，常招待大家到现场参观。口说无凭，如果放弃任何销售用具（说明书、样品、示范用具等），你绝无成功的希望。

一家铸砂厂的推销员为了重新打进已多年未曾来往的一家铸铁厂，多次前往拜访该厂采购科长。但是采购科长却始终避而不见，在推销员紧缠不放的情况下，那位采购科长迫不得已给他5分钟时间见面，希望这位推销员能够知难而退。但这位推销员却胸有成竹，在科长面前一声不响地摊开一张报纸，然后从皮包里取出一袋砂，突然将砂倒在报纸上，顿时砂尘飞扬，几乎令人窒息。科长咳了几声，大吼起来："你在干什么？"这时推销员才不慌不忙地开口说话："这是贵公司目前所采用的砂，是上星期我从你们的生产现场向领班取来的样品。"说着他又另铺一张报纸，又从皮包里取出一砂袋倒在报纸上，这时却不见砂尘飞扬，令科长十分惊异。紧接着又取出两个样品，性能、硬度和外观都截然不同，使那位科长惊叹不已。就是在这场戏剧性的演示中，推销员成功地接近了客户，并顺利地赢得了一家大客户。

推销员正是利用精彩的演示接近了客户，并取得了成功。艺术的语言配以形象的表演，常常会给你带来惊人的效果。

在示范时要注意以下几点：

1. 重点示范客户的兴趣集中点

在发现了面前客户的兴趣集中点后可以重点示范给他们看，以证明你的产品可以解决他们的问题，符合他们的要求。

2. 让客户参与示范过程

如果在示范过程中能邀请客户加入，则效果更佳，这样给客户留下的印象会更深刻。

3. 用新奇的动作引起客户的兴趣

在示范过程中，推销员的新奇动作也会有助于引起客户的兴趣。

4. 示范要有针对性

如果你所推销的商品具有特殊的性质，那么你的示范动作就应该一下子把这种特殊性表现出来。

5. 示范动作要熟练

第七章 一切为了成交

在示范过程中，推销员一定要做到动作熟练、自然，给客户留下利落、能干的印象，同时也会对自己的产品有信心。

6. 示范时要心境平和，从容不迫

在整个示范过程中，推销员要心境平和，从容不迫。尤其遇到示范出现意外时，不要急躁，更不要拼命去解释，否则容易给客户造成强词夺理的印象，前面的一切努力也就付诸东流了。

如果你能用示范很好地将商品介绍给客户并且能引起顾客的兴趣，你的销售就成功了一半。

巧用"添物减价"四字诀，不让客户吃亏

有一家杂货店的生意异常火爆，同行羡慕不已，纷纷请教其中"奥秘"。

老板是个爽快人，并没有将这个当作商业机密讳莫如深。面对同行的请教，他说："其实，我家的货和你们的货的质量都差不多。但就是在称量上与你们不同。拿瓜子来说吧，我们家的瓜子除了味道独特以外，在称量时，你们可能都是先抓一大把，发现超过斤两了再拿掉；而我则是先估计差不多，然后再添一点。"

原来如此，这个"添一点"的动作看似细微，却符合众多客户的购物心理，许多人都害怕短斤少两，"拿掉"的动作更增加了这一顾虑，而"添一点"则让人感到分量给足了，心里踏实。因此，"添"这一动作的价值远远超过了那增加的"一点"产品的价值。

推销员在推销过程中也可以借鉴这种"添"的行为，当然，除了"添"物，"减"价也是一种很好的吸引客户的办法。

有位推销员与客户谈判时，在价格上非常坚持，可一旦客户有了购买的意向，或者已经达成订单，他就会变得很"大度"，把那些零头都会轻描淡写地抹去。虽然可能只是区区几十元甚至几元，但由于有了之前的对比，他的这种"减价"行为赢得了众多客户，而且很多都是二次客户。

无论是"添物"还是"减价"，本质都一样：你必须让客户觉得自己占了"便宜"。因为每个人都喜欢占"便宜"，这是人的本性。了解了这个本性，就能在推销过程中用一把"小钥匙"开启一笔大订单。

297

售楼先生凯恩斯喜欢牧羊犬，他常常在出售房屋时带着他的小狗。有一天，凯恩斯遇到一对中年夫妇，他们正在考虑一栋价值248000美元的房子。他们喜欢那栋房子及周围的风景，但是价格太高了，这对夫妇不打算出那么多钱。此外，也有一些方面——如房间的设计、洗手间的空间等，并不能完全令他们满意。看来销售成功的希望很渺茫，就在凯恩斯要放弃的时候，那位太太看见了凯恩斯带的那只牧羊犬，问道："这只狗会包括在房子里吗？"凯恩斯回答："当然了。没有这么可爱的小狗，这房子怎么能算完整呢？"

　　这位太太说他们最好是买。丈夫看见妻子这么喜欢，也就表示同意了，于是这笔交易就达成了。

　　这栋价值248000美元的房子的成交关键竟是一只小牧羊犬。

　　凯恩斯用一只温顺的、会摇尾巴的小狗促成了一笔248000美元的大交易，客户的心理有时就是因为一些微不足道的小"便宜"而发生改变，最终促成订单成交。灵活运用这些小"技巧"，将会为你的销售工作带来意外的惊喜。

3个步骤转移客户的反对意见

　　推销人员面对的是拒绝的客户。在推销过程中，客户常常提出各种理由拒绝推销人员。他们会对推销人员说"产品没有特色""价格太高了"等。据统计，美国百科全书推销人员每达成一笔生意要受到179次拒绝。面对客户的冷淡，推销人员必须正确对待和恰当处理。

　　推销人员对客户异议要正确理解。客户异议既是成交障碍，也是成交信号。我国有一句经商格言："褒贬是买主，喝彩是闲人。"即说明了这个道理。异议表明客户对产品的兴趣，包含着成交的希望，推销人员若给客户异议以满意的答复，就有很大可能说服客户购买产品；并且，推销人员还可以通过客户异议了解客户心理，知道他为何不买，从而有助于推销人员按病施方，对症下药。

　　对推销而言，可怕的不是异议，而是没有异议。不提任何意见的客户常常是最令人担心的客户，因为人们很难了解客户的内心世界。美国的一项调查表明：和气的、好说话的、几乎完全不拒绝的客户只占上门推销成功率的15%。日本一位推销专家说得好："从事推销活动的人可以说是与异议客户打交道的人，成功解除异议的人，才是推销成功的人。"

第七章 一切为了成交

推销人员要想比较容易和有效地解除客户异议，就应遵循一定的程序：

（1）认真听取客户的异议。回答客户异议的前提是要弄清客户究竟提出了什么异议。在不清楚客户说些什么的情况下，要回答好客户异议是困难的，因此，推销人员要做到：认真听客户讲；让客户把话讲完，不要打断客户谈话；要带有浓厚兴趣去听。推销人员应避免：打断客户的话，匆匆为自己辩解，竭力证明客户的看法是错误的，这样做会很容易激怒客户，并会演变成一场争论。

（2）回答客户问题之前应有短暂停顿。这会使客户觉得你的话是经过思考后说的，你是负责任的，而不是随意乱侃的。这个停顿会使客户更加认真地听你的意见。

（3）要对客户表现出同情心。这意味着你理解他们的心情，明白他们的观点，但并不意味着你完全赞同他们的观点，而只是了解他们考虑问题的方法和对产品的感觉。客户对产品提出异议，通常带着某种主观感情，所以，要向客户表示你已经了解他们的心情，如对客户说："我明白你的意思""很多人这么看""很高兴你能提出这个问题""我明白了你为什么这么说"，等等。

（4）复述客户提出的问题。为了向客户表明你明白了他的话，可以用你的话把客户提出的问题复述一遍。

（5）回答客户提出的问题。对客户提出的异议，推销人员要回答清楚，这样才能促使推销进入下一步。

现在，让我们讨论如何恰当地处理客户的反对意见。包括3个步骤：反问，表示同意并进行权衡，提供答复。

1. 反问

回复反对意见的第一步是，查明客户的意见是否真正反对，彻底搞清楚客户的要求是非常重要的。推销人员要设法了解客户在想什么，以便解决他们的疑虑。

如果有人说价格太高，这可能意味着：

（1）别人的价格更低。

（2）这比客户原来想象的价格要高。

（3）客户买不起。

（4）客户想打折。

（5）这在客户的预算之外。

（6）客户没权力作决定。

（7）客户的目的是争取降低价格。

299

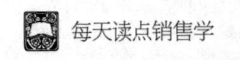

（8）客户不是真想要。

"价格太高"背后的真实原因可能是上面诸多原因中的任何一种，所以，处理的第一步是反问以下问题：

（1）"太高是多少？"

（2）"我可以问问您为什么这么说吗？"

（3）"我可以知道您为什么认为价格太高吗？"

2. 同意和反驳

同意并不意味着说"好吧，我非常同意您的看法"，从而放弃生意；以高人一等的态度说话同样糟糕，这种态度会让你失去生意。两者的结果都是导致生意失败。因此，这里指的是同意客户的思考过程，使得他或她提出反对意见背后的理由。举例说明：

"我能够理解您为什么这么说，派克先生，但是已经证明……"

"施罗德夫人，我过去的想法和您一样，但我后来发现……"

"您这么说很有趣，史密斯先生，一些客户过去也有这样的疑问，但他们后来发现……"

从上面的例子可以看出，推销人员同意的是他们的想法而不是他们的反对意见。推销人员铺垫了前景，同时又没贬低他们。推销人员以经验、结果、实例、成功和评估对他们的反对意见进行了温和的反驳。

对客户的反对意见，如果推销人员直接反驳，会引起客户不快。推销人员可首先承认客户的意见有道理，然后再提出与客户不同的意见。这种方法是间接否定客户意见，比起正面反击要委婉得多。

一位家具推销人员向客户推销各种木制家具，客户提出："你们的家具很容易扭曲变形。"推销人员解释道："您说得完全正确，如果与钢铁制品相比，木制家具的确容易发生扭曲变形。但是，我们制作家具的木板已经过特殊处理，扭曲变形系数已降到只有用精密仪器才能测得出的地步。"

在回答客户提出的反对意见时，这是一个普遍应用的方法。它非常简单，也非常有效。具体来说就是：一方面推销人员表示赞许客户的意见，另一方面又详细地解释了客户产生意见的原因及其看法的片面性。

因为许多客户在提出对商品的不同看法时，都是从自己的主观感受出发的，往往带有不同程度的偏见。采用这种方法，可以在不同客户发生争执的情况下，客气地指出客户的看法是不正确的。例如，在一家植物商店里，一位客户正在打量着一株非洲紫罗兰。

他说："我打算买一株非洲紫罗兰，但是我又听说要使紫罗兰开花不是一件容易的事，我的朋友就从来没看到过他的紫罗兰开过花。"

这位营业员马上说："是的，您说得很正确，很多人的紫罗兰开不了花。但是，如果您按照规定的要求去做，它肯定会开花的。这个说明书将告诉您怎样照管紫罗兰，请按照要求精心管理，如果它仍然开不了花，可以退回商店。"

这位营业员用一个"是的"对客户的话表示同意，用一个"但是"阐明了紫罗兰不开花的原因，这种方法可以让客户心情愉快地纠正对商品的错误理解。

3.提供答复

转移客户的反对意见的第三步是给客户满意的答复。记住一点：他们渴望信服。如果你处于他们的位置，也同样渴望信服。

每个人都有自己的想法和立场，在推销说服的过程中，若想使客户放弃所有的想法和立场，完全接受你的意见，会使对方觉得很没面子。特别是一些关系到个人主观喜好的立场，例如颜色、外观、样式，你千万不能将你的意志强加于客户。

要让客户接受你的意见又感到有面子的方法有两种：

一是让客户觉得一些决定都是由他自己做出的；

二是在小的地方让步，让客户觉得他的意见及想法是正确的，同时也接受你的意见及想法，觉得实在应该改正。

成功的推销人员从不会想到要说赢客户，他们只会建议客户，在使客户感受到尊重的情况下，进行推销工作。

一位从事专业寿险推销的朋友，他的业绩永远第一，他曾说："当客户提出反对看法的时候，这些反对的看法不会影响最终合约或只要修改一些合约内容时，我会告诉客户'您的看法很好'或'这个想法很有见解'等赞成客户意见的说辞，我就是在赞成客户的状况下，进行我的推销工作。当客户对他先前提出的反对意见很在意的时候，他必定会再次地提出，如果不是真正重大的反对意见，当我们讨论合约上的一些重要事项时，客户通常对先前提出的反对意见已不再提出。我就是用这种方法进行我的推销工作，客户签约时，他们都会觉得是在自己的意志下决定寿险合约内容的！"

推销的最终目的在于成交，说赢客户不但不等于成交，反而会引起客户的反感，所以为了使推销工作顺利地进行，不妨尽量表达对客户意见的肯定看法，让客户感到有面子。千万记住，逆风行进时，只有降低抵抗，才能行得迅速、不费力。

一定注意要尊重客户的看法、想法，让客户充分感觉到他才是决策者，要让客户觉得自己是赢家。客户有了这些感觉，你进行推销犹如顺势而为；反之，逆势操作，将使你在推销的过程中倍感艰难。

吊足客户的胃口

1993年，在成都召开的食品订货会上，北兴集团推出了新的健康食品。别的厂家纷纷设摊拉客，争取客户，而他们却只派人举着"只找代理，不订货"的牌子在场内走动。结果两天就有上百家公司代表上门洽谈业务，成交额惊人。

与之相似的例子还有一个。

夏末秋初，美国西雅图的一家百货商店积压了一批衬衫。这一天，老板正在散步，看见一家水果摊前写着"每人限购1000克"，过路的人争相购买。商店老板由此受到启发，回到店里，让店员在门前的广告牌上写"本店售时尚衬衫，每人限购一件"，并交代店员，凡购两件以上的，必须让经理批准。第二天，过路人纷纷进店抢购，上办公室找经理特批超购的大有人在，于是店里积压的衬衫销售一空。

上面两个案例的成功，均在于他们成功地运用了客户的逆反与好奇心理：你产品越多，越急于让我买，我越不买；你越对产品"遮遮掩掩"，我越好奇，非要弄个清楚明白不可。

推销员在推销过程中也可以利用客户的这种心理来吊足客户的胃口，从而达到"姜太公钓鱼——愿者上钩"的效果。

日本推销之神原一平说："我要求自己的谈话要适可而止，就像要给病人动手术的外科医生一样，手术之前打个麻醉针，而我的谈话也是麻醉一下对方，给他留下一个悬念就行了。"

为了有效地利用时间，与准客户谈话的时候，原一平尽量把时间控制在两三分钟内，最多不超过10分钟。因为客户的时间有限，原一平每天安排要走访的客户很多，所以必须节省谈话的时间。

在这种情况下，原一平经常"话"讲了一半，准客户正来劲时，就借故告辞了。"哎呀！我忘了一件事，真抱歉，我改天再来。"面对他的突然离去，准客户会以一脸的诧异表示他的意犹未尽。虽然突然离去是相当不礼貌的行为，但是故意

第七章 一切为了成交

卖个关子，给客户制造一个悬念，这样常会收到意想不到的效果。

对于这种"说"了就走的"连打带跑"的战术，准客户的反应大都是："哈！这个推销员时间很宝贵，话讲一半就走了，真有意思。"等到下一次他再去访问时，准客户通常会说："喂，你这个冒失鬼，今天可别又有什么急事啊!……"

客户笑，原一平也跟着笑。于是他们的谈话就在两人齐声欢笑中顺利地展开了。其实，原一平根本没什么急事待办，他是在耍招、装忙、制造笑料以消除两人间的隔阂，并博得对方的好感。谈话时间太长的话，不仅耽误对其他准客户的访问，最糟的是会引起被访者的反感。那样的话，虽然同样是离去，一个主动告辞，给对方留下"有意思"的好印象；另一个被人赶走，给对方留下不好的印象。

原一平这种独特的办法是根据自己的性格制定出来的，并不代表每个推销员都可以照搬来用，但这种方法的核心"抓住客户的好奇心，吊足客户的胃口"，却是推销员必须领会的。你可以结合自己的特点制定出一套别具风格的"吊胃口"的方法，然后在恰当的时机，给他的好奇心一个满足，那么你的推销将变得轻松而愉快。

第八章

收尾

第一节 捕捉"收网"信号

主动出击，提出成交请求

有位推销员多次前往一家公司推销。一天该公司采购部经理拿出一份早已签好字的合同，推销员愣住了，问客户为何在过了这么长时间以后才决定购买，客户的回答竟是："今天是你第一次要求我们订货。"

成交是销售的关键环节，即使客户主动购买，而推销员不主动提出成交要求，买卖也难以成交。因此，如何掌握成交的主动权，积极促成交易，是推销员必须面临的一个重要问题。

"你也看到了，从各方面来看，我们的产品都比你原来使用的产品好得多。再说，你也试用过了，你感觉如何呢？"推销员鲁恩试图让他的客户提出购买。

"你的产品确实不错，但我还是要考虑一下。"客户说。

"那么你再考虑一下吧。"鲁恩没精打采地说道。

当他走出这位客户的门口后，恰巧遇到了他的同事贝斯。

"不要进去了，我对他不抱什么希望了。"

"怎么能这样，我们不应该说没希望了。"

"那么你去试试好了。"

贝斯满怀信心地进去了，没有几分钟时间，他就拿着签好的合同出来了。面对惊异的鲁恩，贝斯说："其实，他已经跟你说了他对你的产品很满意，你只要能掌握主动权，让他按照我们的思路行动就行了。"

在客户说他对商品很满意时，就说明他很想购买产品，此时鲁恩如果能再进一步，掌握成交主动权，主动提出成交请求，就能积极促成交易。面对这样的客户，销售人员不要等到客户先开口，而应该主动提出成交要求。

要想顺利成交，销售人员要做到以下几点。

首先，业务员要主动提出成交请求。许多业务员失败的原因仅仅是因为没有开口请求客户订货。据调查，有71%的推销员未能适时地提出成交要求。美国施乐公司前董事长彼得·麦克说："推销员失败的主要原因是不要求签单，不向客户提出成交要求，就好像瞄准了目标却没有扣动扳机一样。"

一些推销员害怕提出成交要求后遭到客户的拒绝。这种因担心失败而不敢提出成交要求的心理，使其一开始就失败了。如果推销员不能学会接受"不"这个答案，那么他们将无所作为。

推销员在推销商谈中若出现以下3种情况时，可以直接向客户提出成交请求：

1. 商谈中客户未提出异议

如果商谈中客户只是询问了产品的各种性能和服务方法，推销员都一一回答后，对方也表示满意，但却没有明确表示是否购买，这时推销员就可以认为客户心理上已认可了产品，应适时主动地向客户提出成交。比如："李厂长，您看若没有什么问题，我们就签合同吧。"

2. 客户的担心被消除之后

商谈过程中，客户对商品表现出很大的兴趣，只是还有所顾虑，当通过解释解除其顾虑，取得其认同时，就可以迅速提出成交请求。如："王经理，现在我们的问题都解决了，您打算订多少货？"

3. 客户已有意购买，只是拖延时间，不愿先开口

此时为了增强客户的购买信心，可以巧妙地利用请求成交法适当施加压力，达到交易的目的。如："先生，这批货物美价廉，库存已不多，趁早买吧，包您会满意的。"

其次，向客户提出成交要求一定要充满自信。美国十大推销高手之一谢飞洛说："自信具有传染性，业务员有信心，会使客户自己也觉得有信心。客户有了信心，自然能迅速做出购买决策。如果业务员没有信心，就会使客户产生疑虑，犹豫不决。"

最后，要坚持多次向客户提出成交要求。美国一位超级推销员根据自己的经验指出，一次成交成功率为10%左右，他总是期待着通过两次、3次、4次、5次的努力来达成交易。据调查，推销员每获得一份订单平均需要向客户提出46次成交要求。

成交没有捷径，推销员首先要主动出击，引导成交的意向，不要寄希望于客户主动提出成交。

领会客户每一句话的弦外之音

销售过程中及时领会客户的意思非常重要。只有及时领会客户的意思，读懂其弦外之音，才能有针对性地给予答复，消除其顾虑，并为下一步的销售创造条件。

迈克是伊蓝公司的销售人员，这个公司专门为高级公寓小区清洁游泳池，还包办一些景观工程。伊蓝公司的产业包括12幢豪华公寓大厦。迈克为了拿下这个项目和伊蓝公司董事长史密斯先生交谈。

情景一：

史密斯："我在其他地方看过你们的服务，花园弄得还算漂亮，维护修整做得也很不错，游泳池尤其干净。但是一年收费10万元，太贵了吧？"

迈克："是吗？您所谓'太贵了'是什么意思？"

史密斯："现在为我们服务的C公司一年只收8万元，我找不出要多付两万元的理由。"

迈克："原来如此，但您满意现在的服务吗？"

史密斯："不太满意，以氯处理消毒，还勉强可以接受，花园就整理得不太理想；我们的住户老是抱怨游泳池里有落叶。住户花费了那么多，他们可不喜欢住的地方被弄得乱七八糟！虽然给C公司提了很多次，可是仍然没有改进，住户还是三天两头打电话投诉。"

迈克："那您不担心住户会搬走吗？"

史密斯："当然担心。"

迈克："你们一个月的租金大约是多少？"

史密斯："一个月3000元。"

迈克："好，这么说吧！住户每年付你36000元，你也知道好住户不容易找，

第八章 收尾

所以，只要能多留住一个好住户，你多付两万元不是很值得吗？"

史密斯："没错，我懂你的意思。"

迈克："很好，这下，我们可以开始草拟合约了吧？什么时候开始好呢？月中，还是下个月初？"

情景二：

史密斯："我对你们的服务质量非常满意，也很想由你们来承包。但是，10万元太贵了，我实在没办法。"

迈克："谢谢您对我们的赏识。我想，我们的服务对贵公司很适用，您真的很想让我们接手，对吧？"

史密斯："不错。但是，我被授权的上限不能超过9万元。"

迈克："要不我们把服务分为两个项目，游泳池的清洁费用45000元，花园管理费用55000元，怎样？这可以接受吗？"

史密斯："嗯，可以。"

迈克："很好，我们可以开始讨论管理的内容……"

情景三：

史密斯："我在其他地方看过你们的服务，花园很漂亮，维护得也很好，游泳池尤其干净。但是一年收费10万元，太贵了吧？我付不起。"

迈克："是吗？您所谓'太贵了'是什么意思呢？"

史密斯："说真的，我们很希望从年中，也就是6月1号起，你们负责清洁管理，但是公司下半年的费用通常比较拮据，半年的游泳池清洁预算只有38000元。"

迈克："嗯，原来如此，没关系，这点我倒能帮上忙，如果你愿意由我们服务，今年下半年的费用就38000元，另外62000元明年上半年再付，这样就不会有问题了，你觉得呢？"

迈克能及时领会史密斯的话，巧妙地作出适当的回应，并不断地提出益于销售的有效方案，使事情朝越来越好的方向发展。如果迈克没有及时领会史密斯的话，就无法很好地解除对方的疑虑。

除了领会客户的话外之音，还需要掌握一些沟通技巧，从客户的话语中挖掘深层次的东西；而在领会客户的意思以后，要及时回答；当客户犹豫不决时，要善于引导客户，及时发现成交信号，提出成交请求，促成交易。

善于运用暗示成交

销售员不仅可以通过语言来销售，也可通过动作引导和暗示对方，从而获得成功。

就其本质而言，如果得到恰当的运用，暗示是非常微妙的。能够非常熟练地使用暗示的销售员，能够影响客户的心理，且不会让对方感到自己正在被施加影响。要让客户觉得是他自己想买东西，而不是你向他推销东西。

销售人员除了要善于利用暗示诱导客户以外，还要能从对方的暗示中捕捉信息。一个有经验的销售人员会通过客户的行为、举止，判断对方是否具有购买意愿，从不放过任何销售良机，并且会同时加大销售力度。

（1）谈过正式交易话题后，对方的态度忽然改变，对你有明显亲热的表示。

（2）客户忽然间请销售员喝茶或拿食物来招待。

（3）客户的视线忽然间开始移至商品目录，或样品、销售员的脸上，表情认真严肃。

（4）客户的表情有些紧张。

（5）对方有些出神、发呆。

（6）客户忽然间热烈地回应销售员。

（7）客户的身体微往前倾。

（8）客户的声音忽然变大或变小。

（9）客户忽然间说"糟了""怎么办"等一类话。

（10）客户视线置于面前某地方，默默不语陷入沉思（此时他正盘算着产品的利益及价格）。

（11）客户开始询问朋友或同仁诸如"你认为怎么样？"

（12）客户开始批评或否定自己。

以上这些暗示说明客户已有购买意愿，此时销售人员应加大推销力度，抓住时机，乘胜追击。

总而言之，人内心的真实感觉往往会在言行举止等方面表现出某些征兆或流露出某些迹象。一个优秀的销售员应该从客户的外在表情、动作言谈等方面判断出是否是销售的最佳时机并加以把握、利用。

敏锐地发现成交信号

在与客户打交道时，准确把握来自客户的每一个信息，有助于销售的成功。准确把握成交信号的能力是优秀推销员的必备素质。

"沉默中有话，手势中有语言。"有研究表明，在人们的沟通过程中，要完整地表达意思或了解对方的意思，一般包含语言、语调和身体语言三个方面。幽默戏剧大师萨米说："身体是灵魂的手套，肢体语言是心灵的话语。若是我们的感觉够敏锐，眼睛够锐利，能捕捉身体语言表达的信息，那么，言谈和交往就容易得多了。认识肢体语言，等于为彼此开了一条直接沟通、畅通无阻的大道。"

著名的人类学家、现代非语言沟通首席研究员雷·伯德威斯特尔认为，在两个人的谈话或交流中，口头传递的信号实际上还不到全部表达的意思的35%，而其余65%的信号必须通过非语言符号沟通传递。与口头语言不同，人的身体语言表达大多是下意识的，是思想的真实反映。人可以"口是心非"，但不可以"身是心非"。据说，公安机关使用的测谎仪就是根据这个原理。以身体语言表达自己是一种本能，通过身体语言了解他人也是一种本能，是一种可以通过后天培养和学习得到的"直觉"。我们谈某人"直觉"如何时，其实是指他解读他人非语言暗示的能力。例如，在报告会上，如果台下听众耷拉着脑袋，双臂交叉在胸前的话，台上讲演人的"直觉"就会告诉他，讲的话没有打动听众，必须换一个说法才能吸引听众。

因此，推销员不仅要业务精通、口齿伶俐，还必须会察言观色。客户在产生购买欲望后，不会直接说出来，但是通过行动、表情泄露出来。这就是成交的信号。成交信号有些是有意表示的，有些则是无意流露的，这些都需要推销人员及时发现。

有一次，乔拉克在饶有兴致地向客户介绍产品，而客户对他的产品也很有兴趣，但让乔拉克不解的是客户时常看一下手表，或者问一些合约的条款。起初乔拉克并没有留意，当他的话暂告一个段落时，客户突然说："你的商品很好，它已经打动了我，请问我该在哪里签字？"

此时乔拉克才知道，客户刚才所做的一些小动作，是在向他说明他的推销已经成功，因此后面的一些介绍是多余的。

相信有很多推销员都有过乔拉克那样的失误。肢体语言很多时候是不容易琢磨的，要想准确解读出这些肢体信号，就要看你的观察能力和经验了。常见顾客成交信号可分为语言信号、行为信号和表情信号三种。

1. 语言信号

当顾客有心购买产品时，从他们的语言中就可以得到判定。例如，当顾客说："你们多快能运来？"这就是一种有意表现出来的真正感兴趣的迹象，它向推销人员表明成交的时机已到；顾客询问价格时，说明他兴趣很浓；而如果顾客与你商讨条件时，更说明他实际上已经要购买。归纳起来，如果出现下面任何一种情况，那就表明顾客产生了购买意图，成交已近在咫尺：

（1）给予一定程度的肯定或赞同。

（2）讲述一些参考意见。

（3）请教使用商品的方法。

（4）打听有关商品的详细情况（价格、运输、交货时间、地点等）。

（5）提出一个新的购买问题。

（6）表达一个更直接的异议。

语言信号的种类很多，有表示赞叹的，有表示惊奇的，有表示欣赏的，有表示询问的，也有表示反对意见的。

应当注意的是，反对意见比较复杂，反对意见中，有些是成交的信号，有些则不是，必须具体情况具体分析。既不能都看成是成交信号，也不能都无动于衷。只要推销人员有意捕捉和诱发这些语言信号，就可以顺利促成交易。

2. 行为信号

推销人员应细致观察顾客的行为，并根据顾客变化的趋势，采用相应的策略、技巧加以诱导，这在促成成交阶段十分重要。通常行为信号表现为：

（1）顾客频频点头。

（2）顾客向前倾，更加靠近推销者。

（3）顾客用手触及订货单。

（4）顾客再次查看样品、说明书、广告等。

（5）顾客放松身体。

上述动作，或表示顾客想重新考虑所推荐的产品，或是购买决心已定，紧张的思想松弛下来。总之，他们都表示一种"基本接受"的态度。

3. 表情信号

从顾客的面部表情可以辨别其购买意向。眼睛注视、嘴角微翘或点头赞许，都与顾客心理感受有关，均可以视为成交信号，具体表现有：

（1）紧锁的双眉分开，上扬，表明已经接受了推销员的信息。

（2）眼睛转动加快，好像在想什么问题，表明有初步成交意愿。

（3）嘴唇开始抿紧，好像在品味着什么，表明已经开始考虑成交。

（4）神色活跃起来。

（5）态度更加友好。

（6）原先造作的微笑让位于自然的微笑。

由此可见，顾客的语言、面部表情和一举一动，都在表明他们的想法。从顾客明显的行为上，也完全可以判断出他们是急于购买还是抵制购买。推销人员要及时发现、理解、利用顾客表露出来的成交信号，这并不十分困难，其中大部分也能靠常识解决。一要靠推销人员的细心观察和体验，二要靠推销人员的积极诱导。当成交信号发出时，及时捕捉。

在客户发出成交信号后，还要掌握以下小技巧，不要让到手的订单跑了。

1. 有的问题，别直接回答

你正在对产品进行现场示范时，一位客户发问："这种产品的售价是多少？"

A. 直接回答："150元。"

B. 反问："您真的想要买吗？"

C. 不正面回答价格问题，而是给客户提出："您要多少？"

如果你用第一种方法回答，客户的反应很可能是："让我再考虑考虑。"如果以第二种方式回答，客户的反应往往是："不，我随便问问。"第三种问话的用意在于帮助顾客下定决心，结束犹豫的局面，顾客一般在听这句话时，会说出他的真实想法，有利于我们的突破。

2. 有的问题，别直接问

客户常常有这样的心理：轻易改变主意，显得自己很没主见！所以，要注意给客户一个"台阶"。你不要生硬地问客户这样的问题："您下定决心了吗？""您是买还是不买？"尽管客户已经觉得这商品值得一买，但你如果这么一问，出于自我保护，他很有可能一下子又退回到原来的立场上去了。

3. 该沉默时就沉默

"您是喜欢甲产品，还是喜欢乙产品？"问完这句话，你就应该静静地坐在那儿，不要再说话——保持沉默。沉默技巧是推销行业里广为人知的规则之一。你不要急着打破沉默，因为客户正在思考和做决定，打断他们的思路是不合适的。如果你先开口的话，那你就有失去交易的危险。所以，在客户开口之前你一定要耐心地保持沉默。

欲擒故纵，锁定成交

有一个女推销员推销价格相当高的百科全书，业绩惊人。同行们向她请教成功秘诀，她说："我选择夫妻在家的时候上门推销。手捧全书先对那位丈夫说明来意，进行推销。讲解结束后，总要当着妻子的面对丈夫说：'你们不用急着做决定，我下次再来。'这时候，妻子一般都会做出积极反应。"

相信搞过推销的人都有同感：让对方下定决心，是最困难的一件事情。特别是要让对方掏钱买东西，简直难于上青天。半路离开推销这一行的人，十有八九是因为始终未能掌握好促使对方下决心掏钱的功夫。在推销术语中，这就是所谓的"促成"关。有句话说得好，"穷寇莫追"，通俗点讲就是："兔子急了也会咬人。"在对方仍有一定实力时，逼得太急，只会引起对方全力反扑，危及自己。因此，高明的军事家会使对手消耗实力，丧失警惕，松懈斗志，然后一举擒住对手。以"纵"的方法，更顺利地达到"擒"的目的，效果自然极佳，但若没有绝对取胜的把握，绝不能纵敌。猫抓老鼠，经常玩"欲擒故纵"的把戏，就是因为猫有必胜的能力。人和电脑不同，人是由感情支配的，一般人在做出某种决定前，会再三考虑，犹豫不决。尤其是如果这个决定需要掏腰包，他或她更是踌躇再三。这种时候，就要其他人给他或她提供足够的信息，促使其下决心，推销员就要充当这样的角色。要想顺利成交还需要推销员积极促成。不过，人都有自尊心，不喜欢被别人逼，不愿意"迫不得已"就范，"欲擒故纵"，就是针对这种心理设计的。

当对方难以做出抉择，或者提出一个堂皇的理由拒绝时，该怎么办？

"这件艺术品很珍贵，我不想让它落到附庸风雅、不懂装懂的人手里。对那些只有一堆钞票的人，我根本不感兴趣。只有那些真正有品位、热爱艺术、懂得欣赏的人，才有资格拥有这么出色的艺术珍品。我想……"

"我们准备只挑出一家打交道，不知道您够不够资格……"

"这座房子对您来说可能大了一点，也许该带您去别的地方，看一看面积小一点的房子。那样，您可能感觉满意一点。"

具体促成时的方法更是数不胜数。在恰当时机，轻轻地把对方爱不释手的商品取回来，造成对方的"失落感"，就是一个典型的欲擒故纵的例子。还有，让对方离开尚未看完的房子、车子，都是欲擒故纵。采用这一类动作时，掌握分寸最为关键，千万不能给人以粗暴无礼的印象。

适时地表示"信任"也是一种极好的方法。

"挺好的，可惜我没带钱。"

"你没带钱？没关系，这种事情很正常嘛。其实，你不必带什么钱，对我来说，你的一个承诺比钱更可靠。在这儿签名就行了。我看过的人多了，我知道，能给我留下这么好印象的人，绝不会让我失望的。签个名，先拿去吧。"

美国超级推销员乔·吉拉德擅长制造成就感。

"我知道，你们不想被人逼着买东西，但是我更希望你们走的时候带着成就感。你们好好商量一下吧。我在旁边办公室，有什么问题，随时叫我。"

你也可以显示对对方的高度信任，尊重对方的选择，让对方无法翻脸，并帮助对方获得成就感。表面上的"赊账成交"即属于此。

"拿100元买个东西，却只想试一试？对你来说可能太过分了。既然你对这种商品的效用有点疑虑，那么我劝您别要这么贵的。您看，这是50元的，分量减半，一样能试出效果，也没白跑一趟。反正我的商品不怕试不怕比。"

勇敢地提出反对意见，也许客户反而更容易接受。

给成交保留一定余地

销售时保留一定余地很容易诱导客户购买，因为客户会觉得自己有很大的主动性，没有被迫接受。

保留一定的成交余地，也就是要保留一定的退让余地。任何交易的达成都必须经历一番讨价还价，很少有交易是按卖主的最初报价完成的。尤其是在买方市场的情况下，几乎所有的交易都是在卖方作出适当让步之后完成的。因此，在成交之前如果把所有的优惠条件都一股脑地端给客户，当客户要再做些让步才同意成交时，推销员就没有退让的余地了。所以，为了有效地促成交易，推销员一定要保留适当的退让余地。

有时当电话销售人员要求客户下订单了，客户可能还有另外的问题提出来，也可能他有其他顾虑。想一想，我们前面更多探讨的是如何满足客户的需求，但

313

现在，需要客户真正做决定了，他会面临决策的压力，因此会更多地询问与企业有关的其他问题。如果客户最后没做决定，在销售人员结束电话前，千万不要忘了向客户表达真诚的感谢：

"贾经理，十分感谢您对我工作的支持，我会随时与您保持联系，以确保您愉快地使用我们的产品。如果您有什么问题，请随时与我联系，谢谢！"

同时，推销员可以通过说这样的话来促进成交：

"为了使您尽快拿到货，我今天就帮您下订单可以吗？"

"您在报价单上签字、盖章后，传真给我就可以了。"

"贾经理，您希望我们的工程师什么时候为您上门安装？"

"贾经理，还有什么问题需要我再为您解释呢？如果这样，您希望这批货什么时候送到贵公司呢？"

"贾经理，假如您想进一步商谈的话，您希望是在什么时候？"

"当货到了贵公司以后，您需要上门安装及培训吗？"

"为了今天能将这件事确定下来，您认为我还需要为您做什么事情？"

"所有事情都已经解决，剩下来的，就是得到您的同意了（保持沉默）。"

"从ABC公司来讲，今天就是下订单的最佳时机，您看怎么样（保持沉默）？"

一旦销售人员在电话中与客户达成了协议，需要进一步确认报价单、送货地址和送货时间是否准备无误，以免出现不必要的误会。

推销时留有余地很容易诱导客户主动成交。诱导客户主动成交，即设法使客户主动采取购买行动。这是成交的一项基本策略。一般而言，如果客户主动提出购买，说明推销员的说服工作十分奏效，也意味着客户对产品及交易条件十分满意，甚至认为没有必要再讨价还价，因而成交非常顺利。所以，在推销过程中，推销员应尽可能诱导客户主动购买产品，这样可以减少成交的阻力。

做什么事情都一样，留有余地是必需的。因为余地既为我们提供了前进的空间，又为我们留下了后退的可能。

推销员快速成交的8种技巧

1. 二选其一

当准客户一再发出购买信号，却又犹豫不决拿不定主意时，可采用"二选其一"的技巧。譬如，你可对准客户说："请问您要那部浅灰色的车还是银白色的呢？"

或是说："请问是星期二还是星期三送到您府上？"此种"二选其一"的问话技巧，只要准客户选中一个，其实就是你帮他拿主意，让其下决心购买了。

2. 帮助准客户挑选

许多准客户即使有意购买，也不喜欢迅速签下订单，他总要东挑西拣，在产品颜色、规格、式样、交货日期上不停地打转。这时，聪明的推销员就要改变策略，暂时不谈订单的问题，转而热情地帮对方挑选颜色、规格、式样、交货日期等，一旦上述问题解决，订单也就落实了。

3. 利用"怕买不到"的心理

东西越是得不到、买不到，人们越想得到它、买到它。推销员可利用客户这种"怕买不到"的心理，促成订单。比如，推销员可对准客户说："这种产品只剩最后一个了，短期内不再进货，您不买就没有了。"或者，"今天是优惠价的截止日，请把握良机，明天就没有这种折扣价了。"

4. 买一次试用看看

准客户想要买产品，可又对产品没有信心时，可建议他先买一点试用看看。虽然刚开始订单数量有限，但对方试用满意之后，就可能给你大订单了。这一"试用看看"的技巧也可帮准客户下决心购买。

5. 欲擒故纵

有些准客户天生优柔寡断，他虽然对你的产品有兴趣，可是拖拖拉拉，迟迟不做决定。这时，你不妨故意收拾东西，表现出要离开的样子。这种假装告辞的举动，有时会促使对方下决心。

6. 反问式的回答

所谓反问式的回答，就是当准客户问到某种产品，不巧正好没有时，就得运用反问来促成订单。举例来说，准客户问："你们有银白色电冰箱吗？"这时，推销员不可回答没有，而应该反问道："抱歉！我们没有生产银白色电冰箱，不过我们有白色、棕色、粉红色的，在这几种颜色里，您比较喜欢哪一种呢？"

7. 快刀斩乱麻

在尝试上述几种技巧都没能打动对方时，你就得使出杀手锏，快刀斩乱麻，直接要求准客户签订单。譬如，取出笔放在他手上，然后直截了当地对他说："如果您想赚钱的话，就快签字吧！"

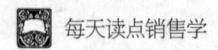

8. 拜师学艺，态度谦虚

在你费尽口舌，使出浑身解数都无效，眼看这笔生意做不成时，不妨试试这个方法。譬如说："×经理，虽然我知道我们的产品绝对适合您，可我的能力太差了，无法说服您，我认输了。不过，在告辞之前，请您指出我的不足，让我有一个改进的机会好吗？"

像这种谦卑的话语，不但很容易满足对方的虚荣心，而且会消除彼此之间的对抗情绪。他会一边指点你，一边鼓励你，为了给你打气，有时甚至会给你一张意料之外的订单。

美国推销员汤姆·霍普金斯说："推销成功就是达成并扩大交易。'达成交易'，是做一个推销员的起码条件；能否'扩大交易'，才能体现出你是否是一个一流的推销员。当然，一个推销员如果没有成功心态，即便是掌握了良好的推销技巧也无法成功。"

第二节　漂亮收尾意味着下次成交

暴单后要有平常心

一次不成交没有关系，重要的是每次都不成交，徒劳无获。而屡不成交的根本原因就是推销失败后未能认真反省、吸取教训、调整对策、总结提高，这才是销售人员的大敌。

在电话行销过程中，无论对方决策人是业务一开始就表示异议，还是在销售将要结束时拒绝成交，销售人员都不应过早地放弃销售的努力。暴单应该是最后的失败，销售人员不要把暴单和决策人的拒绝等同起来。

销售人员应当努力做到以下几点。

1. 自我激励

许多销售员缺乏自信，总是在电话中说交易达不成也没关系。事实上，进行电话行销的首要目的就是达成交易。

2. 把销售坚持到最后

电话行销有人失败、有人成功，但不可能永远成功，因此，当销售人员打电话行销失败时，请不要放弃，下面的例子可以帮助你，让你相信自己也会坚持到最后。

某年轻发明家带着他的创意到 20 家公司促销，其中包括一些全国性大公司。可是他的创意并没有被这 20 家公司接受。而到了 1947 年，受尽冷遇的发明家终于找到了一家公司，这家公司愿意出高价购买他根据静电原理发明的影印技术。后来，这家公司赚取了巨大的财富。

3. 积极反省，直接向客户请教

如果销售人员已努力完成电话销售而对方依然说："我想再考虑一下"或"对不起"！此时，销售人员需要知道对方不购买的理由。通过询问对方，可以巧妙地追究掩藏在深处的原因到底是什么。

"什么使您决定不买这个产品？"

"您有什么顾虑？"

"什么原因使您这么犹豫不决？"

在得知某个原因后，销售人员还要问：

"有没有其他困扰您的事情呢？"

"有没有其他使您犹豫不决的事情呢？"

4. 调整策略，迅速改正错误

当知道了客户不购买的真正原因后，销售人员应调整策略，迅速改正错误。尤其要注意以下几方面的策略：

（1）避免使用"我知道您为什么那样想"，这样的话会使客户产生抵触心理，因为他们会在心里想："你根本不知道我怎么想的。"

（2）不要与潜在客户争论，即使他们给你提的意见不正确。不要用"是的，但是……"展开答复，因为这会使其客户的推理大打折扣，并且很容易引起争论。

随着市场竞争的日趋激烈，电话行销的难度将越来越大。从总体上看，商品推销总有达成交易的和达不成交易的，若单从某次推销活动来看，不成交的可能性要大得多。从这个意义上讲，不成交也是很正常的事。假如销售人员因推销不成功就灰心丧气，甚至一蹶不振，就不正常了，而且也是幼稚、不成熟的表现。

销售人员必须明确认识，在每次推销失败中都孕育着某方面的成功，并以此增强自我激励的信心。

失败不可怕，可怕的是不知道为什么失败。

一次不成交没有关系，重要的是每次都不成交、徒劳无获。而屡不成交的根本原因就是推销失败后未能认真反省、吸取教训、调整对策、总结提高，这才是销售人员的大敌。

一般来说，如果确认爆单，接下来应该耐心做好后续工作。

首先，要检讨下列问题并记录下来：

（1）决策人说了哪些观点，即他要些什么？

（2）对方的电话性格是怎样的？

（3）对方态度的变化及原因。

（4）下次打电话我还能再做些什么？

（5）现在已经达到了什么目的。

再次，也要认真做好如下工作：

（1）自身业务检讨。

（2）自我认识分析。

（3）与客户保持经常的联系。

保持经常性电话联系

虽然所有的推销员最感兴趣的都是发展新客户，但你绝不能忽视现有的客户，要明白最好的潜在客户就是目前的客户。如果你一直坚持这种想法，就一定会与客户建立起长期而友好的关系。

有这样一个故事：

一天怀特先生突然想算算买过多少辆汽车。结果是12辆，这让怀特先生大吃一惊。

这些汽车分别是由12个推销员卖给怀特的。让怀特奇怪的是，这12个人中没有1个人再和他联系过，他们在卖车时都大献殷勤，可把车钱拿到手后，就像变成空气消失了一样。这是否有点不正常？怀特先生向周围的人问过，他们大多数也有这样的感觉。

在电话行销中，这个问题是最常被行销人员所忽视的。他们老是犯同样的一个错误：总以为把产品卖出去拿到钱后就万事大吉了，至于是否和客户联系就不那么重要了。

殊不知，商业界中普遍存在着一个80∶20法则。这个法则用在客户身上，就是80%的业绩是借助于20%的客户，20%的业绩来自于80%的客户。而这又可以理解为80%的业绩来自于老客户的重复购买和推介，20%的业绩来自于自己新开发的客户。无论你从事哪种行业，你只要能够找到完成你80%业务量的20%的客户，你就成功了。这就是为什么有的推销高手总是那么轻松的原因，他们每天的工作就是利用电话联系联系老客户。

由此可见，老客户对于销售员的业务来说是何等重要，因此经常与客户电话联系是非常重要而且是非常必要的。

老客户就像老朋友，对方一听到老朋友的声音就会产生一种很亲切的感觉，所以当销售员在给老客户打电话时，对方基本上不会拒绝。

销售员："孟总您好，我是A公司的小舒，您曾经在半年前使用过我们的会员卡预订酒店，今天特意打电话过来感谢您对我们工作的一贯支持。另外有件事情想麻烦一下孟总，根据我们系统的显示，您最近3个月都没有使用它，我想请问一下，是卡丢失了，还是我们的服务有哪些方面做得不到位？"

孟总："上一次不小心丢了。"

销售员："哦，是这样呀，那我帮您……"

从事销售工作的人都知道，开发一个新客户花的时间要比维系一个老客户的时间多3倍。权威调查机构的调查结果显示，在正常情况下，客户的流失率将会在30%左右，为了减少客户的流失率，我们要时常采取客户回访方式与客户建立关系，从而激起客户重复购买的欲望。

通常在做客户回访时，销售员可以采取交叉销售的方法，向客户介绍更多的产品，供客户选择。销售员在客户回访时要注意以下几点：

（1）在回访时首先要向老客户表示感谢。

（2）咨询老客户使用产品之后的效果。

（3）咨询老客户现在没再次使用产品的原因。

（4）如在上次的交易中有不愉快的地方，一定要道歉。

（5）请老客户提一些建议。

销售员："朱先生，我是A产品公司的小张啊，最近可好？"

客户："最近心情不太好。"

销售员:"朱先生,怎么回事?嗯,看看我今天可不可以让您心情好一些。我今天打电话给您的原因是,我们营业部最近推出老客户投资技巧服务,很多老客户都反映不错,我也想了解一下您是否有需要我为您服务的地方?"

虽然所有的推销员最感兴趣的都是发展新客户,但你绝不能忽视现有的客户,要明白最好的潜在客户就是目前的客户。如果你一直坚持这种想法,就一定会与客户建立起长期而友好的关系。

从现在开始,你应该对老客户有一个新的认识,你需要经常与老客户电话联系,密切关注竞争对手的行为。如竞争对手正以什么方法和你的客户接触?客户的需求是否需要调整?是否还有其他的业务机会?

不因未成交而放弃赠送小礼品

一名成熟的销售员绝不会因为客户未与之成交而唉声叹气、抱怨连天,他会想办法与这些未成交的客户保持联系。赠送小礼品就是个不错的办法。

现在谈送礼好像有点儿逆时而动,因为一提到送礼,就让人联想到行贿受贿。但送礼与行贿是有本质区别的,两种行为的动机不一样。行贿的目的是要牟取私利,为了达到不可告人的目的,而采取的不正当的竞争手段;送礼是一种礼尚往来,并不需要任何回报的一种正当的社交形式。

所以,这里有个关键,就是销售员在送客户礼物时的动机是怎样的,内心是怎么想的,这点很重要。如果销售员心里总是牵挂着"我送礼物给你,你就得照顾我的生意"的话,那么你不会成功,你也得不到客户手里的业务。可能很多人会想,客户是看不见我们心里怎么想的,我只要假装不需要任何回报的样子就可以了,但是客户虽然看不到我们的内心世界,但可以感应得到。如果销售员不是出于一种健康的动机,则他的眼睛、语音和语调等都会出卖他的思想。

"身正不怕影子斜",如果销售员出于正当的礼尚往来而送一些小礼物给客户,其实是一种和客户保持良好关系的技巧。

礼品并无轻重之分,有时候一张小小的卡片就会让客户感到非常高兴。

世界上有名的汽车推销大王乔·吉拉德连续12年保持每天平均销售6辆汽车的世界纪录。他在与全世界各地的推销员分享自己的成功经验时,谈到一个细节,那就是每逢节假日,他都要风雨无阻地向他的客户派发几万张问候卡片,他

第八章 收尾

自己一个人忙不过来，就雇用好几个临时帮手来帮忙。他这样做的目的只有一个："告诉我的所有客户和朋友：'嗨！你们好吗？我吉拉德还记挂着你们呐！'"

然而，随着社会的进步，人们生活节奏的加快，这种老式的寄贺卡的方式反而被大家逐渐遗忘了。

可是，大家都不用的方法你拿来用，有时会收到意想不到的效果。在使用卡片时，最好用自己手写的祝福语，那些打印好的千篇一律的卡片是没有生命力的。因为，当客户收到你的祝福卡片，打开一看是打印的，知道这只不过是一种形式而已，说明你并不在乎他。手写卡片要花费很多时间和精力，甚至要针对不同的客户思考不同的问候方式，而这恰恰就是手写卡片的魅力所在，因为它凝聚了你对客户的诚意，只有来自心灵的东西才能打动另一颗心灵。

及时追踪产品售后问题

每一个小小的服务都可能给你赢得声誉，带来大量的客户资源，售后的一个电话不仅能够帮助客户解决维修的问题，而且能够树立一种良好的售后服务的口碑，给你带来大量客户。

一般销售员都会认为成交就意味着结束，因此很少再去与客户联系。一方面是因为觉得与这个客户的合作已经结束了，再跟进已经没有多少价值；另一方面是因为销售员对自己提供的产品或服务很不自信，害怕会听到客户的不满和抱怨。其实这种"一次交易"的心态，从根本上影响着整个电话行销行业的发展。因为如果只为了与客户进行一次合作，那么开发完一个客户后，就不得不接着去开发下一个客户。而对前一个客户不注意维护的话，势必会流失，这样迟早有一天客户会被开发尽。而且，如果每个人都不注意维护客户的话，那么最终的结果将是任何一位客户都会越来越难以开发。这样的话，电话行销行业将会越来越难做。而有些销售员则非常自信，喜欢大胆地让客户提建议，从而不断地提升自己，更好地满足客户的期望。这样一来，客户就会觉得这个销售员非常真诚和谦虚，即使真的对这次合作不满意，他们也会考虑再给一次机会给他！而对这次合作满意的话，他们就会乐意为这名销售员转介绍更多的客户。这就是为什么有些销售员的客户越来越少，而有些销售员却忙得不可开交的原因。

总之，做到善始善终既可以展示你的信心，同时也是你个人内在修养的一种表现。因此，做好电话拜访的跟踪服务工作，致力于与客户建立长期合作关系，就成为电话拜访工作的一个重要立足点。

李文是 C 公司的一名汽车销售员，她的销售业绩连续 5 年保持全公司第一，平均每天销售 5 辆汽车。别人问她为什么能够创造如此骄人的业绩，她回答："我能够创造现在这种业绩纯属偶然。大概是 6 年前春天的一个周末的下午，这天下午顾客特别少，我随手拿起桌子上一本近期汽车销售记录本，看看一周来销售情况，看完后突然心血来潮，想打电话问问客户汽车行驶情况，仅仅只是想问问客户所买的汽车好不好用，并没有其他目的。然而，第一个客户告诉我，汽车买回家装载货物时，汽车后挡玻璃除雾器的一个部件脱落，下雨天行驶时后挡玻璃除雾器便不能正常工作。当时，我就对客户说待会儿我就会通知公司维修部门，请他们派人上门维修。后来，我又打了十几个电话发现又有一位客户出现同样的问题，于是我向公司汇报了此事，建议公司对近期销售的汽车来个全部查询。

通过查询发现当月卖出的 400 部汽车中有 20 部出现同样的问题，公司一一上门为他们维修了。此后不久，一位客户来公司买车，指名道姓的要求我为他服务，我在接待他时，问他：'我并不认识你，你是怎么知道我的名字的？'他说：'是朋友介绍的，朋友说你的售后服务好。他的汽车买后不到一周，你就主动打电话询问汽车行驶情况，汽车后挡玻璃除雾器一个小部件出故障，你都特意安排修理部门派人上门维修。他说找你买车放心，于是我就来找你了。'这件事对我启发很大，此后，我便将客户回访作为销售工作的一个重要组成部分，列了一个详尽的客户回访计划，定期给客户打回访电话，于是我的售后服务在客户中的口碑非常好，通过客户的介绍给我带来了大量的客户资源。"

这个例子告诉我们，每一个小小的服务都可能给你赢得声誉，带来大量的客户资源，售后的一个电话不仅能够帮助客户解决维修的问题，而且能够树立一种良好的售后服务的口碑，给你带来大量客户。

既然产品售后服务这么重要，那就要先了解电话行销过程中需要做好哪些售后服务追踪，主要有以下几点：

1. 送货服务

电话拜访客户的主要目的是为了向客户销售产品或服务，既然这样，向客户销售了产品或服务之后就必然有一些售后工作要做。如果销售的是较为笨重、体

第八章 收尾

积庞大的产品，或一次购买量很多，自行携带不便的客户，均需要提供送货服务。在送货的过程中，一定要准时、安全地将货物送达到客户手中。

2. "三包"服务

"三包"服务主要是指对售出产品实行包修、包换和包退的服务。对服务来讲，也应当有相应的服务保证。电话拜访客户既要对自己所属的公司负责，又要对广大客户负责，从而保证产品或服务价值的实现。

3. 安装服务

安装服务主要是针对具体的产品而言的。比如向客户销售的是空调设备、电脑设备等，都需要提供相应的上门安装服务，而且这些安装服务一般情况下都应当是免费的。

4. 其他跟踪服务形式

主要是指在产品或服务的使用过程中，及时电话跟踪客户，询问有关产品或服务的使用情况，及时解决使用过程中发生的问题。另外，还可以听取客户的使用意见和建议，及时对产品设计或服务形式加以改进，从而更好地为客户服务。

明确规定账款回收办法

账款能顺利回收的销售才是成功的销售。账款回收不顺利，将造成坏账损失，不但影响企业资金的正常流转，而且会给整个销售活动带来灾难性的损失。

为使账款回收顺利，企业应建立完整的账款回收制度，对顾客应收账款的回收进行科学管理。在电话行销中，应明确订出账款回收办法，并且彻底执行。其中，账款回收方法主要有3种：

（1）先收款，再送商品；

（2）送货时，同时收款；

（3）送货之后，请顾客付款。通常是利用邮局划拨付款。

电话营销企业，宜斟酌自身的情况，并配合目标顾客的情况做决定。通常情况宜采用送货时，同时付款以及送货之后，请顾客付款这两种方法交互应用为佳。

销售员在进行电话行销时，应明确无误地告诉顾客付款方式，经其同意，才可称为交易完成。在最后成交过程中时，如果因付款方法不被接受而不易成交，销售员应随机应变劝服顾客，但不可放弃既定的收款原则。

如果与客户成交后，客户还未付款，应迅速提供"未回收账款明细表"，督促销售员进行催收。

在进行账款催收时，销售员应有以下的态度：

（1）培养及充实灵活的电话沟通技巧。

（2）积极联系顾客。

（3）以平和委婉的口气，告知顾客未付款项的情况，并请求付款。

（4）如果是缘于企业作业不周时，应积极补送"付款通知"，请顾客付款。

（5）顾客同意付款后，即应积极安排收款作业。

（6）顾客如要求暂缓付款，应约定时间再行催收。

（7）收到款项之后，应给予顾客道谢电话或信函，并请他继续给予合作，以期塑造顾客良好的企业形象。

销售员在催收账款时还应注意下面几点：

（1）有些销售允许延期付款，但是在和客户接触之初，尤其是在客户前几次购买时，应坚持即时付款的原则。直到建立起客户的信用时才可在信用额度内准予出现个别赊账。

（2）销售员无论何时都要密切关注老客户的支付能力变化，留意其可能出现的信用危机，并采取一定的安全措施。而在开拓新客户、交易条件发生变化或听到客户的不好传闻时，必须对其进行信用调查。

（3）销售员在请求客户支付货款时，不要太敏感，也不要太胆怯。请求付款不会引致产生伤感情的风险。但如果购买者被激怒的话，就必须谨慎小心，其实这是客户赖账的一种惯用伎俩。

平时，销售员也要训练自己催收账款的能力，例如，你可以这样说：

"很抱歉，我今天打电话来是为了付款的事情，您付款的日期已经过了，不晓得为什么呢？"

任何欠款的客户，都会有各种牢骚、抱怨等辩解理由，对于这些诉苦必须毫不客气地将自己难处对抗回去。但是诉苦的方式当然也会因对手而有所不同。

"唉！真的伤脑筋，我们公司也是这样。我们老板说您这个月如果不付款的话，我们这个月的员工薪水就不发了。所以无论如何要请您付款，我们一家四口快饿死了！"

有时还可以利用公司负责人或生意人的自尊心来诉求。

"真糟糕啊！效益实在太差了……"

"您真爱开玩笑，老板应该不会说出这种话的。贵公司是百年老店，不会连

第八章　收尾

区区××万元都支付不了吧？你们可是这条商业街中最棒的老店呀！倒是我们公司，一点风吹草动都经不起，我也是信任贵公司，才和你们谈生意……"

用 E-mail 经常与客户保持联系

电话是一个非常有效的销售工具，但却不一定是有效的跟踪工具。而且，对于大量的潜在客户的跟进，如果用电话来进行，效率也不高。最常见的跟踪方式是用电子邮件和寄信。

新客户与我们进行了长时间的合作之后，就会成为我们的老客户，但是一定要记住一点：老客户并不是我们的永久客户。也就是说，老客户如果不注意维护的话，也会流失掉。要想保住老客户，除了我们所提供的产品或服务质量过硬以及良好的售后服务外，销售员还应定期与客户保持联系。当然保持联系的方式有很多种：电话、传真、E-mail 等。

电话是一个非常有效的销售工具，但却不一定是有效的跟踪工具。而且，对于大量的潜在客户的跟进，如果用电话来进行，效率也不高。最常见的跟踪方式是用电子邮件和寄信。电子邮件是最好的方式，一方面简单，另一方面成本也低。作为销售员，我们要尽可能获取对方的电子邮件，并定期发些客户感兴趣的资料，以让客户随时知道你的存在。这样，当他有需求的时候，他会主动找到你，你的机会也就大了。

通过电子邮件群发，可以与所有的客户保持一个比较密切的联系，例如节日问候、新产品介绍等都可以通过电子邮件来完成。这种方式方便快捷，而且经济实用，是一种很不错的联系方式。

很多销售员都会制作公司简讯，每隔一段时间通过电子邮件向自己的客户发送公司简讯，这样做的一个好处是不让那些暂时没有需求的客户忘记自己。

通过电子邮件与客户保持联系，需要注意以下几点：

（1）要征求客户的同意。得到客户允许，再发电子邮件给客户，才能使邮件更有效。因为在所接触的所有客户中，并不是所有的客户都希望收到拜访人员的电子邮件。另外，现在的垃圾邮件太多了，客户看到有陌生邮件，甚至不打开看就删掉了。所以，在发邮件前，征得客户的同意还是十分有必要的。

（2）选择简讯内容。简讯内容也很重要，最好是对客户有价值的信息，这样才能引导客户长期地读下去。否则的话，客户看到一些与自己无关紧要的内容，久而久之就失去了阅读的兴趣，因此他们也将会把这些邮件当成垃圾邮件删掉，这样反而会损害与客户的关系。

（3）要体现出个性特征。电子邮件群发要体现出个性特征，要让每个接到电子邮件的客户都认为这个邮件是针对他个人而发的，不是在应付。因为每个人都希望自己得到与众不同的待遇，如果大家都得到了此类待遇，也就没什么优越感了。因此，在给客户发电子邮件时，对于不同的人一定要采用不同的称呼，这样才能让客户感觉到受重视。

虽然 E-mail 为主的网络回访是近几年才发展起来的一种销售回访工具，但是已经显示出了很强的优越性：首先，网络拜访方便快捷。销售员可以同时给多人进行回访，如果客户在线可以实时访问，即使客户不在线，只要他一上线就可以读取你的邮件或是留言。

其次，网络拜访可以体现人性化的关爱。你可以把你的拜访文件设计成各种人性化的东西，比如，产品故障诊断和维修指导软件，可以非常轻松简便地帮助客户诊断产品故障，指导客户进行简单的维修，或者通知维修部门派遣相关人员上门维修。

再次，可以非常方便地向客户推介新产品，询问客户新需求。最后，网络拜访成本低、效益高。只要网络拜访设备系统建好了，后续开支很小，同时，网络拜访所带来的效益也非常高。所以，对于一名销售员来说，要学会充分利用网络来保持同客户的联系。

· 第九章 ·

留住客户

第一节　好服务赢得下一次成交

客服人员必知的说话术

客户管理工作很多时候就是和客户沟通说话的艺术。

投诉是客户的特权，甚至有时也是客户的爱好。即使服务非常到位，客户也免不了会投诉。其实，客户的投诉是件好事，它表示客户愿意跟我们来往，愿意跟我们做生意。而我们也可以通过客户投诉来改进产品或服务的质量，从而使我们更能赢得市场。相反，不投诉的客户才是真正的隐患。所以，我们应当以一种平和的心态，去应对客户的投诉。作为一名客服人员更是要以一种积极的态度来面对客户的挑剔。

世界一流的销售培训师汤姆·霍普金斯说过："客户的投诉是登上销售成功的阶梯。它是销售流程中很重要的一部分，而你的回应方式也将决定销售的成败。"所以，有效地处理客户投诉的说话技巧是非常重要的。

如何应对挑刺儿的客户，没有统一的套路，但可从以下几点学习一下原则、方向。

1. 客户："你们的产品质量太差了，你让我怎么使用呢？"

客服人员："××先生（女士），您好，对于您的遭遇我深表歉意，我也非常愿意为您提供优质的产品。遗憾的是，我们已把产品卖给您了，给您带来了一些麻烦，真是不好意思。××先生（女士），您看我是给您换产品还是退钱给您呢？"

2. 客户："你们做事的效率太差了。"

客服人员："是的，是的。您的心情我非常了解。我们也不想这样。我非常抱歉今天带给您的不愉快。我想以先生（女士）您的做事风格来说，一定可以原谅我们的。感谢您给我们提个醒，我们一定会改进，谢谢您。"

3. 客户："你们给我的价格太高了，宰人啊？"

客服人员："××先生（女士），我非常赞同您的说法，一开始我也和您一样觉得价格太高了，可是，在我使用一段时间之后，我发觉我买了一件非常值的东西。××先生（女士），价格不是您考虑的唯一因素，您说是吗？毕竟一分价钱一分货。价值是价格的交换基础，对吧？"

4. 客户："你的电话老没人接。叫我怎么相信你？"

客服人员："××先生（女士），打电话过来没人接，您一定会非常恼火，我非常抱歉，我没有向您介绍我们的工作时间和工作状况。也许，您打电话过来，我们正好没上班，况且，您是相信我们的、相信我们的服务精神和服务品质的，您说是吗？"

总之，无论怎么回答客户的问题，作为客服人员，我们都应本着不和客户争论的原则。俗话说，规章是死的，人是活的，我们还要根据具体情况来分析具体对策，绝不能生搬硬套。如果是一位来访客户，我们最好请他到一个安静的处所说话，否则容易影响别的客户和潜在客户。

服务差不多，结果差很多

客户服务工作不能讲究差不多就行，而应精益求精，努力做好每一个细微处。有这么一个"挑剔"的老板，他对细节的要求甚至到了疯狂的地步。

他从德国回国，想投资开一个德国料理店，让朋友帮他选择地点。他们跑遍了整个城市，看了无数的房子，他从中挑选出10个，列为准店，把它们在位置、环境、布局等方面的优劣列成清单，反复比较，又从中优选出3个，把这3个店的位置、环境、布局及服务内容等方面列成一个更为详细的调查表，委托一家信息咨询公司做市场调查，根据调查回馈，最后确定了其中一个，接下来开始装修。他请来装修公司，详细地讲述他的意图，他说得太详细了，不仅店内所有的空间包括门厅、厨房、卫生间里的每一个角落，而且，店外远至百米的路段也做了精心布置，简直精细到极点，甚至显得有些婆婆妈妈。

饭店终于按照他的要求装修好了，给人的感觉除了舒服还是舒服，你能想到的他全想到了。可他还不放心，他让朋友帮他挑毛病，看看还有什么没想到的地方。从选店址到装修，不仅多跑了许多路，多花了许多钱，更重要的是，花了许多时间，如果换成别人，现在早营业赚钱了，可他还在这儿挑毛病。朋友说："挺好的，赶快开业吧，早开一天早收入一天。"

他看着朋友说："正式开业还要等一个星期，从明天开始，请你带朋友来吃饭，全部免费，但有一条，每吃一次，至少要提一条意见。"

"为什么？"朋友大为不解。

"因为在德国，不能让客人等候超过5分钟，不能让他有任何不满意的地方。现在开业，我没有把握，所以我付费请咨询公司替我找最挑剔的顾客来，如果你方便也请你来，多挑毛病，拜托了！"他说。

"你也太认真了，这是在中国，不用这样。要我说，先开业，发现问题再说，到时改也来得及。"

"不，我不能拿顾客做试验，在德国，我做过调查，开业最初10天进店的顾客，基本上就是你店里长期的顾客，如果你在这10天里留不住顾客，就得关门。"

"为什么？一个新开的店，有点不足是难免的，客人也会谅解的，下次改正就行了。"

"不，在德国，没有下次，人们只给你一次机会。我刚到德国和德国人初次交往时，觉得他们很傻，你说什么他都信，你如果想骗他们其实很容易，但是他只让你骗一次，以后就永远都不会和你来往了。在德国，只要是你本人的原因犯错，你就得走，不必申辩。没有下次，你只有一次机会。"

"他们为什么那么较真呢？"

"这不是较真，而是认真的精神。我们的服务如果缺少这股认真负责的劲头，就会被市场所抛弃。服务差不多，结果一定差很多。"

胡适先生曾写过一篇著名的《差不多先生传》，对于一个凡事都不要求精确的人，最终只会失败，并且很惨。我们企业的服务工作也同样如此，只有把细节问题做好了，才能在商场中立于不败之地。平时就应当对可以说"差不多"的问题多加注意，想办法用另一种准确、清晰的方式来表达。

优质的服务最关键

客户都是一群目光犀利的人，他们能看到我们服务的缺陷，也能看到我们服务的优势。全球闻名的联邦快递公司，就是一个以优质的服务成为该领域大赢家的绝佳事例。因为它所保证的跨地区或跨国界的准确、快速投递，顾客们都愿意付出比一般平邮高出几十倍的快递费。从中我们看出大多数人还是比较欣赏优质、可靠的服务的。

一份调查报告显示，尽管一些注重服务的公司要收取产品价格的10%作为服务费，他们的市场占有量也能每年增加6%，而那些服务不佳的公司每年要损失两个百分点。由此可见：提供优质服务能够得到好的回报。优质的服务才是客户管理工作的关键。

彼得森是苹果公司的一名业务代表，他有个习惯：每个月总要抽出一天时间走访一定的客户。有时并不是他的客户，但只要被他看见对方的桌上放着苹果电脑，他准会热情地问问对方使用情况如何，是否需要帮助等。一次当他拜访到一位名叫艾丽斯的妇女家中时，艾丽斯正在发牢骚，抱怨她的机器又出现无故重启现象。彼得森耐心地将机器修好，艾丽斯当然很开心，她说彼得森与其他业务代表就是不同。其实，那是因为彼得森长期坚持在做的结果，只要他拜访客户就一定会做这4件事：

（1）第一时间让客户看到他们的新产品。

（2）在机器上贴上留有他姓名电话的标签，同时也在客户个人的电话簿上写下他的姓名电话。

（3）请客户推荐新客户给他。

（4）定期和客户交流意见。

"只要我在这里，"彼得森说，"就让我看看你的机器。"

然后他将标签贴在机器上说："如果你有任何问题或需要配件等，请你一定要打电话给我。"艾丽斯十分满意地接受了。

最后彼得森还为艾丽斯展示了苹果的新产品，艾丽斯为彼得森提供了3名邻居与3名亲戚的名字，之后这6个人都向彼得森买了东西。这位妇女在教会里也十分活跃，因此她还提供给彼得森一长串的教友名字。结果是，在以后的交往过程中，彼得森又多了许多位忠实的客户。

客户服务工作如果做好了，客户就会满意、感激企业的服务。而这一群满意的客户，他们多半会将满意带给他们的亲朋好友。也就是说，我们在面对每一次服务的客户时，都不妨想象我们其实是在对一群潜在的客户服务。

所以，提供出优质的明星服务才是客户满意的关键因素。优质的服务是整体

第九章 留住客户

的同一水平，必须保证所有客服人员的服务品质。

缩短客户等待的时间

客户多等待一分钟，抱怨与愤怒就会多出一分，最终客户将会考虑是否还要再次合作的问题。鲁迅先生说："浪费时间等于慢性自杀，浪费别人的时间是谋财害命。"每个人的时间都非常宝贵，浪费不得。用那种慢条斯理的态度来面对客户早已过时。当代生活是快节奏的，长时间的等待是所有人都忍受不了的。

在很多公司里都能看到一种现象：客户坐在那里等待。当然，不可能要求所有的服务都不让客户等待，但我们必须树立为客户省时的观念。我们强调的是，尽量缩短客户等待的时间。

追求卓越的公司从很多方面进行努力，力求缩短客户的等待时间，例如，禁止任何毫无意义的闲聊。客户在排队等待，办事人员却在闲聊，是绝对不能容忍的。放下手头的任何事情，去服务正在等待的客户，这体现了客户的绝对优先权。例如，酒店经理路过大堂，恰好来了一大群客户，经理便不忙着回办公室处理事务，而是帮着接待客户。

如果营销人员显得很繁忙，却让客户在那里等待，客观上表现出一种令人愤慨的不公平：营销人员的时间是宝贵的，而客户的时间是可以任意耗费的。其实只要稍微细想一下就会看到这样一个结果：让客户等待的时间越长，营销人员能和客户待在一起的时间也就越短。

世界快餐业霸主麦当劳，每天有数家分店在全世界成立。为什么？关键是麦当劳有一套优良的产品复制系统、服务复制系统——你在全世界任何一个麦当劳所享用的汉堡和服务都基本上是一样的。绝大多数的顾客可能并不知晓，麦当劳规定员工必须在两分钟内为顾客取好餐，否则任何顾客都可以投诉该员工。

与此相反的是在日本国内的旅馆，每到上午退房时段，经常是大排长龙。因为大部分的房客都以现金支付，所以每间退房处理时间很长，非常耗费时间。美国的旅馆在上午的退房时段同样也是忙碌异常，但结果却大不相同。

被视为美国"服务第一"的万豪饭店，是第一个运用快速退房系统的饭店。

清早5点，当房客还在睡梦中的时候，一份封皮写着"提供您便利的服务——快速退房"的文件夹被放入房门底下，文件夹里头有一张结账单，内容如下：

您指示我们预定于本日退房，为了您的方便，请进行如下步骤之后就可以完

331

成退房手续。

（1）这是一份截至本日上午12点的结账单（附上收款收据或是发票）。

（2）上午12点以后所发生的费用，请当场支付，或者是向柜台领取最新结账单，或者是在24小时内本旅馆会自动寄给您最新的结账单。

（3）请在正午以前电话通知柜台为您准备快速退房服务。

（4）房间钥匙请留在房内或者投入柜台的钥匙箱。

非常感谢您的光临。我们希望能够在最短的时间内再次为您提供服务。

以上是大致内容。此外，文件夹里除了结账单之外，同时还附有一张空白纸，上面写着："请写下您对我们所提供的服务的评价及建议。您宝贵的建议将有助于我们为您的下次住宿提供最佳的服务。"

试想，如此为客户着想的公司，还怕客户不买它的账吗？

尽力为客户缩短等待时间本是件好事，但切莫因此而降低了服务的质量，顾此失彼的事情划不来。

用过硬的专业知识解答客户难题

一个销售员对自己产品的相关知识都不了解的话，一定没有哪个客户信任他。无论在销售过程中，还是售后的服务中，一个出色的销售人员应具备过硬的专业知识。

如果你是一位电脑公司的客户管理人员，当客户有不懂的专业知识询问你时，你的表现就决定了客户对你的产品和企业的印象。

一家车行的销售经理正在打电话销售一种用涡轮引擎发动的新型汽车。在交谈过程中，他热情激昂地向他的客户介绍这种涡轮引擎发动机的优越性。

他说："在市场上还没有可以与我们这种发动机媲美的，它一上市就受到了人们的欢迎。先生，你为什么不试一试呢？"

对方提出了一个问题："请问汽车的加速性能如何？"

他一下子就愣住了，因为他对这一点非常不了解。

理所当然，他的销售也失败了。

试想，一个销售化妆品的人对护肤的知识一点都不了解，他只是想一心卖出他的产品，那结果注定是失败。

第九章 留住客户

房地产经纪人不必去炫耀自己比别的任何经纪人都更熟悉市区地形。事实上，当他带着客户从一个地段到另一个地段到处看房的时候，他的行动已经表明了他对地形的熟悉。当他对一处住宅做详细介绍时，客户就能认识到销售经理本人绝不是第一次光临那处房屋。同时，当讨论到抵押问题时，他所具备的财会专业知识也会使客户相信自己能够获得优质的服务。前面的那位销售经理就是因为没有丰富的知识使自己表现得没有可信性，才使他的推销失败，而想要得到回报，你必须努力使自己成为本行业各个业务方面的行家。

那些定期登门拜访客户的销售经理一旦被认为是该领域的专家，那他们的销售额就会大幅度增加。比如，医生依赖于经验丰富的医疗设备推销代表，而这些能够赢得他们信任的代表正是在本行业中成功的人士。

不管你推销什么，人们都尊重专家型的销售经理。在当今的市场上，每个人都愿意和专业人士打交道。一旦你做到了，客户会耐心地坐下来听你说那些想说的话。这也许就是创造销售条件、掌握销售控制权最好的方法。

除了对自己的产品有专业知识的把握，有时我们甚至要对客户的行业也有大致了解。

销售经理在拜访客户以前，对客户的行业有所了解，这样，才能以客户的语言和客户交谈，拉近与客户的距离，使客户的困难或需要立刻被觉察而有所解决，这是一种帮助客户解决问题的推销方式。例如，IBM的业务代表在准备出发拜访某一客户前，一定先阅读有关这个客户的资料，以便了解客户的营运状况，增加拜访成功的机会。

莫妮卡是伦敦的房地产经纪人，由于任何一处待售的房地产可以有好几个经纪人，所以，莫妮卡如果想出人头地的话，只有凭着丰富的房地产知识和服务客户的热诚。莫妮卡认为："我始终掌握着市场的趋势,市场上有哪些待售的房地产,我了如指掌。在带领客户察看房地产以前，我一定把房地产的有关资料准备齐全并研究清楚。"

莫妮卡认为，今天的房地产经纪人还必须对"贷款"有所了解。"知道什么样的房地产可以获得什么样的贷款是一件很重要的事，所以，房地产经纪人要随时注意金融市场的变化，才能为客户提供适当的融资建议。"

当我们能够充满自信地站在客户面前，无论他有不懂的专业知识要咨询，还是想知道市场上同类产品的性能，我们都能圆满解答时，我们才算具备了过硬的专业知识。在向客户提供专业方面的帮助时，切记不要炫耀自己的知识。

上门服务注意事项

上门服务比起其他形式的服务更便利于客户，随着出现的次数越发频繁，我们也就越要注意上门服务的工作细节。客户有时会打电话来要求我们上门服务，这是展现自己难得的机会，如此近距离地接近客户是求之不得的。

无论是上门安装、维修，还是销售商品，都要把它看作是一次非常重要的锻炼机会。由于和客户需要面对面地交谈，而且是在客户家中，因此每一个细节都应作为必修课来修炼。

（1）约会不要迟到，哪怕是一分钟。第一印象非常重要，按时赴约，以便开个好头。如果你被拦住了，或者不得不耽误一下，事先给客户打个电话，表示歉意，另约时间。

（2）不要把车停在"专用"车位上，因为它可能属于某个特殊人物。如果你不知道停哪里好，问一下管理人员或你可以停在车场的一侧，远离楼房（一般说来，重要人的车都停在离楼房较近的地方）。

（3）资料都放在车里，空手与客户会面。如果你随身携带宣传材料、样品和设备，不但空不出手与对方寒暄，而且显得不亲切，有急于将货卖出之感。想一想，如果你推开一家裁缝店的门，伙计说声"你好"，然后就开始量尺寸，你会感觉如何？因此，应该在同客户打过招呼后，说声"对不起"，然后再回头取东西。

（4）与客户会面时，先同他们握手，你应当一开始就让他们习惯这种方式。

（5）进入客户房间时，注意将鞋擦干净。客户会注意到这种尊重的举动，对你满口热情。

（6）不要主动落座。记住，一个人的家就是他的城堡。如果你应邀进入他的城堡，你就是客人，所以要像客人一样，不要像个入侵者。

（7）不要单刀直入，不要进屋就开始推销。相反，你应当把包放下，创造一种和谐的气氛。

（8）如果你同客户不属于同一个种族或文化背景，对客户提供的食品和饮料也要接受。这样会使客户感到自如，表明你没有歧视行为，并深感亲切，这样更容易获得他的好感。

（9）环顾客户房间，你会发现一些照片、字画、证书、奖杯、书籍、植物、唱片、小猫、小狗、飞机模型、乐器等。这些对客户来说都是有纪念意义的东西，或客户喜欢的东西，所以，要提一提，认真询问，客户会欢迎的。

第九章　留住客户

（10）不要忽略客户的孩子。让他们坐在你身边，他们会成为你最好的同盟。

（11）未经请求，不要将你的东西放到客户的桌子上。同样，未经请求也不要在客户的家具和地板（地毯）上放置东西，特别是涉及玻璃、杯子或盘子时。

（12）要让客户参与销售过程，不仅仅是口头参与，还要有身体参与。例如让客户帮你安好展示装置，让他比较颜色是否协调，或让他帮你量大小。

（13）当你在客户家或办公室里时，你不可能控制一些外来事件，如被家庭其他成员打断，或有人敲门，或电话铃响了起来。当发生这些情况时，应停止展示，说些比较随便的话题，直到事件结束，然后，慢慢回到主题上来。

（14）免收费用。为客户提供安装服务，是一项应尽的义务，因此不应收取任何费用。有关经办人员在上门进行安装时，也不得以任何方式加收费用或者进行变相收费。

（15）烟酒不沾。安装人员上门进行服务时，应当作到"两袖清风"，不拿客户的"一针一线"。切勿在客户家中吃喝。

（16）符合标准。为客户进行的安装服务，不但要由专业技术人员负责，而且在其进行具体操作时，也必须严守国家的有关标准。不合标准而随意安装，或是进行安装时偷工减料，都是不允许的。

（17）当场调试。安装完毕之后，有关人员应当场进行调试，并向客户具体说明使用过程中的注意事项，认真答复对方为此而进行的询问。当调试无误后，应由对方进行签收。

（18）定期访查。对于本公司负责安装的商品，服务部门本着对客户负责到底的精神，应在事后定期访查，以便为客户减少后顾之忧，并及时为其排忧解难。

上门服务的细节很多，需用心领悟。同时，还应注意到自己的态度和语言。

允许客户的愤怒爆发

客户内心的不满结得越多，就越希望能找到一个宣泄的出口。此时应正确疏导，而不能"以暴制暴"。

从心理学讲，愤怒是人处在压力之下的一种常见的反应，有时候愤怒的情绪过于强烈，就会表现出来。在实验室里，动物会因为过度拥挤或得不到想要的东西而变得暴躁不安。人在气急时，很可能把怨气发泄在别人身上，倒霉的往往是无辜的旁人。所以不难理解，尽管顾客的愤怒根本与产品质量无关，有时只是他的心情不佳，便将怨气撒在新买的产品上。

对于这种情况，我们可以借鉴中国武术太极推手（利用对方的力气取胜）的原理来处理顾客的愤怒。太极推手讲究的是不与对手的力量硬碰硬，而是巧妙地躲开对手的千钧之力。销售人员能运用这种方式来处理顾客发怒的尴尬局面，就会挣脱个人情绪的影响，平心静气地对待愤怒的顾客，圆满地解决问题。但是，平心静气并不是说无动于衷，而是说不要被顾客激怒，要始终保持理智和冷静。

如果处理得当，愤怒的人会逐渐平静下来。但是如果有人企图控制他们，或对他们粗暴无礼，他们的脾气会越来越大，不闹个天翻地覆绝不会停止。我们当然不希望事情发展到这种地步。最好是运用太极推手的方法，顺着顾客的脾气，转移他们的怒气。

平息顾客愤怒的最有效方法就是耐心地听完顾客的话，不要打断或插话，否则会使已很紧张的局面再度恶化。既然他们有话要说，那就让他们把话说完，不要立刻着手解决问题。如果实在憋不住非要说点什么，最好是顺着顾客的话来说，帮他顺气。

日本松下电器的创始人松下幸之助，是一位被称为"经营之神"的企业家。在未建立起他的电器王国之前，就有了重视消费者权益及售后服务的经营理念。他在公司成立了"客户抱怨中心"，负责处理一切有关客户的不满。

松下幸之助的"客户抱怨中心"并不像一般企业只用来打发不满的客户，而是由他自己主持。每个星期六下午和星期日上午，他在公司内等候由秘书安排好的客户，和他们做面对面的沟通，听取他们的不满和建议。

对此，公司内部有许多人不理解，认为是在小题大做。然而，松下却另有见解，他认为，这样做至少有以下几点意义：

第一，公司的负责人亲自面对有不满的客户，至少让客户感到被尊重，同时也证明企业认错道歉的诚意。

第二，从面对面的沟通中，获知客户的需要点和认知度，这种消费情报，不但可作为改善产品的依据，更提供了发展新产品的构想。

第三，客户的意见，经由董事长下达至公司的各部门，各部门不敢掉以轻心。如此一来，等于将市场情况和消费者意见直接传达给所有的部门，对于提高经营效率，是最直接有效的帮助。

松下幸之助说："好话谁不爱听？可是好话对于企业有什么好处呢？我这样

第九章 留住客户

做的目的，就是要听难听的话。只有多听难听话，才知道我们商品的缺点何在，才能真正知道消费者心目中理想的商品是什么，才有助于我们的进步和发展。"

日本松下之所以能建立起巨大的电器王国，与其重视消费者权益及售后服务的经营理念是分不开的。松下幸之助要求公司的负责人亲自面对有不满的客户，让客户感到被尊重；从面对面的沟通中，获知客户的需要点和认知度，对改善产品和服务极其有益。

类似于松下的客户抱怨中心，我们每一个售后服务人员的双耳就是一个移动的客户抱怨中心。我们的肚量必须能容得下客户的愤怒，这样才会容得下客户带来的一切，包括利润。当客户正滔滔不绝地发泄他的怒火时，我们唯一的选择是洗耳恭听，一定不要打断他或制止他。

第二节 客户的忠诚度需要呵护

总结客户流失的原因

只看到客户流失却不去深究事情背后的原因，肯定做不好客户维护工作。对于那些已停止购买或转向另一个供应商的客户，应该与他们接触以了解发生这种情况的原因。客户流失的原因，有些是公司无能为力的，如客户离开了当地，或者改行了、破产了，除此之外，其他的因素有：他们发现了更好的产品；供应商的问题或产品没有吸引力；服务差、产品次、价格太高等，这些是可以改进的。对客户流失原因的总结也就显得尤为重要。

部分企业会认为，客户流失无所谓，旧的不去，新的不来。面对单个客户的流失，更是不在乎，不知道流失一个客户企业要损失多少。一个企业如果每年降低5%的客户流失率，利润每年可增加25%~85%，因此对客户进行成本分析是必要的。

蜂窝电话的经营者每年为失去的25%的客户支付20亿~40亿美元的成本。据资料记载，美国一家大型的运输公司对其流失的客户进行了成本分析。该公司有64000个客户，今年由于服务质量问题，该公司丧失了5%的客户，也就是有3200(64000×5%)个客户流失。平均每流失一个客户，营业收入就损失40000美元，相当于公司一共损失了128000000（3200×40000）美元的营业收入。假如公司的盈利率为10%，那这一年公司就损失了12800000（128000000×10%）美元的利润，并且随着时间的推移，公司的损失会更大。

著名的营销专家乔·吉拉德曾写过一本书《如何将任何东西卖给任何人》，书中写道，你所遇到的每一个人都有可能为你带来至少250个潜在的顾客。这对想开展自己事业的人可是个再好不过的消息了。不过，根据吉拉德的理论，从反面来看，当一个顾客由于不满意离你而去时，你失去的就不仅仅是一个顾客而已——你将切断与至少250个潜在顾客和客户的联系，并有可能导致一个重大的损失，以至于你的事业在刚刚走上轨道的时候就跌了一大跤。

也许，虽然你做了足以让客户开除你的举动，老天爷还是站在你这边，你运气挺好地做成了交易。可是那些跟你做生意的客户，后来会怎样呢？其中：

91%的客户从此与你老死不相往来。

96%不会告诉你他不再和你做生意的真正原因。

80%会再度和你做生意，如果他们的事情可以获得迅速解决，并完全符合他们的期望。

当事件发生，而且情况颇为严重时，他们便不再与你做生意了，该事件发生的始末及其造成的影响将会被传播数年之久。

客户流失原因的总结，有助于找出我们的"软肋"。比如，是客户服务中的态度、方法不好，还是产品的质量差，使用不便呢？原因可能多种多样，异常复杂，但细细总结下来就会发现是哪一个部门的差错，甚至是个别员工的责任。这样对客户维护就会有一个对症下药的快速、有效方法。总结客户流失的原因时一定要全面、具体。比如，客户对售后服务中的反馈不及时感到不满意，我们就要记下一个很大的概念——对售后服务不满意。

认识忠诚客户的类型

将客户的忠诚分类是为了能更好地研究对不同客户的对策。

客户忠诚于某一品牌不是因为其促销或营销项目，而是因为他们得到的价值。影响价值的因素有很多，比如，产品质量、客户服务和知名度、美誉度等。不同的企业所具有的客户忠诚差别很大，不同行业的客户忠诚也各不相同。那些能为客户提供高水平服务的公司往往拥有较高的客户忠诚。

客户忠诚可以划分为以下几种类型：

1. 垄断忠诚

垄断忠诚是指客户别无选择下的顺从态度。比如，因为政府规定只能有一个供应商，客户就只能有一种选择。这种客户通常是低依恋、高重复的购买者，因为他们没有其他的选择。公用事业公司就是垄断忠诚一个最好的实例，微软公司也具有垄断忠诚的性质。一位客户形容自己是"每月100美元的比尔·盖茨俱乐部"的会员，因为他至少每个月要为他的各种微软产品进行一次升级，以保证其不落伍。

2. 惰性忠诚

惰性忠诚是指客户由于惰性而不愿意去寻找其他供应商。这些客户是低依恋、高重复的购买者，他们对公司并不满意。如果其他公司能够让他们得到更多的实惠，这些客户便会很容易被人挖走。拥有惰性忠诚的公司应该通过产品和服务的差异化来改变客户对公司的印象。

3. 潜在忠诚

潜在忠诚的客户是低依恋、低重复购买的客户。客户希望不断地购买产品和服务，但是公司一些内部规定或其他的环境因素限制了他们。例如，客户原本希望再来购买，但是卖主只对消费额超过500元的客户提供免费送货，由于商品运输方面的问题，该客户就可能会选择放弃购买。

4. 方便忠诚

方便忠诚的客户是低依恋、高重复购买的客户。这种忠诚类似于惰性忠诚。同样，方便忠诚的客户很容易被竞争对手挖走。例如，某个客户重复购买是由于地理位置比较方便，这就是方便忠诚。

5. 价格忠诚

对于价格敏感的客户会忠诚于提供最低价格的企业，这些客户很难发展成为忠诚客户。

6. 激励忠诚

公司通常会为经常光顾的客户提供一些忠诚奖励。这些客户在公司有奖励活动时便来购买，但活动结束时，他们就会转向其他有奖励的或是有更多奖励的公司。明白客户忠诚类型的多样化，能够帮助我们更好地分析客户的需要，为不同的客户提供不同的服务，以期让更多的客户拥护我们！对不同的客户应区别对待，不能用同一个规定、方法来对待所有的客户，这样势必造成不必要的客户流失。

了解客户忠诚度提升环节

只有先了解客户忠诚提升的环节，才能做好提升客户忠诚的工作。

培养一个忠诚的客户也需要一步一步来。这个过程的完成需要时间，当然还需要精心的培养，以及对每一个环节的密切关注。一个客户从观望到比较忠诚大致需6个环节：

1. 可疑者

可疑者，指的是可能会消费你的产品或服务的人。我们称他们为可疑者，因为他们有消费的可能，但我们又不完全肯定他们一定会消费。

2. 展望者（可能会成为主顾的人）

展望者是指那些需要你的产品或服务而又有能力消费的人。尽管一个展望者还没有从你这儿买什么或者消费什么，但他可能已经听说过你，了解了关于你的一些信息，或者有人向他推荐了你的产品。

3. 非展望者

非展望者是指那些你已经确定了的没有需要或者没有能力消费你的产品的人。

4. "第一次"客户

顾名思义就是在你这儿第一次消费的客户。他可能再次成为你的客户，也可能成为你的竞争对手的客户。

5. 常客

常客指的是在你这儿消费了两次和两次以上的客户。他们可能是几次都买同样的产品，也可是消费不一样的产品。他进行比较有规律的消费。你有很好的优势与他保持不间断的联系，从而最终使他对其他竞争者的拉拢产生"免疫"。

6. 拥护者

他会主动帮你介绍客户，为你开拓市场。

针对以上6个提升客户忠诚的环节，我们需要做的工作是以下几点：

1. 让客户对你的商品感兴趣

保持客户对企业的兴趣很重要，可以使客户对企业始终保持关注。提高客户兴趣的方法有很多，如有奖销售、明星助阵的广告牌，改变产品的颜色、形状，增加产品的附加功能等，最为有效的措施还是通过自己优质的产品和服务来吸引客户。

第九章 留住客户

2. 不断发现客户的新需求

企业应当制定详细的计划，有意识地多和客户接触。企业与客户的接触应该被企业升华为一种心与心的交流。比如，中国移动通信提出的口号就是："沟通从心开始。"通过接触，客户可以更好地了解企业，企业也能够发现客户的需求从而更好地服务客户，实现双方的互动。

3. 让客户的需求得到满足

企业可以提高客户获得的价值，或者通过减少客户的货币或非货币形式的成本，或者通过某种方式增加客户所得到的价值。如果客户的期望得到满足，一般来说就会满意了。如果超过了这种期望，客户就可能表现出很高的满意度。很显然，在与服务提供者的互动中，客户会优先考虑某些方面的期望。

4. 及时将信息反馈回企业

建立有效的反馈机制非常重要，业务人员面临的不是与客户的一次性交易，而是长期性的合作。一次交易的结束正是下一次新合作的开始。事实上，客户非常希望能够把自己的感觉告诉企业，友善而耐心的倾听能够极大地拉近企业和客户之间的距离。反馈机制就是建立在企业和客户之间的一座桥梁，通过这座桥梁客户与企业双方能够更好地沟通感情，建立起相互间的朋友关系。

5. 妥善处理好客户的投诉、抱怨

在倾听了客户的意见，并对客户的满意度进行了调查之后，就应当及时、妥善地处理客户的抱怨，这也是赢得信任和忠诚极有效的方法。客户的抱怨并不是麻烦，企业也绝不能因此感到沮丧和失望，相反，追求创新、卓越的企业会把客户的抱怨看作是自身发展的新机会，也是赢得客户的重要机遇。

客户的忠诚有时并不一定表现在很大的消费量上，而是从内心对我们的认可与赞同。

不同类型的客户，采取不同的跟进策略

针对不同的客户，我们应采取的策略是不同的。

1. 新客户

新客户就是与你达成协议的那些人。这些客户或许已经做过一些承诺，但是他们仍然在对你所在的公司评估。假如你们之间的联系没有像他想的那样发展，你猜会发生什么事情？

你在为其他的供货商提供良好的机会！许多新客户会认为你们之间的商务关系还处在"试用"期，而不管你们是否已经讨论了商务交易的具体条款。换句话说，如果你不能证明给这些客户看，让他们感觉你们是值得合作下去的，那么，这类客户除了与你有一些初始的承诺外，还不能算做你真正意义上的客户。

毋庸置疑，与新客户交易的初始经验极其重要。甚至一些微不足道的客户服务和履行合约时的一些小问题都可能对你们的商务关系产生负面影响。因此，你与这类客户交易的目标就是让他们在与你的交易过程中感到舒服，你需要不时与客户沟通，询问服务是否到位，他们是否满意，有哪些地方需要改进。这就不仅仅是"使他们开始与你有交易意向"。有些人认为，所有的客户都把交易过程看成交易试用期。这个观点虽然不一定正确，但是与新客户的商务关系是维系下去还是中途夭折，很大程度上取决于新客户在与一个新的供货商交易初期的感觉。因此，高度重视交易的初始阶段，洽谈后继续努力直到让客户100%满意，这些都是一个专业人员应该做的工作。对电话营销人员来说尤其如此，因为在通常情况下，与新客户的交易夭折之后，对销售人员来说，是不可能再有机会与他们有商务交易的。

当你与一位客户正式开始交易时，你可以考虑制定一个进度表，这可以精确地记录接下来发生的事情，以及你是怎么亲自监控与新客户交易的开始阶段。这将有助于你稳定工作情绪。

这样做的目的是了解以下两方面情况：第一，何时会有服务、账单以及处理争议等问题发生；第二，只要客户使用了你们的产品，你将会协助解决所有的问题。准确地谈论当人们使用你们的产品后可能会出现的问题，简要地概述一下你计划何时以及如何核查工作的关键点，然后执行你的工作计划。

2. 近期有希望下订单的客户

对于这类客户，重点是争取让客户下订单给我们。通过前面与客户的接触，我们发现这类客户对我们的产品及服务有明确的需求，但还没到他们下订单的时候。这类客户在客户决策周期中处于哪个阶段呢？在这一个阶段的客户，他们在做什么工作呢？这些情况都需要公司人员与对方进行电话沟通时仔细探询客户需求，才能得知。在这一阶段，客户那里都会发生什么事情呢？

客户处在分析、调查、论证阶段。

客户在决策。

我们对客户的需求有误解。

客户可能在欺骗我们。

第九章 留住客户

对于这些客户，从整体上来讲，分为3种情况：

第一种是客户确实有需求，而且也愿意提供销售机会。

第二种是客户本来有需求，他们从内心深处根本就不想给我们机会，但在表面上给予我们还有机会的假相。

第三种是客户没有需求，只不过是我们误解或者是一厢情愿地认为客户有这种需求。在这一阶段，分析判断客户是属于哪一种情况就变得极为重要，如果我们判断错误的话，对我们制定销售策略将产生不利的影响。

3. 近期内没有希望下订单的客户

对于近期内没有合作可能性的客户，也应该通过电子邮件、直邮等形式与客户保持联系，同时，每3个月同客户通一次电话。这样，可以让客户感受到你的存在，当他产生需求的时候，能主动找到你。这样，可以用最少的时间来建立最有效的客户关系。

4. 初期客户

初期客户是指那些已经和我们建立了商务关系，但他们只是给了我们极小的一部分商业份额。也许这些客户将是你的长期买主，只是你还没有在某些重点上打动他们。也许你提供的服务还不足以让客户特别满意；或者，这些客户只是抱着"试试看"的观点，给我们提供有预算中的小部分商业份额。或者，对方只是选择我们作为候选供货商。不管是什么情况，这些客户已经与我们有一段时间的交易往来——但是没有采取任何措施向前推进我们的交易合作关系。因此，与这些客户交易，我们的目标是增加我们总的商业交易额。我们需要了解所有可以了解的方面，在过去成功的经验之上，证明我们的交易关系是值得进一步推进的。这时，频繁的商务电话攻势就显得非常必要。

什么时候你才可以和你的初期客户正式洽谈新业务呢？只有当你了解了为什么你的这位客户没有给你更大的商业交易份额的原因时，你才有可能在你们的合作关系上获得大的进展。在结束交易时做一些看似毫无意义的工作——多问一些问题，这些问题将会让你更好地理解客户的做法。当前你是否在某些方面还做得不够呢？你能不能修补过来或者重新向这一方面努力呢？如果你已经确定了你要怎么做，你是否能够适当突出你的新行动计划或者开展实际上已经制定过的行动计划呢？

5. 长期客户

建立长期客户关系是针对那些我们已经与其有一段时间的稳固合作关系，

343

并且已经成功地推进了合作关系的客户。与其他两类客户相比较，这需要双方的彼此信赖。与这类客户的联系可以提高我们工作的连续性。巩固我们的地位，使我们成为这些客户的主要或者全部供货者。最后，成为这些客户的战略伙伴（记住，战略伙伴阶段是指客户已经把我们也列为其商业计划发展的一部分）。要把我们与大多数客户的合作关系建立成长期客户关系，我们必须理解、支持和协助完成组织中的大多数重大发展计划。没有长期的商务电话沟通这是不可能实现的。

成交之后需跟踪联系、回访

做客户生意绝不能做一锤子买卖，不要因为签单了就从此不再想起客户。生意谈妥之后，销售员往往因松了一大口气而忽略了下面的工作，倘若准备只做一次生意的客户，这种做法还没有问题，如果想保住长期往来的客户，第二步工作做不好，常常在接了一个订单后，就像断了线的风筝，不知去向。

对于有出货期限以及分批出货的商品，销售员亦应与公司各有关部门保持紧密联系，追踪工作进行的状况，这样才能避免造成双方的摩擦与对商品的抱怨。销售员无论什么时候都要向客户负责到底。

销售员常常被客户抱怨："接了订单之后，就未再见到你的踪影，就连一个电话也舍不得打，未免太无情了吧！"事实上，有许多销售员接完订单后就消失得无影无踪，到了要销售产品时，又如客户公司的职员，每天都去报到。这种销售员是不合格的，是会遭人排斥的。至少平常去个电话拜访、问候，不但能增进双方的感情交流，这也是连接下一个订单或是获得新情报的最好时机。

在跟踪回访方面，我们可以看一下阿迪达斯的做法。

阿迪达斯运动鞋在世界上已经具有良好的声誉，然而它的制作者在名誉面前，不曾有丝毫的懈怠。阿迪终生都在不断试验各种新工艺、新材料，以确保阿迪达斯产品始终都处于领先地位。他试验过有棘刺的鲨鱼皮，还试用过大袋鼠皮等。在鞋底上也动了许多脑筋，最初的是4钉跑鞋，后来是尼龙底钉鞋，还有既可插入又可拔出的活动钉鞋。仅鞋钉排列组合，阿迪就拟订出30多种样式，用来适应运动员在室内、室外跑道、天然地面或人工地面的多种需要。

第九章 留住客户

阿迪达斯严格控制生产量，每年所提供的 28 万双足球鞋均为公司制造，其赫尔佐根奥拉赫的公司只生产特种型号的球鞋，并为世界球星定制球鞋，这更增加了阿迪达斯的神秘感和权威性。

每逢重大的赛事，赛场上、旅馆里总有不少阿迪达斯的工作人员，他们亲切而友好地观赛，同时他们总不忘向脚穿阿迪达斯的人们打个招呼，随后做出相关的记录，根据这些记录的信息最后再决定如何改进它的工艺、设计。

客户管理重要的工作之一是进行售后的回访和跟踪。可分为"定期巡回拜访"和"不定期拜访"两种。"定期巡回拜访"多半适用于技术方面的维护服务，如家电业及信息产业等，公司通常会定期派专员做维修保养方面的服务。"不定期拜访"也称为"问候访问"，这是公司必做的工作。这种售后的访问，通常是销售员一面问候客户，一面询问客户产品的使用情况。

公司最好在事前拟定好访问计划，定期而有计划地做好回访跟踪。销售成交后，真正的回访和跟踪也就开始了。在回访的最初阶段，公司的销售员一般都会采用"一三七"法则。"一"即是在售出产品后的第一天，销售员就应同客户及时联系并询问客户是否使用了该产品。如已经使用，则应以关怀的口吻询问他是如何使用的、有无错误使用。这时"适当的称赞和鼓励"有助于提高客户的自尊心和成就感。如没有使用，则应弄清楚原因，并有针对性地消除他的疑虑，助其坚定信心。

"三"是指成交隔 3 天后再与客户联系。一般来讲，使用产品后的 3 天左右，有些人已对这一产品产生了某种感觉和体验，销售称之为"适应期"。这时如果销售员能打个电话给他，帮他体验和分析适应期所出现的问题并找出原因，对客户无疑是一种安慰。

"七"是指隔 7 天后与客户联系。在销售员和客户成交后的 7 天左右，销售员应该对客户进行当面拜访，并尽可能带上另一套产品。当销售员与客户见面时，销售员应以兴奋、肯定的口吻称赞客户，诚恳而热情地表达客户使用该产品后的变化。在这个过程中，无中生有、露骨的奉承是不可取的，而适当的、恰到好处的称赞，消费者一般都能愉快地接受。若状况较佳，销售员则可以顺利推出带来的另一套产品。

在售后服务中，售后跟踪回访的重要性已经众所周知，但如何做好这个工作，每个企业、个人可根据自己和客户的特殊情况制订一个系统的工作方案。

与客户保持持久的联系

联系就如同一根细丝线,将我们和客户像风筝与手一样紧紧相连。

再好的客户如果不常联系,也会像断线的风筝一样飞走,不再属于我们。

新客户与我们进行了长时间的合作之后,就会成为我们的老客户,但是一定要记住一点:老客户并不是我们的永久客户。也就是说,老客户如果不注意维护的话,也会流失掉。要想保住老客户,除了我们所提供的产品或服务质量过硬以及有良好的售后服务外,我们还应该定期与客户保持联系。成功的客户服务人员是不会卖完东西就将客户忘掉的。交易后与客户持续保持联络,不仅可以使客户牢牢记住你与公司的名字,而且还会增强客户对你的信任感,从而为他们向你推荐新客户奠定感情基础。聪明的企业,肯把大力气花在售后与老客户的联系上,目的就是为了巩固与老客户的关系。因为,在市场景气时,这些老客户能将生意推向高潮;在市场萧条时,这些老客户又能使公司维持生存。可以说老客户对公司的生死存亡有着十分重要的意义,因此一定要保持与客户的长期联系。

和客户保持联系的方式主要有以下几种:

1. 电话

如今人与人之间的沟通交流无一日能缺少电话这个道具,尤其是我们与客户的联系,一个小小的电话帮助良多,使得我们与客户能建立业务往来之外的亲密关系。电话是一种最便捷的工具,当然是首选。

博恩·崔西是世界顶级管理与营销培训大师,被认为是全球推销员的典范,他曾经被列入"全美十大杰出推销员"。这位大师十分注重和客户建立长期联系的作用,并且在对学员的培训中一直强调这一点,他说:"必须向客户提供一种长期关系,然后尽一切努力去建立和维护这种关系。"与客户建立联系除了建立在销售目标之上的销售沟通之外,其实还可以包括很多方式,而有时交易之外的联系往往更容易使你和客户保持亲近。

这里所谓的"交易之外的联系",主要是指不将销售产品或服务作为行为动机,和客户进行轻松愉悦的交流,赢得客户的信任,甚至和客户成为朋友的联系方式。很多销售高手都提出,他们真正的销售额几乎都是在谈判桌和办公室之外完成的。

2. 短信

虽然短信才兴起没几年,但看它火爆的程度就知道为什么了。因为它经济、快速、令人感到亲切。因此,短信也会是一个比较好的与客户保持长期接触的方法。

第九章　留住客户

使用短信时有一点要注意，即慎重使用产品和服务介绍。当销售人员准备通过以短信的方式向客户介绍产品或者服务时，最好预先告诉客户。如果盲目地从什么渠道获取手机号码就向他们发短信，这样做的结果只会招来手机用户的投诉。

3. 信件、明信片

汽车销售冠军吉拉德为了与自己的客户保持联系，每年都会寄出15000封明信片，这样客户始终没有办法忘记他，即使自己暂时不更换汽车，也会主动介绍客户给他，这成为吉拉德成功的关键因素之一。

电话销售人员同样也可以采用这种方法与客户保持联系。现在IT技术的发展与吉拉德时代已很不相同，很多销售人员用电子的方式来代替明信片和手写信件，成本会降低，效率会提高。不过，作为传统的手写信件、明信片在销售中确实也有不可估量的作用，如果采用信件、明信片，可以给客户与众不同的感觉，使他在倍感亲切的同时又感受到被人尊重和重视的感觉。

4. 邮寄礼品

节日来临的时候，在条件允许的情况下，最好能给客户邮寄些实质性的礼品，这是实施情感营销的必要环节。例如：中国电信的一个大客户经理打了很多次电话给一个客户，可是客户都不见他，后来他送了部该公司刚出的新电话机。第二天再打电话给客户的时候，客户的态度发生了很大的变化。有人问那位大客户经理："这主要是什么原因呢？"大客户经理想了想，说："他觉得我真的在关心他，在乎他。"事实正是如此，小小的礼品，不一定很昂贵，却能使客户感受到你的关心，从心理上接受了你。

无论用何种方式和客户联系，切不可一开口就谈业务，也不能临时抱佛脚。客户工作就是要在平时播种，关键时刻收获。

小恩小惠留客户

付出总有回报，抛出去一些免费的"砖"可引来高贵的"玉"。

刘先生有这样一次经历：刘先生同朋友去日本有名的鸣门大桥游览。天公不作美，细雨连绵，刘先生等人一边在小商店前避雨，一面观赏着秀丽的海边景色。忽然不知是谁发现了小商店前有两位身着日本和服的男女，仔细一看才知是两个

347

模型，头部是空的，游人可以探进头去照相。正当他们为不知照一次相要多少钱而犹豫时，店主人走过来，和蔼地说这两个模型是属于他们店的，不收任何费用，请客人随便使用。刘先生等人高高兴兴地留了影。这时，只见店主人手端一个茶盘热情地邀请几位来客尝尝当地的特产——纯金茶，同时，他还绘声绘色地介绍起纯金茶来。

由于主人的殷勤再加上茶的香味及合理的价格，临走时他们每人都买了一盒纯金茶。这时才恍然大悟：这都是该店推销产品的手段。

相对于纯金茶，那个免费的和服模型就是主人抛出去的砖块。人们的天性中都有爱占小便宜的弱点，商家给的小恩小惠往往最能抓住客户的弱项，一不留神就会心甘情愿地跳进他们预设的棋局。

当然，在这一点点小小的恩惠中也能使客户感受到商家的热心与关怀。

刘玉铭是一名北京高校的学生。一次他和同学一行5人去东直门附近的一家餐馆吃饭。不巧的是该餐馆人满为患，他们正打算要离开时，经理走了过来。热心地告诉他们在200米外，还有一家是他们的分店，如果他们愿意可打车过去，并掏出了20元给他们做路费。就这样，凭借着"20元"该餐馆多了5位忠实的顾客，同时又拓展了更多的顾客。

事情虽小，但却有温暖人心的力量。因此，无论何时何地都不可小瞧这些小恩小惠。现代市场竞争越来越激烈，谁都在竞争有限的客户资源。有了客户，才有企业的存活。于是，我们会看到越来越多的厂商给客户更多的体贴、照顾。比如，每一位走进××眼镜店的人，不用担心你是否消费，你总能得到一杯浓浓的香茶，还有服务人员温暖的微笑。如果细想一下，就算这次我们不买，但等到我们需要一副眼镜的时候，会不会立刻就想到了这家店呢？

需要注意的是在向客户提供小恩小惠的时候要显示出诚挚，而非做作或不情愿，别让客户有亏欠的感觉最重要。

第十章

巧妙处理投诉

第一节 客户投诉处理细节

分析客户抱怨的原因

一般来说,客户产生抱怨的原因主要涉及企业提供的产品和服务两个方面。

1. 企业提供的产品不良

产品不良包括两个方面:

(1)品质不良。如休闲装遇到汗水变色,旅游鞋穿上不到半月便开胶、开线或者出现断裂,饮料、罐头内有异物等。

(2)商品标示不清楚。如食品包装上未明显标注生产日期,商品标示的规格和实际规格有出入,商品的使用说明不够详细等。

对于由产品不良而造成的抱怨,首先是因为某些厂家信誉太低、产品质量太差;其次某些经营场所作为售卖者,也有不可推卸的责任;最后是因消费者使用不当而使商品破损的责任,原则上应由消费者承担,但成功的经营场所应主动向消费者详细介绍产品的使用方法,并力争让客户了解和掌握。如果某些经营场所在售货时对产品的有关知识介绍不详,而导致商品出现问题,经营场所也应负有一定的责任。

2. 企业提供的服务不佳

(1)销售员的服务方式欠佳。

接待慢,搞错了顺序,甚至会出现后来的客户已得到接待,而先到的客户仍没有人招呼。

缺乏语言技巧。如不会打招呼,也不懂得回话;没有礼貌;口气生硬等。

不管客户需求和偏好，一味地对产品加以说明，从而引起客户的厌烦和抱怨。

商品的相关知识不足，无法答复客户的询问。

不愿意让客户挑选柜台或货架上陈列的精美商品。

收款时多收了客户的钱。

不遵守约定，客户履约提货，货却未到。

（2）销售员的服务态度欠佳。

只顾自己聊天，不理会客户。这样会使客户觉得自己受了冷落，从而打消购买商品的念头。

紧跟客户，一味鼓动其购买。这样会让客户觉得对方急于向自己推销，在心理上形成一定的压力。

客户不买时便板起面孔，甚至恶语相向。

瞧不起客户，言语中流露出蔑视的口气。尤其是当那些衣着朴素的客户在挑选商品时流露出犹豫不决，或试图压低价格时，销售员便以"买不起别买"之类的话来羞辱客户。

表现出对客户的不信任。

在客户挑选商品过程中表现出不耐烦，甚至冷嘲热讽。

（3）销售员自身的不良行为。

销售员对自身工作流露出厌倦、不满情绪。例如，当客户听见两位销售员正抱怨自己的工资、奖金如何如何的低，工作纪律又如何的严时，客户会想，在这种情绪下工作的人如何能热情地为客户服务呢？

销售员对其他客户的评价、议论。如果销售员缺乏修养，毫无顾忌地议论其他客户，特别是用恶劣的侮辱人格的语言，客户就会认为这里服务态度也肯定好不了，就不会在这儿买东西。

销售员自身衣着不整、浓妆艳抹、举止粗俗、工作纪律差。这些都会给客户造成不良的印象，直接影响客户的购买兴趣。

销售员之间发生争吵，互相不满，互相拆台。

客户抱怨针对性处理诀窍

针对引发客户抱怨的不同原因，可以采用不同的处理方法。如下是处理不同原因客户抱怨中实用的一些技巧：

1. 商品质量问题处理诀窍

商品质量存在问题，表明企业在质量管理上不够严格规范或未能尽到商品管理的责任。遇到这种情况时，基本的处理方法是真诚地向客户道歉，并换以质量完好的新商品。

如果客户因该商品质量不良而承受了额外的损失，企业应主动承担起这方面的责任，对客户的各种损失（包括精神损失）给予适当的赔偿与安慰。

2. 商品使用不当的处理诀窍

如果企业业务人员在销售商品时未能明确说明商品的使用方法等内容，或者卖出了不符合客户使用需求的商品（如弄错了灯泡的瓦数），而造成商品使用中的破损，则企业方面应当承担起相应的责任。

处理的方式是首先向客户诚恳致歉。在查证主要责任确实在企业方面的情况下，要以新的商品换回旧的商品。对客户的其他损失，也应酌情加以补偿。

3. 当场无法解决问题时的抱怨处理诀窍

对于客户抱怨，有些能够由业务人员在现场就能予以解决，但也有一些问题是在现场无法解决的。这种问题通常涉及金额较大、影响面较广或取证复杂。

这类问题，恰当的处理方式是首先展开详细的调查，明确双方的责任，然后客观地把公司所能做到的补偿方法一一告诉客户，供客户选择其最满意的解决方法。

4. 服务问题处理技巧诀窍

客户的抱怨有时是因业务人员的服务而起。这类抱怨不像商品报怨那样事实明确，责任清晰。由于服务是无形的，发生问题时只能依靠听取双方的叙述，在取证上较为困难。

而且，在责任的判断上缺乏明确的标准。例如对于"业务员口气不好、用词不当""以嘲弄的态度对待客户""强迫客户购买""一味地与别人谈笑，不理客户的反应"这类客户意见，其判断的标准是很难掌握的。原因在于，不同的人对同样的事物也会有不同的感受，客户心目中认为服务"好"与"不好"的尺度是不同的。

当遇到此类抱怨的时候，企业处理中应切实体现"客户就是上帝"这一箴言。企业方面需首先向客户致歉，具体方式可以采取：

上司仔细听取客户的不满，向客户保证今后一定加强员工教育，不让类似情形再度发生。同时把发生的记录下来，作为今后在教育员工时基本的教材。

上司与有关业务人员一起向客户道歉，以获得客户谅解。当然，最根本的解决方法仍是业务人员在处理客户关系方面经验的积累和技巧上的提高。如果业务人员能够在遣词造句和态度上应对得体，则通常会大大降低这类抱怨案件发生的几率。

客户抱怨的应对技巧

面对客户的抱怨，除了改进企业的产品和服务之外，掌握处理抱怨的技巧，坚持一个正确的态度也是非常重要的。

1. 抓住客户的心理，了解他们需要企业说明什么

有些销售员常常文不对题地向客户乱说一通。因此，常有客户会这样说："我不想听你说什么，我只想知道你要怎么补偿我？"

为了不让情况变得那么糟，就该好好地听清楚客户所说的话，有什么不懂的地方一定要问清楚，如"对不起，我该怎么向您说明比较好呢？"

2. 解释要简洁有力

啰唆会让人讨厌，所以要抓住客户想听的重点。例如，假设客户说："这糕点上面有白白的粉，是不是发霉了？"这时，销售员就要清楚地表达出重点："这白白的粉是糖粉，并不是发霉。这种糖粉是我们店里的特制品，这样会使糕点变得更好吃。"

3. 向客户比较商品的异同

当客户说某种商品太贵时，销售员要拿出别的商品和它比较，让客户更容易了解商品的价值与价格成正比。比如销售员可以说："是的，它的确贵了一点。它看起来虽然和别的东西没有两样，但材质却迥然不同，不易变形正是它的特色。"

4. 借助其他感官让客户了解商品

如果只用语言来说明商品，对方的了解毕竟还是有限的。

例如，"气味""口味"等抽象的感受，任凭销售员怎么说都很难让对方体会，这时候就要借助于其他感官，不妨让对方闻闻气味、尝尝味道、看看形状和颜色等。

5. 不要找借口

应该牢记的是，处理客户抱怨时"不要找借口"。例如，对于买错尺寸的客户，

第十章 巧妙处理投诉

与其说："你购买的时候如果说清楚您要的尺寸，我们就不会拿错了，况且那个时候我们也很忙……"倒不如说："我那个时候如果问清楚您的尺寸就不会弄错了，真是对不起。"

另外，如果真是自己的错，就绝对不要再狡辩或是找理由，特别是物品中掺有头发或是异物掺杂在食物当中的情况，任凭你找再多的理由也只是徒增客户的坏印象而已。

处理电话抱怨时要掌握好措辞和语调

客户在电话中更容易出言不逊，因为咨询人员是企业的一个看不到面孔的代表。由于没有面对面的接触，通过电话进行沟通会表现出一些特殊的挑战性。咨询人员只能通过语调（例如音调、音高、音量等）和词汇的选择来传达其对客户的关心。据有关专家估计，倾听者通过电话所理解的信息，其中80%是来自于咨询人员的语调，20%来自他的用语。

可以看出，和悦的、关注的、耐心的、明快的、在意的语调是非常重要的。当一个客户无法看到咨询人员关注的面孔时，他就需要从咨询人员的语调中听到关注。咨询人员应使自己的声音在电话中听起来更加深沉，这有助于沟通。

要知道咨询人员的语调是否恰当，可以采取从他的老板或同事那里听取反馈意见的方法。这个人必须说实话，而又愿意提供反馈意见。咨询人员也可以把自己的声音录下来，即使录音带上的声音听起来与自己想象的有所不同，这却是一个很好的方法来听到自己的声音。

有时即使咨询人员的声音是和悦的，也仍然可能使客户恼怒。咨询人员也许具有令人不快的习惯，诸如嚼口香糖、吃东西、堵上话筒与同事交谈，或者让客户在电话上等的时间过长。

咨询人员在打电话时有事需要离开，应当问问客户能否过会儿再打或者在电话上等一会儿。假如可以过会儿再打，那就告诉对方，到一个确定的时间自己会再打过去，并询问这样做是否可以接受。假如客户宁愿在电话上等一会儿，那就对他说明，也许要等上几分钟才能得到所需的信息。为了防备客户在等的过程中决定挂机，需要以后再打电话，咨询人员应当把姓名告诉他。同样，为了防备自己的电话被别人挂断，也应当要一个他的电话号码。这种服务会向客户表明，他的确很重要。

353

智慧地应对抱怨

客户投诉时多半情绪激动,或愤怒或哀叹,总之抱怨之声不绝于耳。如此一来,怎样应对抱怨也就成为客户管理人员必修的一堂课。

首先,我们先来看一个失败的案例:

在旧金山的一家服装销售公司里,销售员德尔萨正在忙着整理这个月的销售记录。突然,一个年轻男子从前门破门而入,挥舞着一条裤子,大声叫喊着:"这种牌子的裤子太差了,我花了钱,我……"

德尔萨从椅子上一跃而起,就像消防员听到了四级火警一样,一下子就跳到了门口。

"先生!"德尔萨大喊一声,声音足以盖住那位生气客户的叫喊。"先生,"第二次要轻柔许多,德尔萨道,"请不要在我的店里大声叫嚷。如果这裤子有什么问题,我怎么会把它卖给你呢?恰恰相反,我保证我们售出的东西都是由质检员专门检查过的。我想是你弄错了吧!这条裤子看来也不像我们公司的货。"

"怎么,你小子想赖账,就是你将它卖给我的,我记得你当时说得天花乱坠,我一时糊涂,竟然上了你的当。"

"先生,不要说了,有什么呢?"说完,他抓过裤子把它随意地扔到了角落。"我会给你一条新的裤子。不就是想要一条新的吗?你这样的人我见得多了。"

"你……我要投诉你。"

从上面的这个案例中,我们看到的是一个根本不懂应对客户抱怨的销售员。他的态度鲁莽,不懂引导客户的情绪。有几处致命的错误,可以说是客户管理人员也容易犯的,总结如下:

(1)"请你不要在我的店里大声叫嚷!"

这句话无疑是在对客户发出警告,用命令的口吻来提出要求,会让敏感的客户以为你是在威胁他。

(2)"如果这裤子有什么问题,我怎么会把它卖给你?"

这句话一出,所有人都会认为销售员有所暗指:不是我的裤子有问题,一定是你搞错了!

这等于宣布客户的抱怨是毫无道理的。

（3）"不就是想要一条新的吗？"

这句话最糟糕，就像是宣告客户是个无赖，不过是想讹诈一条裤子而已！这等于否定了客户的要求，且严重地伤害了客户的感情。

好比在对客户说："行了，我怀疑你的人品！"

客户管理者在面对一个寻求帮助的客户时，切莫犯以上几个低级错误，因为客户想要一个能助他解决问题的人，而不是到处挑剔的人。

一般来说，销售成交后，并不意味着客户对产品100%满意。有的时候，产品经过一段时间使用以后，客户会发现许多地方和购买产品时的想象不完全是一回事，于是，有的客户向你提出抱怨，有的客户会要求维修，有的客户会要求更换产品，有的客户会要求退回产品。不管属于哪种抱怨，你都必须学会娴熟地处理客户的抱怨，否则不但会出现"煮熟了的鸭子飞了"的现象，甚至造成你的声誉扫地，对公司的损失也很大。

一个成功的客户管理者，应该想方设法、责无旁贷地为客户解决难题。

记得用心为客户服务，客户也会非常乐意将热忱回报给我们。

从客户抱怨中发掘商机

有研究表明，一个客户的抱怨代表着另外25位没说出口的客户的心声。从服务营销组合要素"客户推荐"角度看，处理好客户抱怨，有利于保护品牌的口碑，提高品牌忠诚度。美国 TRAP 公司调查发现，当客户的可能损失在1~5美元时，提出抱怨并对经营者的处理感到满意的人再度购买率达70%，而那些有抱怨却未采取任何行动的人重复购买率为36.8%。当客户的可能损失在100美元以上时，提出抱怨并对经营者的处理感到满意的人再度购买率为54.3%，而那些有抱怨却未采取任何行动的人重复购买率只有9.5%。

这一研究成果一方面反映了对客户抱怨的正确处理可以提高客户的忠诚度，保护乃至增加经营者的利益；另一方面也折射出这样一个道理：要留住客户，必须妥善地化解客户的抱怨。因此，接受客户的抱怨，听取客户的意见，对改进经营，吸引客户有很大帮助。

松下幸之助曾说过："客户的抱怨，经常是我们反败为胜的良机。我们常常在诚恳地处理客户的抱怨中，与客户建立了更深一层的关系，因而意外地获得了新的生意。所以，对于抱怨的客户，我实在非常感谢。"

从松下幸之助的这段话中，我们可以深深地感受到，客户的抱怨对企业而言是非常重要的，企业应当学会如何从客户的抱怨中发现商机。

对销售者而言，听客户喋喋不休的抱怨，绝非是一件乐事，甚至有不少人一听客户抱怨，便采取充耳不闻、敷衍了事的态度。其实，客户如果对销售者的商品或服务有所抱怨，就充分说明客户对销售者所代表的企业还抱有某种期待和信赖。

美国宾州有一家公司叫"新猪公司"，名字很土，但成长很快。创办人毕佛说他喜欢听客户抱怨，他说："你应该喜欢抱怨，抱怨比赞美好。抱怨是别人要你知道，你还没有满足他们。"

毕佛认为，每一个客户的抱怨都使他有机会拉开跟其他企业的差距，有时可能是细小的差距，就帮助他做了一些他的对手还没有做的事。例如，曾有些客户抱怨新猪公司的"猪"一旦碰上酸性物质或是其他溶剂就会变成一摊烂泥。其实毕佛大可对这些抱怨者说："谁叫你不看标签说明？这个产品的设计本来就不是用来处理酸性物质的。"但是他没这么说，反而跟一个客户共同开发出高价位的"有害物质专用猪"。毕佛还根据另外一个客户的抱怨，开发出可浮在水面并且能吸油的"脱脂猪"。

许多企业认为他们的客户是爱挑剔且难讨好的人，满嘴的"我、我、我"只表露出他们的不识货，这种态度是危险的。美国华盛顿技术协助研究计划机构的研究结果表明，很多客户会因为对一家企业不满意，而改向其对手企业买东西，但其中只有4%会开口告诉你。也就是说，在每35个不满意的客户中，只有一个会开口抱怨。

在不满意也不吭气的客户中，有65%～90%的人不再上门。他们觉得这些企业对不起他们后，只会默默地走开。如果连这种看起来"温柔"而不抱怨的客人都得罪光的话，企业的生意就会垮得让你浑然不觉，而且难以挽救。

另一方面，一些优秀经理人已经揣摩出对策。他们在抱怨者身上投资，解决这些抱怨。根据"旅行者保险"的研究，鼓励客户发牢骚，事实上可能是一计妙招。不抱怨的客户中只有9%会再光顾，但是在提出抱怨而问题获得迅速解决的客人中，有82%的人会继续上门。更何况企业从抱怨中得到了宝贵的情报，还能促进企业生产新产品。因此，懂得经营之道的企业能从客户的抱怨中获利。

美国南加州大学的薛斯教授估计，开发一个新客户的成本是保留一个老客户成本的5倍。听不到客户声音的企业每年要花大笔的营销费用来开发新客源以弥补流失的客户，而且它们对企业运营发生什么问题都毫无警觉。

第十章 巧妙处理投诉

不妥善处理客户抱怨的企业会丧失比所想象的还要多的客户，一项研究表明，平均而言，一个不满意的客户会将自己的不满分别传达给另外 11 个人，而他们每个人又会将这种不满分别传达给另外 55 个人。于是就有 1+11+55=67 个人在说企业的坏话，大多数的企业都由于这种非常糟糕的广告效应而受损。实际上，客户的抱怨正是企业的商机，它反映了客户的需求没有被满足，聪明的商家都会利用这点。

第二节　处理投诉态度要积极

耐心应对暴跳如雷的投诉者

与客户争吵的结果可能是，电话销售人员心里很舒畅，但他却从此失去了这个客户，同时，也失去了未来人际关系中很重要的一部分。仔细想想，其实得不偿失。

销售人员在发生客户投诉时，应认真分析客户抱怨的原因：是产品质量问题，还是服务跟不上？回想一下你最近一次接到过的怒气冲天的电话，或者你给这样的人打电话时的情景。他对你发火了吗？是你不走运偶然接了这么个电话？对方发火可能不是针对你个人，也不是针对公司，而是某种外因引发了他的怒火。打电话者有时迁怒于你，因此你需要学习一些平息对方愤怒的有效方法。

下面的几个技巧可以让你控制自己，掌握局面。

1. 让他发泄，表明你的理解

平息打电话者的愤怒情绪，最快的方法是让他把气"撒出来"。不要打断他，让他讲，让他把胸中的怒气发泄出来。记住，一个巴掌拍不响。如果你对细节表示不同看法，那么就会引起争吵。

然后对客户所经历的不便事实进行道歉和承认。一句简单的道歉话，丢不了什么面子，但这是留住客户的第一步。自我道歉语言要比机械式的标准道歉语更有效。学会倾听，生气的客户经常会寻找一位对其遭遇表示出真实情感的好听众。

你耐心地倾听，并且向他表明你听明白了，这会给对方留下好的印象，那你就容易让他平静下来，不过只有在他觉得你已经听清了他的委屈之后。所以等他不说了，你要反馈给对方，表明你已经听清了他说的话。你不必非得附和对方，或者一定要支持对方的牢骚，只要总结一下就行。

2. 向客户询问有关事件的经过，弄清客户想得到什么结果

不与客户产生大的冲突，力求保持关系，常见的不满如产品质量、送货不及时、不遵守合同、产品款式不满意、价格不合理、售后服务不到位等，形式千变万化。了解客户投诉的内容后，要判定客户投诉的理由是否充分，投诉要求是否合理。如果投诉不能成立，即可以用婉转的方式答复客户，取得客户的谅解，消除误会。

3. 做出职业性回答

记住，关键是不要以个人情感对待顾客的怒气，而要从职业的角度处理这种问题。要承认打电话者的忧虑也许合情合理。他们或许对问题的反应过于激烈，不过不要让对方的举动影响你客观地评价问题与解决问题的办法。例如，你可以这样说：

"琼斯先生，我们对我们的疏忽大意表示道歉。"当你或公司有错时才道歉。

"我们会尽我们所能为您排忧解难。"这并不是强迫你按对方要求的去做。

"谢谢您让我们注意到了这个问题。我们之所以能够改进服务，正是靠了您这样的顾客的指正帮助。"

4. 对投诉的事件进行归纳和总结，并得到投诉客户的确认

对投诉处理过程进行总结，吸取经验教训，提高客户服务质量和服务水平，降低投诉率。告诉客户其意见对我们的企业很重要，不妨留下客户的联系方式，再寄上一封感谢信，这样的成本付出最多不过几十元，却能够在一定的区域内获得良好的口碑。

这种暴跳如雷的客户，也许是由于性格使然，很难与别人融合在一起。但是作为一名销售员每时每刻都有可能面临这样的客户的投诉。但是不管是什么原因造成的这种情况，与客户争吵总是一件不对的事情。与客户争吵的结果可能是，电话销售人员心里很舒畅，但他却从此失去了这个客户，同时，也失去了未来人际关系中很重要的一部分。仔细想想，其实得不偿失。

从对销售员的研究来看，销售员普遍应该锻炼和提高的是耐心。销售员在销售和服务的过程当中，有时候需要回答客户所提出来的各种问题。当问题增多的时候，有不少销售员会变得缺乏耐心，言语之中已经自觉不自觉地流露出不耐烦的情绪。例如，有些销售员可能这样说："我不是都已经告诉过你了吗，你怎么还……"而正是这不自觉的不耐烦，造成的结果是，要么使客户的不满情绪扩大，要么使客户马上挂掉电话转而奔向公司的竞争对手。尤其在面对那些脾气暴躁的投诉者时，更应该有耐心。

第十章 巧妙处理投诉

与暴跳如雷的投诉者谈话时可采用以下几种方式：
（1）鼓励他们说出事情原委。
（2）表达你的认同心。
（3）表示歉意。
（4）提供解决办法。

控制情绪不是强忍不发作，而是从内心觉得没必要

作为一名客服人员，如果没有很高的情商，不懂得控制自己的情绪，那会和投诉而来的客户发生不愉快的交锋。

面对一个已经怒发冲冠的客户，客服人员首先要懂得的不是和他怎么理论，而是学会自控。只有一个善于自控的人才能实现他控。

二战时期美国著名将领巴顿就是因为不善于控制自己的情绪而失去了一次晋升的机会。巴顿是个性格暴躁的人，在战场上，面对敌人的时候，暴躁的性格还可以视为勇猛无畏的表现，对待敌人"就像冬天般严酷"。从这一点上来说，巴顿是个不折不扣的猛将。

但是，如果对待自己的部下还不分青红皂白的话，就会被认为不爱惜部下。巴顿并不是不懂这个道理，而是在面对下属的时候，总是动不动就把情绪发泄出来。

1943年，巴顿在去战地医院探访时，发现一名士兵蹲在帐篷附近的一个箱子上，显然没有受伤，巴顿问他为什么住院，他回答说："我觉得受不了了。"

医生解释说他得了"急躁型中度精神病"，这是第三次住院了。巴顿听罢大怒，多少天积累起来的火气一下子发泄出来，他痛骂了那个士兵，用手套打他的脸，并大吼道："我绝不允许这样的胆小鬼躲藏在这里，他的行为已经损坏了我们的声誉！"巴顿气愤地离开了。

第二次来，又见一名未受伤的士兵住在医院里，巴顿顿时变脸，劈头盖脸地问："什么病？"士兵哆嗦着答道："我有精神病，能听到炮弹飞过，但听不到它爆炸。"（炸弹休克症，就是听到炮弹飞来就会昏厥。）

"你个胆小鬼！"巴顿勃然大怒，对士兵骂道，接着又了打他一个耳光，抽出手枪在他眼前晃动，"你是集团军的耻辱，你要马上回去参加战斗，但这太便宜你了，你应该被枪毙。"很快巴顿的行为被人报告给顶头上司、参谋长联席会

359

主席艾森豪威尔，他说："看来巴顿已经达到顶峰了……"虽然艾森豪威尔与巴顿的私交非常深，但是也不敢公然袒护这位手下爱将。狂躁易怒的性格，使本有前途的巴顿无法再进一步，面对有心理障碍的士兵，不是认真了解情况，加以鼓励，而是大打出手，完全失去了一个指挥官应有的风度修养，破坏了他在士兵心目中的形象，因此失去了晋升的机会，这似乎也是情理之中的事情。

我们作为客服人员经常要遇到愤怒和抱怨的客户，有时他们是对我们的产品不满意，有时他们是对我们的服务不满意，但不管是哪种情况，我们都要学会平心静气。让我们来看一个失败的销售案例。

销售员："我看，这款手机满足了您所有的需求，它真的很适合您。"

顾客："可是它太贵了。"

销售员："什么？太贵了？您怎么不早说呢？我们有便宜的呀！这一款就便宜得多，只不过没有上网功能。"

顾客："要是没有上网功能我为什么要换一部新的手机呢？"

销售员："那您就买那款带上网功能的吧！"

顾客："可是那款实在太贵了呀！"

销售员："一分钱一分货啊！"

顾客："贵的我买不起呀！"

销售员（非常愤怒）："那您到底买不买？"

客户是给我们送利润的上帝，我们不论遇到怎样的情况都不能这样对待客户。这等于是将财富拱手让人。

因此，做好客户管理工作首先要懂得控制自己的情绪，这是工作成败的关键。

控制情绪不是要强忍着不发作，而是从内心就觉得有必要，在平时的工作中努力学习这种能力，把它当作一种必备的修养来学习。

24小时内给出补救措施

投诉处理以迅速为本，因为时间拖得越久越会激起投诉客户的愤怒，同时也会使问题变得顽固而不易解决。因此不可拖延，而应立刻采取行动，解决问题。

只要客户投诉是起因于你这一端的任何疏忽，就必须立即采取补救行动，而且行动越明确、越迅速越好。

有的公司为了处理投诉，设置了专门的投诉处理流程，但是仅有投诉处理流程是不够的，规范的流程只能保证投诉得到正确有效的处理，而要满足顾客"快速处理"的要求，还必须对流程的每一个环节规定完成时限，并严格执行。这些阶段包括受理投诉、进行调查、答复投诉人、采取行动等。

联邦快递要求，电话铃响4声前必须接电话，来电等候时间不超过30分钟，在24小时内保证对来电回复，在24小时内对来函回复，在3小时内派技术人员上门服务，在48小时内排除故障，在24小时内按订单发货，在12小时内将替换零件送到，等等。

一个炎热的夏天，某市一位女士的小孩起了麻疹，要洗的衣服堆积如山，洗衣机却在这个时候坏了，心急如焚的女士打电话给洗衣机的制造商，让他们尽快来修理。

制造洗衣机的厂家职员虽然表示会马上过去看看，不过他还要请示一下相关的负责人，所以请她耐心等待，并表示无法在一日内派人修理。

那位女士很着急，于是就打电话到住家附近的电器行，询问他们能不能代理修理别家公司的产品。接电话的电器行老板在接完电话的10分钟后，立即将自己家里的洗衣机送到那位主妇的家中，然后把坏的洗衣机拉回去维修。那位女士对这位迅速处理了这件事的老板很感谢。此后，任何家电用品她都会在他的店里购买。

事实上，客户对于某方面的问题，常常会要求商家尽快处理，他们会说，"赶快过来""尽快帮我修好"等。这里的"赶快"比任何处理方式更能赢得客户的好感，同时也能取得他们的欢心。迅速是在处理客户问题时最基本也是最重要的原则。

如果说商家偶尔犯错可以原谅的话，那么及时处理则是这一错误可以原谅的基础。的确，商家不可能不犯错，但若这种错误得不到及时的纠正，在客户看来，则是对错误本身和客户都持不够重视的态度，这种态度只会进一步激怒客户，使客户对商家彻底地失去信心，有时候甚至可能引发各种纠纷或冲突。某著名的乐器店主任对投诉的处理很拿手，几乎所有经过他处理的投诉，都能完美地得到解决。这位主任处理投诉的秘诀就是一旦听到投诉，立刻去客户家里拜访并做出迅速的处理。实践证明这个方法是最实用也是最高明的。

现在随着互联网的深入发展及普及，投诉危机又有一个非常大的特点，就是网络在其中起了非常大的作用。

有的投诉事件本身，没有非常原则性的法律纠纷，投诉者没有很充足的理由去讨说法。但这些纠纷激起了一种情绪，这种情绪的发泄很难通过正常官方的途径和传统媒体去解决。因为对于消费者来说，传统、官方的途径成本很高。而投诉危机的发起者就用了网络的方式。网络的特点不同于传统的媒体，有点类似于街谈巷议，极容易激起共鸣，传播速度极快，传播渠道极便利，信息扭曲极严重。

网络真正给消费者提供了一个发泄的渠道，同时这样的渠道也提醒企业注意网络这种新型媒体的力量。

因此，这样就更让企业感觉出了压力，面对投诉，应该做到及时有效的处理，最能够在24小时内给出补救措施。需要注意的是处理事情的时候并非仅仅是去拉拢客户以收拾事态，而是要发自内心地去处理好事情。

勇敢承认你的错误

身为客户往往会有种优越感，他们会觉得"我是客人"，因"我是来向你消费的"而产生一种优越感。

如果无视客户的优越感，甚至背道而驰，很可能就会点燃客户的满腔怒火。相反，如果能够好好重视客户的自尊心及优越感，以认同的态度说话，客人便会明显地感到满足，进而对你或你所代表的企业产生好感，从而变成你永久的客户。

同样一件事，有些说法令人生气，有些则令人觉得高兴、愉悦，其中的不同之处就在于是采用否定说法还是采用肯定说法，因此在处理客户抱怨的时候不妨试着用一些肯定说法。

面对客户的投诉，越是辩解你的错误，就越糟糕，因为这样一来你只会越描越黑，甚至会激怒客户。

如果我们能像圣人一般不会犯错，也就不会有"知错能改，善莫大焉"这样的词句了。我们的沟通、拜访、销售……任何一个细节都有可能出现差错，当客户来"声讨"我们的错误时，千万不要辩解。

我国有一家彩电厂，一次一位用户来信说："正看着电视，突然在荧光屏上出现一道白烟，随即图像消失了。"工厂经检查发现问题发生在进口的滤波电容器上。有的同志算了一笔账，一年共卖出电视机8万台，其中有40台出了毛病，返修率不过万分之五，远远低于国家规定的标准，完全可以不予理睬。

然而，厂领导却认为，对厂里来说是万分之五，对用户来说却是百分之百。因此决定把卖出的8万台电视，全部为用户换下滤波电容器。但是，这8万台电视机已销到28个省、市、自治区，都挨个换下电容器谈何容易。有人主张给找上门的修，没找上门的就算了。厂长不同意，他们组织该厂在全国的126个维修点出面，在当地报刊电台上登广告，向客户公开道歉，还请买了这批电视机的顾客一律到维修点，免费更换电容器。

最后经过核算，厂里拿出100万元作为修这批电视机的费用。表面上看，他们虽然在经济上受到一些损失，但他们良好的认错态度却赢得了对用户负责、质量第一的好名声，从而赢得了更高的信誉。

一个勇于承认错误的人，是令人尊敬的。但现实中似乎这么有胆量和魄力的人和企业并不多见。因为这对任何企业来说都很残酷。承认自己错了，承认自己失败了，接受对方的责备，这是最难做到的事情——要整个企业都承认失误，更是难上加难。承认失误的好处在于，很多客户会对你产生同情（这和在投诉处理过程中，公司对客户的同情恰好形成了对比）。

承认自己错了还会带来不少益处。当然，每个错误只允许犯一次，这是企业的指导原则。一家能够承认失误但却不能处理失误的公司，人们大多会认为它没有效率。关键在于，承认过失的时候，就必须能够对其做出处理，改变状况。连续的失误代表工作效率低下。

诸如美国客户关系有限公司总裁大卫·施雷伯在《客户管理》杂志上所说，除了你自身的产品，决定你事业成败的唯一关键因素就是卓越的客户服务。成功的公司了解客户的需求。如果一家公司需要承认失误，那它就有必要加以改进。

承认错误而不是文过饰非地掩饰过失，反而会得到客户的谅解，毕竟人们都欣赏坦诚的人或诚实的企业。

承认错误的态度要非常认真、严肃，切记不能当作儿戏。同时应做到要迅速、及时改正错误。

表示歉意后再解释

当你接到这样的抱怨声，该如何解决：

"您的电话怎么那么难打，我打了很长时间才打进来。"

"我凭什么要告诉你我如何使用，我只想问你们该怎么办。"

"你们是怎么服务的，你说过要打电话给我，但从来没人打过。"

要让"对不起"真正发挥作用，就要告诉顾客：企业在管理方面还不到位，请包涵。你有什么事可以直接找我，只要能做到，我一定尽力。我们是朋友，凡事都好商量。顺便说一下，恳请他们再次惠顾也是个好办法。

很多时候，客户抱怨其实是因为客户对公司、产品或是对你有所误会引起的。因此你必须向客户说明原委，化解误会。但是请注意！这样的说明切勿太早出现，因为大部分的客户是很难在一开始就接受你的解释的，所以"化解误会"必须放在认同、道歉之后再做。

另一方面，"化解误会"可以避免客户得寸进尺，或是误以为你的公司或是你真的很差。假如误会没有解决，客户对你或公司可能会失去信心，进而取消订单，抵消了你前面的所有努力，这是非常可惜的！

一般来说，误解是由于客户对公司不了解，本来公司可以做到的，客户却认为公司做不到。他们会说：

"你们没有办法帮我送货上门。"

"你们没有金属外壳的笔记本电脑。"

而面对这种不满的客户，唯有诚心诚意全力补救才能化解彼此之间的敌意。

对于这样的客户，如果让他们觉得"这个公司很不诚实""我感觉不到他们的诚意及热忱"那就完了。所谓"完了"就是指自此以后不用再交涉了，因为结果多半是通过法律途径解决纠纷。许多原告正是因为"感觉不到对方的诚意"而不再期望有什么交涉结果。

然而，"诚意"说来简单，做起来就不那么容易了，它要求你不但要有超强的意志，还要不惜牺牲自身的利益，总之，竭尽所能，去重新争取客户的信任与好感。

有一点必须注意，企业在客户抱怨方面的工作必须落到实处，一味标榜是极伤害客户情绪的，比如：

当一家公司不无骄傲地向人们宣布他们为客户设计的热线电话咨询、求助、投诉专线是多么快速和热情后，许多客户受到媒体宣传的影响和一些口碑的鼓励，决定亲身来体验这一切时，却意外地出现一遍又一遍的"话务员正忙，请稍候"的声音，然后就是一阵又一阵单调的音乐；或者刚刚接通电话还没有说完，就意外断线了，然后费了半天劲也没有拨通电话而对方也未打回电话。

这也正如当你到一家连锁店购买了一些日用品，却意外地发现了一些日用品的质量问题，然后你得知这家连锁店有很宽松的退货处理时，你是怀着很兴奋的心情去的，结果在退货处理柜台前，这些处理退货的人员都板着一张脸，好像对消费者的退货行为怀恨在心一样，而且在处理过程中，一会又放下，去管一下其他的事情，更令你气愤的是，他们对其他的不是办理退货的人一脸微笑，转过头对你时，又是"横眉冷对千夫指"的做派时，愤怒自不必说，对企业的信任将被破坏无疑。

如果目的只是要解决顾客的投诉，那么可以就事论事地解决问题，这种方式也许奏效。但如果想让难缠的顾客成为伙伴，就必须用真诚表现出人情化的一面。

这种时候如果要向顾客道歉，态度一定要真诚。顾客经常觉得对方的致歉毫无诚意，不过是应付他们，这是一种自我防御的本能。

请记住：无论什么时候，只有真诚才能化解误会，平息客户的抱怨与不满。当你献出真诚时，必定能让事情圆满解决。

不要踢皮球

踢皮球是没有责任心的表现，许多时候责任与能力是可以画等号的，因为一个有决心负责任的人通常会因此而展现出独特的价值与魅力。

"踢皮球"是一个推卸责任的形象比喻，许多企业内部的人员有了功劳就开始争夺，出了问题却无人愿意承担责任。

责任心是一个人的职责、使命，同时也是能力、价值的要求，我们如果想追求卓越就要从勇于承担责任开始。

一天下午，日本东京奥达克余百货公司的售货员彬彬有礼地接待了一位来买唱机的女顾客。售货员为她挑了一台未启封的"索尼"牌唱机。事后，售货员清理商品发现，原来错将一个空心唱机货样卖给了那位女顾客，于是立即向公司警卫报告。警卫四处寻找那位女顾客，但不见踪影。经理接到报告后，觉得事关顾客利益和公司信誉，非同小可，马上召集有关人员研究。当时只知道那位女顾客叫基泰丝，是一位美国记者，还有她留下的一张"美国快递公司"的名片。据此仅有的线索，奥达克余公司公关部连夜开始了一连串近乎大海捞针的寻找。先是打电话，向东京各大宾馆查询，毫无结果。后来又打国际长途，向纽约的"美国快递公司"总部查询，深夜接到回话，得知基泰丝父母在美国的电话号码。接着，又给美国挂国际长途，找到了基泰丝的父母，进而打听到基泰丝在东京的住址和电话号码。几个人忙了一夜，总共打了35个紧急电话。

第二天一早，奥达克余公司给基泰丝打了道歉电话。几十分钟后，奥达克余公司的副经理和提着大皮箱的公关人员，乘着一辆小轿车赶到基泰丝的住处。两人进了客厅，见到基泰丝就深深鞠躬，表示歉意。除送来一台新的合格的"索尼"唱机外，又加送著名唱片一张、蛋糕一盒和毛巾一套。接着副经理打开记事簿，宣读了怎样通宵达旦查询基泰丝住址及电话号码，及时纠正这一失误的全部记录。

这时，基泰丝深受感动，她坦率地陈述了买这台唱机，是准备作为见面礼，送给东京的外婆的。回到住所后，她打开唱机试用时发现，唱机没有装机心，根本不能用。当时，她火冒三丈，觉得自己上当受骗了，立即写了一篇题为《笑脸背后的真面目》的批评稿，并准备第二天一早就到奥达克余公司兴师问罪。没想到，奥达克余公司纠正失误如同救火，为了一台唱机，花费了这么多的精力。这些做法，使基泰丝深为敬佩，她撕掉了批评稿，重写了一篇题为《35次紧急电话》的特写稿。

《35次紧急电话》稿件见报后，反响强烈，奥达克余公司因一心为顾客着想而声名鹊起、门庭若市。

老子曾说："天下难事，必作于易；天下大事，必作于细。"这精辟地指出了想成就一番事业，必须从简单的事情做起，从细微之处入手。相类似的，20世纪世界最伟大的建筑师之一的密斯·凡·德罗，在被要求用一句话来描述他成功的原因时，他也是只说了5个字："魔鬼在细节"。

如果我们企业的每一个客户服务人员都能用这种负责、认真的态度来面对客户的挑剔、投诉，还会有什么样的问题解决不了？这样，不但客户不会流失得太多，相反，我们会因为我们责任心吸引更多客户的青睐。

一个团队必须有整体的责任感，如果出现了一个不和谐的声音，因为某一个人的责任心缺失，那势必会影响整体的声誉。因此，每个人都要燃起心中的责任火把。

用合作的态度避免争执

为了使推销有效益，你必须尽力克制情绪，要具备忍耐力，要不惜任何代价避免发生争执。不管争执的结果是输是赢，一旦发生，双方交谈的注意力就要转移，而客户由于与你发生争执而变得异常冲动，是不可能有心情与你谈生意的。争执

第十章 巧妙处理投诉

会带来心理上的障碍，而且必然会使你无法达到自己的目的。

销售员："您好，我想同您商量有关您昨天打电话说的那张矫形床的事。您认为那张床有什么问题吗？"

客户："我觉得这种床太硬。"

销售员："您觉得这床太硬是吗？"

客户："是的，我并不要求它是张弹簧垫，但它实在太硬了。"

销售员："我还没弄明白。您不是原来跟我讲您的背部目前需要有东西支撑吗？"

客户："对，不过我担心床如果太硬，对我病情所造成的危害将不亚于软床。"

销售员："可是您开始不是认为这床很适合您吗？怎么过了一天就不适合了呢？"

客户："我不太喜欢，从各个方面都觉得不太适合。"

销售员："可是您的病很需要这种床配合治疗。"

客户："我有治疗医生，这你不用操心。"

销售员："我觉得你需要我们的矫形顾问医生的指导。"

客户："我不需要，你明白吗？"

销售员："你这个人怎么……"

从上面的例子中可以看出，这位销售员在解决客户的投诉时，首先要面对的肯定是客户的病情与那张矫形床的关系，说话不慎就可能触动客户的伤疤，让他不愉快，那么即使他非常需要也不愿意对你做出让步。客户提出投诉，意味着他需要更多的信息。销售员一旦与客户发生争执、拿出各种各样的理由来压服客户时，即使在争论中取胜，却也彻底失去了这位客户。

为了使推销有效益，你必须尽力克制情绪，要具备忍耐力，要不惜任何代价避免发生争执。不管争执的结果是输是赢，一旦发生，双方交谈的注意力就要转移，而客户由于与你发生争执而变得异常冲动，是不可能有心情与你谈生意的。争执会带来心理上的障碍，而且必然会使你无法达到自己的目的。

所以，当客户对你的产品或服务提起投诉，并表示出异议时，你千万不能直截了当地反驳客户。假如你很清楚客户在电话上讲的某些话是不真实的，就应采用转折法。首先，你要同意对方的观点，因为反驳会令对方存有戒心。然后，你要以一种合作的态度来阐明你的观点。

367

客户:"我们已决定不购买这种机器了。由于政府已禁止进口,所以这种机器的零件不会太好配。"

销售员:"噢,是这样。我明白了。但您是否敢肯定您的信息准确呢?我想请问一下,关于禁止进口的消息您是从哪里听到的?"

销售员心里明白政府仅仅采取强制手段限制某些产品进口,他对这点很有把握,因为了解所有对贸易有影响的法令是销售员所必须做的,而客户讲的话很容易站不住脚。但假如销售员告诉客户说,他的话是毫无根据、胡编乱造的,就会冒犯客户。

如果客户因为不放心产品或服务而说了几句,行销人员就还以一大堆反驳的话。这样一来,不仅因为打断了客户的讲话而使客户感到生气,而且在争执的时候还会向对方透露出许多情报。当客户掌握了这些信息后,行销人员就会处于不利的地位,客户便会想出许多退货或要求赔偿的理由,结果当然是会给公司和行销人员本人带来很大的损失。因此,销售员要用合作的态度避免争执,寻找解决之道,切不可以"针尖对麦芒",弄得一发不可收拾。

引导客户征求解决的办法

当卖给客户的产品出现问题时,公司这边理所当然地要替客户解决问题。但是在解决问题的过程中,并不是只能由公司人员挖空心思地想办法。这样做,可能最后的结果并不圆满。那么为何不征求一下客户的意见呢?或许会有意想不到的收获。

如果销售员已经努力解决客户投诉中所出现的一些问题,而客户依然说:"我决定要退货"或"请赔偿我的损失"或者直接以一句"对不起"来表明他的立场,此时销售员需要知道客户之所以态度如此坚决的原因,然后不妨向客户征求解决的办法。

先通过请教对方,可以巧妙地追究出掩藏在深处的原因到底是什么。

"什么使您决定要退货?"

"购买了这种产品,您还有什么顾虑?"

"您介意我问一下您为什么这样认为吗?"

"看样子似乎有什么东西阻碍您今天做出决定。它是……"

在得知某种原因后,销售人员还应该问:

"还有没有其他困扰您的事情呢?"

第十章　巧妙处理投诉

在问明原因后，你可以巧妙提问，向客户征求解决的办法，让客户主动参与问题的解决，容易让客户感觉到你对他的重视，这样客户也就不好意思提出一些太难为人的解决办法。例如，你可以说：

"难道我们没有一个办法能令双方都满意吗？"

"对不起，我想请教您一下，如果您是我，您会怎样处理这个问题呢？"

"我听说您是这方面的专家，依您看有没有更好的办法来解决呢？"

……

相信销售人员好言好语的一番话，并真诚地向客户征求解决办法之后，客户就会被销售人员的这种坦诚所打动，事情肯定就会出现好的转机。

第三节　处理投诉行动要迅速

不要跟新闻媒体较劲

任何企图与新闻媒体较劲的行动，最终多半是要吃大亏的。

新闻媒体在西方社会被称为第四大权力，即真正的无冕之王。比如在美国，每次各种竞选，候选人无一不希望能获得传媒大亨默多克的支持。

现代社会的信息交流非常便捷，一件小事情只要被新闻媒体盯上了，就会如在放大镜下被公众清楚地审视一样。因此，不论是什么领域的企业，都要保持好与新闻界的关系，凡事不要太较劲。

瑞士的雀巢公司在这方面就曾经当过一次反面教材。雀巢公司的一个重要产品是婴儿奶粉，这一产品长期垄断欧洲市场。为加大雀巢公司的影响，同时开拓海外市场，雀巢公司决定进军非洲市场。

当时，非洲大陆上内战正酣，许多国家的人民没有饭吃。雀巢公司召集新闻界，宣布要无偿支援非洲难民，赠送奶粉给非洲，新闻界将这件事报道后，产生了很好的影响，提高了雀巢公司的声誉。同时，雀巢公司还有一个计划，就是当非洲内战停止时，非洲的妈妈们已经习惯用雀巢公司的奶粉，那时，雀巢奶粉正好可以在非洲大量销售。

369

应该说雀巢公司的想法是很好的，可事情的发展却未尽如人意，甚至与公司的期待完全相反。过了一段时间，报纸上不断传来有些非洲妈妈用雀巢公司的奶粉喂宝宝，结果导致婴儿死亡的消息。雀巢公司慌了，急忙派人去调查，发现报纸上说的婴儿死亡的例子，其原因并不是喂了雀巢奶粉的缘故，而是当地的饮用水不卫生，同时非洲贫困的妈妈们为节约奶粉，大量用水稀释，从而使婴儿得了当地卫生条件无法解决的痢疾。雀巢公司松了一口气，当即在报纸上声明，非洲的事件与公司奶粉的质量没有什么关系。

可是有家报纸并没有理会雀巢公司的声明，继续报道了雀巢奶粉的所谓"中毒"事件。这时，雀巢公司做了一件事，后来被证明是极其错误的决策，它决定起诉这家报纸和做这个报道的新闻记者。

本来，有关雀巢公司奶粉质量的报道还不为公众注意。现在居然打起官司，公众的好奇心一下子被激发起来。雀巢公司成为舆论的焦点。又有几家新闻机构派记者到非洲，专门调查雀巢公司奶粉"毒害"非洲儿童的情况。由于非洲处于内战之中，有关非洲的新闻从来就是传闻与事实的结合，所以对雀巢公司的奶粉质量的渲染更加朝不利的方向发展。甚至有很多人在雀巢公司的总部门前示威，以抗议商人"唯利是图"，全然不顾非洲儿童生命的可贵。雀巢公司的形象大损。面对气势汹汹的舆论，雀巢公司始料不及，一下子陷入不知所措的痛苦境地。

公众都用宁可信其有，不可信其无的态度对待这一事件，当时市场上的奶粉竞争得很厉害，有几百种牌子，雀巢公司的市场占有率本来很可观。但是，现在妈妈们谁也不想拿自己的孩子冒险，大都临时换了奶粉。雀巢公司的产品销售量一下子下来了，公司的领导层意识到自己的决策失误。但已经无可挽回，只得硬着头皮等待法院的判决结果。

判决结果很快出来了，雀巢公司赢得了无可争辩的胜利。但是，公众的兴奋点很快发生了转移，他们谁也没有注意到报纸上简短的道歉申明，其他品牌的奶粉不战而胜。雀巢公司付出了极大的代价，其依靠几十年才建立的产品盛誉竟然被一个谣传击得粉碎。

其实，这一事件的是非很清楚。雀巢公司的奶粉在欧洲没有产生毒害，在非洲也不可能有问题。要说出问题的话，只能在奶粉的喂食方法上，但公众是不会去认真考虑这一问题的，他们关心的只是事件本身是否具有戏剧性，而且什么牌子的奶粉对他们而言只是一个习惯而已。

新闻记者的"权力"其实很大,这也是为什么大家对记者是又爱又恨的缘故。

如果我们平时多和媒体朋友搞好关系,那么就算遇到一些棘手的问题也能迎刃而解,有了新闻媒体舆论导向的帮助,公众也会自然而然地受到这种导向的影响。

选择时机公布真相

我们所做的最愚蠢的事莫过于:隐瞒真实信息,把客户当作傻瓜。

当客户面对产品的瑕疵或其他感到迷惑不解的问题时,一定会特别期望得到"内部人员"的说法。我们此时应该拒绝回答还是选择合适的时机公布真相呢?

艾尔顿曾经有过这样一次成功的销售经历。那时,房产公司刚刚在纽约西北部开发出一片住宅区。

两年后,还有18间房屋没有售出。因为距离这批房屋20英里远之处有一道围墙,围墙之外便是铁路,24小时之内火车会经过3次。

当艾尔顿驾车从那里经过时,他下定决心要把这些房子卖出去。

由于这18间房屋至今无人问津,地产商愈来愈为此焦虑不安。艾尔顿刚一见到他就听他抱怨道:"你一定是要我削价出售这批房子,这便是你们这些房屋推销员最常做的事。"

"不,"艾尔顿回答,"恰恰相反,我建议你抬高售价。还有一点,我会在这个月之前将整批房子卖出去。"

"它们已经在那里空了两年半之久,你现在告诉我你会在一个月之内将它们全部卖出去?"他不相信地说道。

"只要你能按照我说的去做,一定没问题。"艾尔顿说。

"好吧。"地产商只能无奈地答应。

首先艾尔顿要求地产商在火车经过时展示房屋,并且在展示的房屋前面挂上一个牌子,在上面写着:"此栋房屋拥有非凡之处。敬请参观。"其次将每户的价格抬升20美元,然后用这笔钱为每户买一台电脑。

最后开发商同意了他的要求。

在每次"参观"开始之后的5~7分钟,火车会隆隆驶过。这样,在火车驶来之前,艾尔顿只有几分钟时间对买主们进行推销。

"欢迎!请进!"艾尔顿在门口招呼人们进来。"我要各位在这个特别的时

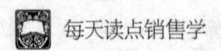

刻进来参观,是因为我们这里的每一栋房子都有着独一无二的特点。"

艾尔顿接着带领人们走进书房,指着那台电脑说:"开发商将随同房子将这台漂亮的电脑送给你们。他这么做是有道理的,他知道你们将不得不适应一段90秒钟的噪音,一天3次,但是很快你们会感到习惯。"

"各位,我要让你们知道,火车一天经过3次,每次90秒钟,也就是一天24小时中共有4分半钟的时间火车会经过。"艾尔顿在叙述一个事实,"现在,请问问你们自己:我愿意忍受这点小噪音,来换得住在这栋美丽的房子中,并且拥有一台全新的电脑吗?"

就这样,3周之后,18栋房子全部售出。

客户并不是我们所认为的傻瓜,可以随意敷衍。一味地隐瞒可能反而会带来不利于我们的后果。

当然我们如果决定告诉客户真相时,一定要注意选择合适的时机,以及正确的方式。

如果一家企业不准备告诉客户实情,那么一定要保证公司上下一致。各种不同的渠道都会接到投诉,有些是电子邮件,有些是电话,有些是当面提出。每种渠道都要做出相同的回复,这显然比告诉对方实情要更难管理一些。对内对外的沟通成为至关重要的方面,因此任何企业都有必要准备好相关程序,以便在可以不告诉客户真相的特殊情况下使用。因此只要客观条件允许,最好的策略就坦诚公开。

正所谓"没有不透风的墙",与其刻意隐瞒,不如开诚布公。

处理信函投诉技巧

现在客户向企业提出投诉的方式多种多样,其中以信函的方式最为传统,我们需要花费的精力也非常大。

利用信函提出投诉的客户通常较为理性,很少感情用事。对企业而言,信函投诉的处理成本通常较高。

根据信函投诉的特点,企业客服人员在处理时应该注意以下要点:

1. 要及时反馈

当收到客户利用信函所提出的投诉时,就要立即通知客户已收到,这样做不但使客户安心，还给人以比较亲切的感觉。

2. 要提供方便

在信函往来中，企业客服人员不要怕给自己添麻烦，应把印好本企业的地址、邮编、收信人或机构的不粘胶贴纸附于信函内，便于客户的回函。如果客户的地址、电话不很清楚，那么不要忘记在给客户的回函中请客户详细列明通讯地址及电话号码，以确保回函能准确送达对方。

3. 要清晰、准确地表达

在信函内容及表达方式上，通常要求浅显易懂，因为对方可能是位文化程度不高的客户。措辞上要亲切、关注，让对方有亲近感。尽量少用法律术语、专用名词、外来语及圈内人士的行话，尽量使用结构简单的短句，形式要灵活多变，使对方一目了然，容易把握重点。

4. 要充分讨论

由于书面信函具有确定性、证据性，所以在寄送前，切勿由个人草率决断，应与负责人就其内容充分讨论。必要时可以与企业的顾问、律师等有关专家进行沟通。

5. 要正式回复

企业客服人员与客户之间的信函最好是打印出来的，这样可以避免手写的笔误和因笔画连贯而造成的误认，而且给人感觉比较庄重、正式。

IBM 公司顾问阿门·克博迪安在《客户永远是对的》一书中阐述了 IBM 公司的核心服务理念，那就是：第一条，客户永远是对的，第二条，如果有任何疑问，请参考第一条。IBM 公司把这两句话挂在公司大厅里、车间及公司员工可以看到的地方。在书中克博迪安还提出了：如果你根据客户的意愿解决了客户的问题，有 70% 的人会跟你有业务往来。解决客户问题速度越快，客户成为回头客的可能性就越大。

为客户写好抱怨回函是解决客户问题的第一步。首先要让客户明白，他的抱怨并没有被草率处置，他的问题会马上解决并告诉他解决问题的方法。这样客户就会慢慢平息他的抱怨和怒气。

为客户写投诉回函是 IBM 公司惯用的手法。

最快的答复客户意见的方式就是使用 E-mail。快速反馈给人一种你已在采取行动、你在关心他们的感觉，它能缓和客户的不满情绪。

写回复函时有几点需要注意：

（1）承认自己的错误，并向客户道歉。

（2）提出解决问题的方法。

（3）尊重客户的抱怨，承认客户是对的。

（4）引起客户愉快的回忆，或者描绘美好的未来。

（5）向客户致谢，感谢客户的抱怨。

如有条件，企业应该统一用一种较为理想的回复方式。这样既节约人力，又节约财力。

为了使客户感受到被重视与尊重，可在每封回函上签上主管人员的姓名。

处理电话投诉技巧

别以为你躲在电话后面就可以十分随意，要知道客户仍可凭借你的声音来判断你的表现。

电话的普及运用，让客户和企业同时感受到了便利，与此同时，电话投诉也变得越来越频繁。

对于客户而言，再没有比通过电话向企业提出投诉更快捷的手段了。而且目前多数企业都设有免费电话，给客户的电话投诉提供了很大的便利，因而过去以信函为主的投诉方式，现在已变为以电话为主。

因此，要求企业客服人员能熟练应对，面对看不见表情和身体动作的客户，企业客服人员的应对必须是亲切和有礼貌的，一定要注意以下几点：

（1）要提防自己在声音上给人以不礼貌印象的细节，如压抑着的笑声、带有感情色彩的鼻音或出气声，这些都可能会引起客户的误解而使问题变得更加难以处理。

（2）除了自己的声音外，也要注意避免在电话周围的其他声音，如谈话声和笑声传入电话里，使客户产生不愉快的感觉。

（3）要学会站在客户的立场来想问题，无论客户怎样感情用事，都不要有失礼的举动，千万不能和客户发生争执。

（4）无论是处理投诉还是提供令客户满意的服务，都需要努力剖析客户心理。

在通过电话处理客户投诉时，唯一的线索就是客户的声音，如何通过这有限的声音信息来把握客户心态，是一项重要而不易做到的工作，因此要求企业客服人员一定要努力通过客户的语气语调来分析客户心理，以赢得客户对企业的信赖。

一个人的心情如何其实是完全可以通过电话来判断的，比如说话的内容、语速、声调、停顿,等等,无一不是在向我们诉说他的心情故事。

因此,客服人员必须经过特殊培训才可上岗,否则问题解决不了还会引起更大的矛盾。

客服人员在接每一个投诉电话时都必须做好相关的记录,以便查询问题的进展和了解问题的集中性。

立即回复50%的顾客投诉

研究表明:良好投诉处理与赔偿制度能带来额外的销售额,并能提高公司形象。这种投资可能产生50%～400%的投资收益,而其他投资则难以达到这个数字。

最佳的商机不是取决那些已传达到高层管理者耳朵中的5%的顾客投诉,而是取决于曾在公司一定部门投诉过而又放弃的50%的顾客。因此,最佳的回复制度应是一个使顾客的投诉能迅速得到处理的制度,也就是要立即回复50%的顾客投诉的制度,而且在第一次顾客同公司的交往中体现出来。正是认识到了这一点,迪斯尼公司为此建立了一种对顾客投诉"马上解决"的体系,这要求所有的员工在与顾客打交道时,公司授予他们一定的权力,并且让他们依情况决定该怎样做。在英国航空公司,所有员工都被赋予这样的权力:可以自行处理价值500美元以内的投诉案,并且有一个包括了12种可供挑选礼物的清单。

赋予一线所有人员以相同的权力去快速应对是一个重要的尝试,为实现这一目标,许多公司已经采取了许多方法。

1. 充分授权

Grand vision是一家光学与冲印摄影制品的公司,在15个国家拥有800间零售店。宣称员工十大权力的一部分是"无论什么,只要让顾客满意你都有权去做"。一些公司经常担心这样的政策会导致滥用职权、判断错误和过度消耗一线人员的精力。事实上,为解决这个问题,每天首席执行官和高层管理人员都会比一线人员更加"慷慨"地同顾客打交道。一线人员是相当理智的,顾客在他们心中也是如此。因此在不存在滥用职权的情况下去尝试这么做是明智之举,这也是大多数企业的做法。

2. 部分限权

在联邦速递,假如出现问题,服务部门的代表将花费500美元找到一个迅速有效的解决办法。举个例子来说,经办员工也许会派计程车去追回那些由电信系统已发送的错误类别的包裹、资料、录像带等,一旦超过500美元就必须由上级

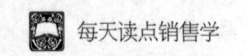

批准。

在 Ritz Carlton 连锁饭店，最高限值是 2000 美元。在迪斯尼宾馆中的服务人员拥有一个预先制订的物品清单，告诉他们能做什么，从奖赏一顿免费餐到分发一份礼物都罗列得很清楚。

这样的政策对于那些服务一线的成交量十分可观的大公司来说，最宜运用。

上面的方法同样适用于做电话行销的公司，决策部门应该多方调查，制定出适合自己公司的办法，保证尽快回复 50% 的顾客投诉。

大部分销售人员都知道：投诉是免费而又真实可靠的反馈信息，那些投诉的顾客能够帮助提高服务质量。尽管如此，但很少有公司对于建立理想的投诉制度而做出必要的投入。许多企业对顾客的投诉总是抱有一种敌视的态度，视之为"洪水猛兽"，更别说立即回复 50% 的顾客投诉了。这其实是一种非常不明智的做法，将无形之中导致很多顾客流失。因此，企业要重视顾客的投诉，并立即回复 50% 的顾客投诉，这样才能赢得顾客青睐，重塑企业形象，并在成功的道路上越走越远。

处理问题迅速及时

对于客户的投诉请求，如果采取三拖四延的做法，势必会令企业陷于万劫不复的境地。

史密斯·霍肯是园艺用品邮购公司的负责人，他发现，处理纠纷的时间太长，会破坏该公司善意的退费制度。有时候，要解决纠纷，需和顾客往返好几次信件。于是该公司便着手改善。他要求电话服务人员在电话里即时为顾客解决问题，虽然电话费增加了，但整体的支出却减少了，因为纸上作业流程得以精简。顾客则表示很满意史密斯·霍肯处理投诉的新方式，员工能立刻解决顾客的问题，也觉得很有成就感。

为了快速回应顾客需求，组织必须尽量扁平化，并将权力下放。3 个层级比 5 个层级更能令顾客满足。同时运用一定的教育方式，教育的技巧必须更恰当，让员工能依据公司的基本原则，自行做出最佳判断。这就好比运动教练无法控制球员的行动一样。一旦球赛开始，球场上的情势不断演变，只能期待球员了解全盘策略，成功地运用。因此，对投诉顾客也是相同的道理。

在充分授权的环境中，管理者必须有效运用下列 3 项管理技巧：一是提出示范，希望员工做到什么；二是情况发生时加以了解和掌握；三是奖励表现适当的员工。

第十章 巧妙处理投诉

管理者可以在会议上进行一对一的模拟训练，然后游走其间，面授机宜。最重要的是，管理者必须示范良好的投诉处理方式，让员工了解，公司期望他们如何对待顾客。

服务业直接面对顾客的投诉，其管理方式必须与制造业不同。哈佛商学院教授李讷·史蓝辛格表示："以往的习惯很难抹灭，许多服务业公司都继承制造业管理方式最糟的部分，过度监督、过度控管。"

顾客也好，客户也罢，他们通常提出问题时急需我们的回答，没有一个愤怒的客户愿意坐在那儿傻等。随着时间的流逝，越晚解决投诉问题越危险，客户会随时做好走掉的准备，并且他会向几乎所有人宣扬这件恶劣的事件。

美国著名的销售员乔·吉拉德根据个人的观察，提出了"250法则"。他认为：人总是爱在别人面前炫耀自己。当人们购买一种产品得到满足时，都喜欢在别人面前宣传这种产品的优点以显示自己的眼力；当他得不到满足时又会极力贬低产品，以衬托自己有见地。因此，假定每周有两个客户对你销售时的服务或对其所购买的产品不满，一年到头便有约104个客户不满，这104人中每人又影响了250人，结果就可能有26000人对你的销售不满。

所以我们必须重视每一位客户的投诉，努力处理好每一份投诉电话、信函。

· 第十一章 ·

销售精英要懂经济学

第一节 5大关键词,奠定销售员经济学销售基础

抓住理性消费者的感性软肋

"我们每天所需要的食物和饮料,不是出自屠户、酿酒师和面包师的恩惠,而是出于他们自利的打算。"

这是西方经济学之父亚当·斯密的代表著作《国富论》中的一句话。他认为,经济学中人和人之间是一种交换关系,能获得食物和饮料,是因为商家自己要获得最大的利益。这便是经济学对于人性的假设。

销售员认识经济学的第一步,就是认识经济学的人性假设,即将所有人都看作是利己的理性经济人,力图以最小的经济代价去追逐和获得最大化的经济利益。

经济学家认为,经济人假设是经济学最根本的假设。整个经济学大厦都是建立在这一假设基础上的。如果否认这个假设,就等于取消了经济学本身。

或许你会有疑问:如果人人都是理性经济人,都是理性且自利的,那么,每个人在追求自身利益最大化的动机下,势必导致销售者盲目抬价,消费者拼命压价,那么,社会秩序不会变得混乱,买卖双方能够实现互利共赢吗?

其实,每一个人都希望用最小的投入获得自身利益的最大化。但同时,我们不可否认的是,再理性的消费者也是一个有血有肉的感性的人,他们的行为可能受某些因素的影响,造成非理性的冲动消费。

楚国有一个商人把珍珠装在木兰树制作的盒子里,用桂椒熏盒子,用精美的珠玉点缀其上,用翠鸟的羽毛装饰盒子。有个郑国人看到这么精美的盒子爱不释

手,花重金买下珍珠,却把里面的珍珠还给楚国人,自己拿着这个精美的盒子走了。

在"买椟还珠"的故事中,郑国人如果是一名理性经济人,要么会与楚国商人讨价还价,要求商人只对盒子出价,而减去珠宝的价格;要么在买下珍珠后自己转手将珍珠卖了,怎么也不该以全价买下珍珠与盒子,并将珍珠还给楚国人。

然而,出于对盒子的爱不释手,这名郑国人已无暇顾及其他,只是急切地将精美的盒子买下,而将珍珠的价值完全忘在了脑后。事实上,消费者消费过程常常受到情感因素的制约,容易受商品的外观和广告宣传的影响。尤其是女性消费者,当她们面对某些时尚商品或是促销商品时,大多情况下很难确定其是否符合经济学的相关假设,她们的行为往往受外界干扰变得十分不理智,做出非理性的消费行为。

据有关专家对京沪粤三地18～35岁青年女性的调查显示:因受打折优惠影响而购买不需要物品的女性超过50%;因受广告影响购买无用商品或不当消费的女性超过20%;因店内的时尚气氛和现场展销而消费的女性超过40%;因受到促销人员诱导而不当消费的女性超过50%。

女性的情绪性消费或许是感性消费中的典型代表。事实上,每一个理性消费者都有其非理性的一面。人都有七情六欲、情绪波动,有些人可能因为一时的心情不好,把购物当成发泄的方式,也可能因一时的好奇心而购买看起来很好的东西;或者临时起意,在逛商场的时候,看到漂亮的衣服就买下;或是为了炫耀自己的财富、地位或者攀比而购买一些奢侈品。这些消费行为并不符合消费者作为理性经济人的初衷和根本利益,但他们还是会一而再再而三地重蹈非理性购物的覆辙。

作为销售员,你本身也是本着追求业绩最大化和利润最大化原则的理性经济人。但你更应当认识到的是,你的每一名客户都是理性经济人,都希望能够买到最为"物美价廉"的物品。你的销售过程,实际上也就是一个如何平衡自己追求的利益最大化和消费者追求的利益最大化之间的难题——当然,聪明的销售员并不认为这是一个难题。因为在多数情况下,我们的长期利益回报正是来源于消费者对我们"物美价廉"的产品的长期信任与忠诚购买。

因此,出色的销售员一方面能够充分理解消费者的理性经济行为,客观地告诉消费者他买这项东西可以获得什么实惠,我们的产品相对于同类商品具有什么优点和便利,等等,帮助顾客进行理性的购买决策。另一方面,优秀的销售员更

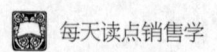

善于利用说服的技巧、出彩的包装,营造促销的氛围来等诱导消费者进行感性消费。

捕捉市场信号释放出的产品供求机会

有一个笑话:如果能够教会鹦鹉说"需求"和"供给"这两个词,这只鹦鹉就能够成为经济学家了。

这句话带着玩笑的成分,从这句玩笑话中,我们也能够看出需求与供给在经济学中的地位。

需求与供给间的相互作用被称作供求运动。其实,从本质上来讲,之所以会产生供与求之间的运动,正是我们前面提到的资源稀缺性的存在。

供求运动的经济学原理是西方经济学家在近代才提出来的,但中国古人早就明白了这个道理。"物以稀为贵""洛阳纸贵"这些流传至今的说法,都包含供求运动的规律。

作为销售员,不需要像经济学家一样以专业化的模型、曲线等对供求关系与市场变化进行精准的计算,但我们的销售活动必须建立在了解基本供求关系,准确把握市场需求的基础上,才能提供合理的供给,满足该市场上消费者的需求。

鸦片战争以后,英国商人为能打开中国这个广阔的市场而欣喜若狂。当时英国棉纺织业中心曼彻斯特的商人估计,中国人口众多,假如其中有1亿人晚上戴睡帽,每人每年用两顶,整个曼彻斯特的棉纺厂日夜加班也不够,何况还要做衣服呢!于是他们把大量洋布运到中国。

结果与他们的梦想相反,中国当时仍然处于一种自给自足的封建经济,在此基础上形成了保守、封闭甚至排外的社会习俗。鸦片战争打开了中国的大门,但没有改变中国人的消费习惯。当时,上层人士穿丝绸,一般老百姓穿自家织的土布,中国人晚上没有戴睡帽的习惯,洋布根本卖不出去。

英国的洋布之所以没卖出去,正是因为错误地估计了中国消费者的需求,盲目供给货物,最终只能独自品尝供求失衡的苦果。

了解供求关系及其作用,能够更好地指导销售员的销售活动。经济学家认为,供求机制能对市场产生直接的作用,其具体表现为:

(1)保持供求总量平衡。物以稀为贵,当商品供不应求时,价格上涨,从而吸收更多的投资,供过于求时,导致企业压缩或退出生产。因此,销售员可以

第十一章　销售精英要懂经济学

通过市场供求变化预测商品的价格走势，从而指导自己在销售过程中灵活定价和进货退货。尤其是一些市场走势十分敏感的商品，如猪肉、粮油、汽油、黄金等随着政治、经济大环境发生明显供求变化的行业，更应该对供求与价格变化保持高度的敏感。

（2）紧抓地区之间的平衡信息。不同地区的生产资源不相同，消费者的消费习惯也有很大差异，造成各地的供求很不均衡，因此，商品在不同的地方有不同的价格。这就给我们提供了利润的空间。例如，如果天津的某商品比北京的便宜，而从天津运一批该商品的运费要远远低于这批商品在天津与北京间的差价。那么，该商品市场的销售员一定会选择从天津进货而非北京。

（3）利用调节商品在时间上的平衡。它促使部分劳动者从事跨季节、跨时令的生产经营活动（如温室种植、跨季节仓储等），在一定程度上满足了市场需求，缓解了供求矛盾。这一表现在销售过程中也很常见。我们进行换季打折、限时抢购等促销活动时，无不是在调节不同时间的供求平衡。

为了不重蹈英国商人在中国开拓睡帽市场的失败覆辙，优秀的销售员首先必须成为市场供求行情的侦察员，对市场供求发生变化的每一个信号保持高度敏感，从而更科学地指导自己的销售活动。

一个真理：人人有需求，人人是顾客

我们都明白，销售员在进行商品买卖中，必须密切关注市场需求，随着需求的变化调整商品的供给。但是，销售员不一定都是被动地满足市场中的已有需求，可以通过对市场的敏锐洞察，挖掘和创造消费者的新需求。

有一个公司在招聘销售员时给求职者出了这样一个难题：向和尚卖梳子，卖得越多越好。

所有人在初听到这一命题时都表示怀疑：把梳子卖给和尚？这怎么可能呢？和尚没有头发，根本就用不着梳子。面对根本没有需求的市场，许多人都打了退堂鼓，但还是有甲、乙、丙3个人勇敢地接受了挑战。

一个星期的期限到了，3人回公司汇报各自的销售成果，甲先生卖出1把，乙先生卖出10把，丙先生居然卖出了1000把。

甲先生说，他跑了3座寺院，受到了无数的臭骂和追打，但仍然不屈不挠，

381

终于在下山时碰到了一个小和尚因为头皮痒在挠头，在他百般游说下，小和尚买了一把梳子。

乙先生去了一座名山古寺，由于山高风大，把前来进香的人的头发都吹乱了。乙先生找到住持，说："蓬头垢面对佛是不敬的，应在每座香案前放把木梳，供善男信女梳头。"住持认为有理。那庙共有10座香案，于是住持买下10把梳子。

丙先生来到一座香火极旺的深山宝刹，对住持说："凡来进香者，多有一颗虔诚之心，宝刹应有回赠，保佑平安吉祥，鼓励多行善事。我有一批梳子，您的书法超群，可刻上'积善梳'三字，作为赠品。"住持听罢大喜，立刻买下1000把梳子。

对于和尚和寺庙而言，完全没有需求的梳子市场，却被丙开拓出来崭新的市场。事实上，创造需求的过程就是一个对与潜在需求进行深入挖掘和捕捉的过程。

销售员在销售过程中每天都面对形形色色的"顾客"，这些顾客基本上可以分为两类：显著型顾客和潜在型顾客。我们通常意义上的顾客就是显著型顾客，具有以下4个特征：

（1）具有足够的消费能力。

（2）对某种商品具有明确的购买需求。

（3）了解商品的信息和购买的渠道。

（4）可以为从业者带来直接的收入。

只要顾客已经将商品买下来，他就成为我们的显著型顾客。显著型顾客的需求是明显的、可预测的，这一类顾客，我们可以较容易地凭经验掌握与需求相应的供给。

另一类是潜在型顾客。除了显著型顾客外，几乎所有的人都是我们的潜在型顾客。潜在型顾客具备以下4个特征：

（1）目前预算不足或不具备消费能力。

（2）可能拥有消费能力，但没有购买商品的需求。

（3）可能具有消费能力，也可能具有购买商品的需求，但缺乏商品信息和购买渠道。

（4）随着环境、个人条件或需要的变化而成为显著型顾客。

潜在型顾客是一个巨大的消费群体，包括社会中各类人群。销售员应挖掘商品的潜在消费群体，创造他们的消费需求，将潜在的消费群体诱导成为显著的消

第十一章 销售精英要懂经济学

费群体。

销售员:"您好,请问,××先生在吗?"

顾客:"我就是,您是哪位?"

销售员:"我是××公司打印机客户服务部销售员,我这里有您的资料记录,你们公司去年购买的××公司打印机,对吗?"

顾客:"哦,是,对呀!"

销售员:"保修期已经过去了7个月,不知道现在打印机使用的情况如何?"

顾客:"没有问题。"

销售员:"太好了。我给您打电话的目的是,这个型号的机器已经不再生产了,以后的配件也比较昂贵,提醒您在使用时要尽量按照操作规程,您在使用时阅读过使用手册吗?"

顾客:"没有呀,还要阅读使用手册?"

销售员:"是有必要的,实在不阅读也是可以的,但寿命就会降低。"

顾客:"我们也没有指望用一辈子,不过,如果坏了怎么办呢?"

销售员:"没有关系,我们是会上门维修的,虽然收取一定的费用,但比购买一台全新的还是便宜的。"

顾客:"对了,现在再买一台全新的打印机什么价格?"

销售员:"要看您要什么型号的,您现在使用的是××公司的3330,后续的升级的产品是4100,不过完全要看一个月大约打印多少正常的A4纸张。"

顾客:"最近的量开始大起来了,有的时候超过10000张了。"

销售员:"要是这样,我还真要建议您考虑4100了,4100的建议使用量是15000张一个月的A4正常纸张,而3330的建议月纸张是10000张,如果超过了会严重影响打印机的寿命。"

顾客:"你能否给我留一个电话,年底我可能考虑再买一台,也许就是后续产品。"

销售员:"我的电话号码是×××××××。对了,您是老客户,年底还有一些特殊的照顾,不知道您何时可以确定要购买,也许我可以将一些好政策给您保留。"

顾客:"什么照顾?"

销售员:"购买的话,可以按照8折来处理或者赠送一些您需要的外设,主要看您的具体需要。这样吧,您考虑一下,然后再联系我。"

顾客:"等一下,我计算一下,我在另外一个地方的办公室添加一台打印机,是你送货还是我们来取?"

销售员:"都可以,如果您不方便,还是我们过来吧,送到哪里,什么时间好?"

后面的对话就是具体的落实交货的地点、时间等事宜了。

上例中的推销员巧妙地利用了新产品推出的契机,激发了原本对打印机完全没有兴趣的顾客的潜在需求。其实现实中这样的例子并不鲜见,许多节日商品、礼品促销,其瞄准的目标客户并不是原本对这些商品有显著需求的顾客,而是让原本对该商品没有消费欲望的消费者,培养成了直接消费群体,这也不失为一种创造需求的好方法。聪明的销售员应当善于观察与发现,挖掘每一种有需求的"商机"。

了解顾客偏好,才能投其所好

我们常在生活中听到说"萝卜白菜,各有所爱",事实上,这句日常俗语包含着一个经济学概念——偏好。

在经济学中,偏好是指消费者按照自己的意愿对可供选择的商品组合进行排列。每个人在一生中,由于受各种因素的影响,其偏好并不是固定不变的,随着时间的变迁,可能受原有习惯、身体条件、工作环境与社会环境等的影响而发生改变。而同一种商品,也可能随着时间的不同,消费者对其的偏好不同。

一个小伙子细心经营着一个很大的玫瑰园,他几乎倾注了所有的精力,科学地按时浇水,定期施肥。因此,玫瑰园的玫瑰长势很好,玫瑰品种齐全,五颜六色,煞是好看。小伙子定期到集市上去卖玫瑰,喜欢玫瑰的人都喜欢在这里买,因为他的玫瑰不仅鲜艳漂亮,而且从不漫天要价,每株玫瑰的价格在1~2元之间。

令人惊诧的是,不知什么时候,小伙子的玫瑰园里竟然长出了一些黑玫瑰,小伙子发现了这些黑玫瑰,差点慌了神,这下肯定没人买它,谁会要黑玫瑰呢!但是小伙子还是舍不得将其毁掉,想着让黑玫瑰在玫瑰园里点缀一下,也是一个特色。

后来,一位植物学家听说了小伙子的黑玫瑰,惊喜地叫起来:"黑玫瑰!这是旷世稀有的品种!"植物学家为了研究黑玫瑰,保存和繁衍这个珍贵品种,愿意高价购买小伙子的黑玫瑰。植物学家出价10元/株订购小伙子的黑玫瑰,小伙子自然欣然接受,他没想到,黑玫瑰竟然给他带来了意想不到的财富,远远超过了他的预期收入。

后来，当人们知道了黑玫瑰是旷世稀品后，争相购买，小伙子种的黑玫瑰渐渐比其他玫瑰还要多，占了玫瑰园的一半。

最初小伙认为黑玫瑰颜色不合人们的偏好，因而没有将黑玫瑰作为自己的赢利产品。但是，当植物学家发现黑玫瑰的稀有价值后，黑玫瑰的身价也随之一路飙升，人们对各色玫瑰的偏好也发生了改变。

这个故事说明，人的偏好会发生改变，同时，消费者的偏好对于市场和商品有很大的决定作用。聪明的销售员应当敏锐地捕捉到消费者的偏好变化，将最受欢迎的产品作为自己的主打，最大限度地获得利润。反过来看，黑玫瑰引发了新的流行，告诉我们，要主动引入新产品，创造消费者的偏好。

销售就是对消费者"投其所好"的过程。销售员必须知道目标消费人群的偏好，同时紧密关注他们的偏好变化。通常来说，影响人的偏好改变的因素主要有以下几项：

1. 原有的偏好习惯

由于消费者行为方式的定型化，经常消费某种商品，会习惯性地采取某种消费方式，就会使消费者心理产生一种定向的结果。这在经济学上被称为"路径依赖"。

2. 身体条件的变化

一个人身体条件的改变将直接影响其效用偏好结构的改变，如有的人得了肝病，则原来饮酒、吸烟的偏好将会随之改变。

3. 工作环境的变化

不同的行业必然具有不同的环境和作息习惯，一个人的效用偏好结构也会随之变化，以适应新情况。如常常加夜班的白领可能会偏好咖啡、方便面，而从事较为轻松的公务员可能不会对此有偏好。

4. 社会环境影响

主要指一个人所处的社会环境及社会潮流、主流文化对一个人效用偏好结构的改变所产生的作用。例如一个广州人到哈尔滨定居，其效用偏好结构肯定会发生变化。同样，由于社会潮流不断变化，即使一个人处在同一城市中，他也会为了适应形势和潮流而不断改变自己的效用偏好结构。

认识到不同消费者的偏好变化后，销售人员可以科学地指导自己的销售工作，使所售物品更好地满足消费者的偏好需求，从而赢得消费市场。

第二节 顾客来了，占先机、抢优势只有4分钟

把握消费者效用，精准推荐合适的产品

在认识消费者的"偏好"之后，我们还应当认识与之息息相关的另一个概念——效用。还是要说到"萝卜白菜,各有所爱"，同样的东西对不同的人效用不同，因此"效用"其实是种感觉。

对于"效用"这个经济学概念，用来解释这个名词最通俗的例子是：同样大小的一个馒头，一个饿极的人吃了，觉得效用特大，特别的满足；一个快吃饱的人，吃不吃这个馒头无所谓，所以效用就很小；而对于一个吃撑了的人，让他再吃这样一个馒头纯粹是浪费，甚至引发其肠胃的不适，因而馒头的效用反而是负的。

效用的概念是人获得某种物品或服务时的满意程度，这是一种心理状态。效用是主观的东西而不是客观之物，而且，效用也会因人、因地、因时而异。同样是一杯水，对于长途跋涉、口干舌燥的人来说，他感到的满足程度肯定会大于一个随处都可以喝到水的人；同样是一包香烟，对于烟民来说，具有很大的效用，而相对于不吸烟的人来说，根本就没有任何效用可谈。

由此可以看出，效用与个人偏好有着密切的关系。消费偏好的商品，得到的效用会比不喜好的商品多很多。例如有的人喜欢吃甜，吃不了酸，如果你给他吃哈密瓜，他一定很高兴地接受了；如果你给他酸梅，他肯定皱着眉头再三推辞。

庄子曰："子非鱼,安知鱼之乐乎？"鱼在水中畅游是苦不堪言,还是悠然自得、其乐无穷，只能由鱼自己的感受来决定。这形象地说明了效用的主观性。同样，我们衡量同一商品对于不同消费者的效用时，也要注意从消费者的角度出发，分析这一商品对其的效用。

因为错误地判断同一商品对不同消费者的效用而导致营销失败的案例比比皆是，20世纪80年代中期的日本服装界就为此付出过代价。当时，日本电视连续剧《血疑》热播，剧中主角信子和她父亲大岛茂的故事赚足了观众的眼泪，精明的商人则赚足了钱。一家服装厂推出了信子裙，另一家服装厂推出了大岛茂风衣，但结果很不一样。推出信子裙的厂家大获其利，推出大岛茂风衣的厂家却亏本了，其原因就在于不同消费者的不同行为。同一类商品对于不同的消费者而言，产生的效用是不同的。

第十一章 销售精英要懂经济学

女中学生崇尚信子,认为穿信子裙可以得到极大的心理满足,因而信子裙对于女中学生效用大,即主观评价高,她们愿意用高价购买,因而销售信子裙当然获利;而中年男子虽然尊敬大岛茂这样的父亲,但并不以穿同样的衣服为荣,大岛茂风衣对他们并没有什么特殊效用,也就更不愿意出高价,所以卖家赔本。可见,能否对消费者的心理效用做出深度分析和准确判断是决定买卖成败的重要因素。

销售者在销售过程中必须能够准确判断目标消费群体对所售产品的心理效用,才能有针对性地进行推销与说服。例如,对于对某产品丝毫不感兴趣的人,你费尽口舌百般说服,不仅完全没有积极作用,反而招致顾客的反感。如果某客户认为你所销售的产品和服务对他而言具有较大的效用,你应抓住时机进行适当的介绍与推销,能够收获良好的效果。

分析顾客个性,迅速出击

我们都知道,宇宙飞船一旦发射,就只有两种命运:第一种是摆不脱地心引力,半途掉下来;另一种是挣脱地心引力,飞出去。是掉下来还是飞出去,取决于是否达到或超过"环绕速度",也就是"第一宇宙速度"。不能高速成长,就只能高速灭亡,没有静止在半空的"第三种状态"。

这就是"飞船定律"。

一个企业也是这样,要是达不到"飞船速度",下手总慢半拍,最后市场也会被别人瓜分。

有一位日本渔夫,生活得很富裕。其他渔夫不解,为什么同样出海捕鱼,自己却常常饿肚子。于是询问渔夫原因。

渔夫说解释道:"其实,我们每次打捞上来的鱼的数量和质量差不多相同,但我和你们的卖法不一样。一旦抓到鱼,我会在第一时间内将其以高价出售给第一流的豪华餐厅。如果不幸难以脱手的话,就在第二天以半价卖给二流餐馆了。你们总想把鱼卖个好价钱,结果错过了出售的良好时机,最后只有做成不值钱的'干鱼片'了。"

销售员抢占客户资源也像卖鱼一样,要趁着新鲜赶快卖。不然,等到它变成干鱼片，就难以脱手了。这就是"飞船定律"体现的道理。

销售员也一样，面对顾客时，决策快慢就成了影响业绩的重要因素。要让自己更富竞争力，首要问题是必须快速出击，因为竞争和机会纠合在一起。没有谁会希望自己的产品成为被淘汰的"干鱼片"。快速决策，绝不浪费时间。

但是，盲目出击也会失败，一旦找准与顾客初步接触的时机，主动出击、智慧出击，才会赢得先机。其次，销售员要针对顾客的个性进行分类，针对不同的特点做不同的对待。

一般来说，进入购物场所的顾客有以下两类：

1. 直接型顾客

这类顾客是专程来购买某种商品／服务的。他们进来后，很少左顾右盼，而是脚步轻快，径直向某一商品走去。这时应迎合他们的急迫心理，主动接近。

2. 选择型顾客

这类顾客的购物目的并不明确，以女性居多。对于这类顾客，要寻找合适的时机。随着他们心情的变化，即注意—兴趣—联想—欲望—比较—信赖—决定，掌握接近顾客的最佳时机。

（1）当顾客一直注视着同一件商品时，从顾客的正面或是侧面不慌不忙说声"欢迎光临"，或者采用引发话题的方式，如"这个设计得很不错"。

（2）当顾客用手触摸商品时，或者拿在手上翻看，这表示他对那件商品感兴趣。这时不要在顾客接触商品的刹那从背后出声，会惊吓顾客，应从侧面走过去轻声地招呼较妥当。

（3）一直注视着商品的顾客突然把头抬起来四处张望，这意味着他想向店员进一步询问有关事宜。这时可以说"欢迎光临"，万无一失。

（4）当顾客在店内边走边浏览陈列及展示柜时，突然停下脚步，这是打招呼的最好时机，因为他可能找到想要的东西了。

（5）当店员和顾客眼睛碰上时，应轻声说声"欢迎光临"。这是应有的礼貌，然后暂退一旁，等待再次打招呼的机会。

（6）当顾客左顾右盼时，应尽早向他说声"欢迎光临"。招呼得越早，他心里会高兴。根据顾客的心理做有效的配合，可以说一举两得。

这6个接近顾客的时机，要依情况而定，只可当作6个原则，让你在面对顾客的第一步时赢得先机。

张三、李四、王五、赵六，哪个才是我的最优顾客

《艺文类聚》中描述了这样一个故事：

传说古时齐国有个待嫁美女，有两家男子同时来求婚。王家的男子很丑但是很有钱，李家男子俊美但是很穷。父母犹豫不决，便征询女儿意见："要是女儿觉得难以启齿，不便明说，就袒露一只胳膊，让父母知道你的意思。"女儿伸出一左一右两只胳膊。父母感到奇怪，问其原因。女儿说："在王家吃饭，在李家住宿。"

当然，这个选择在现实中是很难成立的。所谓鱼和熊掌不可兼得，选择吃鱼，就不能吃熊掌，这就是选择的机会成本。

机会成本，又称选择成本，是指做一个选择后所丧失的、不做该选择而可能获得的最大利益。

其实，每个人的生活就是在不断地选择过程中。大学毕业后是先上班还是先考研，是要高薪水还是要更多发展空间，要选择 A 男友还是 B 男友，都等着我们去做决策，而做决策时，两种方案的成本收益完全一样是很罕见的，更多的是它们优劣相近，难分伯仲。这时我们就要费心权衡。因为不管选择哪一个，都会损失你的机会成本，如何让你的机会成本降到最低，如何获得最大化利益也是我们每个人需要面对的问题。

因为我们都知道，两样美好的东西是不可能在同一时间内得到的，在一定的时间内同时做好两件事情也很难。就拿织毛衣来说，一个人用一定的时间织一件毛衣可以卖 100 元，如果她拿织毛衣的时间去做另一件事，可以得到 50 块钱的回报，那对于这个人来说，织毛衣更划算。

对于销售员来说，了解机会成本非常重要。比如，同时有几位顾客光顾时，有的顾客在店内看似随意走动，有的顾客在忙着打电话，有的顾客在货架前徘徊，这时，需要销售员找到最有购买潜力的顾客。因为你选择一个顾客就相当于损失了另一个顾客可能带来的利益，如何在损失最小机会成本的前提下选择最优顾客，并在最短的时间内，用最有效的方法来突破你所选择的客户的抗拒心理，让他们将所有的注意力转移到我们身上，那么销售员才能够真正有效地开始整个销售过程，并完成整个销售过程。在这一过程中，不可对其他顾客怠慢，销售中不乏貌似无购买计划的顾客最后完成大额销售额的案例，所以，如何让所有顾客都感觉自己被照顾到，又让潜力顾客了解产品详情，是每一个销售员都需要掌握的常识，

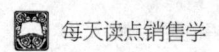

运用好它们，才会让自己的机会成本降到最小，同时完成最大的销量。

打赢营销博弈战，夺取客户心智资源

在推销产品的过程中，你与客户双方在进行一场无声的战争，这场战争中的武器就是博弈。博弈是一个经济学概念，指的是互动的策略性行为，在每一个利益对抗过程中，每一个参与方都在寻求制胜之策。并且，每一个参与者的策略都是相互影响、相互依存的。这种互动通过两种方式体现出来。

第一种互动方式是双方同时出招，完全不知道其他人走哪一步。不过，每个人必须心中有数，设想一下若是自己处在其他人的位置，会做出什么反应，从而预计结果。

第二种方式是双方轮流出招。每个参与者必须设想他的行动将会给对方造成什么影响，反过来又会对自己以后的行动造成什么影响。也就是说，相继出招的博弈中，每一个参与者必须预计其他参与者的下一步反应，从而盘算自己的最佳招数。

对于第一种，我们可以看一个新闻大战的案例。

《时代》和《新闻周刊》是美国的两大杂志，每周它们都会暗自较劲，都要做出最引人注目的封面故事，从而吸引更多买主的目光。

这就是一场策略博弈。因为双方是同时进行的，且不知道对手策略。等到发现结果，再想改变就太迟了。当然，在下个星期输者可以反扑，不过，那时又是一个新的博弈之战。

假设本周有两大新闻：一是发布一种据说是治疗艾滋病的新特效药，二是奥巴马针对金融危机发布新政策。

选择封面故事时，首要考虑的是哪一条新闻更能吸引报摊前买主的目光。我们先假设30%的人对艾滋病特效药感兴趣，70%的人对奥巴马的政策有兴趣。并且，这些人只会在自己感兴趣的新闻变成封面故事时买杂志。假如两本杂志用了同一条新闻做封面故事，那么买主就会平分为两组，一组买《时代》，另一组买《新闻周刊》。

现在，《新闻周刊》的编辑可以进行如此推理："假如《时代》采用奥巴马的新政策做封面故事，那么，我用艾滋病新药做封面，我就会得到整个'艾滋病市场'（即全体读者的30%）；假如我采用奥巴马故事，我们两家就会平分'奥巴马故事市场'（即我得到全体读者的35%），所以，奥巴马政策为我带来的收

第十一章 销售精英要懂经济学

入会超过预算问题。假如我们都用采用艾滋病新药做封面，我会得到15%的读者，假如我采用奥巴马政策，就会得到70%的读者。显而易见，第二方案会为我带来更大的收入。因此，我有一个优势策略，就是采用奥巴马故事做封面。无论《时代》选择采用哪个新闻当中做封面，我都会更胜一筹。"

这样的策略考虑对《时代》同样有效。所以，选择奥巴马故事是他们共同的优势策略。

第二招，是双方相继出招，我们用两大媒体的一场价格大战作为案例。

在1994年夏天，《纽约邮报》把报纸零售价降到25美分，不久，其对手《每日新闻》把价格从40美分提高到50美分。这件事看起来颇有些耐人寻味，但它却是双方博弈的结果。

在最初，两份报的价格都是40美分，但《纽约邮报》认为报纸的零售价应是50美分，于是采取涨价行动。而《每日新闻》的价格依旧停留在40美分，因此《纽约邮报》失去一些订户及部分广告收入，但它们认为这种情况不会持续太久。但《每日新闻》的价格却一直没有变动，所以，《纽约邮报》非常恼火，认为如果有必要，它要发动一场价格战。

当然，如果真的发动价格战，会造成两败俱伤。因此，《纽约邮报》的目标是既要让《每日新闻》感到威胁，又不投入真正战斗的费用，于是它进行了一次试探，就是把价格降到了25美分，销量立竿见影地上升了。而《每日新闻》也意识到了其用意，采取了明智的妥协，也将报价提高了10美分，升为50美分。

在市场竞争中，销售员又要如何应付这场营销博弈之战呢？

1. 营销博弈的关键不在商品

谁拥有客户资源，谁的核心竞争力就强。原来是物品短缺，现在是客户短缺。销售中不是简单地推销产品，而是要讲信誉，要与用户进行情感交流，要提供优质服务，卖产品是在第二位的。

2. 不走"寻常路"

在市场竞争中，选择差异化战略会让自己获胜。在全面了解分析目标消费者、供应商信息以及竞争者的位置后，再确定自己的产品在市场上的差异化定位，以获得成功。

例如，面对行业的整体困境，小天鹅采取了差异化战略，开发出全球领先的创新性产品——水魔方系列洗衣机，为其开启了一片全新的市场，改变市场竞争

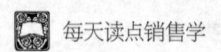

规则，整合市场竞争元素，创造行业蓝海。

3. 市场竞争也可共赢

在当今市场条件下，任何一个企业都不可能独占所有资源，但是可以通过联盟、合作、参与等方式使他人的资源变为自己的资源，增加竞争实力，实现共赢。例如麦当劳与肯德基总在同一条街上选址，很多超市也同样存在这样的现象。

因为店铺的聚集会产生"规模效应"，一方面，丰富的商品种类满足了消费者需求，为消费者实现购物建立良好基础；另一方面，经销商为适应激烈的市场竞争，会不断进行自身调整，同时让消费者受益，吸引更多的消费者。

4. 信息博弈，营销的基本功

由于信息差异所造成的劣势，几乎是每个人都要面临的困境。销售员应在行动之前，尽可能掌握有关信息。

所以，销售人员要制作客户卡，将客户名单及背景材料记录下来，而且，客户卡上的信息量要不断扩展。如上门访问客户结束后，要及时把访问情况、洽谈结果、下次约见的时间地点记录下来，以便按事先计划开展销售活动。

5. 重复博弈，营销要讲诚信

人们去菜市场买菜，当有疑虑时，卖菜的阿姨常会讲："你放心，我一直在这儿呢！"这句朴实的话中包含了深刻的博弈论思想："我卖"与"你买"是一个次数无限的重复博弈，我今天骗了你，你以后就不会再来我这儿买了，所以我不会骗你的，菜肯定没问题。所以，在听了这句话后，人们也会打消疑虑，买菜回家。

其实，任何想持久经营的企业跟客户间也是一种重复博弈，那就要讲诚信。面对客户时"少许诺，多兑现"。如果许诺，一定要尽全力实现。不诚实，会让客户损失了钱，丧失对你的信任；你损失了自重精神，因为一时的收益而失去了以后的推销生涯；对整个推销行业来说，损失的是声望和公众对它的信赖。

信任是关键，对客户以诚相待，你的成功会容易、迅速得多，并且会经久不衰。

业绩好，比较优势是决胜法宝

为什么我们明明会自己缝制衣服，却还要去服装店购买？为什么我们自己会做饭，却常去饭店招待朋友？

这就是比较优势，因为那样的选择会让我们节约成本，且得到专业的产品或服务。比较优势的意思是说生产一种物品时，机会成本较少的生产者在生产这种

第十一章 销售精英要懂经济学

物品中有比较优势。我们可以从杨振宁先生身上看到比较优势的优点。

杨振宁先生曾在芝加哥大学做实验物理研究，但是他的研究工作并不顺利，缺乏动手能力是他的死穴，虽然教授们对他的见识非常欣赏。在芝加哥大学，流传着"哪里有爆炸，哪里就有杨振宁"的故事，成为一时笑谈。后来，在导师特勒的建议下，他转攻理论物理学。

功夫不负有心人，在1957年，因和李政道合作提出了宇称不守恒理论，杨振宁最终获得诺贝尔物理学奖。

对于杨振宁而言，实验物理并不是他的强项，研究理论物理才具有比较优势。杨振宁充分发挥自己的比较优势，才获得了巨大的成功。

其实，只要有竞争，每个人都有不同的机会成本，也都有自己的比较优势，每个人都可以通过自己的比较优势从中获益。

如果一件东西在购买时所付出的代价比自己独自生产时的费用小，就永远不要自己独自生产。例如，木匠不想制作他自己穿的裤子，而向裁缝购买。裁缝不想制作他自己用的衣柜，而到木匠处购买。因此可以看出，比较优势导致专业化的分工，让每个人集中所能于某一行业，激发最大潜能，创造更多的社会财富。

而对于销售员来讲，在销售过程中，跟对手比较，跟客户比较，找到自己的比较优势，创造自己的比较优势，将比较优势最大化，就会更容易进行销售。

王五新开了一家餐厅，跟附近餐厅相比，自己资金不充足，无法通过大量的广告宣传和良好的店面装修来吸引顾客，同时自己店面也不大，无法容纳更多的客户，菜品也无太大特色。此种情况下如何吸引更多的顾客光顾，让王五颇为烦恼。所以，他一直苦思冥想要找到自己的最优点，将餐厅的营业额上升，使顾客回头率增加。终于他想了一个好办法那就是，限时上菜政策。他将"本店如果上菜超时，罚100元"的大标语贴在餐厅墙壁上，并严格规定：餐厅第一道菜必须在5分钟内提供，其余的菜在35分钟内上齐，如果超时将补偿客人100元！果然，这招效果很好，吸引了一大批希望前往饭店用餐的客人，业绩大大提高。

因此，我们在销售过程中一定要找到自己的比较优势，如果没有，那就创造比较优势，拿自己的比较优势跟对手对比，而不是盯着对手的优势而忽视自己。将自己的比较优势最大化，重点出击，就会赢得业绩。

393

第三节 摸清"上帝"的需求小心思

猜准顾客的 10 大心思

周末王师傅到农贸市场去买活鸡,临出门时老伴儿一再嘱咐:"不要买贵的,超过 15 元就不要买了。"王师傅到了农贸市场后直奔卖鸡摊位。问了几个卖主,都是 15 元以上的。王师傅于是一遍遍地找能卖到 15 元的活鸡。转遍了大半个市场,终于找到一家小贩卖 15 元一只。王师傅很高兴,正准备掏钱买,突然听到不远处吆喝:"便宜了,12 元一只。"老王走过去,将鸡掂了掂,和先前的差不多,只要 12 元。赶紧掏钱买下,心里想:占了 3 元钱便宜,今天还真是不虚此行,于是高高兴兴地回家了。

由此可以看出,消费者的心理过程是消费者心理特征的动态化表现,包括消费欲望产生、形成动机、搜集商品信息、做好购买准备、选择商品、使用商品、对商品信用的评价与反馈等方面,形成一定的购买习惯和品牌忠诚度。

另外,消费者的消费心理会受到消费环境、购买场所、导购情况等多方面因素的影响。例如一个人在收入不同、心情不同的情况下,消费心理就有很大的不同。另外,一些购买行为,比如冲动性购买行为、炫耀性消费或者消费攀比,就是消费心理在行为过程中的一些外化。

构成消费需求的两个因素是购买欲望与购买能力。两者缺一都不能构成消费需求。要想使销售员在每日的销售中顺利出售商品,必须让每个销售员了解顾客的购物心理,针对不同顾客的购买心理采取不同的应对方法,从而为顾客提供更为完善、优质有效的服务。

一般来讲,顾客的心理有如下几种特征:

1. 求实心理

以追求商品的实际使用价值为主要特征。在这种动机驱使下,他们选购商品时特别注意商品的功能、质量和实际效用,而不会强调商品的品牌、包装等非实用价值。

2. 求廉心理

以追求商品价格低廉为主要特征,即占便宜心理。中国人经常讲"物美价廉",其实真正的物美价廉几乎是不存在的,都是心里感觉上的物美价廉。

3. 求美心理

指顾客购物时以追求商品欣赏价值、艺术价值为主要目的。这种顾客在选购商品时，特别重视商品的造型、色彩、包装，注重艺术欣赏价值，以及对环境的美化作用，而对商品本身的使用价值往往没有太多的要求。

4. 推崇权威

对权威的推崇往往使顾客对权威所推介的商品无理由地选用，进而把消费对象人格化，造成商品的畅销。比如，利用人们对名人或者明星的推崇，大量的商家找明星做代言人。

5. 求名心理

以追求名牌为主要特征。这种顾客几乎不考虑价格，非名牌不买，通过名牌来彰显自己的身份，从而获得满足。他们对名牌有一种安全感和信赖感，对名牌商品的质量完全信得过。

6. 求新心理

指追求商品的时尚、新颖、奇特为主要倾向。这种顾客一般都有较重的好奇心，讲求样式的流行或与众不同，而不太注意商品的实用性和价格的高低。

7. 求便心理

单纯地追求简便、省时。这类顾客有很强的时间和效率观念，他们对商品本身通常不会太挑剔，但绝对不能容忍烦琐的手续和长时间的等候，总是希望能够迅速完成交易。

8. 疑虑心理

这是指每一个人在做决定时都会有恐惧感，又称购后冲突，是指顾客购买之后出现的怀疑、不安、后悔等负面心理情绪，引发不满的行为，通常贵重的耐用消费品引发的购后冲突会更严重。

9. 安全心理

这类顾客总是把安全保障放在第一位，尤其是像食品、药品、洗涤用品、卫生用品、电器用品等，绝对不能出任何问题。因此，他们非常重视食品的保鲜期、药品的副作用、洗涤用品的化学反应、电器用具的安全等。只有在经过明确解说或者是承诺后，他们才可能下定决心购买。

10. 从众心理

指个人的观念与行为由于受群体的引导或压力，而趋向于与大多数人相一致的现象，导致在购买上会表现出从众倾向，比如，购物时喜欢到人多的门店，在选择

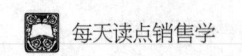

品牌时偏向那些市场占有率高的品牌,在选择旅游点时,偏向热点城市和热点线路。

经研究发现,在销售过程中,顾客不仅仅只有一种心理倾向,经常有两种或两种以上,但是在多种需求心理倾向中总有一种起主导作用。所以,销售员在接待顾客的过程中一定要注意揣摩顾客的需求心理倾向,尽量满足其心理需求,促进商品交易圆满达成。

将你手里的石头变成她眼里的钻石

丽丽是个精打细算的女人,家里的吃穿住行都要经过仔细盘算后才上街购买。所以每次她到商场购物时,一边往自己的购物篮里放东西,一边数着口袋里的钱,盘算着哪一元钱买哪一份东西最合算。尽管商场里每种商品的每一个单位都是按照同一个价格出售的,但是丽丽执意要将每一单位所值的钱数加以区分,她已经计划好了回去以后先消费哪件物品后消费哪件物品,因为她觉得顺序不同从中得到的效用是不同的。其中有一件是她最不想要的,因为那一件是准备最后消费掉的,它的效用是零,她往篮子里放这件物品的时候就痛苦万分。

效用是指商品满足人的欲望的能力,是对消费者获得满足或幸福程度的衡量。一种商品对消费者是否具有效用,取决于消费者是否有消费这种商品的欲望,以及这种商品是否具有满足消费者欲望的能力。

对于销售员来讲,明白效用的概念对于自己在销售过程中非常有用,可以切实地说明给顾客带来什么好处,让顾客及时采取行动。

所以,在进行推销时候应该注意以下几点:

1. 差异化介绍

在介绍产品时,一定要让客户了解他没使用产品之前的状况,以及使用之后可能达到的状况。一定要了解到他有一个尚未被满足的需求,或是一个尚待解决的问题。让顾客自己感到现状和理想的差异有多大,而自觉采取行动。

销售员:"先生,买顶游泳帽吧!游泳时能保护您的头发。"

顾客:"笑话,我的头发有几根都数得出来。"

销售员:"是吗,假如戴上了游泳帽,别人就会以为您头上长满了头发啊。"

2. 强调利益点

销售时让顾客意识到购买你所推销的产品以后,将会得到很大的利益,使顾

第十一章　销售精英要懂经济学

客感到他迫切需要购买这种产品。这是一种风险最小、利益最大的活动，因此，推销人员必须致力于谈论利益，还必须将购买后的利益具体化、现实化。

在向顾客讲解时，销售人员必须从罗列的有关产品的各种好处中，选择最有特色、最突出的好处作为说服顾客的切入点。同时需要注意，不同的顾客群体对产品的利益需求是不同的，因此销售人员在告诉顾客他将获得的利益方面应有所侧重。

（1）中低收入阶层更在意价格。销售人员在介绍产品性能的同时，告诉顾客能节省金钱。

（2）中等收入阶层对产品的性能更加关注。销售人员要强调产品在性能方面的优越性，花同样的钱享受更多的服务，顾客一定会满意的。

（3）富裕阶层更注重产品与身份相符，或是满足他们的一些特殊需要。对这类顾客要强调产品的高档和气派，强调产量不高但顾客稳定，并且有一些独特的功能。

针对不同顾客，强调不同的利益，使顾客相信，摆在他们面前的产品正是他们所需要的。

抓住非理性消费行为的契机

我们知道，经济学理论假设人是理性的，然而现实生活中出现的卡奴、月光族和购物狂表明，人们在购物中存在着很多非理性行为，而且是极为复杂的，他们既有经济学中的理性消费的一面，也有健忘、冲动、爱面子和目光短浅等非理性消费的一面。

经济学专家将非理性消费行为分为支配型消费、冲动型消费和攀比型消费三种。

支配型消费中，女性居多，她们因为失恋或者工作的不顺，把购物作为一种情感宣泄方式，购物时对商品的价格不关心，只要把钱花光了，把物品摆放在家中，就会产生安全感。支配型消费者最容易成为购物狂。

冲动型消费也称即兴型消费，容易成为月光族，因为事前没有消费计划，直到逛街或者上超市看到物品才引起临时的消费冲动。这时买回来的东西不一定是他们最想要的。

攀比型消费来源于攀比心理，这一类消费者购物不是为追求效用，而是用所购得的物品来炫耀其地位和价值。所以他们喜欢购买奢侈品，超出自身的生存与发展的需要范围，例如一些名牌箱包、高级成衣和高档汽车等。

这三种非理性消费行为会把社会财富引导到无用或者效用被夸大甚至有害的生活方式中去，而人们真正需要的东西却没有足够资源加以生产。

从人类的历史发展过程来看，20世纪以前的人以理性消费为主，崇尚节俭。直到20世纪中期刺激内需理论出现后，人们才默认甚至鼓励非理性消费，世界奢侈品市场就是在这种鼓励声中逐渐壮大的。据报道，2004年中国奢侈品消费额就已达60亿美元（豪华游艇、直升机的消费额还不包括在内），占全球奢侈品消费中的12%，与国内的整体富裕程度十分不符。其中奢侈品大多是国际品牌。

所以，掌握一些非消费心理对销售员来说，非常必要，应根据不同类型顾客采取不用的销售方法，具体说来如下：

1. 对偏重于理性思考的顾客

对此类顾客应多同意他们的观点，要善于运用他们的逻辑能力与判断力强的优点，不断肯定他们。销售员要善于肯定顾客的观点，顾客会很高兴，同时对销售员本人产生好感。比如，对方说："我现在确实比较忙。"销售员就可以回答："您在这样的领导位子上，肯定很辛苦。"

2. 对反复无常型顾客

对此类顾客，销售员要找到空隙趁热打铁，紧追不舍，否则只会遥遥无期，最后只得放弃。另外，一些顾客并不准备倾听或与销售员对话，甚至会攻击你，这时你仍然要保持愉快的心态，不要对顾客不敬。

3. 对吹毛求疵型顾客

对此类顾客应采取迂回战术。这类顾客疑心重，一向不信任店员，片面认为店员只会夸张地介绍产品的优点，掩饰缺点。这时采取迂回战术，先与他交锋几个回合，但要适可而止，最后故意宣布"投降"，假装战败而退下阵来，宣称对方有高见，等其吹毛求疵的话说完之后，再转入销售的话题。

4. 对个性稳重的顾客

对此类顾客应小心谨慎。这类顾客注意细节，思维缜密，个性沉稳不急躁。无论店员如何想方设法来说服他，如果无法让他自己说服自己，他便不会购买。不过，店员一旦赢得了他们的信任，他们又会非常坦诚。与这种类型的顾客交谈应遵循以下策略：

（1）主动配合顾客的步调，包括语调和语速与他同步、情绪与他同步、语言文字与他同步。

（2）要使顾客自己说服自己，千万不能替顾客做决定，只能提供顾客做决定的依据。

5. 对果断型的顾客

对此类顾客要善用诱导法。这类顾客对任何事情都很有自信，凡事不喜欢他人干涉。如果意识到自己的决策是正确的，就会积极地去做。在销售过程中，要善于运用诱导法将其说服。比如，先找出这种顾客的弱点，然后一步步诱导他转移到产品推销上来。

6. 对爱面子的顾客

爱面子是人的通病，当店员运用传统的销售方法不能成功销售的时候，不妨去冒一次险，对骄傲的、爱面子的顾客采取讥讽的方式来刺激他的购买欲。但是，不是对所有爱面子的顾客都管用，否则可能会使顾客恼羞成怒。只有了解了顾客的心理，准确预测顾客的反应，才能险中求胜。

7. 态度冷淡的顾客

对态度冷淡的顾客要用情感去感化。店员与顾客的交际就像在"谈恋爱"，能够把恋爱技巧运用到销售上的人一定是成功者。试想一下，如果店员与这类顾客一见面就大谈商品、谈生意，那他的销售一定会失败。因为这类顾客对店员的冷淡其实是出于感情上的警戒，要解除这种警戒，利用情感去感化顾客，无疑是最有效的推销策略。

8. 挑剔、谨慎的顾客

要向这类顾客传递自己的销售意图，让顾客深切地感受到自己的利益将会受到最大的保护。

琳琅满目能吸引顾客眼球吗

购买商品时，选择越多越好，似乎成为人们生活中的常识。但是美国哥伦比亚大学、斯坦福大学的共同研究表明：选项多反而可能造成负面结果。为什么？

科学家们做了一系列实验，其中一个让一组被测试者在6种巧克力中选择自己想买的，另一组被测试者在30种巧克力中选择。结果，后一组被测试者大多感到所选的巧克力不大好吃，有点后悔。

另一个实验是在美国加州斯坦福大学附近的一个以食品种类繁多而闻名的超

市中进行。研究人员在超市里设置了两个品尝摊位,一个有6种口味,另一个有24种口味。结果显示,在24种口味的摊位前吸引的顾客较多,有60%会停下试吃;而经过6种口味摊位中,停下试吃的只有40%。不过最终的结果却是出乎意料:在有6种口味的摊位前试吃的顾客30%至少买了一种食品,而在有24种口味摊位前试吃者中,只有3%的人购买食品。

由此我们可以得出结论,太多的东西容易让顾客游移不定,拿不定主意,同样,产品卖点越多,越会让顾客茫然不知所措。因此,销售员在讲解商品优点时,需要注意以下两点:

(1)讲解产品时,一般只提供3个优点的备选选项,并且表明每一个选项的利害得失,还留给顾客讲话的机会,而不是连珠炮般地讲个不停。

(2)商品陈列时,更应注意不要提供给顾客超过6个以上的选择项目,以免让顾客乱了思维。具体说来,摆设商品时应遵循以下原则:

①方便顾客选购原则。只有站在顾客的立场上,设身处地地考虑问题,才能做好这项工作。包括要做到商品区域清楚明了,能从陈列架上轻松地拿到商品,留出过道空间以方便顾客通过。

②先进先出原则。先把原有的商品取出,然后放入新商品,再将原有的商品陈列在新商品的前面。因为顾客总是购买靠近自己的前排商品,这样陈列在前排的商品就能很快地销售出去。

③垂直陈列同类商品原则。同类商品一般采用垂直陈列方式。因为人的视线是上下移动更方便,横向陈列会使得陈列系统较乱,并且垂直陈列会体现商品的丰富感,使得同类商品平均享受到货架上各个不同段位的销售利益,而不至于产生使同一商品或同一品牌商品都处在同一段位上而造成的业绩影响。

④让顾客心情愉快原则。良好的心情使顾客有兴趣多看商品,因此要做到:商品陈列使人赏心悦目,商品和整个店铺的整齐清洁,定期变换商品陈列及店铺装饰。

⑤关联性商品陈列原则。因为顾客常常是依货架的陈列方向行走并挑商品,很少回头选购。这就使陈列时,应将关联性商品陈列在通道的两侧,或陈列在同一通道、同一方向、同一侧的不同组货架上。目的是使顾客在购买了某一商品后,顺便购买陈列在旁边的有一定关联性的商品。例如,在牙膏旁边陈列牙刷,可以大大增加销售量。

第十一章　销售精英要懂经济学

⑥相对稳定原则。商品数量在销售过程中会不断发生变化,但商品的陈列应保持相对稳定,使顾客习惯固定销售位置,产生稳定方便的感觉。如确实需要对某类商品的陈列进行更换,应标注明显,方便寻找。

⑦展示商品功能原则。刺激顾客的购买欲望是陈列的最终目的。因此,商品陈列应使顾客感受到商品的使用功能和使用效果,如服装或珠宝首饰可利用造型模特穿戴展示的方式进行陈列。这种陈列最能吸引感性购买者,诱导他们产生立即购买的欲望。

跟消费者捉迷藏,买的精还是卖的精

有一个二手车市场,里面的车虽然表面上看起来都差不多,但质量上有很大差别。卖主对自己的车的质量了解得很清楚,而买主则没法知道。假设汽车的质量由好到坏分布比较均匀,质量最好的车价格为50万元,买方愿意出多少钱买一辆他不清楚质量的车呢?最正常的出价是25万元。很明显,如此一来,价格在25万元以上的"好车"的主人不会在这个市场上出售他的车了。于是进入恶性循环,当买车的人发现有一半的车退出市场后,他们就会判断剩下的都是中等质量以下的车了,于是,买方的出价就会降到15万,车主对此的反应是再次将质量高于15万元的车退出市场。以此类推,市场上好车的数量将越来越少,最终导致这个二手车市场的瓦解。为什么会这样?

这是一个典型的信息不对称案例,也是"柠檬市场"案例。"柠檬"在美国俚语中表示"次品"或"不中用的东西"。"柠檬市场"也就是次品市场。当产品的卖方对产品质量比买方拥有更多信息时,"柠檬市场"就会出现,导致低质量产品不断驱逐高质量产品。

在不完全信息博弈中,因为产品的卖方对产品的质量拥有比买方更多的信息,加上信息的不完全性和机会主义行为,有时候,降低商品的价格,消费者也不会做出增加购买的选择;提高价格,生产者也不会增加供给。

其实,市场经济发展了几百年,都是处于信息不对称的情况之下。经济学专家认为信息不对称造成了市场交易双方的利益失衡,影响社会的公平、公正原则以及市场配置资源的效率,并且提出了种种解决办法。

二手车市场的僵局总有被打破的一天,卖方的价格合理,买方得到高质量的产品。其原因在于卖方用一种特殊的方式证明商品的相关信息，例如质量保证、建立信誉、建立品牌等；或者买方迫使卖方披露信息，例如要卖方作出承诺，或请第三方出面作证等。

在销售领域，熟悉掌握商品或市场的完全信息十分必要，但不是所有的信息都可以公开，所以销售员应该学会以市场中出现的点滴信息来合理预测市场动向，做出准确的市场行为。我们以一个例子来说明。

美国南北战争快要结束时，市面上的猪肉价格十分昂贵，亚瑟深知，这是由于战争造成的，一旦战争结束，肉价就会猛跌。有一天，亚瑟读一份当天的报纸，上面有个新闻：一位神父在南方军李将军的管区碰到一群小孩，他们都是李将军下属的孩子，这些孩子抱怨说，他们已经有好些天没有吃到面包了，父亲带回来的马肉很难吃。亚瑟立刻得出结论，李将军已经到了宰杀战马充饥的境地，战争不会再打下去了。

亚瑟立刻与当地的销售商签订了以较低价格出售一批猪肉的合同。果然，战争迅速结束了，猪肉的价格暴跌，亚瑟从这笔交易中轻松赚得了100万美元。

可见，在对信息的判断中，决策正确与否是决定成败的重要因素。正确的决策是在掌握了所有参与者的信息后才得出的。我们在销售过程中，有些商家为了自身利益最大化，会放烟幕弹，蛊惑人心。这种情况下，人们很容易做出错误的决策。买方和卖方对于信息的处理是不一样的。由于其本身的能力和环境的差异，即使就算是相同的信息，经过处理后做出的决策也可能是完全不同的。我们必须要本着为顾客负责的心态，尽量将信息公开给所有顾客，诚信为上，赢得名望，以取得商场上良性的竞争，获得长久的利益。

诚信是最有效的笼络手段

"人无信不立，业不信不兴"，作为道德底线，诚信的巨大作用在几千年前就被我们的祖先提出，而在今天的经济学中，诚信依旧发挥着巨大的作用。

信用是指遵守诺言，实践承诺，从而取得别人的信任。不同的研究角度对信用有不同的解释。从经济学的观点看，信用是指采用借贷货币资金或延期支付方式的商品买卖活动的总称；从社会学研究角度看，信用是指对一个人（自然人或法人）履行义务能力尤其是偿债能力的一种社会评价。

第十一章 销售精英要懂经济学

所有的商业声誉都建立在诚信的基础上。今天,由于信息传输更快、更难以捕捉,声誉也就更容易丧失。诚信比以往任何时候都显得更为重要。

早年尼泊尔的喜马拉雅山南麓很少有外人涉足。后来,许多日本人到这里观光旅游,据说源于一位诚信的少年。一天,几位日本摄影师请当地一位少年代买啤酒,这位少年为之跑了3个多小时。第二天,那个少年又自告奋勇地替他们买啤酒。这次摄影师们给了他很多钱,但直到第三天下午那个少年还没回来。于是,摄影师们议论纷纷,都认为那个少年把钱骗走了。第三天夜里,那个少年敲开了摄影师的门。原来,他只买到了4瓶啤酒,然后,他又翻了一座山,趟过一条河才购得另外6瓶,返回时摔坏了其中3瓶。他哭着拿着酒瓶碎片,向摄影师交回零钱,在场的人无不动容。这个故事使许多外国人深受感动。也因此,到这儿的游客就越来越多。

这个故事中,少年的诚信为自己赢得了尊严,也赢得了旅游者的信任。的确,在这个物欲横流的时代,能不被利益左右,坚守原则和诚信并不容易,一些知名的大企业,之所以获得成功,往往靠的就是这两个字:诚信。

但对于不信任市场的人来说,市场是非人性的化身,是不道德的化身,市场经济所到之处,人们对于利益的追求就会将仇恨的战神召唤到市场上来。如何保证诚信体制的正常运营呢?

我们知道,"商业的善"之所以存在,不仅仅是因为人性和道德,还因为理性。当"诚实是最好的竞争手段"时,只有守信才是理性的选择。因为在真正的市场经济中,大部分的人还是要考虑长期利益,对于"跑了和尚跑不了庙"的企业来说就更是如此。另外,市场经济有一套自己的信誉机制,包括媒体报道、建立企业的责权责任等。

在武汉有一幢由外国人设计建造的大楼,该楼大约建于20世纪初期。1998年,突然有一封奇怪的信寄到这幢大楼的用户手里。信中说:该大楼建于1917年,工程保质期80年,现在时间已到,如果以后再出现质量问题,本公司概不负责。落款是英国一家建筑公司。

无论是在建造一座大楼中,还是在为人处世中,只有讲求信誉,才能让人们尊重你、支持你,才不会惹上不必要的麻烦。英国建筑公司对自己80年的承诺负责到底,这为公司树立了很好的口碑,有些相关的行业得知后,可能跟他们合

403

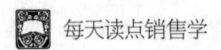

作的机会更多,这种信誉也可能会给公司带来意想不到的效益。

对于每一个销售员来讲,诚信显得尤为重要。竞争对手并不可怕,可怕的是你对顾客失去诚信。由于竞争对手导致的失败可能是暂时的,但失信则会让你成为永远的失败者。

一个顾客走进一家电脑维修店,自称是某公司的采购专员。"麻烦在我的账单上多写点零件,我回公司报销后,有你的好处。"他对店主说,没想到,店主竟然拒绝了他的要求。顾客继续纠缠说:"我以后的生意不小,你肯定能赚很多钱!"店主告诉他,这事无论如何也不能做。最后,顾客嚷道:"白送你钱都不要,我看你是太傻了。"店主火了,他要那个顾客马上离开,到别处去谈这种生意。

这时,顾客露出微笑并满怀敬佩地握住店主的手:"其实我就是那家公司的老板,我一直在找一个固定的、信得过的维修店,你还让我到哪里去谈这笔生意呢?"

人们常说,欺骗只能得逞一时,不会得逞一世。在今天,诚信已成为事业成功的重要因素。诚信是获取他人信任的基础。要想获得最大的信任、更多的利益,追求诚信是根本方法之一。投机取巧只能获得暂时的成功,而失去的是将来更多的机会。

第四节 定攻略,寻找隐藏的利润区

完美的定价系统,利润藏在缝隙里

很多商家都希望所有的价格都是为每位顾客量身定做,以保证对能承受高价位的消费者收取最高的价格,对只能承受低价位的消费者实行最适合的售价。

美国电力企业的管理者们希望建立一个根据需求的变化而随时变化的定价系统。有效地利用电价对消费者的用电积极性进行激励,在电力充足的时候鼓励人们用电,而在高峰期降低人们的消费。

1999年,美国的佐治亚电力公司实现了这个定价系统,他们为每个用户安装

第十一章 销售精英要懂经济学

一种特殊的电表,并给每个用户分配了基准用电量,采用实时计价的方法,使得每时每刻电价都不同。实时的电价取决于电力生产企业的信号,当电力的需求接近装机容量时,就会提高电价来刺激用户减少用电,并且在电力供应不足的时候对超出基准部分收取较高的电价。这套系统成功地将电力需求减少了750兆瓦,某些大型用户更是削减了60%的用电量,事实上,现在美国大约有1600万用户都在使用这种计价方式。

这是一种比较隐性的针对不同需求时段所制定的定价方式,我们熟知的沃尔玛也用了类似的定价系统,比如"天天平价"。

沃尔玛口号是"天天平价,始终如一",这就是沃尔玛驰骋全球零售业沙场的营销策略,这也是沃尔玛成功经营的核心法宝。

如果你问沃尔玛的员工,沃尔玛成功的经营秘诀何在?他们大都回答:"便宜。"在沃尔玛,5元钱进货的商品以3元钱的价格卖,怎会有这样的事情呢?

其实,并不是所有商品都如此打折。在沃尔玛,只有部分商品如此打折,而且是轮流打折——今天是日用品,明天是调料;这周是烟酒,下周是食品。而其他商品的价格与别的超市的价格则没有区别。

这是一种非常有智慧的定价方式,其好处在于:

首先对消费者有利。那些知道沃尔玛打折商品价格的消费者显然愿意去购物。但去超市是要花车费和时间的,既然已花了车费和时间,哪能只购买打折商品呢?总要购买一些其他商品的。虽然不知道具体打折的是些什么商品,但总是有打折商品的,而不打折的商品又不比别处的超市贵,为何不奔着沃尔玛去呢?

其次对于厂家有利。"天天平价"虽然使商品的平均单价降低了,但是由于吸引了消费者,提高了销售量,总利润不减反增。为了吸引即使知道打折也不购买打折商品的消费者,沃尔玛不会让所有人事先都知道具体的打折商品,只让一部分人知道,一部分人不知道。

当然,对部分销售员来讲,不可能有如美国的佐治亚电力公司和沃尔玛这样成熟而科学的定价系统,但我们可以以此为借鉴,制定属于自己特色的定价,将实惠落到实处,让顾客看得清清楚楚,明明白白,同时让我们的利润隐藏在角落里,在促销活动中让顾客看得到实惠,又让自己的营业额上升,让利润最大化。

炫耀性消费就是你的天然好机会

对于很多顾客来讲，大多数时，钱好像是糊里糊涂就花出去了，不计较得失，花得高兴，只要自己愿意。例如对于某小资女人来讲，将攒下来的半年工资买了LV限量版手袋而不是攒钱买房。

你或许会说她虚荣，但很多时候，我们买一样东西，看中的并不完全是它的使用价值，而是希望通过这样东西显示自己的财富、地位或者其他方面，所以，有些东西往往是越贵越有人追捧，比如一辆高档轿车、一部昂贵的手机、一栋超大的房子、一场高尔夫球、一顿天价年夜饭……制度经济学派的开山鼻祖凡勃伦将此称之为炫耀性消费。

来自偏远山区的刘先生登上了天安门城楼。刘先生上次登城楼是10年前，现在重新看一下，觉得似乎没什么变化，只是多了一处出售"天安门城楼游览证书"的柜台，出于好奇心，刘先生留意了这个新柜台，有两台计算机和打印机，游览证书早已打印好（只要再打印上游客的名字和日期即可），做得很精美，印有天安门的图片，正中有金色的大字"天安门城楼游览证书"，像大学录取通知书，只要交10元钱就能获得证书。刘先生觉得自己难得有机会到北京，他想："以前总在电视上看到国家领导人在天安门城楼上，特别威风，现在我也有一种君临天下的感觉。一定要办个证书作纪念，回去也好炫耀炫耀。"于是，他便掏了10元钱办了张天安门城楼游览证书。

由此可以看出，在炫耀性消费里，消费者能从中得到虚荣效用。这种虚荣效用并不能带给消费者任何物质上的满足，它的存在实质上造成了商品相对价格及资源配置的扭曲，因为一个人从炫耀性商品中所得的虚荣效用正是另一人所失去的效用。

但在金钱文化的主导下，炫耀性消费遍及社会的每个角落，其表现形式林林总总、无所不包。炫耀性消费与商品的竞争相结合，一种是自我消费，另一种是代理消费。

自我消费，是通过对财产的浪费来显示其对财产的占有。例如，人们在服装上的好奇斗胜和极力奢侈，以说明他们借此夸耀自己的财富，表现自己的浪费性消费。

代理消费，是炫耀性消费的另一种重要表现形式。可分为两大群体：一种是拥有穿特制衣服，住宽敞公寓的奴仆；另一种是在饮食、衣着、住宅和家具等方

第十一章 销售精英要懂经济学

面浪费的主妇和家庭的其余成员。这些消费行为只是为了证明其主人具有足够强的支付能力，依此为增添荣誉。

由此可知，通过炫耀，财富获得不断积累，而且一个人对拥有财富的满足才能折射到另外一个人的梦想中，并转化为一群人追求财富的动力。也就是说，一个人通过炫耀获得了"追求财富并得到财富"的成就感；从客观上讲，另一群人在这个人的炫耀性消费的刺激下获得追求财富的动力。

而对于我们从事销售的人员来讲，认识并熟悉这些拥有炫耀性消费的人群，对我们制定价格有着很重要的借鉴意义。因为随着中国人群财富的逐渐增多，人们追逐名牌、奢侈品等的速度也在飞快发展，抓住这个机会，准确识别人们的炫耀性消费心理，将产品推向名牌，将名牌推向品牌，从卖产品为主逐渐推广为卖服务为主，让顾客在销售过程中享受到更优质的服务价值，才能争取到更大的销售额和更有购买力的顾客。

链接1：奢侈品的市场份额呈几何级数增长

亚洲——奢侈品最大的目标市场。

亚洲是世界上最大的奢侈品市场，其销售量比任何其他地区，包括欧洲和美国都要多。例如，每年80亿美元的瑞士表有一半出口到亚洲。作为世界上最大的奢侈品公司法国LVMH，宣称他们全球40%的销售额在亚洲，而它的竞争对手古琦，这一数字则更高，达到了45%。

中国——奢侈品消费总额世界第三，占全球消费总额的12%。

据高盛投资银行统计，中国在2004年的奢侈品销售总额（除去私人飞机和游艇）达到了60亿美元，占全球奢侈品消费总额的12%。据称，中国已经是全球第三大奢侈品消费国，其奢侈品消费总额仅仅低于日本的41%和美国的17%。高盛预测，一直到2008年，中国的奢侈品消费额的年增长率将在20%左右，直到2015年其年增长率将约为10%，到那时中国的奢侈品消费总额有望超过115亿美元。

链接2：中国奢侈品市场飞速发展的主要因素

（1）中国的富人阶层在人数和财富上都在飞速增长。

在1999年，总资产均达到600万美元即可进入由《福布斯》杂志评选出来的中国财富榜中前50名，而在2005年你需要1亿4000万美元才能够进入财富榜前100名。2006年，据报道，中国13亿的人口当中有大约30万财富超过100

万美元的富翁。

（2）中国新兴的中产阶级认为，奢侈品是一种能够代表他们成功的标志。

TNS的调查显示，中国中产阶层对购买奢侈品的态度是非常正面和积极的。例如，绝大多数被调查者认为，拥有奢侈品意味着成功和高品位。超过一半的被调查者表示他们渴望拥有奢侈品。

（3）其他有利因素，如税收等。

依据中国加入世界贸易组织的协定，自2005年起，中国对奢侈品进口所征收的关税逐步降低，这极大地促进了奢侈品的销售。例如，2004年底之前，进口手表的关税是28%～40%，现在已经降低到12.5%，2006年年底税率则进一步降低至11%。

（4）展望。

高盛投资银行预测，中国在2015年将超过日本成为全球最大的奢侈品消费市场，其消费总额将占全球的29%，届时将超过日本的28%。高盛公司同时还预测，自2006年至2010年，中国对奢侈品的需求量将以年25%的水平增长。

给部分人优待：享受8分钱的机票

越剧《何文秀》中有个段子：有个算命先生有段唱词："大户人家算命收五两银；中等人家算命，待茶待饭收点点心就好；贫穷人家算命，不要银子，倘若家中有小儿，我还要送礼金，倒贴铜钱二十四文，送与小儿买糕饼。"

当然，即使算命先生的话被大户人家听到，大户人家还可能找他算命，只要能提供与价格相符的服务。因此，这种对不同人家的不同定价策略，并不影响"生意"。

精明的商家们从算命先生的定价策略中得到了一定的启示，于是出现了"价格歧视"。

价格歧视，实质上是一种价格差异，通常指商品或服务的提供者在向不同的接受者提供相同等级、相同质量的商品或服务时，实行不同的销售价格或收费标准。

价格歧视的前提是市场分割。如果不能分割市场，就只能实行一个价格。如果能够分割市场，区别顾客，这样企业就可以对不同的群体实行不同的商品价格，尽可能实现企业较高的商业利润。

实行价格歧视的目的是为了获得较多的利润。如果以较高的价格能把商品卖出去，就可以多赚一些钱，但如果把商品价格定得太高了，又会失去低消费能力的顾客，从而导致利润下降。如果可以两全其美，既以较高价格赚得富人的钱，又以较低价格赚穷人钱,这就是价格歧视产生的根本动因。

中国留学生小朱在欧洲旅行时,准备从巴黎乘飞机回伦敦。如果按正常航班来买票,票价是181英镑,这对不太富裕的小朱来说显然有点贵了。于是他仔细搜寻报纸信息,希望能买到最便宜的机票。结果他做到了。他仅用了6.3英镑!但这还不算最便宜的机票,有一次他从比利时飞回伦敦,竟然只花了0.01欧元,合人民币8分钱!

为什么能这么便宜?这就是价格歧视现象。航空公司根据各种标准,将乘客加以甄别,制定完全不同的价格,从而在不同类别的乘客身上分别实现收益的最大化。

而这些"甄别"或"歧视"的线索,可以是顾客自己声明的,比如开口就要头等舱,显然他愿意为了双脚伸得稍微长一点,或者为了在那十来个小时里独占一个电视屏幕,或者为了在旅途中喝点好酒而多付很多钱。

请注意!这些尊贵的享受本身,并不足以说明超出的价格。

实际上,这些额外的享受本身是次要的,航空公司提供这些服务的目的,是为了以此将那些对价格上涨不敏感的人甄别出来,索取更高的价格。

还有一些"线索"是顾客不由自主表现出来的,比如愿意花更多的时间在报纸和旅行社之间搜寻,愿意提前两个星期甚至半年预订机票,愿意耐心填写"里程奖励计划"的表格并随时留意各种优惠活动,等等。航空公司根据这些线索,把时间成本较低的乘客甄别出来,用低得多的价格吸引他们,从而创造本来不会发生的营业额,增加公司的总收益。

所以,即使卖8分钱的机票,航空公司也不会亏本;相反,敢卖8分钱的机票,正证明了航空公司的精明。

现在我们就很容易理解,为什么在超级市场,出示会员卡或积分券,便能买到便宜货;提前半年通过旅行社预订的机票价格,与即买即走的机票价格相比,可以相差好几倍;日本汽车远销到美国,比在日本本土的售价还要低廉;餐厅里同样的一桌饭菜,如果是常客,就可以打8折;两个学生成绩相当,但贫穷学生可以得到助学金,实际上是缴了较低的学费。

这是价格歧视,也是"让利""优惠""补贴""扶持",体现在定价上,价格如果定得过高,虽然每件产品所赚取的利润大,可是能卖出的产品总数很少,总的利润并不高;反过来,价格如果定得过低,虽然能卖出大量的产品,但由于

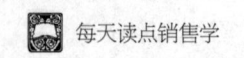

每件产品所赚取的利润小，总的利润也还是低。

李强是一位保险业的销售员。在接触准客户时，常会听到这句话："你们的保单怎么比人家贵那么多？"李强会回答他们："贵的东西有贵的理由，便宜的东西也有便宜的原因。"

"每一家保险公司都有会计师，所有会计师所用的理论都是共通的，保险单绝对不可能贵得离谱或是便宜到令人不可置信的地步。保单不能就价格论，而是要以同类型的保单来看，长期、短期、分期提取的合约都不一样。"

如果客户在面对保险行销人员时，以"我要和会计师商量"当作借口，此时，李强会马上问对方原因，并告诉他："您的会计师是精通会计，并不是精通保险，和他商量未必有用。"

如果客户仍然执意要跟会计师谈，李强会进一步要求客户给他该会计师的电话，并说："我会把计划书亲自送给您的会计师，当面回答他所有的问题。这样可以更好地节省时间，您说是吗？"

按照此种方法，李强总能拿到更多的签约和业绩。因为对顾客讲得清楚，他们对保单的每一个单价细项也都很明白，真诚沟通，就会有收获。

因此可见，销售时，要根据顾客的需求特点、对产品价格的敏感程度，探索一个恰当的价格，使总利润达到最大，要让顾客明白自己所花的每一分钱都有所值，才会心甘情愿地掏钱。否则，价格高，未必赚；客人多，也未必赚。

价格与价值如何才能均衡

世界上没有什么东西能比水更有用了，可一吨水才几块钱，而钻石除了能让人炫耀他的财富外，几乎没有什么用途。但为什么水的用途大而价格低，钻石的用途小而价值高呢？

这就是著名的钻石与水悖论，也就是价值悖论。价值悖论，指某些物品虽然实用价值大，但是廉价，而另一些物品虽然实用价值不大，但很昂贵。

对于销售人员来讲，了解了价值悖论，在定价时就要考虑到价格与价值必须相符，也就能制定出均衡价格。

均衡价格是指商品需求量与供给量相等时的价格。

均衡价格是在市场上供求双方竞争过程中自发形成的。需要强调的是，均衡价格的形成完全是在市场上供求双方的竞争过程中自发形成的,有外力干预的价格不是均衡价格。

在市场上,均衡是暂时的、相对的,而不均衡是经常的,所以供不应求或供过于求经常发生。

当供过于求时,市场价格下降,从而导致供给量减少而需求量增加,当供不应求时,市场价格会上升,从而导致供给量增加而需求量减少。供给与需求相互作用最终会使商品的需求量和供给量在某一价格水平上正好相等。这时既没有过剩(供过于求),也没有短缺(供不应求),市场正好均衡。这个价格就是均衡价格,市场只有在这个价格水平上才能达到均衡。

使需求量和供给量相等,从而使该商品市场达到一种均衡状态。销售中的均衡价格情况是很少出现的,大多数情况下,都是供大于求或者供小于求,所以,让顾客明白你所销售的产品是物超所值的,才会提高你的业绩。

在美丽的德国莱茵河畔,有一家装饰得非常雅致的小酒店。这家酒店所使用的餐巾纸上印着这样一则广告:"在我们缴纳过酒类零售许可税、娱乐税、增值税、所得税、基本财产税、营业资本税、营业收益税、工资总额税、教堂税、养犬税和资本收益税后,支付过医疗储蓄金、管理费、残疾人保险金、职员保险金、失业保险金、人身保险金、火灾保险金、防盗保险金、事故保险金和赔偿保险金,并在扣除电费、煤气费、暖气费、垃圾费、打扫烟囱费、电话费、报刊费、广播费、电视费外加音乐演出和作品复制费等之后,本月我们仅剩下这点广告费。因此,我们愿意请您经常光顾以扶持本店。"顾客看到这则广告,大动恻隐之心,进店就餐者频频而来。

由此可见,通过宣传,把市场价格推向均衡价格。一旦达到其均衡价格,所有买者和卖者都得到满足。销售员应知道,不同市场达到均衡的快慢是不同的,这取决于价格调整的快慢。市场上过剩与短缺都只是暂时的。实际上,这种现象如此普遍存在,以至于有时被称为供求规律——任何一种物品价格的调整都会使该物品的供给与需求达到平衡。

一双鞋和两只鞋的差别,让互补成为习惯

20世纪60年代初,柯达公司意欲开发胶卷市场,但他们并不急于动手,因为他们深知要使新开发的胶卷在市场上立竿见影,并非易事。于是他们采用发展

互补品的办法，他们先开发"傻瓜"相机，并宣布其他厂家可以仿制，一时出现了"傻瓜"相机热。相机的暴增，给胶卷带来了广阔的市场，于是柯达公司乘机推出胶卷，一时销遍全球，实现创造胶卷市场的目标。

互补品是指两种商品之间存在着某种消费依存关系，即一种商品的消费必须与另一种商品的消费相配套。一般而言，某种商品因为互补品价格的上升、互补品需求量的下降而导致该商品需求量的下降。例如，我国一些农村地区的电价大幅下调之后，电视机的销量就增加很多，因为电视机与电是互补品，其中一种的价格的下降必定会导致另一种产品的需求量上升。

销售中，企业要通过广告宣传等方式强化消费者对互补品的主观感知。

一天，尼可在一家服装店里选购了一条价值30美元的领带，准备付款时，推销员问："您打算穿什么西服来配这条领带呢？"

"我想我的藏青色西服很合适。"尼可回答说。

"先生，这条漂亮的领带正好配您的藏青色西服。"店员抽出了两条标价为35美元的领带。

"它们确实很漂亮。"尼可把领带收了起来。

"再看一看与这些领带相配的衬衣怎么样？"

还没有等尼可反应过来，销售员已拿出了4件白色衬衣，单价为60美元。"我的确很想买一些衬衣，但我只想买3件。"

那位推销员把30美元的生意变成了280美元的交易，那可是最初购买金额的9.3倍还多出1美元呀。尼可没有提出过异议，心满意足地离开了商场。由此可见，销售中互补产品的重要性。我们在制定价格时，要有效地利用互补品来实现最大化利润。一般来说，营销中的互补品可以有如下几种运作方式：

1. 捆绑式经营

以单一价格将一组不同类型但是互补的产品捆绑在一起出售，同时只出售这一组产品。例如，IBM公司在过去的许多年中，曾将计算机硬件、软件和服务支持捆在一起经营；微软公司将Office系列、IE浏览器挂在Windows操作系统上销售，就是典型的捆绑式经营。

2. 交叉补贴

通过有意识地以优惠甚至亏本的价格出售一种产品，而达到促进销售更多的互补产品,以获得最大限度的利润。剃须刀与剃须刀片同时出售就是采取这样的策略。将剃须刀以成本价或接近成本价的价格出售,目的是促使顾客在购买更多的、利润更高的替换刀片。

3. 提供客户解决方案

从客户的实际需要着手,通过降低客户成本,如时间、金钱、精力等,增加客户从消费中获得的价值,将一组互补性的产品组合起来,为顾客提供产品"套餐",从而达到吸引顾客、增加利润的目的。

4. 系统锁定

实施系统锁定战略的意义在于,如何联合互补产品的厂商,一起锁定客户,并把竞争对手挡在门外,最终达到控制行业标准的最高境界。微软就是最典型的例子。80%到90%的PC软件商都是基于微软的操作系统(比如Windows系列)。作为一个客户,如果你想使用大部分的应用软件,你就得购买微软的产品。

大降价并不意味着赔本赚吆喝

2004年夏季,中国车市出现了一个怪现象。北京国际车展上销售异常火暴,达到近几年的最高峰,然而,车展过后,车市却一下子跌入冷清。尽管各厂家纷纷采取降价措施,可车价大面积降价后市场仍无起色,一些厂商甚至出现恐慌情绪。

而且,这次车市风云还有两个怪现象。

其一,车市愈来愈像股市。顾客开始"买涨不买跌",天天盼着汽车降价,但买了车又担心降价,而每次担心又常常应验,结果导致大家紧捂口袋,不敢买车。

其二,降价不再一降就灵。每当车市停滞,产品积压,新品推出,或对手产品下线,汽车厂商只要使出降价这个撒手锏,就会立竿见影,药到病除,效果百分之百。但现在变了,降价后,消费者口袋捂得更紧,经销商没有笑容,厂商也战战兢兢。没想到市场对降价不仅有了"抗药性",还有了副作用。

有专家认为车市冷清是因汽车降价引起的,消费者的购买欲望在连续不断的大幅降价过程中被严重摧毁了。好不容易买辆车,迈入了有车一族,兴奋了一个星期,就变苦哈哈了。为什么呢?原来车价降了两三万,钱都打了水漂。

在中国车市背后,隐藏着什么不可告人的秘密呢?

暴利，正是厂商们极力掩饰的秘密。

中国汽车业的暴利是人所共知的。在国外，汽车行业的利润是5%～7%。以全球最赢利的福特汽车来看，1999年销售汽车722万辆计算，每辆车赢利不到800美元，合人民币6000～7000元。从一个区域来看，当年福特在欧洲销售额300亿美元，结果赢利2800万美元，平均每辆车赢利不到15美元，合人民币120元左右。

国内的汽车行业呢？据国家计委公布的数据显示，2002年汽车行业销售收入为1515亿元，实现利润431亿元，整个行业的平均利润率为28.45%。而这仅仅只是行业数据。在利润空间更大的售后服务、汽车信贷和保险等2002年的总产值为8000亿元，接近国民生产总值的十分之一，整个产业的利润是多少，没有答案，但可以肯定比国际通行的5%～7%要高得多。

由此看出，车市冷清，价格一降再降，汽车的价格泡沫被刺破，汽车暴利开始走向终结，这对消费者来说是件好事。

因此，也可以看出产品并非越便宜越好。暴利终有一天要走向终结，但大打价格战也是不利的策略，很可能会造成恶性循环。不惜成本的价格战，不一定能取得最佳的收益。千万不要认为产品越便宜越好卖。现在人们的生活水平提高了，同类产品中悬殊的价格，会使顾客对于产品的品质产生怀疑，而淡化购买的欲望。

那赔本的买卖要不要做呢？

有一家刚开业不久的超市，它的店址不在繁华商业区，附近也无大的居民区，更没有固定的客户群。这个超市却以"亏本生意"打开了经营局面。

该超市开业后的第一招是广发传单，宣称优惠大酬宾，特别突出鸡蛋只要两块钱一斤。当时鸡蛋的市场价格最低也要两块五一斤。这种优惠，对于善于精打细算的家庭主妇来说，无疑令人振奋，她们还主动为超市当起了义务宣传员，一传十，十传百，超市便在市民中有了物美价廉的口碑。

也许有人担心，真的亏本了咋办？其实，只要仔细一想就会明白，由于是限量销售，每人只能买两斤，即使每斤鸡蛋亏5毛钱，每天就算卖出100斤，也才亏了不到100元。而每天超市门口挤满了排队买鸡蛋的顾客，这无形之中就为它做了"廉价广告"。这样一来，又给超市增加了巨大的经济效益。

此外，还有相当一部分顾客存有这样的心理：这里的鸡蛋便宜，其他东西也可能比别处也便宜，于是又带动了其他商品的销售。于是有不少人多跑路也要到该超市去购物。所以，这家超市虽然在鸡蛋上做了"亏本生意"，但从整体上看，却获得了较大利润，使超市的生意日渐红火。

虽然人们常说亏本的买卖没人做，但亏本的生意让自己撞上时就不得不从亏本中寻求突破。就像这个超市一样处于偏僻地段，生意肯定红火不到哪里去，但不能坐以待毙，必须寻求一个切实可行的方法来转变局面。亏本买卖还是要做，因为它比全亏要好得多，还能扭亏为盈。

第五节　商品卖得好，全靠促销做得好

促销，成全顾客的"剩余"，成就你的销售额

一场小型的拍卖会上正在拍卖限量版的乔丹篮球鞋。有阿亮、小文、大李、阿俊4个乔丹球鞋迷同时出现。他们每一个人都想拥有这双限量版的鞋，但每个人愿意为此付出的价格都有限。阿亮的意愿为1000元，小文为800元，大李为700元，而阿俊只想出500元。

拍卖会开始了，拍卖者首先将最低价格定为300元，开始叫价。由于每个人都非常想要这双鞋，每个人愿意出的价格都高于300元，于是价格很快攀升。当价格达到500元时，阿俊不再参与竞拍。当价格再次提升为700元时，大李退出了竞拍。最后，当阿亮愿意出810元时，竞拍结束了，因为小文也不愿意出高于800元的价格购买这双鞋。

实际上，阿亮愿意为这支付1000元，但他最终只为此支付了810元，比预期节省了190元。

这节省出来的190元就是阿亮的消费者剩余。消费者剩余是指消费者购买某种商品时，所愿支付的价格与实际支付的价格之间的差额。

消费者在买东西时对所购买的物品有一种主观评价。这种主观评价表现为其愿意为这种物品所支付的最高价格，即需求价格。当消费者所愿意出的最高价格高于市场价格时，这两种价格之间的差额就称为消费者剩余。可以用下列公式来表示：

消费者剩余＝买者的评价－买者支付的量

市场价格越低于消费者愿意出的最高价格，消费者就越愿意购买；反之，若

消费者剩余为负，消费者就不会购买。因此，我们在销售过程中，可以通过各类促销手段给消费者制造心理上的"消费者剩余"。

老张从事服装生意多年，深谙给顾客制造"消费者剩余"的重要性。一天，一位顾客看重了一套服装，标价800元。

顾客说："你便宜点吧，500我就买。"

老张回道："你太狠了吧，再加80元，也图个吉利。"

"不行，就500。"

随后，双方经过讨价还价，最终以520元成交。

但是，当顾客掏出钱包准备付款时，却发现自己身上所有零钱整钱凑齐也只有490元了。老张为难地说："那太少了，哪怕给我凑个整500呢？"顾客说："不是我不想买，的确是钱不够啊……"最后，老张狠下心说："好吧，就490吧，算是给我今天买卖开张了，说实话，真的一分钱没挣你的。"顾客490元拿着这件衣服，开开心心地走了。

老张真的一分钱没赚吗？当然不可能。其实那件衣服的进价也就180，给出800的标价也正是为给顾客心理上制造"高档"商品的感觉，同时留出消费者"砍价"的空间，在讨价还价中得出消费者愿意支付的价格，从而能够有效地把握"消费者剩余"的尺度。最终，老张能赚得利润，消费者也因为获得了"消费者剩余"，感觉占到了便宜，自然也就达成了一桩愉快的买卖。

有句古话叫"无商不奸"，说的是每一个精明的销售都会用各种手段"欺骗"消费者，以促成交易。事实上，在经济学中并不认为这是"欺骗"，而是科学地运用经济学的原理进行理性的销售。了解"消费者剩余"的销售员都懂得利用各类销售手段进行合理的促销。商场进行打折促销，"全场5折起"，或是直接标明"特价"，"原价××，现价××"，或是"买满××送××"，都是让消费者能觉得赚取了原价现价间的差价，获得了心理上的满足。

营造一个充满"便宜"的世界

如今，商品打折已经成了一种"商业风气"，各商家已经将打折作为促销的惯用手段，屡试不爽。无论大街小巷，各家商店门口都醒目地标示着"大甩卖""跳楼价""大放血"等字样。大、小长假成为商家促销的喜庆日子，没有节假日时就开展 1 周年、5 周年、10 周年店庆，打着"答谢新老客户的关爱"的口号，"全场商品一律 5 折""满 200 送 100"，一家比一家喊得响。而且，本来只有一天的"店庆"，一开可以几个星期，甚至一两个月。一些小店每天都喊着"最后一天大甩卖"，不知道哪天才是最后一天。

其实，商家正是通过营造打折的气氛，让消费者觉得自己是在一个充满了"便宜"的世界里，从而诱导消费者纷纷购买。

折扣促销，是指卖方按原价给予买方一定百分比的减让，即在价格上给予适当的优惠，从而刺激消费者的消费欲望，拉动自身产品的消费。

折扣促销有以下不同的方式：

（1）折价优惠券，即优惠券，是一种古老而风行的促销方式。顾客可以凭券购买并获得实惠。

（2）折价优惠卡，即一种长期有效的优惠凭证。它一般有会员卡和消费卡两种形式，便于商家与目标顾客保持一种比较长久的消费关系。

（3）现价折扣，即在现行价格基础上打折销售。这是一种最常见且行之有效的促销。

（4）减价特卖，即在一定时间内对产品降低价格，以特别的价格来销售。一旦促销目的完成，即恢复到原来的价格水平。

打折销售对消费者具有极大的吸引力，被销售员视为有力的促销手段。

那么，是不是所有的销售员对于所售的所有商品都可以通过打折促销来促进消费呢？

当然不是。越是奢侈品，或者替代品越多、在家庭支出所占比例大的物品，需求弹性越大，也就较适合打折促销；相反，像大米、油、盐等生活必需品，替代产品少，在家庭中支出所占比例也小，就不需要进行太多的打折促销。另外，对于一些销量随着季节变化较大的商品，也可采用淡季、旺季不同的灵活促销方式，通过折扣错开销售的高峰期，另外，酒店的房价随着旅游淡季、旺季采用差别性的定价，最终达到推广市场、赢得销量的目的。

消费边际效应，多买我就更便宜

有一个饥肠辘辘的人，一口气吃了三张大饼，当吃完第三张饼后感到饱了，并心满意足。但仔细思量，他发现自己犯了一个"愚蠢"的错误，那就是，早知

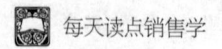

第三张饼就能吃饱，前两张饼实在不该吃。"

听了这个故事的人都会哈哈大笑，笑那个人愚蠢得可笑、可爱。然而，如果从经济学的角度来看，这个故事说明了西方经济学的一个重要原理，即"边际效用递减规律"。

边际效用递减规律是指同一物品对同一个消费者来说，因占有的秩序不同，所带来的满足程度或效用也不同。

我们都知道，对于吃饼的人来说，第一张饼的效用最大，在十分饥饿的状态下，他会以较高的价格去购买一张在平时看来价格昂贵得多的饼。然而，当第一张饼下肚后，即使没有填饱肚子，对饼需求的迫切程度也会远远低于第一张饼。以此类推，每增加一张饼所带来的满足程度，都会低于前一张饼所带来的满足程度；当吃得很饱时，总的满足程度最大，然而最后增加的那一张饼的效用，即带来的满足程度，几乎等于零。这时，如果吃饼人再继续吃下去，并且导致胃痛或呕吐，那这最后吃下去的一张饼，即"边际饼"的效用就是负的，因此也会带来总效用水平的下降。

将这个吃饼的故事引申到商品的销售中来，我们可以据此分析出消费者的心理。一般来说，当一个人想在同一个商家手中购买两个以上的同一物品时，总爱与卖家讨价："我一次买两个，你便宜一点儿吧。"其实，这就是"边际效用递减规律"的生动实例。同一物品，对于消费者来说，第二件的边际效用低于第一件，而第三件又会低于第二件。如果同一件商品一次买上成百上千件，自然也就会获得远远低于"零售价"的"批发价"。

销售员的业绩是通过销量来体现的。因此，为了尽可能地扩大销量，我们都希望顾客能一次性购买尽可能多的产品。然而，考虑到他们的"边际效用递减心理"，我们在销售中必须注意实施"多买少算"的销售策略。

在销售过程实施"多买少算""有买有送"的市场交易规则，就是"边际效用递减规律"最生动的体现。对于消费者的"多买少算"心理深入了解后，销售员既给消费者造成更"实惠"的感觉，又能为自己促进销量，这不正是我们所追求的"完美促销"！

我们在商场中常常见到，酸奶、方便面的销售员将产品捆绑成5连包、10连包，吆喝着"有买有送买×赠一""加量不加价"的口号，让消费者觉得自己占了便宜，将自己原本并不打算买的第二包、第三包甚至第八包、第十包方便面都放进了购物车。

还有许多消费用品推出的"实惠装""家庭装",将一般为200毫升、400毫升的洗发水升级至1L、1.5L包装,消费者原本并不想一次买上那么多,但还是觉得买大包装划算,同样也是考虑到了消费者购买商品具有"边际效用递减"的心理。

更典型的例子还有健身房、游泳馆、游乐场以及美容会所等服务场所和娱乐场馆提供的季卡、年卡。消费者在办理年卡后,往往在头两次享受服务或进行娱乐后,便没有了新鲜感,之后的消费实际上都是边际效用递减的,即便你不限消费次数,消费者也不会真的每天都来。

因此,销售员在促销时注意考虑到消费者的"边际效用递减心理",在促销时通过批量销售或是办理年卡,以理性的或感性的说服技巧告诉消费者将长期享受的优惠。

免费赠送:有赠品他才愿意买

在美国,人们购买一台新电脑,一定会发现硬盘上不只装着最新版本的操作系统,还包括最新版本的文字处理、电子表格、幻灯片、电子邮件、音乐和照片软件,当然还有最新版本的病毒防护软件。为什么厂商要免费附赠这么多软件呢?

软件用户很在意产品的兼容性。试想,要是科学家或者历史学家合作开展一个项目,倘若他们都使用同一个文字处理程序,任务会简单得多。同样,要是企业主管跟会计使用同一套财务软件,那么报税也会便利得多。

另一个相关考虑是,很多程序,比方说微软的 Word,掌握起来有些麻烦。用熟了这套软件的人,往往不愿再学别的同类软件,哪怕后者从客观上来看更好用。

这就意味着,拥有并使用特定软件的好处,会随着使用者人数的增多而提高。这一不同寻常的关系,给最流行的程序厂商带来了难以估量的巨大优势,使得其他厂商的产品很难打入市场。

这就是促销手段中"惠赠"的效果。"惠赠促销"也可称为"赠品促销",是指对目标顾客在购买产品时所给予一种优惠待遇。惠赠既能使消费者在消费过程中觉得获得了免费的"实惠",同时也使得产品通过免费的惠赠打开了销路。尤其在新产品上市时,通过免费的赠送试用,有利于产品在上市之初获得广泛的客户群，正如上例中提到的软件公司，通过惠赠给顾客进行免费使用，从而有效地打开销路，培养忠诚的客户群体。

当然，我们为顾客提供免费的赠品也不能随意送，而应当送对东西，送出对我们的主打产品销售有利的赠品。酒吧赠送"花生米"的惠赠促销可以说是深谙送对东西的意义。

不少酒吧一杯清水卖4块钱，免费的咸花生却供顾客随意索要。花生的生产成本显然比水要高，为什么酒吧不送便宜的开水却要送成本更高的花生米呢？

要知道，酒吧的一切促销行为都是为了促进酒吧的核心产品的销售。而花生与水最大的不同就在于，咸花生和酒是互补的。酒客花生吃得越多，要点的啤酒或饮料也就越多。所以，酒吧愿意免费供应花生以提高利润。

反之，水和酒是不相容的。酒客喝水喝得越多，点的酒自然也就越少了。所以，即便水相对廉价，酒吧还是要给它定个高价，打消顾客的消费积极性。

这就是"惠赠"的秘诀。凡是对我们的核心产品销售有利的，我们都可以对消费者大方地赠送；凡是不利于我们产品销售的，无论多么廉价，我们都不愿意提供给消费者免费使用。

事实上，我们给顾客进行免费的赠送与试用看似免费，但从经济学角度来说，客户付出的时间与注意力都不是免费的，反而是稀缺得无价的宝贵资源。我们所获得的是比短期性利益回报更稀缺的消费者的时间与注意力的回报。消费者因为我们的免费赠送而对我们的产品感兴趣，同时愿意花时间来试用和了解我们的产品，并且在之后进行同类型商品的选择时会想到我们的产品。同时，在免费使用的过程中培养了顾客对我们的产品的使用习惯，当我们不再免费赠送或是开发出与试用品相关的后续产品时，就不愁没有忠诚客户了。

氛围促销：给消费者一个"疯抢"的理由

很多人都有这样一种想法：要搬新家了，通常会换一套新的家具家电。拿电视机来说，到了商场一看，同样尺寸的液晶电视，价格相差很大，但很多人买的并不是价格便宜的，而是价格高的名牌产品。这个现象让人很困惑，据行家说，国内家电特别是电视机产品质量其实相差不大。

为什么人们选择价格高的呢？因为名牌产品给人信赖感，有时甚至是身份和地位的象征。当然，如果其他产品的质量不如名牌的，这种选择无可厚非，但在产品质量相同的情况下，这种选择显然是不公平的。

人们对电视产品的质量意识，并不是通过实践得来的。电视不像日常生活用品那样经常更换，购买一台电视通常要用上几年甚至十几年，因此人们无法积累感性经验。消费者的购买行为大多受报纸上公布的评比和调查结果影响，或是其他消费者的经验与推荐，如哪种电视机销量最高，哪种电视机评比第一，哪种电视机寿命最长等，并非完全依据自己的理性来进行购买决策。

有这样一句话："市场上吆喝得最响的人，往往就是要卖出东西最多的人。"在信息爆炸的当代社会，已经不再是"酒香不怕巷子深"的时代了。无论怎样的产品，都面临着同质化的巨大竞争，无论多么"物美价廉"的商品，都可能湮灭在大量的同类产品中。因此，销售人员的首要任务，就是通过有效的广告营销，招徕更多的顾客。只有顾客听到了你的吆喝，他才可能关注你的产品。

我们在第一章就提到，消费者的消费行为不完全是理性的，他们在消费过程中可能受到各类因素的干扰，做出感性的消费决策。其中，广告和品牌的效应是干扰其做出选择的重要因素。

广告和品牌的效应实际上就是对于消费者的一种示范效应。示范效应就是指某个人（或群体）的行为被作为榜样，其他人向他学习而产生的影响。

那么，人们为什么会形成这种趋势呢？

消费者在处理自己的收入与消费的相互关系时，会和其他消费者相比较。参照群体可能是消费者所属的群体，如所在的公司、行业，或是同属于一个年龄阶段的群体；也有可能是消费者喜爱或向往的群体的生活方式，成为努力要求达到的标准，因而会自觉或不自觉地追随这些群体的消费习惯。

其实，我们进行特价促销或是限时抢购时，也正是希望为营造一种群体"疯抢"的抢购氛围，以对更多的消费者产生"示范效应"。参与抢购的顾客或许并不一定原本有购买此商品的打算，他们大多数都是受疯狂人群的感染，不由自主地被卷入抢购狂潮中，购买平时不屑一顾的商品。另外，有些人看到别人的衣服漂亮，或是关注到某款服装今年流行，不管自己穿着好不好看，也要买一套穿在自己身上。这些都是由于其他消费者的"示范效应"而引发的跟风行为。

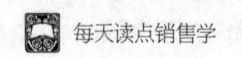

因此，销售员在销售过程中，注意积极地营造促销的氛围，给消费者树立"示范"的榜样，绝对是聪明的行为——因为"示范效应"下，你赢得的不仅仅是一位顾客，而是一群顾客。

事件营销：吸引眼球的拳头武器

荷兰一家商场对部分商品实施了一次另类拍卖。拍卖的最初价格，被标在宛如大钟的表盘上，盘面上的数字代表商品的价格。商家首先制定一个较高的起拍价，然后价格指针有规律地向较低的方向移动，直到有一名买者按下按钮，停止大钟的转动。这名买者就竞投到了这件商品。

这是一则听起来很有趣的促销事件。原本从低喊到高的商品价格反其道而行之地变成了从高价向低价进行拍卖，拍卖的形式也可谓噱头十足，一个奇异的大表盘立在商场门口就足以吸引路过的顾客。

事实也证明，这家商场的促销策略不仅有趣，而且十分成功。原本积压的清仓商品以不低的价格售出，更重要的是，该商场通过举行这次另类的拍卖而声名大振，成为趣谈。街闻巷议口口相传，前来观看和竞投的顾客众多，顺便买些商场中的其他商品；另一方面，媒体也将这一特别的促销活动作为新闻而登上版面，也为该商场做了免费宣传。

这就是事件营销的魅力。

事件营销就是通过制造具有话题性、新闻性的事件引发公众的注意，使得我们的产品可以在同质化泛滥的产品信息中脱颖而出，走入消费者的视线，因而获得被购买的可能。

事件营销是近年来国内外十分流行的一种公关传播与市场推广手段，集新闻效应、广告效应、公共关系、形象传播、客户关系于一体。

听起来，事件营销似乎主要是由某企业管理层人员通过周详的计划与决策实施的公关活动，实际上，作为产品销售过程中重要一环的销售员，也可以充分将"事件营销"应用到我们的销售中。

我们所销售的产品如果能刺激到消费者的"眼球"，那么，就赢得了销售的第一步。只要我们的产品信息引发了顾客的兴趣，如对产品的广告代言人，或是所推行的新理念、新功能产生兴趣并愿意了解和关注，那么，他就可能成为最后的购买者。

第十一章 销售精英要懂经济学

因此，销售员在销售过程中，可以通过有意地制造"事件"，从而给原本并不打眼的商品带来"商机"。

很多外国的啤酒商都发现，要想打开比利时首都布鲁塞尔的市场非常难。于是就有人向畅销比利时国内的某名牌酒厂取经。

这家叫"哈罗"的啤酒厂位于布鲁塞尔东郊，无论是厂房建筑还是车间生产设备都没有很特别的地方。但该厂的销售总监林达却是轰动欧洲的销售策划人员，由他策划的啤酒文化节曾经在欧洲多个国家盛行。

林达刚到这个厂时不过是个不满25岁的小伙子，那时的哈罗啤酒厂正一年一年地减产，因为销售不景气而没有钱在电视或者报纸上做广告。做推销员的林达多次建议厂长到电视台做一次演讲或者广告，都被厂长拒绝了。林达决定自己想办法打开销售局面，正当他为怎样去做一个最省钱的广告而发愁时，他来到了布鲁塞尔市中心的于连广场。这天正好是感恩节，虽然已是深夜了，广场上还有很多欢快的人，广场中心撒尿的男孩铜像就是因挽救城市而闻名于世的小英雄于连。当然铜像撒出的"尿"是自来水。广场上一群调皮的孩子用自己喝空的矿泉水瓶子去接铜像里"尿"出的自来水来泼洒对方，他们的调皮启发了林达的灵感。

第二天，路过广场的人们发现于连的尿变成了色泽金黄、泡沫泛起的"哈罗"啤酒。铜像旁边的大广告牌子上写着"哈罗啤酒免费品尝"的字样。一传十，十传百，全市老百姓都从家里拿起自己的瓶子、杯子排成长队去接啤酒喝。电视台、报纸、广播电台也争相报道，"哈罗"啤酒该年度的啤酒销售产量增长了1.8倍。林达也成了闻名布鲁塞尔的销售专家。

在这一例子中，销售员林达正是通过巧妙地借助小英雄于连在比利时人心目中的影响力，为哈罗啤酒找到了吸引大众眼球的有利时机，成功打开了销路。

聪明的销售员都知道，一个好的事件营销产生的效果远远胜过花几百万制作的广告效果。因此，肯动脑筋的销售员都乐此不疲地在销售中营造卖点，吸引顾客眼球。手机卖场中的"摔手机"营销，对消费者声称"该手机质量过硬，摔坏者奖××元"，也是通过制造有卖点的事件，吸引消费者眼球；还有汽车市场的体验驾车、家电家具卖场中的演示营销，等等，各式各样的新招奇招都可以在销售过程中广泛运用，为你的销售量锦上添花。

第六节　服务是产品的最佳名片

服务——销售中的第一张名片

免费续杯已经成为越来越多的餐饮企业采取的服务手段，有些销售员或许还不明白，餐厅为什么要提供免费续杯呢？

事实上，存在免费续杯现象的前提在于现在的市场竞争其实并不充分。在餐饮业，随着顾客的增多，为顾客提供服务的平均成本会下降。那么，只要能吸引到更多的消费者，餐厅的利润就可增加。

因此每一家餐厅都在想方设法地吸引更多的顾客。当其他的餐厅都没有提供免费续杯，其中一家餐厅开始提供这一服务，那么，免费续杯就变成了差异化竞争，这家餐厅便很容易赢得更多的顾客。

但是，并不是所有的餐厅都可以靠免费续杯获得成功，在多卖出的膳食上所获取的利润必须超过免费续杯的成本。也就是说，免费续杯的服务将导致企业必须对产品制定更高的价格。

提高价格会将通过免费续杯招来的顾客赶走吗？

事实上，随着生活水平的提高，越来越多的消费者愿意花钱享受优质的服务。不仅餐饮行业如此，各行各业都将服务作为自己的核心竞争力。其中，IBM公司可以说是将服务打造成核心竞争力的典范。

IBM的成功经验之一就是对用户的彻底服务精神。IBM有一条著名的广告语："IBM就是服务。"在现实中，他们也始终坚持这样的原则：公司销售的不仅仅是机器，还有最佳服务。把产品销售出去，只是服务的开始。在这以后，公司要时时同用户保持联系，提供用户需要的各种维修和服务。

为此，IBM建立了一整套有效的通讯服务，以保证在24小时内解决用户提出的一切问题。即使不能立即解决，公司也会给予一个圆满的答复。如果顾客打电话要求服务，通常都会在一个小时之内派人解决。

正如IBM公司前总裁小托马斯·沃森所说："随着时间推移，良好的服务已经成为IBM的象征。多年前，我们登了一则广告，用一目了然的粗笔体写着：'IBM就是最佳服务的象征！'我始终认为这是我们有史以来最棒的广告，因为它很清楚地表达出IBM真正的经营理念——我们要提供世界上最好的服务。"

第十一章 销售精英要懂经济学

可见，好的服务是产品品牌的最佳名片，而销售员无疑就是将这张名片递给顾客的第一人。任何一名顾客都希望在购买产品的过程中同时享受到服务。销售员与顾客接触交谈的过程，实际上也就是一个提供服务的过程。只是，提供的服务是好还是不好，顾客对你的服务满意还是不满意，这就成了区分优秀销售员与糟糕的销售员之间的分水岭了。

为每位顾客创造独一无二的专属服务

对每个销售员而言，你所销售的同一件产品是无差别的。然而，你所面对的顾客却是形形色色、千差万别的。同一款手机，有些人是为了上网娱乐，有些人是为了商务助理，有些人是为了听音乐或玩游戏……不同的消费者对于同一件产品也有不同的需求与偏好。那么，如何让同一件产品满足不同的要求？

答案就是服务。

常听说一句话："产品是死的，人是活的。"说的是产品对消费者来说，是"死"的，但消费者以及销售员都是有不同思想、不同需求的活生生的人。销售员应当充分发挥自己的主观创造性，针对不同的消费者，为每个人提供个性化的服务。

服务的概念十分广泛，它包括具有无形特征却可给人带来某种利益或满足感的可供有偿转让的一种或一系列活动。服务具有不可感知性、不可存储性以及品质的差异性。

可以说，在产品高度同质化的今天，"服务创造价值"的时代已经来临。我们在进行产品销售的过程中，销售的不一定仅仅是产品本身，更多的是你能否为顾客提供他所需要的服务。

于先生是一个业务繁忙的生意人，常常全世界到处飞，忙得忘了自己的生日自然也不足为奇。

又一个生日到来时，于先生收到了一封意想不到的生日贺卡："尊敬的于先生，我们是泰国的东方饭店，您已经有3年没有光顾我们这里了，我们全体员工都非常想念您，希望能再次见到您，今天是您的生日，祝您生日快乐！"

自己忘了生日，远在泰国的饭店的陌生人却还记着！于先生非常感动，他不禁回忆起自己上一次入住东方饭店的情形来。

一大早，当于先生走出房门准备前往餐厅用餐时，楼层服务生恭敬地问道："于先生，要用早餐吗？"

于先生奇怪地反问道："你怎么知道我姓于？"

服务生说："按照饭店规定，我昨晚已经背熟所有入住客人的姓名。"

于先生在惊讶之余高兴地进电梯去往餐厅。刚刚走出电梯，餐厅服务生就鞠躬说："于先生，里面请。"

于先生更疑惑了："你没看我的房卡，也知道我姓于？"

服务生答："上面的电话刚刚下来，说您已经下楼了。"

走进餐厅，服务小姐立即微笑着问："于先生，还是要老位置吗？"

老位置？于先生想自己差不多已有一年的时间没有来这里，上次坐在哪里，自己都不是很清楚了，服务员怎么还记得呢？

看到于先生惊讶的表情，服务小姐马上解释说："我刚刚查过电脑，您去年的6月8日曾坐在靠近第二个窗口的位子上用餐。"

于先生想起来了，马上说："老位子，老位子！"

小姐接着问："还是老菜单？一个三明治，一杯咖啡，一个鸡蛋？"

"老菜单，老菜单！"于先生满意地点头。

东方酒店的服务须记住每一位旅客的姓名，给每个顾客建立独特的数据档案，其实就是将每一名顾客都当作是差异化的个人，按照每一名顾客的习惯与偏好，提供专属于他的独特服务。

其实，很多时候，我们可以采用个性化服务来促进我们的销售。通信服务中通过给顾客定制不同的套餐组合，理财、保险行业的业务员针对特定顾客提供对其有利的业务办理建议，健身会所为每一名会员建立健康档案……这些都是通过差异化的服务，来为自己推销的产品锦上添花。聪明的推销员懂得在推销过程中因人而异，用不同的服务打动不同的人，为每一个顾客提供独一无二的服务。

给顾客一个无后顾之忧的售后保障

一日，小欣去超市买服装，买回来后发现衣服上面有股油漆的味道，无论怎么清洗都无法消除。无奈之下，只得去退货。

结果超市的销售员说得理直气壮，按规定不能退，只能换。而且由于衣服已

第十一章 销售精英要懂经济学

经洗过了,所以只能换一件价格更便宜的。听服务员这么一说,小欣非常生气,争执很久,没想到服务员干脆不再理睬小欣。

一怒之下,小欣找到值班经理,将整个过程向值班经理描述了一遍,并严正声明,如果得不到良好的处理,将会向消费者协会投诉。这位值班经理提议让小欣重新换一件价格相同的服装,但是不可能退货。无奈之下,小欣只好换了一件。虽然,衣服没问题了,但是小欣心里极其不舒服。

在销售过程中,为了打消消费者的疑虑,销售员通常会做出"包退包换"的承诺。这样一来,消费者才能放心购买。但小欣购物的超市明知自己的商品存在问题(有油漆味)却还向消费者出售,这种欺骗消费者的行为最终只会破坏了超市的信誉,对超市将得不偿失。对小欣来说,她的损失体现在:

第一,小欣买这件衣服的目的,是想要获得与价格相对应的优质产品,结果却有浓重油漆味道,让她感到身体和心理上都受到了损害。

第二,退换衣服,影响了小欣的消费者预期。本来是想穿着新衣服去参加聚会,现在看来,只能穿旧衣服去了。

第三,对于换来的衣服,小欣认为它没有原来的衣服漂亮,而且她买第一件衣服时的激动和欣喜,无论如何都无法在第二件衣服上找到。

第四,在退换的过程中,浪费了小欣的时间和精力,增加来回的路费等成本。小欣付出的成本,超出了她所愿意为此次购买行为所承受的限度。

由此看来,即使商家给小欣提供了退换货服务,消费者的利益还是蒙受了损害。因而我们在商品销售的过程中,并不是将商品售出就完成了对一件商品的销售,提供相应的售后服务,为消费者提供必要的售后保障,成了决定销售成败的重要环节。

达美航空公司曾经在波音公司购买了4架波音747,但这4架波音747不仅没有给达美带来滚滚的财源,还让其背上了沉重的包袱。达美的老总找到波音公司一通诉苦,同时抱怨性地提了一句"要是能退货就好了"。没想到,波音居然同意退货!这令达美老总非常震惊,起初还以为是在开玩笑,后来,达美真的把4架飞机退回了波音。

这就是波音的智慧,波音明白,客户的利益就是自己的利益,波音是把眼前利益和长远利益紧密地结合在一起的。

达美航空在退回飞机后也明确地认识到了波音公司的信誉,到1990年底,达美航空与波音的业务往来越来越频繁,最后成为波音忠实的客户。

良好的售后服务是我们卖出产品的最后一步，在提供售后服务时，销售员应当注意服务的5个属性。

1. 情感性

销售人员在提供顾客服务时，必须真正付出感情，用真情打动顾客，才能让顾客忽略产品为自身带来的损失。

2. 适当性

适当性包括两方面：一方面是顾客服务内容和形式的适当性，即服务内容和方式方法的正当性；另一方面是指顾客服务量与质上的适度性。因为我们提供的任何顾客服务都是有成本的，过高或过低的顾客服务水平都不是明智的行为。

3. 规范性

规范性指的是在向顾客提供服务时，必须尽量为服务人员提供统一、科学、全面、规范、符合情理的服务行为标准。

4. 连续性

顾客服务的连续性指的是销售员在提供顾客服务时，必须保持在时间、对象、内容及质量上的连续性。

5. 效率性

效率性主要是指提供顾客服务时的速度与及时性。例如，夏天修空调，报修后两小时到和两天到，就有天壤之别。

只要很好地贯彻以上5点，销售员便能够为顾客提供良好的售后服务，为消费者提供"无后顾之忧"的消费保障，自然，你的销售也会变得顺利很多。

如何让顾客心甘情愿为免费服务埋单

有一天，一个法国农场主自驾车从农场出发到德国。一路上，他的心情很不错，边开车边吹着口哨。

然而，在法国的一个荒村，他的心情突然一落千丈，因为汽车发动机出了故障。这可是奔驰车啊！农场主不错的心情瞬间变得糟糕透了。

农场主拨通了奔驰公司的电话向他们求援。但这个荒村野地离奔驰公司很远，公司会否派人来修，他的心里没底。

费了好大功夫，这位农场主终于联系上了德国的奔驰车总部。奔驰公司回复

第十一章 销售精英要懂经济学

他说一定立即处理。

虽说是"立即",但公司离这里十万八千里,即便服务人员挂掉电话就立刻出发,也不知道何时能够到达这偏僻的小村落。想到这里,农场主心情沮丧地坐在车里发呆。

一个小时过后,天空传来了飞机的声音,农场主抬头一看,奔驰汽车修理厂服务工人坐飞机赶来了!

"对不起,让您久等了,我们会在最短的时间里把车修好,请您再等一会儿,马上就好!"维护人员一下飞机马上道歉,立即投入检修工作。

农场主一边看着汽车被三下五下地修好了,一边犯起了嘀咕,他在盘算着:"开飞机过来修车,我得要掏多少修理费啊?"

汽车修理完毕后,农场主问道:"多少钱?"

"免费服务。"维修人员答道。

"免费?"农场主不敢相信自己的耳朵。

"是的,免费,"维修人员说,"出现这样的情况,是我们的质量检验没有做好,我们应该负全部的责任,所以我们理应为您提供无偿的服务,同时为我们的产品给您带来不便感到很抱歉。"

看完这则故事,你是否也觉得不可思议!虽说我们鼓励为顾客尽可能提供尽善尽美的服务,但大费周章地开飞机维修,并且成本全由自己承担,未免有些夸张。

经济学告诉我们,天下没有免费的午餐,每一项服务都不可能是无偿的。那么,"免费"服务从何而来呢?

虽然奔驰公司没有收取农场主的服务费用,其实想想就知道,所有的"免费"服务,最终都一定会由消费者埋单。正应了一句俗语"羊毛出在羊身上",最终往往都会被平摊在了有价的商品价格中。就像开飞机去修汽车的奔驰公司,表面上是免费,但享受过周到服务的消费者,在日后更加忠实地购买奔驰公司的汽车,不仅完全填补了其服务费用,还为奔驰带来了更加可观的利润。

由于免费服务的享用与付费不是同时发生,也就是说,不是谁享受了服务,就会立刻"一手交钱,一手交货"地购买产品而进行间接"付费",享受服务最多的人不一定就是消费最多的人。所以,企业计算产品或服务成本时,最终是将成本总和平摊到所有消费者头上。

并不是所有商品的服务都是以这样的方式来解决"免费"成本问题,也有不少行业对服务成本直接设定了价格或消费门槛。如电脑、家电的维修,都对服务规定了详细的收费细则。

哪些产品的服务需要额外付费呢?

第一,专业性较强,某些家电以及电脑的维修与安装具有较强的专业性,需要聘请专业技术人员,所以要由消费者承担。

第二,需要经常性维修与检查的产品,而同时上门服务一趟只能给一户提供服务,而不像送牛奶、送报纸,可以一条路线服务多家用户,所以,成本较高。

第三,商家为了能够将价格压到最低,不愿将服务成本分摊到商品价格中,只能进行额外收费。

对于服务费用的解决还有很多办法,如限制免费服务的门槛,要求消费达到一定价格才提供免费服务,还有一些酒店和娱乐场所规定的最低消费额,都是通过设定特定的消费额才能满足其提供优质服务的成本。

服务的定价是一个深奥的问题,大多数的销售员并不是服务定价的直接决策者,但我们在销售和服务的过程中,必须牢固树立服务的成本意识,记住服务一定不是无偿的。精明出色的销售员一方面要注意为消费者提供最全面周到的服务,一方面合理地把握服务成本。

服务,销售额 N 次方倍增

销售是服务的孪生姐妹,相辅相成。有好的服务,必有好的销售业绩。如果服务仅仅为了促进销售而做,那么一定不会有很好的效果。

经济学上可以将买卖分为一次性博弈和重复性博弈两种。如果将销售当作是一次性博弈,销售员很可能就将服务当作为销售而做的功利性服务,只考虑当前的最大利益,一旦成交,便态度迥异。

成功的销售是将与消费者之间的交易看作重复性博弈。因为他们知道不是一次博弈,需要为将来考虑。如果在第一次博弈中就耍尽卑鄙手段,不诚实合作,那么很难真正享受到"服务"带给你的长期回报。

任何带有功利性的服务都不能让销售成为重复性博弈。相反,不为销售而为客户提供的服务,是一种真诚付出,只有这种无私的服务才会打动客户的心,让客户愿意长期与你合作。因此,对于销售员来说,只有把销售融入服务当中,才能真正让服务发挥作用,为你的销售锦上添花。

安娜是美国一家房地产公司顶尖的经纪人，她一年的销售额高达1000万美元。谈及自己获得高额销量的制胜法宝时，安娜只说了一句话："绝不只为销售而服务。"

一天，一对夫妇想在罗克威买一栋房子并定居下来。经人介绍，这对夫妇找到安娜，安娜热情地接待了他们。

安娜没有立刻带这对夫妇去看待售的房子，而是带他们参观社区、样板房，介绍当地的生活习惯、生活方式，带这对夫妇参加小城的节日，让他们免费享受热狗、汉堡、饮料。

"每到傍晚时分，滑水队伍会在湖上表演，市民则在船上的小木屋里吃晚餐。"安娜为他们一一介绍道，"再稍后，他们在广场看五彩烟火，然后去商场，这里的购物环境非常优美，价格也非常公道。待会儿，我再带你们去看看我们社区内最好的学校。"安娜带着顾客一一了解他们入住此处后可能会遇到的各项生活细节。

最终，这对夫妇满意地决定在湖畔购买一套价值60万美元的房子。客户付款后，安娜的服务仍然没有结束：协助客户联系医生、牙医、律师、清洁公司，帮助客户联系女儿的上学事宜，帮客户买电、买煤气。

安娜通常会在每年的圣诞假期为自己服务过的客户举办一场盛大的宴会，从纽约请5～7人的乐队进行伴奏，准备香槟、饮料、鲜嫩的牛肉片和鸡肉，提供各种型号的晚礼服。安娜举杯向客户敬酒，感谢客户们的支持与信任，祝福客户生活得更美好。她会一个一个地与客户私下沟通，问对方是否需要帮助，并承诺以后会提供更好、更优质的服务。在客户离开的门口，放着许多挂历、钢笔、书籍等实用的小礼物，让客户离开时随意拿。

有了如此细致周到的贴心服务，安娜何愁没有惊人的销售业绩呢？

正如安娜所言，她成功的秘诀就在于真正做到了"绝不只为销售而服务"。在与客户见面后，她不急着直接介绍房子，而是先带他们了解周围的环境和当地的文化，让客户充分获得有效的信息，同时思考是否适合在这里居住。当客户购买房子后，安娜还提供许多看似与房产无关的服务，时刻与客户保持良好的关系，让客户感觉不仅仅买了一套设施便捷的房子，更获得了未来生活的安全感。这正是将与客户的关系当作是多次的重复性博弈来看待，自然也能够收获长期的忠实客户。

真诚的服务不是为了销售而服务，而是设身处地站在客户的角度，将买卖当作是重复性博弈，建立长期的好感与互信，将销售融入服务当中而使销售变得无痕无迹。作为推销员，要想获得很好的销售业绩，也要向安娜学习，让优质的服务起到四两拨千斤的作用。

第七节　亦敌亦友的竞争对手

无商战，不竞争

沙丁鱼是欧洲人非常喜欢的一道美味。但是长期以来，由于沙丁鱼在运输中经常莫名其妙地死去，使很多贩运沙丁鱼的商人蒙受了巨大的损失，也使人们的餐桌上很难见到新鲜的沙丁鱼。

一次，一位商人意外发现了一个绝妙的解决方法。

在运输过程中，由于商人准备的鱼槽不足，商人只好将鲶鱼和沙丁鱼混装在一个鱼槽中。结果，到达目的地的时候，商人意外地发现，沙丁鱼竟然一条也没有死。

原来，这都是鲶鱼的功劳。由于鲶鱼非常好动，在水中总是不停地东游西窜，使水槽不再是死水一潭。沙丁鱼本来很懒惰，但是鲶鱼的到来使它们非常恐惧，使它们改变了好静的习性，也跟着鲶鱼快速地游动起来。一舱的水被鲶鱼搞活了。船到岸边的时候，这些沙丁鱼便一个个活蹦乱跳的。

自然界就是在这种竞争和选择中发展的，正是因为这种竞争和选择，使我们赖以生存的世界呈现出如此瑰丽多姿的色彩。其实，在经济领域也是如此。没有竞争，就没有琳琅满目的商品，就没有绚丽多彩的生活。

销售人员总是在竞争激烈的市场中生存。在销售中，竞争对手主要有以下几类：

（1）直接竞争者。这就是狭义所指的竞争者，通常是本行业内现有的与我们销售同类商品的其他销售商家，对我们造成直接威胁，通常将他们作为直接竞争者，时刻关注他们的动态与发展。

（2）潜在竞争者。当某一产品前景乐观、有利可图时，会引来新的竞争者，要重新瓜分市场份额和主要资源，可能导致产品价格下降，利润减少。

（3）替代品竞争者。与某一产品具有相同功能、能满足同一需求的不同性质的其他产品，属于替代品。随着科学技术的发展，替代品将越来越多。可以说，每一行业的所有产品都将面临与生产替代品的其他行业进行竞争。

对竞争者进行科学定位能够指导我们区分谁是竞争者，谁即将成为竞争者，以及谁可能影响着产品的销量。我们就是在这些众多的竞争者的不断激励下，不断地完善自我，才能在激烈的竞争中不被淘汰。

过去的中国电信市场是一家垄断，当时政府想方设法进行通信设备的投资、改造，又开展各种服务竞赛活动……但都收效甚微，通信费用始终居高不下，服务质量低劣，购买电话要交装机费，交电话费押金，还要托关系走后门，安装一部下来甚至要花 5000 多元，还要排队等候三五个月。

中国电信被拆分后，拆分的几个公司仿佛水槽中的鲶鱼和沙丁鱼，水被搞活了，每一个公司都不可能再待在一潭死水之中坐享其成了。中国网通、中国电信、中国铁通、中国移动都纷纷行动，你推出长途优惠服务，我推出假日半费优惠；你赠送话费，我赠送话机；你邮寄话费清单，我就亲自送话费清单……就像驼鹿和狼，你在前面跑，我就在后面追。新鲜的招数层出不穷，越来越方便实惠的业务使得原本不愿办理该业务的消费者也都在铺天盖地的优惠活动中争先办理，销售者自然也获得了更多的利润。

竞争的作用就是这么奇妙。

销售员在市场中销售产品时，必然也将面临众多同类产品销售的竞争。我们的销量不仅与我们自身的产品和服务相关，同时也是在与竞争对手争夺客户的过程中取得的。要想在竞争中制胜，每一名销售员首先要做到的应当是正视竞争而不是逃避竞争，正是竞争对手激励我们不断改善销售与服务，提高销量。

竞争对手也能为你送来顾客

经常光顾麦当劳或肯德基的人不难发现，麦当劳与肯德基经常在同一条街上选址，或在同一商场相邻门面，或在街道两侧相隔不到 100 米。不仅麦当劳与肯德基布局如此，许多商场、超市的布局也同样偏好比邻而居。

销售时，不是应当尽量避免与竞争对手正面冲突吗？集结在一起意味着更激烈的竞争，可能导致恶性压价或是相互诋毁。为什么麦当劳、肯德基要比邻而居呢？

许多聪明的商家就是喜欢聚合经营，在一个商圈中争夺市场。

因为聚集的同一商圈，能够聚集大量的消费者"人气"，吸引更多的顾客前来购买。分散经营使商家无法获得与其他商家的资源共享优势，市场风险明显增大，获利能力下降。

聚合选址当然存在竞争，如果要生存和发展，就必须提升自己的竞争力。虽然麦当劳和肯德基总是处在同一商圈中，但都有各自的品牌个性和核心竞争力，经营上各有特色。

我们在与竞争对手正面交手时也应当如此，要明确你所销售的产品的市场定位，深入研究目标消费者的需求，从产品、服务、促销等多方面进行改善，树立起区别于其他同类销售的品牌形象。我们就可以发挥互补优势，形成"磁铁"效果，不仅能够维持现有的消费群，而且能够不断吸引新的消费者。

在北京南桥镇聚集了永乐、苏宁、国美3家巨头连锁家电超市，聚合的市场使3家巨头家电销售商在激烈竞争的同时寻求着各自的特色发展之路。

永乐电器推广CDMA手机，推出以退换保障、质量保障、价格保障和额外支出保障为基础的4大保障体系，以服务和价格的双重优势吸引顾客。

国美电器在其连锁店内开设了各类音像制品的销售柜台，拓展经营业务范围，同样也起到了招揽客户的作用。国美还推广"普惠制"，让各类电器的消费者都能够实实在在地得到经济上的优惠，而不是某一类家电的购买者。

苏宁电器倡导"天天促销"，让消费者能够每天都得到实惠，并根据刚迁入新居客户的实际住房条件和经济条件，量身定制家电配置方案，带来了销售额的直接增长。

我们在面对面的激烈竞争中，会更积极创新地制定个性化的服务和策略，抢滩消费市场。我们常常看到，超市中的酸奶、方便面专柜前，同类型品牌的销售员也积聚成一个"小商圈"，对前来选购酸奶、方便面的顾客极力招揽，这个喊"大降价"，那个喊"免费品尝"，有买有送、最后一天的叫卖声一个比一个大，甚至让原本没有这方面购买预算的消费者也会被吸引过来，进行选购。其实我们在销售中，无须害怕竞争，应当学会在竞争中提升自己。

不要对"价格同盟"存在任何幻想

多年来，国内家电企业一直在硝烟四起地拼杀价格大战。以彩电业为例，1995年，当时的行业巨头长虹率先发起价格战，此举在当时成功地击退了跨国公司。但在此后长虹谋求一家独大的价格战中，国内其他企业的彩电价格也被迫跟着长虹"跳楼"，甚至在全国多个地方还出现了"论斤卖彩电"的奇异促销手段。

此起彼伏的价格大战给整个彩电行业带来了大面积亏损。2000年，全国彩电首次出现全行业亏损，价格战为整个行业带来的损失达到200亿元。

在产能过剩、产品同质化的市场格局下，每个企业都希望通过降价占领市场份额，结果谁都没有从中获利。于是，行业的寡头厂商和销售商试图采用"价格自律联盟"的手段，以求弱化竞争，维持稳定利润。然而，价格联盟的结果往往不攻自破，总有个别企业迫不及待地使出降价损招，于是联盟迅速瓦解，行业再一次陷入价格战的泥潭。

价格联盟的瓦解正是因为经济学中的"纳什均衡"失去了作用。1994年，美国著名的经济学家约翰·纳什因定义了博弈论中的"纳什均衡"而被授予诺贝尔经济学奖。我们通过一个简单的故事认识"纳什均衡"。

有一天，一位富翁在家中被杀，财物被盗。警方抓到两个犯罪嫌疑人斯卡尔菲丝和那库尔斯，并从他们的住处搜出被害人家中丢失的财物。但是，他们矢口否认曾杀过人，辩称先发现富翁被杀，然后顺手牵羊偷了点儿东西。

于是警方决定将两人隔离，分别关在不同的房间审讯。检察官说："由于你们的偷盗罪已有确凿的证据，所以你们将被判1年刑期。如果你单独坦白杀人的罪行，我只判你3个月监禁，而你的同伙将被判10年徒刑。如果你拒不坦白，而被同伙检举，被判10年的是你，他只判3个月。如果你们两人都坦白交待，那么，你们各判5年刑。"

显然，对于他们二人来说，最好的策略是双方都抵赖，结果是大家都只被判1年。但是由于两人处于隔离的情况下无法串供，所以，两个人都是从经济学利己的目的出发，选择坦白交待成了最佳策略。因为坦白交待可以期望得到很短的监禁——3个月，但前提是同伙抵赖，显然要比自己抵赖而坐10年牢好。即使两人同时坦白，至多也只判5年，还是比被判10年好。所以，两人合理的选择是坦白，原本对双方都有利的策略（抵赖）和结局（被判1年刑）最终不会出现。

这就是博弈论中经典的"囚徒困境"，两名囚犯最终选择的不合作策略便是"纳什均衡"。

在与竞争对手的价格博弈中，各商家都希望追求自身利益的最大化，于是采取"不合作"的策略，导致价格战和促销战，其结果是谁都没钱赚。对消费者可能是有利的，但对销售方而言却是灾难性的。因为这一均衡策略的最终结果，是没有谁可以分到更大一块"蛋糕"，每个人拥有的市场份额还是和降价之前差不多，从而形成了更糟的"均衡"——大家的利润都下降了。于是，"价格同盟"也被当作一种权宜之计应运而生。

可惜的是，价格同盟无论是采取行业自律的形式，还是禁折令的形式，最后还是会陷入"囚徒困境"的迷局里。当大家同意确定了行业自律价时，每个销售者都会想，别人都遵守自律价时，我降价，会占领更大市场，我不降价，市场份额仍不变，两者相比还是降价有利。每家企业都按同样的推理做出选择降价的决策，自律价或禁折令就成一纸空文了。

其实，各行各业都存在无奈的"价格困境"。在商品促销过程中，价格战被许多销售员作为是最具杀伤力的撒手锏。以"满×就送"为例，从"满100送20""满200送50"逐渐演绎到的"满200送200""满400送400"，为了比竞争对手更优惠，我们是"送"得越来越大方，各种花样迭出的促销手段也是无所不用其极。我们使出价格战的撒手锏的原因，一方面可能是由于销售员面临短期考核压力，有时不得不以牺牲利润为代价拼命做大销售额；另一方面是谁都不保证对手会不会先采取优惠活动，与其等对手开打被动受制，不如抢先出击把握主动。

参与价格大战时，或许都带着些"不得不这样做"的无奈。合理的促销能为我们扩大销路，而丧失理智的价格大战却最终只能导致两败俱伤。懂得"纳什均衡"的销售员应当对价格战保持清醒的认识，如果你无法避免恶性的价格大战，那么，至少不要相信价格同盟。

对手也能成为合作伙伴

很多人都听过"龟兔赛跑"的寓言故事。故事很简单，说的是兔子骄傲，半路上睡着了，于是乌龟跑了第一。

可是，龟兔之间的竞赛并不止一次。

第一次乌龟赢了，兔子不服气，要求再赛第二次。

第二次赛跑兔子吸取经验了，一口气跑到了终点，兔子赢了。

乌龟又不服了，对兔子说，咱们跑第三次吧，前两次都是按你指定的路线跑，第三次该按我指定的路线跑。兔子想，反正我跑得比你快，你怎么指定我都同意，于是就按照乌龟指定的路线跑，又是一兔当先。快到终点时，一条河挡住路，兔子过不去了。乌龟慢慢爬到河边，一游就游过去了，这次是乌龟得了第一。

当龟兔商量再赛一次的时候，它们突然改变了主意，何必这么竞争呢，咱们合作吧！陆地上兔子驮着乌龟跑，很快跑到河边；到了河里，乌龟驮着兔子游，两人从竞争转向了合作，以他人所长补己所短，最终实现了共赢。

乌龟和兔子本来是要一决高下的竞争对手，但是，它们最终没有较量出输赢，而是选择了"共赢"。

我们常常将市场竞争看作是乌龟、兔子齐发力的赛跑游戏，在严格竞争下，一方的收益必然意味着另一方的损失，结果是一方吃掉另一方，博弈各方的收益和损失相加总和永远为"零"，也就是 1+（-1）=0 的结果。

市场竞争的确是一个弱肉强食的零和游戏。选择竞争还是合作也成了一道博弈的难题。强大的竞争对手是争夺利益市场的死敌，也是激励我们不断进取的队友，甚至某些时候，还可能是同一战壕的战友。正如蒙牛董事长牛根生所言："竞争伙伴不能称之为对手，应称为竞争队友。以伊利为例，我们不希望伊利有问题，因为草原乳业是一块大牌子。"

将对手视为"队友"，以合作求共赢，就是博弈论中的"正和博弈"。

正和博弈，与零和博弈不同，是一种双方都得到好处的博弈，是双赢的结果。

双赢必须建立在彼此信任基础上，是一种非对抗性博弈。双赢的博弈可以体现在各个方面，商场上双赢的合作博弈用得最充分。

商场上，今天的竞争对手说不定就是明天的合作伙伴。不要把弦绷得那么紧，销售员要学会留有余地，在很多情况下，我们都可将潜在的或是直接的竞争对手作为合作伙伴，求得双赢。

2003 年 12 月，美国的 Real Networks 公司向美国联邦法院提起诉讼，指控微软滥用其在 IT 行业的垄断地位，限制 PC 厂商预装其他媒体播放软件，强迫 Windows 用户使用其绑定的媒体播放器软件。Real Networks 要求获得 10 亿美元的赔偿。

然而，还未等官司结束，Real Networks 公司的首席执行官却致电比尔·盖茨，希望得到微软的技术支持，使自己的音乐文件能够在网络和便携设备上播放。出人意料的是，比尔·盖茨通过微软发言人表示，如果对方真的想要整合软件的话，

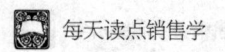

他将很有兴趣合作。

2005年10月,微软与Real Networks公司达成了一份价值7.61亿美元的法律和解协议。根据协议,微软同意把Real Networks公司的Rhapsody服务包括进其MSN搜索、MSN信息以及MSN音乐服务中,并且使之成为Windows Media Player10的一个可选服务。

这就是从竞争到共赢的完美跨越。

聪明的销售员懂得如何化对手为朋友。通过合作,我们与竞争者化解冲突,建立共同的利益关系,寻求到更大的合作空间,如苏泊尔与金龙鱼共同掀起的"好油好锅,引领健康食尚"的促销风暴。其实,竞争之处就必有合作之机。

另外,追求共赢的过程中,真诚合作与相互信任是达成共赢的首要前提。合作中的任何一方如果耍小聪明,或是企图占小便宜,都不可能达成双赢。试想,在龟兔赛跑的第四回,如果缺乏互信,不以诚相待,陆地上兔子驮乌龟跑时,兔子耍坏,一扭身,把乌龟摔伤了怎么办?乌龟驮着兔子过河时,乌龟耍坏,往下一沉,岂不把兔子淹死了?缺乏诚信,是不可能达成合作的。

第八节 危机来了,逆市中业绩也高涨

被政府的"大棒和胡萝卜"狠狠撞了一下腰

有这样一个经济学寓言:

乌托邦国中,一片混乱,整个社会的经济完全瘫痪,工厂倒闭,工人失业,许多人无家可归,政府也束手无策。

就在这时,一位经济学家向政府提出一个建议:雇佣200人挖一个很大很大的土坑。

为了完成这项工程,这200人必须要购买200把铁锹,于是,生产锹把、钢铁和铁锹的工厂开工了,这些工厂原来的工人也因此重新被雇佣。工人们开始上班了,有了工资,有钱吃饭、穿衣了,于是,服装厂、食品厂、交通部门也都随之运营起来。两个月后,大坑终于挖好了。然后政府又雇佣另一批200人再将大坑填埋,这时又需要200把铁锹……萧条的市场就这样慢慢复苏了,逐渐的,经

第十一章 销售精英要懂经济学

济恢复了，政府通过税收，偿还了挖坑时发行的债券，一切又恢复如常，人们又过上了幸福快乐的生活。

这只是一个寓言，但是说明了一个深刻的道理：经济陷入危机时，国家就要承担起自己的责任，采取有效的宏观调控的政策和方法来干预经济生活，帮助经济走上正常的轨道。

在现代市场经济的发展中，市场是"看不见的手"，而政府的调控被称为"看得见的手"。为了克服"市场失灵"和"政府失灵"，人们希望"两只手"配合运用，实现在社会主义市场经济条件下的政府职能的转变。

一般情况下，政府这只"看得见的手"用"胡萝卜"和"大棒"两种手段干预市场，"胡萝卜"是指政府支出，"大棒"是指税收和管制，这也是政府改变社会最有力的两大工具。

我们的社会是靠税收来维持的，政府每年为了维护社会的正常运转就得靠税收。但收税是吃力不讨好的事情。法国的一个财务部长对此有一个精妙的比喻："征税有如从鹅身上拔毛——要拔下尽可能多的毛，最好又不让鹅叫唤。"

管制是指政府通过法律法规引导或限制人们的一些经济活动。例如，政府会对重度污染企业进行强制性整改，对新药安全性进行强制检查。

例如，在公众健康、社会秩序、环保、教育、减少失业等方面都需要政府解决。就保持经济稳定而言，包括充分就业、物价稳定、减缓经济周期以及经济增长，保持汇率稳定和国际收支平衡。

对于销售来讲，明白政府的宏观调控政策有着很重要的意义。例如，支付税款的个人和企业不一定是最终出资者，因为存在税收转嫁问题。政府为了减少对野生动物的猎杀，对用野生动物皮制作的衣服征收重税，这时购买皮衣的富人们会放弃这种消费，转而去消费其他奢侈品，从而使皮衣的销售量剧减。这时生产皮衣的一方要承担绝大部分税收负担。

企业根据税额把物品价格提高，从而把税收转移到了生产要素的供应者（劳动、土地等）身上，结果使供给者发现自己的工资、租金等比税收前少了。消费者个人也有可能发现征税后的物品价格变贵了，从而购买其他便宜的替代品，最终使工人承担了大部分税收。

以公司所得税为例，当政府对公司征税时，税收负担最终要落到公司的所有者、工人和顾客身上。也许，在政府刚开始对公司收税时，这种税对公司所有者的损失最大。但时间一长，他们就会对税收的激励作出反应，要么减少投资，要么到其他行业或国家开设公司。这也意味着工人工资会下降，这个行业的物品价格会上升，最终受害最大的仍是工人和顾客。

黑色的郁金香，黑色的泡沫经济

凡是吹过肥皂泡泡的人都会被它的绚烂颜色所吸引。不过，泡泡越大、越鲜艳，离它的破灭就越近，而且，瞬时完成。

在经济学里，有一种现象和肥皂泡泡非常相似，那就是"泡沫经济"。

早在400年前，西欧就第一次出现了"泡沫经济"，它不是现在常见的房地产和股票，而是美丽的郁金香。

在16世纪中期，游经土耳其的旅行家们被郁金香的美丽所打动，并把它带回维也纳，然后辗转来到了荷兰。荷兰人开发出郁金香的很多新品种，被无数的欧洲民众喜欢。

于是，荷兰的郁金香种植者们开始搜寻"变异""整形"过的花朵，并卖出高价。逐渐的，这种狂热扩散到整个荷兰。几乎所有的荷兰家庭都建起了自己的花圃，郁金香也几乎布满了荷兰每一寸可利用的土地。

当时，有个鞋匠培育出一枝黑色的郁金香，一伙儿来自海尔勒姆的种植者拜访了他，说服他把花卖给他们。当鞋匠以1500弗洛林的价格卖给他们后，买家中的一个人立即把黑色郁金香摔到地上，踩踏，直到变成烂泥。买家们解释说，他们也培育出一枝黑色郁金香，毁掉这枝，他们自己的花就是独一无二的了。

1636年，一枝郁金香几乎与一辆马车等值，至1637年，郁金香球茎的总涨幅甚至高达5900%！

不过，该来的总会来。

价格的崩溃源于一个偶然。某天，一位外国水手将郁金香球茎错当成了洋葱就着熏鱼吞了下去，球茎的主人告到法官那里，法官一时难以决断。这下可不得了，人们开始怀疑、恐慌，郁金香随即成了烫手山芋，无人再敢接手。于是，球茎价格一泻千里，暴跌不止。最终跌到不及顶峰时价格的10%。整个荷兰的经济生活都崩溃了，债务诉讼数不胜数，法庭无力审理。

郁金香的狂热灼伤了荷兰人的心灵，之后的几个世纪里再没有类似的事件发

第十一章 销售精英要懂经济学

生,荷兰的经济也在许多年后才得以恢复,从此,"郁金香狂热"成了经济泡沫的代名词。

从荷兰的"郁金香泡沫"开始,人类创造了一个又一个的泡沫奇迹。迄今为止,规模最大的一个肥皂泡沫发生在日本的20世纪80年代后期。

当时,日本的股票市场和土地涨得发狂。到1990年,日本土地总市值是美国土地总市值的5倍,而美国国土面积是日本的25倍!整个股票和土地市场不断上演着一夜暴富的神话,整个日本都为之疯狂。

正当人们陶醉之时,从1990年开始,股票价格和土地价格像自由落体一般往下猛掉,许多人的财富转眼化为乌有,上万家企业倒闭,因此带来数千亿美元的坏账。

之后整整15年,日本都在为之还债,直到现在,日本经济还处在恢复期里。

泡沫经济的过程都那么相似:在狂热中上涨,似乎所有人都疯狂投入其中,直到发现荒谬,于是开始恐慌,最后泡沫破裂。

在今天,股市是最盛产泡沫的地方,人们在牛市中奋不顾身愿意花高价购买,是因为预期有一个更大的傻瓜,会花更高的价格把股票买走。只要自己不是最后一个傻瓜,那自己就是赢家。

不得不承认,市场的确是伟大的。不仅如此,经济学家们还发现了更有趣的结果:

(1)泡沫确实存在。

(2)泡沫是稳定的。

(3)人们很难判断拐点。

(4)经验有助于降低泡沫。

别以为泡沫总是过去的故事,历史总是惊人的相似。

2006年,我国接连创造了"兰花泡沫""红木泡沫""普洱泡沫"等。兰花2006年一年之内就涨了数十倍,单株兰花的最高价曾达到2000万元,不过随着媒体的披露,泡沫瞬间破灭。2004年开始,海南黄花梨、小叶紫檀的家具价格成倍地往上翻,上涨10倍以上的家具比比皆是,到了2007年下半年,泡沫破灭,许多红木家具的"身价"都被"腰斩"……

从上述中我们可知,任何行业都有可能发生泡沫经济。在我国曾经发生的这些泡沫经济中,如果在销售前期,能够及时认识到这是泡沫经济的前期表现,就

441

不会在后期发生哄抢，以至于资产瞬间消失的情况。以此为鉴，要保持理智，适当提价，在价格哄抢时期要提前退出，防止瞬间价格跌落。尤其在价格数十倍增长期间，把物价降下来是必要条件。物价降下来，正常消费才能持续，国民财富才会积累，消费内需才能被有效启动。

裙子长了，口红多了，鞋跑烂了，钱包扔了

德国，某天晚上，有个小偷去别人家里偷东西，看见一个筐里装满了钱币，他把钱倒了出来，只把筐拿走了。为什么呢？

因为在当时，德国货币贬值到了几乎无法想象的程度。当时德国政府日夜不停地开动印钞机，把纸币发行到天文数字，同时也把物价推到了天文数字。如在1922年初拥有价值3亿元的德国债券——堪称巨富，而在两年之后，这么多的钱连一块冰糖都买不到。

这就是史上最著名的第一次世界大战后的德国恶性通货膨胀事件。

在经济学中，通货膨胀一般是指纸币发行量超过商品流通中的实际需要的货币量，引起纸币贬值。它的直接反映是物价持续上涨。如果你走进市场，发现大米或者猪肉的价格上涨了，你不能说已经发生了通货膨胀；但是当你环顾四周，看到绝大部商品的价格都上涨了，你就可以断定通货膨胀确实发生了。

提到通货膨胀，很多人可能会有谈虎色变的感觉。其实，通货膨胀与市场经济是一对孪生兄弟，它们的历史几乎一样古老。大部分时候的通货膨胀都是比较温驯的，它对经济起到促进的作用。只有在一些特殊时期，通货膨胀才像洪水猛兽一样带来毁灭性的破坏。

不仅如此，通货膨胀有时也很"可爱"，下面举几个例子来说明。

（1）经济学家发现，当女性穿的裙子较短时或者非常短时，股市正处于牛市或者即将进入牛市。原因是穿短裙需要配合丝袜，而丝袜较贵，这需要男士有较强的经济实力。同样，当女性穿的裙子较长或者非常长时，股市就会处于熊市。

（2）经济学家发现，当商店中的口红卖得少且较慢时，一般经济都会处于繁荣或者即将繁荣的阶段，也就是通货膨胀潜伏期。原因是这时的女性充满自信，喜欢淡妆。而当商店中的口红卖得较快的时候，此时的经济一般处于经济衰退期，或者即将衰退，也就是通货膨胀期。因为此时的职业女性不自信，需要靠化妆来

掩饰自己。

（3）皮鞋成本。通货膨胀期间，频繁地跑银行会让你的皮鞋磨损得更快。不过，这只是一个比喻，指为在手头上保留较少的现金，你必须付出必要的时间和资源。例如，季羡林先生回忆他在20世纪40年代当教授时，金圆券飞涨，发了工资就要跑步去买米，并且跑快跑慢米价都不一样。

通货膨胀一般可分为3种类型：温和的通货膨胀、急剧的通货膨胀、恶性的通货膨胀。

（1）温和的通货膨胀，这是一种价格上涨缓慢且可以预测的通货膨胀。世界上许多通货膨胀都是温和的通货膨胀，物价较为稳定，人们对货币较有信心，相信钱的价值不会在一年内有大的变化。

（2）急剧的通货膨胀，是指当总体价格以20%、100%、200%，甚至是1000%、10000%的速度增长，这被称为急剧的通货膨胀。发生这种通货膨胀的国家，在价格被竭力稳定后，会出现严重的经济扭曲现象，并且对本国货币会失去信心，会运用一些价格指数或外币作为衡量物品价值的标准。

（3）恶性通货膨胀，被称为经济的癌症，这种致命的通货膨胀以百分之一百万，甚至是百分之万亿的速度上涨，在短时间内摧毁市场经济。例如前文所讲的第一次世界大战后的德国发生的恶性通货膨胀。

在日常生活中，人们普遍把通货膨胀视作头号经济敌人。因为通货膨胀对人们的收入和财富进行再分配。例如负债的人得到了意外收益，拥有资产的人受到损失。

假设你借款120万元买一套住房，每年需要还12万元债务。如果这期间发生了高速通货膨胀，人们的工资收入和物价都涨了一倍。虽然名义上你每年仍要还12万元，但实际上还款的成本只有原来的一半，你的财产无意之中增加了一倍。很显然，债权人的处境就刚好相反，通货膨胀会吞噬他的资产，使其资产严重缩水。

对于普通民众来讲，没必要深究通货膨胀产生的原因，关键是如何应对，以减少压力和损失。例如我们可以采取一些措施，以应对通货膨胀。

第一，努力工作，多多赚钱，减少开支，减轻通货膨胀的压力。

第二，可以通过各种投资理财来抵消通货膨胀对财产的侵蚀。但需要针对不同程度的通货膨胀来选择不同的理财工具。

温和通货膨胀时，应当将资金充分利用，将资金都投入到市场上。一般不要购买债券特别是长期的债券。而且，对于已持有的资产，哪怕已经有了不错的收益，也不要轻易出售，因为更大的收益在后面。

当达到5%～10%的较高的水平时，这时经济非常繁荣，是股市和房地产市场高涨的时期。政府出台的调控手段往往被市场所淹没。这时该离开股市了，也要小心投资房地产了。

更高的通货膨胀时，经济明显已经过热，政府必然会出台更加严厉的调控政策，基本上紧接着会有衰退期。因此一定要离开股市了。房产问题不大，但不要贷款买房，也绝不能炒房。手中用于投资的房产也要减持。这时利率应已达到高位，长期固定收益投资成了最佳的选择，如长期债券等，但企业债券要小心，其偿付能力很可能随着经济的衰退而减弱。

出现恶性通货膨胀时，要以最快的速度将全部财产换成另一种货币并离开发生通货膨胀的国家。这时任何金融资产都是垃圾，经济必将陷入长期萧条。对于普通老百姓来说，离开国家的可能性不是很大，那就选择黄金等保值品，以减少损失。

政府限价时，如何正确"开仓"和"守粮"

在我国，某些医院的专家门诊曾经实施过价格上限制度，例如一个脑外科专家的门诊价只能定到20元。如果医院违反就等于违法。这一制度出台的用心是良好的，担心收入过低的人看不起病。但从此后，不管病人患的是大病还是小病，都去专家门诊，导致专家门诊前排长队等位，普通门诊很少人看病。从而直接催生了以倒卖专家门诊号为业的号贩子，他们在地下市场中把专家号的价格可以炒到3000元以上。公安部门的严厉打击只能治表。

我们知道，在完全竞争的市场中，市场可以对资源进行有效配置，但需要苛刻的条件，如不存在垄断、没有产权纷争、不存在欺诈、市场信息充分透明等。但现实总是不完美的，因为不可能存在真正的完全竞争，这时，就想要由政府来矫正市场。

价格管制是政府重要的经济管制手段，它分为价格上限和价格下限。限制价格的目的是为了稳定经济生活、稳定生活必需品的价格，保护消费者利益，有利于安定民心。

那么，以经济学的观点来分析，这种政府的手段是否合理呢？

当政府实行价格上限时，会带来两种结果：当价格上限在均衡价格之上时，市场仍会产生向均衡价格变动的趋力，因此对经济没有影响；当价格上限在均衡价格之下时，市场价格会向均衡价格趋近，但到价格上限时会上不去，这时，市场价格就是价格上限的价格。由于价格上限对市场产生的限制性约束，导致需求大于供给，市场就会出现消费者排长队等待所需物品，浪费了大量的时间，既没有效率，也有欠公正。

在美国，曾经对橘子实行价格上限，结果高昂的价格大大降低了橘子的销售，带来的结果是政府花了大量金钱把橘子买下来，再不得不把它们全部销毁掉。

价格下限是确定法定价格的最低限度。最典型的例子是最低工资法。它有可能使低收入的劳动市场存在劳动需求过剩，实施后对低收入者和青少年劳动力有不利的影响。

青少年劳动力市场受最低工资的影响最大，因为青少年的技术最低、经验最缺乏。他们往往愿意接受较低的工资来换取工作经验，甚至有很多人愿意不要任何报酬来实习。通过对青少年劳动市场的研究发现，最低工资每上升10%，青少年就业率就会降低1%~3%。

最低工资对移民的伤害也很大。当一个国家存在大量外籍劳工和移民时，外籍劳工一般愿意接受较低工资的工作，这对移民所在国家的工人利益有损害。最低工资法实际上成了打压外籍劳工和增加本土工人就业率的工具。

对于销售人员来讲，了解最高限价的效果与最低限价政策对于我们应付市场变化有着非常重要的作用。由上述讲解可知，最高限价与最低限价很相似，区别在于最低限价使消费者的一部分利益转移给了生产者，而最高限价使得生产者的一部分利益转移给了消费者。另外，由于产品供不应求，因此最高限价政策没有给生产者造成产品积压的成本损失，这是与最低限价政策效果的又一不同之处。

执行限价政策，是政府为了稳定经济生活、保障百姓利益的手段，但如果因执行最高限价而造成购物排长队，或者要走后门，或者要凭票等现象，比如那些愿意出高价购买的消费者，可能由于排队来迟，或者由于没有认识的熟人去走后门，或者由于没有领到购物票，没有买到商品。或者买到商品的人，并不是因为他们急需商品，是因为他们排队来得早或者有购物票，以便把买到的商品转手以高价卖出去。销售人员应做好本职工作，尽自己应尽的义务，稳定顾客情绪，公正合理地对待每一个产品、每个顾客。在政策实施前期，应及时预防供不应求的情况，及时做好库存，才能"手中有粮，心中不慌"。

最低限价政策依然是政府为了稳定经济生活所运用的手段，结果把消费者的部分利益转移给了生产者，让生产者得到实惠。但对于生产者来说，它从消费者那里获得的利益很可能弥补不了产品过剩造成的成本损失。所以必要时候，应该采取相应优惠政策，或买赠活动、促销活动，缓解库存压力，保证人们的合理使用权利。

危机中的"挥霍节俭"悖论

王先生是一家公司的高层管理者，收入丰厚，生活富足。可王先生常因两个人的花钱而生气，那就是父亲的过分节俭和儿子的过度消费。

王先生的父亲一向节俭。为了节省电费，他看电视时从来不开灯，空调也从不主动开。夏季为了防止蚊虫，王先生给父亲买的蚊香他也不点。为了能免费理发，他父亲能从城西步行到城东找义务理发摊。而且他父亲很少买菜，常常是逛菜市场捡剩菜叶。

与父亲形成鲜明对比的是王先生的儿子。为了玩游戏，一定要买最高配置的电脑，游戏光盘买了几十盘。夏天一定要开空调，吃饭没有肉不动筷子。身上穿的全是名牌。对王先生的勤俭说教，儿子振振有词："现在国家提倡消费，扩大内需，我们应该响应党的号召，为社会多做贡献。再说，你和我妈的收入也不在乎这点钱。"

王先生非常矛盾，常因父亲过分的节俭而心疼，但对儿子的过度消费却又无可奈何。

其实，王先生在这里就遇到了一个经济学问题——节俭悖论。

节俭悖论是指，节俭减少了支出，迫使厂家削减产量，解雇工人，从而减少了收入，最终减少了储蓄。储蓄为个人致富铺平了道路，但如果所有人只储蓄不消费，将使整个社会陷入萧条和贫困。

人们的收入通常有两种用途——消费和储蓄，而消费与储蓄成反向变动，即消费增加储蓄就会减少，消费减少储蓄就会增加。所以，储蓄与国民收入呈现反方向变动，储蓄增加国民收入就减少，储蓄减少国民收入就增加。

由此可以得出一个蕴含逻辑矛盾的推论：节制消费增加储蓄会增加个人财富，对个人是件好事，但如果所有人都消费会减少国民收入引起萧条，对整个国民经济发展却是件坏事。

在销售中，顾客当然想买物美价廉的东西了。但是，节俭悖论告诉我们，物价问题，从个人的角度去看和从整个经济的角度去看是不一样的。个人希望的物美价廉，会对经济的正常循环和经济的持续增长造成损害。

生产和消费总是处在变化之中，但它们之间是互相作用的，而且总体上保持动态的平衡。企业生产出来100元的东西，社会就应该消费掉100元，这样企业才不亏本，才能进行再生产。而且社会的需求应该比企业产量大一点，使企业有所积累，然后再扩大规模，并且开发新产品供社会消费，进而提升这一类商品的质量和层次。然后消费再上升，把这些扩大的、新增的产品吸收掉，从而促进生产水平再上涨……这两者是互动的，社会需求量大，物价就会上涨。反之，消费下降会造成生产萎缩。

反之，如果消费者都攒钱不消费或者少消费，企业生产出100元，老百姓只消费掉80元。这样就会出现库存积压，生产萎缩，社会没有能力去吸收新产品，生产和消费形成恶性循环，经济增长必然下滑，最终受害的还是消费者。

这就是国家千方百计启动消费需求的原因。

近年来我国采取了各种措施来刺激内部消费。这些措施在一定程度上刺激了我国居民的消费，但也难免会带来一些负面影响。生产与消费之间这种动态平衡，每个国家都在努力保持，只有这样，经济才能稳步增长，老百姓才能真正过得越来越好。

总之，我们要辩证地看待节俭和消费的问题。像案例中王先生的父亲和儿子，他们的观点都对，但又都不全对。关键是度的把握问题。节俭是中华民族的传统美德，但并不是不去消费；而消费也不是奢侈地浪费。我们大力提倡理性消费，也反对盲目消费。

· 第十二章 ·

销售精英要懂心理学

第一节　天下客户都一样，6招突破客户的心理抗拒

送出喜好花，4大效应让你轻松赢得客户好感

作为销售人员，我们总会遇到各种各样的客户，最大的问题就是如何让客户接受我们并愿意与我们进一步接触。

1. 移情效应

"爱人者，兼其屋上之乌"，心理学中把这种对特定对象的情感迁移到与其相关的人、事、物上来的现象称为"移情效应"。

移情效应表现为人、物和事情上，即以人为情感对象而迁移到相关事物的效应或以物、事为情感对象而迁移到相关人的效应。据说蹴鞠（足球）是高俅发明的，他的球踢得好，皇帝从喜爱足球到喜爱高俅，于是最后高俅成了皇帝的宠臣。而生活中的"以舞会友""以文会友"等很多活动都是通过共同的爱好而使不相识的人建立了友谊，这些都是移情效应的表现。

销售人员在与客户打交道的过程中，这种移情效应的巧妙应用会大大增加交易成功的几率。

拉堤埃是欧洲空中汽车公司的推销员，他想打开印度市场，但当他打电话给拥有决策权的拉尔将军时，对方的反应却十分冷淡，根本不愿意会面。经过拉堤埃的强烈要求，拉尔将军才不得不答应给他10分钟的时间。

会面刚开始。拉堤埃便告诉拉尔将军，他出生在印度。拉堤埃又提起自己小时候印度人们对自己的照顾，和自己对印度的热爱，使拉尔将军对他生出好感。

之后，拉堤埃拿出了一张颜色已经泛黄的合影照片，恭敬地拿给将军看。那是他小时候偶然与甘地的一张合影。于是，拉尔将军对印度和甘地的深厚感情，便自然地转到了拉堤埃身上。毫无疑问，最后生意也成交了。

移情效应是一种心理定式。所谓"七情六欲"是人的本性，所以人和人之间最容易产生情感方面的好恶，并由此产生移情效应。洞悉人性，把握人性，要迈出销售第一步，就应该像拉堤埃一样懂得这一点。

2. 喜好原理

人们总是愿意答应自己认识和喜欢的人提出的要求。而与自己有着相似点的人、让我们产生愉悦感的人，通常会是我们喜欢的人。这就是喜好原理。

不怕客户有原则，就怕客户没爱好。销售员可以从下面5个方面发觉自己对别人与客户的相似度。

（1）打造迷人的外表吸引力。一个人的仪表、谈吐和举止，在很大程度上决定了其在对方心目中是否能受到欢迎。

（2）迅速寻找彼此的相似性。物以类聚，有着相同兴趣、爱好、观点、个性、背景，甚至穿着的人们，更容易产生亲近感。

（3）想办法与目标对象接触。人们总是对接触过的事物更有好感，而对熟悉的东西更是有着特别的偏爱。

（4）制造与美好事物的关联。如果我们与好的或是坏的事情联系在一起，会影响到我们在旁人心中的形象。

（5）毫不吝惜你的赞美之词。发自内心的称赞，更会激发人们的热情和自信。

喜好原理的关键是获得他人的好感，进一步建立友谊。在中国，将喜好原理用得炉火纯青的就是保险公司了。他们还总结提炼了"五同"，即同学、同乡、同事、同窗以及同姓。总之，只要可以联系上的都可以展开销售动作，因为这有利于建立关系、达成交易。

3. 自己人效应

19世纪末欧洲最杰出的艺术家之一的温森特·梵·高，曾在博里纳日做过一段时间的牧师。那是个产煤的矿区，几乎所有的男人都下矿井。他们工作危险，收入微薄。梵·高被临时任命为该地的福音传教士时，他找了峡谷最下头的一所大房子，和村民一起在房子里用煤渣烧起了炉子，以免房子里太寒冷。之后，梵·高开始布道。渐渐的，博里纳日人脸上的忧郁神情渐渐消退了，他的布道受到了人们的普遍欢迎。作为上帝的牧师，他似乎已经得到了这些满脸煤黑的人的充分认可。

可是为什么呢？梵·高百思不得其解。突然脑海中突然闪过一个念头，他跑到镜子前，看见自己前额的皱纹里、眼皮上、面颊两边和圆圆的大下巴上，都沾着万千石山上的黑煤灰。"当然！"他大声说，"我找到了他们对我认可的原因，因为我终于成了他们的自己人了！"

一个人，一旦认为对方是"自己人"，则从内心更加接受，不自觉地会另眼相待。

在生活中，"自己人效应"很是普遍。一个很简单的例子：本专业的教师向大学生介绍一种工作和学习的方法，学生比较容易接受和掌握；若其他专业的教师向他们介绍这些方法，学生就不容易接受。

销售员要想得到客户的信任，想办法让对方把自己视为"自己人"，无疑是一条捷径。

4.兴趣效应

人与人在交往的过程中，常常会出现"惺惺相惜"的情况，社会心理学认为，共同的兴趣是"相见恨晚"的重要因素。

高珊是一名自然食品公司的推销员。一天，高珊还是一如往常，登门拜访客户。当她把芦荟精的功能、效用告诉客户后，对方表示没有多大兴趣。当她准备向对方告辞时，突然看到阳台上摆着一盆美丽的盆栽，上面种着紫色的植物。于是，高珊好奇地请教对方说："好漂亮的盆栽啊！平常似乎很少见到。"

"确实很罕见。这种植物叫嘉德里亚，属于兰花的一种，它的美，在于那种优雅的风情。"

"的确如此。一定很贵吧？"

"当然了，这盆盆栽要800元呢！"

高珊心里想："芦荟精也是800元，大概有希望成交。"于是她开始有意识地把话题转入重点。

这位家庭主妇觉得高珊真是有心人，于是开始倾其所知讲述所有关于兰花的学问。等客户谈得差不多了，高珊趁机推销产品："太太，您这么喜欢兰花，一定对植物很有研究。我们的自然食品正是从植物里提取的精华，是纯粹的绿色食品。太太，今天就当作买一盆兰花，把自然食品买下来吧！"

结果这位太太竟爽快地答应了。她一边打开钱包，一边还说："即使我丈夫，

第十二章 销售精英要懂心理学

也不愿听我絮絮叨叨地讲这么多，而你却愿意听我说，甚至能够理解我这番话，希望改天再来听我谈兰花，好吗？"

客户的兴趣是销售员成功实现销售的重要的突破口。志趣相投的人是很容易熟识并建立起融洽的关系的。如果销售员能够主动去迎合客户的兴趣，谈论一些客户喜欢的事情或人物，把客户吸引过来，当客户对你产生好感的时候，购买你的商品也就是水到渠成的事情了。

摆出互惠秤，先付出一点让客户产生亏欠感

生活中，总会发生这样的现象，我们明明不喜欢某个人，却无法拒绝他提出的要求；还有，为什么很多超市总喜欢提供"免费试用""免费品尝"活动？

一切就在于互惠原理。

牢记互惠原理，让对方产生必须回报你的负罪感。受人恩惠就要回报是互惠原理的心理依据，它可以让人们答应一些在没有任何心理负担时候一定会拒绝的请求。所以，此原理最大的威力就是：即使你是一个陌生人，或者是让对方很不喜欢的人，如果先施予对方一点小小的恩惠，然后再提出自己的要求，就会大大减小对方拒绝这个要求的可能。

把互惠原理运用到销售之中，会产生非常好的效果。想要获得什么样的回报，往往不在于别人想要给你什么，而是你曾经给了别人什么。当你实实在在地为别人做了一些事情，给他带去了一些好处，别人就会想方设法地来报答你为其所做的一切。

小王是一家酒水公司推销员，一次到一家酒水专卖店推销产品，店主是女性。前几次都被赶了出来，第四天再去，女老板态度比第一天有所好转，让他把产品画册和价格表留下给她看看，改天再给他打电话。明知是在敷衍。但又无计可施。

过了几天，推销员准备又去，就先给她打电话，哪知道一打电话，她电话停机了。推销员突然灵机一动，这不正是一个好机会吗？为什么不先给她交电话费呢？想到这里，他毫不犹豫地跑帮她充了100块的电话费，接着马上给她打电话，说："我是××酒水公司销售员小王，前几天您叫我过几天再联系您，我刚刚给您打电话您电话停机了，您工作很忙，为了不给您的工作带来不便，所以我给您交了100的电话费，请问您今天有时间吗？"老板一听，有点感动，说："小王啊，

451

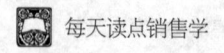

谢谢你了,我都不知道手机停了,幸亏你,不然我误事了。"于是,便让他过去。很快,这个定单拿下了。

中国人有一句古话:"来而不往非礼也。"当人们得到了他人的某些好处,就会想用另一种好处来报答他,或者做出某些退让,这样才会皆大欢喜、备感心安。在这样的心理压力作用下,很少人能够无动于衷,这就是互惠原理的巨大作用。

为什么互惠原理有如此威力?令人难以忍受的负罪感才是"罪魁祸首"。这种负罪感对每一个人来说都是一种深深的压力,让人迫不及待想要卸下。一旦受惠于人,就会痛痛快快地给出比我们所得要多得多的回报,以使自己得到心理重压下的解脱。

生活中,我们经常见到超市的"免费试用""免费试吃"活动。这是典型有效的利用互惠原理进行的营销策略。超市安排相关销售人员将少量的有关产品提供给潜在的顾客,他们介绍说这样做的目的是让他们尝试看自己到底喜欢不喜欢这个产品,而活动真正的心理奥妙在于:免费试用品从另一个层面说是可以作为一种礼品的,因此可以把潜在的互惠原理调动起来,让品尝过的消费者产生因有亏欠感而不好意思不买的心理。

在销售中,如果能够牢记并巧妙运用互惠原则,给顾客一些恩惠,使客户产生负罪感,便能够在回报意图的作用下,有效地促使客户购买你所推销的产品。

随着客户消费心理越来越成熟、理性,很多时候,人们会选择拒绝别人的礼物和帮助。如果出现这样的客户,销售员最好的方法是继续坚持下去,就如同追求女孩子一样,送一次、两次鲜花并不难,但若坚持半年甚至一年就会很难,如果坚持,终有一天女孩会接受你。同样,只要销售员坚持竭诚地为客户服务,让其感受到你的真诚与付出,终有一天客户会被你感动并给你回报。

抛出承诺球,引导客户言行一致

《百科全书》是一套由 25 本书构成的工具类百科全书,公司规定,客户签约购买后,如果认为不符合要求,在不损害质量的情况下,15 天内公司可以为其办理退款。而大部分销售人员的退货率高达 70%,却有一部分销售人员,他们的退货率仅仅为 25%,为什么?

"当客户决定购买并签订合同,付款前我通常会问两个额外问题,第一个是:

通过了解，您觉得这套百科全书对孩子有帮助吗？"因为在介绍过程中客户已经认可，所以，客户会说非常有用。第二个是："在未来的两个月内，您会坚持每天找到一个孩子感兴趣的条目讲解给他吗？"因为介绍过程中讲到了习惯的养成及坚持的好处，客户会回答说愿意坚持每日讲解，直到孩子养成习惯。这两个问题，让我的客户退货率控制在25%以下。"

这是为什么？

承诺一致性原理，让人做出承诺，他就有了必须言行一致的压力。

古今中外，在人类的文化里，始终如一是一种代表诚信的优秀品质。一旦下定决心，我们就会找出很多理由说服自己坚持完成。这在心理学上的表现就是承诺一致性原理。一旦选择了某种立场，人们一定会捍卫下去，因为一致性在制造着压力，这种压力迫使人们产生与承诺一致的行为。而且，人们会一直说服自己所做的选择是正确的，并用行动证明，这样感觉才会良好。

刘先生刚刚乔迁新居，决定淘汰旧的家电，一切都换成新的。当一个知名家电品牌的推销员李朗上门推销公司新推出的一种套装家电的时候，刘先生家仅仅剩下一台洗衣机没有更换。李朗意识到全套家电是不可能卖出了，但是既然来了，就要争取一下，于是详细讲解该品牌的电器。他发现刘先生一家对洗衣机非常感兴趣，于是就推荐了公司新推出的一款洗衣机。尽管刘先生及家人都非常喜欢这款洗衣机，但对推销人员的防备心理让刘先生产生了质疑，他决定暂时不买。

于是他婉转地说："实在不好意思啊，虽然我们都很喜欢你推销的家电，但我们不能因为喜欢洗衣机就让你把这套家电拆开来卖，这样可能会给你和你们公司造成很大的损失。"

聪明的李朗意识到，这只是刘先生在拒绝自己，但同时他也捕捉到一个很好的契机，他立刻反问张先生："如果这套家电可以拆开卖，你会选择购买吗？"刘先生说："那最好不过，但是我们也不想为难你！"李朗再次确定："您是说如果可以拆开来卖，您会购买这台洗衣机是吗？"刘先生点头。看到客户已经做出了承诺，李朗便抓住机会说："您稍等，我向公司请示一下。"

结果可想而知，领导同意后，李朗欣喜地告诉刘先生说："领导已经同意将这套家电拆开来卖。恭喜您，可以买到一款喜欢的洗衣机。"想到有承诺在前，刘先生此时也不好再说什么，只有选择购买了。

承诺一致性原理，就是让人受到一种无形力量的牵制，承诺一旦做出，就不会轻易改变。上面的例子，销售员将承诺一致性应用到销售中，就可以以此来防止客户变卦，利用客户自己的承诺来影响其行为。

优秀的销售员可能并不会在推销的过程中直截了当地要求客户购买自己的产品，而是引导他们向自己许下一些诺言。等到时机成熟，销售员再用承诺促使当初许下诺言的客户兑现。即使客户此时已经认识到自己当初轻易许下诺言是不理智的行为，他也会为了保持自己的言行一致，而难以拒绝销售员的再次推销。对大部分人来说，保持言行一致的形象远远要比损失一些金钱更重要，何况他们仅仅是购买了一些对自己有利无害的产品，并没有损失金钱。

承诺一致性原理，通过无形力量的影响，使销售员原本艰难的推销过程变得简单起来。因此，如果销售员能将这一原则巧妙地运用到销售中，不仅可以让客户感到最大限度的满足，也能够顺利实现自己的销售目的。当然，无论运用何种原理，销售者都要以服务客户、帮助客户为己任。

利用权威效应让客户对你信赖有加

曾经有心理学家做过这样一个试验，他让被试者看两幅画作，并告诉他们，第一幅作品是名家手笔，另一幅画则是无名小辈的作品，他要求被试者仔细观看、鉴别。看过之后，心理学家让被试者发表意见，看哪幅画更好，结果百分之九十多的被试者认为前一幅画画得好，很有韵味和内涵，而第二幅画没有什么吸引人的地方。但真实的情况却是：第二幅画是名家作品，而第一幅画只是心理学家自己胡乱涂鸦的。

这就是权威效应，又称为权威暗示效应，指的是如果一个人的地位高，有威信，那他所说的话及所做的事就很容易引起他人的重视，并让他们不会对其正确性有任何怀疑，即"人微言轻、人贵言重"。

杰克是一位经验丰富的推销员，每次成交后，他都让顾客为自己签名，特别是一些比较有身份、地位的顾客。当他去拜访下一位顾客时，总是随身带着这些顾客名单，那些名字都是顾客的亲笔签名。见到下一个顾客后，他先把名单放在桌上。

"我们很为我们的顾客骄傲，您是知道的。"他说，"您知道高级法院的理查德法官吗？"

"哦，知道！"

"这上面有他的名字。您更应该知道我们的布莱恩市长吧！"

杰克兴致勃勃地谈论着这些名字，然后说："这是那些受益于我们产品的人。他们喜欢……"他又读了更多有威望的人名，"您知道这些人的能力和判断力，我希望能把您的名字同理查德法官及布莱恩市长列在一起。"

"是吗？"顾客很高兴，"我很荣幸。"

接下来，杰克开始介绍他的产品，最后成交了。

杰克就是凭借着这些顾客名单，取得了很好的销售业绩。

人们总是会没有理由地认定权威人物的思想、行为和语言是正确的，正是人们对权威的深信不疑和无条件遵从，使权威形成了一种强大的影响力，改变着人们的决定和行为。在销售活动中这种影响尤为明显，如许多商家在做广告时，高薪聘请知名人物做形象代言人，或者以有影响的机构认证来突出自己的产品，以达到增加销量的目的。

因此，在销售过程中，如果销售员能够巧妙地应用权威的引导力，则能对销售起到巨大的促进作用。

放出稀缺光，直击客户担心错过的心理

"物以稀为贵，情因老更慈。"这是出自唐代著名诗白居易的《小岁日喜谈氏外孙女孩满月》一诗中的名句，描写了一位老人初抱孙女的喜悦之情，诗中还写到"怀中有可抱，何必是男儿"，也就是说自己在离世之前能抱上外孙，管他是男孩还是女孩，有总比没有强。而物以稀为贵也是心理学中一个非常重要的原理，即稀缺原理。

稀缺产生价值，这也是黄金与普通金属价格有着天壤之别的原因。当一样东西非常稀少或开始变得稀少的时候，它就会变得更有价值。简单说就是"机会越少，价值就越高"。

制造短缺甚至是稀缺的假象，可以极大地影响他人的行为。

从心理学的角度看，这反映了人们的一种深层的心理，因为稀缺，所以害怕失去，"可能会失去"的想法在人们的决策过程中发挥着重要的作用。经心理学家研究发现，在人们的心目中，害怕失去某种东西的想法对人们的激励作用通常比希望

得到同等价值的东西的想法作用更大。这也是稀缺原理能够发挥作用的原因所在。

而在商业与销售方面，人们的这种心理表现尤为明显。例如商家总是会隔三差五地搞一些促销活动，打出"全场产品一律5折，仅售3天""于本店消费的前30名客户享受买一送一"等诱惑标语，其直接结果是很多消费者听到这样的消息都会争先恐后地跑去抢购。为什么？因为在消费者心中，"机不可失，时不再来"。这对他们的心理刺激是最大的，商家利用的就是客户的这种担心错过的心理来吸引客户前来购买和消费。

夏季过去了大半，而某商场的仓库里却还积压着大量衬衫，如此下去，该季度的销售计划将无法完成，商场甚至会出现亏损。商场经理布拉斯心急如焚，他思虑良久，终于想出了一条对策，立即拟写了一则广告，并吩咐售货员道："未经我点头认可，不管是谁都只许买一件！"

不到5分钟，便有一个顾客无奈地走进经理办公室："我想买衬衫，我家里人口很多。"

"哦，这样啊，这的确是个问题。"布拉斯眉头紧锁，沉吟半晌，过了好一会儿才像终于下定决心似的问顾客："您家里有多少人？您又准备买几件？"

"5个人，我想每人买一件。"

"那我看这样吧，我先给您3件，过两天假如公司再进货的话，您再来买另外两件，您看怎样？"

顾客不由得喜出望外，连声道谢。这位顾客刚一出门，另一位男顾客便怒气冲冲地闯进办公室大声嚷道："你们凭什么要限量出售衬衫？"

"根据市场的需求状况和我们公司的实际情况。"布拉斯毫无表情地回答着，"不过，假如您确实需要，我可以破例多给您两件。"

服装限量销售的消息不胫而走，不少人慌忙赶来抢购，以至于商场门口竟然排起了长队，要靠警察来维持秩序。傍晚，所有积压的衬衫被抢购一空，该季的销售任务超额完成。

在消费过程中，客户往往会因为商品的机会变少、数量变少，而争先恐后地去购买，害怕以后再买不到。销售员要牢牢把握住客户的这一心理，适当地对客户进行一些小小的刺激，以激发客户的购买欲望，使销售目标得以实现。

有一个客户走了很多商店都没有买到他需要的一个配件，当他略带疲惫又满怀希望地走进一家商店询问的时候，销售员否定的回答让他失望极了。销售员看出了客户急切的购买欲望，于是对客户说："或许在仓库或者其他地方还有这种没有卖掉的零部件，我可以帮您找找。但是它的价格可能会高一些，如果找到，您会按这个价格买下来吗？"客户连忙点头答应。

在销售活动中，稀缺原理无处不在，关键是如何应用才会达到销售目的甚至超出销售目标。最好的销售员无疑也是最能够把握客户心理的。

"独家销售"——别的地方没得卖，可供选择的余地小；

"订购数量有限"——获得商品的机会稀缺，极有可能会买不到；

"仅售3天"——时间有限，一旦错过就不再有机会。

也就是说，销售人员设置的期限越彻底，其产品短缺的效果也就越明显，而引起的人们想要拥有的欲望也就越强烈。这在进行产品销售的过程中是很有成效的。这些限制条件向客户传达的信息就是：除非现在就购买，否则要支付更多的成本，甚至根本就买不到。这无疑给客户施加了高压，使其在购买选择中被稀缺心理俘虏。

另外，销售员不仅要关注产品的"稀缺"，更应当认识到，消费者有限的时间与注意力也是一种"稀缺"——随着商品类别的增多、信息的增长，人们的时间和注意力也都成了日渐稀缺的宝贵资源。销售员在赢得顾客的第一步，便是要先获取他的注意力，以及了解和使用你的产品的时间。

打出满足牌，切中客户追求的自我重要感

小张和小孟是同一家公司的销售员，两人销售同一种产品，而且是面对一个客户销售，但结果却不同。小张销售时一直很专业地介绍自己的产品，却无法被客户喜欢和接受；而小孟大部分时间在与客户闲聊，并不时向客户请教一些问题，适当地表示感谢，对产品的介绍仅仅是一带而过，结果是小孟当场成交。为什么会这样？

这就是投资重视感。客户真正需要的并不仅仅是商品本身，更重要的是一种满足感。

为什么小张不被客户欢迎？是因为他一直在滔滔不绝地介绍自己的产品，而忽略了对客户起码的尊重和感谢。而小孟始终对客户恭敬有礼，不时的请教和感谢让客户受到了足够的重视，给客户一种自己很重要的感觉，从而使客户被重视的心理得以满足，于是很自然地从情感上对小孟也表示了认同，促成了这笔交易。

客户选择购买的原因，从心理学的角度分析，是希望通过购买商品和服务而得到解决问题的方案及获得一种愉快的感觉，从而获得心理上的满足。所以，可以这样说，客户真正需要的除了商品，更是一种心理满足，心理满足才是客户选择购买的真正原因。

心理学家弗洛伊德说，每一个人都有想成为伟人的欲望，这是推动人们不断努力做事的原始动力之一。因为渴求别人的重视，是人类的一种本能和欲望。渴望被人重视，这是一种很普遍的、人人都有的心理需求，我们每个人都在努力往高处爬，希望得到更高的利益和地位，希望得到别人的尊重和喜欢。没有一个人愿意默默无闻，不为人知。

重要感更存在于消费者的消费心理中，特别是在生存性消费需要得到满足之后，客户更加希望能够通过自己的消费得到社会的承认和重视。敏锐的销售员已经意识到，顾客的这种心理需求正好给销售员推销自己的商品提供了一个很好的突破口，销售员可以通过刺激客户的自我重要感来促成客户的购买决定。

与寻求重要感相对的，是害怕被人轻视的心理。销售员要仔细观察，适当地通过反面刺激，也会达到欲扬先抑的效果。所以在销售过程中，销售员适度地说一些反面的话来刺激客户的自尊心，从而引发他的自我重要感，可能会促使客户一狠心买下更贵的产品以显示自己的不容小视。

真诚地尊重客户，给他们重要感，是打开对方心门的金钥匙。销售员要永远都让客户感受到自己的重要，多给客户一些关心和理解，对客户的尊重和付出，会得到客户同样甚至更多的回报。

第二节　抓紧！你只有4分钟获取优势

4大心理效应助你4分钟建立优势

你对一个初次见面的人形成第一印象，大约需要多长时间呢？谈话1小时，接触1天，还是认识1个月？根据心理学的研究，答案是：只需4分钟。

见面的前6秒钟可以让对方形成"喜欢还是讨厌"的大体上的印象，而真正形成清晰、完整的第一印象需要的时间大约是4分钟。4分钟是非常短暂的，如果不能在4分钟内展现自己的最大魅力，那你将无法改变别人对你的已经固定的

第十二章 销售精英要懂心理学

第一印象。

作为销售人员,如果不能在 4 分钟内让首次接触的客户对你产生好感,之后你将付出数倍的努力,甚至可能再怎么努力,都无法改变对方对你的印象了。曾经有心理学家做过实验,在见到一个销售员的最初 4 分钟内,客户已经清楚地做出选择,他是否要购买产品。

而第一印象的产生往往取决于心理学的 4 大效应。

1. 第一印象决定成败

在与人交往或与顾客沟通的过程中,你是否经常会说或者会听到这样的话:

"从第一次见到他,我就喜欢上了他。"

"我永远都不会忘记他留给我的第一印象。"

"我不喜欢他,从第一次见面我就觉得他不老实。"

"我买你的东西是因为我一看你就是一个实在人,让人一眼就很信任。"

为什么人们总是习惯凭借第一印象做决定?

因为心理学中的首因效应在起作用。因此,销售员应善用首因效应,在第一次见面时就给客户留下好印象。

那么,何为首因效应?在心理学中,首因效应也叫作"第一印象效应",是指最初接触到的信息所形成的印象对人们以后的行为活动及评价产生的影响。通常,一个人在初次接触时给对方留下的印象非常深刻,所以,人们会不自觉地依据第一印象去对某人或某物进行评价,而之后打交道则是用来验证第一印象。

也就是说,第一印象既可助某人或某事成功,也可令某人某事失败。

在销售过程中,自觉应用首因效应可以帮助我们更加顺利地获取客户的好感,从而使成交更顺利。已经有越来越多的销售员开始关注第一印象的细节,对自己的仪容仪表及言谈举止都十分注意。

2. 最近一次见面决定有无下次会面

在与人交往中起到决定作用的还有一个印象,同样能给人的脑海留下异常深刻的印象。这个印象就是在交往接触中最后一次见面或最后一瞬给人留下的印象,也就是心理学中的近因现象。

作为销售员,如果你在与客户初次接触的过程中并未留下很好的第一印象或犯下某种错误,可以在分手之前有一次良好的表现,以利用近因效应改变对方对你原来的印象。只要你的表现很好,或者触动了客户的内心,不管之前表现如何,都可以获得补救,甚至留下永生难忘的印象,而成交也就成为很自然的事情。

就如同人们常说的那句话："好头不如好尾。"客户对我们的印象压力不仅仅让销售员在最初表现很好，最后阶段更要表现好，而分手并不是结束，可能一句话就让销售员与客户的合作有了一个更好的开始。

3. 迅速展现出客户最感兴趣的那一点

人们常说："情人眼里出西施。"为什么看自己喜欢的人，怎么看都觉得舒服，怎么看都觉得好？

心理学的晕轮效应可以给出解释。晕轮效应是指人们看问题时像日晕一样，由一个中心点逐步向外扩散成越来越大的圆圈，是一种在"突出特征"这一晕轮或光环的影响下产生的以点带面、以偏概全的社会心理效应。它实际上是个人主观推断的泛化和扩张的结果。在光环效应状态下，一个人的优点或缺点一旦变为光圈被扩大，其相对应的缺点或优点也就隐退到光的背后被别人视而不见了。

在销售中，销售员要善于运用晕轮效应，抓住客户最喜欢的一点去发挥，去暗示客户，让客户对你产生信任和喜爱的感情，成交也就会更加容易。

4. 避免刻板效应带来不利影响

一提起同性恋这三个字，你会有什么感觉？对大多数人来说，这能唤起他们丰富的想象，甚至有可能预测这类人在假定情境中将如何行事。这种联系的存在，表明我们全都可能受到偏见的影响。但是偏见源于何处呢？

心理研究发现，偏见的认知来源是刻板印象，也就是刻板效应。

刻板印象指的是人们对某一类人或事物产生的比较固定、概括而笼统的看法，是我们在认识他人时经常出现的一种相当普遍的现象。我们经常听人说的"长沙妹子不可交，面如桃花心似刀"，东北姑娘"宁可饿着，也要靓着"等，实际上都是"刻板印象"。

所以，应尽量避免客户的刻板印象可能为自己带来的不好的影响，一方面要求销售人员在见面前做好充分的准备；另一方面，销售人员要注意自己的形象，关注自己的言行举止，杜绝客户的偏见。同时，利用首因效应与近因效应，通过自身的努力消除偏见也是一个选择。

完美肢体语言与神态举止，打造无敌亲和力

有人说客户的心是一扇虚掩的门，销售员将其打开的金钥匙就是真诚。而将心门打开后，怎样才能成功捕获客户的心，让客户心甘情愿地接受你、喜欢你，

继而愉快地与你合作?

捕获客户心的最好方式就是情感投资,满足客户内心的需要,通过语言、肢体语言及神态举止让客户得到应有的尊重。用自己的行动获取客户的信赖感,当客户被你征服,他就会毫不犹豫地跟你走。

微笑是一种美好的表情,让人觉得友善、觉得真诚、觉得亲切、觉得美丽。

销售其实就是销售员与客户之间的一场交际,一个从陌生到相识,从抗拒到接受,从质疑到满意的过程,其中有着无数的情感变化。而销售成功与否与销售员是否懂得并准确地把握客户的内心有着很大的关系。

眼神是一道阳光,让人温暖,让人信赖。

温和的眼神是对人心灵的安抚,能给予对方巨大的心理安慰。每一个人生活在这个世上,都会遇到各种不如意的事情,包括我们所面对的各种类型的客户,他们都曾经遭受到烦恼和痛苦,都曾或多或少地受到过不被重视的待遇,但温暖真诚的目光,却可以使人得到安慰,获得力量。一道温和的目光犹如一道温暖的阳光,不仅能够照亮阴暗的心灵,还能够温暖身边人们冰冷的心。销售员不仅要学会对客户微笑,同时要用温和真诚的目光去关心客户,赢得客户的心。

提供给客户一视同仁、礼貌与尊重的对待,客户会给你更多的回报。

任何一位顾客都讨厌不被重视,当销售员对客户视而不见或者将客户晾在一边时,客户自然很难与他合作。对每一位客户一视同仁、温和有礼,用每一个细节让客户感受到你对他的尊重和重视,顾客一定会接受你。

销售就好比照镜子,你如何对待客户,客户就会如何对待你。在销售中微笑、温和、礼貌与尊重,做一次或许很容易,难的是一直这样做下去,对一个客户这样做或许很容易,难的是对每一个人都要如此。所以,优秀的销售员总是少数。

控制对方的时间,传达"我很重要"

在销售中,一定是销售员被客户牵着鼻子走吗?对客户唯命是从就是对客户真正的尊重吗?

在大型销售谈判过程中,"争夺时间"是一项有效的心理战术。

在销售的谈判阶段,争夺时间就是通过一些小的手段占据对方时间的一种行为。运用心理学的原理,当占据了对方一定的时间,就表明你具有随心所欲操纵对方时间的能力。因此,当销售人员准备与客户见面时,应该尽可能地根据自己的情况决定见面的时间，尤其是大型的商务谈判，切不可说"根据您的时间定吧。"

销售是一场博弈，胜在心理战术。如果对方提出要在星期几或是哪天见面的话，而你一定要做敲定具体时间的人。也就是说不能给对方从头到尾掌握控制权，这才能防止在见面时被对方的气势压倒。

在大型的销售谈判中，气势是最重要的，它决定着成交是否成功，决定着获得更高的价格优势等。如果可能的话，你要扮演掌控对方时间的角色。这样从一见面，你就把对方放在了一个比你低的位置上。最简单的方法就是让对方等你，这也就是占据了对方的时间。

加利福尼亚州立大学的心理学家罗伯特·莱宾教授指出：让对方等待时间的长短，取决于这个人的重要程度。比如学校里的教授，能让学生长时间等待的教授往往会被认为是重要人物。心理学家詹姆斯·帕鲁斯和卡萨力·安达克就曾做过一个非常独特的实验，实验结果证明，大学课堂上如果讲师上课迟到，学生只会等10分钟，如果10分钟后讲师不到，学生就会回去；如果是副教授迟到，学生们能等20分钟；如果是教授上课迟到的话，学生们可以等30分钟。由此可见，随着地位的提高，一个人能占据的对方的时间也会增加。

在与客户谈判的过程中，如果谈判已经非常深入，而再一次的谈判你想让对方答应你的要求，可以尝试比约定时间晚几分钟再去，这是一个有效的心理战术。如果迟到几十分钟的话，会让对方觉得你很没有礼貌，但如果只迟到几分钟的话，一般情况下完全没有问题。这样，占据对方的时间就成为一个事实，这时，你传达给客户的是"我是一个重要人物"的信息。

还有一个细节，就是在谈判过程中，请同事或秘书给你打电话，然后对对方说："对不起，我接一下电话……"让对方等你5分钟左右，这也是一种谈判技巧。通过占据对方的时间，无形中就取得了非常重要的心理优势，让对方得到一种你很忙的感觉。

同样，如果对方控制了你的时间，最有效的反击办法是让对方产生愧疚感。

例如，当你判断出对方是故意比约定的时间来得晚的时候，你一定要特意强调"没关系，我真的不在意你迟到了"，这样很容易就会让对方在心理上产生愧疚感。

斯坦福大学的心理学家麦力鲁·卡鲁史密斯博士和威斯康星大学的阿兰·克劳斯博士曾经通过实验证明，心中怀有愧疚感的人容易服从对方。在实验中，他们让一位学生（不知情的被实验者）因为使用电器造成对方休克（实际上对方并没有受到电击）而产生愧疚感，在这之后，这位学生对对方提出的毫无道理的要求的服从率是通常情况下的3倍。

因此，在对方占据了你的时间后，让他产生愧疚感，是一种有效战术。

除却愧疚感的影响力，对于占据了你的时间的情况，还有一种反击办法，就是再去占据对方的时间。比如，当对方因为临时的电话或其他情况对你说"抱歉，请稍等"，然后离开的时候，你就把自己的资料在桌子上摆开，不慌不忙开始工作。即使在对方回来之后，你也完全可以以一句"请稍等一下"让其等待，自己低头继续工作。这样就又占据了对方的时间，通过一来一回的时间争夺，在谈判中就取得了相对的平衡。

如果你这个时候恰好没有什么事情来打发这段时间，也可以随便和谁打个电话。要注意，在对方回到座位之后，不要立刻挂电话，而是让对方再稍等一会儿，这样也能给对方传达出"我非常忙"的信息，无形中给对方施加压力。

除此之外，还应关注的一点是，要使占据对方的时间与对方占据你的时间保持平衡。如果对方占据了你5分钟，那么你就随便和谁打个电话，再占他5分钟；如果对方占据了你10分钟，那你就夺回这10分钟。

运用控制时间来获取心理优势，对谈判结果将起到非常有效的作用。

善用"空间战"，占领"我的地盘"

回想一下，每一次单位组织开大会，同事之间的座次是否有一定的规律？就拿你自己来说吧，你是不是总会不自觉地与一些人坐在一起，而同样不自觉地远离某些人？而其他同事也同样，总会和固定的一些人坐在一起？

1. 缩短空间距离，拉近彼此的心理距离

因为人的心理距离会通过空间距离表现出来，而空间距离会影响人的心理距离。

那些走在一起、坐在一起的人，一定是非常熟悉或较为亲密的人。他们或许是在部门里朝夕相处并建立了良好关系的同事，也可能是在开会或公司其他活动中，偶然坐在一起并互生好感的其他同事。而人们下意识远离的人，要么是职位相差很远；要么是彼此接触很少，感到陌生；或者是彼此不欣赏甚至不喜欢。

销售也是同样的道理，如果要得到客户的信任，在空间上做一些改变，会产生意想不到的结果。销售员在推销产品的过程中，更换位置也是出于同样的道理。

当销售员与消费者面对面而坐，消费者面对产品举棋不定，这时，如果销售员以更好地展示产品为借口，移到消费者身边与他并肩而坐，以非常靠近的方式来引导他，消费者就很可能答应买下产品。

看来，要想消除对方的警戒心，缩小彼此的心理距离并不难，只要你善于利用"接近的功效"。找个理由靠近对方，与他肩并肩地坐着，你会发现，事情就在突然之间有了转机。

2. 控制对方空间，"我的地盘"获取心理优势

在某种程度上，地位高的人可以侵犯地位低的人的隐私和个人空间。例如，老板可以旁若无人地到部门经理的办公室、部长可以不敲门就进入科长的办公室、父母可以不得到同意直接进入孩子的房间……为什么会这样？

在心理学的解释中，这属于"空间侵犯权"。也就是说一个人的地位越高，能够占有的空间就越广阔。相反，地位越低，拥有的空间就越有限。这就是经理可以有独立办公室，员工却只能挤在一个办公室里，大家共享一个空间的原因。

在销售的大型商务谈判中，能不能控制对方的空间与能不能占到优势紧密相连。比如，谈判是和对方面对面坐着交谈，想要摆出强硬有力的姿态的最好方式，是不露痕迹地把自己的水杯及记事本等个人用品往前放，这就起到了侵犯对方空间的作用。而把自己的笔和资料等物品"咚"的一声放到桌子上，一下占去大半张桌子的情况则被称为"做标记"，其隐含的意思是"这是我的空间"。这会给对方造成无形的压力。

另一种情况是在站立时，站立也需要抢占空间。初次与客户见面一般会先站着寒暄一下。当彼此不熟悉的时候，相距的间隔大概为60~80厘米，而在这段距离产生的同时，心理的较量也已经开始。从心理学的角度来看，当两个人面对面站着时，右脚迈出一步，以一种要包围对方左侧的姿势靠近对方，会在心理上处于优势地位。

当然，在销售谈判中，"我的地盘"在人们的心理同样起着不容小觑的作用。进行商业谈判时，你应该尽量让对方来你的公司或者选择自己熟悉的场所。特别是第一次见面的时候，因为自己熟悉的空间此时就变成了"优势空间"，在熟悉的环境中，就不会产生不必要的紧张，并且能给对方施加心理上的压力。就如同体育比赛中"主场"和"客场"的概念，经调查分析，任何球队在主场获胜的几率都远大于在客场。

田纳西大学的心理学家萨德斯·特劳姆和卡洛伊曾经做过一个实验，实验的

内容是让大学生们讨论问题，实验地点在大学生的宿舍。实验过程分为"在自己的宿舍讨论"和"打扰别人，在别人的宿舍讨论"两种情况。实验中，用秒表悄悄记录了在自己的宿舍发言的人的发言量以及以"客人"的身份去别人的宿舍发言的人的发言量。结果表明，在自己宿舍里讨论的大学生能够自由发言，与此相对，作为客人时却发言不多。而且，当讨论过程汇总出现两个人意见不一致的时候，往往是在自己宿舍的人的发言占绝对的优势。

这个实验清楚地表明了空间对心理的影响，也就是说"在自己的领地进行谈判，必然能获得心理上的优势"。

在销售谈判中经常会有招待客户的情况，这时选择自己常去的饭店已经是大家共有的常识。因为你熟悉的饭店就好像是你的领地，能够让你获取心理上的"主场"优势。而如果是接受对方的招待，若有条件，可以事先去招待场所看一下，熟悉招待场所的基本信息，这样有助于心理压力的减轻。

第三节　深度解析不同客户的微妙心理：给他一个掏钱的理由

占便宜型客户心理：我能否得到实在的优惠

每到节假日或特殊的日子，商场、超市等各大卖场都会不约而同地打出打折促销的旗号，以吸引更多的客户前来消费，而往往折扣越低的商店中，人越多。很多人明明知道这是商家的一种促销手段，依然争先恐后、雀跃前往，以求买到比平时便宜的商品，这是为什么？

这就是占便宜心理。爱占便宜是人们比较常见的一种心理倾向，在日常生活中，物美价廉永远是大多数客户追求的目标，很少能听到有人说"我就是喜欢花更多的钱买同样多的东西"，用少量的钱买更多更好的商品才是大多数人的消费态度。

爱占便宜追求的是一种心理满足，无可厚非，且每个人都或多或少地具有这种倾向，唯一的区别就是占便宜心理的程度深浅。我们所说的爱占便宜的人，通常是指占便宜心理比较严重的那部分人。

销售过程中，这类客户不在少数，他们最大的购买动机就是是否占到了便宜。所以，面对这类客户，销售员就是利用这种占便宜的心理，通过一些方式让客户感觉自己占到了很大的便宜，从而心甘情愿地掏钱购买。

在英国有一家服装店，店主是两兄弟。在店里，一件珍贵的貂皮大衣已经挂了很久，因为高昂的价格，顾客在看到价格后往往望而却步，所以，这件衣服一直卖不出去。两兄弟非常苦恼。后来，他们想到了一个办法，两人配合，一问一答确认大衣的价格，但弟弟假装耳朵不好使将价格听错，用低于卖价很多的价格出售给顾客，遇到爱占便宜的人，大衣一定能卖出去。两人商量好以后，第二天清早就开始张罗生意了。

弟弟在前面店铺打点，哥哥在后面的操作间整理账务。一个上午进来了两个人，这个方法并没有奏效。到下午的时候，店里来了一个妇人，在店里转了一圈后，她看到了那件卖不出去的貂皮大衣，于是问道："这件衣服多少钱？"作为伙计的弟弟再次假装没有听见，依然忙自己的。于是妇人加大嗓门又问了一遍，他才反应过来。

他抱歉地说："对不起，我是新来的，耳朵不太好使，这件衣服的价格我也不太清楚。您稍等，我问一下老板。"

说完他冲着后面大声问道："老板，那件大衣多少钱？"

老板回答："5000英镑！"

"多少钱？"伙计又问了一遍。

"5000英镑！"

声音如此大，妇人听得很真切，她心里觉得价格太贵，不准备买了。而这时，弟弟憨厚地对妇人说："老板说3000英镑。"

妇人一听，顿时非常欣喜，肯定是店员听错了，想到自己可以足足省下2000英镑，还能买到这么好的一件貂皮大衣，于是心花怒放，她害怕老板出来就不卖给她了，于是匆匆付钱买下就离开了。

就这样，一件很久都卖不出去的大衣，按照原价卖了出去。

以上的案例中，两兄弟就是利用了妇人爱占便宜的心理特点，成功地将大衣以原价销售了出去。对于爱占便宜型的顾客，可以善加利用其占便宜心理，使用价格的悬殊对比或者数量对比进行销售。占便宜型的客户心理其实非常简单，只要他认为自己占到了便宜，他就会选择成交。

利用价格的悬殊差距虽然能对销售结果起到很好的作用，但多少有一些欺骗客户的嫌疑，所以，在使用的过程中一定要牢记一点：销售的原则一定是能够帮

第十二章 销售精英要懂心理学

助客户，满足客户对产品的需求，做到既要满足客户的心理，又要确保客户得到实实在在的实惠。只有这样，才能避免客户在知道真相后的气愤和受伤感，保持和客户长久的合作关系，实现双赢结果。

外向型客户心理：喜欢就买，求你不要啰唆

在一般情况下，相对于沉默内敛的内向型客户，大部分的销售人员更喜欢与开朗健谈的外向型客户打交道，但在成交的时候，却发现外向型客户也并不好"对付"，往往是销售人员还在介绍产品，客户就直接离开了。为什么会这样？

因为，外向型客户怕啰唆，正是你喋喋不休或滔滔不绝的介绍吓走了客户。

著名的心理学家荣格，以人的心态是指向主观内部世界还是客观外在世界为依据，将人分为内向型与外向型两种类型。一般内向型的人心理活动倾向于内部世界，他们对内部心理活动的体验深刻而持久；而外向型的人心理活动倾向于外部世界，他们最大的特点是经常对客观事物表现出超过常人的兴趣，他们不喜欢苦思冥想，因此常常要求别人帮助自己满足情感需要。

也正因为外向性格的人比较心直口快、活泼开朗，善于交际，待人也热情、诚恳，所以，他们会得到更多人的喜欢。销售员同样很喜欢和外向型的客户相处，因为这样的客户非常容易交流，且不会让人感觉压抑。当销售员在给这样的客户介绍商品的时候，他会很乐意地听销售员说明，并且会积极地参与进来，在谈判过程中也会创造出比较融洽的气氛。

虽然外向型的客户通常比较有主见，能够迅速地作出判断，但其判断往往只限于善恶、正邪、敌我及有用无用等，比较极端化，不关注实务的具体情况及细节。所以，在销售过程中，如果他喜欢，他会很痛快地购买，不喜欢的话就会果断拒绝。

面对外向型客户的特点，销售员也应该以比较外向的方式来与之交往，做到说话要赶上客户的节奏，干脆利落，回答客户的问题要准确清晰，绝不拖泥带水，这样才会使客户产生志趣相投的感觉，从而拉近与客户的距离。

内向型客户心理：我能否真切体会到你的真诚

在我们的周围，总是有两类人，他们的做事风格完全相反。比如对于一个友好的帮助，一种人往往会很真诚、很高调地表达感谢，然后，抛在脑后；另一种

人可能什么都不会说,但是,在接下来的时间里你就会发现,他在默默地对你好,并且,对你越来越好。为什么?

内向型的人往往更倾向于相信自己内心的感觉,他们会根据自己的判断做出选择。

心理学研究发现,相比性格开朗、易于沟通的外向型的人,性格封闭、不易接近的内向型的人感情及思维活动更加倾向于心灵内部,感情比较深沉。他们不善言辞,待人接物小心谨慎,一般情况下他们避免甚至害怕与陌生人接触。虽然内向性格的人比较爱思考,但他们的判断力常常因为过分担心而变弱,对于新环境或新事物的适应,他们往往需要很长的周期。

因为内向型客户对陌生人的态度比较冷漠,且情绪内敛,沉默少言,在消费过程中也会小心翼翼,甚至久久拿不定主意,使得销售员的销售工作很难有进展。在销售过程中,往往是销售员问一句,神情冷漠的内向型客户答一句,不问就不答,导致交谈的氛围沉闷,销售人员的心情也比较压抑,想要迅速促成交易往往是很困难的一件事情。

但是,销售人员切不要被内向型客户的外表神情蒙骗,从而打起退堂鼓。善于观察的销售员会发现,虽然内敛型的客户少言寡语,甚至表面看似反应迟钝,对销售员及其推销的商品都表现得满不在乎,不会发表任何意见,但他其实在认真地听,并已经对商品的好坏进行思考。内向型客户其实非常细心的,只是源于其性格中的对陌生人极强的防御和警惕,他们即使对销售员的观点表示赞同,也不会说太多的话。这时候销售人员应对客户一如既往地温柔对待。根据内向型客户嘴上不说,但是心中有数的特点,他们一旦开口,所提的问题大多很实在、尖锐并且会切中要害,销售员应想好对策,从容温和地回答,打消客户的质疑,这样就会很容易得到内向型客户的信赖。

王建是某手机超市的销售员。有一天,一位先生来店里看手机,很多当班的柜台销售员都主动跟他打招呼,热情地询问对方需要什么样的手机。每一次被询问,这位先生都只是说自己随便看看,到每个柜台前都是匆匆地浏览一下就迅速离开了。面对这许多销售员的热情询问,这位先生显得有些窘迫,脸涨得通红,转了两圈,觉得没有适合自己的手机,就准备离开了。

这时王建根据经验,判断出该客户是一个比较内向腼腆的人,并且根据观察,王建断定客户心中肯定已经确定了某一品牌的手机,只是由于款式或者价格等原因，或者是由于被刚才那些销售员的轮番"轰炸"，有些不知所措而一时失去了主意。

于是，王建很友好地把客户请到自己的柜台前，他温和地说："先生，您是不是看上某款手机，但觉得价格方面不是很合适。如果您喜欢，价格可以给您适当的优惠，先到这边来坐吧，这边比较安静，咱再聊聊！"客户果然很顺从，王建请他坐下，与他聊起天来。

王建开始并没有直接销售手机，而是用闲聊的方式说起自己曾经买手机，因为不善言辞而出丑的事。他说自己是个比较内向的人，做推销这几年变化挺大。与客户聊了一些这样的话题以后，客户显然对他产生了一定的信任，于是在不知不觉中客户主动向王建透露了自己的真实想法。

王建适时地给他推荐了一款适当的机型，并且在价格上也做出了一定的让步，给客户一定的实惠，同时王建还给客户留了自己的电话，保证手机没有质量问题。最后，客户终于放心地购买了自己想要的手机。

其实内向型客户并不是真的冷若冰霜、难以沟通，他们往往用冷漠来保护自己，却拥有一颗火热的心。只要他通过自己的判断觉得你比较诚恳，他一定也会表达出善意，而双方越熟悉，他就越会信任你，甚至依赖你。对于缺乏判断力的内向型客户来说，只要他信任你，他甚至会让你替他做决定。而且如果他对你的产品感到满意，他就会变成你的忠诚客户，一次次向你购买。因此，利用温柔攻势及切实地为客户着想，获取客户的信任是面对内向型客户的制胜法宝。

在销售中，与不善于表达自己的内向型客户交朋友吧，用心观察和分析他们的特点，用自己的真诚和温柔来打动客户，赢得内向型客户的依赖就不再是一个难题。

虚荣型客户心理：你足够尊重和重视我吗

你有没有发现，有些人总是喜欢与有名气的亲戚和朋友套近乎；办什么事都喜欢讲排场、摆阔气，即使身上没钱，也要打肿脸充胖子；热衷于时尚服装饰物，对时尚的流行产品比较敏感；不懂装懂，害怕别人说自己无知；当受到别人的表扬和夸赞时，沾沾自喜，洋洋得意，自我感觉良好……在现实生活中，这样的人和事为什么如此常见？

虚荣之心，人皆有之，唯一的不同，便是程度的高低。

每个人都有虚荣心，爱慕虚荣是一种非常普遍的心理现象。从心理学的角度分析，人们爱面子、好虚荣其实都是一种深层的心理需求的反应。因为在社会生活中，人们不仅要满足基本的生存需求，更要满足各种心理上的需求。尤其是随着社会的发展，物质生活得到很大的满足以后，人们更需要的是精神上的满足，比如得到别人的尊重和认可、关心和爱护，得到赞美，在交往中体现自身的价值等。虚荣心就是为了得到这些心理满足而产生的。

我们所说的虚荣的人往往是虚荣心比较强的那一部分人。在消费中，虚荣型客户的虚荣心理也会表现得非常明显。虽然家庭经济条件不是很宽裕，但是在购买商品时也要选择比较高档的，在销售员面前要尽量表现得很富有，不许别人说自己没钱、买不起。如果别人对其表示出轻视的态度，其自尊心就会受到很大伤害，这样的现象很多。面对虚荣型的客户，销售员要经常给予夸奖，如果你夸他们有钱或阔气，他们就更愿意花大把的"银子"在你身上。

小肖是一家时装店的店员。这天，一位打扮雍容华贵的女士走进店里，在店里转了两圈后，在高档套装区停了下来。小肖连忙走过来招呼她，礼貌地介绍："小姐，这套服装既时尚又高雅，如果穿在您这样有气质的女士身上，会让您更加高贵优雅。"女士点点头，表示同意。小肖见她很高兴，对这套衣服也比较满意，便又说道："这套衣服质量非常好，相对来说，价格也比较便宜，其他的服装要贵一些，但是又不见得适合您，您觉得怎么样，可以定下来的话我马上给您包起来？"

小肖心想：质量很好，价格又便宜，她肯定会马上购买。但是该女士的反应却出乎预料，听完小肖的话之后，那位女士立刻变了脸色，把衣服丢给小肖就要走，实在忍不过又回头对小肖说："什么叫作这件便宜？什么又是贵一点的不适合我？你当我没钱买不起是不是？告诉你，我有的是钱，真是岂有此理，太瞧不起人了，走了，不买了！"尽管小肖不住地道歉，那位女士依然很生气地离开了。好好的一笔生意，被她后来加的一句话给搞砸了。

我们当然能看出，那位女士之所以那么气愤，是因为她比较爱慕虚荣，害怕别人说自己没钱，害怕被别人看不起，对"便宜"这个词比较敏感。一般而言，客户购买商品往往会追求实惠和便宜，我们普遍认为"物美价廉"是很多客户的最佳选择。但对于一些虚荣型客户，如果销售人员向他们传达商品便宜、实惠的

第十二章 销售精英要懂心理学

信息，会无意中刺伤他们的虚荣心，反而让他们拒绝购买。

在一家法国商店，一对外国夫妇对一只标价万元的翡翠手镯很感兴趣，但由于价格太贵而犹豫不决。售货员见此情景，主动介绍说："有个国家的总统夫人也曾对它爱不释手，但因价钱太贵所以没买。"这对夫妇闻听此言，一种好胜心理油然而生，反而激发起购买欲，当即付钱买下，感觉自己比总统夫人还阔气。

虚荣型客户在别人面前摆阔气、讲排场，其目的就是要得到别人的赞美和恭维，让其对自己产生尊重和重视。这样，他们会从心理需求的满足中得到愉悦的心情，从而自我感觉良好。所以，针对爱面子的虚荣型客户，销售员应该给足他面子，适当地说些恭维的话，让他的自尊心得到满足，让他风风光光地把东西买走，这才是聪明的做法。

墨守成规型客户心理：我得弄明白到底有何用

在消费活动中，物美价廉是大部分客户追求的目标。如果将其拆分为"物美"和"价廉"两部分，很明显，"价廉"针对的是爱占便宜型客户，那"物美"最适合的是哪类客户？

墨守成规型客户永远追求商品的实用价值！

相对于追求新潮、时时求变的客户，墨守成规型客户显得思维比较保守，性格比较沉稳，不易接受新事物，比较守旧，做任何事情都遵守规律是他们的习惯，讲究条理，不随便改变。经研究分析发现，在生活中墨守成规的人总是循规蹈矩，喜欢用一些条条框框来约束自己的行为，他们做事往往表现得很细心、很沉稳，善于倾听，更善于分析，眼光比较挑剔。在消费观念上，墨守成规的客户总是喜欢在同一家商店购买商品，而且往往认准一个牌子的东西就会一直用下去。他们非常容易被先入为主的观念影响，并且一旦形成固定的印象就很难改变。对于销售人员来说，墨守成规型客户的确很难被说服。

从另一方面来讲，墨守成规型客户选购商品时最注重安全和品质。他们会对商品做出理智的分析和判断，适合自己长期使用才会购买。值得一提的是，他们追求产品的优等质量，却限于实用的范畴内，太高档的产品是他们所不能够接受的，因为他们认为高档的、华而不实的消费是奢靡的，不值得提倡。

471

所以，了解墨守成规型客户的心理特点，向此类客户销售商品时，最重要的是耐心，不能着急，急于求成反而会让客户产生怀疑，顽固的心理会更加强烈，最终导致销售失败。在产品层面，面对这类客户时，优秀的销售员会将实用作为一个很好的突破口，销售员通过让客户在实际的对比中，发现所销售的产品有更好的性能，这样就会慢慢地改变客户的观念，让他接受商品，并做出购买决定。沉住气，按照客户的节奏，用产品能够给其带来的实实在在的好处来慢慢说服他们，这才最能打动客户的心。

小谢所任职的打字机公司店面生意不错，从早上开门到现在已经卖出去好几台了，当然小谢的功劳是很大的。此时又有一位顾客来询问打字机的性能。他介绍道："新投放市场的这类机型的打字机采用电动控制装置，操作时按键非常轻巧，自动换行跳位，打字效率比从前提高了15%。"

他说到这里略加停顿，静观顾客反应。当小谢发现顾客目光和表情已开始注视打字机时，他觉得进攻的途径已经找到，可以按上述路子继续谈下去，而此时的论说重点在于把打字机的好处与顾客的切身利益挂钩。

于是，他紧接着说："这种打字机不仅速度快，可以节约您的宝贵时间，而且售价比同类产品还略低一点！"

他再一次停下，专心注意对方的表情和反应。正在听讲的顾客显然受到这番介绍的触动，心里正在思量："既然价格便宜又可以提高工作效率，那它准是个好东西。"

就在这时，小谢又发起了新一轮攻势，此番他逼得更紧了，他用聊天拉家常的口吻对顾客讲道："先生看上去可是个大忙人吧，有了这台打字机就像找到了一位好帮手，工作起来您再也不用担心时间不够了，下班时间也可比以前早，这下您就有时间跟太太常在一起了。"小谢一席话说得对方眉开眼笑，开心不已。

小谢一步步逼近顾客的切身利益，抓住对方关注的焦点问题，成功地敲开了顾客的心扉，一笔生意自然告成。

上面的例子清楚地向我们表明，墨守成规的客户虽然思想相对守旧，不容易接受新产品，也比较难以说服，但只要销售员能够耐心为他们详细讲解产品的好处，并让客户真实感受到，尤其对于商品的实用性的描述和对质量的保证，只要让客户觉得安全放心，打动这类客户的心也并非不可能。

第十二章 销售精英要懂心理学

分析型客户心理：直到我挑不出毛病

"你能不能快点做决定？不要老拖来拖去的好不好？""这不是在选嘛。"

"真服了你了，不就是买个东西吗？至于这样左挑右挑？""马上好了，总要买性价比最高的嘛。"

……

这是无数次发生在我们周围的场景。在消费活动中，一定会有这样一批人，他们并不迟钝，却总是慢人一步，什么原因？

答案是，分析型客户关注的就是细节，不进行一番比较分析，他们绝不轻易做出决定。

相对于那些看上了就买，拿起来就走的爽快客户，分析型的客户则显得磨磨蹭蹭，甚至婆婆妈妈。买东西左比右比，左挑右选，确定没有任何问题之后才会购买，以及疑心重、爱挑剔、喜欢分析是这类客户消费时最大的特点。

就如同财会工作者，分析型的客户做事非常严谨，在做决定前一定要经过仔细的分析。他们注重事实和数据，追求准确度和真实度，更重要的是，他们关注细节，认为细节与品质之间可以画等号。如果销售员与分析型客户约定面谈，一定要清楚他们要求的时间是很精确的，在他们的脑海中从来不会有模糊的时间概念，他们从不说"午饭之前"这样的模糊概念，而是说"10点30分到"。所以，对于产品的数量和价格，分析型客户的要求也往往比较精确，他们不接受模棱两可的概念。

如何获得分析型客户的订单？面对这类客户，销售员要学会分析，通过仔细观察和深入分析，把握住客户的心理，从而采取适当的对策来俘获客户的心。

分析型客户非常注重细节，他们比较理智，更相信自己的判断，不会因为一时性起就决定买或不买，往往是进行翔实的资料分析和论证之后，他们才会做出决定。因此，在选购商品时，分析型的客户总会慢条斯理，表现得十分谨慎和理智。

销售员有时候会被分析型客户的挑剔弄得不知所措，因此，在与分析型客户交往的过程中，一定要严谨，讲究条理性。如果销售员过于大意，粗枝大叶、含含糊糊、条理不清、言语不准，就无法赢得客户的信任，甚至还会引起客户的厌烦。

一般情况下，与分析型客户交谈时销售员要认真倾听，说话注意逻辑，语速适中，吐字清晰，显示出比较严谨的销售风格。对客户要作详细的产品说明，越详细越好。与外向型客户的害怕"唠叨"不同，分析型客户喜欢听销售员的"唠叨"，

473

他们会从销售员介绍的细节中来获取有效的信息，以做分析判断。

顺应分析型客户的"挑三拣四"，对于他们非常有效，因为他们认为，细节反映品质。

一天，一个在批发商城卖仿古电话机的销售员，遇到了一个挑剔的客户……

因为是批发商城，所以来往的客人不是很多，而且大多数都是为批发礼品而来的。其中也不缺乏一些来淘创意礼品的。

那天进来一个穿着干净、30岁左右的女人。她一进来，就惊呼："哇，这些电话机好漂亮呀。可以用吗？"30岁还能用这种语气说话的女人，一定是个幸福的小资女人。销售员想。于是微笑着说："当然可以用了，就像老电视上见的那些，而且功能跟家用电话机差不多的，也有来电话显示和免提的哦。"

"对对对，但是电视上那些是可以旋转的，你这里好像都是按的吧？"

"请问您是要批发还是要自己个人用的呢？"

"自己用的，个人喜欢，呵呵。"

"嗯，我们也有旋转拨号的，您看一下这款。"销售员微笑着拿了一款木质的旋转拨号电话给她看。心想：顾客也是上帝呀。

"嗯，挺漂亮的，但是我比较喜欢那一款，可以拿下来看一下吗？"

销售员又拿了一台树脂的浮雕电话下来，摆在桌子上，她仔细地端详着。再看看货柜。"那一台，还有那一台，都拿下来看一下。"

销售员又一一拿了下来。看她老拿不定主意，一边给她介绍功能，一边帮她挑选。

"我们的家具是实木的……"

"这一款比较适合你们家的风格……"

"可是我们的电话桌是镶有一些金边的。"

"哦，那只有这一款最适合您了。"销售员笑着指了指那款镀金的内浮雕电话。

"嗯，对，我也觉得这一款比较好看……我老公要是看见我又买这些东西回去，肯定又要说我了，其实我们家不缺电话你知道吗？客厅也有了，房间也有了。"

销售员笑着说："其实您跟我差不多，属于冲动型购物，看见喜欢的东西就非要买不可，不买回去心里不舒服。但是我觉得您买回去可以跟家里的换着来用的，换新的电话，就像换了个心情一样。"

她问了价格之后说："你说得没错，不过，我刚刚进来，我想先去转一下，一

第十二章 销售精英要懂心理学

会儿再过来,好吗?"

"当然可以,您也可以先去看看其他家的,有个对比了,您就知道我们的电话好不好。"说完微笑着送她出门。

大概过了半个小时后。她又急匆匆地走进来。

"小妹,你说得对,刚看了那几家的电话,还是觉得你这里的漂亮。而且看你人也挺好的,就在你这里买啦,不过你得给我算便宜点呀。"

于是,这桩小生意成交了。

所以与分析型客户的接触过程,一定要留给他一个好的印象,说话不夸张、不撒谎,也不能强迫客户购买,因为这样的客户往往很有主见,并且追求完美,有着自己的行为信条,不愿意受人左右。仔细询问客户的需求,并想办法尽量满足客户的需求,运用细节的力量超出客户的期望。总之,分析型的客户考虑比较周全,那么销售员就应该做到更加周全,只要能在细节上让客户心服口服,交易自然就会成功。

随和型客户心理:不断加压我就走

想一想,在生活中,你最喜欢与什么样的人交往?作为销售人员,你最喜欢与什么类型的客户打交道?在这两个问题的回答中,"随和型"占了大多数。你真的了解随和型的人的特点吗?

对于销售员来说,客户主要有两大类:一类随和友好,他们通常会友好地接受销售员的销售行为甚至商品,销售过程中也比较和善,愿意听取销售员的建议,还有一个明显的特点是,他们即使对产品并不是很喜欢,也不会拒绝;另一类挑剔难缠,他们会有意无意地给销售员制造各种麻烦,不愿意听销售员的唠叨,不喜欢的东西就严词拒绝,甚至反驳销售员的说辞,给销售员难堪。无疑,销售员会很喜欢前者,友好随和的客户自然让人感到舒服轻松。

随和型的客户性格温和、态度友善,面对向他介绍或者推销产品的销售员时,他们往往会比较配合,不会让人难堪。即使产品他们并不需要或并不能达到他们的要求,他们也会容忍等待销售人员介绍完,因为他们喜欢规避冲突和不愉快。

在规避冲突的同时,随和型客户也回避着压力,他们不喜欢有被施加压力的感觉,对压力本能地排斥,甚至恐惧。随和型的客户最大的缺点就是做事缺乏主见,比较消极被动,在购买时总是犹豫不决,很难做出决定。而此时销售员如果能够

475

适当给其施加压力，就会迫使他们做出选择。销售员若能够利用这一点，适当地给客户施加一点压力，就会很快促进交易的成功。当然一定要注意施加压力的方式和尺度，比如销售员可以以专业自信的言谈给客户积极诚恳的建议，并多多使用肯定性的语言加以鼓励，促使客户尽快做出决定。

第四节　谈判，让客户从拒绝到顺从的心理制胜法则

6种经典开场白，打掉客户拒绝你的机会

你有没有经历过，和自己并不是很熟悉的人对面而坐，却没话说，冷场的结果是大家都感到很不舒服。如果换成谈判呢，如果在谈判过程中没有融洽的气氛，成功的几率是不是会减少很多？

谈判中，开场白是一个入口，一个好的开场白，对每个推销员来说无疑是推销成功的敲门砖。因此，在与客户面谈时，不应只是简单地向客户介绍产品，更要注意拉近双方的距离，与客户建立良好的关系。找到最合适的入口，让客户对你无法拒绝。

1. 温馨话题法

任何谈判都是在一定的氛围中进行的，谈判氛围的形成与变化将直接影响到整个谈判的结局。特别是开局阶段，有什么样的谈判氛围，就会产生什么样的谈判结果，所以无论是竞争性较强的谈判，还是合作性较强的谈判，成功的谈判者都很重视在谈判的开局阶段营造一个有利于自己的谈判氛围。

心理学研究发现，人的心理受周围气氛的影响，如果一开始的话题就给人以温馨的感觉，那么这种感觉会很持久地感染对方，谈判就会更加容易进行。尤其是谈判开始瞬间的影响最为强烈，它奠定了整个谈判的基础。所以，在商业谈判之前，先和对方聊点温馨的闲话，例如，"说起来，前几天有这么一件事……"或"我儿子啊，前几天捡回来一只被人遗弃的小狗，本来我想把它扔掉，结果，我现在比儿子还喜欢它呢……"

这种能让对方感到亲切的话题，会使谈判容易顺利进行。为了达到这个目的，平时就应该准备一两个温馨的话题。

2. 轻松自嘲法

幽默一直被人们称为只有聪明人才能驾驭的语言艺术，而自嘲又被称为幽默的最高境界。由此可见，能自嘲的人是智者中的智者，高手中的高手。自嘲是缺乏自信者不敢使用的技术，因为它要你自己骂自己，也就是要拿自身的失误、不足甚至生理缺陷来"开涮"，对丑处、羞处不予遮掩、躲避，反而把它放大、夸张、剖析，然后巧妙地引申发挥，博得一笑。没有豁达、乐观、超脱、调侃的心态和胸怀，是无法做到的。这也从侧面体现了一个人的素质修养。并且，自嘲谁也不伤害，最为安全。

在所有工作中，销售是最容易碰壁和遭受尴尬的。我们可以用自嘲来活跃谈话气氛，消除紧张；在尴尬的时候，也可以用自嘲来找台阶下，保住面子和尊严；有时候在谈判的过程中我们很可能会因为激动而措辞生硬，使对方不悦，这时候，如果能赶紧关上话匣子："对不起，我这个人容易激动，刚才真成了一只斗鸡了。"对方定会付之一笑，不予计较。总之，适时适度地自我嘲笑，不仅能让气氛变得友善，还能让他人在短时间内接纳你。

3. 激起兴趣法

顾客对产品产生兴趣是购买的基础，所以设法激起顾客的兴趣最为重要，也是开场白中运用得最多的一种方法。每个人都喜欢谈自己感兴趣的话题，如果你所说的话能引起客户的兴趣，客户就会继续谈下去，这样才有机会做生意。那么如何使客户对销售人员说的话感兴趣呢？这就需要销售人员具备以下能力：

（1）洞察力强，能观察出客户对什么感兴趣（产品、公司、价格等）。

（2）通过各种途径收集客户的一些重要信息，找出客户的与众不同之处，适当地赞美。

（3）通过客户公司的其他同事了解客户的情况（兴趣、爱好等）。

（4）经常看书、充电，不断吸收新的知识，这样不仅能培养自己的气质和素质，也能在知识和视野上与不同的客户在相同的水平上进行沟通，撞击出共鸣的火花，拉近彼此间的距离。

4. 巧借东风法

三国时，诸葛亮借东风烧掉了曹操的几十万大军，如果你也能敏锐发现身边的"东风"，并借用，往往能起到四两拨千斤的效果。

李玲是一家大型旅行公司的销售人员，她的工作就是向客户推荐旅行服务卡，她给客户打电话推销就十分的巧妙。

李玲："您好，李经理，这里是G公司客户服务部，我叫李玲，今天给您打电话是感谢您对××航空公司和G公司一直以来的支持，谢谢您！"

客户："这没什么！"

李玲："为答谢老顾客对××航空公司和G公司的支持，特赠送一张优惠卡表示感谢。它可以使您在以后的旅行中不管是住酒店还是坐飞机，都有机会享受优惠折扣。这张卡是××航空公司和G公司共同推出的，由G公司统一发行。请问李经理您的详细地址是……我们会尽快给您邮寄过去。"

客户："××省××市……"

李玲借用了客户比较信任的企业，这样就与客户拉近了关系，从而巧妙地把自己销售的产品与要借力的企业联系在一起，客户就很难拒绝了！

5. 第三者介绍法

大多数人都比较重视人情和朋友关系，借熟人关系进行推销是最能消除陌生感、增加信任的一种方式。如果在见面的时候，你这么说："王经理您好，我是××的朋友，是他介绍我来拜访您的……"那么，有了这个"第三者"的桥梁之后，即使是出于朋友的面子，客户也会跟你拉近关系。也正是因为有"朋友介绍"这种关系，就会在无形中解除客户的不安全感和警惕性，很容易与客户建立信任关系。但如果技巧使用不当，将很容易造成不良后果。

6. 真诚赞美法

语言的作用对于销售人员来说是不言而喻的。销售员每天做的就是如何"说"服客户购买，语言几乎是销售员的唯一手段！真诚的赞美最能迎合客户心中渴望被理解、被认同的天性。如果销售人员能够找到赞美客户的话题，谈论客户自豪的事情，于情于理客户怎么也要给这个可爱的人几分钟时间，对话就可以进行下去了。

但是，为什么有的销售人员很真诚地赞美顾客，却让顾客觉得很不舒服，因此而走掉呢？这就要求我们在赞美的时候讲究一个技巧问题。

（1）如果是新客户，在大家都还不是很熟悉的时候贸然赞美，只会让其产生疑心乃至反感，弄不好就成了谄媚。所以，只要礼貌即可。

（2）如果是老客户，就要留心注意其服饰、外貌、发型等方面的变化，有时一定要及时献上你的赞美，因为效果会非常好。

（3）可以从赞美其问题提得专业或者看问题比较深入等着手，这样能让客户感觉你的赞美很真实、真诚。

（4）借别人的口去赞美效果更好。比如你可以说："是的，刚才旁边的那个客户也说你很有品位！"

（5）客户购买产品后，也要通过赞美来坚定客户购买的信心。一般来讲，客户购买完产品后，总是怀疑自己买亏了或者买得不合适，所以他们会去询问身边的朋友、亲戚、家人来判断自己这次所买是否合适。所以如果买完后你能对他说："你真是太有眼光了，这款是我们目前卖得最好的产品，很多客户都很喜欢！"这样顾客心里会很舒服。

8个方面，让你把话说到客户心坎上

人们常说，话不投机半句多。如果销售人员也出现这种情况的话接下来的僵局就很难对付。所以在与客户交流的时候，一定不要耍嘴皮子，要把话说到别人的心坎上。怎样才能把话说到对方心坎上呢？那就是说客户想听的话。客户想听什么话呢？客户想听他感兴趣并且对他有好处的话。那么哪些话、怎样说客户才想听呢？

1. 如何提高业绩

业绩是现代企业的生命，也是每个客户最为关注的话题。如果你这么说："您作为公司的老总，我相信您对公司的业绩问题一定非常关注，是吗？""不少公司的销售部经理都会为提高业绩而伤透脑筋，如果只需要花10分钟就能解决这个问题，您愿意吗？"哪个客户都免不了会有些动心。

2. 如何节约开支

在这个微利时代，节约开支就等于获得利润，这几乎已经成了众多企业家的一个共识。如果你对他说："如果我告诉您，贵公司明年可能会节省20%的开支，您一定感兴趣，对吗？"那么你们之间的距离就会迅速拉近。

3. 如何节约时间

时间就是生命，大多数人都沉沦于忙碌之中痛苦不堪。如果谁跟他说："我有一种方法，让你每天安心睡到天亮。"那客户不两眼放光才怪呢。

4. 如何使员工更加敬业

员工和老板都存在着相互猜疑的情况，如果你了解客户的心理，对他这样说：

"目前很多老总打电话告诉我,公司有很多员工不够敬业,我听了真的很难过,如今如何提高员工的敬业精神对每个企业都非常重要,您觉得呢?"那一定会引起他的共鸣。

5. 真诚的赞美

"您的声音真的非常好听!"

"听您说话,我就知道您是这方面的专家。"

"公司有您这种领导,真是太荣幸了。"

"跟您谈话我觉得我增长了不少见识。"

听了这样的赞美,没有人心里不会暗暗欣喜的。有了这一层好感,接下来的谈判会和谐很多。

6. 客观看问题的态度

销售员最讳忌的就是夸大说辞,让人觉得有忽悠的倾向。如果能以客观看问题的态度对待客户,那客户心里多少也会因此获得一份踏实感。比如说:"您说得非常有道理,我相信,每个企业的存在,都有它存在的理由。"这样的话听起来比较实在、靠谱。

7. 新颖的说话方式

人都有一个喜新厌旧的心理倾向,在销售谈判这种最需要口才的行业里,如果还整天一本正经陈词滥调,会让人觉得莫名反感。多关注一些热门话题、文学修辞和心理学方面的知识会好很多。如下面这些新颖的说话方式,就很能吸引人。

"猜猜看!"

"这是一个小秘密!"

"告诉您一件神秘的事!"

"今天我告诉您的事情是古往今来没有一个人告诉过您的。"

……

8. 对他的理解和尊重

"您说的话很有道理,我非常理解您。"

"如果我是您,我一定与您的想法相同。"

"谢谢您听我谈了这么多。"

以上这些话题都是客户感兴趣的,但在与客户谈话时,销售人员要养成提问题的习惯,通过提问引起客户的注意,再积极地倾听,听出客户的兴趣点。这样销售人员才有机会把话说到客户的心坎上,从而让客户觉得我们很理解和尊重他,最终赢得客户对我们的信任。

6大技巧，巧妙化解谈判困境

谈判充满了变数，并不是每次谈判都能顺利进行，每个销售员都会有面对谈判困境的时候。造成这种谈判困境的原因有很多种，可能是价格上的分歧、交易条件上的分歧、售后服务方面的分歧等。双方要么沉默相对，要么索性终止谈判，这是双方都不愿意看到的局面，也会给各自的企业带来损失，对谈判个人来讲是时间上的浪费。那么如何化解矛盾，摆脱困境呢？

1. 将焦点矛盾先放一放

设想一下，假如你是一家医疗机械生产企业的销售代表，在完成产品介绍后，医院方面对你说："在你之前已经有两家企业来找过我了，产品功能基本相同，但他们的价格却比你们的低10个百分点，如果你要坚持这个价位，我们之间没有合作的可能。"而你所在的公司却严格规定只能在售价基础上降低5个百分点，你会怎么办呢？

面对这个问题的时候，有经验的销售员一般会把价格的问题暂时放到一边，而是深入地介绍产品的与众不同之处，刺激他们的购买欲望。当他们有了非买不可的欲望时，再转回来谈价格的话就会占据有利地位，对方就会做出一定幅度的让步。

所以，在遇到此类谈判困境的时候，我们可以将焦点矛盾先放一下，从其他方面进行突破之后再回来解决最初的问题。

2. 巧妙让步

过早地让步往往导致己方的后悔，而该让步时不让步，则容易导致谈判破裂。让步也是一门学问。谈判者可以在让步之前做假设性提议，试探对方的灵活性。比如你可以问："如果我把价格降低5%，您能确定和我们签约吗？""如果我给您90天的赊账期限，而不是60天，您能先把以前的利息付清吗？"等试探出对方的底线之后再根据实际情况掌握让步的尺度。

另外，也可以在谈判时将让步份额分成若干份，有分寸地让步，一份一份抛出。这样能起到迷惑对方的作用。尽量不要让对方了解你的底细，要让对方觉得每一次你都是无可奈何的，让对方感到来之不易。这样一来，对方也会以自己的让步来作为回报。由少到多的让步也能有效地让对方认为，你的让步是有限的，再作

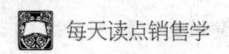

出让步希望不大。这种方式通常是非常有效的。

3. 更换谈判代表

随着谈判的深入，双方的合作分歧很容易慢慢地演变成对人的分歧。因为双方谈判人员的不同思想和作风会产生一些不可调和的矛盾，甚至有的谈判人员到了最后会因为对对手的憎恨将个人恩怨凌驾于企业利益之上。在这种情况下，及时更换谈判人员可以缓解双方的紧张关系。

4. 修改交易条件

条件是死的，人是活的。谈判实际上就是一个讨价还价解除分歧的过程。如果是价格上的分歧，谈判者可以尝试用提高付款比例、承担物流运输费用、缩短回款期限、调整交货时间等办法，找到符合双方利益但是又可以保持总体交易金额不变的双赢方式。当你让对方感到实惠，对方也会作出适当的让步。

5. 暂停谈判

激动时做出的选择最为危险，所以在双方都很激动的时候，可以采取暂停谈判的方式，进一步收集信息，重新评估谈判方案，推测出对方的替代方案、价格底线以及谈判压力，判断对方接下来的举措。

6. 申请高层介入

当双方的谈判无法达成一致的时候，可以请双方的高层决策人员会晤，以弥补即将破裂的谈判关系。这样做的最大好处就是领导能在你不能许诺的事情上拍板决定，并态度强硬地要求对方做出让步（有时候这是事先制定的策略）。这时对方往往容易妥协，因为他们很清楚，如果拒不让步此次谈判将以失败告终。

7 类客户拒绝的应对策略

在谈判中遭到拒绝，对于一个销售员来说是家常便饭。但是，被拒绝不单是心里不好受，还与经济收入直接挂钩，这就需要我们掌握一些必备的应对策略，化僵局为好局。

1. 客户说没兴趣，不需要

客户说没兴趣、不需要是销售员听到的最多的拒绝语言，因为这几乎是客户的口头禅。但这个口头禅恰恰又是销售人员让客户养成的，因为大部分销售人员喜欢一来就推销产品。对于来路不明、不熟悉的人和产品，客户的第一反应肯定是不信任，所以很自然地就以没兴趣、不需要为由拒绝了。建立信任是推销的核

第十二章 销售精英要懂心理学

心所在，无法赢得信任就无法推销，没有信任的话你说得越精彩，客户的心理防御就会越强。特别是诓骗虚假之词更是少用为好，因为在成交之前，客户对你说的每一句话都会抱着审视的态度，如果再加上不实之词，其结果可想而知。

所以，避免此类拒绝最好的方式就是在最开始的时候尽一切可能增加和坚定顾客的信任度。无论是产品的质量、个人的态度、举止、形象都要让人觉得可靠。

2. 客户说我现在很忙，以后再说吧

这种拒绝虽然出于好意，却很难让人琢磨透。有的是真的很忙，但大多数时候只是一个很温柔的拒绝，不知道的人可能还会误以为自己以后还有机会呢。对于这种拒绝，我们可以这么说："我知道，时间对于每个人来说都是非常宝贵的。这样吧，为了节约时间，我们只花两分钟来谈谈这件事情。如果两分钟之后，您不感兴趣，我立即出去，再也不打扰您了，可以吗？"

3. 客户说我们现在还没有这个需求

社会在变化，需求也在不断地变化。今天不需要，并不代表明天不需要；暂时不需要，不代表永远不需要。所以有些需求是潜在的，关键在于你是否能把他沉睡的购买欲望给唤醒。有时候经常会存在这样一种状况，当你被人以"我们现在还没有这个需求"理由拒绝之后，第二天却发现这个客户竟然在另外一家公司购买了同样的产品。

心理学家在分析一个人是否购买某一商品时，得出了这么一个结论：人们的购买动机通常有两个，一个是购买时这个产品能给自己带来怎样的快乐享受；另一个是如果不购买自己会遭受怎样的损失和痛苦。将这两个动机攻破了，客户的拒绝碉堡也就自然攻破了。

4. 客户说我们已经有其他供应商了

当客户告诉销售人员"我们已经有其他的供应商了"，这往往是真实的情况。但这并不意味着销售员就完全没有机会了，恰恰相反，销售员还有很多的机会。因为当客户正在使用其他供应商提供的某一产品时，正好说明这个客户已经认可了这个产品。这样就不用我们的销售员花时间来反复陈述某一产品能给客户带来怎样的好处，而只需很巧妙地告诉客户自己的产品与客户正在使用的产品存在哪些差异，而这些差异又会给他带来怎样的好处，最后让客户自己去权衡。一家企业在考虑与谁合作的时候，考虑最多的还是利益。如果销售员非常自信自己的产品较客户正在使用的产品更有优势的话，那么自己就随时有机会取代客户现有的供应商。

483

5. 客户说你们都是骗子

当客户说这句话的时候，销售员也别先恼，这说明客户曾经受到过伤害。一朝被蛇咬，十年怕井绳，曾经的阴影让他们太刻骨铭心了。如果这个心结不打开的话，想把类似的产品销售给他几乎是不可能的事情。但是这并不等于这个客户不需要此类产品。在这种情况下，销售员可以试着和他一起找原因。如果是销售员的原因，就真诚地向客户道歉，必要时适当补偿对方的损失。只要对方的心结打开了，生意也就可以继续了。

6. 客户说你们的产品没什么效果

客户这么说的话，实际上已经否定了销售员的产品，并将此类销售打入"黑名单"。这个问题有些棘手。销售员必须站在客户的立场考虑问题，在第一时间内承认错误，并积极地寻找问题的根源。让客户明白自己的公司已经今非昔比，过去不代表现在，并想办法解决这个问题。

7. 客户说你们的价格太高了

客户说这样的话，严格来说还谈不上是一种拒绝，这实际上是一种积极的信号。因为这意味着在客户的眼里，除了"价格太高"之外，客户实际上已经接受了除这个因素之外的其他各个方面。

这个时候，立即与客户争辩或者一味降价都是十分不理智的。销售员需要及时告诉客户自己马上与领导商量，尽量争取给一个优惠的价格，但暗示有困难。等再次与客户联系的时候，再告诉客户降价的结果来之不易。降价的幅度不需要太大，但要让客户感觉到利润了空间真的很小，销售方已经到了没有钱赚的边缘。或者询问客户与哪类产品比较后才觉得价格高，因为有很多客户经常拿不出同一个档次的产品进行比较。通过比较，让客户明白一分价钱一分货的道理，其最终愿意为高质量的产品和服务多付一些钱。

第五节 成交的秘诀在于影响和控制

积极回应并解决客户的抱怨

俗话说："伸手不打笑脸人。"我们不难联想到自己工作、生活中的一些场景，比如当领导发火时，赶紧主动道歉，将责任全部揽到自己身上；比如失约了，

第十二章 销售精英要懂心理学

见面马上道歉，并想办法让对方开心，你的笑脸待人，对方还忍心对你开枪吗？

微笑和真诚是影响客户情绪的重要元素，可以化客户的怒气为平和，化客户的拒绝为认同。

在销售过程中，客户的情绪往往是变化无常的，如果销售人员不注意，则很可能会由于一个很小的动作或一句微不足道的语言，使客户放弃购买，导致之前所做的一切努力都要付诸东流。尤其是面对客户对于产品的价格、质量、性能等各个方面的抱怨，如果销售员不能够正确妥善地处理，将会给自己的工作带来极大的负面影响，不仅仅影响业绩，更可能会影响公司的品牌。

所以，学会积极回应客户的抱怨，温和、礼貌、微笑并真诚地对客户做出解释，消除客户的不满情绪，让他们从不满到满意，相信销售员收获的不仅仅是这一次的成交，而是与客户长久的合作。

客户的抱怨一般来自以下两个方面。

第一，对销售人员的服务态度不满意。比如有些销售员在介绍产品的时候并不顾及客户的感受和需求，而是像为了完成任务而一味说产品多好；或者是在客户提出问题后销售人员不能给出让客户满意的回答；或是在销售过程中销售员不能做到一视同仁，有看不起客户的现象等。

第二，对产品的质量和性能不满意。这很可能是客户受到广告宣传的影响，对产品的期望值过高引起，当见到实际产品，发现与广告中存在差距，就会产生不满。还有一些产品的售后服务或价格高低都会成为客户抱怨的诱因。

销售人员面对这种抱怨或不满，要从自己的心态上解决问题，认识到问题的本质。也就是说，应将客户的抱怨当成不断完善自身，做到最好的指导。客户为什么会对我们抱怨？这是每一个销售人员应该认真思考的问题。其实，客户的抱怨在很大程度上是来自于期望，对品牌、产品和服务都抱有期望，在发现实际与期望中的情形不同时，就会促使抱怨情绪的爆发。不管面对客户怎么样的抱怨，销售人员都能做到保持微笑，认同客户，真诚地提出解决方案，这样，不但不影响业绩，相反会使业绩更上一层楼。

英国有一个叫比尔的推销员，有一次，一位客户对他说："比尔，我不能再向你订购发动机了！"

"为什么？"比尔吃惊地问。

"因为你们的发动机温度太高了，我都不能用手去摸它们。"

485

如果在以往，比尔肯定会与客户争辩，但这次他打算改变方式，于是他说："是啊！我百分之百地同意您的看法，如果这些发动机温度太高，您当然不应该买它们，是吗？"

"是的。"客户回答。

"全国电器制造商规定，合格的发动机可以比室内温度高出华氏72度，对吗？"

"是的。"客户回答。

比尔并没有辩解，只是轻描淡写地问了一句："你们厂房的温度有多高？"

"大约华氏75度。"这位客户回答。

"那么，发动机的温度就大概是华氏147度，试想一下，如果您把手伸到华氏147度的热水龙头下，你的手不就要被烫伤了吗？"

"我想你是对的。"过了一会儿，客户把秘书叫来，订购了大约4万英镑的发动机。

情绪管理是每一个人都应该必修的课程，对于从事销售的人尤其如此。面对客户的抱怨，销售人员首先需要做的就是控制情绪，避免感情用事，即使客户的抱怨是鸡蛋里挑骨头甚至是无理取闹，销售人员都要控制好自己的情绪，对客户以真诚的笑容，用温和的态度和语气进行解释。解释之前一定要先对客户表示歉意和认同，这就是继控制情绪之后的第二个步骤：影响客户的情绪，化解他的不满。

在面对客户的抱怨时，销售员最忌讳的是回避或拖延问题，要敢于正视问题，以最快的速度予以解决。站在客户的立场思考问题，并对他们的抱怨表示感谢，因为他们帮助自己提高了产品或服务的质量。

记住，微笑和真诚永远是解决问题的最好方式。微笑多一些，态度好一些，解决问题的速度快一些，就会圆满解决问题。化干戈为玉帛，化抱怨为感谢，化质疑为信赖。这样，抱怨的客户反而很可能会成为你永远的客户。

真心为客户着想

有这样一个故事，一个盲人，在夜晚走路时，手里总是提着一个明亮的灯笼，人们很好奇，就问他："你自己什么都看不见，为什么还要提着灯笼走路呢？"盲人说："我提着灯笼，为别人照亮了路，同时别人也更容易看到我，不会撞到我。

第十二章 销售精英要懂心理学

这样既帮助了别人,也保护了我自己。"作为销售人员,看到这个故事,你有什么感受?

销售人员提升业绩的诀窍并不是"以赢利为唯一目的",而是"为客户着想,以共赢为目的"。

在销售过程中,很多销售人员为了获取更多的利益,总是不惜损害客户的利益。他们或者是让客户购买一些质量差且价格高的产品,或者是将商品售出后就算结束,客户使用后出现问题也不负责。其实,表面上看这样或许获得了不菲的收益,但却是短期的。从长远的角度看,对销售员的发展是不利的。试想,如果客户的利益受到损害,对销售员的信赖度就会降低。时间长了,客户就会不断流失,从而使自身利益受到巨大的损害。

因此,优秀的销售员一定是将客户的问题当作自己的问题来解决,这样才能赢得客户的信赖。为客户着想是一个对客户投资的过程,会使销售员与客户之间的关系更加稳定牢固,使合作更加长久。

在销售中,为客户着想最重要的一点是提供能够为客户增加价值和省钱的建议。客户购买产品,最关注的是产品的价值和产品的价格。时时刻刻为客户着想,先不要考虑即将得到的利润,而是帮助客户考虑怎样才能为他省钱。帮客户省钱就等于为客户赚钱,帮助客户挑选最合适的产品,而不是一味出售最贵的,让客户以最少的投入获取最大的回报。

在美国零售业中,有一家知名度很高的商店,它就是彭奈创设的"基督教商店"。

有一次,彭奈到爱达荷州的一个分公司视察业务,他没有先去找分公司经理,而是一个人在店里"逛"了起来。

当他走到卖罐头的部门时,店员正跟一位女顾客谈生意。

"你们这里的东西似乎都比别家贵。"女顾客说。

"怎么会,我们这里的售价已是最低的。"店员说。

"你们这里的青豆罐头就比别家贵了3分钱。"

"噢,你说的是绿王牌,那是次级货,而且是最差的一种,由于品质不好,我们已经不卖了。"店员解释说。

女顾客讪讪的,有点不好意思。

店员为了卖出产品,就又推销道:"吃的东西不像别的,关系一家老小的健康,

487

您何必省那3分钱呢。这种牌子是目前最好的，一般上等人家都用它，豆子的光泽好，味道也好。"

"还有没有其他牌子的呢？"女顾客问。

"有是有，不过那都是低级品，您要是想要的话，我拿出来给您看看。"

"算了，"女顾客面有愠色，"我以后再买吧。"女顾客连挑选出的其他罐头她也不要了，掉头就走。

"这位女士请留步，"彭奈急忙说，"您不是要青豆吗？我来介绍一种又便宜又好的产品。"

女顾客愣愣地看着他。

"我是这里专门管进货的，"彭奈赶忙自我介绍，消除对方的疑虑，然后接着说，"我们这位店员刚来不久，有些货品不太熟悉，请您原谅。"

那位女士当然不好意思再走开。彭奈顺手拿过××牌青豆罐头，他指着罐头说："这种牌子是新出的，它的容量多一点，味道也不错，很适合一般家庭用。"

女顾客接了过去，彭奈又亲切地说："刚才我们店员拿出的那一种，色泽是好一点，但多半是餐馆用，因为他们不在乎贵几分钱，反正羊毛出在羊身上，家庭用就有点划不来了。"

"就是嘛，在家里用，色泽稍微差一点倒是无所谓，只要不坏就行。"

"卫生方面您大可放心，"彭奈说，"您看，上面不是有检验合格的标志吗？"

这笔小生意就这样做成了。

可见，在销售过程中，为客户着想就是为自己着想，当客户从内心感受到你是在为他服务，而不是要从他的口袋中掏钱时，他自然会愿意购买你的产品。

没有人愿意拒绝他人真诚的帮助。为客户着想是销售的最高境界，因为只有让客户自己发现你是在为他着想时，他才会愿意与你合作。所以，销售员一定要站在客户的立场考虑问题，切实做到为客户利益着想。这样，你得到的将是无数长期合作的"粉丝"客户。

诚恳地请教，满足顾客的优越感

何为请教？请教就是挖掘出对方身上的优点并请求对方进行传授和分享。心理学研究发现，在现实生活中，每个人都渴望得到别人的赞美和欣赏，更希望别

第十二章 销售精英要懂心理学

人向他请教,从而体现出自身的价值,获得心理的满足感和优越感。

从心理需求的角度来讲,喜欢听到别人的赞美,希望得到别人的认可是人之常情,无可厚非,因为没有任何人会喜欢被否定和指责。哈佛心理学家威廉·詹姆斯说:"人类最基本的相同点,就是渴望被别人欣赏和成为重要人物的欲望。"

作为一名销售人员,更要学会赞美和欣赏自己的客户,针对客户的优势适当地请教客户问题,多加肯定。掌握赞美和请教的技巧,让客户喜欢你、相信你、接受你,从而购买你的商品。

林达是一名汽车推销员,近日,他曾多次拜访一位负责公司采购的陈总,在向陈总介绍了公司的汽车性能及售后服务等优势以后,陈总虽表示认同,但一直没有明确表态,林达也拿不准客户到底想要什么样的车。

久攻不下,林达决定改变策略。

林达:"陈总,我已经拜访您好多次了,可以说您已经非常了解本公司汽车的性能,也满意本公司的售后服务,而且汽车的价格也合理,我知道陈总是销售界的前辈,我在您面前销售东西实在压力很大。我今天来,不是向您销售汽车的,而是请陈总本着爱护晚辈的胸怀指点一下,看我哪些地方做得不好,让我能在日后的工作中加以改善。"

陈总:"你做得很不错,人也很勤快,对汽车的性能了解得也非常清楚,看你这么诚恳,我就给你透个底儿:这一次我们要替公司的10位经理换车,当然所换的车一定比他们现在的车子要更高级一些,以激励他们,但价钱不能比现在的贵,否则短期内我宁可不换。"

林达:"陈总,您不愧是一位好老板,今天真是又学到了新的东西。陈总我给您推荐的车是由德国装配直接进口的,成本偏高。我们公司月底将进口成本较低的同级车,如果陈总一次购买10部,我尽力说服公司以达到您的预算目标。"

陈总:"喔!贵公司如果有这种车,倒替我解决了换车的难题了!"

月底,陈总与林达签署了购车合同。

虽然整个过程中,林达基本上没有特意去提让陈总买车的事情,但是他对陈总的事业给予了真诚的赞美,并以谦虚的态度向陈总请教问题,因此,轻而易举就赢得了陈总的心。最后陈总不但买了车,而且一买就是10辆。由此可见,真诚向客户请教客户对于销售员来说是如此重要。通过赞美和请教,让客户的心理得到满足,客户就会让你的销售目标得到实现。

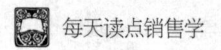

要想成为一流的销售员，获得客户的好感，就要能够在最短的时间里找出对方更多的优点，并抱着学习的态度向他们请教，进而俘获客户的心。

用心传递价值，让客户没有后顾之忧

当你购买某一个产品的时候，你最怕什么，是质量不好？不安全？不适合自己？花冤枉钱？……是啊，几乎所有的消费者在面对不熟悉的产品时，都会有这些担心和害怕，怎么做才能让他们安心购买？

用心传递价值，让客户没有任何后顾之忧。

心理学研究发现，人们总是对未知的人、事、物产生自然的疑虑和不安，因为缺乏安全感。在销售的过程中这个问题尤为明显。一般情况下，客户对销售员大多存有一种不信任的心理，他们认定销售员所提供的各类商品信息，都或多或少包含一些虚假的成分，甚至会存在欺诈的行为。所以，在与销售员交谈的过程中，很多客户认为他们的话可听可不听，往往不太在意，甚至是抱着逆反的心理与销售员进行争辩。

因此，在销售过程中，如何迅速有效地消除顾客的顾虑心理，就成为销售员最重要的能力之一。因为聪明的销售员都知道，如果不能从根本上消除客户的顾虑心理，交易就很难成功。

客户会产生顾虑的原因有很多，除了对产品性能的不确定外，主要有以下几点：

第一，客户以往的生活经历中，曾经遭遇过欺骗，或者买来的商品没有达到他的期望。

第二，客户从新闻媒体上看到过一些有关客户利益受到伤害的案例。新闻媒体经常报道一些客户购买到假冒伪劣商品的案例，尤其是一些伪劣家电用品、劣质药品或保健品，会给客户的健康甚至生命造成巨大的威胁。

第三，客户害怕损失金钱或者是花冤枉钱，他们担心销售员所推销的这种产品或者服务根本不值这个价钱。

第四，客户担心自己的看法与别人的会有不同，怕销售员因此而嘲笑他、讥讽他，或是遭到自己在意的、尊重的人的蔑视。

种种顾虑使得客户不自觉地绷紧了心中的那根弦，所以说，在面对消费者时，销售员要尽自己最大努力来消除客户的顾虑心理，用心向他们传递产品的

第十二章 销售精英要懂心理学

价值，使他们打消顾虑。

消除客户的顾虑心理，首先要做的就是向他们保证，他们决定购买是非常明智的，而且购买的产品是他们在价值、利益等方面做出的最好选择。

从某种意义上来说，消除疑虑正是帮助客户恢复购买信心的过程。因为在决定是否购买的一刻，买方信心动摇、开始后悔是常见的现象。这时候顾客对自己的看法及判断失去信心，销售员必须及时以行动、态度和语言帮助顾客消除疑虑，增强顾客的信心。

消除顾客疑虑的最佳武器就是自信。优秀的销售员的沉稳和自然显现的自信可以重建顾客的信心。

除了自信的态度之外，另一个重要的武器便是言辞。比如有一位顾客原本想采购一种电子用品，但是他没有用过，不确定这个决定对不对。聪明的销售员会马上说："我了解你的想法，您不确定这种电子产品的功能，怀疑是不是像产品说明书所说的，对不对？您看这样好不好，您先试用……"在关键时刻，销售员纯熟的成交技巧会让顾客疑虑全消。

在销售过程中，顾客心存顾虑是一个共性问题，如若不能正确解决，将会给销售带来很大的阻碍。所以，销售员一定要努力打破这种被动的局面，善于接受并巧妙地化解客户的顾虑，使客户放心地买到自己想要的商品。只要能把握脉络，层层递进，把理说透，就能够消除客户的顾虑，使销售成功进行。

适当制造压力，给客户一些"被威胁"的紧迫感

你喜欢被人威胁的感觉吗？我想，大多数人的回答都是：没有人会喜欢。因为威胁的背后是巨大的压力。在销售中，有时候"威胁"不但不会吓走客户，还会让客户主动成交，关键是你能不能用好"威胁"这个武器。那么，如何使用？

把握好度！成交时，适当制造压力，给客户一些"被威胁"的紧迫感，他会加速与你成交。

在向客户推销商品或者与客户进行谈判的时候，销售员往往处于被动地位，任凭自己说尽产品的好处，费尽力气地劝说，客户依然不心动。即使客户对产品动了心，想要购买，却还是免不了会提出各种异议进行讨价还价，或者总是反反复复，不能下定决心。这是让销售员非常头疼的问题。

而此时，销售员则可以通过改变策略，利用客户"怕买不到"的心理，对客

户稍加"威胁",增加客户购买的紧迫感,就会起到变被动为主动,让客户尽快做出决定的效果。如果销售员在销售中,真诚说服,同时在必要时适当地向客户提出"假如此时不购买我们的产品,您将会受到损失"的暗示,也许会起到意想不到的效果。

心理专家分析说,客户购买产品或者服务,一方面是从中获得某种实惠或者给自己带来方便快捷,另一方面则是一定的安全或健康需要。当销售员发现客户对产品或服务比较关注时,便可以巧妙地提醒客户,如果不及时购买此类产品或服务,将会失去重要的安全或健康保障。当然进行所谓的"威胁"暗示的前提是,销售员已经清楚客户最关注的产品优势是什么,只有正确地做出定位,才能够使"威胁"起到应有的作用。

一位商人带着三幅名家画作到美国出售,被一位美国画商看中。这位美国人认定:既然这三幅画都是珍品,必有收藏价值,假如买下这三幅画,经过一段时期的收藏肯定会涨价,那时自己一定会发一笔大财。于是,下定决心无论如何也要买下这些名作。

主意打定,美国画商就问商人:"先生,你的画不错,请问多少钱一幅?"

"你是只买一幅呢,还是三幅都买?"商人不答反问。

"三幅都买怎么讲?只买一幅又怎么讲?"美国人开始算计了。他的如意算盘是先和商人敲定一幅画的价格,然后,再和盘托出,把其他两幅一同买下,肯定能便宜点,多买少算嘛。

商人并没有直接回答他的问题,只是脸上露出为难的表情。美国人沉不住气了,说:"你开个价,三幅一共要多少钱?"

这位商人知道自己画的价值,而且他还了解到,美国人有个习惯,喜欢收藏古董名画,他要是看上,是不会轻易放弃的,肯定出高价买下。并且他从这个美国人的眼神中看出,他已经看上了自己的画,于是他的心中就有底了。

于是漫不经心地回答说:"先生,如果你真想买的话,我就便宜点全卖给你了,每幅3万美元,怎么样?"

这个画商也不是商场上的平庸之辈,他一美元也不想多出,便和商人还起价来,一时间谈判陷入了僵局。

忽然,商人怒气冲冲地拿起一幅画就往外走,二话不说就把画烧了。美国画商看着一幅画被烧非常心痛,他问商人剩下的两幅画卖多少钱。

第十二章 销售精英要懂心理学

想不到商人这回要价口气更是强硬，声明少于9万美元不卖。少了一幅画，还要9万美元，美国商人觉得太贵，便要求降低价钱。

但商人不理会这一套，又怒气冲冲地拿起一幅画烧掉了。

这回画商大惊失色，只好乞求商人不要把最后一幅画烧掉，因为自己实在太爱这幅画了。接着，他又问这最后一幅画多少钱。

想不到商人张口竟要12万美元。商人接着说："如今，只剩下一幅了，这可以说是绝世之宝，它的价值已大大超过了三幅画都在的时候。因此，现在我告诉你，如果你真想要买这幅画，最低得出价12万美元。"

画商一脸苦相，没办法，最后只好成交。

当我们用语言或行动暗示客户，如果此时不购买产品可能会失去某些利益时，就会对客户带来很大的触动，让客户产生紧迫感，从而起到"购买从速"的效果，但是前提是你的产品得让客户满意。

在销售中，这样的"威胁"只是销售员在对客户的需求经过认真分析的基础上，通过善意的提醒，增强客户的购买欲望，缩短客户考虑时间的一种策略。因此在与客户进行沟通时，销售员必须保证自己的暗示是客观的、实际的，绝不可以用谎言来欺骗客户。销售员要基于对客户的尊重和关心有技巧地进行说服，使客户坚定购买产品或服务的决心。

一定成交，12个无法拒绝的心理促成法

作为销售人员，一定要有敏锐的洞察力，在与客户谈判的过程中敏感地"嗅到成交的气味"。一旦发现客户有意或无意抛出的"成交绣球"，就要在第一时间找到合适的成交促成方式，接住"绣球"，将"美人"抱回家。以下为12种让顾客无法拒绝的促成法。

1. 不确定成交法

心理学有一个观点：得不到的东西才是最好的。所以当客户在最后关头还是表现出犹豫不决时，销售员可以运用不确定心理，让客户感觉到如果他不尽快做决定的话，可能会失去这次机会。例如：

（1）"请您稍等一下，让我查一查这批货还有没有。如果我没记错，这批货可能快卖完了。如果这样，您只能等下周新货送到再来买了。"

493

（2）"每年的三、四、五月份都是市场的旺季，我不知道昨天还剩下的两个摊位是不是已经被预订完了。您稍等一下，我打个电话确认一下，稍后我给您电话。"

（3）"您刚才提到的这款手机，是目前最畅销的型号，几乎每3天我们就要进一批新货，我们仓库里可能没有存货了，我需要先打个电话查询一下。"

2. 故事成交法

故事成交法就是通过讲一个和客户目前状况紧密相关的故事，在客户听完故事后，引导其去思考、权衡，从而最终达成交易。

比如一个优秀的保险推销员，他就很善于讲故事。在客户犹豫的时候讲个故事，效果会很好。比如"我以前认识一个朋友，他也像您一样，拥有超过几千万元的资产。很不幸的是，去年他在一次空难中意外丧生。因为他生前没有买保险，所以在他死后，他的家属为他的财产所付出的各种费用、税金共计超过了500万元。您不妨比较一下，是每个月支付1000多元的保险费划得来，还是损失500万元划得来呢？"

故事成交法的关键在于自己平时在生活中要做一个有心人，多留意各类故事和新闻，才能够在遇到相应情况时，信手拈来。

3. 对比成交法

鲁迅先生曾经打过一个比方，他说，如果有人建议在一个完好的房子墙壁上多开一扇窗户，来增加屋子里面的阳光，可能会有很多人反对。但当这个人站起来，先宣布要将房子的屋顶掀掉，再提出替代方案是在墙壁上开凿一个窗户时，大多数人就会很容易接受开多一扇窗户的建议。

这就是比较心理起的作用。在销售中，也可以运用这种比较心理来促成成交。例如，当客户询问产品价格时，销售员可以先给对方介绍一下同行业中报价较高的同类产品，然后再把自己的产品价格告知对方，或者同时也可以和自己公司同一产品不同的报价进行比较。

4. 引导成交法

操作方法：

（1）将准备好的签约资料发给客户；

（2）引导客户马上签约。

应用举例：

494

"王女士，这是报价单，您只需要在上面签字、盖过章后交给我就可以了。"

"马经理，为了使您能尽快拿到货，我今天就帮您下订单可以吗？"

5. 假设成交法

操作方法：

（1）假设客户已经下订单。

（2）询问客户的后续服务。

应用举例：

"马太太，关于细节方面的资料我同您确认一下，您的身份证号码是……您的详细地址是……"

"许先生，您希望我们的工程师什么时候上门给您安装？"

6. 二选一成交法

操作方法：

（1）假设客户正要下订单。

（2）提供两种结果给客户选择。

应用举例：

"刘先生，那您是想先预交半年费用呢还是一年的？"

"您希望我在明天上午还是明天下午把货送过来？"

7. 危机成交法

操作方法：

（1）讲一个与客户密切相关的事情，让客户产生危机感。

（2）重点阐明故事中发生的事情对客户及周围的人可能造成的不良影响。

（3）让客户明白如果不尽快做决定，会影响到他们的正常工作或生活。

应用举例：

"梁经理，据最近的报道显示，您所在的小区这个月发生了多起盗窃案！为了避免给您的生活带来不必要的麻烦，建议您立即安装防盗门……"

"何先生，这段时间正是市场招租的旺季，我们这边的摊位非常紧张，我建议您现在就确定下来，我这边好给您安排一个靠近入口的位置。"

8. 以退为进成交法

操作方法：

（1）采用让步的方式，使客户做决定。

（2）让步时要从大到小，一步一步地让。

（3）让步时同时改变附加条件。

（4）表示你每让一步都非常艰难。

应用举例：

"如果我提前一天，10号就给您送货，您今天可以下订单吗？"

"如果贵公司连续请我们演出5天的话，价格方面我们可以给到9折。而如果只是演一天的话，价格方面无法给您优惠。您看是请我们演出5天，还是演一天呢？"

"如果交货期能推迟一周，我们可以优惠300元。"

"如果我再退，就赔钱了。"

9. 替客户拿主意成交法

操作方法：

（1）找出客户对产品最关注的地方。

（2）为客户推荐一种最适合他的产品。

应用举例：

"舒经理，如果要保证培训效果的话，我相信张老师是最适合您的。"

"单先生，如果您是考虑到耐用的话，我觉得这款产品对您是最合适不过的了，您觉得呢？"

10. 展望未来成交法

操作方法：

（1）首先假设客户马上下订单。

（2）展望客户得到产品后的好处。

应用举例：

"季女士，如果您现在订下这套房子，并且马上交定金，我能保证您在两周以后就可以享受这里的美好风光了。"

"白先生，如果您马上引进我们的课程，贵公司的销售员在参加完培训后，业务水平会上一个台阶，公司业绩也会稳步上升，您看我们现在就把这件事确定下来，怎么样？"

11. 先少量试用成交法

操作方法：

（1）从客户的利益出发，建议客户先订少量试用。

（2）如果通过试用觉得满意，以后可以多订一些。

应用举例：

"我们是第一次接触，不是很了解，您可以少买一点儿，等您使用后觉得产品真的不错，并且我们双方有了充分的信任之后再多买一点儿。"

"我觉得先做一期比较好一些，如果觉得好再加也不迟，您看呢？"

12. 真诚成交法

操作方法：

（1）客观地看待自己的产品。

（2）建议客户买适合自己的产品。

（3）如果产品不适合客户，就劝客户不要购买。

（4）为客户的利益着想。

应用举例：

"你买不买产品是另外一回事，我从来不会因为要卖产品而违背自己的原则，无论我做什么或说什么，都必须尊重事实。"

"我说得再好都没有用，产品是客户说好才算好。所以，请您一定考虑好这个产品是否适合您。"

"关于价格方面，我们的产品的确比同类产品贵了点，我希望您能再花点时间多作一些比较。就我个人来说，我并不希望在我的客户对这款产品还没有充分了解之前就匆忙做决定。"

第六节　催眠他，你的业绩势不可挡

全面催眠包围客户感觉，让其现在购买

现实生活中，我们越来越多地听到"催眠"这个词，那么，什么是催眠？在心理学角度分析，催眠不是宗教、不是气功，更不是心灵感应等，它是一种能够使身心放松的方法。

在销售中，催眠式销售开始慢慢普及，受到越来越多业内人士的关注。试想，如果你能掌控别人来购买你的产品或服务；如果你能让你的产品介绍变得令人不可抗拒；如果你能让你的顾客主动购买你的产品，那么你的销售效果会如何？这就是催眠式销售的强大力量。

心理学研究发现，每个人都是与众不同的，但都会自我感觉良好，这是人的本性。作为销售人员，无论你见到什么客户，都要去发现客户心中传达出来的"你要让我感觉我很特别、我很重要"的信息。然后，销售员做出恰当的反应和表示，让客户感觉到你真的觉得他们很特别，并且懂得让客户自我感觉良好。

只有当你的客户感觉受到你的重视和舒适的时候，他们才会下定决心购买你的产品，甚至愿意放弃原来的选择，转而购买你的产品，进而达成你销售成交的目的。一个优秀的销售人员懂得如何改变客户的感觉，并将客户正面的情感变化引导至产品上。

催眠式销售就是通过语言、动作等方式引发客户潜意识中无法抗拒的东西。

催眠客户的最常见的方法有以下3种：

1. 视觉联想

我们都能够感受到视觉广告的巨大影响力，它可以在不知不觉中影响我们的判断和选择，为什么？视觉广告之所以发挥出无限的功效，是因为视觉联想极为有效，客户的行为可能会因为视觉上的联想而得到加强。例如，电影院播放的广告中，每6秒钟便出现一次爆米花的画面，这时候观众便会不由自主地想吃爆米花，而影院便可以享受它独特的地理优势。

心理学研究发现，在对人的行为产生影响的因素中，视觉联想的力量远远超过听觉的联想。所以，在销售过程中，销售人员不妨为产品设计一些有助于视觉联想的物品，让客户立即就能将好的感觉与你的产品链接起来。

2. 命令式

命令式指令具有"圣旨"的作用，比如，有一个小孩不想吃蔬菜，甚至为这件事情与他妈妈争吵。这时候，如果妈妈说："吃，你现在还小，在成长的过程中需要大量的维生素和矿物质，现在就吃蔬菜。"争执就会迎刃而解。"现在就吃"便是命令式指令。

作为销售人员，你要学会运用特定的字词来架构指令，"命令"客户采取行动。

3. 声音

根据心理研究显示：低音可以对潜意识造成比较大的冲击。新闻播音员大多数都采用低沉的声音，而不是尖锐的高音。低音在潜意识层次较具有权威，并且容易辨识，进而被人们乐于接受。

所以，销售或谈判中，善于利用声音的优势，也会对客户起到极大的催眠作用。

对于销售员来说，客户"现在购买"是最理想的状态。要求客户"现在购买"，就要跟客户强调"这是客户现在需要买的东西",能刺激客户的购买欲望。"现在"二字能给对客户造成催眠的感觉,也就是在客户的潜意识中,有一个命令是他现在想买。当你对客户下达此指令的时候,他"想要"购买的欲望就会逐渐加强,马上采取行动的可能性也大大提高。

现在我们将联想式指令与命令式指令结合起来,并且设计出更加具有说服力的暗示。

以房地产销售为例:"你是否曾像现在这样,一走进一间房子就很想住进去?那间房子的优点不是和你现在要的一样吗?马上将它变为己有如何?"

"现在""很想""想要""马上"这些词语,都会对客户传达一种他现在就想买的感觉。接下来,在要求客户付款购买的时候,销售员要直接告诉客户他购买之后会得到的感觉:

"在这间房子里,你会感觉非常安全。一踏进这间房子,便让你感觉好像是回家了。"而不是说这间房子的防盗设备一流等没有说服力的话。

因为催眠销售语言传达给客户的潜意识指令已经给客户创造了一种直接联想,将踏进房子与回家的感觉链接起来。

运用视觉、命令与声音和语言的力量催眠客户,帮助客户做出现在购买的决定。

肢体语言催眠,动作更能左右他

"此时无声胜有声"已经不仅仅是一种交流的境界,在销售过程中,它更多地成为肢体语言发挥作用的写照。

在人们的沟通过程中,一般会用到3种方式传递信息:语言、声音及视觉。在完全的沟通状态下,这3种方式对信息传递所占百分比为:

语言的影响只占7%。也就是说,一个人在沟通中所说话语的内容仅仅有7%的影响力。就如同你一定有过在别人开口前就知道对方要说什么的经验。

声音的影响占33%。平和的语气、热情的声调往往会让交流更加顺畅。如果有餐厅的服务员询问你东西是否好吃的时候,你面无表情地回答:"谢谢,很好。"对方可能也只是礼貌地点一下头;而如果你微笑地看着他:"谢谢,好极了!"他一定会说:"太好了,您请慢慢享用。"

而视觉的影响占了60%。在面对面沟通的时候,人们普遍认为说是最重要的,但真相是:强劲的影响力是靠肢体语言来完成的,此时无声胜有声。销售员如果运用振奋人心的肢体语言，让自己显得富有激情及强大的魅力，那么，你就会获得更大的成功。

对于肢体语言的暗示，很多人都有所了解，却不深入。其实在交流中，非语言暗示有4种最积极的肢体语言：

第一是眼睛。眼睛是心灵的窗口，当你运用眼睛去接触你交谈的对象时，就可以很容易地传达你所要表达的信息。

第二是身体的位置。站在哪儿、怎么坐都会影响着你信息的传达。比如后背坐直，身体前倾的坐姿，可以充分传达出销售员的热情、职业道德和你对客户的重视。

第三是面部表情。销售人员最常用到的表情就是微笑，微笑是用来创造正面形象的最有效的非语言表情之一。

第四是手及手臂。手与手臂就像是指挥家手中的指挥棒，容易解读，并且能够传达大量信息。

在催眠销售中，肢体语言的作用非常明显。有时候销售人员的一个动作暗示，不但能引导客户做出同样的动作，还会让客户根据动作产生相应的感觉。

介绍产品，将客户引入催眠过程

中国有句古话："己所不欲，勿施于人。"意思是你自己都不喜欢的事物，就不要送予他人。当我们向他人介绍某一事物很好的时候，我们一定是内心觉得是真的好，否则，就是虚伪和欺骗。作为销售员，你是否发自内心地认为你的产品如你所说的那样好？

产品介绍非常重要，因为这是在专业层面给客户一个购买的理由。但是，介绍产品的前提是，你必须发自内心地认为，你的产品真的很好。销售人员必须要对自己的产品和服务充满信心，要让他们确信你的产品对他们有好处，并让他们了解不买产品可能会出现的损失。

当然，除却对产品的信心，产品的介绍技巧也是非常重要的，因为，介绍产品本就是一个将客户引入催眠状态的过程。

成功的产品介绍的9大技巧：

（1）确立目标，明确结果。通过结果来衡量自己的产品介绍方法是否已经获得成功。

第十二章 销售精英要懂心理学

（2）注重个人形象。包括着装、个人卫生、健康状况与言谈举止。

（3）守时。举办产品介绍会要确保准时开始，准时结束。

（4）视觉联想道具。利用道具或视觉辅助工具丰富及加强产品介绍的内容。

（5）口诀。如果想要客户对你的产品印象深刻，那就将产品介绍编成口诀来传递价值。

（6）引爆情绪。感染客户，让他们有所感动，他们将会购买你的产品。

（7）挖掘痛苦，先苦后甜。不要先讲好处，而是让客户感到如果不买你的产品就像是在承受地狱之火或者不买你的产品改变现状，他会一直很痛苦。当客户被引导被感染后，再介绍产品的好处，让客户感觉购买你的产品之后就会得到天堂般的快乐，绝不会后悔他们所做的购买决定。

（8）强调好处。客户提问也好，迟疑也好，其背后代表的信息只有一个，客户在关心你的产品能够给他带来什么好处？因此，除了介绍产品以外，你必须让客户知道这些产品会为他们带来什么好处。

（9）行动引导。销售的目的是让客户购买，所以，介绍产品后最重要的是让客户采取行动，现在就买。

皮特是一名从事厨具推销工作的推销员，他常常能够出奇制胜，销售业绩比其他人要高很多。正是凭借着这种聪明，他终于成了一名成功的推销员。

有一天，皮特敲开了一户人家的门，试图向他们推销他的商品，开门的是房子的女主人。她让皮特进入屋内，并告诉皮特说，她的先生和邻居布威先生在后院，但她和布威太太乐意看看皮特的厨具。尽管要说服男人认真观看商品展示是极困难的事情，当皮特进到屋内后，皮特还是鼓励两位太太邀请她们的先生一同来看自己的商品，皮特担保她们的先生也会对展示的商品感兴趣，于是两位太太把她们的先生请了进来。

皮特详细、认真地向客户展示他的厨具，用他的厨具煮未加水的苹果，也用他们自家的厨具加水煮了一些苹果，最后皮特把差异指了出来，令客户印象非常深刻。然而男士们仍装作没兴趣的样子，深恐要掏腰包买下皮特的厨具。这时，皮特知道展示过程并未奏效，因此，皮特决定使用自己的绝招。皮特清理好厨具，将它们打包妥当，然后向客户说："很感激你们给我机会展示商品，我原本期望能在今天将自己的产品提供给你们，但我想将来可能还有机会。"

不料，当皮特说完这句话，两位先生即刻对皮特的厨具表现出高度的兴致。

501

他们两人同时离开座位，并问皮特的公司什么时候可以出货，皮特告诉他们他也无法确定日期，但有货时他会通知他们。他们坚持说，他们怎么知道他不会忘了这件事。皮特回答说，为了保险起见，他建议他们先付定金，当他们公司有货时就会为他们送来，可能要等上1~3个月。他们两人均热切地从口袋中掏出钱来，付了定金。大约在5周之后，皮特将货送到了这两户人家。

优秀的销售员会在介绍产品时，运用多种技巧，牢牢抓住客户的心理，让客户主动向你购买产品。运用道具或视觉辅助工具是增强说服力的绝招，会使听众或客户产生不同的印象。皮特就是运用了苹果作为道具，辅助介绍厨具的不同，让人印象深刻。

当然，在销售中，销售员可以有针对性地设计对介绍产品有利的辅助工具。比如房地产的销售，可以为看房子的客户提供饮料、果汁等附加价值的东西，就是一些很好的办法，这会让客户心情愉悦，进而增加购买的可能性；许多高级美容美发院都知道，客人在喝过几杯酒之后，都会比较喜欢新的发型，这些都是利用道具或视觉工具进行销售的案例。

不可抗拒的联想指令让客户由被动变主动

如果有人跟你说："你要想红色，想红色，快想红色！"你脑海中是什么颜色？红色。如果有人跟你说："你不要想红色，不要想红色，不要想红色！"你脑海中是什么？依然是红色？为什么会这样？

答案是，你接收到的指令的主体都是一个词：红色。联想是一切活动的起源，不可抗拒的联想指令会让客户变得主动。

催眠大师发现，如果在沟通过程中善用联想指令，就能让对方有所反应，并且对方会认为指令本就是他自己的想法，而不是催眠者发出的联想指令。只有当一个人相信某一件事是完全出于他自己的想法的时候，他不仅抗拒心理较弱，而且回应的几率也会大大上升。比如你的上级对你说，"销售50万根本就不是你本月的目标"，一般情况下，你会跟着说："哦，50万销售额根本就不是我这个月的目标。"在销售中，可以利用联想指令使客户相信，他脑中接收到的你传达的意念，是他自己脑海中的想法。

不要低估想象的力量，心理学研究发现，人类的想象力远比意志力强上10倍。

第十二章 销售精英要懂心理学

而人之所以会联想及思考，是因为意识或潜意识受到刺激，这种刺激可以是很多种形式，比如视觉、听觉、触觉、味觉或嗅觉，甚至从餐厅里飘出来的香味，也可以唤起你对于童年美好的回忆。

就像一句推销名言所说："如果你想勾起对方吃牛排的欲望，将牛排放到他的面前固然有效，但最令人无法抗拒的是煎牛排的'嗞嗞'声。他会想到牛排正躺在铁板上，嗞嗞在响，混身冒油，香味四溢，不由得咽下口水。""嗞"的响声使人们产生了联想，刺激了需求欲望。

推销人员对产品的介绍局限于产品的各种物理性能，是难以使顾客动心的。要使顾客产生购买念头，推销人员要在介绍产品的性能、特点的基础上，勾画出一幅梦幻般的图画，以增强吸引人的魅力。一位吸尘器推销人员对顾客说："请好好想一想，使用吸尘器，你可以从繁杂的家务劳动中解脱出来，这样，你就可以有更多的时间和精力关心你孩子的学习和进步，辅导他的作业，带他外出散步，和家人一同享受生活的乐趣。"一位推销天蓝色瓷片的推销人员一句话打动了顾客："在卫生间铺上这种天蓝色瓷片，你洗澡时就有置身大海的感觉。"于是，购买的决定就达成了。

每个人都有两个意识，即意识与潜意识。意识就如同理智，而潜意识则是人内在的甚至不被觉察的感觉。潜意识不易受到控制，所以，大多数情况下我们所做的让我们满意的决定，都是潜意识在起作用。比如意识告诉我们，吃完饭再吃甜品一定会长胖，不利健康，但看到诱人的冰激凌，潜意识告诉我们，看上去多好吃啊，吃一次应该没关系。于是，我们很乐意接受潜意识的想法，因为那往往才是我们内心最想要的，于是决定就这样做出。

所以，在销售中，销售员要善于把握客户内心深处真正想要的是什么？在你销售的每一件产品或服务中，都有"嗞嗞"的牛排声。也就是说，在你的产品或服务中有某一个东西或某一个点，一定是客户真心想拥有的，是客户潜意识中无法抗拒的。销售员要做的，就是利用联想指令，让客户不断确认自己心中所想，从而下定购买的决心。

销售并不仅仅是一个职业，也是一种能力、一种魅力。催眠式的销售是一个优秀的销售人员必须掌握的销售技巧，而联想则是催眠销售中最重要的应用元素之一。如果你知道怎样有效地去利用联想发挥作用，使客户的潜意识受到强烈刺激，你就能够把握客户的反应，进而提升你的销售效能。

借力使力，让客户不可抗拒

如果你自信满满地说出自己的观点，却遭到他人的反对，你会不会很不痛快？是的，因为没有人希望自己的观点不被认同。作为销售人员，面对客户提出的你并不认同的观点，如何进行反驳，如何做到巧妙表达自己的不同观点的同时也让他愿意接受呢？

催眠说服力中，借力使力的销售策略可以让你在表达不同意见的时候不引起别人的反感，甚至不引起对方的察觉。在销售中，这种借力使力的方式对于说服对方尤为有效。

什么是借力使力的销售策略？

假如客户对你说："这个手机太贵了。"作为销售员，你可以这样说："是的，我完全同意您的看法，1万元买一部手机确实有些贵，然而只要想想这部手机的性能，就会觉得一点也不贵了。"如果客户告诉你："我没觉得保险有什么必要买。"作为销售员，你可以这样说："如果我是您，我可能也会有同感，然而保险不仅仅是为自己买，更多的是为了家人，您说是吗？"

借力使力销售策略的基础是让对方有足够多的机会表达他的意见，销售员可以根据他所说的，因势利导进行变相的反驳。但前提是一定要让他感觉到你真的尊重或认同他的意见，同时再提出你的意见。这样就不会让客户感觉你在生硬地不留情面地反驳他。所以，在借力使力的销售沟通中，一定要避免使用"可是""但是""不过"等这些转折性很强的字眼，因为"可是"或"不过"等词语会将你之前讲过的话推翻，如果这样，你前面的认同在客户眼中就会变得虚伪。

很多时候，事实和数据也是我们可以借用的一些非常有力的"力"。

格林推销保险许多年了，一次，为了拿下一家广告设计公司的保险业务，他连续工作了很多天，终于有一天，该公司总裁决定与他见一面，以决定保险的事。这是桩大生意，竞争也非常激烈。除总裁之外，参加见面的还有他们公司的其他4个人。格林一落座，就预感到这桩生意可能有变。事实证明格林的预感没错。

总裁："格林先生，我没有什么好消息给你，我们经过仔细研究，决定把这笔保险业务给别人。"

格林："您能告诉我为什么吗？"

总裁："因为虽然他的计划和你的相差无几，可是价格却低得多。"

格林："我能看看具体的数据吗？"

第十二章 销售精英要懂心理学

总裁："那样对其他人就太不公平了。"

格林："是的，确实。那别人也看了我的计划书？"

总裁："嗯……不过我只是想让他在计划中给出具体数据。"

总裁把别人的计划递给格林，他一看立即就发现这份计划有问题，把投保人的收益夸大了，这完全是一种误导。他没有直接告诉总裁他受骗了。

格林："我能用您的电话吗？"

总裁："（略有些吃惊）请便。"

格林："您能不能在另一部分机上也听听，总裁先生。"

总裁："可以。"

很快格林就接通了提供不精确数据的保险推销员所属分公司的经理的电话。

格林："你好，我是弗兰克·格林，我想向您核实一些数据，您手边有《获得收益手册》吗？"

经理："我有，请问吧。"

格林："请查一下新修改的人寿险46岁投保人的收益。"

经理向格林提供了收益数据，格林把数据和手中的那份计划作了对比。46岁正好是总裁先生的年龄。

格林："第一阶段的收益是多少？"

经理把查到的准确数据告诉了他。

格林："请告诉我第一个20年的收益数据。"

经理："我没法向你提供，因为我们公司没有划定这一段的收益数据。"

格林："为什么？"

经理："这是一种新的人寿保险合同，保险公司不知道那些投保人以往的情况。"

格林："你们不能核算一下吗？"

经理："我们没法预测未来的情况，而且法律上也不允许对未来的收益作预测。"

但是，格林手中的那份计划书却核算出了未来20年的收益。

格林："谢谢，希望很快能在生意上与您合作。"

挂断电话后，总裁一言不发。格林平静地坐在那里看着他。他抬起头，看看格林，看看他的助手们，说："好啊，这就是事情的本来面目。"

505

毫无疑问，生意是格林的了。

格林并没有说一句对手的不好，也没有直接跟客户说他的观点错误，而是顺着客户的思路，采取了相应的行动，借用事实与数据让客户了解到他的选择是错误的。

以下是得到客户的认同，让客户对产品和服务满意的应用技巧：

第一，采取肯定回答的制约陈述。也就是找出客户谈话或观点中的合理成分，加以肯定。一般情况下，肯定对方有多种形式，标准例句如下："这真是个好天气，不是吗""您说得很有道理，我同意，同时……""这栋房子能够让你住得非常舒适不是吗"。

第二，利用反问的方式对话。自然的反问语气可以有效地掩藏你的真实意图，让客户不易觉察。反问式对话通常可以这样提问："今天的温度难道不是最适宜的吗""难道您不喜欢这辆车"？

第三，采取附和式谈判技巧。附和就是说，只要是客户说的对销售有利的，都表示肯定和赞同。假如客户说："这房子真不错。"你就可以附和说："可不是吗！"客户说："我觉得我应该能用到这个产品。"你可以附和说："是的，这真是个明智的选择。"

第四，采取沉默法。适当的沉默一方面可以防止客户对你产生"急功近利"的印象；另一方面，给客户足够的思考空间，他会考虑你的产品对他的好处。而且，沉默有时候也会给客户一种压力，让他尽快做出决定。

第七节　步步为营的心理成交技巧

假定成交法

在客户还没有采取购买行为前，应该为客户创造一幅景象和画面：他已经买了你的产品，带来了什么样的好处和利益。

销售员："李先生，您平时参加过这样的培训吗？"

客户："参加过一个'生涯规划'的培训。"

销售员："我们提供的培训可以帮助、指导您未来30年的发展路线，您可以像看电脑的发展趋势一样看到您的收入、您的健康、您的人际关系等的发展趋

第十二章 销售精英要懂心理学

势。假如您可以通过这个课程完全掌控自己的整个人生过程和细节，通过您自己对这个课程的认识和了解，帮助您实现重大的成长和跨越，您有没有兴趣想了解一下？"

客户："想。"

销售员："李先生，想象一下，假如今天您参加了这样一个课程，它可以帮助您建立更好的人际关系，帮助您更加清晰地明确一年的目标、5年的目标、10年的目标以及您今后要做的事情，帮助您的家庭和您的孩子变得更加舒适和安康，您觉得这样好不好？"

客户："非常好！"

销售员："所以，如果说您还没有尝试，您愿不愿花一点时间尝试一下呢？"

客户："愿意。"

销售员："如果当您尝试的时候，您发现它确实有用的话，您会不会坚持使用它呢？如果您坚持的话，会不会因为您的坚持而一天比一天更好呢？因为每天进步一点点是进步最快的方法，您说是不是？"

客户："是的。"

销售员："所以，假如今天您来参加这3天的课程，有可能对您和您的家人都有帮助，是吧？"

客户："是的。这样吧，你把申请表格给我传真过来，我填一下。"

上述介绍正是用了一套假设成交的沟通方法。那么什么是"假设成交法"？

在通话时，如果是以下情况：

"××先生，我是××。"

"您好。"

"××先生您好，好久没有听到您的声音了，上次开课的时候，你每天都坐在我的对面，我看您很有精神。"（开始建立亲和力）

"最近过得怎么样？生活怎么样？有没有烦心的事情？"

"没有。"

"想想看，是不是有一两件事令你烦恼呢？想不想解除烦恼？"

"想解除烦恼。"

"假如想……"

于是就跟客户讲怎么追求快乐，怎么逃离痛苦，他开始被锁定注意力，最后

507

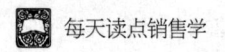

就会参加培训课程。

这就是"假设成交"。假设成交就是先给客户一幅成交的画面，让他想象已经购买了某产品或服务，而此产品或服务给他带来多大好处。这就是假设成交真正的用处。假设成交的关键是你要为客户创造一幅景象和画面：他已经买了你的产品，带来了什么样的好处和利益。

从众心理成交法

当潜在客户有购买的意愿，但嫌价格贵时，要充分利用潜在客户的从众心理，通过其他有影响力的客户的认同来影响潜在客户，促使潜在客户做出购买决定。

销售员："是刘总啊，您好，您好！"

客户："小汪哪，我上回看中的那辆尼桑，还没有谁付下定金吧？"

销售员："哦，那个车，客户来了都要看上几眼，好车嘛。但一般人哪买得起，这不，它还等着刘总您呢。"

客户："我确实中意这辆车，你看价格上能否再优惠些，或者我是否有必要换一辆价位低一点的？"

（小汪知道，换车，只是刘总讨价还价的潜台词。）

销售员："价格是高了一点，但物有所值，它确实不同一般，刘总您可是做大生意的人，配得上！开上它，多做成两笔生意，不就有了嘛。"

客户："你们做销售的呀，嘴上都跟抹了蜜似的。"

销售员："刘总，您可是把我们夸得太离谱了呀。哦，对了，刘总，××贸易公司的林总裁您认识吗？半年前他也在这儿买了一辆跟您一模一样的车，真是英雄所见略同呀。"

客户："哦，林总，我们谁人不知啊，只是我这样的小辈还无缘和他打上交道。他买的真是这种车？"

销售员："是的。林总挑的是黑色的，刘总您看要哪种颜色？"

客户："就上回那辆红色吧，看上去很有活力，我下午去提车。"

"从众"指个人受到外界人群行为的影响，而在自己的知觉、判断、认识上表现出符合公众舆论或多数人的行为方式，是社会认可作用的一个表现。"从众"应用到销售中，是推销员影响潜在客户的又一个诀窍，利用人们的从众心理，往

第十二章 销售精英要懂心理学

往可以起到事半功倍的作用。就像这个案例中的汽车推销员小汪，他就是使用了这个方法成功销售了一辆价格不菲的汽车。

当然小汪的前期准备工作也为他的成功销售起了一定的作用。这个前期工作是指小汪在公司销售记录中搜寻了一些有影响力的客户，把客户姓名和购买的车型都记录下来，并随身携带，以备查用。

当潜在客户刘总给小汪打来电话时，小汪通过分析，把握了客户的心理，并想好了对策。

先是赞美客户，获得客户的好感，为最后的成交奠定基础；然后，使出"撒手锏"："对了，刘总，××贸易公司的林总裁您认识吗？半年前他也在这儿买了一辆跟您一模一样的车，真是英雄所见略同呀。"看似不经意的一句话，其实是充分利用了潜在客户的从众心理，通过他人认同影响潜在客户，促使潜在客户做出购买决定。

结果正如小汪预料的那样，刘总非常痛快地签了单。

可见，在销售中，遇到类似的客户时，推销员不妨采取类似的办法，相信比直接介绍产品的优越性能的效果要好得多。

步步为营成交法

客户对行销人员提供的产品不太满意，提出自己的设想时，要牢牢掌握客户提出的设想，提供可行的方案来促使洽谈成功。

一个销售员打电话给一位客户销售汽车。

客户："这部车颜色搭配不怎么样，我喜欢那种红黑比例配调的。"

销售员："我能为您找到一辆红黑比例配调的，怎么样？"

客户："我没有足够的现金，要是分期付款行吗？"

销售员："如果您同意我们的分期付款条件，这件事由我来经办，您同意吗？"

客户："哎呀，价格是不是太贵啦，我出不起那么多钱啊！"

销售员："您别急，我可以找我的老板谈一谈，看一看最低要多少钱，如果降到您认为合适的程度，您看您买吗？"

这种方法的技巧就是牢牢掌握客户所说过的话，来促使洽谈成功。例如，一客户这么说："我希望拥有一个风景优美的住处，有山有水。而这里好像不具备

509

这种条件。"

销售人员可马上接着他的话说："假如我推荐另外一处山清水秀的地方，并且以相同的价格提供给您，您买不买？"

这是一种将话就话的方式，这种谈话模式对电话销售有很大好处。就上面一段话，客户是否真的想拥有一个山清水秀的地方姑且不管，销售人员抓住他所说的话而大做文章，给他提供一个符合他条件的地方，这时，他事先说过的话就不好反悔了，否则就会感到十分难堪。这样的情况在电话销售过程中时常发生。

哀兵策略成交法

在一般人眼里，优秀的推销员都是那些口若悬河、反应灵敏、精明干练的强者，其实并不尽然。有时，那些看起来"傻笨愚呆""口舌笨拙""一问三不知"的推销员，却屡屡在谈判桌上获胜。原来，他们采用了"装愚示傻"谋略，即故意摆出一什么都不明白的愚者姿态，让强硬的对手"英雄无用武之地"。

谈判界津津乐道的一件日美商界谈判实例，就生动、形象地说明了这种方法。

一次，日本航空公司选派了3名代表同美国一家公司谈判。在谈判前，日方了解到美国这家公司的谈判代表不仅思维敏捷，语言善辩，而且还准备了充足的资料。显而易见，要硬对硬、强对强，取胜的把握不大，于是，他们决定使用"装愚示傻"法来向美国人谈判。

早8点，美日双方正式开始谈判。果然不出日本人所料，美方开局就控制了局面。他们利用屏幕向日本详细地介绍了本公司的产品，并信心十足地表示，他们开价合情合理，品质优良超群。这一演示，介绍过程整整持续了两个半小时。

在此期间，3位日本代表一直静静地坐在谈判桌旁，一言不发。

美方主谈以为日本人为他们的介绍所吸引，很是高兴，便打开房灯，充满自信地问日方代表说："你们认为我们所谈的如何？"

谁知，一位日方代表礼貌地笑了笑，回答说："我们不明白。"

这话不亚于晴空霹雳，美方主谈脸上顿时失去了笑容："你不明白？这是什么意思？你们不明白什么？"

另一位日方代表也面带微笑回答："所有的一切我们都不明白。"

美方主谈判觉得肝部隐隐作痛，但他还是强作镇定地问："你们从什么时候开始不明白的？"

第三位日方代表慢条斯理地答道："从你将会议室的灯关了之后开始的。"

美国人都傻眼了。主谈无奈而焦虑地问："那你们希望我们怎么办？"

3位日方代表异口同声地回答："希望你们再介绍一遍。"

美国人彻底泄气了，因为他们实在没有最初的热诚和信心，去重复一次两个半小时的推销性介绍。再说，即使他们硬着头发这样做，谁又能保证日方不故伎重演呢？

结果，精明强干、准确充分的美国人败在了"什么都不懂"的日本人手下：要价被压倒了最低码。这真是"大智若愚"。

衰兵策略是对付强硬谈判对手的有效武器，试想，当你和一位根本听不懂你在说些什么的人交涉时，你即使有再广博的学问、再丰富的资料、再严谨的逻辑、再高深的理论、再精辟的见解、再锋利的辩词，又有什么作用呢？这好比一个人运足了气挥拳朝你打来，你不仅不还手，还后退走开，对方的尴尬可想而知，肯定比自己挨一巴掌还难受。

从客户的言谈中捕捉成交信号

当客户态度变化趋向于积极的方面，通过言谈发出一些购买信号时，此时销售员要善于捕捉客户的购买信号，适时成交。

客户："好极了，看起来正是我们想要的整体解决方案。"

小张："这套方案的确非常适合你们。"

客户："一旦发生了问题，你们真的会随时上门维修吗？"

小张："当然，只要打一个电话。"

客户："以前我们总是担心供应商的服务，但现在我放心了。"

小张："我们的服务堪称一流，拥有行业内最大的售后服务队伍。"

客户："这个我也知道了，而且价格也很合理。"

小张："您放心吧，我们已经给出了最低的价格，还是找总经理特批的呢！"

客户（沉默了一会儿）："我们能签合同吗？"

小张（松了一口气）："太好了，我早准备好了。"

在电话沟通中，当客户有心购买时，我们从他的语言中就可以判定。

上面案例中销售员小张向客户推荐整体解决方案时,就是在语言中捕捉到了客户的购买信号,从而很快达成了交易。

所谓购买信号,是指客户在你沟通过程中所表现出来的各种成交意向。有利的成交机会,往往稍纵即逝,虽然短暂,但并非无迹可寻。客户有了购买欲望时往往会发出一些购买信号,有时这种信号是下意识地发出的,客户自己也许并没有强烈地感觉到或不愿意承认自己已经被你说服,但他的语言或行为会告诉你可以和他做买卖了。

那么在电话沟通中客户会怎样向我们传达他们的购买信号呢?

1. 当客户对某一点表现出浓厚的兴趣时

客户发出的购买信号为:

"能谈谈你们的产品是怎样降低成本的吗?"

"你们的产品优势在哪里?"

"能重新说一下吗?我拿支笔记一下。"

"哦,××公司刚刚引进了你们的课程,我和他们的负责人很熟的,我会和他通个电话,看看他们对你们的课程怎么看。"

2. 当客户很关心产品或服务的细节时

客户发出的购买信号为:

"这个产品的价格是多少?有折扣吗?"

"产品的质量怎么样?"

"你们产品的保修期是多久?多长时间可以包换?"

"什么时候能交货?"

"如果我认为不满意,那怎么办呢?"

"不知道能否达到我的要求?"

"让我仔细考虑一下吧!"

"你们以前都服务过哪些公司呢?"

"有礼品赠送吗?"

3. 当客户不断认同你的看法时

客户发出的购买信号为:

"对,你说得不错,我们的确需要这方面的改善。"

"对,我同意你的观点。"

"我也这么想。"

第十二章 销售精英要懂心理学

"听我们××分公司的经理说,你们的课程确实不错。"

4. 当客户在电话那端保持沉默时

当你和对方通了几次电话后,关于产品或服务的很多细节都在电话里探讨过了。这时,你可以提一些问题,如:

"您还有哪些方面不太清楚呢?"

"关于我们公司的专业能力方面您还有什么不放心的地方吗?"

如果这时客户保持沉默,没有直接回答你的问题,这其实也是一个很好的促成机会,你应该果断出手。

5. 在回答或解决客户的一个异议后

客户发出的购买信号为:

"你的回答我很满意,但我觉得我还是需要考虑一下。"

"在这方面我基本上对贵公司有了初步的了解。"

"哦!原来是这样的,我明白了。"

在电话沟通中,准确地把握时机是相当重要的。如果客户没有发出购买信号,说明你的工作还没做到位,应该进一步跟进而不宜过早地提出交易。

不说不该说的话

当客户明确表示成交时,谨慎为上,避免过多的话语,导致交易失败。

推销员:"看到我们给您发过去的新型车的图片了吧?"

客户:"哇,真漂亮。"

推销员:"才22万美元。"

客户:"我能买到一辆黑色的吗?"

推销员:"当然。黑的、黄的、红的和紫红的都有。"

客户:"好。我今天有现金。黑色的你有现货吗?我能不能今晚就开回家?"

推销员:"当然。现在我们这儿就有一辆。下周我们还有4辆黑色的要到货。"

客户:"真的?也许我还应等一等,看了那几辆再说。"

推销员:"不必了,它们全都一样。"

客户:"可是,现在这辆车也许油漆不佳或还有什么毛病。"

推销员:"绝不可能,一点问题都没有。"

客户:"嗯。"

推销员:"那我这就过来跟您签合同吧。"

客户:"我还没有拿定主意。我想先看看那几辆再说。"

推销员:"可是这一辆一点问题都没有,您可以亲眼看看嘛。"

客户:"是啊,不过我还得考虑考虑。我有事得先挂电话了。下周我再打电话跟您确定。"

虽然成交要等客户的同意,但是最后的关键时刻,销售员的话却至关重要,它可以使客户坚定最后的决心,促进成交,也可以使客户动摇购买的决心,放弃交易。上述案例中的销售员就犯了一个致命的错误,不该在最后时多说了一句"下周我们还有4辆黑色的要到货",这句话让客户萌生了等一等能有更多选择的念头,从而放弃当场交易,这一放弃很可能导致交易的流失。让即将到手的交易眼睁睁地失去,对销售员来说,是一个很大的打击。

在客户发出成交信号时,要注意下面几种情况。

1. 有的问题别直接回答

假设,当你正在对产品进行解说时,一位客户发问:"这种产品的售价是多少?"

A. 直接回答:"150元。"

B. 反问:"您真的想要买吗?"

C. 不正面回答价格问题,而是向客户提出:"您觉得值多少?"

如果你用第一种方法回答,客户的反应很可能是:"让我再考虑考虑。"如果以第二种方式回答,客户的反应往往是:"不,我随便问问。"

2. 有的问题别直接问

客户常常有这样的心理:"轻易改变生意,显得自己很没主见!"所以,要注意给客户一个"台阶"。你不要生硬地问客户这样的问题:"您下定决心了吗""您是买还是不买"?

尽管客户已经觉得这商品值得一买,但你如果这么一问,出于自我保护,他很有可能一下子又退回到原来的立场上去了。

3. 该沉默时就沉默

"你是喜欢甲产品,还是喜欢乙产品?"问完这句话,你就应该静静地坐在那儿,不要再说话——保持沉默。

第十二章 销售精英要懂心理学

你不要急着打破沉默，因为客户正在思考和做决定，打断他们的思路是不合适的。如果你先开口的话，那你就有失去交易的危险。所以，在客户开口之前一定要保持沉默。

第八节　如何问客户才会说，说什么才是你要的

恰当提问，挖出目标客户的真正需求

我们在进行销售的过程中，与客户交流时所要取得的首要信息就是客户的需求，从而迅速揣测与该客户达成交易的可能性。在面对这一问题时，我们不少销售员常常习惯于凭借自己的经验主观判断我们所面对的客户，最终却可能因错误地判断客户的需求与偏好而丧失交易机会。

有销售大师总结，要想获得客户需求信息最好的方式就是提问。提问是发现需求的好方法，销售员要想评估新客户是否存在销售机会，以及他们的购买动机是什么等，都需要通过恰当的提问来完成。

《圣经》上说："你问就会得到回答。"但并不是所有的提问都会得到你预期的回答。要想得到你需要的回答，还需要提升你提问的技巧。得当的提问可以帮助你处理好与客户的交易，推动销售的进程，但是如果运用得不好，也可能破坏会谈。太多的问题容易让客户感到被信息塞满了头脑，过于咄咄逼人的问题也会让客户感到像在受审。

因此，要成为成功的销售员，必须学会如何设计你的提问，让巧妙的提问有效地帮助你洞察消费者的需求，获得对你有利的信息。同时，我们也应当注意避免不恰当的提问给销售带来不必要的麻烦。以下这则真实案例或许能帮助我们理解适当提问的意义：

顾客：你们还有同类产品吗？

销售员：当然有！（兴奋不已，心想成交了。）

顾客：有多少？

销售员：多得很，因为大家都喜欢买这种机型。

顾客：太可惜了，我喜欢独一无二的产品。

515

这就是不合适的提问带来的负面效果。

那么，我们若是在实际销售中遇到这一情况，应当如何进行适当的提问呢？

顾客：你们还有同类产品吗？

销售员：您为什么会问这个问题呢？

顾客：我想知道你们到底有多少同类产品。

销售员：这样啊，您为什么会关心这个问题呢？

顾客：我喜欢独一无二的产品。

在合适的提问下，销售员获得了关于顾客需求的准确信息，这样也就能够灵活处理问题，采取相应办法回应。

再比如，当顾客提出"价格太高"时，销售员常见的反应往往是"价格是高了点，不过当你考虑其他优点时，真的会发现价格其实很合理"。但如果试试用恰当的提问来代替，你或许会收到不一样的效果：

顾客：价格太高了。

销售员：所以呢？

顾客：所以我们得说服公司，要先得到某些人的支持……

很多你觉得难以回答的问题，可以试着换过来问问顾客："你觉得解决这个问题最好的处理方式是什么？"让顾客自己解决自己提出的问题，这会比你通过揣测其心思而做出的解答更为中其下怀。

你是否已经恍然大悟，原来在与客户的交流中，提问是如此高明的一计。但要设计出成功的提问，还有几个方面必须注意：

（1）记住用提问为自己争取控制权。只要不犯错误，提问会使你处于强势，建立你在销售说服中的主动权与控制权。无论提问使你感到多么的拘谨，但要想推动你所进行的销售交流，不要忘记适时让"提问"来帮忙。

（2）通过提问来回答问题。顾客常常会提出一些难以回答的问题，通过反问我们常常可以巧妙地化险为夷，把问题还给客户，同时获取更多的有力信息。例如，当客户问"你的产品有什么其他产品不具备的优势吗"，你不用直接解释产品的特征和长处，而可以问他："你对我们的产品很熟悉吗？"通过这个问题，你能了解他仅仅是想了解更多信息，还是在挑战你的方案，这将指引你做出相应的回答。

第十二章 销售精英要懂心理学

（3）提问后适当保持沉默。如果你希望对方很快地回答问题，在你主动提问后，最好立刻住口。有人做过心理分析，交谈中的短暂沉默会创造一种自然真空，这种真空会自动把责任放在回答问题的人身上。或许大多数的销售员对于交谈中的沉默觉得非常不舒服，而习惯于主动打破沉默。但你必须要克制这种情绪，记住如果你不打破沉默的话，你的客户将提供给你有价值的信息。

每一次的销售都是独一无二的，即使是被普遍认可的销售员，仍然需要对每一个顾客进行提问，以确保对不同的顾客介绍对其有用有利的信息。如果你要成为一名优秀的销售员，一定要将学会合适地提问作为你自身修炼的重要一步。

逆反心理，打消客户"下意识"的自我防卫

相信你一定有过这样的经历，你的客户总是对你所说的每件事都要进行澄清或反驳。你提出一个观点，他立刻提出一个相反的观点；你插入一段评论，他马上觉得有必要提出更好或者更令人印象深刻的评价。不用说，遇到这种情形总是令人沮丧，而交流也因此难以深入。

在日常会谈中，这种情形发生的频率其实比你想象的要频繁得多。哪怕对于一个不大有感情色彩的评价，人们也常常会持反对态度。例如，当你说"听说周末天气不错"时，对方立刻会反问道，"真的吗？我觉得好像会下雨"，或者说，"太热""太冷""太潮湿了"；还有的人认为现在说这个周末天气怎么样有点"太早了"或"太迟了"。总之，对方似乎总是本能似的以逆反心理对待你的言论。

逆反是出于人的本能，带有感情色彩，通常使人以相反的态度做出反应，常见的方式是表达相反的观点。

在销售中，我们也常常一开口就遭到对方反诘。你可以用一个简单的实验来检测一下顾客的逆反心理。当你走进客户的办公室微笑着询问："我选了一个好时间，对吗？"那么，他们的回答通常并不愉快，往往会说"我现在正在忙"。下一次，你试着问一个相反的问题："我来得不是时候吧？"大多数人会立刻邀请你进去，同时说："不，正好我手上的事情忙得差不多了。"

逆反是几乎人人都有的行为反应，只是程度不同而已。逆反行为看起来像是一种恶意的抵触，但从心理学角度来说，逆反行为并不是有意识的反应，大多数情况下都是客户下意识的自我防卫。逆反行为很少因为某人有意反对而发生，它的产生机制是人们需要感受到自我价值的存在。大多数的人通过对他人的反对来

517

显得自己很聪明，希望因此受到尊敬。

在销售过程中，当客户发生习惯性的逆反行为时，你不能直接跟客户说："别这么做！"而应当认识到，客户不自觉的逆反心理实际上是源于人们天生对"掏自己口袋"的人抱有谨慎且怀疑的态度。这种谨慎孕育着抵制情绪，越是谨慎的消费者，就越容易产生逆反行为。而销售员必须尊重客户的逆反心理，还应懂得在销售中充分利用消费者的逆反本能，达到促进销售的目的。

美国商人艾弗森专门经营卷烟。但这位商人运气不好，几年来商品一直无人问津，很快濒临破产。万般无奈之下，艾弗森最后决定改变经营方法。

艾弗森在商店门口画了一幅大广告："请不要购买本店生产的卷烟，据估计，这种香烟的尼古丁、焦油含量比其他店的产品高1%。"另用红色大字标明："有人曾因吸了此烟而死亡。"这一别具一格的广告立即引起了当地电视台的注意，通过新闻节目的宣传，这家商店立即声名鹊起，远远驰名。一些消费者特地从外地来此买这种卷烟，称"买包试试，看死不死人"；还有些人认为，抽这种烟能显示自己的男子汉气概。

艾弗森的卷烟店因此生意日渐兴隆，最终成为拥有5个分厂、14个分店的连锁商店。

艾弗森正是巧妙地利用了消费者的逆反心理，表面上是自揭家丑，故意道出商品的问题，实际上是通过激发客户的好奇心，利用客户的逆反心理，顺利销售产品。

"激发好奇心"是克服客户逆反心理的最佳途径之一，我们在日常销售工作中，也可以通过能够激发人们好奇心的话题，使交谈的气氛变得活跃，同时也使客户更加投入、注意力更集中，从而主动自愿地了解你的产品和服务。

相反，当客户的兴趣点或心理需要得不到满足的时候，反而会更加刺激他强烈的需要及想要得到的欲望。越是得不到的东西，人们往往越想得到；越是不能接触的东西，人们反而越想接触；越是保密不让知道的事情，人们也会越想知道。

某售楼中心的推销员小邵，他负责推销A、B两套房子。一天有个客户前来咨询，并要求看看房子。而这时小邵想要售出的是A套，在带客户去看房子的同时，他边走边向客户解释说："房子您可以先看看，但是A套房子在前两天已经有位先生看过并预订了，所以如果您要选择的话，可能就剩下B套了。"

这样说过之后，在这位客户的心里会产生这样一种想法，那就是"既然已经有人预订A套房子，就说明A、B两套房子相比，A套比较好一些"。有了这样的心理，在看过房子以后，客户更加觉得A套房子好，但是既然已经有人预订了，只能怪自己来得太晚了，于是客户带着几分遗憾离开了。

过了两天，推销员小邵主动打电话给前两天来看房子的客户，并兴高采烈地告诉他一个好消息："您现在可以买到A套房子了，您真是很幸运，因为之前预订A套房子的客户因为资金问题取消了预订，而当时我发现您对这套房子也比较喜欢，于是就先给您留下了，您看您还需要购买吗？"

客户听到这样的消息，十分高兴，有一种失而复得的感觉。既然机会来了，一定要把握住，于是他迅速地与推销员小邵签了这份单子。

销售人员应紧紧抓住逆反心理强烈的客户这一鲜明的心理特征，根据实际情况对自己的销售策略及沟通方式做一些调整，利用客户的逆反心理达到销售的目的。在具体的销售过程中，客户逆反心理一般有以下几种表现形式：

（1）反驳。这是在客户身上最常见的逆反心理表现。客户往往会故意地针对销售员的说辞提出反对意见，让销售员知难而退。

（2）不发表意见。这种逆反更难以应付，因为在销售员苦口婆心地介绍和说服的过程中，客户始终保持缄默，态度也很冷淡，不发表任何意见，销售人员也就无从反驳或引导客户。

（3）高人一等的作风。不管销售员说什么，客户都会以一句"我知道"来应对，意思是说，我什么都知道，你不用再介绍了。这样的客户往往会给销售员带来一种很大的压力。

（4）断然拒绝。在销售员向客户推荐时，有的客户会坚决地说："这件商品不适合我，我不喜欢，让我自己先看看。"

通常我们可以用以下3种方式来有效消除客户的逆反心理：

（1）多提问题少做陈述。交谈中的陈述语气很容易引发逆反作用，因为大多数的陈述通常都有一个明确的观点立场，很容易被人抓住提出反对意见。你的陈述观点越明确，就越容易发生反作用。相反，提问由于观点模糊，就不容易使对方感情激化，从而引起逆反作用。例如，以"这个周末天气好吗"代替"周末天气不错"的陈述，既能避免对方逆反性的回答，又通过问题满足了人们想要参与讨论并提供某些信息的心理需求。

（2）以信誉消除客户的抵触心理。一个销售员在其客户心中的信誉越好，客户的态度会越积极。良好的信誉能使你的客户与你建立融洽的信任关系,这样就减少了客户逆反心理的发生几率,有效展开交流。

(3)站在对方的立场上。在销售的过程中,如果我们能设身处地地站在对方的立场上,提出诸如"我来得不巧吧?""打搅你了吗?""你的老板对建议价格有些担心吧?"之类的问题,对方能感受到你确实是为他着想,就很容易消除顾虑,愿意敞开心扉与你交谈——当然,你所问的上述问题,都能够得到否定的回答。

销售员在与客户交流的过程中,对方很容易有逆反心理。有些销售员总是试图采用更主动、更有推动力的言语试图说服对方,然而却收效甚微。其实,只要掌握以上几点,你就可以很容易地消除客户的心理防卫,最终达成你想要的成交结果。

羊群效应:群体趋同影响客户选择

动物中常常存在这样一种现象:大量的羊群总是倾向于朝同一个方向走动,单只的羊也习惯于加入羊群队伍并随着其运动的方向而运动。

这一现象被动物学家称作"羊群效应"。心理学家发现,在人类社会中,也存在着这样一种羊群效应。

心理学家通常把"羊群效应"解释为人们的"从众心理"。"从众",指个人受到外界人群行为的影响,而在自己的知觉、判断、认识上表现出符合于公众舆论或多数人的行为方式。每个生活在社会中的人都在设法寻求着"群体趋同"的安全感,因而也会或多或少地受到周围人倾向或态度的影响。大多数情况下,我们认为,多数人的意见往往是对的。

顾客的"从众心理"的存在给了商家营销的机会。最典型的就是广告的效应,商家通过广告不断地向消费者传递诸如"××明星也用我们的产品""今年的流行是我们引领的",或者是更直白的"送礼只送×××"之类的广告信息,让消费者觉得所有人都在用我们的产品——你当然不能例外。

客户在其消费过程中,如果对自身的购买决策没有把握时,会习惯性地参照周围人的意见。通过了解他人的某种定向趋势,为自己带来决策的安全感,认为自己的决策可以避免他人的失败教训,从他人的成功经验中获益。

让客户感觉到他"周围的每个人"都存在某种趋势是销售中一个非常有效的

第十二章 销售精英要懂心理学

技巧。"羊群效应"为我们带来的就是这样一种全新的说服技巧。销售员在与客户交流的过程中应当设法让客户了解他周围的人都存在着某种趋势，并询问客户："你知道这是为什么吗"，从而有效地利用"群体趋同"产生的能量建立自己的可信度。

另外，"羊群效应"还被证明能够有效地激起客户的好奇心，促使他们想要知道更多——如果听说你的产品或服务在市场上产生了极大的影响，客户怎么会不想了解详情呢？

著有《提问销售法》的托马斯·福瑞斯可以说是将"羊群效应"在销售中运用得得心应手的前辈和典范。

1990年，时任KW公司堪萨斯城地区销售经理的托马斯·福瑞斯需要开办一场关于公司CASE工具的研讨会。在尝试各种传统的拜访程序受阻后，福瑞斯想到了"羊群效应"：如果整个羊群的大部分都倾向于KW公司的CASE工具，其他客户一定也会想要了解究竟。

于是福瑞斯改变了策略，他不再乞求客户参加会议，而是让他们知道其他人都会去，并希望他们不会被遗漏在外。

福瑞斯与客户这样说道："你好，客户先生。我叫托马斯·福瑞斯，是KW公司在堪萨斯城的地区经理。很荣幸通知您，我公司将在8月26日在IBM的地区总部召开CASE应用程序开发研讨会，还记得我们给您发过的请柬吗？

"这次出席我们的研讨会的有百事可乐公司、美国运通公司、万事达公司、联邦储备银行、堪萨斯城电力公司、西北寿险公司等公司的研发经理。当然，这些只是名单中的一小部分。坦率地说，我想这次会议的参加人数可能是破纪录的，将会超过100人。我打这个电话是因为我们还没有收到贵公司的同意回复函，我需要确定您不会被遗漏在外。"

毫无意外，福瑞斯的这次研讨会最终的确取得了"破纪录"的成功。虽然大多数同意前来的客户都是因为"其他人"也会来，但事实上，当他们来的时候，"其他人"也的确都来了。

由上面的例子可以看出，"围观"或"扎堆"的社会现象，并不是好奇心驱动的，而是经过了人们的一个简单思考的过程：观看别人行为，来判断自己是否也应该做出这样的行为。也就是说，人们的行为总是会在不知不觉中被别人的行为所影响。

521

日本企业家多川博是世界闻名的"尿布大王"。在创业之初，多川博的公司是日用橡胶制品的综合性生产销售企业，但由于其经营毫无特色，一度面临倒闭的境地。多川博在一个偶然的机会中发现了婴儿尿布的巨大商机，于是，他采用新科技、新材料进行了尿布的研发，产品质量优越。公司花了大量的精力进行了产品宣传，希望引起市场的轰动，但是在试卖之初，生意十分冷清，几乎无人问津，企业到了无法继续经营的地步。

多川博万分焦急中想到了一个好办法。他让自己的员工假扮成客户，排成长队来购买自己的尿布。一时间，公司店面由门可罗雀变得门庭若市，几排长长的队伍营造了一种尿布旺销的热闹氛围，这引起了行人的好奇："什么商品这么畅销？"于是很多"从众型"的买主被吸引。随着产品不断销售，人们逐步认识了这种尿布产品的优越性，名声逐渐传开，进而打开了尿布的销路，甚至远销世界各国。

多川博公司的尿布畅销就是利用客户的从众心理打开市场的。

由此可见，在我们的销售过程中，"羊群效应"是一个非常有力的技巧，它可以帮助你建立信用度，同时激发客户的兴趣。当你对你的客户说"我只是想确定你不会被遗漏在外"的时候，他一定会好奇自己可能错过什么东西，并且会主动询问进一步的情况。这就是"羊群效应"的微妙之处，他提供给客户心理上的安全感，并促使他们做出最后决策。

我们应当理解，顾客在对于可能发生的交易有可能存在顾虑，尤其是做出重大决定的时候更是如此。而这正是"羊群效应"的价值所在，你因此能够通过激发客户的好奇心，处理异议，告诉客户为什么你的产品或服务是最好的。

聪明的销售员应该知道，你的销售并不是一味地劝说客户购买你的产品，而是让潜在客户了解，你的其他大多数客户做出最后决策之前都面临过与他们相似的问题。而你要做的是与你的客户分享其他客户成功的经验，从而消除客户的逆反心理，自然，你的产品就不愁没有销路了。

找到最佳操作方法，提问销售法的技巧与流程

不会提问的销售员，卖不掉产品。因为当销售员见到客户的时候，不一定知道客户是什么情况。《孙子兵法》说："知己知彼，百战不殆"。摸不清楚对方的情况就贸然进行销售，其结果也是很难摸得清楚的。这种低效率的事情，聪明人是从

第十二章 销售精英要懂心理学

来不做的。提问销售法与其他销售方法最显著的区别就是，提问销售法认为销售员不应该试图说服客户做出购买决定。相反，提问销售法着重于让客户自己"想要"购买、回答问题和倾听。那么，怎样才能用提问销售法取得销售的成功呢？

1. 激起客户的好奇心

如果仔细观察我们就会发现，优秀的销售员总是不断地开发新客户，而普通销售员却不行。这不是因为优秀的销售员是谈判高手，也不是因为他们更善于接近他人，而是因为他们知道该如何获得客户的时间和注意力。好奇心是打开销售大门的钥匙。提问销售法最不赞成的就是与那些天生对销售员就抱有戒心的客户勉强建立关系，而是设法激起客户的好奇心，赢得他们的时间和注意力，从而开启销售之门。

2. 缩小提问范围来建立可信度

当我们步入了销售行业的时候，就已经继承了人们对销售员的所有偏见。除非你能证明自己，否则大多数客户都会认为你是没有什么信用的。所以，很多客户往往在还没有搞清楚对方要销售什么的时候，就把我们拒之门外。这就要求我们必须在最短的时间之内建立起自己的可信度。客户一般都希望自己是在和一个专业人士打交道，而非只会照本宣科的人。他们需要相信销售员能够帮助自己找出问题所在，并给出有价值的解决方案。这就要求我们必须把提问的范围缩小到顾客最需要的范围之内。

最常用的提问技巧就是问："我能问你一个问题吗？"如果客户对于你是谁或者你能为他们做点什么感兴趣的时候，一般都会说"可以"，这样你就获得了提问题的权利。缩小提问的范围，只问客户感兴趣、最关心的问题是销售程序开始阶段建立信用的一种有效手段。一旦你被客户认定为是值得信任的，你就获得了扩大提问范围以发现客户需求的权利。

3. 逐步提升提问重点来发掘客户需求

销售员必须发现客户需求才能销售成功，因此提问就显得十分重要。虽然我们希望成功发现顾客需求，但又不能让客户感到被信息"塞得太满"而产生逆反情绪。这就要求我们在提问过程中有一个循序渐进的过程，逐步提升提问的"重点"，从而发现客户的需求，提高销售会谈的价值。在这个过程中，我们可以按照这个程序来探明客户的需求：是否存在销售机会→客户可能面临的困难→这些困难意味着什么→是否存在潜在的有价值的解决方案。

4. 用倾向性的提问获得更多更准确的反馈信息

在销售的早期阶段，潜在客户对于回答问题持有谨慎态度，这大多是因为销售员此时还没有获得他的信任。但是到了后期，客户可能会仍然对回答问题保持谨慎，这时候是因为他们不愿意谈及某些可能危及自身，或伤害与你建立的业务关系。无论是哪种情况，对于销售员来说知道事情的进展程度总是有价值的。因为很多问题都是有倾向性的，许多影响销售结果的因素总是处在不停地变化之中，销售机会也总处于游移不定的状态。有时销售会往好的方面进行，有时却会向坏的方向发展。所以销售员在提问时一定要有一个导向性，准确了解自己到底处在销售过程的哪个阶段，还需要怎么做才能完成交易。

5. 推进销售的程序

销售员要懂得维系与客户的关系，因为极少的策略性销售会在初次拜访中圆满完成，有兴趣立刻做出购买决策的客户太少了。但更可能的情况是，客户对产品非常有兴趣，想了解更多的信息。这时候就需要我们的销售员通过一定的程序来强化客户的合作欲望，这个过程包括以下几个程序：

（1）引发兴趣。在提问销售法销售过程开始的时候，所有事情都要围绕着引发和巩固客户兴趣来进行。可通过进行销售拜访、贸易秀、讨论座谈会、大量邮寄和特殊演示等方式使客户尽可能地了解更多有价值和能激发他们兴趣的信息。

（2）销售演示。是否进行销售演示取决于产品本身。在绝大多数销售中，销售演示通常需要伴随着一些活动和情境，这样既可以影响听众，也可以做到信息差异化。

（3）达成交易。这是购买者和销售员在一起讨论购买时间、条款和达成交易的阶段。我们所要做的就是让客户得出结论：你的产品和服务都是物有所值的。

第九节　销售员从平凡到卓越的心理成长技巧

为你的工作而骄傲，这个世界没有人离得开销售

想一想，小到一支几毛钱的铅笔，大到价值数百亿的交易，是不是都离不开商业销售？我们每个人，不论性别、年龄、职位……是不是没有谁能够离开销售活动？

很多人都觉得销售工作很平凡。其实不然，这个世界没人能离得开销售。正是数以千万计的销售大军，支撑着现代社会的商业体系。对销售界的从业人员来

说，不管是高层的销售经理，还是底层的业务代表，其所从事的销售工作都是有价值的。

销售员在给客户带来方便的同时，也可以从中获得客户的认可和尊重。对于销售工作来讲，各种各样的挫折和打击，是在所难免的。你要从另一个角度看待这个问题，只有在克服困难的过程中，一个人才能获得最大的满足。

一分的努力，一分的收获。唯有努力工作，方有可能赢得尊重，实现内心的价值。即使自己的工作很平凡，也要学会在平凡的工作中寻找不平凡的地方。工作中无小事，并不是所有人都能把每一件简单的事都做好。

既然选择了销售这个职业，就应该全身心投入进去，用努力换取应有的回报。而不应该因为对当下的工作不满意，就消极地应付，浑浑噩噩地过日子。走脚下的路的同时，也要把目光望向长远。

"不想当将军的士兵不是好士兵。"工作中每个人都拥有成为优秀员工的潜能，都拥有被委以重任的机会。但只有你努力工作，一心向上，机会才能轮到你头上。

一个人一定要明白自己工作的目的和价值，要知道工作不仅仅是为了获得升职和赚到更多的钱。人的需求是有不同层次的，最基本的是生存需要再到安全需要，然后是社会的需要、他人的需要，最后是自我实现的需要。解决温饱、获得安全、挣取收入是每个人都必需的，但人们还需要建立良好的人际关系，获得他人的认可和尊重，在社会中找到自己的位置。

销售员要为自己的工作感到骄傲和自豪，因为好多伟大的人都是从这一行起家的。我们熟知的世界上伟大的推销员，如原一平、博恩·崔西、克莱门特·斯通，他们都是从最底端做起的。他们对自己的工作充满激情，为自己的工作感到骄傲，从而在自己能够胜任的岗位上，最大限度地发挥自己的能力，实现自己的价值，不断实现自我提升。只要你能够积极进取，就会从平凡的工作中脱颖而出。梦不是靠想出来的，而是靠做出来的。因此做销售要树立正确的价值观，找到自己前进的方向，并为之努力奋斗。只有坚持不懈的人，才会最终成为那少数的成功者之一。

要培养积极的心态，因为积极心态是生命的灿烂阳光，能给人以温暖和力量。与之相对，消极的心态是生命的阴云，让人感到寒冷和无助。大量翻阅成功人士的故事和经历，我们就会发现他们有个共同的特点，就是不管环境如何，都能保持积极的心态，不敷衍了事。

直面阻碍销售成功的两个精神绊脚石

俗话说,万事开头难,做销售也不例外。对新手来讲,要顺利开展销售,有两个主要障碍需要克服。这两个障碍都是精神层面的,即"害怕失败"和"害怕拒绝"。

美国第32任总统富兰克林·罗斯福1933年就任总统时,当时世界正处在史无前例的经济危机中。他的就职演说中有一句名言:"我们唯一恐惧的就是恐惧本身,一种莫名其妙、丧失理智的、毫无根据的恐惧,它把人转退为进所需的种种努力化为泡影。"

如果一个人在儿童时期经常受到父母一方或双方的批评,他就会在早期生活中形成一种深层的"害怕失败"的潜意识恐惧。若父母的批评伴随着整个成长过程,那么在成年后,他仍然会时不时体验到这种对失败的恐惧,这种恐惧平时可能意识不到,但已经深深扎根在心底。害怕失败是导致成年人无所建树的罪魁祸首。套用罗斯福的话来讲,让你止步不前、平庸平凡的不是失败本身,而是对失败的恐惧。如果想要成功,你必须想办法克服这种恐惧。

小王是一名普通的推销员,他入职不久,只和熟人做过几单小生意。有一次,出于业务需要,他约了一家大公司的老板谈生意。这次机会很难得,经过多次预约,这位老板才答应和他见面。如果生意谈成,他至少能拿到几十万的订单。

自己从来没有接触过这种级别的人物,一念及此小王就非常紧张,他生怕会出什么乱子。进到对方的办公室之后,他更是一下子被那装饰得豪华气派的办公室震慑住了,以至于见到这位老板之后,结结巴巴几乎说不出话来。经过很大努力,他终于结结巴巴地说出来几句话:"先生……我早就……想见您……现在我来了……啊,却紧张得说不出话来。"王先生修养很好,一直微笑地看着他。

奇怪的是,他开口承认自己心中的恐惧之后,恐惧却一下子不复存在了,下面的谈话就顺利得多了。有过这次经历,他学到了一条很管用的小窍门:每次遇到紧张的情况,就自己主动承认,然后紧张就自动消除了。

承认害怕有助于消除害怕,初入行的销售人员可以借鉴这个窍门。尤其不要害怕与大人物见面,而要把它当成是一种机会。当你遇见一个让你害怕的大人物时,要直言不讳地承认你的恐惧,而不要害怕出丑而故意遮掩。

害怕拒绝,是另外一种恐惧心理。如果有人对优秀的销售人员说"不",

第十二章 销售精英要懂心理学

他们不会因此感到受伤或气馁。但是很多人尤其是新手，常常会害怕潜在客户说"不"，害怕目标客户可能会对销售人员无礼、反感或批评。

李贵是一名保险推销员。一开始做销售的时候，他很敏感。不单是害怕拒绝，哪怕客户的一句冰冷的话语或一个冷漠的眼神都会让他感觉如芒刺在背。有一次，他甚至和一个心急气躁的客户吵了起来。

由于长期沉浸在这种压抑状态中无法自拔，李贵的工作效率很低。虽然工作时间比别人长，也比别人努力，可是销售成绩却一直赶不上别人。

他偶然遇到了一位销售界的前辈高手，向对方倾诉自己的苦衷。对方听到他的事情，语重心长地跟他讲了一席话，让他茅塞顿开、获益匪浅：

"你的敏感其实是没有意义的。你想啊，如果一个客户拒绝了你，你以后就不会再见到这个人。在乎一个不存在的人的拒绝，岂不是很好笑？当然，一次拒绝并不代表就没有机会。如果你最终得到了这个客户，那么之前的拒绝就属于成功的过程，该值得骄傲才是。你以前之所以销售成绩不好，就是因为对失败和拒绝想不开，一直耿耿于怀。如果能够一笑而过，就既能让自己心情愉快，遗忘那些不开心的事，同时也容易获得客户的好感。何乐而不为呢？"

按照 80 : 20 定律，80% 的销售拜访都会以被拒绝告终，原因可能是多方面的。但这并不一定就意味着销售人员自身或者他所销售的产品或服务有什么不好。人们说"不"只不过因为他们不需要、不想要、不能用、买不起或者别的原因。你必须认识到拒绝绝不是针对你的。

克服了这两道障碍，不再害怕失败，不再害怕拒绝，你就成功了一半。

你如何看待自己：请加强自我意识

你是谁？你应该是谁？回答这两个问题，就是要正确看待现在的自己，然后，为自己定下目标，为目标去努力。那么，你是如何看待自己的呢？

你如何看待自己是决定你的个性及发展的关键因素，同时也是决定你身上发生的每件事情的关键因素。心理学研究发现，对自我意识最重要的是自尊心的中枢作用，而"你如何看待自己"是人类自尊的最佳定义。

人与人之间有着很大的差距，有的人很富有，有的人非常穷困；有的人很出色，

527

有的人极度平庸；有的人很自信，有的人异常自卑。不同的人从事着不同的职业，做着不同的工作，与不同的群体交往，对自我的认识也不尽相同。不同的自我意识，导致每个人不同的发展结果。

心理学研究发现，无论在哪个领域，你在多大程度上认可自己是你在这个领域的表现和成效的关键因素。这决定了你能够赚多少钱，拥有什么地位，穿什么衣服，与他人相处如何，销售业绩如何以及生活质量。而那些具有很强自尊心的人，往往都是真正认可自己的人，他们有着积极的自我意识。因为，当你真正认可自己在某个角色中的表现时，你就能够在那个角色中表现出最佳的状态。

认可自我是一种积极的心理反应，并且认可自己与喜欢他人是紧密联系的，不知道你有没有这样的体验：你越认可自己，就会越喜欢他人；越喜欢他人，他人也就越喜欢你，当这个他人是你的客户时，客户就会愿意从你这里购买产品，甚至将你推荐给他的朋友。可见，高度认可自己和强烈的自尊心是成功的关键。

相反，妄自菲薄是一种消极的心理反应。很多销售员会因为自己家庭状况不好、经济收入不高及社会地位低下等因素而不由自主地否定自己，从而产生自卑感，在销售工作中便缺乏了相应的自信。这样导致的直接结果是销售员没有自信和激情，在销售产品的时候也就会不自觉地将这种不自信传递给客户，从而使客户也开始质疑你的产品。如此便成为一种恶性循环，如果销售员不主动去改变和提高，将会失去很多机会，甚至平庸一生。

由此可见，一个销售员在多大程度上肯定自己，是他在销售中获得成功的决定因素，它实际上决定了一个人在各个方面取得的成就。

心理学中一项非常伟大的发现表明，你将成为在大多数时间里你想成为的那个人。这就是自我意识的力量。例如，成功者满脑子都是成功；幸福者满脑子都是幸福；热恋者满脑子都是爱情……

成功者在日常生活中总是积极自信地进行自我对话，通过"我感觉自己真的好棒"这样的语言，鼓励自己，让自己慢慢树立起强烈的自尊。心理学发现，每一次对自我的积极肯定，都会让一个人的自尊心得到增强。

在销售过程中，见到客户前，销售员要做好心理准备，停下几秒，认真地对自己说："我感觉自己很棒，很棒！"积极地给自己打气，就像给轮胎打气一样，将自己的自尊心充起来。

正确积极地看待自己，加强自我意识让自己成为一个上进、具有强烈自尊的人，你就能获取成功。

第十二章 销售精英要懂心理学

成功销售的8大关键点

无论何种职业,做到最好的方法都是一样的,那就是自我心态与决心。首先要确定我的目标,然后找到行动指南,当然,合适的方法最重要。

1. 优秀是一种能力,更是一种决心

不管任何职业,真正成功的人都有一个共同的特点:热爱自己的工作,不断让自己变得优秀。热爱本职工作是成为优秀者的前提,成为行业的佼佼者是目标,两者缺一不可。

优秀是一种能力,更是一种决心,尤其对于销售行业。无论路有多长,付出的代价有多大,都要给自己一个强大的决心——成为业界的顶尖者。

然而,让人感到悲哀的是,大部分的人常常会花费自己的一生去做销售工作,但仅仅是将销售当成自己吃饭的工具,从没有想过自己应该用尽全力去做到优秀。他们不是不能,而是不想。

成为优秀者真的并不困难,只要你下定决心,并且,愿意付出努力。每个人都有能力成为优秀者,每个人也都具有出类拔萃的潜力,只要你想。

2. 明确目标

明确的目标如同指南针,指明前进的方向。

根据调查发现,只有约3%的成年人写过目标,这些人,在各个领域中获得了成功。可见,目标对于人生的重要。

在销售从业者中,大部分人都处在漫无目的或茫然失措的状态中,不知道自己的未来是什么样的。销售人员一定要明确什么是你一生中最想要的东西,并将其设为目标,将目标分解细化,计算出自己达到目标所要付出的代价,你会发现,自己的路逐渐变得清晰。

以下是设定及达到目标的六个步骤,照它去做,你就会发现自己在不断进步。

第一,明确自己心中最想要的是什么。这一条一定要可量化,比如想要赚钱,要写清金额。

第二,记录目标。将目标写下来,一个没有记录下来的目标,仅仅是幻想。

第三,确定目标达成日期。最后期限总会让人产生一种紧张感。

第四,拉清单。将你能够想到的有助于实现目标的所有事项做成清单记录下来,而且这个清单是可以不断更新的。你会发现,清单上的事项越多,你对实现目标的信心也就越大,你也会越热衷于实现它。

第五,行动。按照你的目标马上采取行动,只有行动了,目标才能称之为目标,否则,只是幻想。

第六,每天前进一点点。不管目标是什么,要不断朝目标迈进。

3. 投资自己的大脑

人生最有价值的投资,就是投资你的大脑。每个人的大脑都是其最宝贵的财富,思维能力决定生活的质量。若想成为一名优秀的销售人员,就要给自己定下终生学习的目标。

学习是最有价值的投资。一般情况下,任何有形的产品自你买下的时候起就开始损耗贬值,而知识却不是,它会让你增值。随着一个人知识的增加,你会变得越来越有价值。你拥有越多可用于实际目的的知识,你的回报就会越多,收入就会越高。

也就是说,当你学习并将其用于实践时,你是在不断前进,而当你停止学习和实践时,你就会止步不前。学到的越多,前进的速度也就越快。

4. 做好时间管理

在销售业内有一句话:你的时间既是你的基本资产,也是你销售的全部。如何使用时间决定着一个销售人员的生活水平。

清单是管理时间的一个有效方式。将一天内要做的事情全部记录下来,并且进行初步的时间安排,会让你看清自己一天的工作状况。

做事的先后顺序在时间管理中尤为重要。按照事情的重要紧急程度,将清单上的事项进行分类,划定出优先等级,然后每个小时去核对清单,确保你的大部分时间都是在做最重要的事。

5. 找一个标杆

如果你想成为一个成功的销售人员,那么,找出销售业的卓越人士,去研究他的做事方法,然后向他学习。当你离标杆越来越近的时候,你就离成功不远了。

6. 诚信

美国著名领导学家史蒂芬·柯维说过:"要想被人信任,就要值得信任。无论何时,无论是谁,诚信都至关重要。"

销售人员的诚信,可以定义为诚实、诚意和信任。诚实地面对客户,让他们感觉到你的诚意,从而对你产生信任。面对客户,销售人员一定要为自己的承诺负责,说过就要做到,如果做不到就不要向客户承诺。

客户的信任产生于消费过程中。在今天的市场,往往是消费者占据主导地位,他们有很多选择机会,销售过程中如果有任何不诚信的行为,会让你彻底失败。

当其他销售人员走进他的视野后，你就会轻而易举地被取代。

7. 发挥特有天分

每个人都有自己的特长。一个人最大的目标，就是要识别自己特有的天赋，并将天赋发挥到极致，帮助自己达到成功的彼岸。

如何发挥自己的特有天分？

第一，它是你最喜欢做的事情。

第二，它是唯一一件可以吸引你全部注意力的事情。

第三，你对它有长远的兴趣，你的一生都乐于了解它、熟练掌握它。

第四，你很喜欢谈论它、讨论它，渴望听到它的事情。

第五，对于你来说，它是容易学、容易做的事情。

很多人之所以一生都没有太大的成就，是因为他们认定自己是个一般人，缺乏特殊的能力。当看到做得很好的人，他们就认为那些人比自己强。强烈的缺乏价值的感觉导致他们即使有做好的能力，也放弃了努力。

8. 换位思考的黄金法则

在与客户交往的过程中，学会应用黄金法则：你想让对方如何对你，你就如何对待别人。

如果一个销售人员能换位思考，将自己当成一个客户，站在客户的立场上思考：我想销售人员怎么对待我？显然，答案是坦诚、耐心，确保产品或服务能够帮助改善工作和生活，并且划算。

所以，销售人员就体会到了自我的诚实与坦率、产品的优缺点等的重要性。处处为客户着想，你就会离成功销售员越来越近。

5个力，成功销售员的5项修炼

你的成功永远不是别人决定，也不是环境使然，成功一定源于自我的意愿。

1. 自信力是金，令你在销售中坚不可摧

自信是成功的前提，它绝对不是一个空洞的口号，而是一个渴望成功的人必须具备的素质，相信自己，是对自身价值的肯定。美国作家爱默生说过："自信是成功的第一秘诀。"没有自信，就等于失去了成功的机会。

相信自己是一种力量，同时更是一种赢得别人尊重的人格魅力。尤其对于销售人员来说，只有充满信心，才不会轻易被困难吓倒，才不会放弃自我在销售领

域的追求，也才会对自己的工作、对客户充满热情，对未来充满期待。拥有自信才会积极地面对一切，拥有积极主动的态度，就会离成功越来越近。

在销售行业，大家一定对世界著名销售大师雷德不陌生，尤其是他那句名言："销售是世界上最伟大的职业，一个顶尖的销售人员必须拥有政治家的睿智头脑，艺术家的敏锐眼光，外交家的善辩口舌，邮递员永远不怕磨破的双脚……"相对于科研工作者的专业精深，销售员除却销售专业知识外，更应该是一个全才，个人的能力和才华往往是一个销售人员打开成功大门的最重要的金钥匙之一。而信心则是其能否成功而有效地使用自己的金钥匙的一个很重要的前提。

销售是一项艰难的工作，这是一个不可否认的现状，销售员会承受着巨大的压力，甚至会面对很多客户的拒绝与冷遇。但是，面对这样的挫折和打击，自信是一个坚固的盔甲，用自信武装自己，你会发现，成为优秀的销售员并不困难。

2. 控制力是钢，压下愤怒，展现笑容

一个成功人士与一个平庸者的区别，在于对自我的控制能力。对情绪的控制力是一股强大的力量，能够让你的销售生涯更加成功。

我们都知道，在销售的过程中，销售员要面对各式各样的客户，也会遇到各种各样的冲突。有些客户脾气暴躁，凡事喜欢与人争论，即便他们所提出的话题没有任何意义，他们也希望能够在气势上压倒对方。如果遇到这种情况，销售员要怎么解决？

每个人都有一定的脾气，尤其是遇到不公平待遇时候，发泄是释放情绪的方式。然而作为销售员，与客户针锋相对、争论不休真的能够解决问题吗？想一想，即使最后你赢了，那又怎么样？想一想，你付出了什么代价？失去一个也许能够长期合作的客户！

而销售人员如果微笑面对，礼貌处理，那结果又会怎样？面对误解或委屈甚至屈辱，你依然微笑着服务客户，那你得到的一定是客户的愧疚感和好感，这样，你会收获一个客户，获得真正意义上的胜利的是你。

因为，心平气和的沟通让客户感觉自己受到了重视，而销售员也了解了客户真正的想法，这对销售极为有利。

3. 幽默力是火，交流需要碰撞出心灵的火花

在日常生活中，我们总喜欢与幽默的人打交道，因为和他们的相处会让我们感觉轻松。客户也是同样，销售本就是一个沟通的过程，而销售人员的幽默能够成功地拉近与客户之间的距离，变陌生为熟悉，化冷漠为热情。

幽默是一种安全而又不带威胁的表达方式，能够有效地化解人们内心的冲突，并增强自身的亲和力。销售过程就是销售员打开客户心灵的过程，在这个过程中，幽默的力量虽然不可能使销售员长高或变瘦，不可能帮助销售员付清账单，也不会帮销售员干活，但它的确能帮助销售员解决人际关系问题，协调自己与客户之间的关系，克服心理障碍，赢得他人的喜欢和信任，对销售员的销售工作起到很大的帮助作用。

心理学家凯瑟琳曾说："如果你能使一个人对你有好感，那么，也就可能使你周围的每一个人，甚至是全世界的人，都对你有好感。只要你不是到处和人握手，而是以你的友善、机智、风趣去传播你的信息，那么空间距离就会消失。"

把握住幽默这股神奇的力量，让你的销售更上一层楼。

4.执行力是箭，一箭射落客户订单

很多人不能梦想成真，不是因为没有成功的潜质，而是因为自己的犹豫和拖沓而使自己一再错过机会，最终与成功失之交臂。光有想法而不付诸行动，那再好的想法也只能是空想。

可见，果断而有效的执行力，往往是我们走向成功时应该迈出的第一步。只要下定决心，就要马上付诸行动，绝不可优柔寡断。

果断而高效的执行力是销售员必备的一种重要能力，在竞争激励的销售业，销售员必须当机立断，行动有力，持之以恒，坚持到底。因为任何一次的犹豫，都可能会错过成交的机会，任何一次的退缩，都可能会使之前的努力全都白费。

5.拓展力是水，渠道挖到哪，水就流到哪

一个销售人员，一定要具备高度的敏感，尤其在拓展渠道时，只要用心，渠道无处不在。我们生活圈子的大小，不在于它本身是一个什么样的范围，而在于你是如何去经营和拓展它的。

销售是一项内涵丰富的工作，销售员不能总是受到固有思想和传统规范的限制，不能局限于一时一地，要善于利用一切机会拓展自己的销售渠道。

不仅仅是销售员自己的周围资源要用心关注，更重要的是庞大的客户群这个资源宝库。很多销售业界的人都知道，一个忠诚的老客户能给你带来超出想象的回报。因为，如果销售员获得客户的信赖，他会主动为你介绍更多的客户。

具备敏锐的洞察力、准确的判断力及不懈的毅力，用心经营老客户，努力挖掘潜在客户。杜绝懈怠的情绪，杜绝鼠目寸光，做好客户的发掘和维护，销售员才能够实现业绩的倍数增长。所以，不管什么时候，都要抓紧时间，积极地去赢

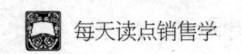

得客户，不等待，不拖延，努力为自己创造更多的机会和价值。

心态决定一切，5个不同时期销售人员的心态剖析

第一阶段："初生牛犊不怕虎"（第1个月）

生活中，我们不难遇到这样的人，他们新鲜感很强，比如新买回的衣服，一定当天就穿上，绝不让其"过夜"，这就是心理学中的初心现象。

"初心现象"是指人们往往由于第一次接触一件事物，对其了解不多，无法预知其中隐藏的困难和危险，所以急于去了解和尝试，也就是俗语说的"初生牛犊不怕虎"。

初次接触销售工作的人亦是如此，兴奋及盲目勇敢是最常见的表现。

销售人员第一阶段心态剖析：

心态一：兴奋。

认为销售就是卖东西，并没有太高的"技术含量"，相信自己能够做好。

心态二：压力。

销售人员的压力来自5点：

（1）公司制定的业绩底线目标。

（2）担心试用期表现不好而被解雇。

（3）担心同时期进入公司的同事比自己先出业绩。

（4）害怕自己与客户沟通的水平不高，没有经验，从而导致客户流失。

（5）怕被客户拒绝。

对于初次从事销售工作的人来说，第一阶段的第一个月都会非常努力，以期能取得好的业绩来证明自己的能力。但一定要了解一点：这个阶段不出业绩很正常，只要认真地对待每一个客户，为将来成为优秀的销售人员做准备。另一方面，不必为公司会不会解雇你而担忧，销售的工作性质就是这样，公司早已做好了心理准备，所以不会强烈要求新进入的销售人员第一个月必须出业绩，因为这有一定的难度。

如果你在第一个月就有了业绩，很大原因是因为你的幸运。经研究发现，很多第一个月出单的销售人员，往往结局并不好，因为成绩来得太快，很容易让人浮躁起来，从而以为自己非常优秀，不能给自己清晰准确的定位，从而慢慢走向失败。

在第一阶段，不论是否出单，都要摆正心态，为接下来的职业发展做足准备。

第二阶段——恐惧期如何过（第2～3个月）

对于销售人员来说，第二阶段是一个煎熬的阶段，体会到了不出单的压力，体会到了这份工作的艰辛，很容易对这份工作产生质疑。

销售人员第二阶段心态剖析：

心态一：恐惧。

（1）客户的拒绝增多。

（2）害怕失去客户。

（3）同事之间的竞争加剧。

（4）来自公司的压力加大。

心态二：沉默。

（1）没有业绩，只能暗下功夫，所以沉默。

（2）怕再次遭到客户的拒绝，所以沉默。

（3）害怕被公司辞退，所以沉默。

（4）开始怀疑自己的职业选择、自身能力甚至公司产品，所以沉默。

（5）准备放弃这份工作，在没有找到合适的机会前，保持沉默。

心态三：喜欢找借口。

心理学家说，"借口"是自我保护的一种有力工具。这个阶段销售人员的借口很多，一般如下：

（1）昨天晚上没有休息好，今天状态比较差。

（2）不是我不努力，是公司产品真的没有竞争力，客户没兴趣。

（3）客户都很忙，没时间跟我见面。

（4）今天心情不是很好，怕与客户约见，给客户不好的印象，影响销售。

总之，此阶段是极不稳定的阶段，很多人就是在第2～3个月选择了放弃。所以，处于此阶段的销售人员，告诉自己，再坚持走一步，你就能触到成功。

度过第二阶段的解决方案如下：

（1）学会自我调整心态，不断告诉自己"没有失败，只有放弃"。

（2）学会不断总结，并思考遇到的问题，多问自己几个为什么。

（3）学会借力，合理利用优势资源。不断向优秀人士请教，学习他们的长处。

（4）遇到问题多进行汇报，让上级或公司帮助解决。

在销售这个行业，销售人员在第 2、3 个月所经历的就是"黎明前的黑暗"。越过这段黑暗，等待你的就是黎明。

第三阶段——黎明悄悄地来（第 4～6 个月）

销售人员的第 4～6 个月是一个开始收获的时期，也是一个不断提高、不断进步的阶段。

销售人员第三阶段心态剖析：

心态一：平和。

遭遇了很多的拒绝，也就能够心平气和地面对了，并且开始认真寻找自身的原因，总结经验。

心态二：积极。

业绩慢慢地增多，经验逐步丰富，自信心增强，所以，这个阶段的销售人员是最积极向上的。

心态三：认真。

这时已经了解了工作的意义，思维也开始条理化、系统化，并积极学习与工作相关的其他知识，如客户档案管理、客户关系建立、客户异议处理等。

心态四：感恩。

学会感恩公司的平台，感恩上级的教导，感恩同事的帮助，感恩客户的信赖。

除了业绩能力，这个阶段销售最重要的是学习。例如，催收首期账款的问题、客户档案管理问题、自己的情绪和压力管理、时间管理、客户长久关系建立方法等方面都应接受专业的培训。知识的学习，为销售人员下一步成为领导或者顶尖销售人员奠定了坚实的基础。

第四阶段："剩者为王"（第 7～24 个月）

经过前面长达半年时间的磨炼，到第 7 个月时终于迎来了真正收获的季节。从第 7 个月到第 24 个月，销售人员的业绩不断上升，能力进一步提高，有一种如鱼得水的感觉，而部分业绩突出且有管理能力的精英还会被提拔到管理者的职位。

销售人员第四阶段心态剖析：

心态一：兴奋。

（1）客户认可。通过半年的经验积累，了解了各类不同客户的喜好和应对方式，投客户所好，赢得客户认可。

（2）订单增多。业绩稳步发展，订单不断增多。

（3）收入增加。随着业绩的增加，订单的增多，销售人员的业绩提成成为收入中的绝大部分，有了稳固的不低的收入，甚至业绩好的月份月收入是平常的几倍。

心态二：个性化。

经过半年的实践，销售人员在这个阶段基本形成了自己独特的销售风格，开始将学习到的技巧与自己的个性相融合，个性魅力在这时得到了充分的展示。

每一个销售人员都会经历兴奋期——恐惧期——平稳期——再次兴奋期，这是一个曲折和艰辛的过程，用积极的心态面对每一个阶段的困难。记住，这是一个充满竞争的优胜劣汰的时代，胜利总是属于那些有坚强意志并能坚持到最后的勇敢者，这些人被称为"剩者为王"。

第五阶段："七年之痒"（第3～5年）

我们都知道，结婚有一个阶段，叫作"七年之痒"。也就是说夫妻共同生活7年后，彼此之间已经很熟悉，生活也变得很平淡，缺少激情，从而导致婚姻出现危机的现象。而销售行业也有"七年之痒"，就是在从事销售工作3年以后。

经历"七年之痒"的销售人员开始变得没有激情，懒懒散散，不思进取。这是因为销售人员通过几年时间的努力，要么取得了一定的成绩，对于新的订单已经没有了当初的成就感；要么升到了一定的管理阶层，销售能力反而下降，无单的恐惧感又回到心中。

"七年之痒"的最好的治疗方法，还是在于销售员的内心，也就是心态的调整。保持一颗对待销售工作的"初心"，就会找到很多工作中的乐趣。每个人的工作如何，完全取决于自己，全身心地投入工作，保持激情，那么，你的成功将势不可挡。给自己努力的鼓励，而不是退缩的理由。